EXCEL

Microsoft 365

2ª edición

ISBN: 978-2-409-04630-8
Edición original: 978-2-409-03956-0

Ediciones ENI
P° Ferrocarriles Catalanes, 97-117, 2a pl. of. 18
08940 - Cornellà de Llobregat (Barcelona)

Tel: 934 246 401
Fax: 934 231 576

e-mail: info@ediciones-eni.com
http://www.ediciones-eni.com

Colección **Ofimática Profesional** dirigida por Corinne HERVO

Para poder acceder durante un año
a la versión online de este libro,
envíenos su justificante de compra a

librodigital@ediciones-eni.com

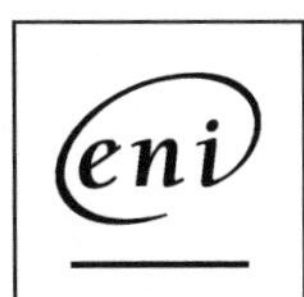

Prefacio

La presente obra está dirigida a todos los usuarios de Excel Microsoft 365, versión de Excel disponible con una suscripción a Microsoft 365. Ha sido concebida con el fin de ayudarle a localizar rápidamente las opciones que se deben activar y las operaciones que se deben realizar para llevar a cabo acciones determinadas. Las imágenes propuestas a lo largo de estas páginas permiten detallar la operación en curso mostrando el cuadro de diálogo correspondiente al comando o proponiendo un ejemplo concreto. La obra consta de trece partes:

Excel Microsoft 365 . . . . páginas 13 a 40

En esta primera parte se describe el entorno de trabajo de Excel Microsoft 365, el uso de la Ayuda y los tipos de vista.

Gestión de los archivos . . . . páginas 41 a 76

En esta segunda parte se describen los comandos para guardar, abrir y administrar los libros y las plantillas en su ordenador o en OneDrive, espacio de almacenamiento en línea.

Introducción y modificación de datos. . . . . páginas 77 a 128

En esta parte encontrará toda la información necesaria para introducir, modificar, copiar, desplazar, etc., datos de las hojas de cálculo. También aprenderá a usar el editor de ecuaciones.

Las hojas de cálculo . . . . páginas 129 a 146

Una vez introducidos los primeros datos, será necesario administrar las hojas de cálculo del libro y las filas y columnas de las tablas. Optimizará la introducción de datos creando zonas con nombre.

Los cálculos . . . . páginas 147 a 200

Una vez introducidos los diferentes datos en el libro, deberá insertar en él las fórmulas necesarias para efectuar cálculos diversos simples o más complejos (cálculos sobre fechas, devolución de préstamos, tablas de doble entrada, fórmulas matriciales). También verá cómo usar el editor de ecuaciones.

Presentación de los datos. . . . . páginas 201 a 244

Una vez introducidos los datos y los cálculos, podrá usar todas las funciones de Excel para mejorar sus hojas de cálculo aplicando resaltes, formatos, formatos condicionales, bordes, estilos y temas.

Reorganización de los datos . . . . páginas 245 a 268

En esta parte se abordan funciones avanzadas relativas a la gestión de los libros: cómo ordenar datos, filtrarlos y optimizar el uso de libros grandes con la ayuda de esquemas.

Cuando tenga el libro terminado y formateado, es muy probable que desee imprimirlo. En esta parte se describen las técnicas de paginación e impresión de las hojas.

Si desea resaltar los datos numéricos del libro, puede recurrir a la elaboración de diversos gráficos.

También puede mejorar el aspecto de las hojas de cálculo con objetos gráficos diversos: formas, objetos de wordart, imágenes, plantilla 3D, diagramasSamrtArts, etc.

Esta trata de algunas herramientas específicas que le permitirán llevar a cabo diversas simulaciones (escenarios, solver) y auditar sus hojas de cálculo.
Excel permite también administrar tablas de datos (tablas presentadas en forma de lista de datos) y elaborar a partir de ellas tablas y gráficos cruzados dinámicos.

En esta parte, una vez abordada la protección de datos y macros usando palabras clave, verá cómo es posible trabajar en grupo en un libro gracias al trabajo compartido y a la coedición.

En esta última parte se presentan funciones más específicas referentes a la introducción de datos (creación de series de datos personalizadas, de listas desplegables de valores, hipervínculos, notas en las celdas, etc.), importación de datos a partir de una base de datos de Access o de una página Web, exportación de datos de Excel a otras aplicaciones, creación de macros, personalización de la interfaz y administración de las cuentas de usuario.

En el anexo encontrará una lista con los principales métodos abreviados de teclado. Las últimas páginas de la obra presentan un índice temático, muy útil para encontrar rápidamente las operaciones correspondientes a temas concretos.

Prefacio

Convenciones tipográficas

Para que el usuario pueda localizar e interpretar con facilidad las informaciones que más le interesen, hemos adoptado las siguientes convenciones tipográficas.

Los siguientes estilos de caracteres se utilizan para:

negrita indicar una opción del menú o de un cuadro de diálogo que hay que activar

cursiva un comentario que introduce una operación o que explica las modificaciones que aparecen en pantalla.

Ctrl representar las teclas del teclado que deben pulsarse. Cuando dos teclas aparecen juntas, deberá pulsarlas a la vez.

Los siguientes símbolos introducen:

la operación que hay que efectuar (activar una opción, hacer clic con el ratón, etc.).

una observación de orden general sobre el comando actual.

un truco que conviene conocer y memorizar.

Prefacio

Contenido

Excel Microsoft 365

Entorno

Vista

Gestión de los archivos

Libros

Contenido

Rangos con nombre

Los cálculos

Cálculos

Cálculos avanzados

Contenido

Contenido

Impresión de los datos

Los gráficos

Los objetos gráficos

Objetos gráficos

Gestionar objetos

Herramientas de análisis

Tablas de datos

Tablas dinámicas

Gráficos dinámicos

Contenido

Previsiones, escenario y valor objetivo

Solver

Trabajo compartido

Protección

Trabajo de grupo

Contenido

Funciones avanzadas diversas

Optimizar la introducción de datos

Hipervínculos

Importar datos

Macros y scripts

Contenido

Personalización

Administración de las cuentas

Ejecutar Excel Microsoft 365

Desde Windows 10, abra el menú **Inicio** y active a continuación la aplicación **Excel**.

En Windows 11, abra el menú **Inicio** y luego haga clic en el icono **Excel Microsoft 365**; si no aparece en la sección **Anclado**, escriba **Excel** en la zona de búsqueda y luego haga clic en el icono.

Desde el portal Microsoft 365, haga clic en el icono de Excel.

Cuando abra el programa, aparecerá la pantalla de inicio de Excel, desde la que puede acceder directamente a uno de sus libros, o bien crear uno nuevo usando, o no, una plantilla. La pantalla de inicio presenta este aspecto:

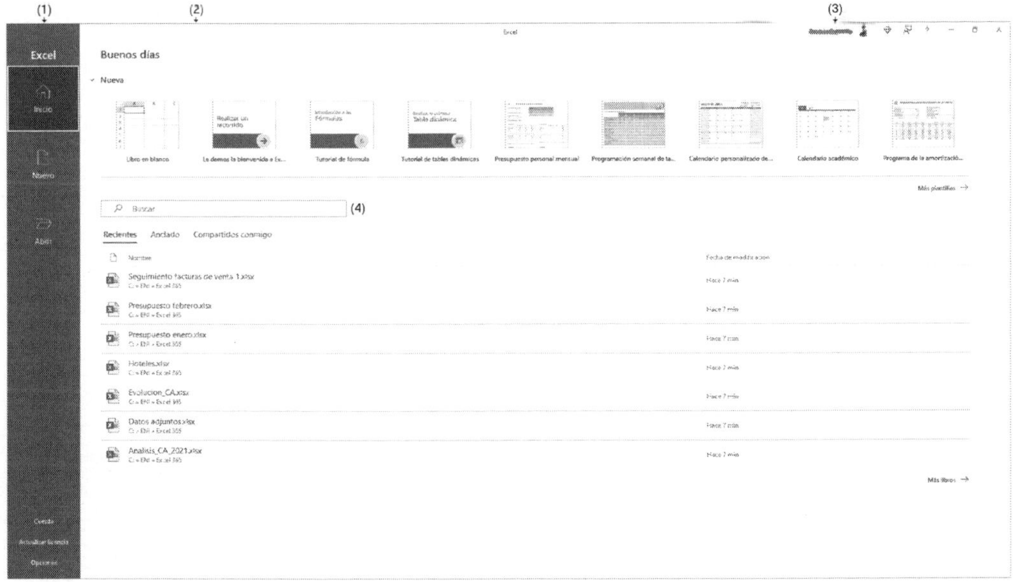

(1) El contenido del panel izquierdo de la página de inicio da acceso a las funciones básicas: **Nuevo**, **Abrir** así como a las funciones de gestión de su **Cuenta** y de las **Opciones** del programa.

Excel Microsoft 365

(2) En el panel de la derecha se encuentran los botones **Ayuda**, **Minimizar**, **Maximizar** (o **Minimiz. tamaño**) y **Cerrar**. Observe que las miniaturas de este panel le permiten crear desde cero un nuevo libro (miniatura **Libro en blanco**) o bien hacerlo partiendo de una de las plantillas propuestas, cuya lista es posible recorrer haciendo clic en el enlace **Más plantillas**.

(3)

Nombre del usuario activo. El icono permite enviar comentarios positivos o negativos sobre el uso del programa. Es posible añadir al mensaje una captura de pantalla. Microsoft utiliza estos comentarios para introducir mejoras en el programa.

- Para comenzar a trabajar con una hoja de cálculo de Excel, por lo tanto, puede crear un **Libro en blanco** de Excel vacío o a partir de una de las plantillas, abrir un libro utilizado recientemente (pestaña **Recientes**), anclado (pestaña **Anclado**) o compartido (pestaña **Compartidos conmigo**).

  La zona de búsqueda (4) de la página permite encontrar un archivo con rapidez.

  Para saber más acerca de la gestión de plantillas, vaya a los apartados Crear un libro basado en una plantilla y Crear una plantilla de libro personalizada del capítulo Libros.

- Haga clic en la miniatura **Libro en blanco** de la pantalla de inicio para acceder a la ventana de trabajo propiamente dicha de Excel.

Entorno

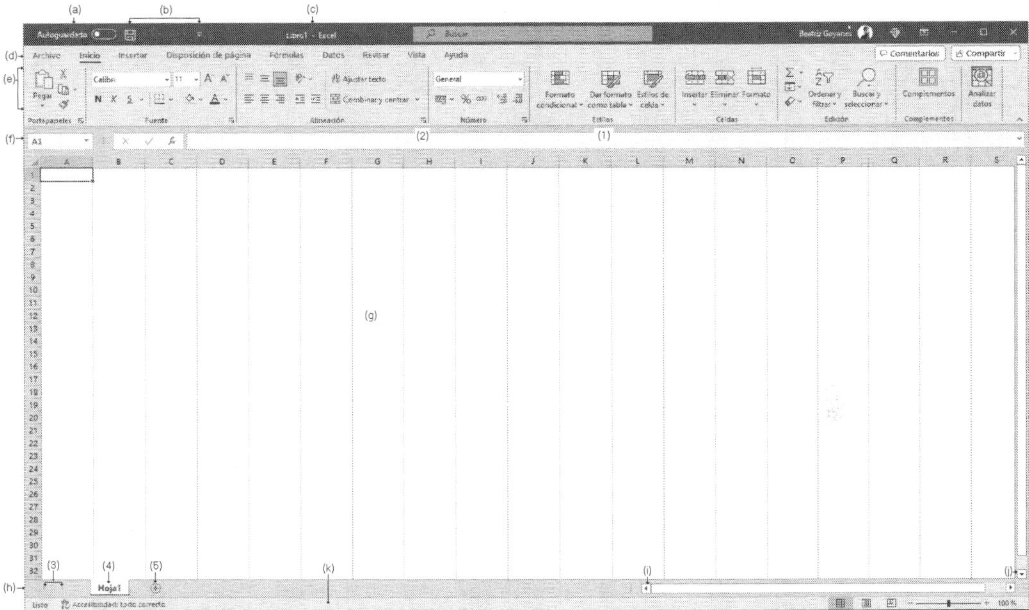

El botón **Autoguardado** (a) permite activar o desactivar el guardado de las modificaciones realizadas en el libro en cuanto se realizan (véase el capítulo Libros).

La barra de herramientas de **Acceso rápido** (b) contiene las herramientas usadas con mayor frecuencia. Puede personalizarse mostrándola bajo la cinta de opciones o agregándole nuevas herramientas (véase el capítulo Personalización).

La **barra de título** (c) muestra, en el centro, el nombre del libro (**LibroN** cuando no se ha guardado aún) seguido del nombre de la aplicación, Excel. A la derecha del nombre del libro se encuentra la zona de búsqueda de la ayuda intuitiva Buscar permite buscar una función y ejecutarla (véase Utilizar la información - Función información en este capítulo); a la derecha encontrará el nombre del usuario conectado, los botones **Opciones de presentación de la cinta de opciones**, **Minimizar**, **Minimiz. tamaño** (o **Maximizar**) y **Cerrar**.

Excel Microsoft 365

La ficha **Archivo** (d) activa el modo Backstage de Microsoft Office, que oculta temporalmente la hoja de cálculo y muestra un menú que da acceso a funciones básicas de la aplicación (crear un nuevo libro, abrir, guardar y cerrar un libro, imprimir...), pero también a otras funciones, como la que permite compartir un archivo o incluso las de configuración de las cuentas de usuario o de la aplicación Excel.

La **Cinta de opciones** (e) incluye la mayor parte de comandos de la aplicación. Estos comandos se agrupan por tareas y cada tarea se representa con una ficha. Al seleccionar ciertos objetos (una imagen, por ejemplo) aparecen fichas complementarias, llamadas **fichas contextuales**. Esas fichas aparecen a la derecha de las fichas estándar y reúnen los comandos propios del objeto seleccionado. Cada ficha presenta varios **grupos** (1) de comandos (o subtareas), en los cuales podemos encontrar botones de comando, que permiten llevar a cabo la mayoría de las operaciones. Algunos grupos presentan un **iniciador de cuadro de diálogo** (2), que abre un cuadro de diálogo o un panel Office a través del cual podemos acceder a opciones complementarias.

Dependiendo de la resolución de su pantalla, las opciones e iconos que aparecen en cada pestaña pueden presentar un aspecto diferente (véase Usar y administrar la cinta de opciones).

A la derecha de la barra de pestañas, se halla el botón **Compartir y Comentarios** (véase capítulo Trabajo de grupo).

La **Zona Nombre** (f) D5 y, a la derecha, la **Barra de fórmulas**; el **cuadro de nombres** muestra información sobre la celda activa, mientras que la **barra de fórmulas** permite introducir y modificar datos. El tamaño de ambas puede cambiarse (véase el capítulo Vista).

La **hoja de cálculo** (g) está compuesta de **celdas**, organizadas en filas y en columnas. Las filas se identifican con números y las columnas, con letras. El usuario dispone de 1.048.576 filas y 16.384 columnas (identificadas de A a XFD). Cada celda corresponde a la intersección de una fila y una columna y se identifica mediante la letra asociada a la columna y el número asociado a la fila (la combinación de letra y número se conoce como **referencia de celda**). Por ejemplo, la celda situada en la intersección de la tercera columna y la décima fila se identifica como **C10**. Cuando el usuario se encuentra en una celda, esta se convierte en la celda **activa** y su referencia aparece en el **cuadro Nombres**, en la parte izquierda de la **barra de fórmulas**. El cuadrado verde que aparece en la esquina inferior derecha de la celda activa recibe el nombre de **indicador de relleno**.

Los libros pueden componerse de varias hojas de cálculo (una por defecto). En la parte inferior de la hoja de cálculo activa, Excel presenta una **barra de fichas de hoja de cálculo** (h) que permite identificar cada hoja. Esta barra contiene los botones de desplazamiento de las hojas (3), la ficha o las fichas de hoja (4) y el botón **Hoja nueva** (5).

Las **barras de desplazamiento** sirven para mover la hoja de cálculo en sentido horizontal (i) y vertical (j). Los rectángulos presentes en esas barras reciben el nombre de cursores de desplazamiento.

La **barra de estado** (k) muestra información sobre el entorno de trabajo, el acceso a la **Configuración de la vista** (véase apartado Optimizar el tipo de vista del capítulo Vista), el tipo de vista, el botón **Zoom** y el cursor de zoom. Los indicadores que aparecen en esta barra (véase el capítulo Personalización) pueden modificarse.

Para que deje de aparecer la página de inicio cada vez que se abre Excel y se cree automáticamente un nuevo libro, desmarque la opción **Mostrar la pantalla Inicio cuando se inicie esta aplicación** (menú **Archivo - Opciones** - categoría **General** - zona **Opciones de inicio**).

Salir de Excel Microsoft 365

- Haga clic en la herramienta **Cerrar** , situada en la parte superior derecha de la ventana de Excel, para cerrar el libro y salir de la aplicación.

  *La opción **Cerrar** de la ficha **Archivo** cierra el archivo, pero no la aplicación.*

- Si fuera preciso, guarde el libro modificado.

También puede usar el método abreviado Alt F4 para salir de Excel.

Usar y administrar la cinta de opciones

Por defecto, Excel muestra de forma permanente las pestañas y los comandos de la cinta de opciones encima de la barra de fórmulas.

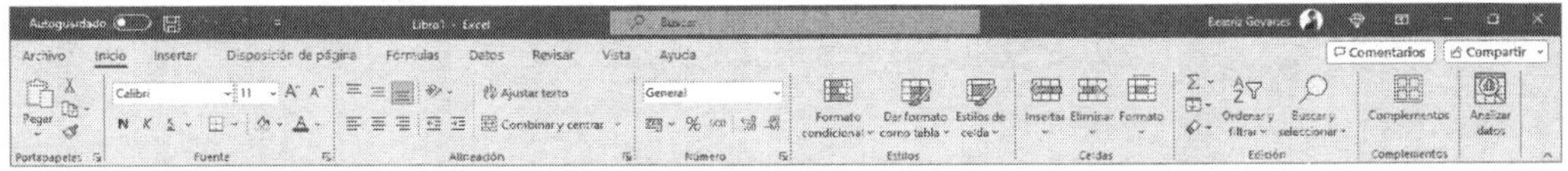

Excel Microsoft 365

*Cada pestaña se divide en varios grupos. Por ejemplo, en la pestaña **Inicio**, los comandos se reparten en nueve grupos: **Portapapeles**, **Fuente**, **Alineación**, **Número**, **Estilos**, **Celdas**, **Edición**, **Complementos** y **Análisis**.*

Dependiendo de la resolución de su pantalla, los iconos y las opciones de cada pestaña pueden presentar una apariencia diferente.

- Para cambiar el modo de visualización de la cinta de opciones, haga clic en la herramienta **Opciones de presentación de la cinta de opciones**, situada en la parte superior derecha de la pantalla, y escoja una de las opciones disponibles:

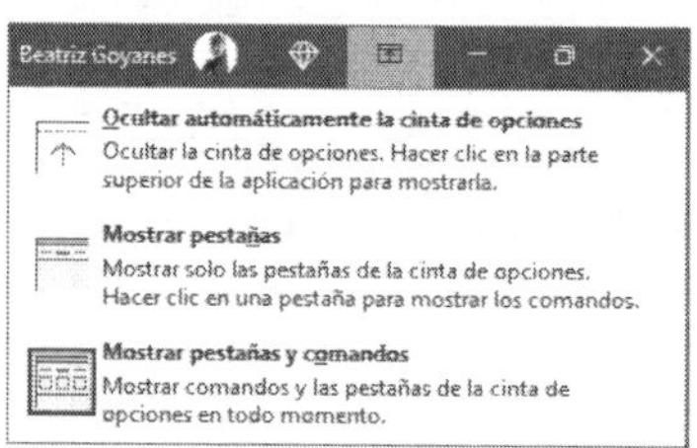

- **Ocultar automáticamente la cinta de opciones** para ocultar las pestañas y los comandos; para hacer que dichas pestañas y opciones vuelvan a aparecer temporalmente, debe hacer clic en el icono, situado en la parte superior derecha de la ventana. Para ocultarla de nuevo sin cambiar este modo, haga clic en una celda cualquiera.
- **Mostrar pestañas** para que solo se visualicen las pestañas: en ese caso, deberá hacer clic en una pestaña para que aparezcan sus comandos. Observe la presencia del símbolo representado por una chincheta situado en el extremo derecho de la cinta de opciones, que sirve para anclarla. Para ocultar las opciones de nuevo sin cambiar de modo, haga clic en una celda cualquiera.

*Para activar este modo, también puede hacer clic en el símbolo **Contraer la cinta de opciones**, situado en el extremo derecho de la cinta de opciones, o usar el método abreviado de teclado* Ctrl F1.

- **Mostrar pestañas y comandos** para mostrar la cinta de opciones de forma permanente (opción activada por defecto). También puede hacer doble clic en una pestaña para que se muestre la cinta de opciones de forma permanente.

- Para ver el cuadro de diálogo o el panel Office asociado a un grupo, haga clic en el **iniciador de cuadro de diálogo**, situado en la parte inferior derecha del grupo de comandos en cuestión.

 Cuando hace clic con el botón derecho del ratón en un elemento cualquiera de la hoja de cálculo (celda, fila, columna...), aparece su menú contextual, que muestra únicamente los comandos que pueden aplicarse a ese elemento.

Descubrir la pestaña Archivo

*La pestaña **Archivo** permite acceder a las funciones de gestión de los archivos (abrir, guardar, etc.), a las opciones de la aplicación Excel y a lo configuración de la cuenta Microsoft Office.*

Haga clic en la pestaña **Archivo**.

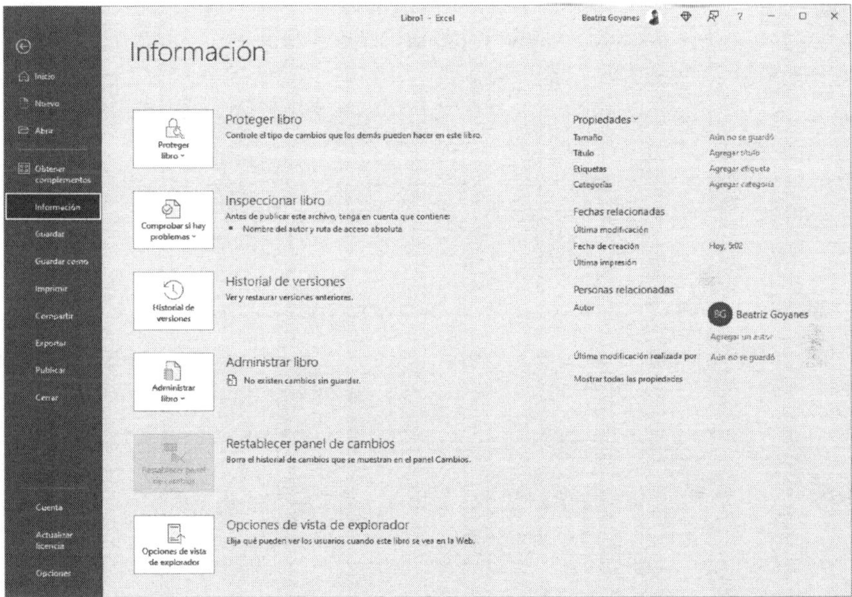

De este modo, activa la vista Backstage: el libro actual queda momentáneamente oculto por una nueva ventana.

El panel izquierdo de esta nueva ventana da acceso a las funciones básicas de Excel (**Guardar**, **Guardar como**, **Abrir**, **Cerrar**, **Imprimir**...), pero también a otras funcionalidades, como la que permite **Compartir** un archivo o las que sirven para configurar la **Cuenta** de usuario y la aplicación Excel (**Opciones**).

Excel Microsoft 365

Dependiendo de la función elegida, puede aparecer un determinado número de opciones en la parte derecha de la ventana; por ejemplo, para la función **Nuevo** podremos elegir entre crear un **Libro en blanco**, usar una de las plantillas disponibles o buscar una plantilla en línea.

- Para cerrar la pestaña **Archivo** sin aceptar ninguna opción, haga clic en la flecha situada en la parte superior de la pestaña o pulse [esc].

Deshacer las últimas operaciones

- Para deshacer la última acción, haga clic en la herramienta **Deshacer** de la barra de herramientas de **acceso rápido** o use el método abreviado [Ctrl] **Z**.
- Para deshacer las últimas operaciones, abra la lista asociada a la herramienta **Deshacer** . Se mostrará una lista con las últimas acciones; haga clic en la última operación que desea deshacer (se anulará esa operación y todas las que le siguen).

  De esta forma es posible deshacer hasta 100 operaciones consecutivas.

Algunas acciones, como abrir un libro o bien guardarlo, no pueden anularse. En esos casos, la herramienta **No se puede deshacer** sustituye a **Deshacer**.

Rehacer operaciones anuladas anteriormente

- Para rehacer la última acción anulada, haga clic en la herramienta **Rehacer** de la barra de herramientas de **acceso rápido** o use el método abreviado [Ctrl] **Y**.
- Para rehacer las últimas acciones anuladas, abra la lista asociada a la herramienta **Rehacer** y seleccione la última de las acciones que desea rehacer.

Repetir la última operación

En lugar de llevar a cabo varias veces la misma operación, se puede recurrir a la repetición.

- Si fuese preciso, seleccione las celdas donde desea repetir la operación.
- Use el método abreviado [Ctrl] **Y** o [F4].

Utilizar la Información

Función información

*Integrado en todas las aplicaciones de Microsoft 365, **Información** es un asistente de búsqueda situado al final de la barra de pestañas. Dependiendo de las palabras clave introducidas, las sugerencias que aparecen permiten ejecutar el comando correspondiente sin necesidad de que el usuario tenga que buscarlo para ejecutarlo.*

- Active la zona **Buscar**.

  La lista que aparece muestra las búsquedas recientes y otras sugerencias:

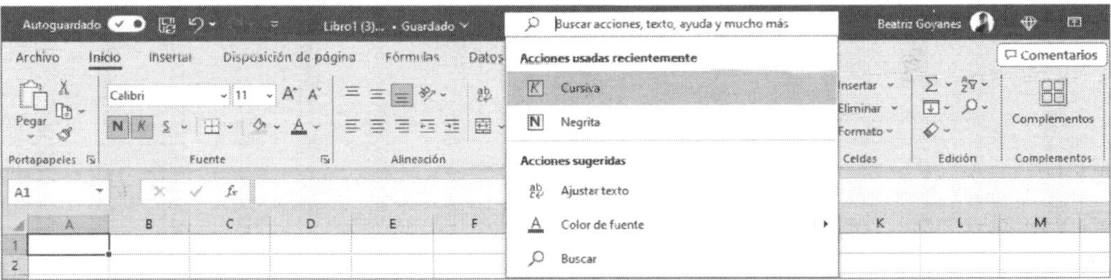

- Escriba la palabra o palabras clave relacionadas con la información que busca.

  La lista muestra los comandos asociados a la palabra o palabras claves introducidas.

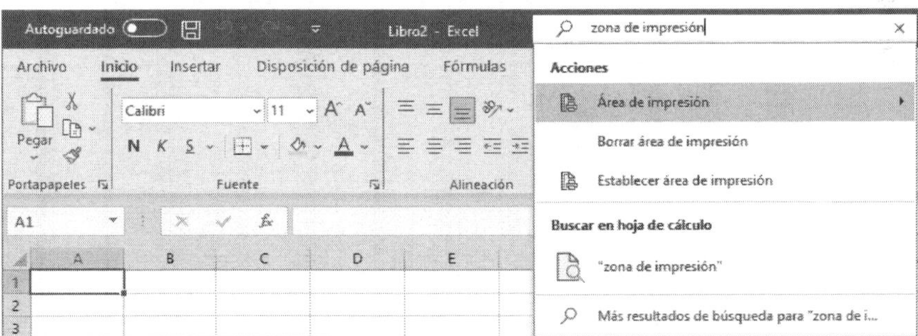

Excel Microsoft 365

- Seleccione entre las sugerencias que se proponen el comando que desea ejecutar.

  Para ejecutar el comando, selecciónelo en la lista **Acciones.**

  Para buscar información en Internet (usando el motor de Bing), escoja la opción **Más resultados de búsqueda para "zona...".**

  *Si ha escogido esta última opción, el panel **Buscar** que se muestra a la derecha de la pantalla, proporciona la información solicitada; el vínculo **Más** sirve para filtrar los resultados por categorías (Web, Multimedia, etc.):*

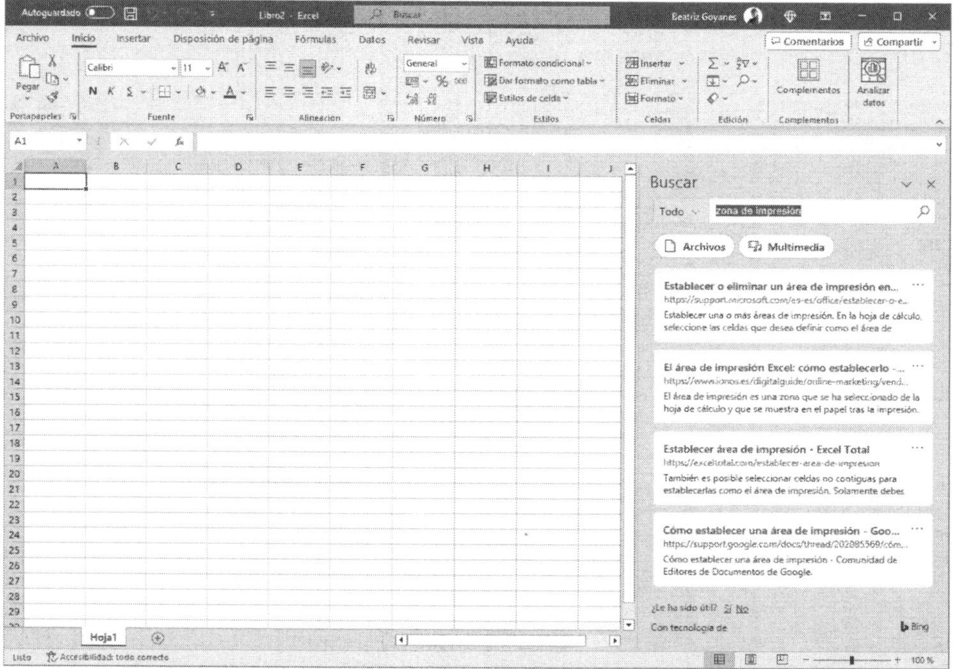

*Si la información que busca se halla en una celda, puede seleccionar el texto o la celda, hacer clic con el botón derecho en la selección y escoger la opción **Búsqueda inteligente** para mostrar el resultado de la búsqueda en el panel.*

Pestaña Ayuda

*La pestaña **Ayuda** presenta cinco botones:*

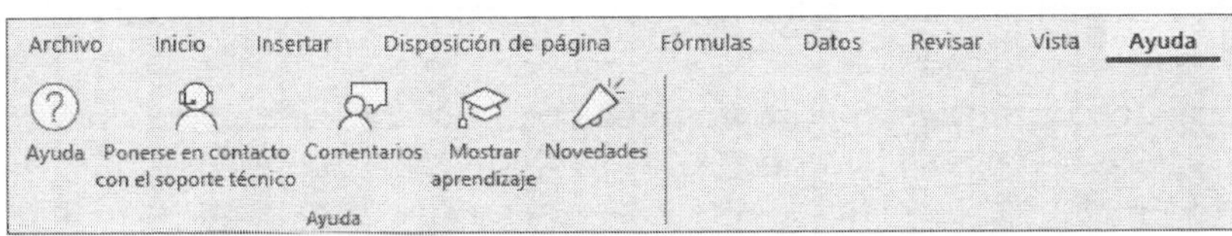

El botón **Ayuda** (o F1) permite acceder a las categorías de ayuda de la aplicación usando el panel **Ayuda** que se abre a la derecha de la ventana.

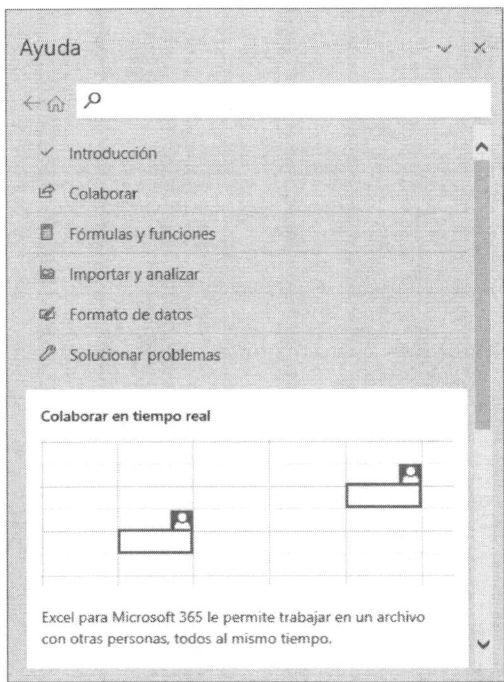

En el panel se pueden ver varios temas de ayuda: **Introducción**, **Colaborar**, **Fórmulas y funciones**, **Importar y analizar**, etc.

- Para consultar las rúbricas asociadas a un tema, haga clic sobre su título y sobre la rúbrica deseada.

Excel Microsoft 365

- Para efectuar una búsqueda, escriba una palabra o expresión en el cuadro **Buscar** (en la parte superior del panel **Ayuda**) y haga clic en la herramienta o bien pulse .
  A continuación, haga clic en uno de los títulos que aparecen para consultar la ayuda correspondiente.
  El botón **Ponerse en contacto con el soporte técnico** abre el panel **Ponerse en contacto con soporte técnico** a la derecha de la ventana. Este panel permite ponerse en contacto con el soporte técnico de Microsoft en caso de problema técnico o para obtener ayuda sobre una función de Excel.

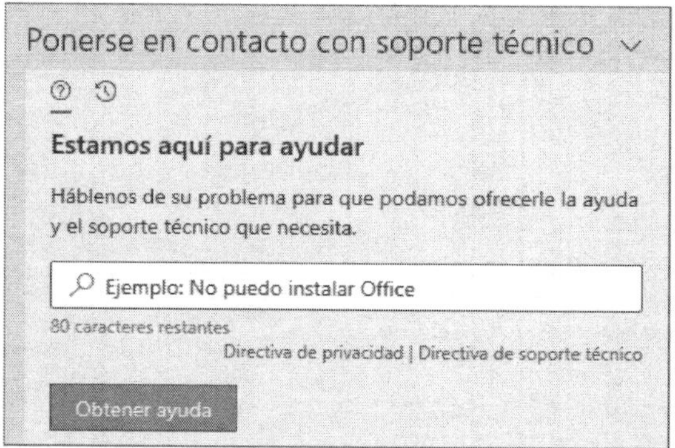

- Escriba una descripción del problema que tiene y luego haga clic en el botón **Obtener ayuda**.

Aparece un artículo de la ayuda en línea de Microsoft y se sugieren búsquedas asociadas.

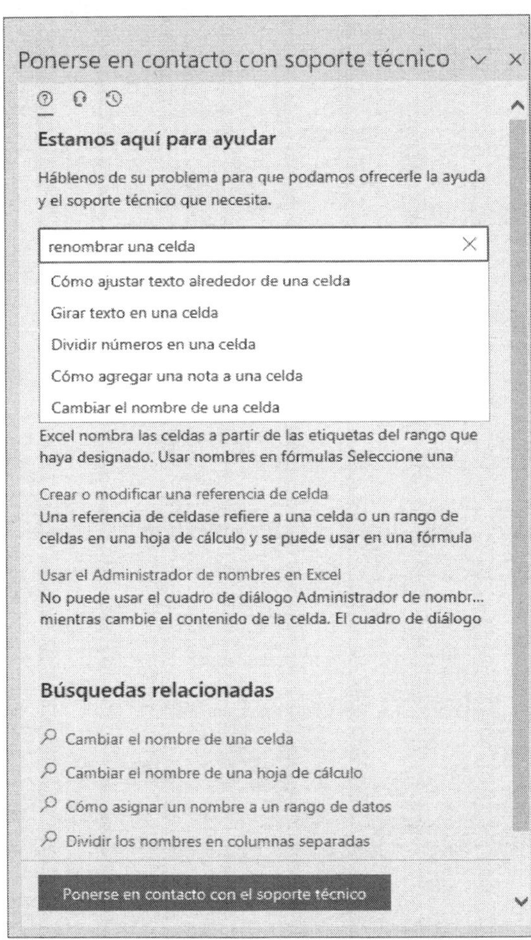

Si esta información no es suficiente, haga clic en el botón **Ponerse en contacto con el soporte técnico**.

Excel Microsoft 365

El botón **Comentarios** abre el panel **Comentarios**, a la derecha de la ventana, y permite enviar a Microsoft información relativa al uso que se hace del programa para contribuir a su perfeccionamiento.

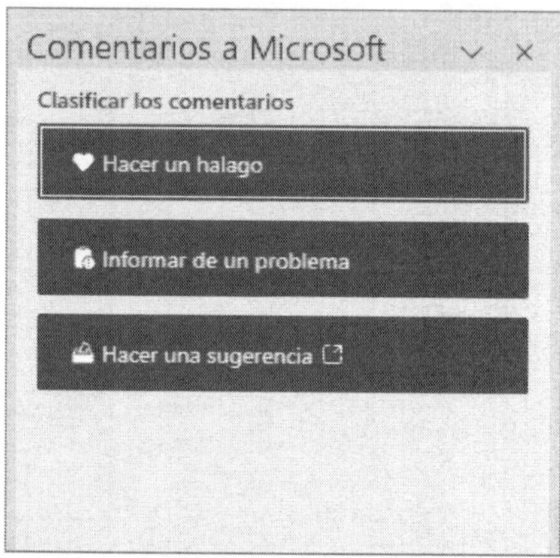

- Haga clic sobre el tipo de información que desea comunicar: **Hacer un halago**, **Informar de un problema** o **Hacer una sugerencia**.

El botón **Mostrar aprendizaje** permite acceder a vídeos de formación o procedimientos relativos al uso del programa. El panel **Ayuda** que aparece propone varios temas de formación:

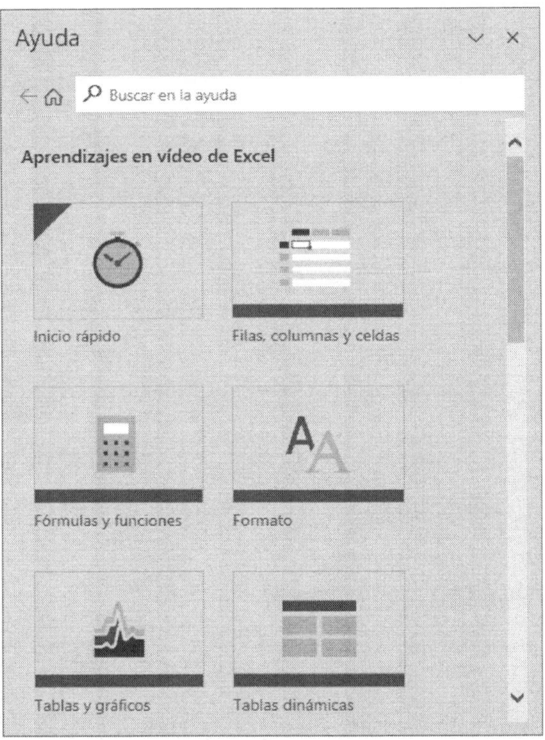

- Haga clic en uno de los temas que se proponen y después en el título de la formación que desea consultar.
- Si se trata de un vídeo de formación, haga clic sobre él para verlo.

Excel Microsoft 365

Cambiar el tipo de vista

Excel Microsoft 365 propone diversos tipos de vista.

La vista Normal

La vista Normal es el tipo activado y usado de forma predeterminada.

En la pestaña **Vista**, haga clic en el botón **Normal** del grupo **Vistas de libro** o haga clic en la herramienta , situada a la derecha de la barra de estado.

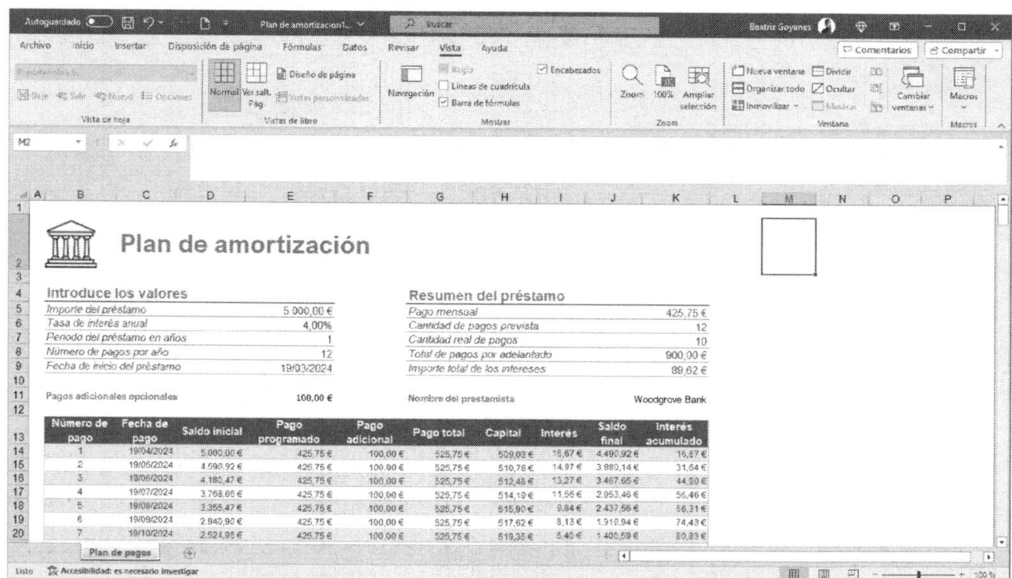

La vista Diseño de página

En la pestaña **Vista**, haga clic en el botón **Diseño de página** del grupo **Vistas de libro** o haga clic en la herramienta , situada a la derecha de la barra de estado.

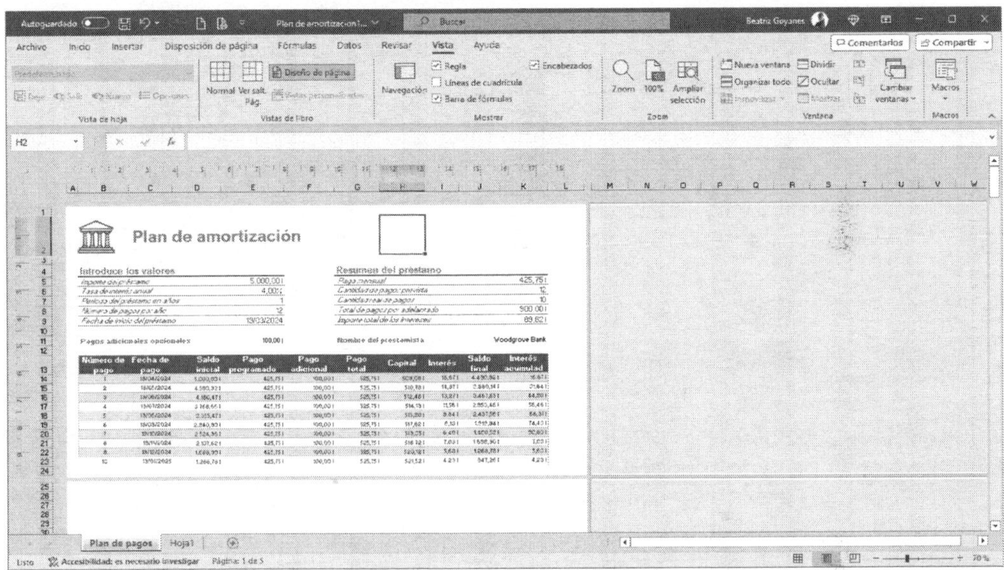

En la vista Diseño de página, Excel muestra la disposición general de la hoja de cálculo tal y como se imprimirá en una hoja de papel. Las reglas horizontal y vertical que aparecen permiten colocar correctamente los objetos y ver o modificar directamente los márgenes de página en la hoja de cálculo. También puede crear o modificar los encabezados y pies de página.

La Vista previa de salto de página

Este tipo de vista permite visualizar los saltos de página existentes y desplazarlos.

En la pestaña **Vista**, haga clic en el botón **Ver salt. Pág.** del grupo **Vistas de libro** o haga clic en la herramienta , situada a la derecha en la barra de estado.

Excel Microsoft 365

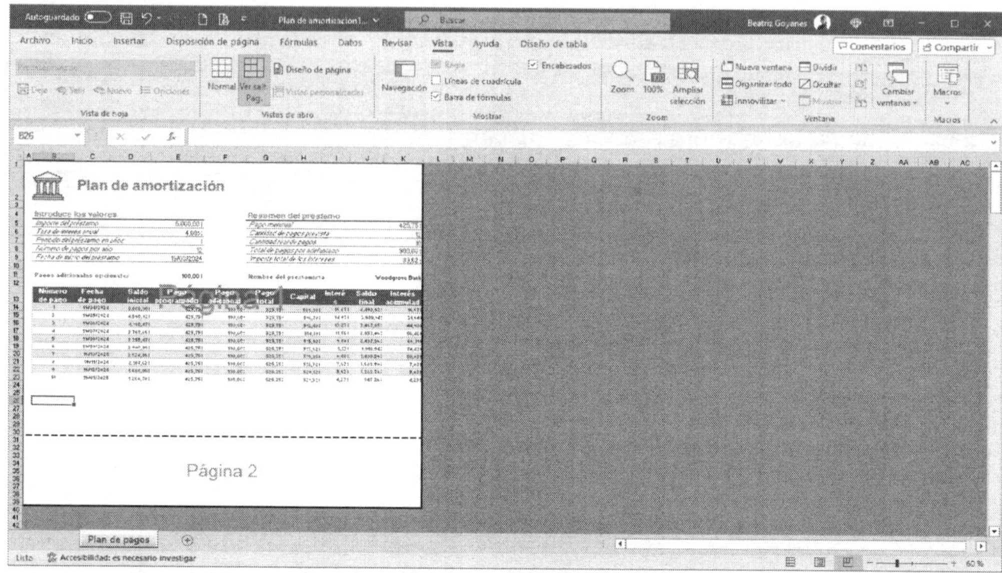

Los saltos de página se representan con unas líneas azules, continuas para los saltos manuales y con punteado discontinuo para los automáticos. Podrá trabajar con normalidad en la hoja de cálculo (introducir datos, modificarlos, etc.).

- Para desplazar un salto de página, señale la línea azul y arrástrela hasta la nueva ubicación.

Optimizar el tipo de vista

Esta nueva función de Excel Microsoft 365 permite optimizar la vista en monitores sin demasiada resolución y resolver los fallos de visualización múltiple en monitores de resolución muy alta junto a otros de resolución menor. Esta función, activa de forma predeterminada, ajusta automáticamente la vista cuando las aplicaciones de Office se mueven de un monitor a otro.

- Para modificar la configuración de vista de Excel, haga clic en la ficha **Archivo** y en **Opciones**.

- En el cuadro **Opciones de interfaz de usuario** de la categoría **General**, active una de las dos opciones siguientes:

  Optimizar la apariencia: al cambiar de pantalla, los elementos como el texto y las imágenes aparecerán claramente en la pantalla. Sin embargo, los elementos más antiguos y algunos códigos externos pueden presentar problemas de visualización.

  Optimizar para compatibilidad: si hay problemas de visualización, este modo desactiva la escala dinámica; los textos pueden presentar un renderizado falto de nitidez al cambiar de pantalla.
- Haga clic en **Aceptar**.
- Si ha activado la opción **Optimizar para compatibilidad**, reinicie Excel.

Activar/desactivar el modo Táctil o Mouse

- Si es preciso, muestre la herramienta **Modo mouse/táctil** en la barra de herramientas de acceso rápido escogiendo la opción correspondiente en la lista de la herramienta **Personalizar barra de herramientas de acceso rápido** .
- Haga clic en la herramienta **Modo mouse/táctil** y active la opción:
  - **Mouse** para mostrar de la forma habitual la cinta de opciones con sus comandos.
  - **Táctil** para aumentar ligeramente los iconos de los comandos y espaciarlos más con el fin de facilitar el acceso a ellos en pantallas táctiles.

Modo Mouse

Modo Táctil

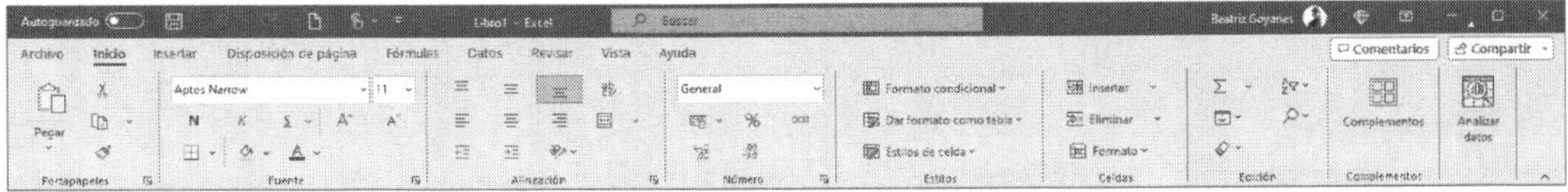

Excel Microsoft 365

Modificar la vista de la barra de fórmulas

Recordemos que la barra de fórmulas contiene dos cuadros cuyo tamaño puede modificarse.

- Para ampliar o reducir el cuadro de nombres con respecto al cuadro de fórmulas, señale el símbolo que aparece entre los dos elementos (el puntero del ratón adopta la siguiente forma:) y haga clic y arrastre hacia la izquierda o hacia la derecha.
- Para ampliar o reducir el cuadro de fórmulas, señale la parte inferior del cuadro (el puntero del ratón adopta la siguiente forma:) y haga clic y arrastre hacia arriba o hacia abajo.

  Cuando el cuadro de fórmulas incluye una barra de desplazamiento, quiere decir que no todo su contenido está a la vista.
- Para ampliar el cuadro de fórmulas con una línea más o para reducirlo a una sola, haga clic en la herramienta o situado al final de la barra de fórmulas, o use el método abreviado de teclado Ctrl Mayús **U**.
- Para ocultar la barra de fórmulas, active la pestaña **Vista** y desactive la opción **Barra de fórmulas** del grupo **Mostrar**.

Ver u ocultar las líneas de cuadrícula y los encabezados de fila y de columna

- Active la pestaña **Vista**.
- Para ocultar las líneas de cuadrícula, desactive la opción **Líneas de cuadrícula** del grupo **Mostrar**. Para volver a verlas, active nuevamente la opción.
- Para ocultar las letras de las columnas y los números de las filas, desactive la opción **Encabezados** del grupo **Mostrar**. Para volver a ver estos elementos, active nuevamente la opción.

Modificar el zoom

- Para modificar rápidamente el valor del zoom, desplace el **Cursor de zoom** situado en la barra de estado o haga clic tantas veces como sea necesario en la herramienta **Alejar** [-] o en la herramienta **Acercar** [+].

  También es posible realizar esta operación manteniendo pulsada la tecla Ctrl *mientras se acciona la rueda del ratón hacia delante o hacia atrás.*

- En un dispositivo táctil, para acercar el zoom aleje dos dedos como si quisiera «estirar» la pantalla; para alejar el zoom, acerque los dos dedos.

  El porcentaje de zoom de la hoja de cálculo se muestra en la barra de estado.

- Para acercar o alejar una selección de celdas, seleccione las celdas sobre las que desea hacer zoom y haga clic en el botón **Ampliar selección** del grupo **Zoom** de la pestaña **Vista**.
- Para especificar un valor concreto de zoom, active la pestaña **Vista** y haga clic en el botón **Zoom**, situado en el grupo del mismo nombre, o haga clic en el botón **Zoom** de la barra de estado que muestra el porcentaje de zoom activo.

  *Aparece en pantalla el cuadro de diálogo **Zoom**.*

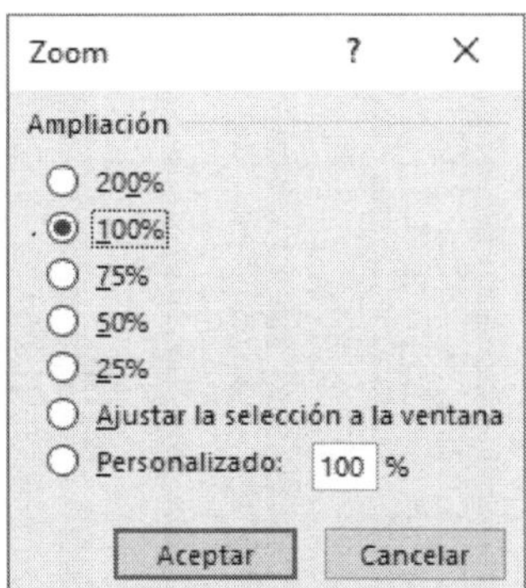

- Haga clic en la opción correspondiente al porcentaje deseado o bien introduzca un valor de zoom en el cuadro de texto **Personalizado**.

  *La opción **Ajustar la selección a la ventana** permite, como su nombre indica, ajustar el zoom sobre las celdas seleccionadas previamente.*

- Haga clic en el botón **Aceptar**.

Excel Microsoft 365

Activar una o varias ventanas

Cuando hay varios libros abiertos o cuando se han creado varias ventanas a partir de un libro (ver apartado siguiente), resulta indispensable saber cómo activar una ventana u otra para poder acceder a ella.

Así puede mostrar y trabajar con varios libros a la vez (véase también el apartado Organizar la vista de las ventanas, en este capítulo).

- Si ha abierto un libro pero no aparece en pantalla, puede mostrarlo haciendo clic en el botón **Cambiar ventanas** de la pestaña **Vista.**

  Se abre la lista de ventanas abiertas; en ella la ventana activa aparece precedida de una marca.

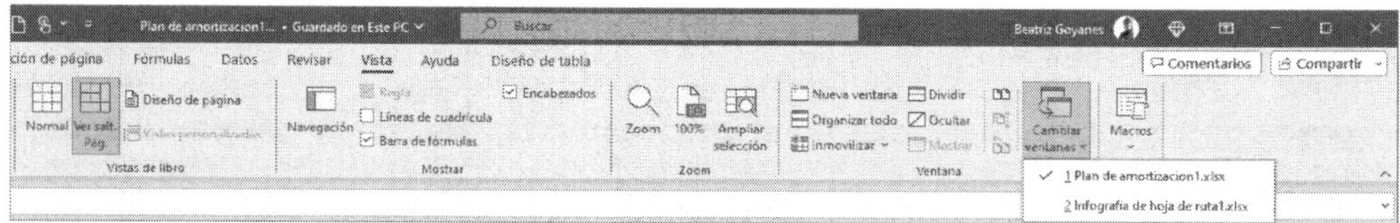

- Haga clic en el nombre del libro que desea mostrar.
- Para que se muestren varios libros en pantalla, puede hacer clic en la barra de título del libro y arrastrarla a la derecha o a la izquierda de la pantalla para anclarla.

  Repita esta acción con los demás libros.

En este ejemplo se muestra cómo se puede trabajar con dos libros distintos simultáneamente:

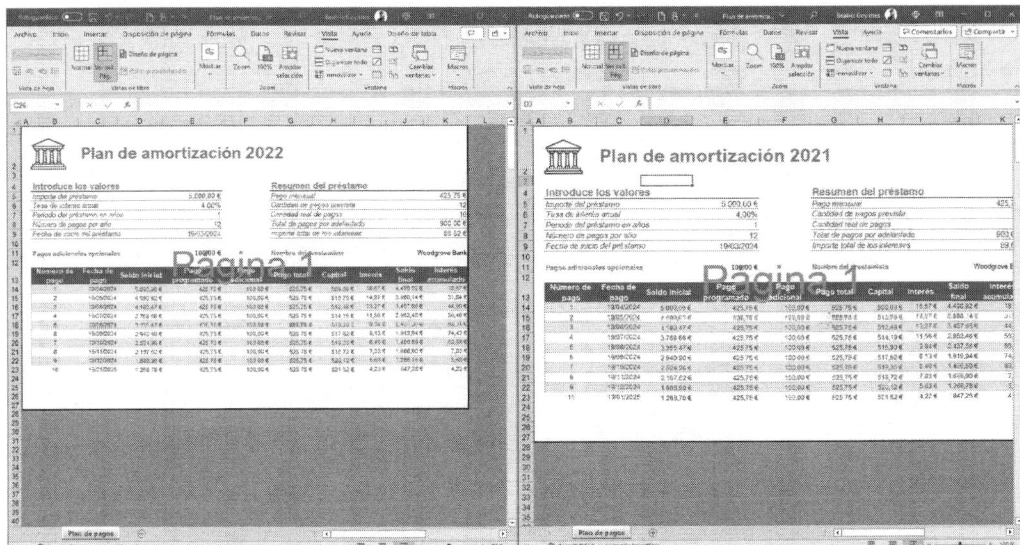

Si en la pantalla aparecen todas las ventanas (véase Organizar la vista de las ventanas), simplemente haga clic en aquella que desea activar. Otra posibilidad es señalar el icono de Excel que aparece en la barra de tareas y hacer clic en el icono correspondiente al libro que se desea activar.

Mostrar un libro en dos ventanas distintas

Existe la posibilidad de crear varias vistas diferentes del libro, cosa que permite, por ejemplo, visualizar a la vez dos zonas apartadas de una misma hoja de cálculo o incluso dos hojas de cálculo de un mismo libro.

- En la pestaña **Vista**, haga clic en el botón **Nueva ventana** del grupo **Ventana**.

  *Inmediatamente, una nueva ventana con el nombre **Nombre de libro:2** se superpone a la ventana de origen.*
- Muestre las ventanas en mosaico (véase Organizar la vista de las ventanas).
- Desplace el contenido de cada ventana con el fin de visualizar en cada una de ellas una zona diferente del libro.

Excel Microsoft 365

Al trabajar en una ventana u otra se modifica todo el libro, no solo la hoja activa en la ventana.

Organizar la vista de las ventanas

Otra posibilidad que existe es ver en pantalla al mismo tiempo las ventanas abiertas de uno o de varios libros.

- Active la ventana deseada.
- En la pestaña **Vista**, haga clic en el botón **Organizar todo** del grupo **Ventana**.

  Aparece un cuadro de diálogo en el que puede seleccionar la disposición de las ventanas.

- Seleccione la disposición de las ventanas. La opción **Mosaico** muestra las ventanas unas al lado de otras, mientras que la opción **Cascada** permite superponer las ventanas con una pequeña separación, de forma que la barra de título de cada una de ellas esté accesible.
- Si tiene abiertos varios libros y el libro activo contiene varias ventanas, active la opción **Ventanas del libro activo** si solo desea ver las ventanas creadas para el libro activo (véase Mostrar un libro en dos ventanas distintas).
- Haga clic en **Aceptar**.

Dado que ahora cada libro dispone de su propia ventana independiente, también puede hacer clic y, sin soltar el botón del ratón, arrastrar la ventana de Excel que elija a uno de los lados de su pantalla (o de sus pantallas).

Mostrar u ocultar una ventana

Excel permite ocultar las ventanas sin necesidad de cerrarlas.

- Para ocultar una ventana, empiece por activarla.
- En la pestaña **Vista**, haga clic en el botón **Ocultar** del grupo **Ventana**.
- Para ver una ventana oculta, haga clic en el botón **Mostrar** del grupo **Ventana**.
- En el cuadro de diálogo **Mostrar** que aparece a continuación, haga clic en el nombre de la ventana y luego en el botón **Aceptar** o haga doble clic sobre su nombre.

Inmovilizar y movilizar filas y columnas

Esta operación permite inmovilizar filas o columnas en la pantalla con el fin de que aparezcan, unos al lado de otros, datos que de otra manera aparecerían separados al ir haciendo avanzar la hoja de cálculo.

- Active la pestaña **Vista**.
- Para bloquear una fila, haga que se desplace, si es preciso, el contenido de la ventana para ver la fila en cuestión como primera fila de la ventana. Haga clic en el botón **Inmovilizar** del grupo **Ventana** y active la opción **Inmovilizar fila superior**.
- Para bloquear una columna, colóquela como si fuera la primera columna de la ventana. Haga clic en el botón **Inmovilizar** del grupo **Ventana** y active la opción **Inmovilizar primera columna**.
- Para bloquear las primeras filas y columnas de la ventana, haga clic en la celda situada a la derecha de las columnas y debajo de las filas que desea bloquear. Luego haga clic en el botón **Inmovilizar** del grupo **Ventana** y active la opción **Inmovilizar paneles**.

Excel Microsoft 365

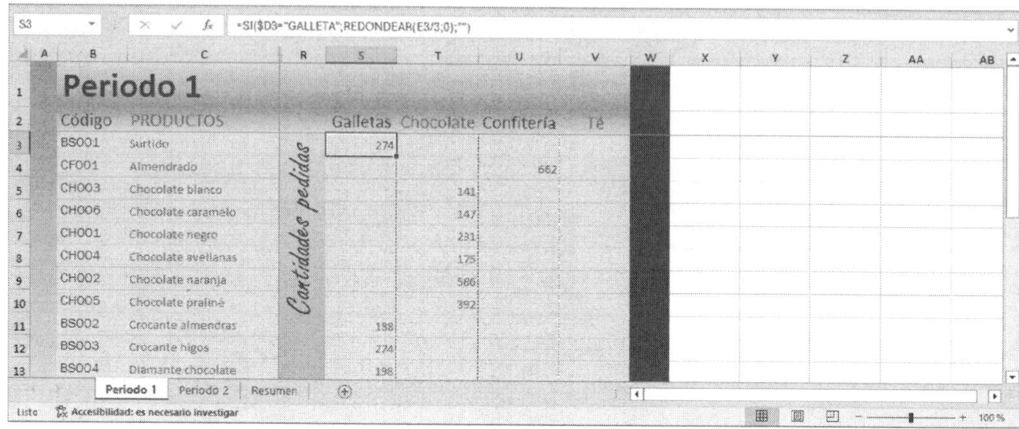

Fijar las columnas A, B y C permite mostrar las columnas C y R una al lado de la otra.

- Para liberar las filas y columnas bloqueadas, haga clic en el botón **Inmovilizar** del grupo **Ventana** y active la opción **Movilizar paneles.**

Dividir una ventana en varios paneles

Siguiendo el mismo principio descrito en el apartado anterior, también es posible dividir la ventana en dos o cuatro paneles. Esta función ofrece la posibilidad de desplazar de forma independiente el contenido de cada panel de la ventana.

- Para dividir la ventana, haga clic en la celda situada a la derecha y debajo del lugar donde desea dividir la hoja de cálculo.
- Active la pestaña **Vista** y haga clic en el botón **Dividir** del grupo **Ventana.**

Cada panel dispone de sus propias barras de desplazamiento: puede hacer que se desplace el contenido de cada panel con independencia de los demás.

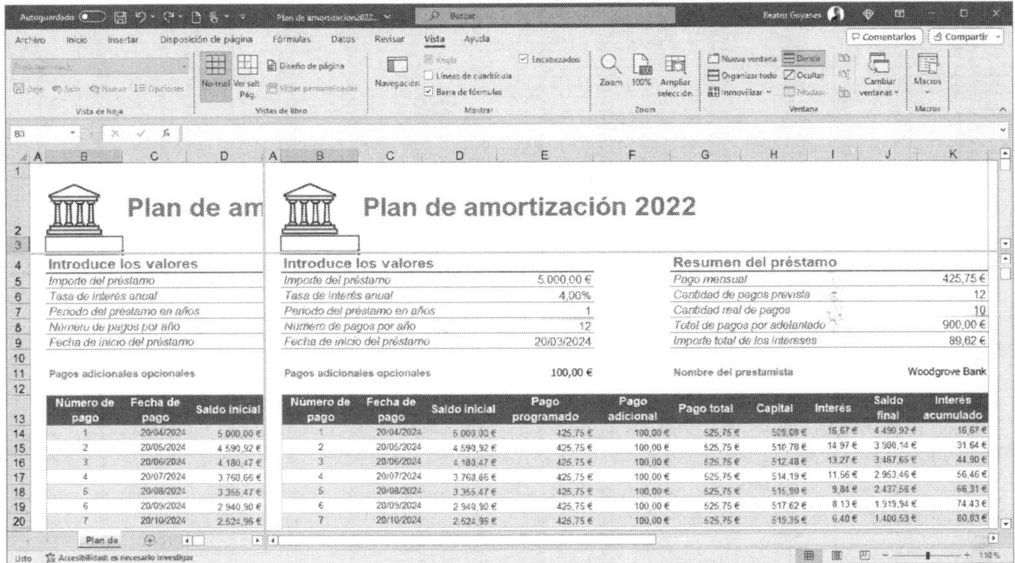

- Para modificar una división, haga clic en la barra de separación y, sin soltar el botón del ratón, arrástrela hasta ubicarla en el lugar que desee.
- Para suprimir la división, haga clic de nuevo en el botón **Dividir** del grupo **Ventana** de la pestaña **Vista**.

  También puede hacer doble clic en la barra de división (horizontal o vertical) para suprimir la separación.

Observe que los **Controles de división** que le permitían, en versiones anteriores de Excel, dividir la ventana en paneles en cualquier punto de la hoja de cálculo se han eliminado de las versiones Excel 2013 y posteriores.

Crear un nuevo libro vacío

Los archivos creados en Excel Microsoft 365 reciben el nombre de libros.

- Haga clic en la pestaña **Archivo** y seguidamente en la opción **Nuevo**.
- Haga clic en la viñeta **Libro en blanco**.

*Se abre una nueva ventana vacía con el nombre **Libro** seguido de un número.*

Otra posibilidad para crear un nuevo libro consiste en hacer clic en la viñeta **Libro en blanco** de la página de Inicio de Excel o simplemente usar el método abreviado de teclado Ctrl **U**.

Crear un libro basado en una plantilla

Se trata de crear un nuevo libro a partir de una plantilla diferente a la usada para los libros en blanco: bien a partir de una de las plantillas predefinidas de Excel, bien a partir de una plantilla creada por usted mismo (véase Crear una plantilla de libro personalizada).

Crear un libro basándose en una de las plantillas propuestas

- En la parte derecha de la página de Inicio, o en la pestaña **Archivo** - opción **Nuevo**, Excel ofrece algunas plantillas predeterminadas que se muestran en forma de viñetas.

*En este ejemplo, se trata de la opción **Nuevo** de la pestaña **Archivo**.*

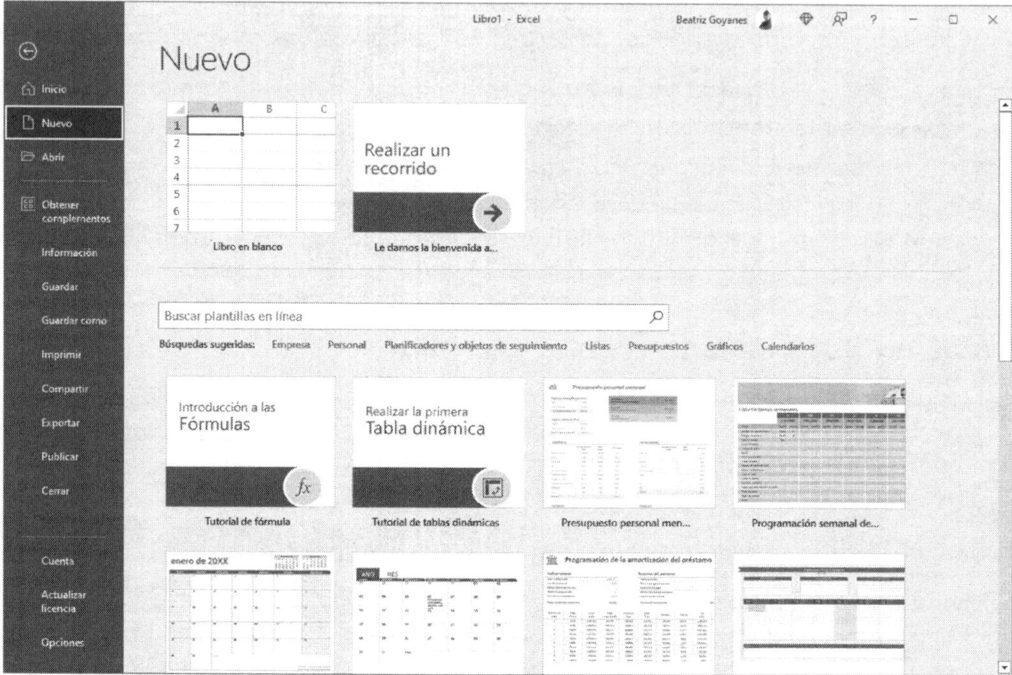

*Si usted ha creado por lo menos una plantilla personalizada, las plantillas se distribuyen en dos grandes grupos: **Office** y **Personal**. En caso contrario, solo aparecerán las plantillas preestablecidas de Excel.*

Observe que el nombre de la plantilla destacada aparece debajo de su viñeta y proporciona una idea del tema que trata dicha plantilla.

- Si es preciso, active el vínculo **Office** para que se muestre una lista de las plantillas preestablecidas por Excel.
- Utilice la barra de desplazamiento vertical para que se muestren las demás plantillas.
- Para crear una nueva plantilla a partir de una plantilla preestablecida, haga clic en la viñeta que corresponda a la plantilla que desea usar.

En una ventana de vista previa se muestran tanto la descripción de la plantilla elegida como una previsualización de su diseño:

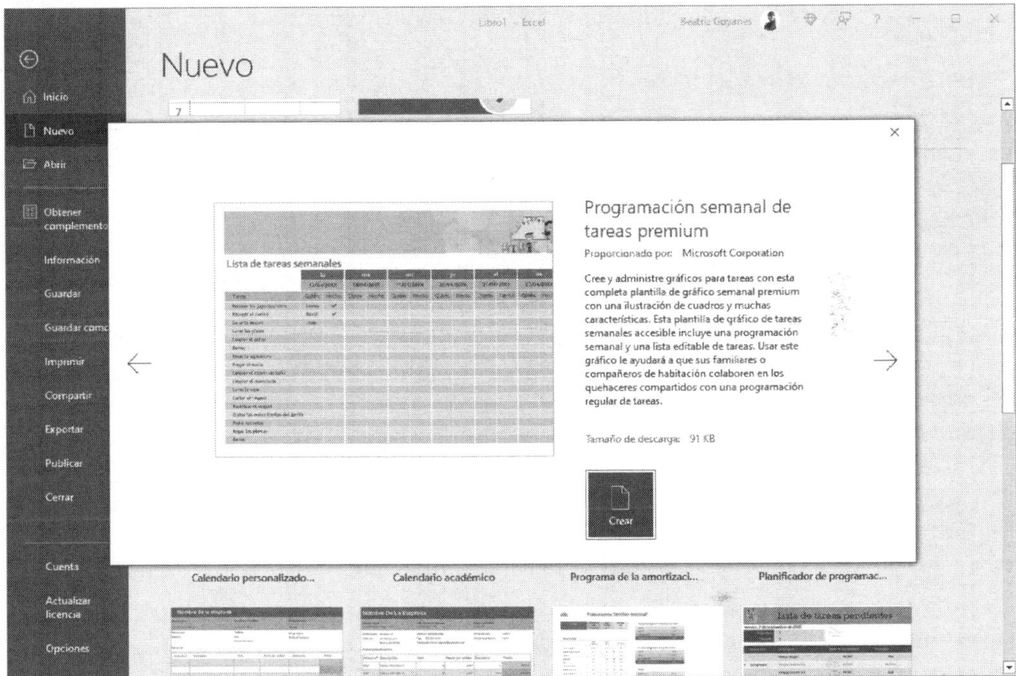

- Para mostrar la descripción de la plantilla anterior o de la siguiente, haga clic en la flecha de la izquierda o de la derecha, según el caso.
- Para cerrar la ventana de vista previa sin crear ningún libro nuevo, haga clic en la herramienta de cierre [X] situada en el ángulo superior derecho.
- Para crear un nuevo libro a partir de la plantilla seleccionada, haga clic en el botón **Crear** de la ventana de vista previa.

  Si la plantilla no se ha instalado aún en su cuenta de usuario, Excel la descarga automáticamente desde el sitio de Microsoft.

  Se abre una nueva ventana con los datos de la plantilla escogida.

  Observe que el nombre del nuevo libro creado es idéntico al de la plantilla, pero seguido de un número. Por ejemplo: ***Programación semanal de tareas premium1****.*
- Lleve a cabo las modificaciones oportunas y guarde el libro como libro nuevo.

 Para adjuntar (fijar) una plantilla a la página de Inicio o a la página **Nuevo** de modo que pueda accederse fácilmente a ella, señale su viñeta y haga clic en el icono .

Para separar la plantilla de la lista, señale su viñeta y haga clic en el icono .
También puede usar las opciones **Anclar a la lista** o **Desanclar de la lista**, según el caso, del menú contextual de la viñeta (clic derecho).

Crear un libro basado en una plantilla personalizada

- Desde la página de Inicio de Excel o la ventana **Nuevo** (pestaña **Archivo** - opción **Nuevo**), active el vínculo **Personal** (aparece únicamente si ha creado con anterioridad una plantilla personalizada, véase Crear una plantilla de libro personalizada).

  Las plantillas personalizadas se almacenan generalmente en una carpeta reservada para las plantillas: C:\Usuarios\nombre_usuario\Documentos\Plantillas personalizadas de Office.

  *La **Ubicación predeterminada de plantillas personales** está definida (aunque puede modificarse) en las **Opciones de Excel** (pestaña **Archivo** - opción **Opciones** - categoría **Guardar** - zona **Guardar libros**).*

- Haga clic en la viñeta de la plantilla que desea usar.

  Aparece una nueva ventana con los datos de la plantilla escogida. Esta ventana recibe el mismo nombre que la plantilla, pero seguido de un número.

- Lleve a cabo las modificaciones oportunas y guarde el libro como libro nuevo.

Buscar una plantilla en línea

- Desde la página de Inicio de Excel o la ventana **Nuevo** (pestaña **Archivo** - opción **Nuevo**), haga clic en el cuadro **Buscar plantillas en línea**.

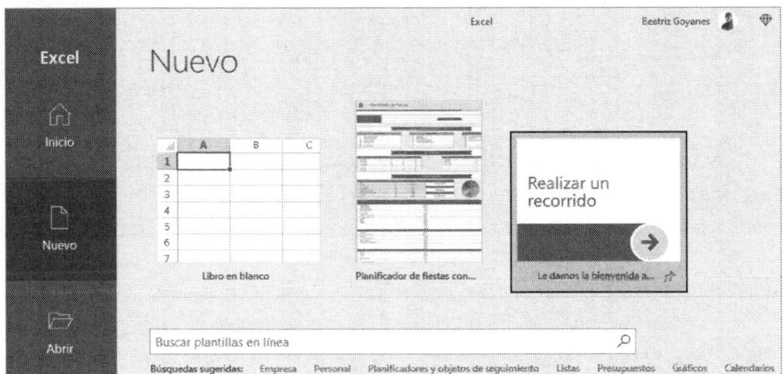

- Introduzca una o varias palabras claves e inicie la búsqueda pulsando el icono 🔍 o la tecla ⏎.

Excel sugiere algunas soluciones en forma de viñetas en función de las palabras clave que haya introducido:

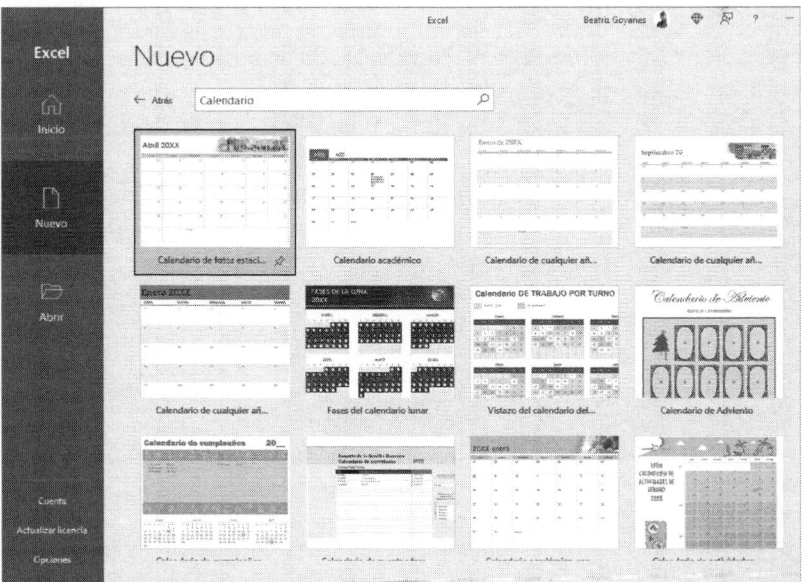

*El botón **Atrás** vuelve a la vista de todas las plantillas.*

- Haga clic a continuación en la viñeta de la plantilla que desee utilizar y luego en el botón **Crear** de la correspondiente ventana de vista previa.

Una vez descargada la plantilla, aparecerá una nueva ventana con los datos de la plantilla escogida. Una vez más, la ventana recibe el mismo nombre que la plantilla, seguido de un número.

- Lleve a cabo las modificaciones oportunas y guarde el libro como libro nuevo.

También puede utilizar los vínculos de **Búsquedas sugeridas** haciendo clic en el tema que prefiera (debajo del cuadro **Buscar plantillas en línea** de la página de **Nuevo** de Excel): **Empresa**, **Personal**, **Planificadores y objetos de seguimiento**, **Listas**, **Presupuestos**, etc.

Crear una plantilla de libro personalizada

Una plantilla es un documento que contiene hojas de cálculo, datos con formato, fórmulas de cálculo, etc., que pueden aprovecharse para crear nuevos libros.

- Elabore el libro-plantilla integrando en él los elementos que tendrá en común con los futuros libros que se crearán a partir de dicha plantilla; proteja, si es preciso, hojas o celdas (véase el capítulo Protección).
- Haga clic en la pestaña **Archivo** y luego en la opción **Guardar como**.
- Haga clic en el botón **Examinar** del panel central.
- Abra la lista **Tipo** y escoja la opción **Plantilla de Excel (*.xltx)**.

También puede usar el comando **Archivo - Exportar**, seleccionar **Cambiar el tipo de archivo**, activar **Plantilla** y hacer clic en **Guardar como**.

*La carpeta de almacenamiento por defecto es **Plantillas personalizadas de Office**, situada en la carpeta **Documentos** del disco duro.*

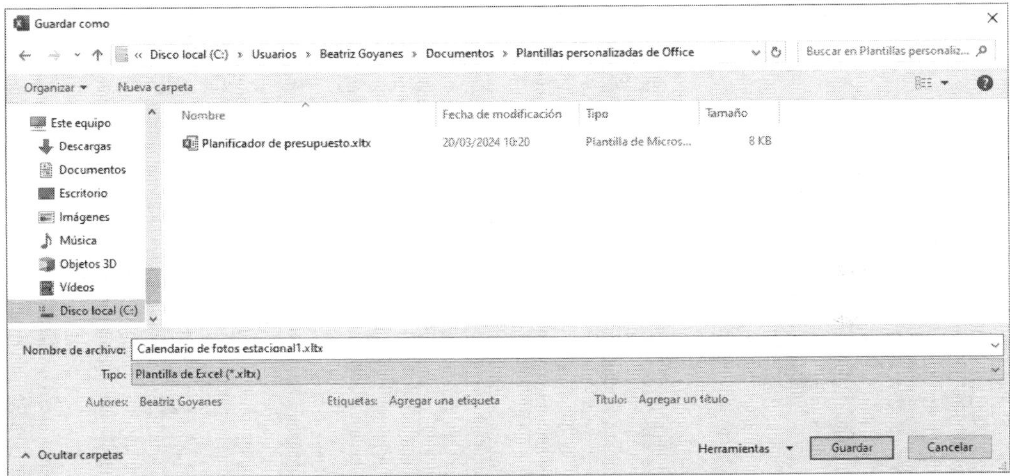

*La ubicación predeterminada de las plantillas está definida (aunque puede modificarse) en las **Opciones de Excel** (pestaña **Archivo - Opciones** - categoría **Guardar** - zona **Guardar libros** - campo **Ubicación predeterminada de plantillas personales**).*

- Especifique el nombre de la plantilla completando la zona **Nombre de archivo.**
- Haga clic en el botón **Guardar**.

La extensión atribuida a los archivos de plantilla es **.xltx** (dependiendo de la configuración de Windows, la extensión puede estar oculta).

Para modificar una plantilla personalizada, ábrala y proceda como si se tratase de un libro cualquiera. Para crear un libro basado en una plantilla personalizada, revise el apartado correspondiente en este mismo capítulo.

Las plantillas personalizadas aparecen en la lista **Personal** de la ventana de **Nuevo** de Excel (pestaña **Archivo - Nuevo**).

También puede crear un libro nuevo a partir de uno ya existente seleccionando la opción **Abrir una copia** del menú contextual del archivo en la lista de archivos recientes (pestaña **Archivo** - **Abrir** - **Recientes**):

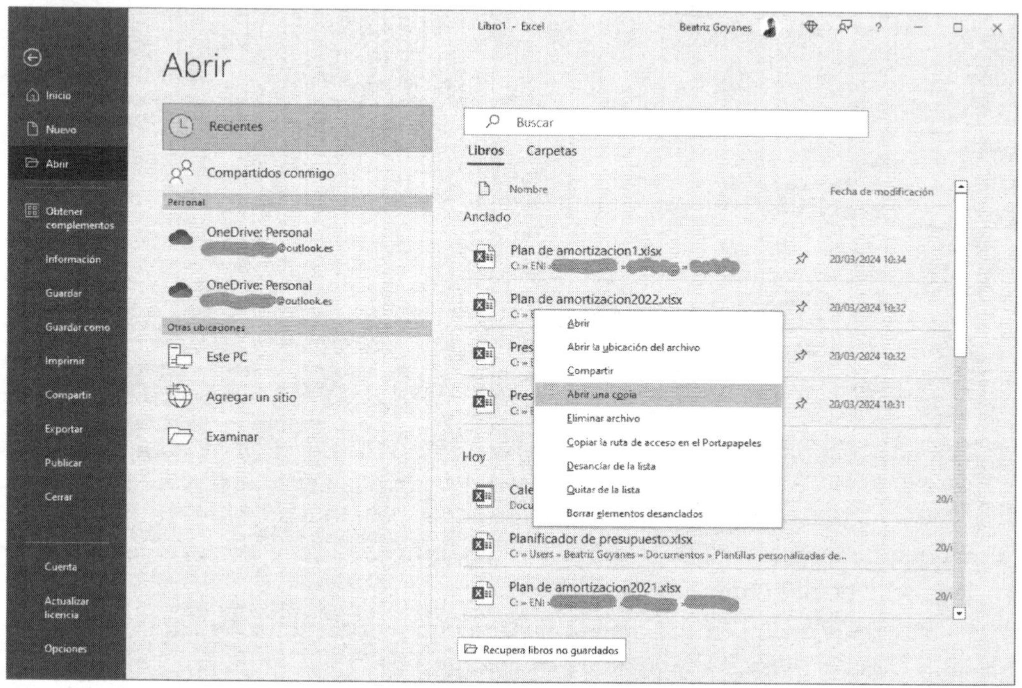

Abrir un libro

Haga clic en la pestaña **Archivo** y luego en la opción **Abrir** o bien Ctrl **A**.

*Por defecto, y dado que el modo Backstage está activado para abrir (y guardar) libros, no se ve directamente el cuadro de diálogo **Abrir**, sino la pantalla siguiente.*

*Observe que, para mostrar ocasionalmente el cuadro de diálogo **Abrir** en lugar de esta pantalla, puede utilizar el método abreviado de teclado Ctrl F12 en lugar de Ctrl A.*

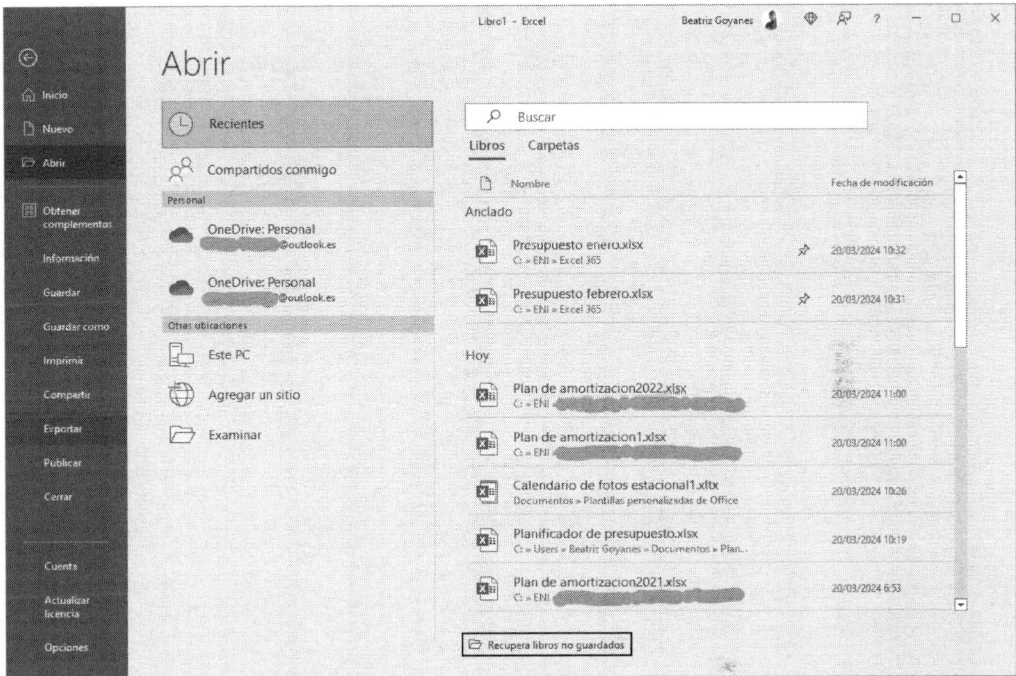

*En la vista Backstage, Excel ofrece la posibilidad de acceder con rapidez a los archivos usados recientemente (opción **Recientes**), así como a todas las publicaciones desde las cuales su cuenta de usuario puede abrir archivos (en nuestro ejemplo, **OneDrive: Personal** para el espacio de almacenamiento en línea personal y **Este PC** para los datos guardados en el disco duro).*

*El botón **Recupera libros no guardados**, situado en la lista de los libros recientemente utilizados, permite mostrar el contenido de la carpeta C:\Usuarios\Nombre_usuario\AppData\Local\Microsoft\Office\UnsavedFiles, en el que Excel efectúa los guardados automáticos (generalmente cada 10 minutos) (véase Recuperar una versión anterior de un archivo).*

- Para abrir uno de los libros usados recientemente, active (si aún no lo ha hecho) la opción **Recientes** y haga clic en el libro que desee abrir de la lista de la derecha.
- Para abrir un libro guardado en su ordenador, seleccione **Este PC**.

  Para abrir un libro guardado en OneDrive, seleccione el espacio **OneDrive** correspondiente: **OneDrive - nombre de la empresa** o **OneDrive - Personal**.

  Para abrir un libro guardado en un sitio de equipo SharePoint o un equipo Teams, seleccione **Sitios - nombre de la empresa**.

*Si ha elegido la opción **Este PC**, el panel derecho muestra los archivos y las subcarpetas de la carpeta **Documentos**; si ha elegido la opción **OneDrive**, el panel derecho muestra los archivos y las subcarpetas de su espacio de almacenamiento **OneDrive: Personal**:*

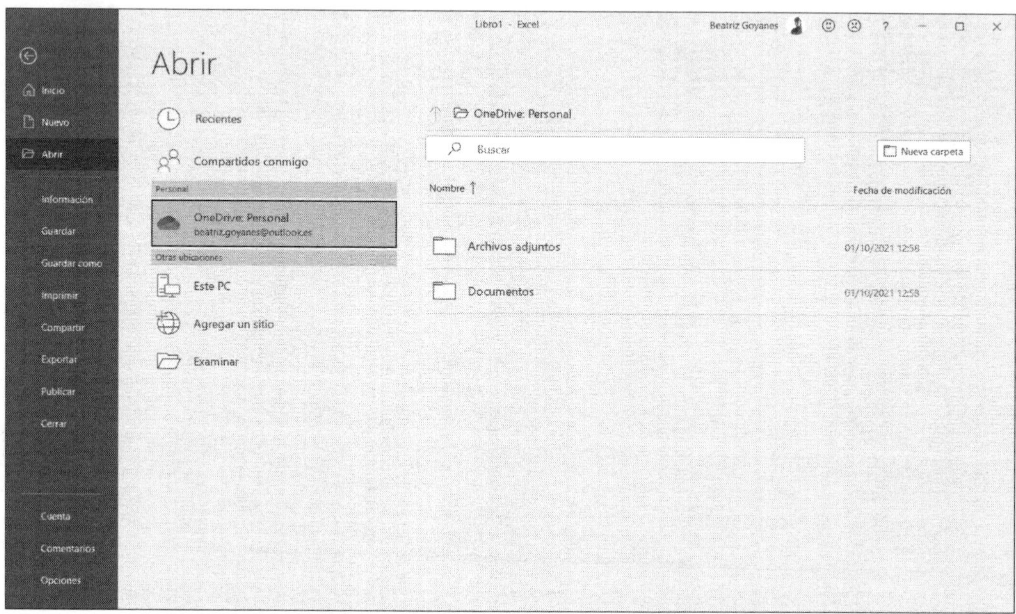

- Para buscar el archivo que hay que abrir, haga clic en la carpeta en la que se ha guardado este archivo si aparece en el panel derecho y luego en el libro en cuestión.

  La herramienta , que aparece al lado de la carpeta abierta (en la parte superior del panel derecho), sirve para acceder a la carpeta de nivel superior.

- Si la carpeta de almacenamiento del libro que quiere abrir no se encuentra en la estructura de carpetas que se muestra, haga clic en la opción **Examinar** del panel central.

  *Para acceder al cuadro de diálogo **Abrir**, también puede hacer clic en el nombre de la carpeta o de las carpetas abiertas, en la parte superior de la lista del panel derecho.*

  *En el cuadro de diálogo **Abrir**, la barra de direcciones contiene los botones de navegación, seguidos de la ubicación de almacenamiento del archivo mostrada en forma de vínculos. Además, integra una zona de búsqueda (**Buscar...**).*

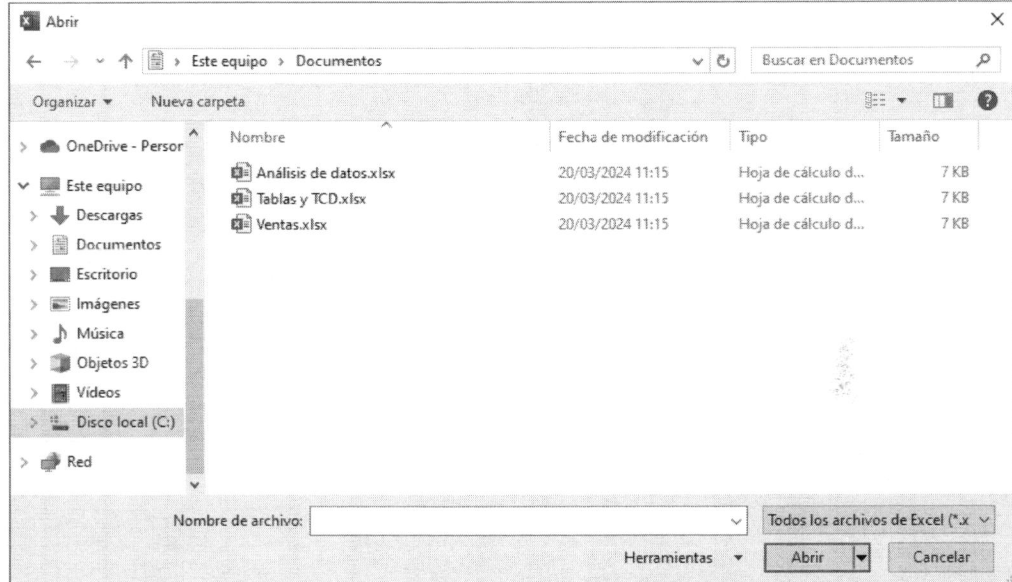

Si la longitud de la ventana no basta para mostrar la ruta completa, el primer elemento o los primeros elementos se reemplazan por comillas angulares:

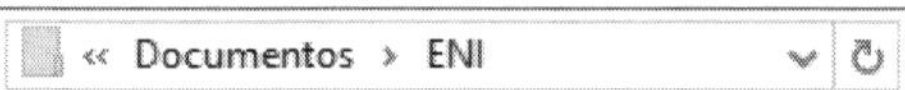

Para ver la ruta completa, puede hacer más grande la ventana arrastrando uno de sus bordes.

*En el panel de navegación, a la izquierda de la ventana, aparecen los datos propios de su ordenador: la lista **Acceso rápido**, las ubicaciones **OneDrive**, **Este equipo** y **Red**.*

- En el panel de navegación, haga clic en la carpeta de almacenamiento que contiene el archivo que desea abrir.

Su contenido se muestra en el panel de vista previa, en la parte derecha de la ventana.

- Para modificar la vista de la lista de los documentos, abra la lista de la herramienta **Cambia la vista** y escoja la opción que desee haciendo clic en su nombre o arrastrando el cursor vertical:

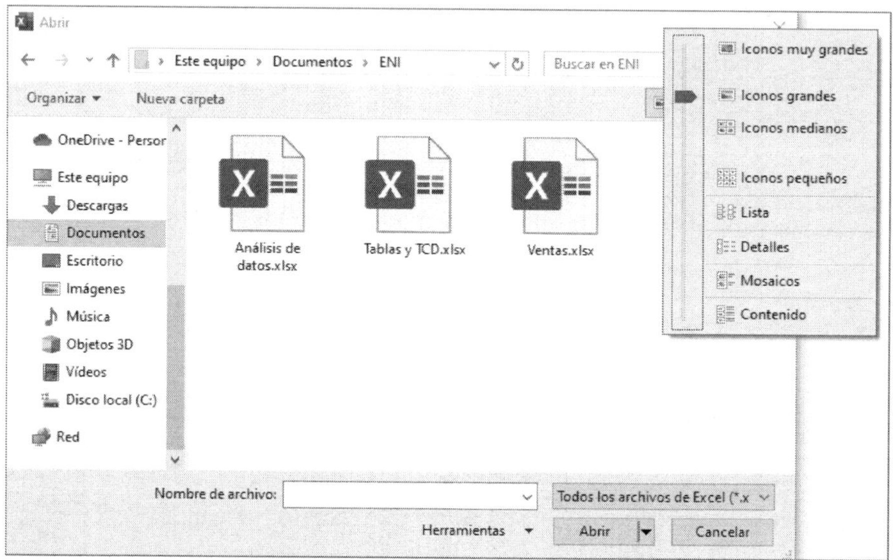

- Para abrir un libro, haga doble clic en su nombre; para abrir varios libros al mismo tiempo, haga clic en el primero y luego:
  - Si los libros están contiguos, pulse la tecla Mayús a la vez que hace clic en el último libro.
  - Si los libros no están contiguos, pulse la tecla Ctrl a la vez que hace clic en cada uno de los libros.
- Haga clic en el botón **Abrir**.

Para conservar un libro en la lista **Recientes**, señale su nombre y haga clic en el símbolo **Anclar este documento en la lista**, que aparece a la derecha del nombre del libro correspondiente. El símbolo se transforma entonces en **Desanclar este documento de la lista**.

Para modificar el número de documentos que pueden mostrarse (50 por defecto) en la lista **Recientes**, abra el cuadro de diálogo **Opciones de Excel** (pestaña **Archivo** - **Opciones**) y haga clic en la categoría **Avanzadas**; especifique el valor que desee en la zona asociada a la opción **Mostrar este número de libros recientes** de la zona **Presentación**.

También puede abrir un libro en la aplicación de escritorio desde su espacio OneDrive personal o profesional, mediante la opción **Abrir** en **Excel** a la que se accede mediante el botón **Mostrar acciones** .

Guardar un libro

Guardar un nuevo libro

Los libros que no se han guardado nunca no tienen un nombre personalizado (p. ej.: Libro1, Libro2...) ni uno provisional (p. ej.: Plantilla1, Plantilla2...). Si apaga el ordenador antes de guardar un archivo, perderá todos los cambios que haya hecho en ese archivo.

Haga clic en la herramienta **Guardar** de la barra de herramientas de **acceso rápido** o Ctrl **G.**

*Aparece la ventana **Guardar este Archivo:***

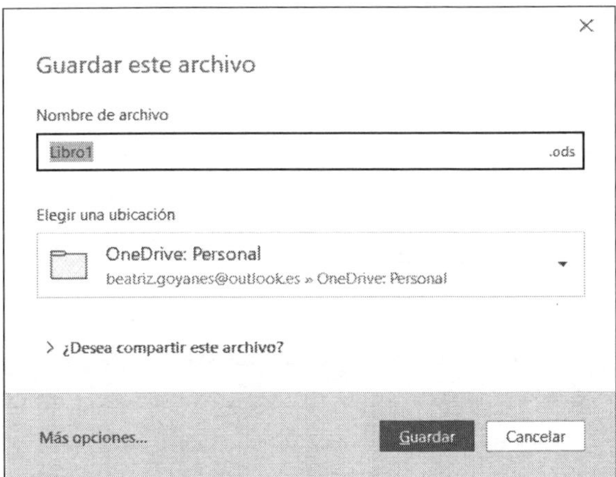

*En vínculo **Más opciones...** permite acceder a la opción **Guardar como** de la pestaña **Archivo.***

Escriba el nombre del libro en la zona **Nombre del archivo.**

- En la lista **Elegir una ubicación**, seleccione la carpeta donde desea guardar el archivo si aparece en la lista y luego haga clic en el botón **Guardar**.

  Si la carpeta no aparece en la lista, haga clic en **Más ubicaciones.**

  *Aparece la opción **Guardar como** de la pestaña **Archivo**.*

  *De manera predeterminada, la opción **Recientes** del panel central propone, a la derecha, las carpetas usadas recientemente junto con las usadas con más frecuencia:.*

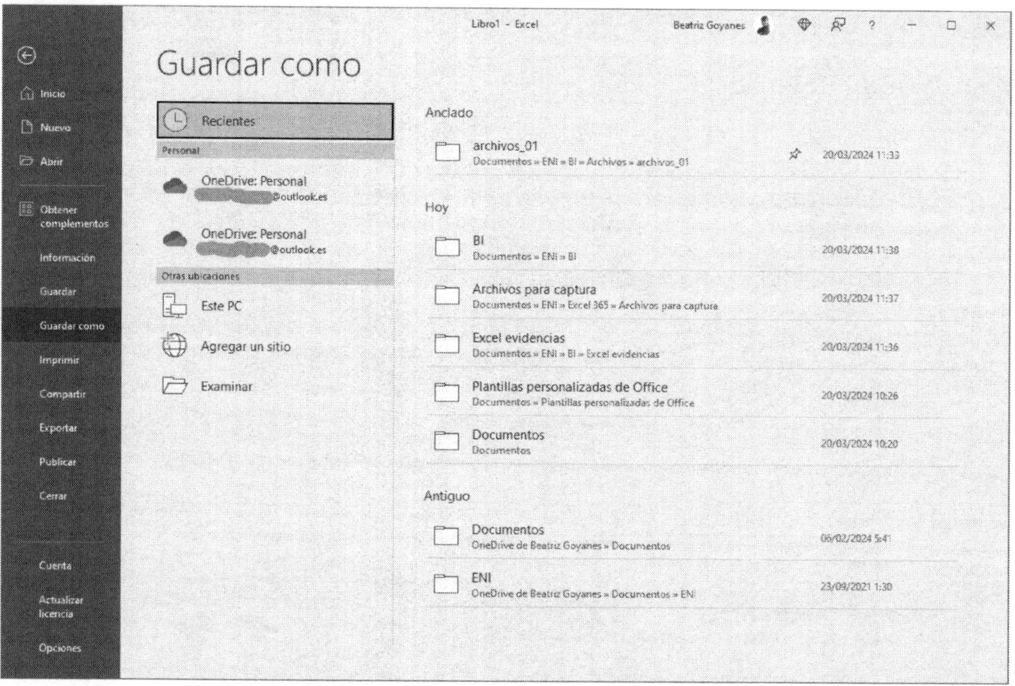

- Si la carpeta de guardado del archivo aparece en el panel derecho, haga clic sobre ella. En caso contrario, para guardar el libro nuevo en su ordenador, seleccione **Este PC**).

  Para guardarlo en un espacio OneDrive, seleccione **OneDrive - nombre de la empresa** o **OneDrive - Personal.**

  Para guardarlo en un sitio SharePoint o en un equipo Teams, seleccione **Sitios - Nombre de la empresa.**

*Si selecciona la ubicación **Este PC**, el panel derecho muestra de manera predeterminada el contenido de la carpeta **Documentos**; si selecciona una ubicación **OneDrive**, lo que aparece en el panel derecho es el contenido del espacio de almacenamiento:*

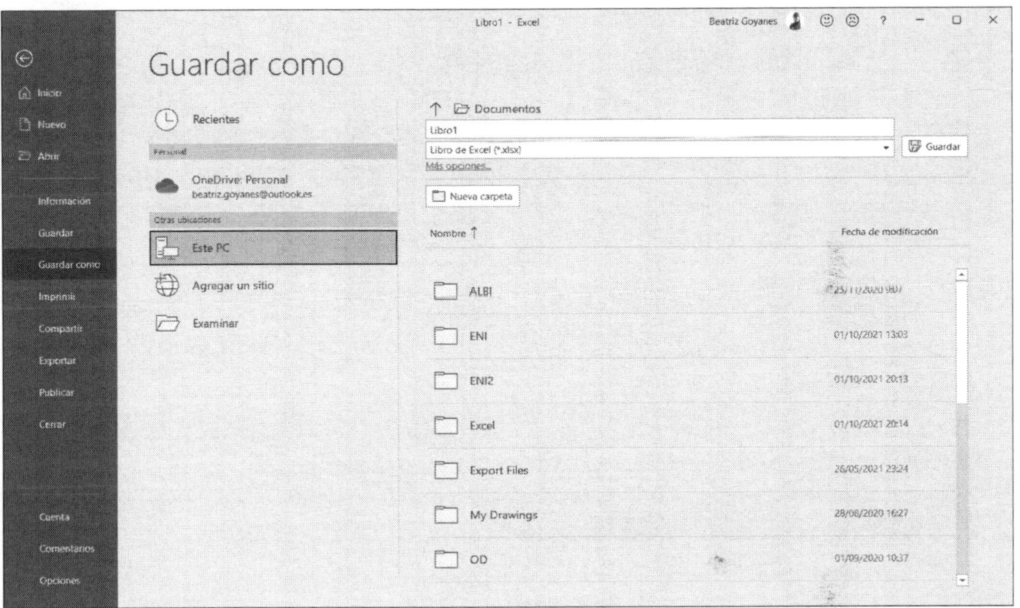

- Si es preciso, haga clic en la carpeta donde desea guardar el archivo o, para guardarlo en otra ubicación, haga clic en la herramienta [↑], visible en la parte superior del panel derecho. Accederá a la carpeta raíz y podrá navegar por las carpetas del equipo de trabajo.
- Escriba el nombre del archivo en el cuadro de escritura.

  *La siguiente lista permite seleccionar formatos de archivo diferentes. El enlace **Más opciones** abre el cuadro de diálogo **Guardar como**.*
- Haga clic en **Guardar**.

Un libro de Excel lleva la extensión **.xlsx** (para que se muestre, marque la opción **Extensiones de nombre de archivo** en la pestaña **Vista** del Explorador de archivos de Windows).

Guardar un libro existente

Si el libro está guardado en su ordenador, tiene que guardar las modificaciones realizadas cada cierto tiempo. Si está guardado en OneDrive o SharePoint (Teams), el guardado automático aparece activado de manera predeterminada.

Haga clic en la pestaña **Archivo** y en la opción **Guardar** o haga clic en la herramienta **Guardar** de la barra de herramientas de **acceso rápido**, o Ctrl **G**.

El libro se guarda, en ese caso, con el mismo nombre y en su ubicación original.

Excel «memoriza» la celda activa al guardar el libro; cuando lo abra de nuevo, esa celda estará seleccionada.

Activar o desactivar el guardado automático

Cuando el guardado automático está activo, el libro en el que está trabajando se guarda cada pocos segundos.

Para activar o desactivar el guardado automático en el libro activo, haga clic en el botón **Autoguardado** que se encuentra en la barra de herramientas de acceso rápido.

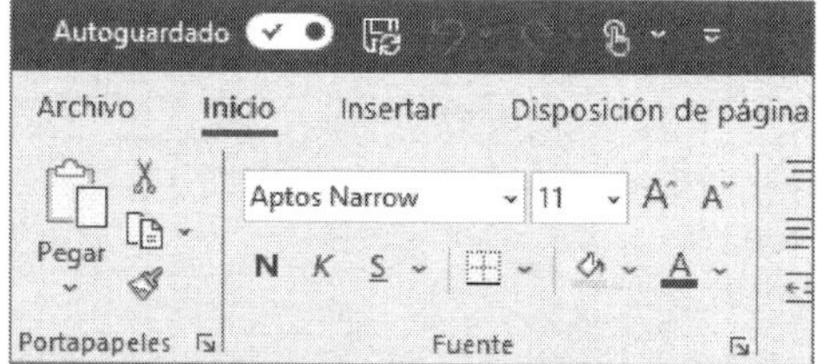

Para desactivar el guardado automático activado de manera predeterminada para todos los libros, deseleccione la opción **Archivos de autoguardado almacenados en la nube de forma predeterminada en Excel** (pestaña **Archivo - Opciones** - categoría **Guardar** - zona **Guardar libros**)

El espacio de almacenamiento en línea OneDrive

OneDrive es el servicio de almacenamiento en línea disponible con una suscripción Microsoft 365. Podrá disponer de un espacio OneDrive personal y también de un espacio OneDrive profesional.

Los datos (archivos, fotos, música...) guardados en este espacio de almacenamiento son accesibles desde cualquier ordenador o tableta que disponga de conexión a Internet: la sincronización es automática. Puede acceder a los archivos desde su ordenador profesional o personal, desde una tableta conectada a Internet por Wi-Fi o incluso desde su móvil.

En su espacio OneDrive, existen dos carpetas de forma predeterminada: la carpeta **Documentos** (para guardar sus archivos personales) y la carpeta **Imágenes** (para almacenar los archivos multimedia). Cuando un libro se ha guardado en este espacio, es posible que varios usuarios trabajen con él en tiempo real (véase el capítulo Trabajo de grupo).

Para administrar los archivos guardados en OneDrive, puede usar el Explorador de archivos de Windows: la ubicación de OneDrive aparece en el panel de navegación (panel izquierdo), aunque también puede acceder a ellos desde la dirección **OneDrive.com** o desde la página de inicio de Microsoft 365.

También puede instalar la aplicación móvil OneDrive en su tableta o smartphone (iOS o Android).

Comprobar la compatibilidad de un libro Excel Microsoft 365 con las versiones anteriores

*A los libros creados con Microsoft Office Excel 2007 o las versiones posteriores, se les asocia un nuevo formato de archivo basado en el lenguaje XML. Ahora llevan la extensión **.xlsx**, mientras que los creados con versiones anteriores a la de 2007 llevan la extensión **.xls**.*

No obstante, sigue siendo posible guardar los libros en versiones anteriores (97 a 2003), aunque se recomienda comprobar previamente la compatibilidad para detectar y resolver los posibles problemas de compatibilidad, que pueden provocar una pérdida de información.

- Abra el libro en Excel Microsoft 365.
- Haga clic en la pestaña **Archivo** y después en la opción **Información**.

- Haga clic en el botón **Comprobar si hay problemas** y luego en la opción **Comprobar compatibilidad.**

  Se abre el siguiente cuadro de diálogo:

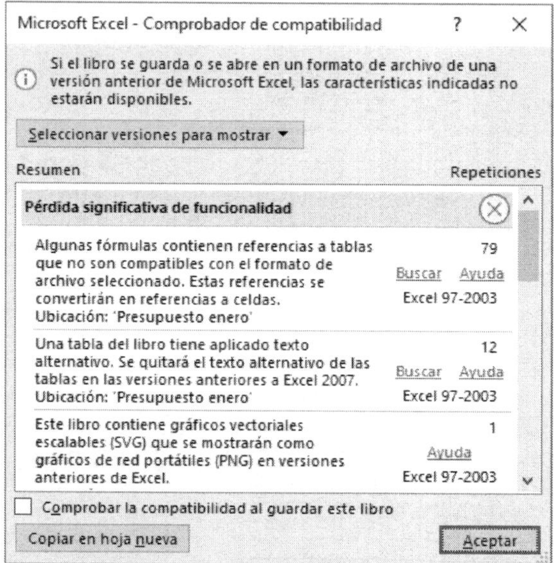

- Para comprobar la compatibilidad del libro cada vez que este se guarda, marque la opción **Comprobar la compatibilidad al guardar este libro.**
- Si se detectan problemas, haga clic en el botón **Copiar en hoja nueva** para crear un informe que recoja los problemas descritos en una hoja de cálculo distinta. En caso contrario, haga clic en el botón **Aceptar** para salir del cuadro de diálogo **Comprobador de compatibilidad.**

Puede abrir un libro de Excel Microsoft 365 en una versión anterior de Excel (97-2003). Sin embargo, las funciones mejoradas de la versión Microsoft 365 no estarán disponibles y pueden causar la pérdida de datos o del formato.

Usar libros de versiones anteriores a Excel 2007

Trabajar en modo de compatibilidad en Excel Microsoft 365

- Abra en Excel Microsoft 365 el libro creado en una versión anterior a 2007.

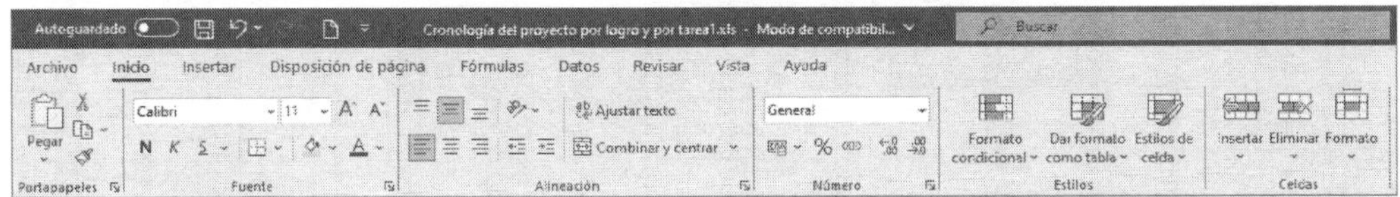

*El libro se abre automáticamente en **Modo de compatibilidad**: el término aparece al lado del nombre del archivo, en la barra de título. Se usa el formato de archivo Excel 97-2003 (.xls).*

Las nuevas funciones de Excel Microsoft 365 o aquellas que han sido mejoradas no se encuentran disponibles (para impedir la pérdida de datos y de confidencialidad cuando el libro se abra en una versión anterior a 2007).

- Trabaje y guarde las modificaciones de la forma habitual, pero teniendo en cuenta los consejos anteriores.

Al guardar los cambios se conserva el formato de archivo Excel 97-2003 (.xls).

Convertir un libro al formato de archivo Excel Microsoft 365

Cuando desee trabajar definitivamente con un libro concreto en la nueva versión de Office y aprovechar así las nuevas funciones de Excel Microsoft 365, además de reducir su tamaño, puede convertir el libro al formato nuevo.

Si el archivo que va a convertir está guardado en su disco duro, la conversión eliminará y reemplazará el archivo de la antigua versión sin que sea posible restaurarlo más adelante. En caso de que desee conservar la antigua versión del archivo, le aconsejamos que efectúe una copia y la guarde en otra ubicación antes de convertirlo.

Si el archivo que va a convertir está ubicado en su espacio de almacenamiento OneDrive, en el momento de convertirlo podrá elegir la carpeta de almacenamiento del archivo. No obstante, aunque elija el mismo nombre y la misma ubicación, el archivo original se conservará igualmente.

- Abra el libro que desea convertir al formato Excel Microsoft 365.
- Haga clic en la pestaña **Archivo** y en la opción **Información**.

- Haga clic en el botón **Convertir** situado en la parte superior del panel central.

  Si el archivo está guardado en su disco duro, aparecerá el siguiente mensaje:

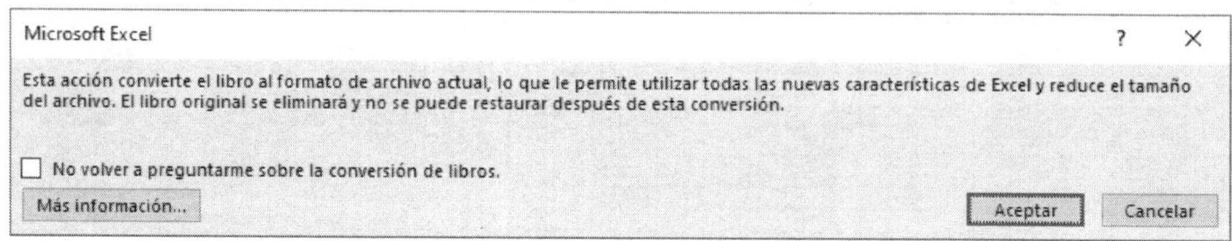

- Haga clic en el botón **Aceptar**.

  *Si el archivo está guardado en su espacio OneDrive, se abre el cuadro de diálogo **Guardar como**.*

- Asegúrese de que el **Tipo** seleccionado sea **Libro de Excel**, seleccione la carpeta de almacenamiento y especifique si es preciso el nuevo **Nombre de archivo** (puede conservar el mismo nombre, ya que la nueva extensión .xlsx lo diferenciará del otro archivo). A continuación, confirme pulsando el botón **Guardar**.

  Una vez efectuada la conversión, aparece el siguiente mensaje:

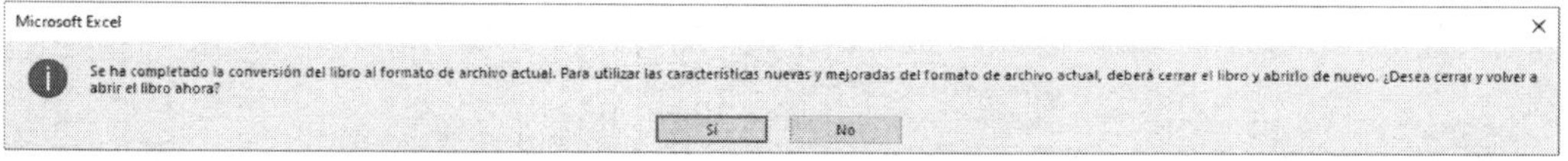

- Haga clic en el botón **Sí** para cerrar y volver a abrir el libro o en el botón **No** para conservar abierto el nuevo libro en modo de compatibilidad.

Si ha utilizado el mismo nombre de archivo en el momento de la conversión (en el caso de un archivo guardado en OneDrive), habrá dos libros con el mismo nombre, pero con extensiones distintas: **.xls** en un caso y **.xlsx** en el otro. Si no tiene activada la visualización de las extensiones, podrá diferenciar estos dos archivos mediante sus iconos (para .xls, y para .xlsx); asimismo, el **Tipo** de archivo en el Explorador es **Hoja de cálculo de Microsoft Excel** para la versión **.xlsx** y **Hoja de cálculo de Microsoft Excel 97-2003** para las versiones **.xls**.

Guardar un libro en formato PDF o XPS

Los formatos de archivos PDF y XPS son formatos que permiten distribuir documentos electrónicos (documentos transmitidos por correo electrónico). Dichos formatos conservan las fuentes, imágenes, gráficos y formato de los documentos tal y como se crearon en sus aplicaciones de origen. Un usuario puede ver, compartir e imprimir archivos PDF si tiene el programa Acrobat Reader (disponible de forma gratuita en el sitio web de Adobe) y archivos XPS si cuenta con Microsoft .NET Framework (disponible de forma gratuita en el sitio de Microsoft).

Una vez se ha guardado el archivo en los formatos PDF o XPS, ya no puede convertirse de nuevo al formato de Excel (.xls, .xlsx...) con el programa Excel, sino que solo podrá hacerse con una aplicación especializada.

- Haga clic en la pestaña **Archivo** y luego en la opción **Exportar**.
- Si es preciso, elija la opción **Crear documento PDF/XPS** en el panel central y haga clic en el botón **Crear documento PDF/XPS**.
- Si es preciso, verifique o modifique la carpeta de almacenamiento y el **Nombre de archivo** en el cuadro de texto correspondiente.
- Si es preciso, abra la lista **Tipo** y seleccione la opción **Documento XPS (*.xps)**.

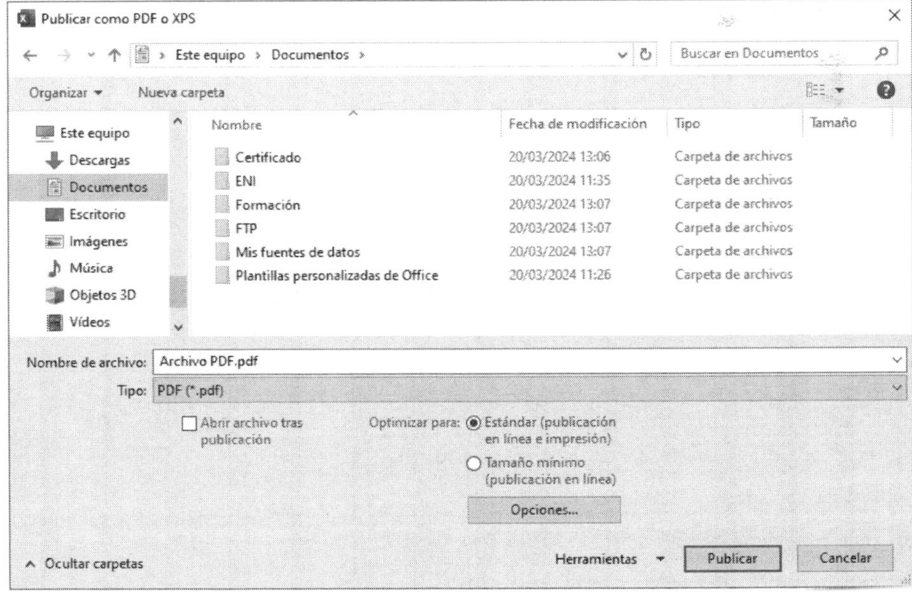

- Marque la opción **Abrir archivo tras publicación** si desea abrir el archivo (**PDF** o **XPS**) inmediatamente después de haberlo guardado.
- Active una de las opciones asociadas a la opción **Optimizar para**:

Estándar (publicación en línea e impresión)	Para obtener una buena calidad de impresión del documento: se aumenta el tamaño del archivo.
Tamaño mínimo (publicación en línea)	Si el archivo no está destinado a ser impreso: se reduce el tamaño del archivo (su calidad de impresión será menor).

- En caso necesario, modifique las **Opciones** asociadas al formato **PDF** o **XPS** haciendo clic en el botón correspondiente.

*Aquí puede ver las opciones vinculadas al formato **PDF**. Estas opciones son las mismas que las incluidas en el cuadro de diálogo del formato **XPS**, exceptuando las pertenecientes al apartado **Opciones**, situado en la parte inferior del cuadro de diálogo.*

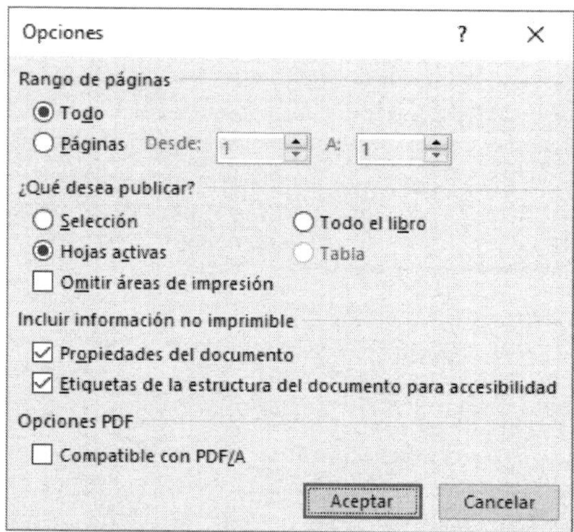

- Especifique la parte del libro que desea publicar activando una de las siguientes opciones:

Todo	Publica todas las páginas del libro.
Páginas	Publica las páginas especificadas en los cuadros **Desde** y **A**.
Selección	Publica las celdas seleccionadas.
Hojas activas	Publica la hoja u hojas seleccionadas.
Todo el libro	Publica todos los datos del libro.
Tabla	Publica la tabla seleccionada.

- Marque la opción **Omitir áreas de impresión** para imprimir toda la hoja, sin tener en cuenta las zonas de impresión existentes.
- Deje marcada la opción **Propiedades del documento** si desea incluir las propiedades del libro (título, asunto, autor...) en la versión PDF o XPS.
- Deje marcada la opción **Etiquetas de la estructura del documento para accesibilidad** si desea publicar un archivo más accesible para los usuarios con alguna discapacidad. Si se desmarca esta opción, el archivo publicado será más pequeño porque no contendrá los datos que contribuyen a mejorar la accesibilidad.
- En los archivos PDF puede activar la opción **Compatible con PDF/A** si desea que el archivo esté en ese formato (exigido en algunas administraciones).
- Haga clic en el botón **Aceptar** del cuadro de diálogo **Opciones**.
- Haga clic en el botón **Publicar**.

  Si ha solicitado abrir el archivo después de su publicación, el contenido publicado se muestra en una página del navegador de Internet o en el lector de Windows.

Word puede abrir, convirtiéndolo, un archivo en formato PDF.

Ver y modificar las propiedades de un libro

Las propiedades, también llamadas metadatos (es decir, datos que describen a otros datos; por ejemplo, las palabras de un libro son datos y el número de palabras que contiene es un metadato), es información relativa a un archivo, que lo describe o lo identifica. Comprende información como el título, el nombre del autor, el objeto, etc.

- Haga clic en la pestaña **Archivo** y luego en la opción **Información**.

*A la derecha de la ventana, el panel **Propiedades** presenta, en forma de lista, el nombre de cada propiedad, seguido de su contenido.*

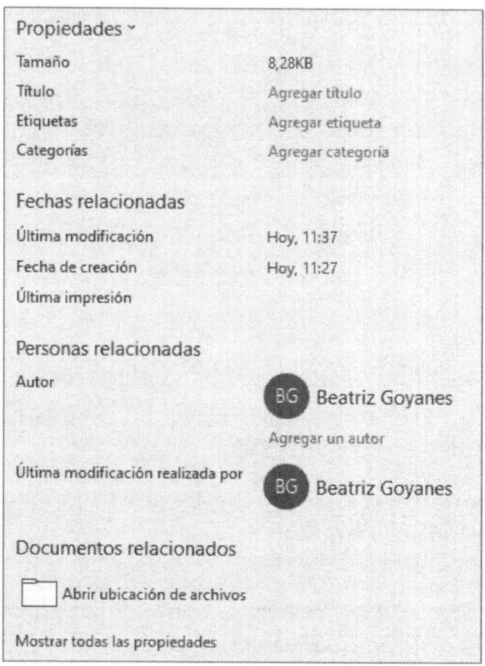

- Para mostrar todas las propiedades, haga clic en el vínculo **Mostrar todas las propiedades**; haga clic en **Mostrar menos propiedades** para reducir su número.
- Para modificar una de las **Propiedades**, haga clic en el campo asociado al nombre de la propiedad e introduzca el título de la etiqueta que desee. Para añadir varias etiquetas, sepárelas con punto y coma (;). Confirme mediante la tecla ↵.
- Para volver al libro y guardar automáticamente los cambios efectuados, haga clic de nuevo en la flecha .

Administrar las propiedades avanzadas

- Para mostrar las propiedades específicas, abra la lista **Propiedades** y escoja la opción **Propiedades avanzadas.**

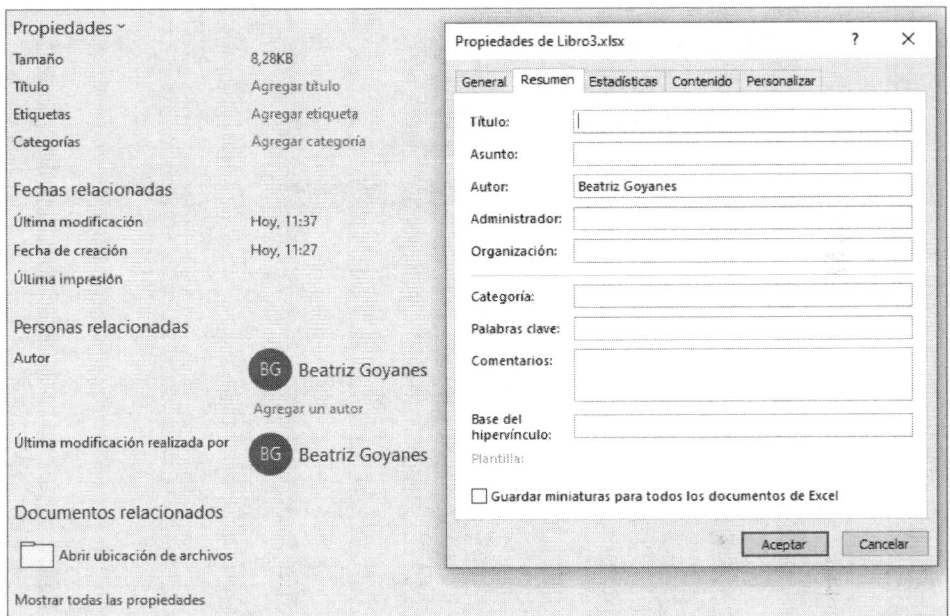

- Efectúe las modificaciones que desee y confirme con **Aceptar**.

Comparar libros en paralelo

- Si es preciso, active uno de los dos libros: en la pestaña **Vista**, haga clic en el botón **Cambiar ventanas** y luego en el nombre del libro que desea ver.

  También puede hacer clic en la ventana correspondiente para activarla.

- En la pestaña **Vista**, haga clic en el botón **Ver en paralelo** del grupo **Ventana**.

  *Si hay más de dos libros abiertos, aparece el cuadro de diálogo **Comparar en paralelo**.*

- Haga clic en el nombre del segundo libro que desea comparar.

  *Los dos libros aparecen en ventanas distintas, dispuestas una debajo de otra. De forma predeterminada, el contenido de los libros se desplaza a la vez, es decir, cuando se desplaza el contenido de una ventana, el otro lo hace al mismo tiempo (el botón **Desplazamiento sincrónico** de la pestaña **Vista** - grupo **Ventana** está activado).*

- Si la disposición de las ventanas no es la más conveniente, active el botón **Organizar todo**, active la opción **Vertical** y haga clic en **Aceptar**.

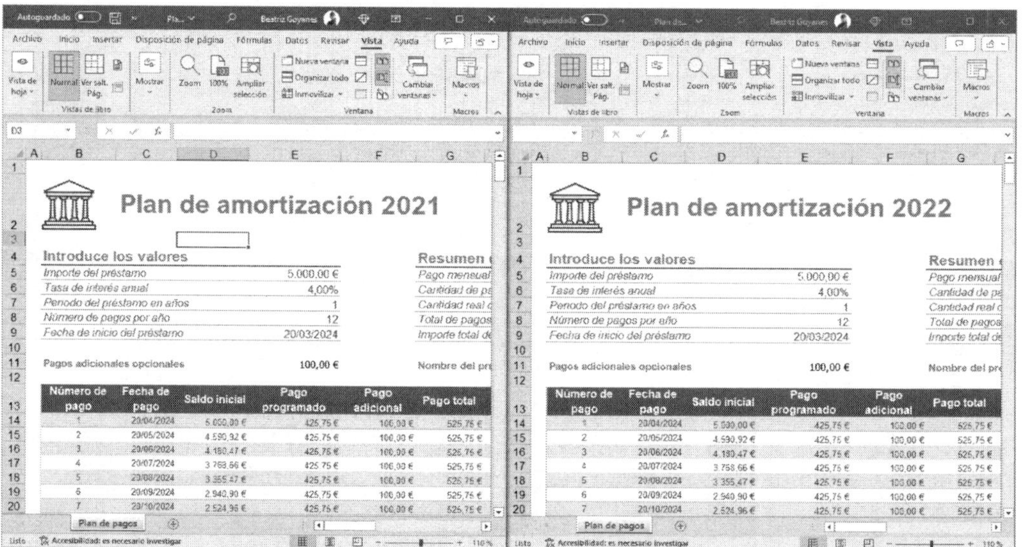

- Para desplazar el contenido de las dos ventanas de forma independiente, haga clic en el botón **Desplazamiento sincrónico** para desactivarlo.
- Si ha modificado el tamaño o la posición de las ventanas, haga clic en el botón **Restablecer posición de la ventana** en la pestaña **Vista** de uno de los documentos.

- Cuando haya terminado de comparar los documentos, haga clic en el botón **Ver en paralelo** de la pestaña **Vista** de uno de los dos libros para cerrar la vista en paralelo.

Cerrar un libro

- Haga clic en la pestaña **Archivo** y luego en la opción **Cerrar** o use el método abreviado Ctrl F4.

  Si ha modificado el libro después de la última vez que lo guardó, Excel le propone que lo guarde antes de cerrarlo.

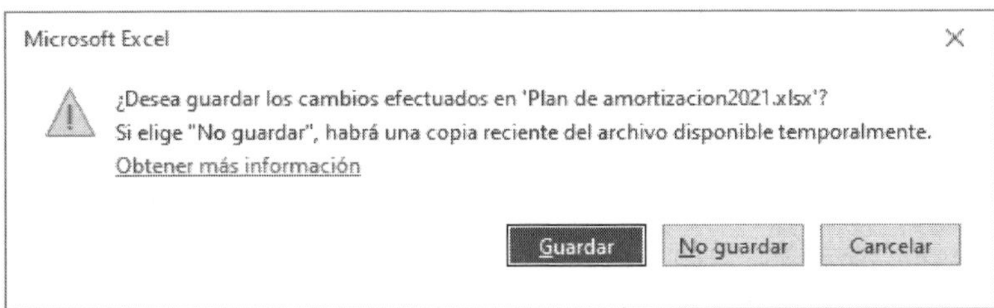

- En ese caso, haga clic en uno de los siguientes botones:

Guardar	Para guardar y cerrar el libro.
No guardar	Para cerrar el libro sin guardar los cambios introducidos en él.
Cancelar	Para cancelar la acción de cerrar el libro.

Elegir la carpeta de trabajo usada de manera predeterminada

Esta carpeta será la que se proponga automáticamente al guardar o abrir el libro.

- Haga clic en la pestaña **Archivo**, en **Opciones** y seleccione la categoría **Guardar**.
- Especifique la carpeta de trabajo que desea usar de forma predeterminada en el área de escritura **Ubicación predeterminada de archivos locales** de la zona **Guardar libros.**
- Haga clic en **Aceptar**.

Configurar la recuperación automática de los libros

A veces puede ocurrir que Excel sufra una interrupción (corte de electricidad, fallo del sistema, etc.) sin que haya tenido tiempo de guardar el trabajo en curso. El sistema de recuperación automática, activo de forma predeterminada, permite guardar los datos y el estado del programa automáticamente. Este sistema puede configurarse.

- Haga clic en la pestaña **Archivo** y, a continuación, en **Opciones** y seleccione la categoría **Guardar**.

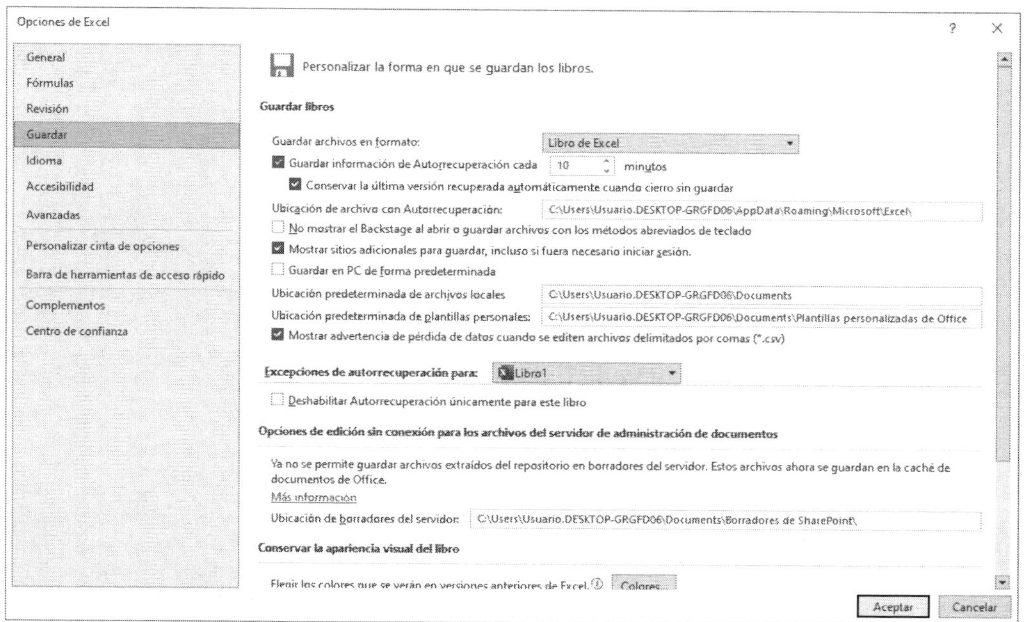

- Para activar la recuperación automática, active, en caso necesario, la opción **Guardar información de Autorrecuperación cada x minutos.**
- Especifique la frecuencia con la que desea que el programa guarde los datos en la lista **minutos.**
- Si la autorrecuperación está activada, puede marcar, en caso de que sea necesario, la opción **Conservar la última versión autoguardada cuando se cierra sin guardar** para poder restaurarla la próxima vez que se abra.

- Si es preciso, modifique la carpeta en la que el programa guarda automáticamente las versiones de los archivos con los que está trabajando en el cuadro de texto **Ubicación de archivo con Autorrecuperación**.
- Haga clic en **Aceptar**.

Recuperar una versión anterior de un archivo

Si se han activado las funciones de autorrecuperación (véase Configurar la recuperación automática de los libros), puede abrir fácilmente una versión anterior del archivo con el que trabajaba para verificar su estado o recuperarlo. Dependiendo de si ese libro se ha guardado o no por lo menos una vez, el procedimiento de recuperación es ligeramente distinto.

Recuperar un libro guardado por lo menos una vez

- Asegúrese de que el libro cuyas versiones guardadas desea visualizar esté activo.
- Haga clic en la pestaña **Archivo** y luego en **Información**.

  La lista con las versiones guardadas se muestra al lado del botón ***Administrar libro****.*

*Si se cierra un libro sin haber guardado los cambios, Excel muestra su versión con el nombre (**cuando se cerró sin guardar**).*

- Haga clic en la versión que desee abrir.

*Puede constatar mediante el botón **Cambiar ventanas** de la pestaña **Vista**, por ejemplo, que las dos versiones del archivo están abiertas:*

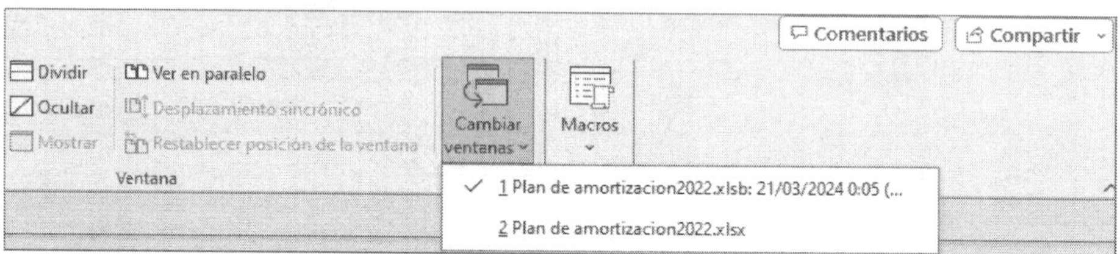

- Tras efectuar la comprobación, si desea reemplazar el archivo actual por esa versión anterior (cuyo nombre y fecha en la que fue guardado aparecen en la barra de título), haga clic en el botón **Restaurar** de la barra de información denominada **VERSIÓN RECUPERADA AUTOMÁTICAMENTE**, situada encima de la barra de fórmulas.

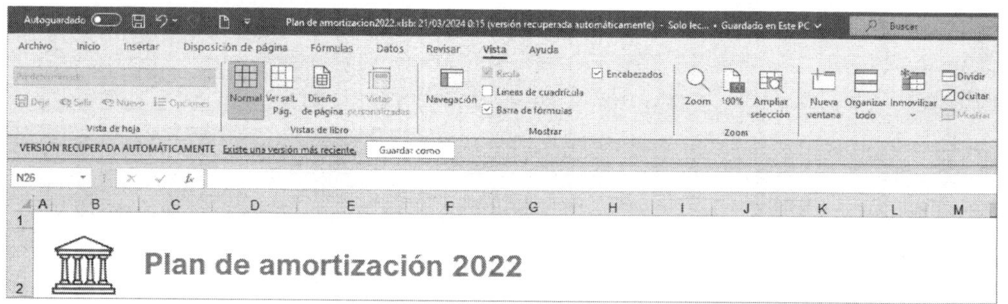

- Haga clic a continuación en el botón botón **Guardar como** para guardar la versión seleccionada.

Recuperar un libro que aún no se ha guardado

Si el libro se ha cerrado sin que se haya guardado ni una sola vez, debe saber que Excel, a pesar de todo, conserva una copia.

- Active la pestaña **Archivo** y luego el botón **Abrir**.
- Active si es preciso la opción **Recientes** del panel central.
- Active el botón **Recupera libros no guardados**, situado debajo de la lista de los libros recientes del panel derecho.

*También puede utilizar la pestaña **Archivo - Información** - botón **Administrar libro** - opción **Recupera libros no guardados**.*

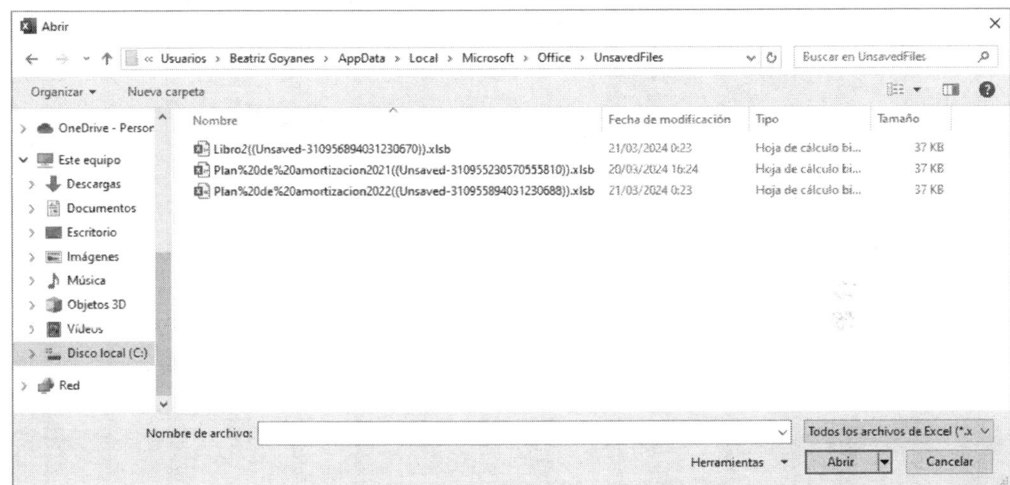

*Excel efectúa estas copias de seguridad de emergencia en la carpeta AppData\Local\Microsoft\Office\UnsavedFiles. Observe que la extensión de estos archivos de seguridad es **.xlsb**.*

- Seleccione el archivo que desea recuperar y haga clic en el botón **Abrir**.

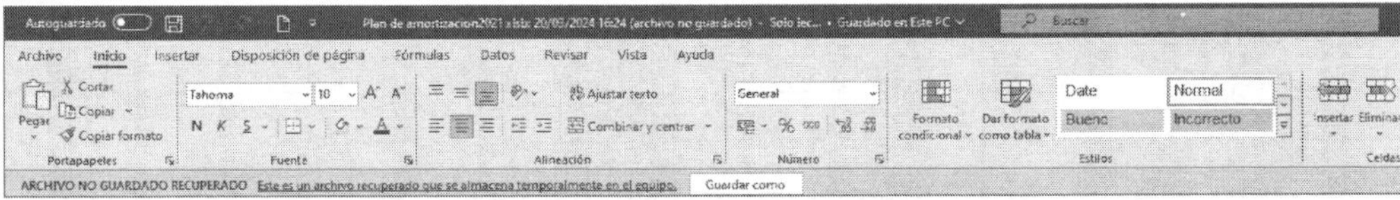

*Excel le recuerda en la barra de título el nombre del libro recuperado, seguido de la fecha y la hora en que fue guardado. También especifica que se trata de un **archivo no guardado** y que es de **solo lectura**.*

- Si desea conservar este libro, haga clic en el botón **Guardar como** de la barra de información situada bajo la cinta de opciones.
- Prosiga con el procedimiento de guardado de este archivo como si se tratase de un libro nuevo (véase Guardar un libro).

Enviar un libro por correo electrónico

Excel Microsoft 365 permite enviar libros en un correo electrónico usando el programa de correo electrónico (Outlook, Correo, etc.).

- Abra el libro que desea enviar.
- Haga clic en la pestaña **Archivo** y luego en la opción **Compartir**.

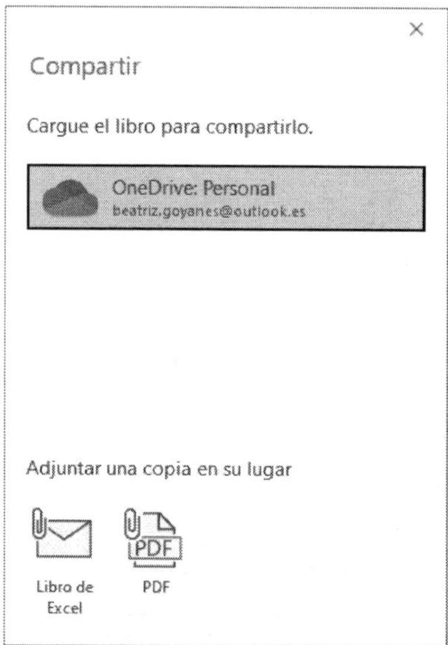

- Despendiendo de lo que quiera hacer, haga clic en el botón **Libro de Excel** o **PDF** (en este caso, el libro se convierte al formato PDF).

  Aparece la ventana de mensajes del programa de correo.
- Escriba la dirección del destinatario o destinatarios del mensaje en el cuadro **Para** separando sus nombres mediante punto y coma, o haga clic en el botón **Para** para seleccionar las direcciones a partir de una libreta de direcciones.
- Si es preciso, especifique en el cuadro **CC** la dirección de los destinatarios del mensaje a quienes desea enviar una copia.
- En el cuadro **Asunto**, introduzca o modifique el tema del mensaje.
- Escriba el mensaje en el cuadro de texto reservado a tal efecto.
- Haga clic en el botón **Enviar**.

Para abrir y modificar el libro enviado, el destinatario deberá abrir el mensaje y hacer doble clic en el nombre del libro: al abrir el libro se iniciará automáticamente la aplicación Excel.

Utilizar el comprobador de accesibilidad

Esta función permite comprobar si el libro puede ser utilizado por personas minusválidas que dispongan de un dispositivo específico que les permita trabajar en el ordenador a pesar de su discapacidad.

*Si la utilidad que comprueba la accesibilidad del archivo detecta problemas potenciales, en la barra de estado aparece la indicación **Accesibilidad: es necesario investigar** y los posibles problemas encontrados se indican bajo el título **Inspeccionar libro** (pestaña **Archivo - Información**).*

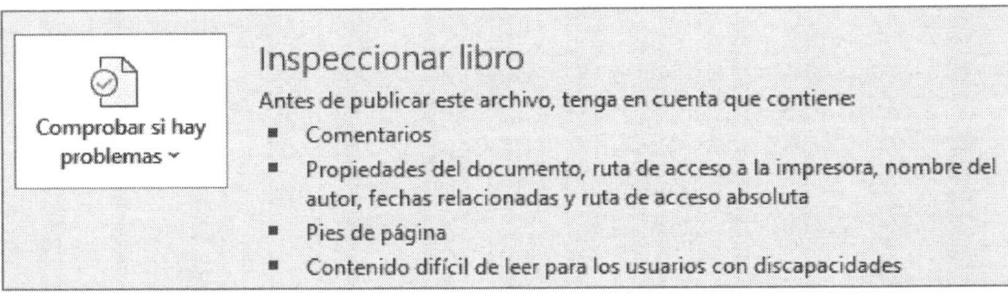

Para comprobar o reparar el problema o problemas de accesibilidad, haga clic en la indicación **Accesibilidad: es necesario investigar** de la barra de estado o haga clic en la pestaña **Revisar** y luego en el botón **Comprobar accesibilidad** del grupo **Accesibilidad.**

*Se abre a la derecha de la pantalla el panel **Accesibilidad**, el cual muestra los resultados de la inspección, clasificados en dos categorías según la importancia del problema:*

- ***Errores**: detalla los elementos que dificultan enormemente (o imposibilitan) el hecho de que una persona minusválida trabaje con el libro.*
- ***Advertencias**: detalla los elementos que dificultan parcialmente el hecho de que una persona minusválida trabaje con el libro.*

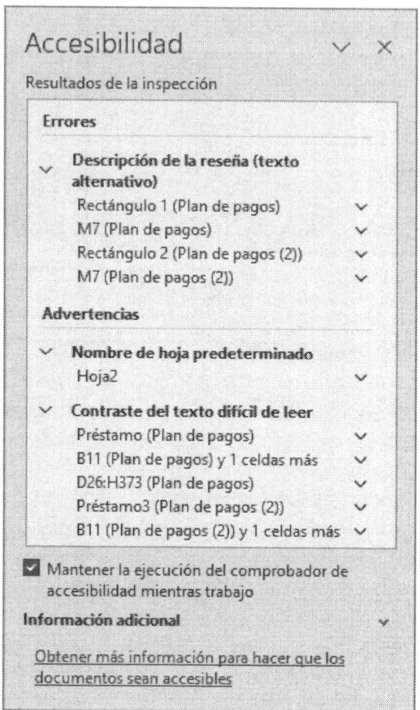

- Para mostrar **Información adicional** sobre un problema específico, haga clic, dentro del cuadro **Resultados de la inspección**, en el problema correspondiente.
- Para recibir avisos de los problemas de accesibilidad en el libro mientras trabaja en él, seleccione la opción **Mantener la ejecución del comprobador de accesibilidad mientras trabajo.**

  Entonces el botón de accesibilidad se añade a la barra de estado y le permite hacer un seguimiento de los problemas de accesibilidad en tiempo real. Puede abrir el panel de accesibilidad siempre que lo desee haciendo clic en el botón 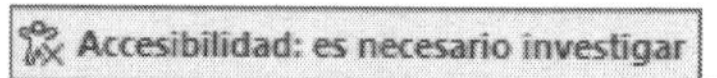 .

Obtener las estadísticas del libro

Esta función permite obtener la cantidad de metadatos de la hoja de cálculo activa y del libro abierto.

- En la pestaña **Revisión**, haga clic en el botón **Estadísticas del libro** del grupo **Revisión** o use el método de teclado abreviado Ctrl Mayús **G**.

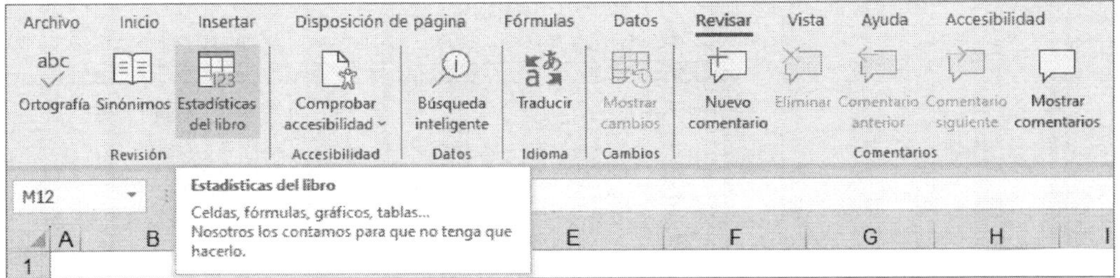

Aparece la ventana ***Estadísticas del libro****:*

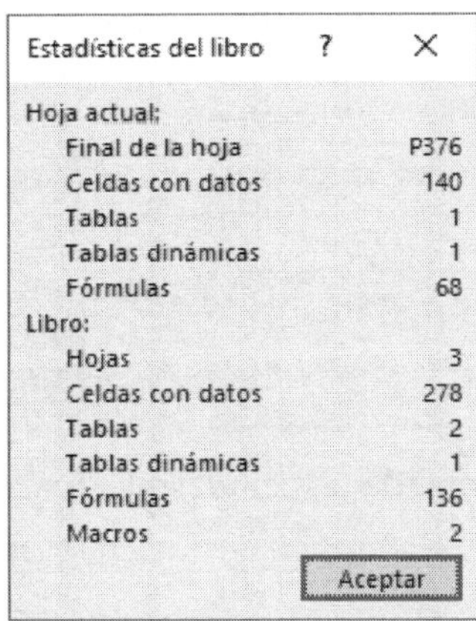

Estadísticas de la hoja actual

Final de la hoja Permite saber con rapidez cuál es la última celda activa de la hoja. Si la última celda activa está muy lejos, después de muchas filas y columnas vacías, esto influirá en el rendimiento del archivo, principalmente le costará más tiempo abrirse y cerrarse. Así podrá eliminar todas las filas y las columnas vacías para acercar la última celda activa y mejorar el rendimiento del archivo.

Celdas con datos Excel puede contener muchos datos. Generalmente no es un problema respecto al rendimiento cuando se trata de datos introducidos. Hay que mirar más cuántas fórmulas se utilizan si queremos solucionar un problema de rendimiento.

Tablas	Excel indica la cantidad de tablas de datos en la hoja actual (tabla creada con ayuda de la función Dar formato como tabla: ver el capítulo Tablas de datos, de un rango de datos sencillo con formato).
Fórmulas	Excel indica la cantidad de fórmulas en la hoja actual. Cuanto mayor es la cantidad de fórmulas, más afecta al rendimiento del archivo.

Estadísticas del libro

Hojas	Cuantas más hojas tiene un libro, más posibilidades tiene de funcionar a cámara lenta. Por eso es interesante saber con rapidez cuántas hojas tiene el libro.
Tablas cruzadas dinámicas	Las tablas cruzadas dinámicas no se usan mucho como tales, pero es cierto que pueden afectar al rendimiento durante la actualización de los datos. Por eso es interesante saber cuántas tablas cruzadas dinámicas hay en el libro.
Conexiones externas	Esta información permite saber con rapidez a cuántas fuentes externas está conectado el libro.
Macros	Permite conocer la cantidad de macros asociadas al archivo.

*Las informaciones **Celdas con datos**, **Tablas** y **Fórmulas** permiten tener la misma información que para la hoja actual.*

Mover y seleccionar en una hoja

Desplazarse en una hoja de cálculo

Tiene a su disposición varias técnicas posibles en función de la herramienta que desee usar: el ratón o el teclado.

- Use las barras de desplazamiento para visualizar la celda que desea activar:

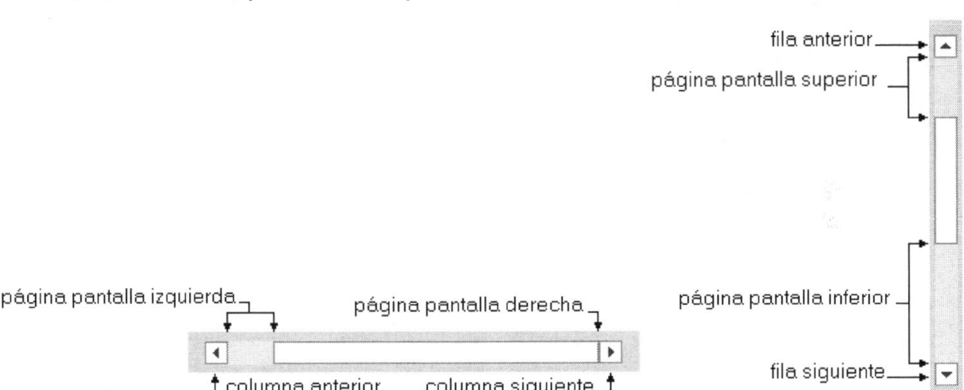

También puede desplazar el contenido de la hoja de cálculo usando la ruedecilla del ratón, o bien con un movimiento de izquierda a derecha o de abajo arriba si dispone de una pantalla táctil.

- Puede usar el teclado de la siguiente manera:

celda de la derecha/de la izquierda:	→ o ⇆ / ← o Mayús ⇆
celda superior/inferior:	↑ o Mayús ↵ / ↓ o ↵
página pantalla derecha/izquierda:	Alt AvPág / Alt RePág
página pantalla superior/inferior:	RePág / AvPág
columna A de la fila activa:	Inicio
celda A1:	Ctrl Inicio
borde izquierdo/derecho de la zona de datos:	Ctrl ← / Ctrl →
borde superior/inferior de la zona de datos:	Ctrl ↑ / Ctrl ↓

*La **zona de datos** es un rango de celdas que contiene datos y está delimitada por celdas vacías o bordes de hoja de cálculo.*

Desplazarse hasta una celda concreta

- Haga clic en la zona de Nombre (zona situada a la izquierda de la barra de fórmulas que muestra la referencia de la celda activa).

  La referencia de la celda activa aparece seleccionada.

- Introduzca la referencia de la celda a la que desea ir y pulse la tecla [Enter] para confirmar.

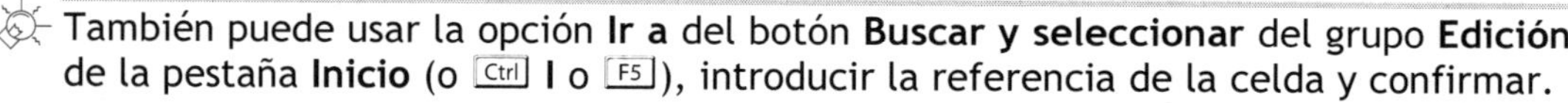

También puede usar la opción **Ir a** del botón **Buscar y seleccionar** del grupo **Edición** de la pestaña **Inicio** (o [Ctrl] **I** o [F5]), introducir la referencia de la celda y confirmar.

Buscar una celda

Por su contenido

- Si la búsqueda debe llevarse a cabo en toda la hoja o en todo el libro, active una celda: si la búsqueda afecta a una parte de la hoja activa, seleccione el rango de celdas que desee.
- En la pestaña **Inicio**, haga clic en el botón **Buscar y seleccionar** del grupo **Edición** y haga clic en la opción **Buscar** o use el método abreviado [Ctrl] **B**.
- Teclee el texto que debe encontrar en el cuadro de texto **Buscar**.
- Si lo necesita, haga clic en el botón **Opciones** para determinar de qué manera debe llevarse a cabo la búsqueda:

Dentro de Seleccione si la búsqueda debe efectuarse en la **Hoja** activa o en todas las hojas del **Libro**.

Buscar Seleccione en la lista el sentido de la búsqueda: **Por filas** o **Por columnas**.

Buscar en Seleccione en la lista si la búsqueda debe efectuarse en las **Fórmulas**, los **Valores**, las **Notas** de las celdas o los comentarios intercambiados en el panel **Comentarios**.

Coincidir mayúsculas y minúsculas Marque esta opción si desea discriminar los caracteres en minúsculas de aquellos que están en mayúsculas.

Coincidir con el contenido de toda la celda Marque esta opción si desea que Excel busque en las celdas coincidencias exactas con los caracteres introducidos en el cuadro de texto.

- Para efectuar una búsqueda celda por celda, haga clic en el botón **Buscar siguiente** y luego en el botón **Cerrar** si la celda encontrada contiene el texto buscado; de lo contrario, haga clic en **Buscar siguiente**.
- Para buscar todas las celdas, haga clic en el botón **Buscar todos**. En esos casos, la lista de celdas encontradas aparece en la parte inferior del cuadro de diálogo.

*En este ejemplo, Excel ha encontrado tres celdas que contienen la palabra «**Previsión**».*

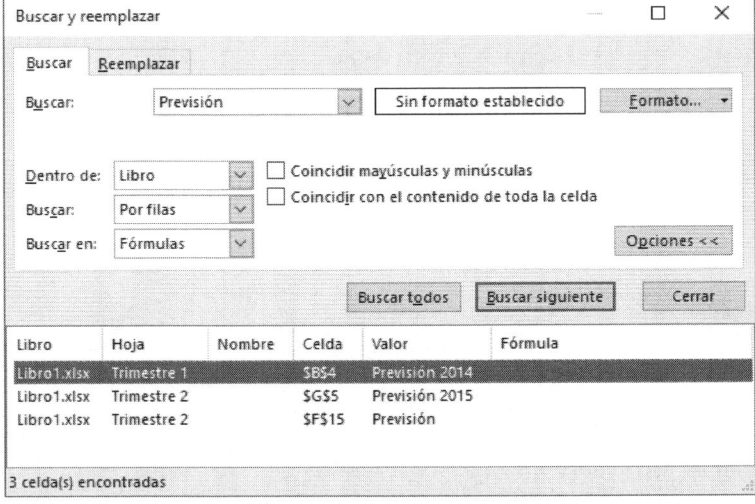

- Haga clic en uno de los valores de la lista para seleccionar la celda correspondiente y luego haga clic en **Cerrar**.

Por su formato

- Active una sola celda o seleccione el rango de celdas en las que se llevará a cabo la búsqueda.
- En la pestaña **Inicio**, haga clic en el botón **Buscar y seleccionar** del grupo **Edición** y luego en la opción **Buscar** o use el método abreviado Ctrl **B.**
- Borre el contenido del cuadro **Buscar**, en caso de que hubiera alguno, con la tecla Supr.
- Haga clic en el botón **Opciones** para ver las opciones de búsqueda.
- Haga clic en el botón **Formato** y seleccione en el cuadro de diálogo **Buscar formato** las opciones de formato buscadas.

  *El botón **Elegir formato de celda** permite seleccionar una celda para recuperar automáticamente todos los atributos de formato.*
- Haga clic en **Aceptar**.
- Efectúe la búsqueda haciendo clic en el botón **Buscar siguiente** o en el botón **Buscar todos**, según cual sea la opción que más le convenga.

Cuando el cuadro de diálogo **Buscar y reemplazar** está cerrado, puede proseguir la búsqueda pulsando Mayús F4. Es posible efectuar búsquedas de texto y de formato a la vez. Para ello, introduzca el texto en el cuadro **Buscar** y seleccione las opciones de formato haciendo clic en el botón **Formato**.

Seleccionar celdas

Celdas contiguas

- Use una de las tres técnicas siguientes:

Hacer clic y arrastrar	Haga clic en la primera celda que se ha de seleccionar y, sin soltar el botón del ratón, deslícelo para extender la selección. Suelte el botón cuando estime conveniente. Cuidado, no haga clic y arrastre a partir del indicador de relleno (el cuadrado verde situado en la parte inferior derecha de la celda activa).
Pulsar Mayús-clic	Haga clic en la primera celda que quiera seleccionar para activarla, señale la última, pulse la tecla Mayús y, sin soltarla, haga clic. Suelte a continuación el botón del ratón y la tecla.

Mover y seleccionar en una hoja

Con el teclado

Pulse la tecla Mayús y, manteniéndola pulsada, use las teclas de desplazamiento correspondientes a la selección que desea llevar a cabo; por ejemplo, Mayús → selecciona la celda situada a la derecha.

*Los **rangos de celdas** seleccionados aparecen enmarcados y de color más oscuro (excepto la primera celda, que conserva la misma apariencia ya que se trata de la celda activa).*

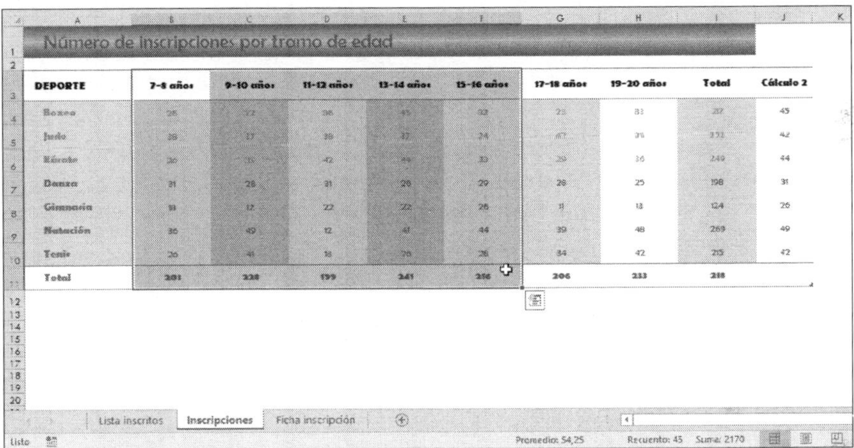

Por defecto, la barra de estado muestra el promedio y el recuento de las celdas seleccionadas si al menos una de las celdas seleccionadas contiene un valor numérico; la barra de estado muestra también el número de valores (texto, numérico u otro) contenidos en la selección.

Celdas no contiguas

- Seleccione el primer rango de celdas.
- Pulse la tecla Ctrl y, manteniéndola pulsada, seleccione los demás rangos de celda. Cuando haya terminado, suelte la tecla Ctrl antes de soltar el botón del ratón.

Para seleccionar todas las celdas de la hoja de cálculo, haga clic en el botón (situado en la intersección de los encabezados de fila y de columna). Para seleccionar todas las celdas de una tabla, haga clic en una de las celdas de dicha tabla y utilice el método abreviado de teclado Ctrl **E**.

Seleccionar filas y columnas

Proceda de acuerdo con las técnicas siguientes:

	Fila	Columna
Con el ratón	Haga clic en el número de la fila que desea seleccionar.	Haga clic en la letra de la columna que desea seleccionar.
Con el teclado	Active una celda situada en la fila y, a continuación, use las teclas Mayús Espacio.	Active una celda situada en la columna y, a continuación, use las teclas Ctrl Espacio.

Cuando una fila (columna) está seleccionada, su número (letra) aparece en negrita sobre fondo sombreado.

Para seleccionar varias filas (columnas) contiguas, deslice el ratón hasta los encabezados de las filas (columnas). Si las filas (columnas) no son contiguas, mantenga pulsada la tecla Ctrl al seleccionar cada fila (columna).

Es posible seleccionar filas y columnas al mismo tiempo.

Seleccionar celdas de acuerdo con su contenido

En la pestaña **Inicio**, haga clic en el botón **Buscar y seleccionar** del grupo **Edición** y, a continuación, haga clic en la opción **Ir a Especial**.

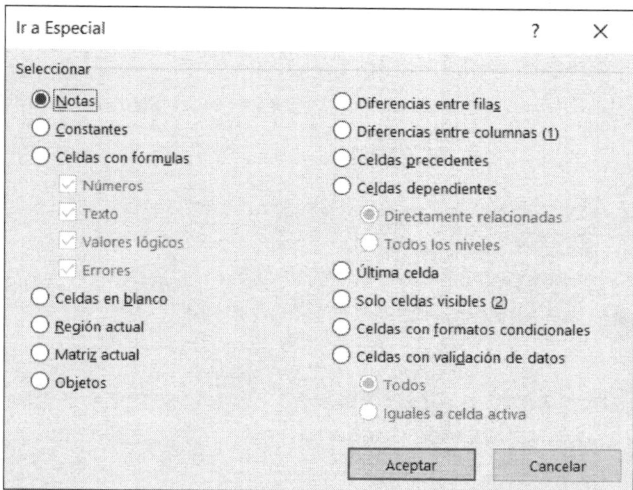

Haga clic en la opción correspondiente a la naturaleza de las celdas que desea seleccionar:

Notas
Para buscar las celdas con notas.

Constantes
Para buscar las celdas con valores fijos.

Celdas con fórmulas
Para buscar las celdas con fórmulas de cálculo. Especifique, si es necesario, el tipo de fórmula que corresponda marcando la opción o las opciones: **Números**, **Texto**, **Valores lógicos**, **Errores**.

Celdas en blanco
Para seleccionar celdas vacías.

Región actual
Para seleccionar el conjunto de celdas que hay alrededor de la celda activa hasta la primera fila o columna vacía.

Matriz actual
Para seleccionar la totalidad de la matriz si la celda activa se encuentra en una matriz.

Objetos
Para seleccionar los objetos gráficos situados en la hoja de cálculo y en zonas de texto (gráficos, botones...).

Diferencias entre filas/columnas
Para seleccionar todas las celdas diferentes de la celda activa en una fila/una columna seleccionada; la celda activa de una selección es, por defecto, la primera celda de una fila/una columna. Para modificar la ubicación de esta celda activa, pulse la tecla ↵ o ⇆.
Si la selección implica varias filas/columnas, la comparación se efectúa por cada fila/columna de esta selección, y la celda utilizada para la comparación de cada fila suplementaria se sitúa en la misma columna/fila que la celda activa.

Celdas precedentes
Para seleccionar las celdas a las que se refiere la fórmula de la celda activa. Active a continuación la opción **Directamente relacionadas** para tener en cuenta solo las celdas a las que la fórmula hace referencia directa, o bien la opción **Todos los niveles** para tener en cuenta aquellas celdas a las que las celdas de la selección hacen referencia directa o indirectamente.

Celdas dependientes	Para seleccionar las celdas cuya fórmula hace referencia a la celda activa. Active a continuación la opción **Directamente relacionadas** para tener en cuenta solo las celdas que hacen referencia directa a la celda activa, o bien la opción **Todos los niveles** para tener en cuenta las celdas que hacen referencia directa o indirectamente a la celda activa.
Última celda	Para seleccionar la última celda de la hoja de cálculo que contiene un formato o datos.
Solo celdas visibles	Para seleccionar únicamente las celdas visibles en un rango que contiene filas o columnas ocultas.
Celdas con formatos condicionales	Para seleccionar únicamente las celdas a las que se ha aplicado un formato condicional. Active a continuación la opción **Todos** para buscar todas las celdas de este tipo, o bien la opción **Iguales a celda activa** para buscar únicamente las celdas cuyo formato condicional es idéntico al de la celda activa.
Celdas con validación de datos	Para buscar las celdas que contienen una lista desplegable. Active a continuación la opción **Todos** para buscar todas las celdas a las que se ha aplicado la validación de datos, o bien la opción **Iguales a celda activa** para buscar únicamente las celdas cuya validación de datos es idéntica a la de la celda activa.

- Haga clic en el botón **Aceptar**.

Si la hoja de cálculo no contiene celdas que respondan a los criterios de búsqueda, Excel muestra el siguiente mensaje:

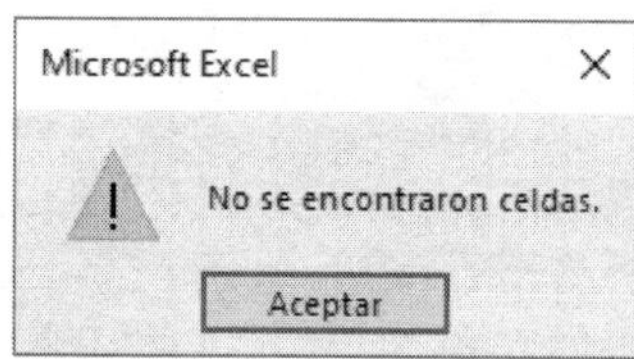

También puede utilizar las opciones siguientes de la lista asociada a la herramienta **Buscar y seleccionar: Fórmulas, Notas, Formato condicional, Constantes, Validación de datos.**

Introducir datos constantes (texto, valores, etc.)

- Active la celda en la que deben aparecer los datos.

  Compruebe la referencia de la celda activa en el Cuadro de nombres de la barra de fórmula.

- Introduzca el dato.

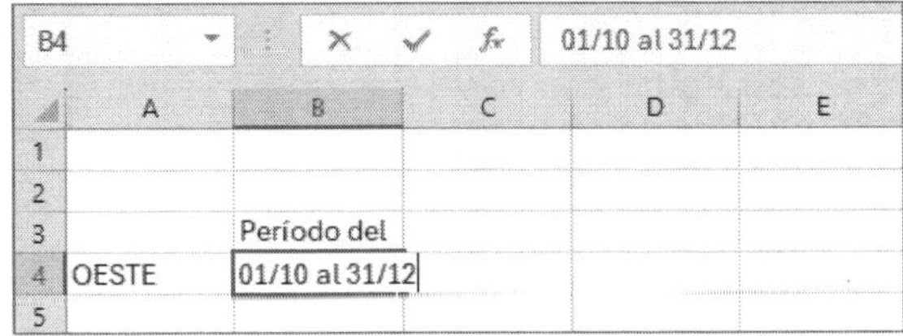

  Al introducir el primer carácter, aparecen en la barra de fórmula dos símbolos:

  [X] *anula los datos introducidos (corresponde a la tecla* [esc]*).*

  [✓] *confirma los datos introducidos (corresponde a la tecla* [↵]*).*

  Paralelamente, el indicador ***Introducir*** *de la barra de estado señala que solo pueden introducirse datos.*

- Para confirmar los datos introducidos, use la tecla [↵] o [⇥] o una tecla de dirección cualquiera o bien haga clic en el botón [✓].

  El hecho de pasar a una nueva celda confirma la introducción efectuada anteriormente. Cuando se activa una nueva celda, Excel vuelve al modo ***Listo*** *y los símbolos* [X] *y* [✓] *desaparecen.*

  Una vez efectuada la confirmación, los datos de tipo Texto se alinean a la izquierda de las celdas y los de tipo Fecha o Número, a la derecha. Por otro lado, los datos de tipo Fecha se formatean automáticamente (por ejemplo: 31/03 se convierte en 31-mar).

 A la hora de introducir datos, preste atención a los siguientes consejos:

- En los valores numéricos, tenga cuidado de escribir 0 (ceros) y no O (la letra o).
- Preceda los valores negativos del signo menos (-) o colóquelos entre paréntesis.
- Para que un número como 10000 aparezca inmediatamente con la forma 10 000 €, escríbalo así: 10000 € (el símbolo € se teclea casi siempre combinando AltGr **E**, aunque ello puede variar según el tipo de teclado utilizado).
- Para escribir un porcentaje, teclee el signo % justo después del número.
- Para escribir decimales, use la coma o el punto como separador decimal (según la configuración de Windows, lo que aparecerá en la hoja de cálculo será un punto o una coma).

Para escribir fechas, Excel interpreta el año tecleado en dos cifras de la siguiente manera:

- de 00 a 29 = de 2000 a 2029,
- de 30 a 99 = de 1930 a 1999.

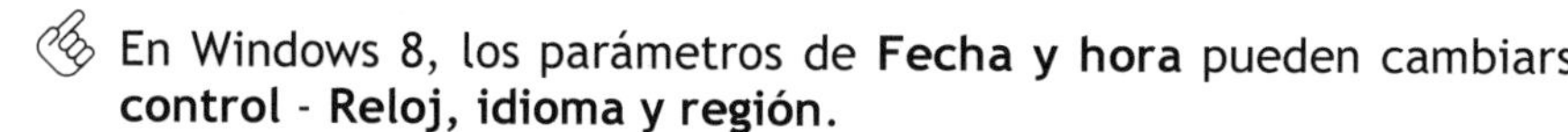

En Windows 8, los parámetros de **Fecha y hora** pueden cambiarse desde **Panel de control** - **Reloj, idioma y región**.

En Windows 10, los parámetros **Fecha y hora** pueden cambiarse desde **Configuración** - **Hora e idioma**.

 Para introducir un mismo contenido en varias hojas de cálculo simultáneamente, seleccione las hojas de cálculo (pasarán a formar un grupo de trabajo) y proceda igual que haría para introducir datos normalmente.

Insertar caracteres especiales

Esta técnica permite insertar símbolos que no figuran en el teclado. Los caracteres especiales pueden insertarse en una celda vacía o dentro de un texto en el momento de teclearlo.

Active la pestaña **Insertar** y haga clic en el botón **Símbolo** del grupo **Símbolos**.

*Aparece el cuadro de diálogo **Símbolo** con la pestaña **Símbolos** activa.*

En la lista **Fuente**, seleccione aquella que contiene el carácter que desea insertar: para insertar caracteres «tradicionales» (por ejemplo, fracciones), elija la fuente **(texto normal)**; para insertar caracteres del alfabeto griego o símbolos matemáticos, escoja la fuente **Symbol**; para insertar símbolos del tipo iconos, use las fuentes **Webdings**, **Wingdings**, **Wingdings 2** y **Wingdings 3**.

- Seleccione el carácter que desea insertar haciendo clic sobre él.

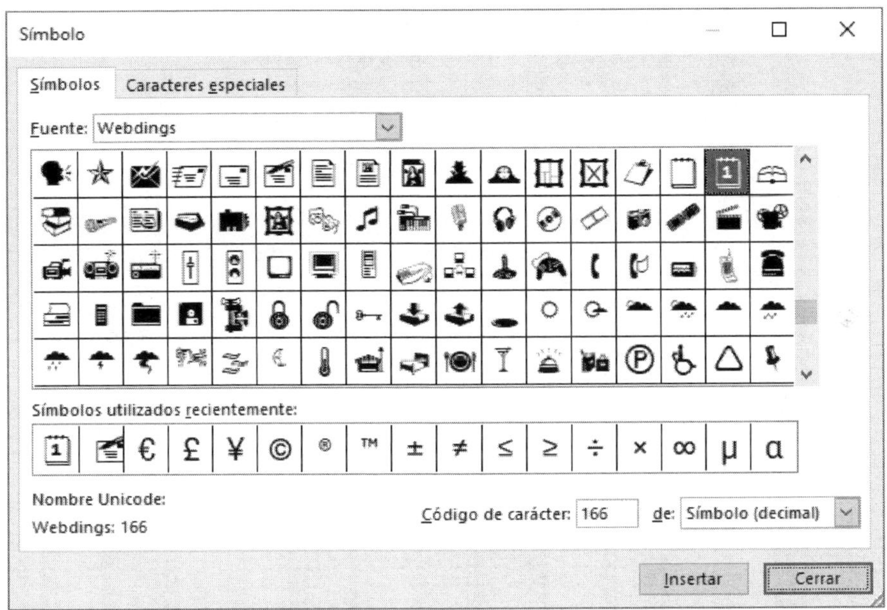

- Haga clic en el botón **Insertar**.
- En caso de que así lo necesite, inserte otros caracteres y cierre el cuadro de diálogo haciendo clic en el botón **Cerrar**.
- Termine de introducir los datos y confirme.

Insertar la fecha y la hora del sistema en una celda

La fecha y la hora del sistema están gestionadas por Windows.

- Active la celda en la que desea que aparezca la fecha o la hora del sistema.
- Para insertar la fecha y la hora del sistema actualizadas cada vez que se abre el libro, use una de las dos funciones siguientes:

=HOY()	Para insertar la fecha del día de hoy.
=AHORA()	Para insertar la fecha y la hora.

- Para insertar la fecha del día o la hora del sistema estáticas, es decir, fijas, use uno de los siguientes métodos abreviados: Ctrl , para insertar la fecha, Ctrl Mayús : para insertar la hora.

Si la fecha mostrada no es la del día en curso, corrija la fecha del sistema del ordenador en Windows 8 a partir del **Panel de control** de Windows, opción **Reloj, idioma y región**, subopción **Fecha y hora**. En Windows 10, elija la opción **Ajustar fecha y hora** del menú contextual (clic derecho) de la fecha (en el extremo derecho de la barra de tareas).

Utilizar la función autocompletar valores de celda

A veces, al teclear los primeros elementos, Excel propone una serie de caracteres que se corresponden con alguna entrada existente en la columna y que comienza con esos mismos caracteres.

Si la entrada propuesta se ajusta a lo que usted desea, confirme la introducción. De lo contrario, puede ver la lista de propuestas de entrada pulsando Alt ↓.

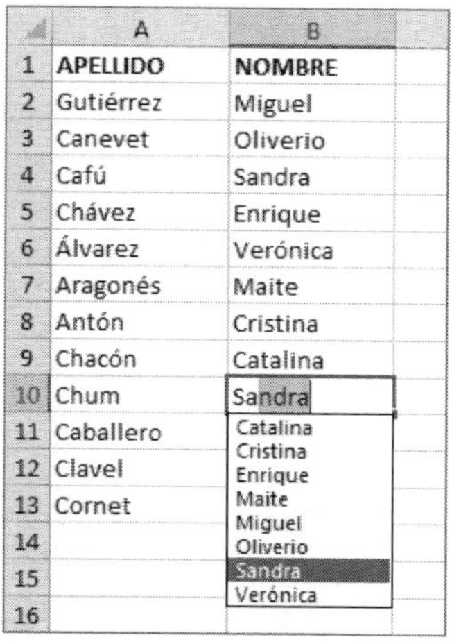

*Aparece la lista de entradas existente en la columna. También puede ver esta lista haciendo clic con el botón secundario del ratón y seleccionando la opción **Elegir de la lista desplegable**.*

Haga clic en la entrada que más le convenga.

Si ninguna le resulta adecuada, continúe introduciendo el texto.

Esta función solo está disponible si se activa la opción **Habilitar Autocompletar para valores de celda** del cuadro de diálogo **Opciones de Excel** (pestaña **Archivo** - **Opciones** - categoría **Avanzadas** - **Opciones de edición**).

Utilizar el Relleno rápido automático para completar una columna

Hasta ahora, cuando había que efectuar operaciones con cadenas de caracteres tales como extraer nombres, apellidos, direcciones de correo electrónico, números de teléfono, etc., el usuario debía utilizar el comando Convertir o las funciones IZQUIERDA, DERECHA, BUSCAR o LARGO. Sin embargo, la creación de una fórmula para ello podía resultar difícil si se necesitaba realizar operaciones complejas, como la extracción de un apellido seguido de la inicial del nombre, por ejemplo. Desde Excel 2013, la función denominada ***Relleno rápido automático*** *(o* ***Flash Fill*** *en inglés) detecta la regla de descomposición, concatenación o formateo que usted ha aplicado a un ejemplo, con el fin de reproducirla automáticamente en toda la lista.*

En primer lugar, vamos a ver cómo activar o desactivar esta función y a continuación descubriremos cómo usarla a través de varios ejemplos. Estos ejemplos no constituyen una representación exhaustiva de las posibilidades que ofrece esta herramienta, pero le permitirán hacerse una idea de cómo funciona.

Activar/desactivar la función

Por defecto, el Relleno rápido automático está activado desde Excel 2013, pero puede modificar este parámetro si lo desea.

- Active la pestaña **Archivo**, haga clic en **Opciones** y seleccione la categoría **Avanzadas**.
- Marque (para activar) o desmarque (para desactivar) la opción **Relleno rápido automático** del grupo **Opciones de edición**.

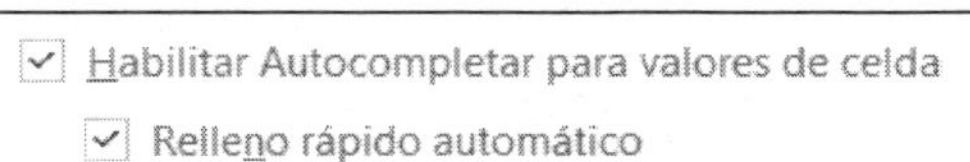

- Confirme haciendo clic en el botón **Aceptar**.

Rellenar una columna a partir del contenido de varias columnas

*En este primer ejemplo, vamos a dejar que Excel complete la columna **Identidad** a partir del contenido de las columnas **Nombre** y **Apellidos**.*

	A	B	C	D
1	**Nombre**	**Apellido**	**Identidad**	
2	Miguel	Gutiérrez-Bara		
3	Oliverio	CANEVET		
4	Sandra	CAFÚ		
5	Enrique	Chávez		
6	Verónica	Álvarez Andía		
7	Maite	Aragonés		
8	Cristina	ANTÓN		
9	Catalina	chacón		
10	gilda	Chum		
11	Anna	Chevalier		
12	Juan	clavel tomás		
13	Lourdes	Cornet		
14	Ana Federic:	Dávila		
15	Pablo	Ribera		
16	Marcos	de Falla		
17	Bruno	delafé		
18	Regina	Delmonte		
19	sofía	Dos		
20	Alicia	Bueno		
21	Alfredo	Dorosur		
22	Teresa	Elkouri		
23	Helena	Rojo		

Observe que la presentación de los datos no es homogénea; se mezclan las mayúsculas y las minúsculas.

- Active la primera celda en la que va a introducir el ejemplo, que será analizado por Excel para determinar las reglas que desea aplicar a esta columna.
- Escriba el ejemplo poniendo atención en las mayúsculas que desee que aparezcan.

*En este caso, deseamos concatenar el **Nombre** y el **Apellido** de nuestros contactos aplicando la mayúscula únicamente al primer carácter y separándolos con un espacio.*

	A	B	C	D
1	**Nombre**	**Apellido**	**Identidad**	
2	Miguel	Gutiérrez-Bara	Miguel Gutiérrez-Bara	
3	Oliverio	CANEVET		
4	Sandra	CAFÚ		
5	Enrique	Chávez		

- Acepte lo que ha escrito.
- Siguiendo este mismo principio, comience a escribir un segundo ejemplo en la celda siguiente.

*Antes de que termine de escribir el segundo ejemplo, es probable que Excel haya comprendido la regla que debe aplicar (en este caso, la regla consiste en concatenar el nombre y los apellidos) y proponga completar automáticamente toda la columna (**Identidad** en nuestro ejemplo).*

	A	B	C	D
1	Nombre	Apellido	Identidad	
2	Miguel	Gutiérrez-Bara	Miguel Gutiérrez-Bara	
3	Oliverio	CANEVET	Oliverio CANEVET	
4	Sandra	CAFÚ	Sandra CAFÚ	
5	Enrique	Chávez	Enrique Chávez	
6	Verónica	Álvarez Andía	Verónica Álvarez Andía	
7	Maite	Aragonés	Maite Aragonés	
8	Cristina	ANTÓN	Cristina ANTÓN	
9	Catalina	chacón	Catalina chacón	
10	gilda	Chum	gilda Chum	
11	Anna	Chevalier	Anna Chevalier	
12	Juan	clavel tomás	Juan clavel tomás	
13	Lourdes	Cornet	Lourdes Cornet	
14	Ana Federic	Dávila	Ana Federica Dávila	
15	Pablo	Ribera	Pablo Ribera	
16	Marcos	de Falla	Marcos de Falla	
17	Bruno	delafé	Bruno delafé	
18	Regina	Delmonte	Regina Delmonte	
19	sofía	Dos	sofía Dos	
20	Alicia	Bueno	Alicia Bueno	
21	Alfredo	Dorosur	Alfredo Dorosur	
22	Teresa	Elkouri	Teresa Elkouri	
23	Helena	Rojo	Helena Rojo	

En este caso, la concatenación se ajusta a lo que buscamos, pero recordemos que lo que queríamos era que las mayúsculas se aplicaran únicamente a la primera letra (el resto, con minúsculas). Por lo tanto, vamos a proporcionar un tercer ejemplo a Excel para que pueda interpretar mejor las reglas que deseamos aplicar.

- Si las reglas aplicadas en este relleno rápido son las correctas, confirme su escritura y el relleno con una sola acción, pulsando la tecla ↵.
- En caso contrario, prosiga con la escritura del ejemplo y, cuando acabe, confirme pulsando la tecla ↵.

Aquí, vamos a seguir escribiendo nuestro ejemplo para indicar a Excel que queremos que se usen sistemáticamente las minúsculas excepto en la inicial.

- Quizá deba escribir varios ejemplos antes de que Excel interprete «todas» las reglas que debe aplicar.

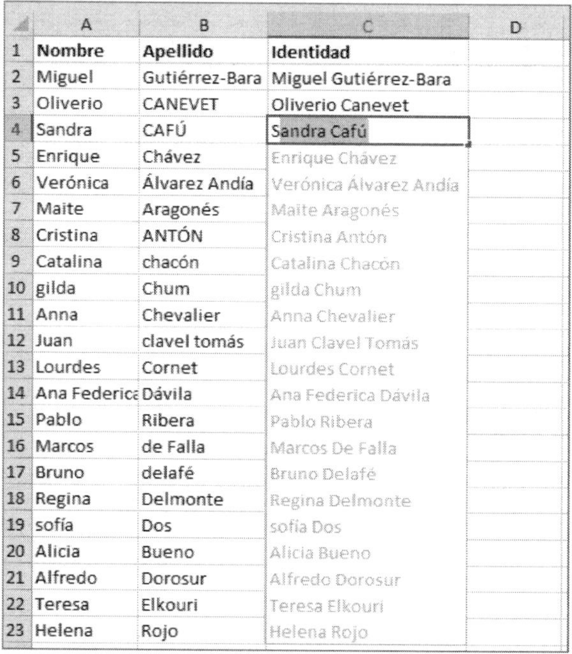

	A	B	C	D
1	Nombre	Apellido	Identidad	
2	Miguel	Gutiérrez-Bara	Miguel Gutiérrez-Bara	
3	Oliverio	CANEVET	Oliverio Canevet	
4	Sandra	CAFÚ	Sandra Cafú	
5	Enrique	Chávez	Enrique Chávez	
6	Verónica	Álvarez Andía	Verónica Álvarez Andía	
7	Maite	Aragonés	Maite Aragonés	
8	Cristina	ANTÓN	Cristina Antón	
9	Catalina	chacón	Catalina Chacón	
10	gilda	Chum	gilda Chum	
11	Anna	Chevalier	Anna Chevalier	
12	Juan	clavel tomás	Juan Clavel Tomás	
13	Lourdes	Cornet	Lourdes Cornet	
14	Ana Federica	Dávila	Ana Federica Dávila	
15	Pablo	Ribera	Pablo Ribera	
16	Marcos	de Falla	Marcos De Falla	
17	Bruno	delafé	Bruno Delafé	
18	Regina	Delmonte	Regina Delmonte	
19	sofía	Dos	sofía Dos	
20	Alicia	Bueno	Alicia Bueno	
21	Alfredo	Dorosur	Alfredo Dorosur	
22	Teresa	Elkouri	Teresa Elkouri	
23	Helena	Rojo	Helena Rojo	

- Cuando el resultado del relleno automático sugerido sea el que busca, pulse la tecla ⏎ para que todos los valores propuestos sean aceptados.
- Compruebe con atención el resultado del relleno automático, ya que puede suceder que Excel no interprete del todo bien la regla solicitada; si es preciso, modifique los valores que no sean adecuados.

Preste atención: si varios datos tienen la misma estructura, Excel tomará nota de las modificaciones que usted aplique para rectificarlos igualmente. Tome la precaución de verificar el conjunto de los datos gestionados por la función de Relleno automático antes de cada cambio.

Para intervenir en el conjunto del relleno automático, véase el apartado Administrar el relleno rápido automático efectuado, un poco más adelante.

Hasta ahora, hemos completado una columna (C) combinando los ***Apellidos*** *y el* ***Nombre****, situados en otras dos columnas (A y B); ahora, utilizando el mismo principio, vamos a extraer únicamente las iniciales de estos datos.*

	A	B	C	D
1	**Nombre**	**Apellido**	**Iniciales**	
2	Miguel	Gutiérrez-Bar	MGB	
3	Oliverio	CANEVET	OC	
4	Sandra	CAFÚ	SC	
5	Enrique	Chávez	EC	
6	Verónica	Álvarez Andía	VÁ	
7	Maite	Aragonés	MA	
8	Cristina	ANTÓN	CA	
9	Catalina	chacón	Cc	
10	gilda	Chum	gC	
11	Anna	Chevalier	AC	
12	Juan	clavel tomás	Jc	
13	Lourdes	Cornet	LC	
14	Ana Federica	Dávila	Ana FD	
15	Pablo	Ribera	PR	
16	Marcos	de Falla	Md	
17	Bruno	delafé	Bd	
18	Regina	Delmonte	RD	
19	sofía	Dos	sD	
20	Alicia	Bueno	AB	
21	Alfredo	Dorosur	AD	
22	Teresa	Elkouri	TE	
23	Helena	Rojo	HR	

Dar un formato uniforme a los datos

*El **Relleno rápido automático** también puede usarse para dar formato a los datos de una forma uniforme, aun cuando en algún caso el resultado pueda ser disparatado:*

	B	C
1	Tel.	Teléfono
2	(+34)123555012	01 23 55 50 12
3	(+34)123555011	01 23 55 50 12
4	12-355-5054	01 -5 05 50 50
5	12-355-5061	01 -5 06 50 50
6	01 23 45 67 89	01 45 6 7 89
7	01 23 45 67 90	01 45 6 7 90
8	01 23 45 67 91	01 45 6 7 91
9	01 23 45 67 92	01 45 6 7 92
10	12-355-5127	01 -5 12 51 51
11	12-355-5128	01 -5 12 51 51
12	12-355-5129	01 -5 12 51 51
13	12-355-5130	01 -5 13 51 51
14	2 23 45 67 89	01 5 67 8 89
15	2 23 45 67 90	01 5 67 9 90
16	2 23 45 67 91	01 5 67 9 91
17	2 23 45 67 92	01 5 67 9 92
18	123-555-0131	01 5- 01 31 01
19	123-555-0132	01 5- 01 32 01
20	123-555-0133	01 5- 01 33 01
21	123-555-0134	01 5- 01 34 01
22	3 23 45 67 89	01 5 67 8 89
23	3 23 45 67 90	01 5 67 9 90

*En este ejemplo, los números de teléfono se presentan en diversos formatos y lo que nosotros queremos es que aparezcan en un único formato del tipo: **xxx xxx xxx***

*Observe que en este caso Excel encuentra algunas dificultades para tratar determinados formatos de la columna **Tel**. La solución consiste en ir introduciendo más ejemplos.*

	B	C
1	Tel.	Teléfono
2	(+34)123555012	01 23 55 50 12
3	(+34)123555011	01 23 55 50 11
4	12-355-5054	01 23 55 50 54
5	12-355-5061	01 23 55 50 61
6	01 23 45 67 89	01 23 45 67 89
7	01 23 45 67 90	01 23 45 67 90
8	01 23 45 67 91	01 23 45 67 91
9	01 23 45 67 92	01 23 45 67 92
10	12-355-5127	01 23 55 51 27
11	12-355-5128	01 23 55 51 28
12	12-355-5129	01 23 55 51 29
13	12-355-5130	01 23 55 51 30
14	2 23 45 67 89	2 23 45 67 89
15	2 23 45 67 90	2 23 45 67 90
16	2 23 45 67 91	2 23 45 67 91
17	2 23 45 67 92	2 23 45 67 92

En este otro ejemplo, Excel entiende cómo presentar un formato **xx-xxx-xxxx** *(ejemplo 12-355-5129) agrupándolo* **xx xx xx xx** *(01 23 55 51 29), pero no ha comprendido cómo presentar el formato* **x xx xx xx xx** *(2 23 45 67 89).*

Si, a pesar de todo, acepta el relleno rápido, podrá aplicar una serie de cambios cuyas reglas quizás Excel pueda «entender» para reproducirlas automáticamente.

Si Excel encuentra dificultades para comprender la regla o las reglas establecidas, no dude en organizar sus datos por orden creciente o decreciente (según prefiera) para ayudar al programa a entenderlas mejor.

Distribuir una columna en varias columnas

Siguiendo los mismos procedimientos que acabamos de ver en los apartados anteriores, es posible efectuar el paso contrario, es decir, distribuir los datos de una columna en varias columnas.

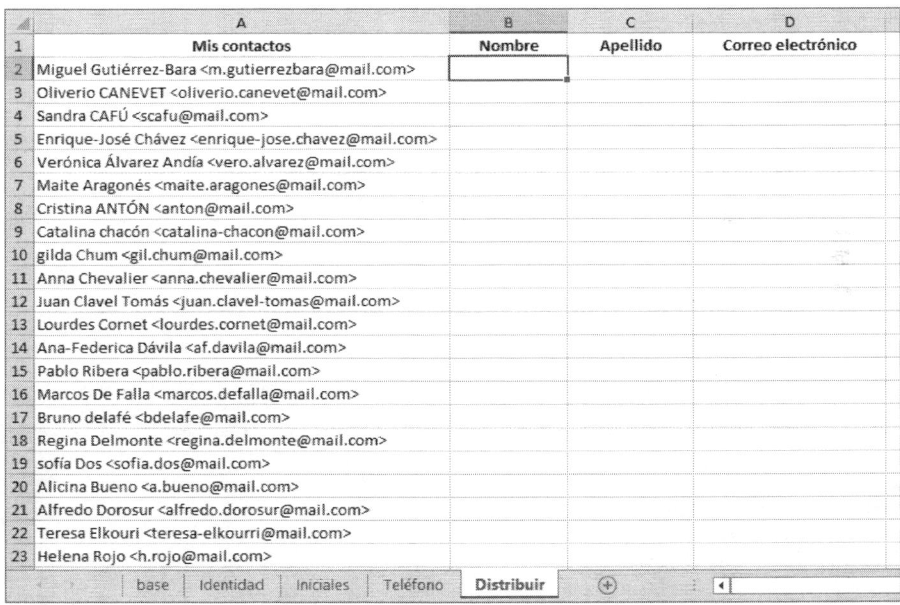

	A	B	C	D
1	Mis contactos	Nombre	Apellido	Correo electrónico
2	Miguel Gutiérrez-Bara <m.gutierrezbara@mail.com>			
3	Oliverio CANEVET <oliverio.canevet@mail.com>			
4	Sandra CAFÚ <scafu@mail.com>			
5	Enrique-José Chávez <enrique-jose.chavez@mail.com>			
6	Verónica Álvarez Andía <vero.alvarez@mail.com>			
7	Maite Aragonés <maite.aragones@mail.com>			
8	Cristina ANTÓN <anton@mail.com>			
9	Catalina chacón <catalina-chacon@mail.com>			
10	gilda Chum <gil.chum@mail.com>			
11	Anna Chevalier <anna.chevalier@mail.com>			
12	Juan Clavel Tomás <juan.clavel-tomas@mail.com>			
13	Lourdes Cornet <lourdes.cornet@mail.com>			
14	Ana-Federica Dávila <af.davila@mail.com>			
15	Pablo Ribera <pablo.ribera@mail.com>			
16	Marcos De Falla <marcos.defalla@mail.com>			
17	Bruno delafé <bdelafe@mail.com>			
18	Regina Delmonte <regina.delmonte@mail.com>			
19	sofía Dos <sofia.dos@mail.com>			
20	Alicina Bueno <a.bueno@mail.com>			
21	Alfredo Dorosur <alfredo.dorosur@mail.com>			
22	Teresa Elkouri <teresa-elkourri@mail.com>			
23	Helena Rojo <h.rojo@mail.com>			

base | Identidad | Iniciales | Teléfono | Distribuir

En este ejemplo, deseamos completar las columnas ***Nombre****,* ***Apellidos*** *y* ***Correo electrónico*** *utilizando la función* ***Relleno rápido****.*

- Active la primera celda que debe rellenarse y escriba el fragmento de información que desea recuperar de la otra columna, poniendo cuidado en respetar las mayúsculas que quiera que se apliquen.

En nuestro ejemplo, deseamos que los nombres aparezcan en minúscula y los apellidos en mayúsculas.

- Acepte la escritura de la primera celda pulsando ↵.
- Prosiga con la introducción de los datos en la segunda fila.

Si Excel respeta las reglas aplicadas, puede aceptar el relleno rápido propuesto pulsando ↵.

	A	B
1	**Mis contactos**	**Nombre**
2	Miguel Gutiérrez-Bara <m.gutierrezbara@mail.com>	Miguel
3	Oliverio CANEVET <oliverio.canevet@mail.com>	Oliverio
4	Sandra CAFÚ <scafu@mail.com>	Sandra
5	Enrique-José Chávez <enrique-jose.chavez@mail.com>	Enrique
6	Verónica Álvarez Andía <vero.alvarez@mail.com>	Verónica
7	Maite Aragonés <maite.aragones@mail.com>	Maite
8	Cristina ANTÓN <anton@mail.com>	Cristina
9	Catalina chacón <catalina-chacon@mail.com>	Catalina
10	gilda Chum <gil.chum@mail.com>	gilda
11	Anna Chevalier <anna.chevalier@mail.com>	Anna
12	Juan Clavel Tomás <juan.clavel-tomas@mail.com>	Juan
13	Lourdes Cornet <lourdes.cornet@mail.com>	Lourdes
14	Ana-Federica Dávila <af.davila@mail.com>	Ana
15	Pablo Ribera <pablo.ribera@mail.com>	Pablo

En este ejemplo, hemos aceptado el relleno rápido a pesar de que Excel no ha entendido cómo gestionar los nombres de pila compuestos (Enrique-José y Ana-Federica, por ejemplo).

- En este caso, efectúe el cambio que permitirá que Excel comprenda mejor la regla que debe aplicar y pulse ↵.

Aquí, completamos el nombre compuesto de Ana Federica.

Tras una modificación, Excel comprueba y cambia las demás entradas si es preciso.

5	Enrique-José Chávez <enrique-jose.chavez@mail.com>	Enrique-José
6	Verónica Álvarez Andía <vero.alvarez@mail.com>	Verónica
7	Maite Aragonés <maite.aragones@mail.com>	Maite
8	Cristina ANTÓN <anton@mail.com>	Cristina
9	Catalina chacón <catalina-chacon@mail.com>	Catalina
10	gilda Chum <gil.chum@mail.com>	gilda
11	Anna Chevalier <anna.chevalier@mail.com>	Anna
12	Juan Clavel Tomás <juan.clavel-tomas@mail.com>	Juan
13	Lourdes Cornet <lourdes.cornet@mail.com>	Lourdes
14	Ana-Federica Dávila <af.davila@mail.com>	Ana-Federica

Una vez modificado el nombre compuesto de Ana Federica, el de Felipe Luis se modifica automáticamente.

Proseguimos el ejercicio escribiendo mediante el relleno rápido la columna ***Apellidos*** *en mayúsculas.*

	A	B	C	D
1	**Mis contactos**	**Nombre**	**Apellido**	**Correo electrónico**
2	Miguel Gutiérrez-Bara <m.gutierrezbara@mail.com>	Miguel	GUTIÉRREZ-BARA	
3	Oliverio CANEVET <oliverio.canevet@mail.com>	Oliverio	CANEVET	
4	Sandra CAFÚ <scafu@mail.com>	Sandra	CAFÚ	
5	Enrique-José Chávez <enrique-jose.chavez@mail.com>	Enrique-José	JOSÉ CHÁVEZ	
6	Verónica Álvarez Andía <vero.alvarez@mail.com>	Verónica	ÁLVAREZ ANDÍA	
7	Maite Aragonés <maite.aragones@mail.com>	Maite	ARAGONÉS	
8	Cristina ANTÓN <anton@mail.com>	Cristina	ANTÓN	
9	Catalina chacón <catalina-chacon@mail.com>	Catalina	CHACÓN	
10	gilda Chum <gil.chum@mail.com>	gilda	CHUM	
11	Anna Chevalier <anna.chevalier@mail.com>	Anna	CHEVALIER	
12	Juan Clavel Tomás <juan.clavel-tomas@mail.com>	Juan	CLAVEL TOMÁS	
13	Lourdes Cornet <lourdes.cornet@mail.com>	Lourdes	CORNET	
14	Ana-Federica Dávila <af.davila@mail.com>	Ana-Federica	FEDERICA DÁVILA	
15	Pablo Ribera <pablo.ribera@mail.com>	Pablo	RIBERA	
16	Marcos De Falla <marcos.defalla@mail.com>	Marcos	DE FALLA	
17	Bruno delafé <bdelafe@mail.com>	Bruno	DELAFÉ	
18	Regina Delmonte <regina.delmonte@mail.com>	Regina	DELMONTE	
19	sofía Dos <sofia.dos@mail.com>	sofía	DOS	
20	Alicina Bueno <a.bueno@mail.com>	Alicina	BUENO	
21	Alfredo Dorosur <alfredo.dorosur@mail.com>	Alfredo	DOROSUR	
22	Teresa Elkouri <teresa-elkourri@mail.com>	Teresa	ELKOURI	
23	Helena Rojo <h.rojo@mail.com>	Helena	ROJO	

base | Identidad | Iniciales | Teléfono | **Distribuir**

Observe que en este punto Excel todavía no ha entendido cómo tratar los apellidos que acompañan a los nombres compuestos (Ana-Federica Dávila o Enrique-José Chávez).

- En este caso, puede optar por seguir escribiendo hasta que Excel comprenda mejor las reglas que debe aplicar, o bien aceptar el Relleno automático propuesto y efectuar los cambios *a posteriori*. Utilice el método que le parezca más práctico y rápido según los datos que deba tratar.
- Rellene de este modo cada columna.

*En nuestro ejemplo, rellenaremos la columna **Correo electrónico** copiando la dirección de la primera fila, que Excel tomará como ejemplo, y luego escribiendo las primeras letras de la segunda dirección.*

	A	B	C	D
1	Mis contactos	Nombre	Apellido	Correo electrónico
2	Miguel Gutiérrez-Bara <m.gutierrezbara@mail.com>	Miguel	GUTIÉRREZ-BARA	m.gutierrezbara@mail.com
3	Oliverio CANEVET <oliverio.canevet@mail.com>	Oliverio	CANEVET	oliverio.canevet@mail.com
4	Sandra CAFÚ <scafu@mail.com>	Sandra	CAFÚ	scafu@mail.com
5	Enrique-José Chávez <enrique-jose.chavez@mail.com>	Enrique-José	JOSÉ CHÁVEZ	enrique-jose.chavez@mail.c
6	Verónica Álvarez Andía <vero.alvarez@mail.com>	Verónica	ÁLVAREZ ANDÍA	vero.alvarez@mail.com
7	Maite Aragonés <maite.aragones@mail.com>	Maite	ARAGONÉS	maite.aragones@mail.com
8	Cristina ANTÓN <anton@mail.com>	Cristina	ANTÓN	anton@mail.com
9	Catalina chacón <catalina-chacon@mail.com>	Catalina	CHACÓN	catalina-chacon@mail.com
10	gilda Chum <gil.chum@mail.com>	gilda	CHUM	gil.chum@mail.com
11	Anna Chevalier <anna.chevalier@mail.com>	Anna	CHEVALIER	anna.chevalier@mail.com
12	Juan Clavel Tomás <juan.clavel-tomas@mail.com>	Juan	CLAVEL TOMÁS	juan.clavel-tomas@mail.co
13	Lourdes Cornet <lourdes.cornet@mail.com>	Lourdes	CORNET	lourdes.cornet@mail.com
14	Ana-Federica Dávila <af.davila@mail.com>	Ana-Federica	FEDERICA DÁVILA	af.davila@mail.com
15	Pablo Ribera <pablo.ribera@mail.com>	Pablo	RIBERA	pablo.ribera@mail.com
16	Marcos De Falla <marcos.defalla@mail.com>	Marcos	DE FALLA	marcos.defalla@mail.com
17	Bruno delafé <bdelafe@mail.com>	Bruno	DELAFÉ	bdelafe@mail.com
18	Regina Delmonte <regina.delmonte@mail.com>	Regina	DELMONTE	regina.delmonte@mail.com
19	sofía Dos <sofia.dos@mail.com>	sofía	DOS	sofia.dos@mail.com

Administrar el relleno rápido automático efectuado

- Para intervenir en el conjunto del relleno rápido automático efectuado, haga clic en el botón **Opciones de relleno de Flash** que aparece mientras no realice ninguna otra operación tras aceptar el relleno.

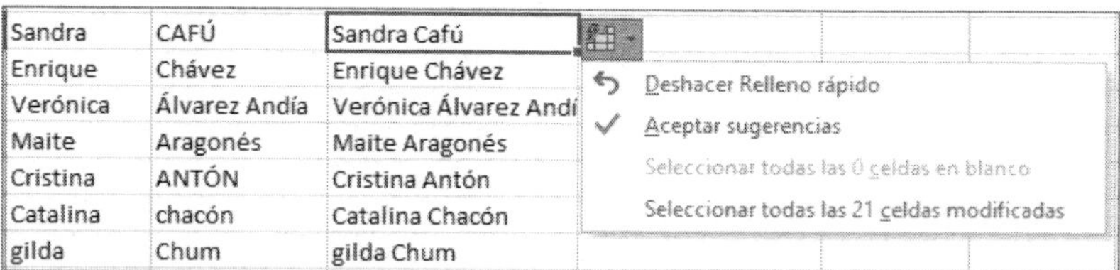

- Haga clic en la opción:

  Deshacer Relleno rápido para borrar el contenido de las celdas rellenadas automáticamente y desactivar la función de relleno rápido a fin de permitir continuar escribiendo el contenido de las celdas de la columna.

  Aceptar sugerencias para confirmar el resultado. En ese caso, el botón **Opciones de relleno de Flash** desaparece.

Seleccionar todas las x celdas modificadas para efectuar modificaciones de forma simultánea (por ejemplo, de formato).

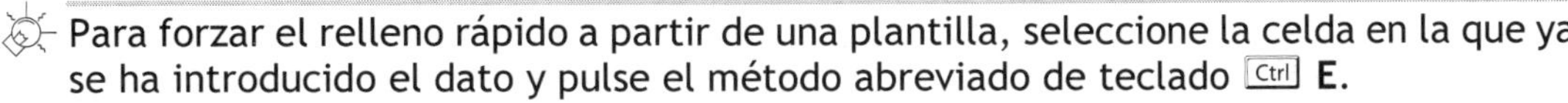

Para forzar el relleno rápido a partir de una plantilla, seleccione la celda en la que ya se ha introducido el dato y pulse el método abreviado de teclado Ctrl **E**.

Si Excel encuentra dificultades para entender la regla o las reglas aplicadas, no dude en organizar sus datos por orden creciente o decreciente (según prefiera) para ayudar al programa a analizarlos mejor.

Introducir un mismo contenido en varias celdas

- Seleccione el rango de celdas (estas pueden ser contiguas o no).
- Introduzca el contenido común a todas las celdas (fórmula, texto o número).

  Cuando el contenido es una fórmula, teclee la fórmula relativa a la celda activa.
- Confirme con las teclas Ctrl ↵.

  La introducción de datos y la copia de estos se efectúa en una sola operación.

Introducir un texto de varias líneas en una celda

Existen dos maneras de hacer que el texto aparezca en varias filas dentro de una misma celda: en el momento de escribirlo o bien modificando el formato de la celda.

Crear un salto de línea

- Cuando está escribiendo un texto o modificándolo, use la combinación de teclas Alt ↵ para insertar el salto de línea en el lugar que desee.

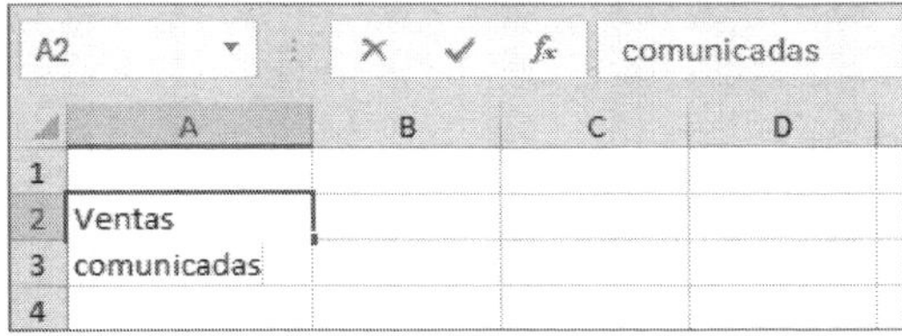

Si el alto de la barra de fórmula no está ajustado, solo visualizará la última línea introducida.

- Confirme con [Enter].

  El alto de la fila de la hoja de cálculo se adapta automáticamente.

Ajustar el texto de forma automática

- Seleccione las celdas.
- En el grupo **Alineación** de la pestaña **Inicio**, haga clic en la herramienta **Ajustar texto**.

  Los datos se colocan en varias filas de manera que el contenido se ajuste al ancho de las celdas. Si modifica el ancho de la columna, los datos se ajustan automáticamente en consecuencia.

Crear una serie de datos

Las series de datos corresponden a series lógicas de valores. Es posible crear series de datos de fechas, horas, meses, días y de textos y valores numéricos combinados.

Crear una serie de datos simple

Este tipo de serie permite mostrar valores sucesivos con un incremento igual a una unidad.

- Introduzca el primer valor de la serie: puede tratarse de una fecha, un mes, un día de la semana, un trimestre o un texto cualquiera que termine con una cifra.
- Mueva el controlador de relleno hasta la celda en que debe aparecer el último valor, hacia abajo o hacia la derecha para completar en orden creciente; hacia arriba o hacia la izquierda para completar en orden decreciente.

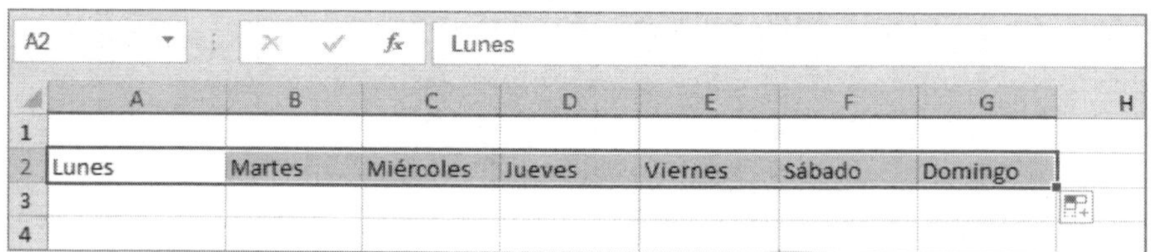

*Justo después de crear la serie, en la esquina inferior derecha de esta aparecerá el botón **Opciones de autorrelleno**.*

- Si desea modificar el tipo de copia o de incremento según el tipo de serie, haga clic en el botón **Opciones de autorrelleno** .

- Haga clic en la opción adecuada. Las opciones que se muestran dependen del tipo de dato; en este caso, por ejemplo, puede establecer el incremento por días o por días de la semana (laboral) (opción **Rellenar días de la semana**).

Si simplemente desea copiar el contenido de la celda sin utilizar una serie de incremento, mantenga pulsada la tecla Ctrl mientras arrastra el controlador de relleno. Si la primera celda contiene un valor numérico, Excel copia el valor en las otras celdas; para aplicar una serie de incremento, mantenga pulsada la tecla Ctrl mientras arrastra el controlador de relleno.

Crear una serie de datos «compleja»

Este tipo de serie permite definir el incremento entre los valores de la serie.

Usando el controlador de relleno

- Introduzca los dos primeros valores en dos celdas adyacentes para indicar el valor del incremento.
- Seleccione las dos celdas.
- Arrastre el controlador de relleno hasta la celda deseada.

Referencia 100 *y* ***Referencia 150*** *son los dos primeros datos de esta serie compleja.*

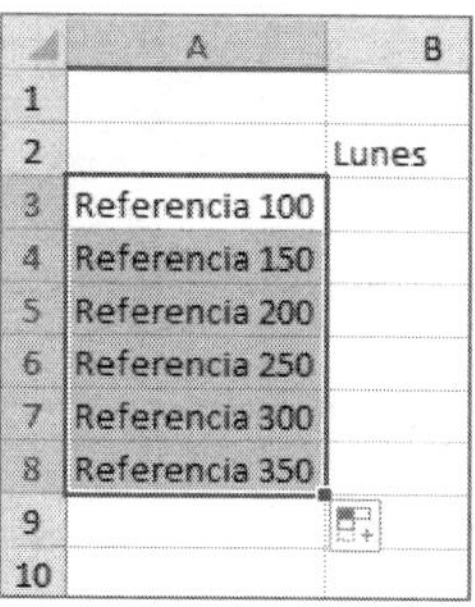

Usando el cuadro de diálogo

- Introduzca el primer valor de la serie (número o fecha), seleccione la celda que lo contiene y, si es preciso, las celdas en las que se dispondrá la serie.
- Haga clic en la flecha de la herramienta **Rellenar** situada en el grupo **Edición** de la pestaña **Inicio** y active la opción **Series**.

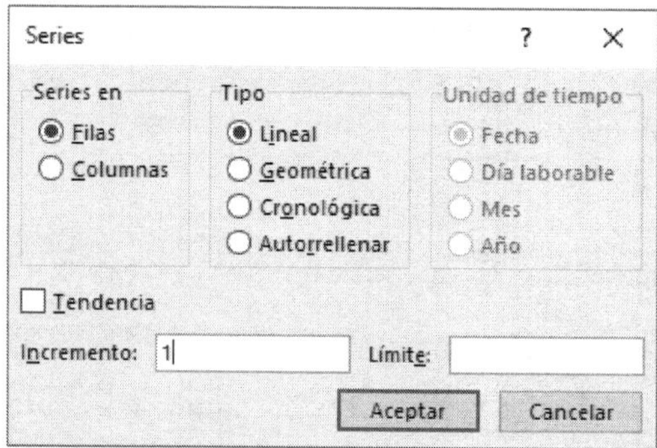

- En la zona **Series en**, indique si la serie debe insertarse en **Filas** o en **Columnas.**

- Si la selección contiene un número, puede activar la opción **Lineal** o **Geométrica** de la zona **Tipo** para generar una serie *lineal*, es decir, una serie de números obtenida al añadir el valor del incremento al valor de partida y luego a cada valor sucesivo, o para generar una serie *geométrica*, es decir, una serie de números obtenida al multiplicar una constante distinta de cero al número anterior.

  Si su selección contiene un dato de tipo **Fecha**, puede activar la opción **Cronológica** de la zona **Tipo** para generar una serie que se incremente según la **Unidad de tiempo** elegida en el cuadro de la derecha.
- Si es preciso, modifique el **Incremento** en el cuadro del mismo nombre.
- Si es preciso, indique un **Límite** para el incremento en caso de que no haya seleccionado previamente las celdas de destino de la serie.
- Haga clic en **Aceptar**.

Abordaremos las series de datos personalizadas en el capítulo Optimizar la introducción de datos.

Insertar datos de internet

*Ahora puede aumentar el valor de sus tablas con datos bursátiles o geográficos gracias a la función **Tipo de datos** de Excel Microsoft 365.*

Estos dos tipos de datos se consideran como tipos de datos vinculados porque Microsoft toma la información directamente de internet para importarla a la tabla Excel.

- Seleccione las celdas que contienen los datos para los que desea añadir información.

Aunque no sea necesario, es recomendable crear una tabla de datos para facilitar la extracción de la información (véase el capítulo Tablas de datos - Crear una tabla de datos).

- Haga clic en el botón **Cotizaciones** o **Información geográfica** del grupo **Tipos de datos** de la pestaña **Datos**.

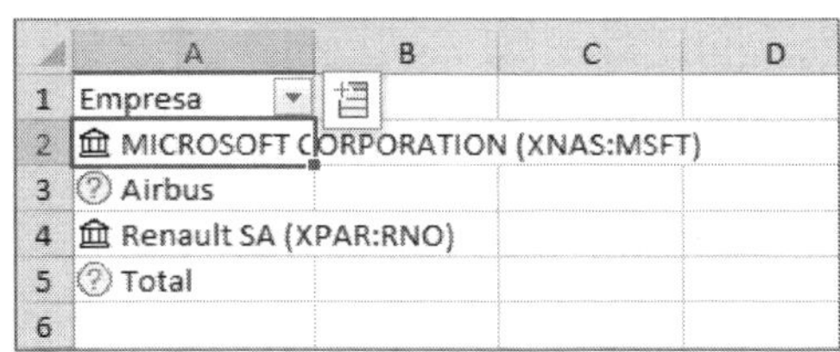

	A	B	C	D
1	Empresa			
2	MICROSOFT CORPORATION (XNAS:MSFT)			
3	Airbus			
4	Renault SA (XPAR:RNO)			
5	Total			
6				

Excel convierte el texto y muestra al lado el icono [icono] para el tipo de datos de cotizaciones y el icono [icono] para el tipo de datos geográficos. El texto entre paréntesis indica el código de identificación del mercado financiero.

Puede aparecer un icono con una interrogación cuando Microsoft no ha identificador con claridad el nombre introducido:

- Entonces haga clic en la celda que contiene el signo de interrogación. A la derecha de la ventana aparece el panel **Selector de datos**. Seleccione el dato deseado y haga clic en el botón **Seleccionar**.

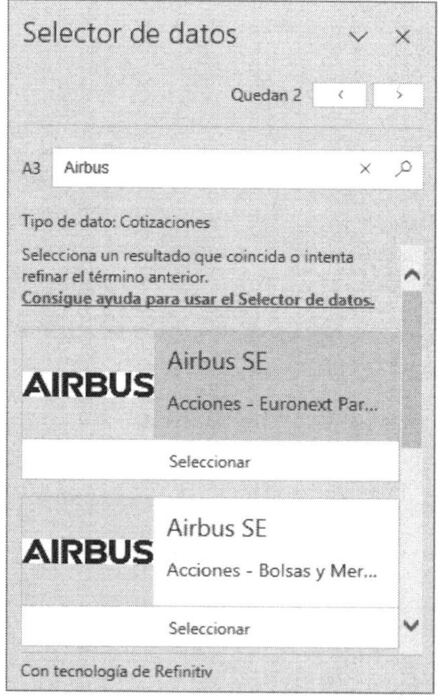

Si no encuentra su dato, puede usar la zona de búsqueda del panel ***Selector de datos****.*

Insertar los datos

- Seleccione una o varias celdas.
- Haga clic en el botón **Insertar datos** que aparece en la parte superior derecha de la selección y luego elija en la lista el campo correspondiente la información que desea obtener.

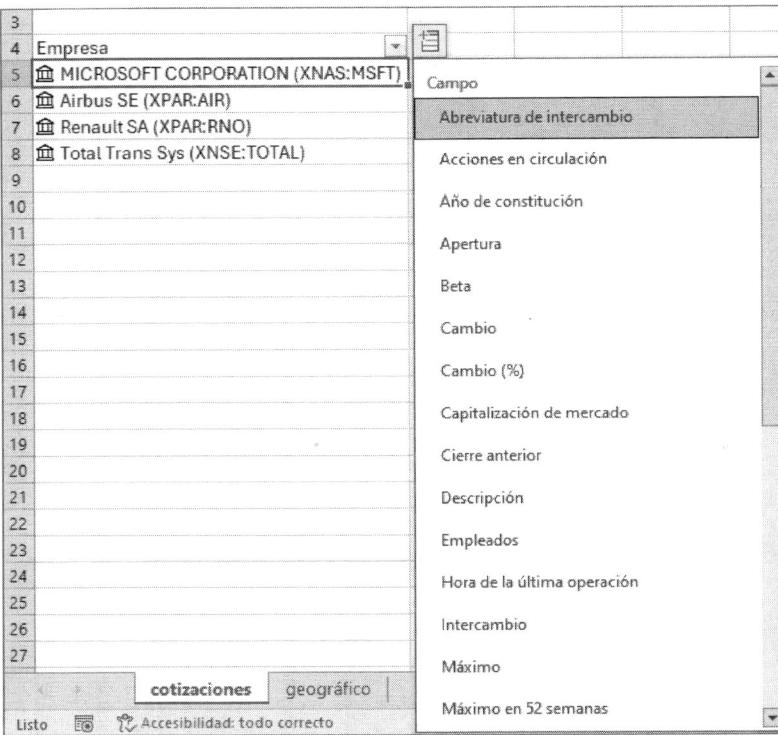

- Vuelva a hacer clic en el botón **Insertar datos** para añadir otros campos.

	A	B	C		D		E	
1								
2								
3								
4	Empresa	Nombre oficial	Mínimo		Máximo		Cierre anterior	
5	MICROSOFT CORPORATION (XNAS:MSFT)	MICROSOFT CORPORATION	$	421,35	$	425,99	$	422,86
6	Airbus SE (XPAR:AIR)	Airbus SE	€	170,80	€	171,78	€	170,64
7	Renault SA (XPAR:RNO)	Renault SA	€	46,79	€	47,45	€	46,80
8	Total Trans Sys (XNSE:TOTAL)	Total Trans Sys	₹	97,50	₹	101,45	₹	99,45
9								
10								

En nuestro ejemplo, se han añadido los campos Nombre oficial, Mínimo, Máximo y Cierre anterior.

- Si desea actualizar los datos, haga clic con el botón derecho del ratón sobre una celda de la primera columna y luego seleccione la opción **Tipo de datos** - **Actualizar**.

Puede proceder de la misma manera para obtener datos de tipo geográfico. En este ejemplo, hemos introducido el nombre del país y añadido como campo de datos geográficos la capital, la población, la ciudad más grande y el porcentaje de superficie boscosa:

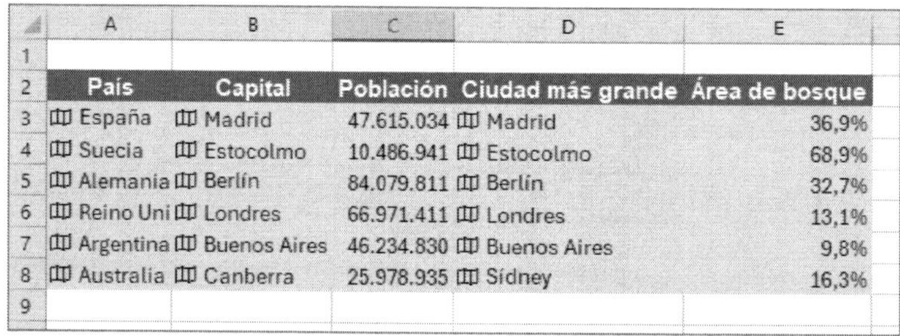

	A	B	C	D	E
1					
2	País	Capital	Población	Ciudad más grande	Área de bosque
3	España	Madrid	47.615.034	Madrid	36,9%
4	Suecia	Estocolmo	10.486.941	Estocolmo	68,9%
5	Alemania	Berlín	84.079.811	Berlín	32,7%
6	Reino Uni	Londres	66.971.411	Londres	13,1%
7	Argentina	Buenos Aires	46.234.830	Buenos Aires	9,8%
8	Australia	Canberra	25.978.935	Sídney	16,3%
9					

Utilizar el Editor de ecuaciones

El Editor de ecuaciones permite documentar una fórmula en una hoja de cálculo de Excel insertando una ecuación matemática en tanto que objeto.

Insertar una ecuación prediseñada

- Active la pestaña **Insertar** y, en el grupo **Símbolos**, haga clic en el botón **Símbolos** y abra la lista asociada al botón **Ecuación** para mostrar la lista de las ecuaciones disponibles.

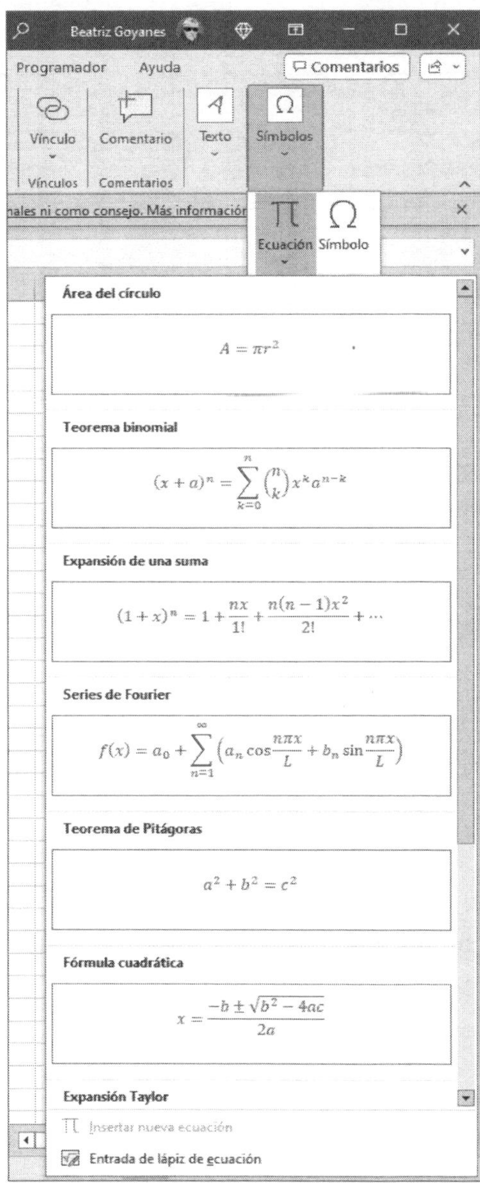

⊡ Haga clic en la ecuación que desee utilizar.

La ecuación se inserta en forma de objeto en la hoja de cálculo; la pestaña ***Ecuación*** *ofrece herramientas para trabajar con ecuaciones:*

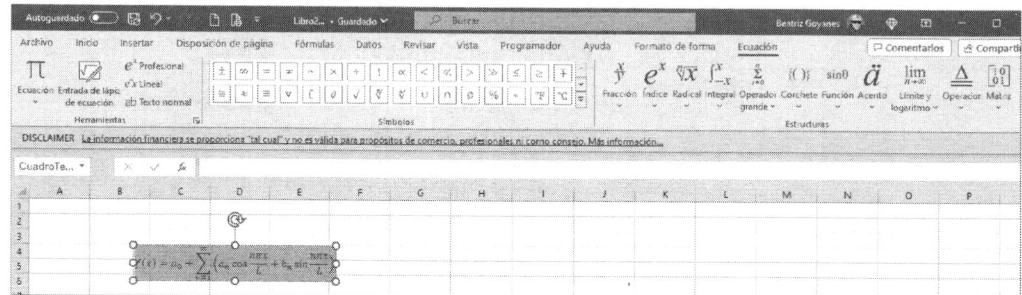

- Para convertir la selección en formulario de una dimensión, de manera que se pueda efectuar una edición simplificada, haga clic en el botón e^x Lineal del grupo **Herramientas.**

  Nuestra ecuación pasa a tener esta forma:

  f(x) = a_0 + ∑24_(n = 1)^∞▒(a_n cos〖nπx/L〗 + b_n sin〖nπx/L〗)

- Y el caso contrario: para convertir la selección en un formulario 2D que ofrezca un aspecto profesional, haga clic en el botón e^x Profesional del grupo **Herramientas.**

  Nuestra ecuación tiene ahora este aspecto:

$$f(x) = a_0 + \sum_{n=1}^{\infty}\left(a_n \cos\frac{n\pi x}{L} + b_n \sin\frac{n\pi x}{L}\right)$$

Crear una ecuación

- Active la pestaña **Insertar**, haga clic en el botón **Símbolos** y luego en la parte superior del botón **Ecuación.**

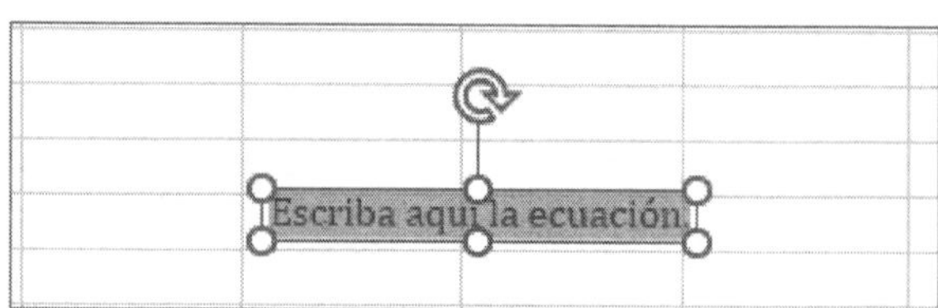

- Utilice las herramientas de la pestaña contextual **Ecuación** para escribir las variables de la ecuación. También puede hacer clic en los botones del grupo **Estructuras** para insertar una serie de símbolos preestablecidos o bien hacer clic en uno de los símbolos del mismo nombre.
- Para modificar uno de los componentes de la ecuación, selecciónelo y escriba el texto o haga clic en el símbolo que desee, según la modificación que deba efectuar.
- Para activar el objeto Ecuación, haga clic en este último.

  Aparecen alrededor del objeto los controles de selección, representados por círculos blancos. Ahora puede mover el objeto, cambiar sus dimensiones, modificar el formato de las variables, etc.

Para saber más acerca de la gestión de los objetos, vaya al capítulo correspondiente de este libro.

Crear una ecuación con la entrada de lápiz

Excel Microsoft 365 ofrece la posibilidad de crear ecuaciones manuscritas usando un ratón o un lápiz óptico.

- Active la pestaña **Insertar**, haga clic en el botón **Símbolos**, abra la lista del botón **Ecuación** y escoja la opción **Entrada de lápiz de ecuación.**

  Se abre el editor de ecuaciones manuscritas:

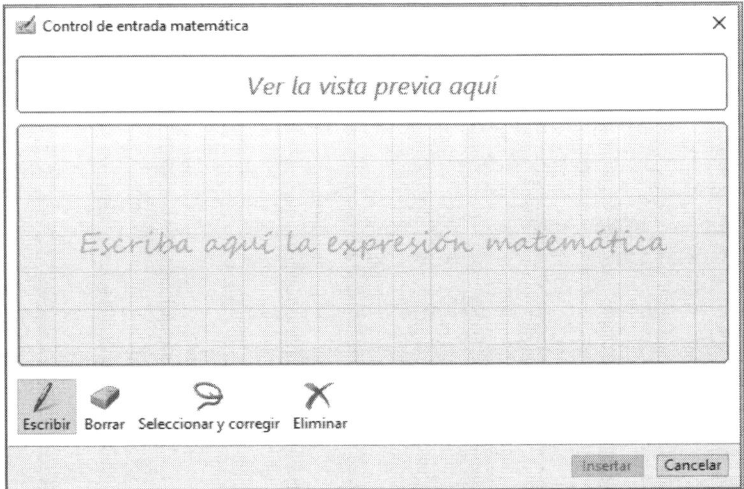

- Usando el ratón o un lápiz óptico, escriba la ecuación en la zona **Escriba aquí la expresión matemática.**

  Aparece la vista previa de la ecuación encima de la zona de escritura.

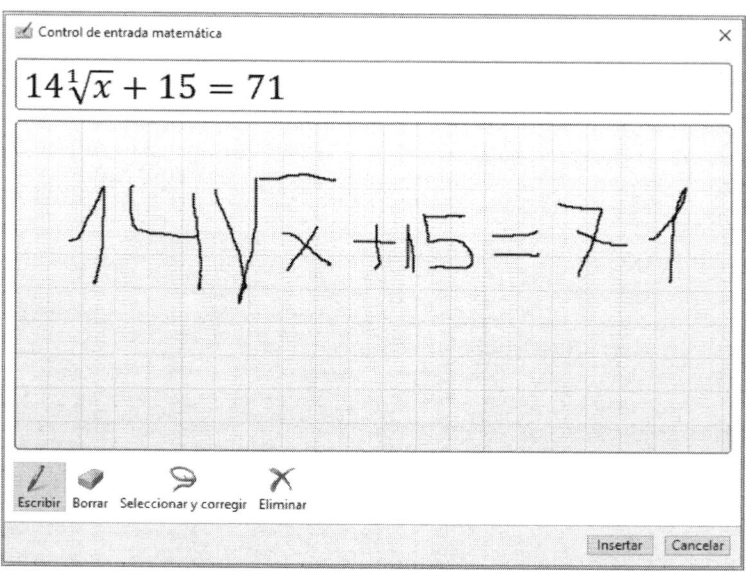

- Para editar la ecuación, utilice las herramientas siguientes:

Para borrar una parte de la ecuación; active esta herramienta, señale el elemento que quiera borrar y haga clic o clic y arrastrar en la parte que desee suprimir.

Para corregir un carácter que se ha transcrito incorrectamente; active esta herramienta, seleccione el carácter o la parte de él que se debe modificar rodeándolo y, en la lista que se muestra, elija el carácter por el que se reemplazará.

La parte seleccionada aparece en rojo:

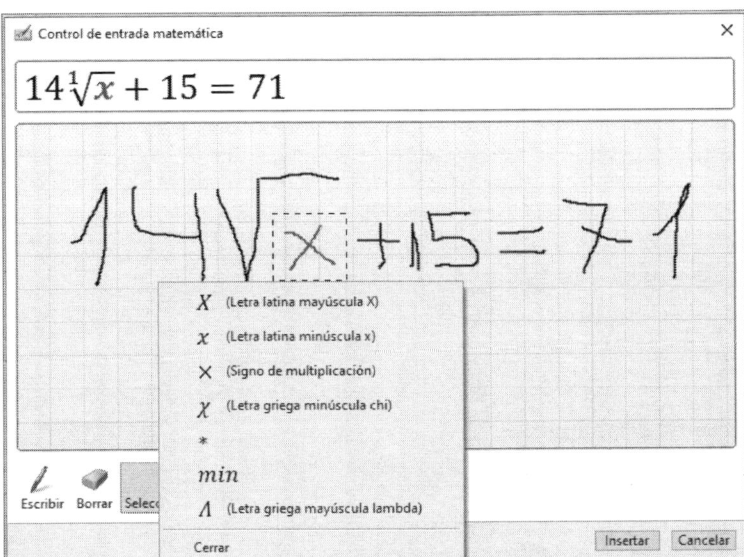

Para borrarlo todo.

- Cuando la ecuación esté lista, haga clic en el botón **Insertar**.
- Puede utilizar las herramientas de la pestaña contextual **Ecuación** para modificarla, como si se tratase de cualquier otra ecuación.

Modificar el contenido de una celda

Haga doble clic en la celda que desea modificar:

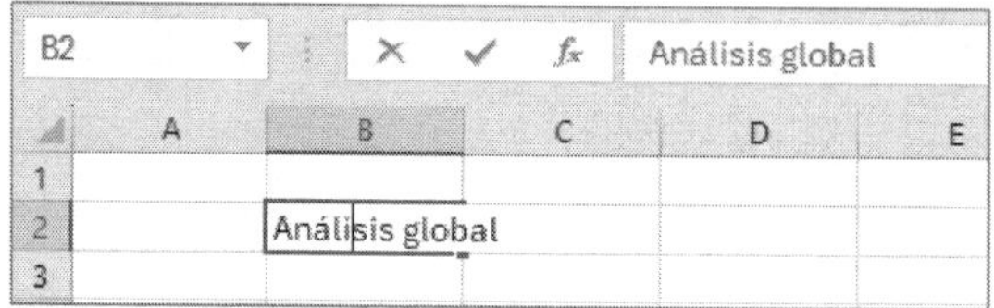

*Aparece un punto de inserción (barrita vertical parpadeante) en el lugar donde se ha hecho clic y Excel pasa a modo **Modificar**.*

Lleve a cabo las modificaciones pertinentes.

Confirme las modificaciones.

Otra opción es hacer clic en la celda y utilizar la tecla F2 o introducir directamente los cambios en la barra de fórmulas.

Borrar el contenido de las celdas

Seleccione las celdas que desea borrar y pulse la tecla Supr.

Se elimina entonces el contenido de las celdas, pero no su formato.

Para borrar el contenido, el formato o los comentarios y las notas, haga clic en la herramienta **Borrar** del grupo **Edición** de la pestaña **Inicio**.

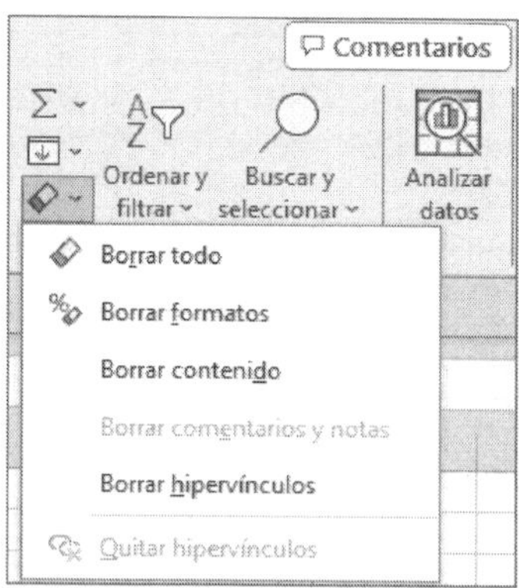

Haga clic en la opción más adecuada en función de aquello que desee borrar.

Otra opción para borrar el contenido de las celdas es seleccionarlas y deslizar el indicador de relleno sobre la selección.

Sustituir el contenido y el formato de una celda

Esta operación permite reemplazar automáticamente el texto y el formato de varias celdas por otro texto o formato; también permite modificar el texto contenido en las fórmulas.

Reemplazar texto

- Si la sustitución debe efectuarse en toda la hoja o en todas las hojas del libro, active una sola celda. Si la sustitución debe hacerse solo en una parte de la hoja activa, seleccione el rango de celdas correspondiente.
- En la pestaña **Inicio**, haga clic en el botón **Buscar y seleccionar** del grupo **Edición** y haga clic en la opción **Reemplazar** o bien use el método abreviado Ctrl **L**.
- Introduzca el texto que desea reemplazar en el cuadro **Buscar**.

  *Este cuadro puede contener letras, números, signos de puntuación o caracteres genéricos (? o *, que sustituyen respectivamente a uno o más caracteres).*
- Introduzca el texto de sustitución en el cuadro **Reemplazar con**.
- Al igual que ocurre en la búsqueda de celdas (véase Buscar una celda en el capítulo Mover y seleccionar en una hoja), es posible indicar dónde y cómo debe buscar Excel el texto que hay que reemplazar haciendo clic en el botón **Opciones**.
- Para realizar las sustituciones de una en una, haga clic en el botón **Buscar siguiente**. De esta forma alcanzará la primera celda con el texto buscado; luego, haga clic en el botón **Reemplazar**, si desea reemplazar el valor, o **Buscar siguiente** para no reemplazarlo y proseguir con la sustitución.
- Para realizar la sustitución de una sola vez, haga clic en el botón **Reemplazar todos**.
- Haga clic en el botón **Cerrar**.

Reemplazar un formato

- Active una sola celda o seleccione el rango de celdas cuyo formato desea sustituir.
- En la pestaña **Inicio**, haga clic en el botón **Buscar y seleccionar** del grupo **Edición** y haga clic en la opción **Reemplazar** o use el método abreviado Ctrl **L**.
- Si es preciso, haga clic en el botón **Opciones** para ver las posibilidades que existen.

- Borre el contenido del cuadro **Buscar**, en caso de que no esté vacío, y el contenido del cuadro **Reemplazar con**.
- Haga clic en el botón **Formato** de la línea **Buscar** y seleccione los formatos deseados en el cuadro de diálogo **Buscar formato.**

  *El botón **Elegir formato de celda** permite seleccionar una celda con el fin de recuperar automáticamente todos sus atributos de formato. También es posible acceder a esta función haciendo clic en la flecha asociada al botón **Formato**.*
- Haga clic en **Aceptar**.
- Haga clic en el botón **Formato** de la línea **Reemplazar con** y seleccione los formatos deseados en el cuadro de diálogo **Reemplazar formato**; luego, haga clic en **Aceptar**.
- De acuerdo con sus necesidades, lleve a cabo las sustituciones una por una (botones **Buscar siguiente** y **Reemplazar**) o todas a la vez (botón **Reemplazar todos**).
- Haga clic en **Cerrar**.

Es posible efectuar a la vez sustituciones de texto y de formato. Para ello, introduzca los textos en los cuadros **Buscar** y **Reemplazar con** y seleccione los formatos tras hacer clic en los botones **Formato**.

Comprobar la ortografía

El corrector revisa la hoja de cálculo activa, incluyendo el contenido de las celdas, los comentarios de celda, los gráficos, los cuadros de texto, los botones, los encabezados y pies de página, pero no verifica las hojas protegidas ni las fórmulas o el texto resultante de una fórmula.

- Para verificar toda una hoja de un libro, active solo una de sus celdas. Para verificar un cuadro de texto, selecciónelo.
- Active la pestaña **Revisar** y haga clic en el botón **Ortografía** del grupo **Revisión** o pulse F7.

  Excel lee el texto y se detiene cuando detecta una palabra que no conoce. Puede que no conozca la palabra simplemente porque no está en su diccionario o porque se está usando con una combinación de mayúsculas poco habitual (por ejemplo: NOsotros).

La revisión se hace a partir de un diccionario principal (el de Excel) y de tantos diccionarios personales como usted desee (el único diccionario existente de forma predeterminada es PERSO.DIC).

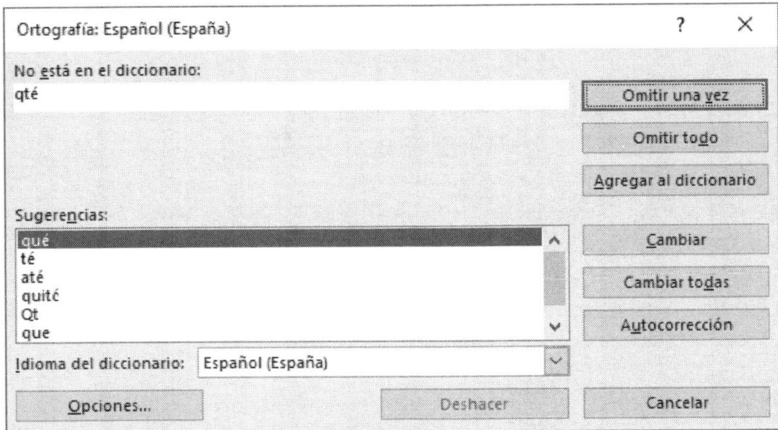

- Si la palabra está escrita correctamente, haga clic en el botón:

Omitir una vez	Para dejar la palabra tal como está y continuar la revisión.
Omitir todo	Para «omitir» la palabra cada vez que aparezca.
Agregar al diccionario	Para agregar la palabra al diccionario personal activo.

- Si la palabra es incorrecta, puede corregirla seleccionando una de las propuestas o tecleando su forma correcta en el cuadro **No está en el diccionario** y haciendo clic en:

Cambiar	Para reemplazar la palabra incorrecta por aquella que se ha introducido.
Cambiar todas	Para reemplazar la palabra por aquella que se ha introducido cada vez que aparece.

También es posible hacer doble clic en una de las palabras propuestas.

Al llegar al final, Excel le comunica que ha terminado la revisión:

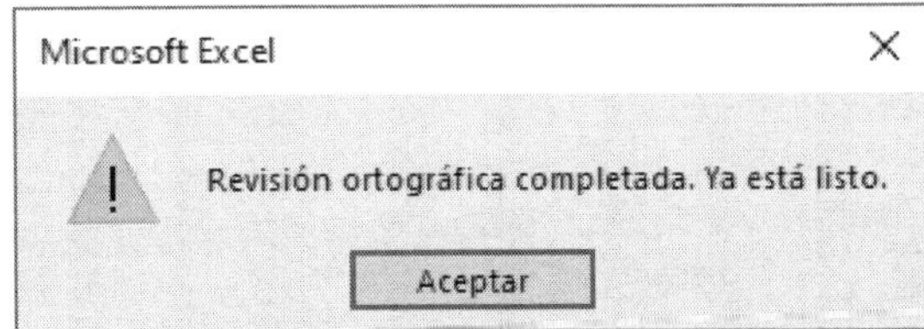

- Haga clic en **Aceptar**.

Utilizar y definir las autocorrecciones

La autocorrección corrige el texto a medida que se va escribiendo (por ejemplo, si habitualmente escribe «gravar» en vez de «grabar»).

- Para activar o desactivar la autocorrección, haga clic en la pestaña **Archivo** - **Opciones**. Seleccione la categoría **Revisión** y haga clic en el botón **Opciones de Autocorrección**.

  Según el caso, marque o desmarque la opción **Remplazar texto mientras escribe.**

- Para definir las autocorrecciones, escriba la palabra con la ortografía incorrecta o la abreviatura en el cuadro **Reemplazar** y luego introduzca la palabra correctamente escrita en el cuadro de texto **Con**.

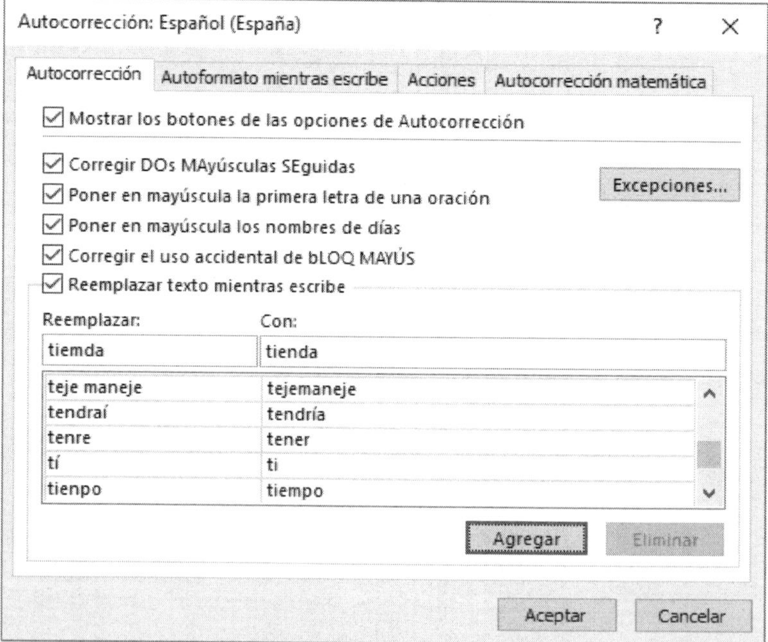

- Haga clic en el botón **Agregar** para definir otra autocorrección.
- Confirme haciendo doble clic en **Aceptar**.

Copiar un contenido en celdas contiguas

Esta técnica permite copiar rápidamente texto o fórmulas de cálculo.

- Active la celda que desea copiar.
- Señale el indicador de relleno de la celda:

  Este indicador corresponde al cuadradito verde situado en la parte inferior derecha de la celda activa. El puntero del ratón se transforma en una cruz + cuando se sitúa sobre este indicador.

Precio unitario	TOTAL (sin IVA)	TOTAL (imp. incl.)
8,60 €	129,00	
4,10 €		
7,60 €		
10,50 €		

- Haga clic y, sin soltar el botón del ratón, deslícelo hasta la última celda en la que debe copiarse el contenido.

  Las celdas «barridas» así aparecen encuadradas.
- Cuando llegue a la última celda, suelte el botón del ratón.

  Justo después de llevar a cabo la copia, en la esquina inferior derecha del rango de celdas copiado aparece el botón .

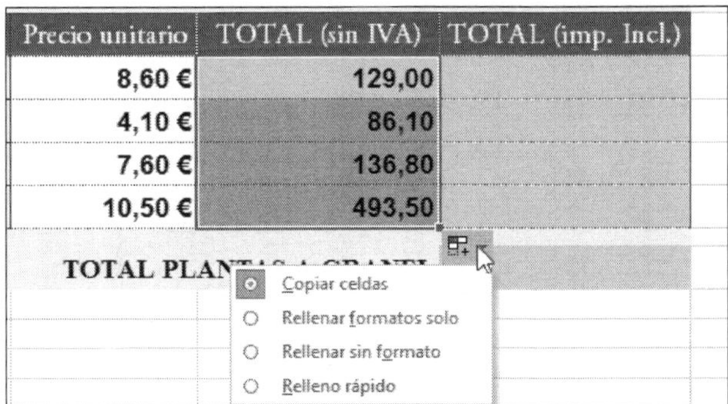

Precio unitario	TOTAL (sin IVA)	TOTAL (imp. Incl.)
8,60 €	129,00	
4,10 €	86,10	
7,60 €	136,80	
10,50 €	493,50	

- Haciendo clic sobre ese botón, podrá, en caso de precisarlo así, modificar el tipo de copia y optar por la opción **Rellenar formatos solo** o por **Rellenar sin formato**, o bien **Relleno rápido** (véase el capítulo Introducir y modificar datos - Utilizar el relleno rápido automático para completar una columna).

Si la columna situada a la izquierda de las celdas de destino de la copia contiene datos, puede hacer doble clic en el indicador de relleno para que los nuevos datos se copien en el mismo número de celdas con contenido situadas a la izquierda. Este método resulta de gran interés si trabaja con tablas que incluyen un gran número de filas.

Copiar y desplazar celdas

La copia consiste en duplicar celdas no contiguas.

Haciendo clic y arrastrando

Esta técnica se usa, sobre todo, cuando es posible visualizar al mismo tiempo las celdas que se desean transferir y su lugar de destino.

- Seleccione las celdas que desea transferir.
- Señale uno de los bordes de la selección:

El ratón adopta entonces la forma de una flecha. Cuidado, no señale el indicador de relleno.

- Si lo que desea hacer es copiar, pulse la tecla Ctrl y, sin soltarla, haga clic y arrastre hasta el lugar de destino del duplicado.

Durante la operación de copia, al arrastrar las celdas aparece un pequeño signo + a la derecha del puntero del ratón.

Si lo que desea es desplazar las celdas, haga clic y arrastre hasta el lugar de destino.

- Suelte el botón del ratón y, en caso necesario, la tecla Ctrl.

De esta forma, se copia o desplaza el contenido y el formato de las celdas.

Usando el portapapeles

- Seleccione las celdas que desea transferir.
- Active la pestaña **Inicio**.
- Si lo que desea es copiar las celdas, haga clic en la herramienta **Copiar** del grupo **Portapapeles** o utilice el método abreviado Ctrl **C**.

  Si lo que desea es desplazar las celdas, haga clic en la herramienta **Cortar** o utilice el método abreviado Ctrl **X**.

  La selección aparece rodeada de unas pequeñas líneas parpadeantes.
- Active la primera celda de destino.

  Incluso si se copian o desplazan varias celdas, solo se debe seleccionar una celda de destino.

  Haga clic en el botón **Pegar** o utilice el método abreviado Ctrl **V**.

  El contenido de las celdas (valores, fórmula, fecha), así como el formato y los posibles comentarios, también se copian o se mueven. En la parte inferior derecha del rango de celdas copiado aparece un botón ***Opciones de pegado*** *(Ctrl), que permite definir los datos que hay que pegar; las opciones disponibles se presentan en forma de iconos y varían según el tipo de datos pegados. Para saber más sobre las opciones de pegado, véase los apartados Usar el panel Portapapeles o Copiar contenido, resultado o formato de celdas, más adelante en este mismo capítulo.*
- Si es preciso, haga clic en él y active la opción que más le convenga.

  La primera selección sigue parpadeando y, mientras esto ocurra, puede pegarse en otras ubicaciones. Cuando el parpadeo se detiene ya no es posible realizar la acción.

Copiar celdas en otras hojas

- Seleccione las celdas que desea copiar.
- Seleccione las hojas de destino de la copia; para ello, mantenga pulsada la tecla Ctrl y haga clic en las etiquetas de las hojas.
- Haga clic en la flecha de la herramienta **Rellenar** del grupo **Edición** (pestaña **Inicio**) y active la opción **Otras hojas**.

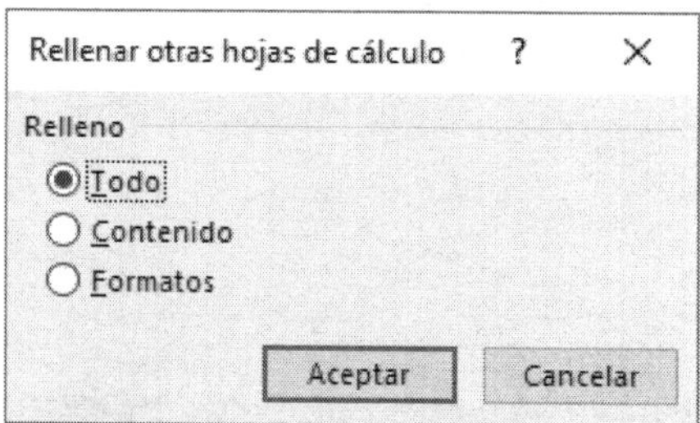

- De acuerdo con sus necesidades, opte por copiar **Todo**, solo el **Contenido** o los **Formatos**.
- Confirme pulsando **Aceptar**.

Otra posibilidad para copiar un grupo de celdas en otra hoja es usar el primer método del apartado precedente: manteniendo pulsadas las teclas Ctrl y Alt, deslice la selección hasta la etiqueta de hoja y luego hasta la primera celda de destino.

Usar el panel Portapapeles

El panel Portapapeles permite efectuar copias y desplazamientos de selecciones múltiples.

Mostrar y ocultar el panel Portapapeles

- Para ver el panel **Portapapeles** de Office, haga clic en el **iniciador de cuadro de diálogo** del grupo **Portapapeles** de la pestaña **Inicio**.
- Para ocultar el panel **Portapapeles**, haga clic en el botón ×, situado a la derecha de la barra de título del panel.

Definir las opciones del panel Portapapeles

- Haga clic en el botón **Opciones**, situado debajo del todo del panel **Portapapeles**.

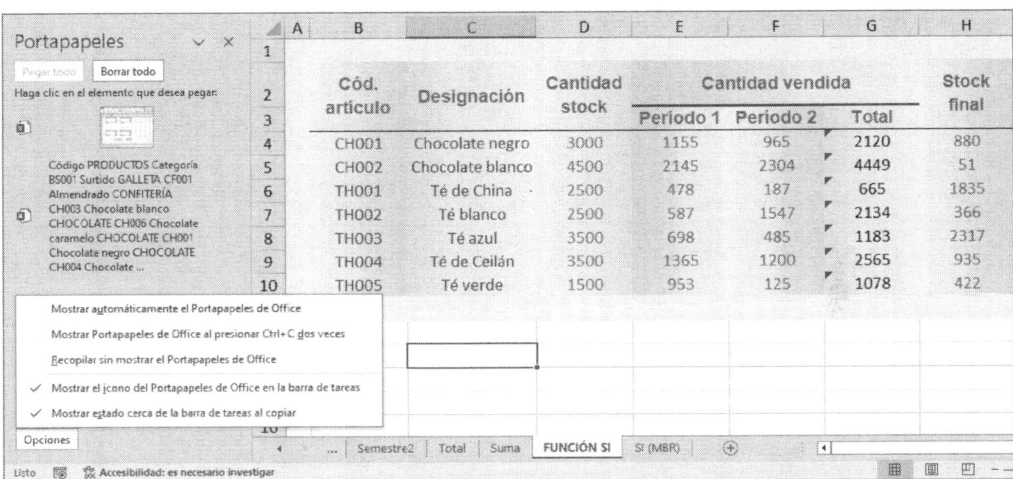

Las opciones «marcadas» están activas.

- Marque la opción u opciones que más le convengan:

Mostrar automáticamente el Portapapeles de Office para que el panel **Portapapeles** aparezca al copiar elementos.

Mostrar Portapapeles de Office al presionar Ctrl+C dos veces para que el panel Portapapeles aparezca al utilizar el método abreviado Ctrl **C** (Copiar) dos veces.

Recopilar sin mostrar el Portapapeles de Office para copiar automáticamente los elementos en el Portapapeles sin mostrar el panel.

Mostrar el icono del Portapapeles de Office en la barra de tareas para ver el icono **Portapapeles de Office** en la zona de notificación, en la parte derecha de la barra de tareas del sistema cuando el Portapapeles de Office está activo.

Mostrar estado cerca de la barra de tareas al copiar para que aparezca un mensaje referente a los elementos copiados:

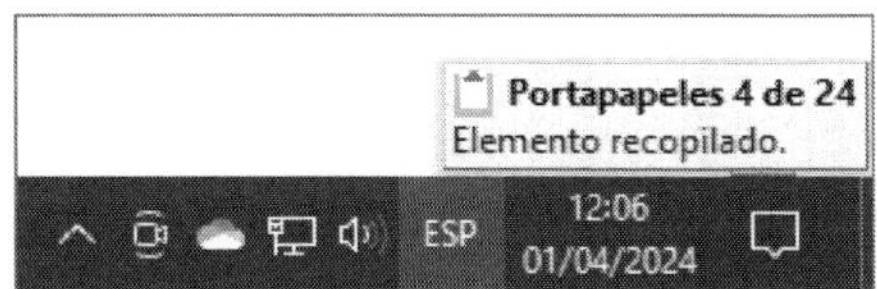

- Para ocultar las opciones, pulse [esc].

Efectuar copias y desplazamientos múltiples

- Abra el **Portapapeles** de Office.
- Seleccione las celdas o el objeto en cuestión y transfiéralos al Portapapeles con las herramientas **Copiar** o **Cortar** del grupo **Portapapeles**. Lleve a cabo esta operación con cada uno de los elementos que desee copiar o desplazar.

  *En el panel **Portapapeles** puede ver una parte del contenido de los elementos cortados o copiados (máximo 24). El **Portapapeles** contiene todos los elementos cortados o copiados en las diferentes aplicaciones de Office (Excel, Word, PowerPoint...).*

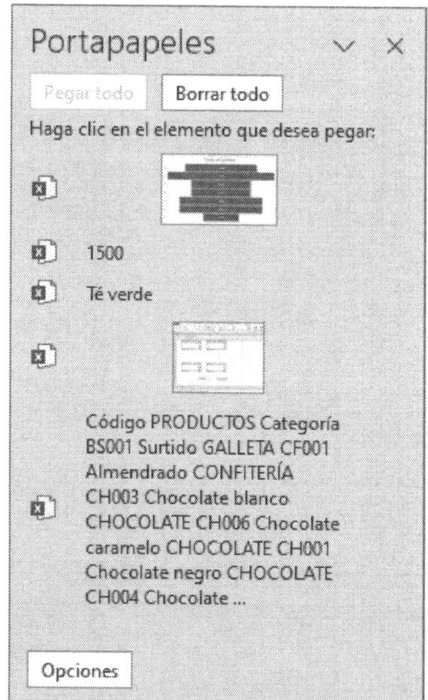

- Active la primera celda de destino.
- Para pegar una de las selecciones situadas en el **Portapapeles**, haga clic en el elemento correspondiente.

  *El botón **Opciones de pegado** (Ctrl), situado en la parte inferior derecha del elemento «pegado», permite acceder rápidamente a determinadas opciones, las cuales varían según el tipo de elemento copiado: imagen, texto, gráfico...*

Para acceder a las **Opciones de pegado**, haga clic en el botón (Ctrl) y escoja la opción que desee, representada en forma de iconos.

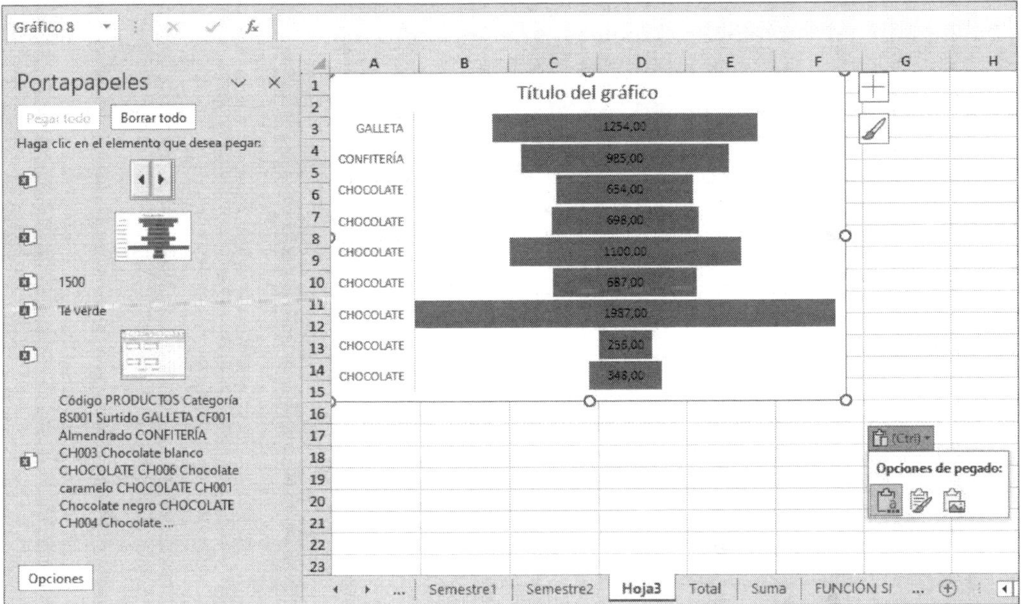

- Inserte así cada uno de los elementos del panel **Portapapeles** tantas veces como precise.

  *Cuando señale un elemento en el panel **Portapapeles**, verá una flecha a su derecha. Si hace clic en ella, se abrirá una lista desde la que podrá **Pegar** o **Eliminar** el elemento.*

- Para vaciar el Portapapeles, haga clic en el botón **Borrar todo** del panel **Portapapeles**.

- Si es preciso, cierre el panel del **Portapapeles** haciendo clic en el botón X.

El botón **Pegar todo** del panel **Portapapeles** permite pegar todos los elementos, que se copiarán entonces en columna (de arriba abajo). Este botón no está accesible si uno de los elementos es una imagen o un objeto.

Si no desea que se muestre el botón (Ctrl) cada vez que pega celdas, desmarque la opción **Mostrar botón Opciones de pegado al pegar contenido** (pestaña **Archivo** - **Opciones** - categoría **Avanzadas** - zona **Cortar, copiar y pegar**).

Copiar un formato

Esta técnica permite copiar el formato (fuente, color, bordes...) de un rango de celdas en otro.

- Seleccione la celda o celdas que contienen los formatos que desea copiar.
- Haga clic en la herramienta **Copiar formato** , situada en el grupo **Portapapeles** de la pestaña **Inicio**.

  El puntero del ratón toma la forma siguiente: .
- Seleccione las celdas a las que desea aplicar el formato.

Otra opción es hacer una copia del formato activando la opción **Formato** , situada en la lista asociada al botón **Pegar** (véase Copiar contenido, resultado o formato de celdas).

Si el formato debe copiarse varias veces, haga doble clic en la herramienta . Copie el formato seleccionando sucesivamente las celdas deseadas y pulse a continuación la tecla esc para desactivar la función.

Copiar contenido, resultado o formato de celdas

Por defecto, Excel copia la totalidad de las celdas (valores o fórmulas, formato y comentarios), pero es posible elegir qué es lo que hay que copiar antes de pegar los datos.

- Seleccione las celdas que desea copiar.
- Haga clic en la herramienta **Copiar** del grupo **Portapapeles** de la ficha **Inicio**.
- Active la primera celda de destino de la copia.
- Abra la lista asociada al botón **Pegar** .

Señale el icono correspondiente al tipo de copia que debe efectuarse a fin de mostrar su etiqueta informativa y obtener una vista previa del resultado de lo que se pega en la celda de destino.

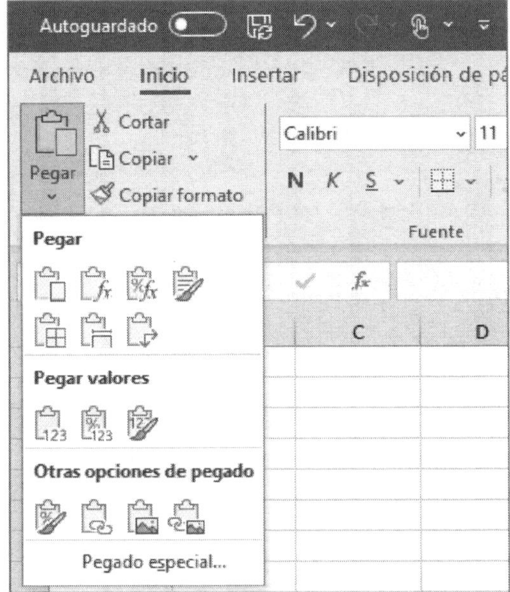

Los iconos de la categoría **Pegar valores** permiten, por ejemplo, pegar solamente (con formatos o sin ellos) el valor resultante de una fórmula que esté en otra hoja de cálculo, pero sin copiar la fórmula.

Los iconos de la categoría **Pegar** permiten pegar formatos o fórmulas de celdas. Por ejemplo, el icono permite **Mantener ancho de columnas de origen**, para que los datos copiados no usen los parámetros de ancho de columna de las celdas de destino.

Y el icono permite conservar el **Formato de celdas y números.**

Haga clic a continuación en el icono que elija para llevar a cabo la copia.

También puede utilizar la opción **Pegado especial** para seleccionar el tipo de elemento que se ha de pegar.

Copiar los datos transponiéndolos

Esta técnica permite transponer las columnas y las filas de una tabla al copiarla.

- Seleccione los datos que desea copiar; para copiarlos, utilice el método abreviado Ctrl **C** o haga clic en y luego active la primera celda de destino de la copia.
- Abra la lista del botón **Pegar** y seleccione el icono **Transponer** del grupo **Pegar**.

De esta manera las filas de la selección se convierten en columnas y viceversa.

Copiar datos de Excel estableciendo un vínculo

Los vínculos permiten que todas las modificaciones de datos efectuadas en el libro de Microsoft Excel se transfieran a otra hoja u otro libro.

- Seleccione los datos que desea copiar.
- Utilice el método abreviado Ctrl **C** o haga clic en la herramienta **Copiar** .
- Active la primera celda de destino de la copia (en la misma hoja, en otra hoja o en otro libro).
- Abra la lista del botón **Pegar** y seleccione el icono **Pegar vínculo** .

Las celdas receptoras de la copia pasarán a incluir una fórmula que permite ver el contenido de la celda de origen. Si se modifica un valor de origen, se modificará automáticamente el contenido de la celda de destino correspondiente.

Cuando se crean vínculos durante la operación de pegado, no es posible recuperar al mismo tiempo los formatos.

Si pega con vínculo una celda vacía, Excel muestra un cero.
Obtendrá el mismo resultado insertando en la celda una fórmula de tipo =**celda**.

Efectuar cálculos simples al copiar

Esta operación permite copiar datos a la vez que se lleva a cabo una operación (suma, resta, etc.) que combina los datos copiados y los datos contenidos en las celdas de destino.

- Seleccione los datos que desea copiar.
- Utilice el método abreviado Ctrl **C** o haga clic en la herramienta **Copiar** .
- Active la primera celda de destino (las celdas receptoras deben contener datos).
- Abra la lista del botón **Pegar** y active la opción **Pegado especial**.

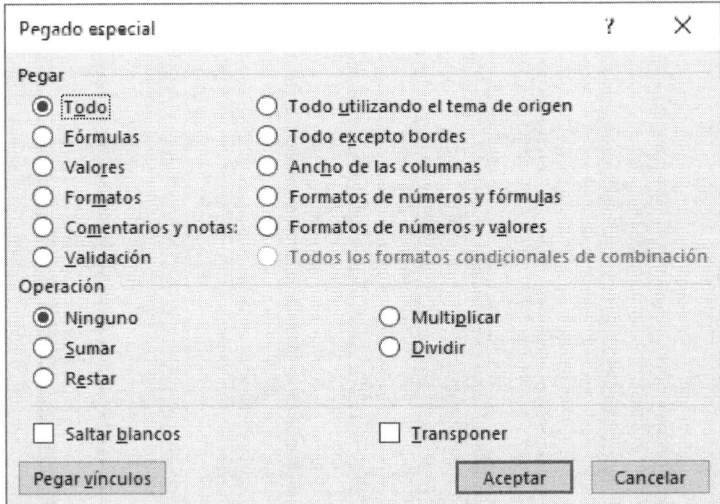

- Determine en el apartado **Pegar** aquello que debe copiarse.
- A continuación, especifique la **Operación** deseada activando la opción correspondiente.
- Si deben omitirse las celdas vacías de la selección, marque la opción **Saltar blancos**.
- Haga clic en **Aceptar**.

Copiar datos como imagen

- Seleccione los datos que desea copiar.
- Utilice el método abreviado Ctrl **C** o haga clic en la herramienta **Copiar**.
- Active la celda destinataria de la copia (en la hoja activa, en otra hoja o en otro libro).
- Abra la lista del botón **Pegar** y active el icono **Imagen**.

*El icono **Imagen vinculada** puede usarse si desea que cualquier modificación que se efectúe en la imagen de origen se aplique también a la copiada.*

También puede usar la opción **Copiar como imagen** de la lista de la herramienta **Copiar** y hacer clic en el botón **Pegar** para pegar los datos como imagen.

Activar una hoja

Recuerde que los libros se componen de hojas de cálculo y que estas se representan mediante etiquetas.

- Gracias a los botones de desplazamiento de las etiquetas, podrá visualizar el nombre de la hoja a la que desea acceder:

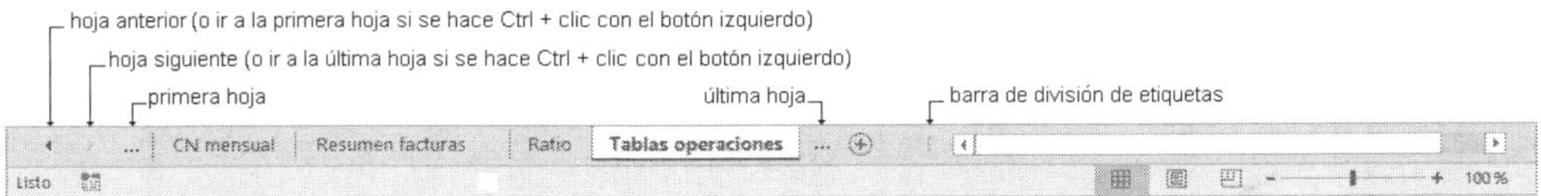

- Para mostrar todas las etiquetas, haga clic con el botón derecho en la herramienta ◄ o en ►.

  A continuación, haga clic en la etiqueta de la hoja a la que desea acceder.
- Con el teclado, use las teclas Ctrl AvPág para pasar a la hoja siguiente o las teclas Ctrl RePág para volver a la hoja anterior.

El espacio reservado a las etiquetas de la hoja puede modificarse deslizando la barra de división de la etiqueta, situada a la izquierda de la barra de desplazamiento horizontal.

Para modificar el número de hojas de un libro nuevo, abra el cuadro de diálogo **Opciones de Excel** (pestaña **Archivo - Opciones**) y, en la categoría **General**, especifique el número de hojas deseado en la opción **Incluir este número de hojas** de la zona **Al crear nuevos libros**.

Cambiar el nombre de una hoja

- Haga clic en la etiqueta de la hoja cuyo nombre desea cambiar. Teclee el nuevo nombre.

  El nombre no debe sobrepasar los 31 caracteres (espacios incluidos); algunos caracteres no pueden usarse: dos puntos (:), barra oblicua (/ o \), signo de interrogación (?), asterisco (*), etc.
- Confirme pulsando la tecla ↵.

Otra posibilidad es usar el menú contextual de la etiqueta de hoja, opción **Cambiar nombre**.

Seleccionar hojas

- Para seleccionar una sola hoja, haga clic sobre su etiqueta; la hoja se habrá activado.
- Para seleccionar varias hojas contiguas, haga clic en la etiqueta de la primera hoja que quiera seleccionar, mantenga pulsada la tecla Mayús y haga clic en la etiqueta de la última hoja.
- Para seleccionar varias hojas no contiguas, haga clic en la etiqueta de la primera hoja que quiera seleccionar, mantenga pulsada la tecla Ctrl y haga clic en las etiquetas de las demás hojas.
- Para seleccionar todas las hojas, haga clic con el botón derecho del ratón en una de las etiquetas y luego haga clic en **Seleccionar todas las hojas**.

  El nombre de las etiquetas seleccionadas aparecerá en negrita.

  *Cuando hay varias hojas seleccionadas, aparece el término **[Grupo]** en la barra de título, tras el nombre del libro. Decimos que estamos en un grupo porque las modificaciones hechas en la hoja activa se trasladan a todas las hojas del grupo.*

- Para desactivar el grupo y seleccionar o activar una sola hoja, haga clic en la etiqueta de alguna hoja que no forme parte del grupo o muestre el menú contextual de una etiqueta (clic derecho) y active la opción **Desagrupar hojas**.

  Si están seleccionadas todas las hojas del libro, el hecho de hacer clic sobre una de las etiquetas desactiva el grupo.

Modificar el color de las etiquetas

- Si desea modificar el color de varias etiquetas, seleccione las hojas correspondientes.
- Muestre el menú contextual de la etiqueta (clic derecho), señale la opción **Color de etiqueta** y haga clic en el color deseado. La opción **Más colores** permite abrir un cuadro de diálogo desde el que crear un color personalizado.

Cuando la hoja está activa, su nombre aparece subrayado con una línea de color, pero cuando está inactiva, toda la etiqueta aparece coloreada.

Para quitar el color a una etiqueta, muestre su menú contextual, señale la opción **Color de etiqueta** y active la opción **Sin color**.

Mostrar y ocultar una hoja

- Para ocultar una o varias hojas, seleccione las hojas que desea ocultar, muestre el menú contextual de una de las etiquetas seleccionadas (clic derecho) y escoja la opción **Ocultar**.
- Para mostrar una hoja oculta, muestre el menú contextual de una etiqueta cualquiera y active la opción **Mostrar**.

  El nombre de las hojas ocultas aparece en el cuadro de diálogo que se muestra:

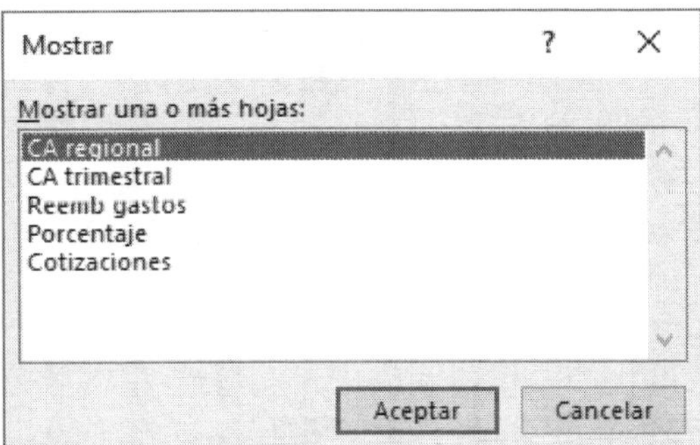

- Haga doble clic en el nombre de la hoja o haga clic una sola vez en el nombre y luego en el botón **Aceptar**.
- Repita la misma operación con todas las hojas que desee ver.

Mostrar una imagen como fondo de la hoja

Microsoft Excel ofrece la posibilidad de mostrar una imagen como fondo de la hoja. Sin embargo, este fondo no podrá imprimirse.

- Active la hoja y la pestaña **Diseño de página**.
- Haga clic en el botón **Fondo** del grupo **Configurar página**.

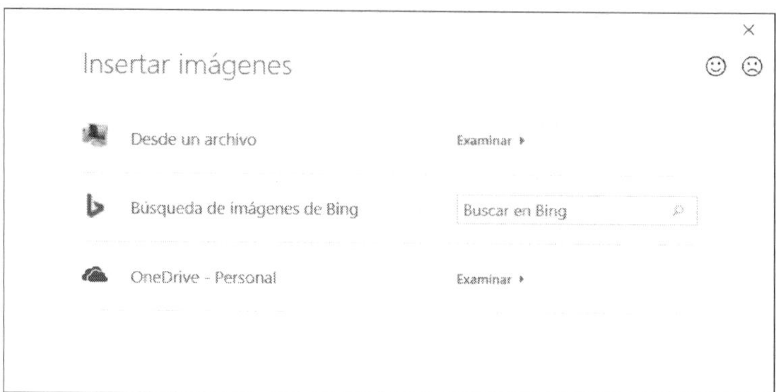

- En función de la ubicación de la imagen, escoja una de las opciones siguientes:

  Desde un archivo si la imagen está almacenada en su ordenador o en una red local.

  Búsqueda de imágenes de Bing para realizar una búsqueda en la web.

  OneDrive (u otro espacio en línea) si la imagen está almacenada en su espacio OneDrive o en otra ubicación en línea.

- Haga doble clic en el nombre de la imagen.

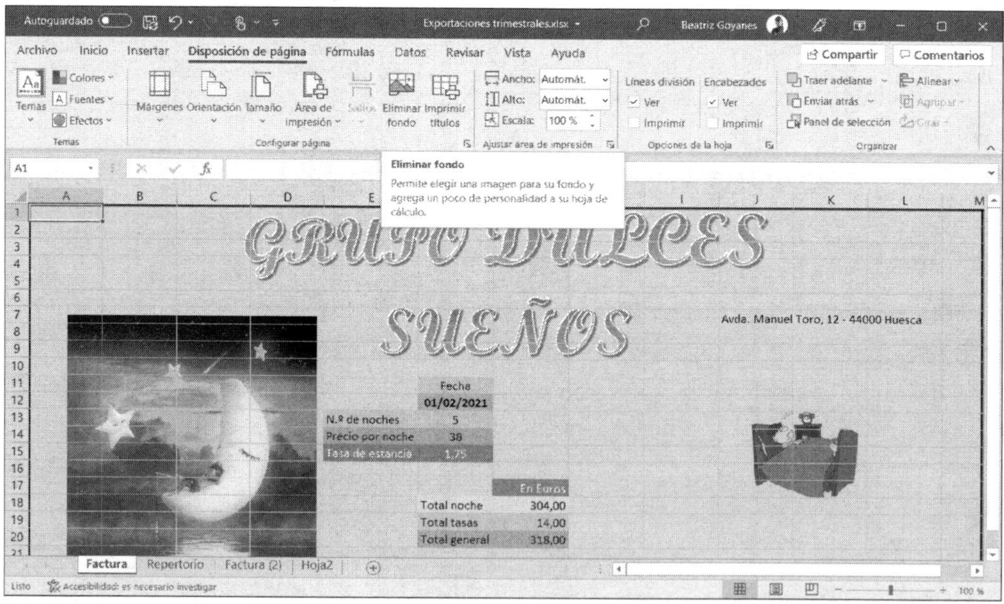

*Observe que el botón **Fondo** del grupo **Configurar página** se ha convertido en el botón **Eliminar fondo**.*

Para eliminar la imagen que hace de fondo de la hoja, active, si es preciso, la pestaña **Diseño de página** y haga clic en el botón **Eliminar fondo** del grupo **Configurar página**.

Mover y copiar una o varias hojas

En el libro activo

- Seleccione la hoja u hojas que quiere transferir.
- Para mover las hojas, señale una de las etiquetas de la selección y haga clic y arrastre hasta la nueva posición.

  La nueva posición se representa mediante un triángulo negro.
- Para copiar las hojas, lleve a cabo la misma operación que para moverlas, manteniendo pulsada la tecla Ctrl.

De un libro a otro

- Abra el libro que contiene las hojas que se van a mover o copiar y el libro de destino.
- Seleccione la hoja u hojas que se van a transferir, haga clic con el botón derecho del ratón en una de las etiquetas seleccionadas y active la opción **Mover o copiar**.
- Abra la lista **Al libro** y haga clic en el nombre del libro de destino o bien escoja la opción **(nuevo libro)**.

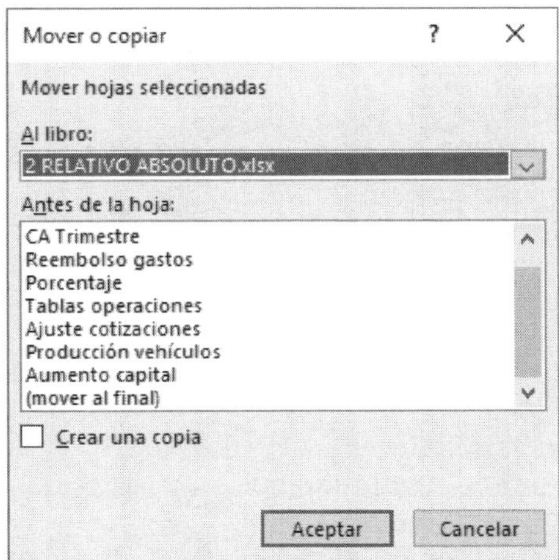

- En la lista **Antes de la hoja**, seleccione la hoja del libro de destino delante de la cual desea transferir la hoja en cuestión.
- Si desea hacer una copia de la hoja u hojas seleccionadas, marque la opción **Crear una copia**. Si desea desplazarlas, deje desmarcada esta opción.
- Haga clic en **Aceptar**.
- El libro de destino se convierte en el libro activo.

Insertar y agregar hojas

- Para añadir una hoja después de la hoja activa, haga clic en la herramienta **Hoja nueva** ⊕ de la barra de hojas. Para añadir una hoja nueva antes de la hoja activa, utilice el método abreviado Mayús F11.
- Para insertar una sola hoja entre dos hojas que ya existen, seleccione la hoja delante de la cual desea que esta se inserte. Para insertar varias hojas al mismo tiempo, seleccione tantas etiquetas consecutivas como hojas desee insertar.

  En este último caso, las hojas se insertarán entre la penúltima hoja seleccionada y la última.
- Haga clic con el botón derecho del ratón en una de las etiquetas seleccionadas y active la opción **Insertar**.
- En el cuadro de diálogo **Insertar** que aparece a continuación, compruebe que está activa la opción **Hoja de cálculo** y haga clic en **Aceptar**.

Eliminar hojas

- Seleccione la hoja u hojas que desea eliminar.
- Haga clic con el botón derecho del ratón en una de las etiquetas seleccionadas y active la opción **Eliminar**.

  Si alguna de las hojas contiene datos, aparece el siguiente mensaje:

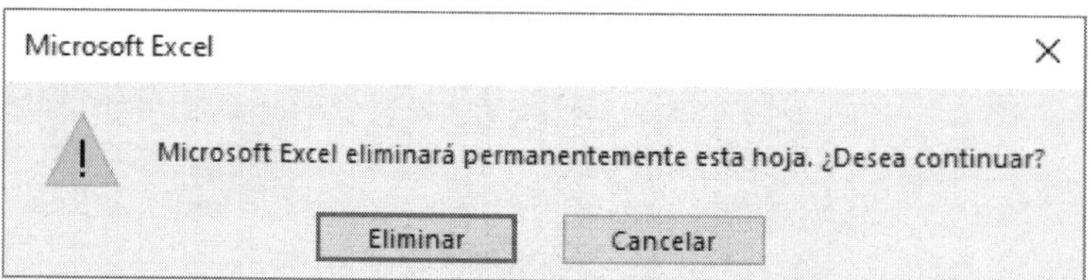

- En ese caso, haga clic en el botón **Eliminar**.

Insertar filas y columnas

- Para insertar una sola fila o columna, seleccione la fila o la columna (haciendo clic en el número de la fila o en la letra de la columna) después de la cual desea insertar la nueva.

  Para insertar varias filas o columnas, seleccione tantas filas o columnas como desee insertar.

  No se pueden insertar a la vez filas y columnas.

- Active la pestaña **Inicio** y haga clic en el botón **Insertar** del grupo **Celdas**, use el método abreviado Ctrl + o bien active la opción **Insertar** del menú contextual de la selección.

Cuando inserta una fila (o una columna), el formato del elemento agregado retoma el del elemento precedente. Esta opción puede modificarse haciendo clic en el botón (que aparece al lado del elemento agregado) y seleccionando luego la opción **El mismo formato de arriba/abajo** (para las filas), **El mismo formato de la derecha/izquierda** (para las columnas) o la opción **Borrar formato**.

Eliminar filas y columnas

- Seleccione las filas (o columnas) que desea eliminar haciendo clic sobre los números de fila (o las letras de columna).
- Active la pestaña **Inicio** y haga clic en el botón **Eliminar** del grupo **Celdas**, use el método abreviado Ctrl - o bien active la opción **Eliminar** del menú contextual de la selección.

Modificar el ancho de columna y el alto de fila

- Seleccione las columnas a las que desea dar el mismo ancho o las filas a las que desea dar el mismo alto. Si se trata de una sola columna o fila, no es necesario seleccionarlas.
- Señale la línea vertical situada a la derecha de una de las columnas (o la línea horizontal situada debajo del número de una de las filas).

Observe el nuevo aspecto del puntero del ratón.

	A	B	C
1	PEDIDO DE CAMISETAS Y DORSALES		
2			
3	Referencia	Descripción	Precio
4	DJ48	Dorsal benjamín rojo	28,99 €

- Ahora haga clic y arrastre sin soltar el botón del ratón.

  El nuevo ancho (alto) se representa con una línea de puntos y su valor aparece en una etiqueta.

- Suelte el botón del ratón cuando alcance el ancho (alto) que estime conveniente.

El ancho de las columnas se calcula en número de caracteres (y en píxeles), y el alto de fila, en puntos (y en píxeles).

Para ahorrar memoria en su ordenador, «aligere» las hojas de cálculo usando esta técnica, y no insertando filas y columnas.

Ajustar el ancho de columna y el alto de fila

Los anchos de columna se calculan en función de la entrada de celda más larga de la columna y los altos de fila se basan en la entrada de celda más alta de la fila.

- Seleccione, si es preciso, las filas o columnas en cuestión.
- Para el ancho de columna, haga doble clic en la línea vertical situada a la derecha de la letra de la columna.

  Para el alto de fila, haga doble clic en la línea horizontal situada debajo del número de la fila.

Insertar celdas vacías

Las celdas se insertarán debajo o a la izquierda del rango de celdas seleccionadas.

- Seleccione tantas celdas como desee insertar.

- Active la pestaña **Inicio**, abra la lista del botón **Insertar** del grupo **Celdas** y haga clic en la opción **Insertar celdas**, o use el método abreviado Ctrl + o bien active la opción **Insertar** del menú contextual de la selección.

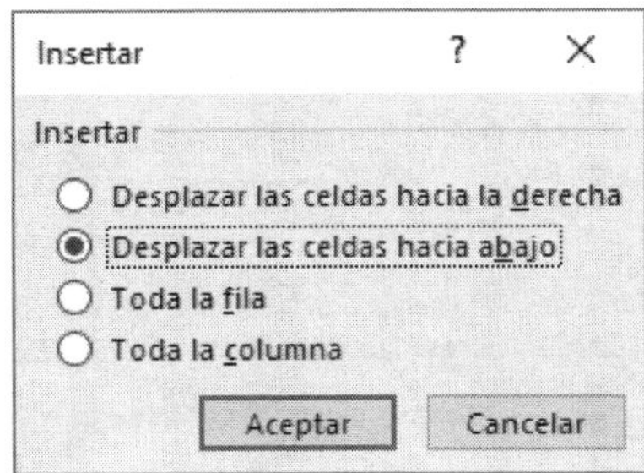

- Active la primera o la segunda opción para indicar de qué manera separar las celdas existentes tras insertar las nuevas.
- Confirme pulsando **Aceptar**.

> Para insertar una única celda encima de otra, haga clic en la celda y después en el botón **Insertar** del grupo **Celdas**.

Eliminar celdas

- Seleccione las celdas que desea eliminar.
- Active la ficha **Inicio**, abra la lista del botón **Eliminar** del grupo **Celdas** y haga clic en la opción **Eliminar celdas** o active la opción **Eliminar** del menú contextual de la selección.

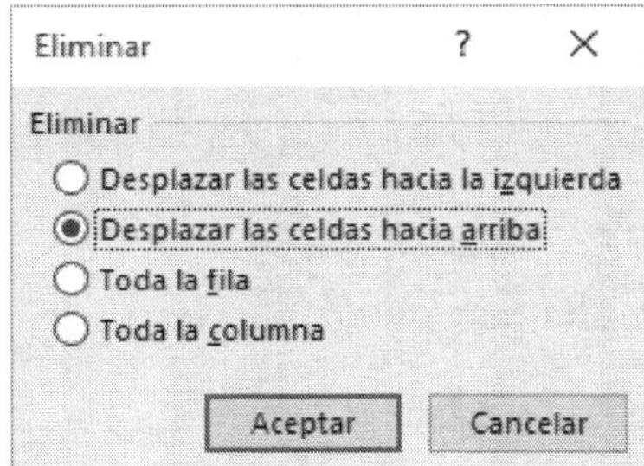

- Active la primera o la segunda opción para indicar de qué manera deben moverse las celdas existentes tras eliminar las celdas seleccionadas.

- Haga clic en **Aceptar**.

> Para eliminar celdas desplazando las demás hacia la izquierda, seleccione las celdas que desea eliminar y haga clic en el botón **Eliminar** del grupo **Celdas**.

Mover e insertar celdas, filas y columnas

Las celdas (filas o columnas) se desplazarán e insertarán entre las existentes.

- Seleccione las celdas (filas o columnas) que desea desplazar.
- Señale uno de los bordes de la selección hasta que el puntero adopte la forma de una flecha de cuatro puntas.
- Arrastre la selección manteniendo pulsada la tecla Mayús.

*Aparece una barra horizontal (o vertical) entre las filas (o las columnas). En este ejemplo, la fila 4 (**49 - ORENSE**) se va a insertar entre las filas **6** y **7**:*

	A	B	C	D	E	F	G	H
1	Producción de vehículos							
2	FÁBRICAS	Trimestre 1	Trimestre 2	Trimestre 3	Trimestre 4	TOTAL	% (regional)	% (general)
3	44 - COMPOSTELA	12 000	18 000	19 000	11 000	60 000	20%	9%
4	49 - ORENSE	15 000	14 000	17 000	14 000	60 000	20%	9%
5	53 - VIGO	16 000	16 000	21 000	12 000	65 000	22%	9%
6	72 - VITORIA	19 000	17 000	14 000	16 000	66 000	22%	10%
7	85 - ORMAIZTE	13 000	12 000	13 000	10 000	48 000	16%	7%
8	**TOTAL GALICIA Y PAIS VASCO**	**75 000**	**77 000**	**84 000**	**63 000**	**299 000**	**100%**	43%
9	16 - PALENCIA	9 000	6 000	8 000	9 000	32 000	21%	5%
10	17- PAMPLONA	12 000	10 000	11 000	13 000	46 000	30%	7%
11	79 - ÁVILA	8 000	9 000	10 000	12 000	39 000	26%	6%
12	86 - ALMUSSAFES	7 000	7 000	9 000	11 000	34 000	23%	5%

- Haga clic cuando la barra horizontal (o vertical) se encuentre en el lugar donde desee que se produzca la inserción.

> Si se mantiene pulsada la tecla Ctrl, además de la tecla Mayús, al hacer clic y arrastrar la selección, las celdas, filas o columnas se copian en lugar de desplazarse.

Eliminar las filas con repeticiones

Se trata de eliminar las filas con datos iguales en varias columnas.

- Haga clic en una celda cualquiera de la tabla correspondiente.
- Active la pestaña **Datos** y haga clic en la herramienta **Quitar duplicados** del grupo **Herramientas de datos.**
- En el cuadro de diálogo **Quitar duplicados** que aparece, seleccione las columnas que contienen las repeticiones que desea eliminar. Para ello, desactive las casillas de verificación correspondientes a las columnas en las que no debe eliminarse nada. Otra opción es hacer clic en el botón **Anular selección** para desactivar todas las casillas de verificación y seleccionar las columnas que desee o hacer clic en el botón **Seleccionar todo** para activar todas las casillas de verificación.

  *En este ejemplo, se eliminarán las filas repetidas correspondientes a los datos de los clientes cuyo **Nombre** y **Apellidos** sean idénticos, a fin de no conservar más que una sola fila.*

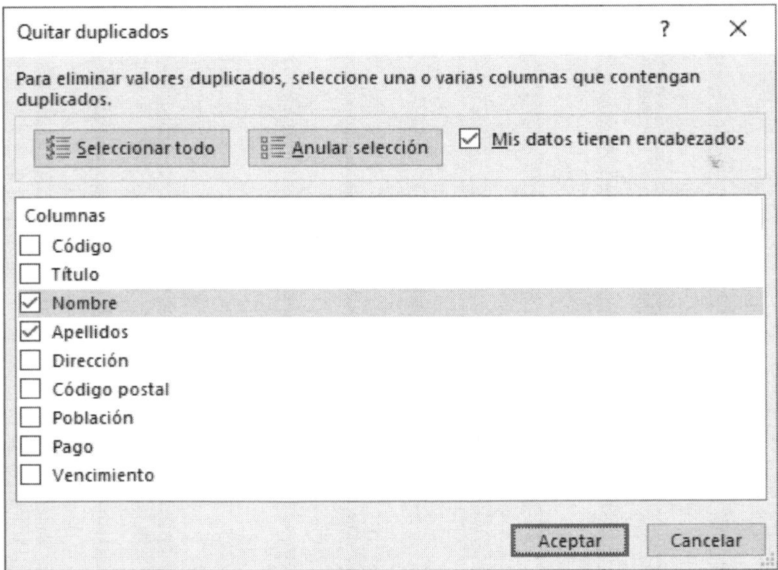

- Haga clic en el botón **Aceptar**.

El número de valores duplicados hallados y eliminados se muestra con objeto de que usted pueda controlarlo.

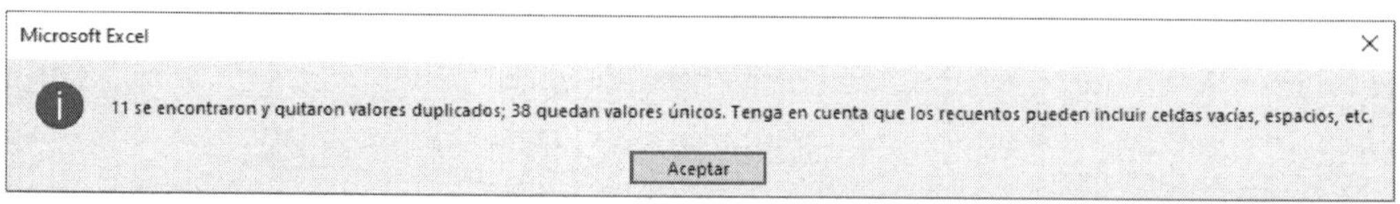

- Haga clic en **Aceptar** para cerrar este cuadro de diálogo.

Rangos con nombre

Poner nombre a los rangos de celdas

Es posible hacer referencia a un rango de celdas usando su nombre para seleccionarlo o bien utilizar dicho rango en fórmulas (véase Usar zonas con nombre en las fórmulas, en el capítulo Cálculos).

*Puede crear **nombres definidos**, que representan una celda, un rango de celdas, una fórmula o un valor constante. Microsoft Excel crea a veces algunos automáticamente (por ejemplo, cuando se define una zona de impresión). También es posible crear **nombres de tabla** que corresponden a listas de datos (véase el capítulo Tablas de datos).*

Primer método

- Seleccione la celda o el rango de celdas contiguas (o no) al que desea atribuir un nombre.
- Haga clic en el **cuadro de nombres**, situado a la izquierda de la barra de fórmulas.
- Introduzca el nombre que desea dar a la selección.

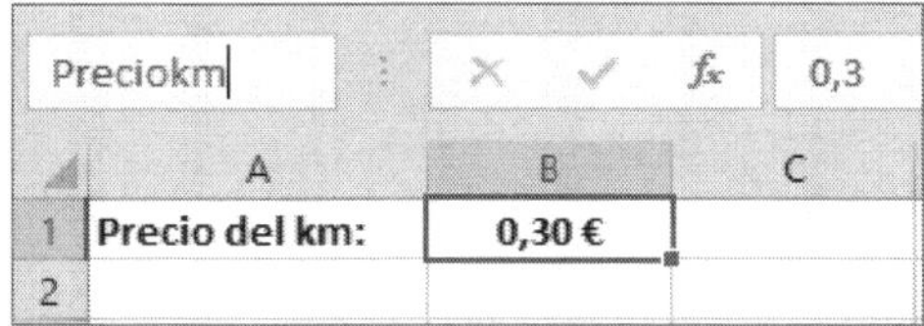

Los nombres pueden contener un máximo de 255 caracteres y no pueden usarse espacios. El primer carácter debe ser una letra, un carácter de subrayado (_) o una barra oblicua inversa (\). Los demás caracteres pueden ser letras, cifras, puntos y caracteres de subrayado. Los nombres no pueden ser iguales a las referencias de las celdas y pueden contener mayúsculas y minúsculas (Excel no hace distinción entre ellas).

- Pulse la tecla [Intro].

Segundo método

- Seleccione la celda o el rango de celdas contiguas (o no) al que desea atribuir un nombre.
- Active la pestaña **Fórmulas** y haga clic en el botón **Asignar nombre** del grupo **Nombres definidos**.

- Se abre el cuadro de diálogo **Nombre nuevo**. Introduzca o modifique el nombre propuesto en el cuadro **Nombre**.
- En la lista desplegable **Ámbito**, seleccione la opción **Libro** si el nombre debe estar accesible en todas las hojas del libro; en caso contrario, seleccione una de las hojas de cálculo del libro.
- Opcionalmente, introduzca una descripción del rango de celdas con nombre en el cuadro **Comentario** (255 caracteres como máximo).

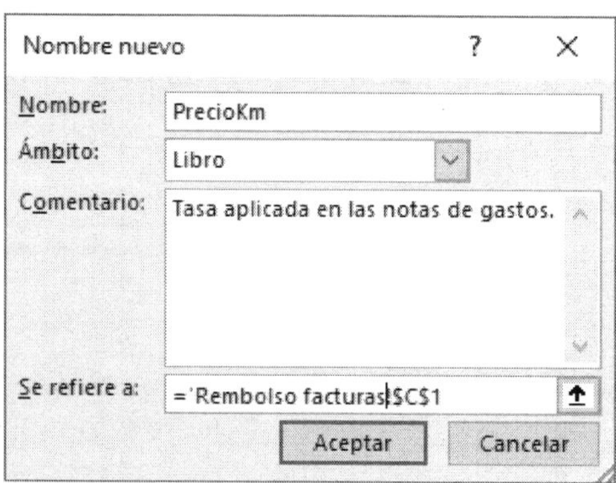

El botón [botón] *permite reducir el cuadro de diálogo para modificar el rango de celdas asociado al nombre.*

- Haga clic en **Aceptar**.

Tercer método

Este método parte del supuesto de que los nombres que se van a atribuir existen en la hoja de cálculo como títulos de columna o etiquetas de fila del rango de celdas al que se va a poner nombre.

- Seleccione las celdas que contienen los nombres que se van a asignar y las celdas a las que se quiere poner nombre.
- Active la pestaña **Fórmulas** y haga clic en el botón **Crear desde la selección** del grupo **Nombres definidos**.
- Indique dónde se encuentran las celdas que contienen el nombre que se va a asignar.

*En este ejemplo, el contenido de la fila 2 se utilizará para dar nombre a los rangos de celdas: el rango denominado **Vendedores** corresponderá a las celdas B5 a B12; el rango denominado **1er Trim**, a las celdas C5 a C12, etc.:*

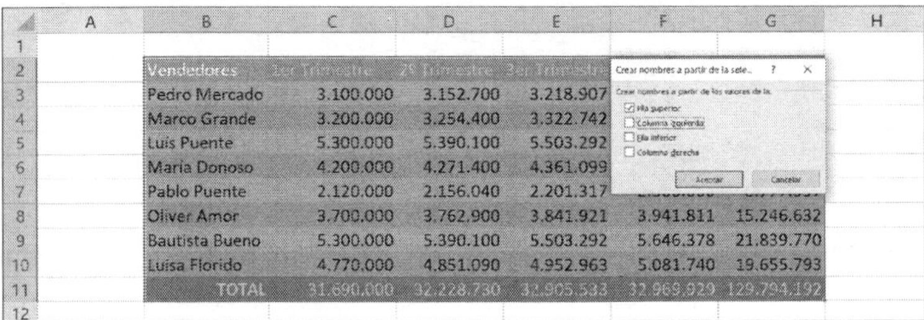

⊟ Haga clic en **Aceptar**.

Excel convierte los guiones y los espacios en líneas de subrayado.

Administrar los nombres de celdas

Entrar en el Administrador de nombres

⊟ Active la pestaña **Fórmulas** y haga clic en el botón **Administrador de nombres** del grupo **Nombres definidos.**

*El cuadro de diálogo **Administrador de nombres** muestra el nombre, el valor, la referencia, el ámbito y los comentarios de todos los rangos con nombre existentes en el libro.*

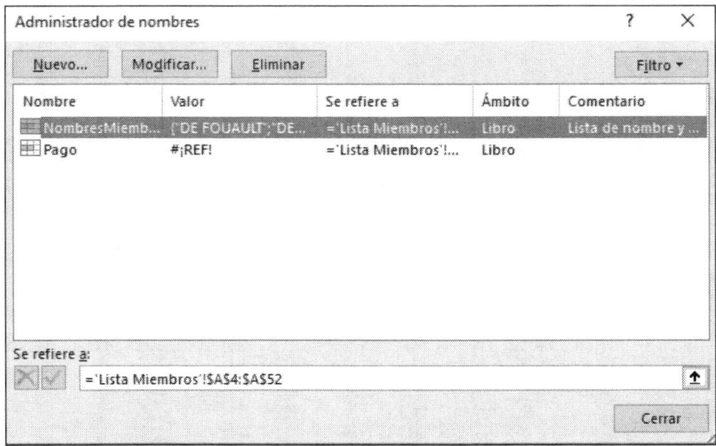

- Para adaptar automáticamente el tamaño de la columna a su valor más elevado, haga doble clic en lado derecho del encabezado de columna.
- Para ordenar los nombres mostrados por orden creciente, haga clic una vez sobre el encabezado de la columna a partir de la cual desea ordenar; para ordenar en orden decreciente, haga clic otra vez en el mismo encabezado.
- Para filtrar los nombres que aparecen, haga clic en el botón **Filtro** y seleccione el filtro deseado.

  Nombres en el ámbito de la hoja de trabajo/del libro: para ver solo los nombres vinculados a la hoja activa o al libro.

  Nombres con errores/Nombres sin errores: para ver solo los nombres que contienen errores (como #REF, #VALUE, #NAME...) o los que no los contienen.

  Nombres definidos: para ver solo los nombres definidos por usted o por Excel.

  Nombres de tabla: para ver solo los nombres de listas de datos.
- Para seleccionar un nombre, haga clic en él.

Eliminar un nombre

- Para eliminar un nombre, selecciónelo, haga clic en el botón **Eliminar** y confirme la eliminación haciendo clic en **Aceptar**.

Modificar el nombre asignado a un rango de celdas

- Seleccione el nombre que desea modificar y haga clic en el botón **Modificar**.

  *Aparece el cuadro de diálogo **Editar nombre**, que es similar al cuadro de diálogo **Nuevo nombre**.*
- Lleve a cabo los cambios deseados en los cuadros **Nombre** y **Comentario** y haga clic en **Aceptar**.

Modificar el rango de celdas asociado a un nombre

- Seleccione el nombre que desea modificar.

  *Las referencias del rango con nombre aparecen en la zona **Se refiere a**.*
- Haga clic en el botón para reducir el cuadro de diálogo con el fin de modificar el rango de celdas asociado al nombre.
- Haga clic en el botón para volver al cuadro de diálogo **Administrador de nombres**.

- Cuando haya efectuado todas las modificaciones, cierre el cuadro de diálogo **Administrador de nombres** haciendo clic en el botón **Cerrar** o en la herramienta [×].

Seleccionar un rango de celdas usando su nombre

- Haga clic en el botón [▾], situado en el **cuadro de nombre** de la barra de fórmula.

Excel muestra todos los rangos con nombre del libro.

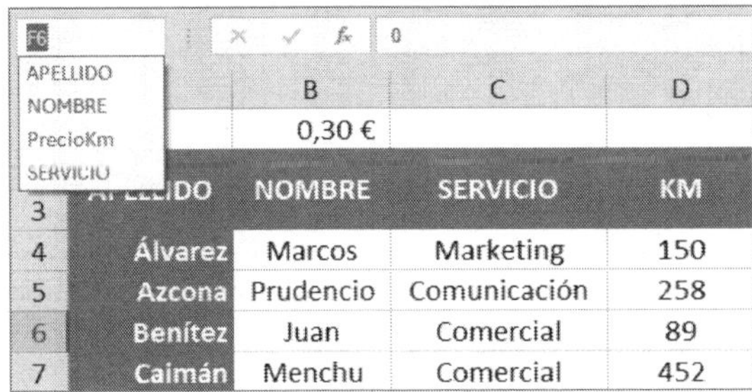

- Haga clic en el nombre que prefiera.

Ver la lista de nombres y de referencias de celda asociadas

Esta técnica permite ver en la primera columna de una hoja de cálculo la lista con todos los nombres del libro y las referencias de celda asociadas en la columna siguiente.

- Active la celda a partir de la cual desea que aparezca la lista de nombres.
- Active la pestaña **Fórmulas** y haga clic en el botón **Utilizar en la fórmula** del grupo **Nombres definidos** y luego en la opción **Pegar nombres**.
- Haga clic en el botón **Pegar lista** del cuadro de diálogo **Pegar nombre**.

Cálculos

Descripción del principio en que se basan las fórmulas de cálculo

- Las fórmulas de cálculo efectúan cálculos con los valores contenidos en la hoja.
- Las fórmulas empiezan con un signo de igual (=).
- Las fórmulas pueden contener los siguientes elementos:

  - referencias de celda,
  - operadores de cálculo:

    Operadores matemáticos:

    + para la suma

    - para la resta

    / para la división

    * para la multiplicación

    % para calcular un porcentaje (p. ej.: =5% da como resultado 0,05)

    ^ para elevar a la potencia (p. ej.: =2^3 da como resultado 8)

    Operadores de comparación: el resultado es un valor lógico: VERDADERO o FALSO:

    = igual a (p. ej.: =30=40 da como resultado FALSO)

    < inferior a (p. ej.: =28<35 da como resultado VERDADERO)

    <= inferior o igual a

    > superior a

    >= superior o igual a

    <> diferente de

    Operadores de concatenación de texto: & concatena cadenas de caracteres:

    (p. ej.: ="Oeste"&" y "&"Norte" da como resultado "Oeste y Norte").

    Los operadores de referencia permiten combinar rangos de celdas:

    : (dos puntos). P. ej.: B1:C4 representa el rango de celdas de B1 a C4.

    ; (punto y coma). P. ej.: B1;C4 representa la celda B1 y la celda C4.

  - las constantes, es decir, los valores que no se calculan y, por tanto, no cambian (por ejemplo, el número 1210 o el texto "Totales trimestrales" son constantes).
  - algunas funciones de cálculo son fórmulas preescritas que toman uno o varios valores, ejecutan una operación y devuelven uno o varios valores; por ejemplo, la función PROMEDIO calcula el promedio de un grupo de celdas.

Crear una fórmula de cálculo simple

Se trata de elaborar un cálculo que integre las referencias de celdas, los operadores de cálculo y las constantes.

- Haga clic en la celda donde desea introducir la fórmula y ver el resultado.
- Escriba un signo de igual =.
- Elabore la fórmula teniendo en cuenta estas instrucciones:
  - para integrar el contenido de una celda, haga clic en la celda en cuestión o introduzca su referencia (por ejemplo, C4);
  - para integrar un operador de cálculo o una constante, introduzca el dato correspondiente (por ejemplo, * para multiplicar);
  - si utiliza varios operadores, defina, si es preciso, el orden de prioridad para reagrupar valores usando paréntesis.

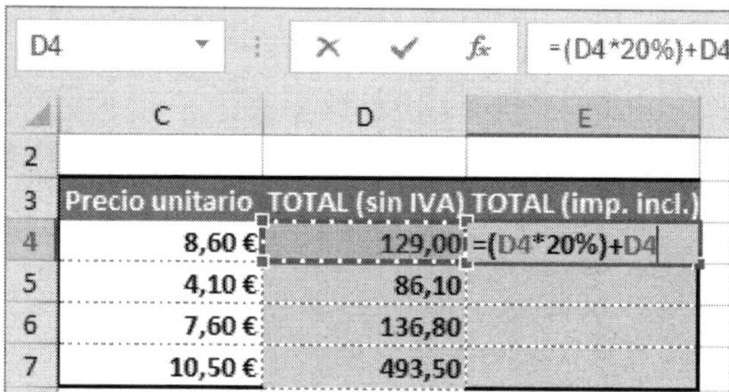

Observará la evolución de la fórmula en la barra de fórmulas. En este caso se trata de una fórmula que permite calcular el coste total de un artículo, IVA incluido.

- Confirme la fórmula pulsando la tecla ⏎ o haciendo clic en la herramienta ✓ de la barra de fórmulas.

Las fórmulas de cálculo se calculan de nuevo de forma predeterminada al modificar los valores que intervienen en ellas. Para bloquear ese nuevo cálculo automático, active la opción **Manual** del botón **Opciones para el cálculo** (pestaña **Fórmulas** - grupo **Cálculo**) (puede acceder también a las **Opciones de cálculo** a través de las **Opciones de Excel**: pestaña **Archivo** - **Opciones** - **Fórmulas** - zona **Cálculo de libro**). Si desactiva el modo de cálculo automático, para volver a activar el cálculo manual del libro completo, utilice la herramienta **Calcular ahora** (o F9) y para calcular manualmente la hoja activa, utilice la herramienta **Calcular la hoja** (o Mayús F9) de la pestaña **Fórmulas** - grupo **Cálculo**).

Al modificar una fórmula de cálculo, las referencias de las celdas que la componen aparecen en colores diferentes en la barra de fórmulas. En la hoja de cálculo, las celdas o rangos de celdas afectados por la fórmula aparecen rodeados de un borde del mismo color.

No olvide que para copiar una fórmula en celdas contiguas es posible usar el indicador de relleno, situado en la esquina inferior derecha de la celda activa, arrastrándolo sobre las celdas o haciendo doble clic en él si las celdas de la columna izquierda contienen datos (véase el capítulo Copiar y mover - Copiar un contenido en celdas contiguas).

Convertir en absoluta una referencia de celda en una fórmula

Esta técnica permite fijar la referencia de una celda en una fórmula, de forma que no se modifique al copiar la fórmula.

- Empiece a teclear la fórmula y deténgase cuando se seleccione la celda cuya referencia desea hacer absoluta.
- Pulse la tecla F4.

La referencia de la celda muestra entonces el carácter $ delante de la referencia de columna y del número de fila.

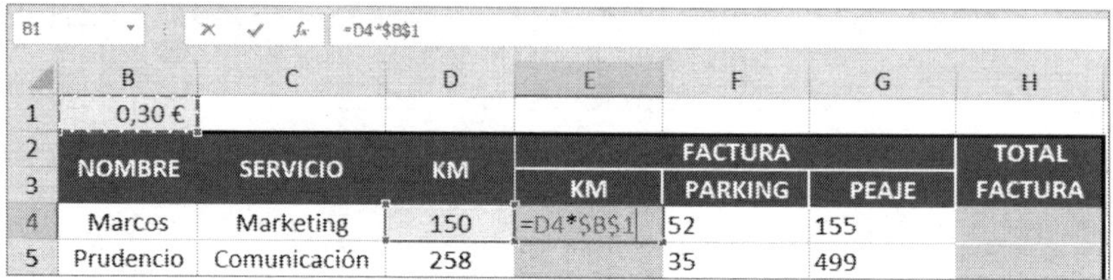

B1 =D4*$B$1

	B	C	D	E	F	G	H
1	0,30 €						
2	NOMBRE	SERVICIO	KM	FACTURA			TOTAL FACTURA
3				KM	PARKING	PEAJE	
4	Marcos	Marketing	150	=D4*$B$1	52	155	
5	Prudencio	Comunicación	258		35	499	

Al pulsar la tecla F4, obtendrá una referencia absoluta de celda; si pulsa F4 una segunda vez, solo se hará absoluta la referencia de la fila; si pulsa F4 una tercera vez, se hará absoluta la referencia de la columna.

- Pulse la tecla F4 tantas veces como sea necesario para convertir en absoluto el elemento deseado.
- Si es preciso, acabe de introducir la fórmula y confirme.

En nuestro ejemplo, hemos copiado la celda E4 en las celdas E5 a E10; observe que la referencia absoluta (B1) permanece fija en las diversas fórmulas, contrariamente a las otras celdas. En este ejemplo, únicamente podría haberse fijado la referencia a la fila, ya que hemos copiado hacia abajo.

	A	B	C	D	E	F	G	H
1	Precio del km:	0,3						
2	APELLIDO	NOMBRE	SERVICIO	KM	FACTURA			TOTAL FACTURA
3					KM	PARKING	PEAJE	
4	ÁLVAREZ	Marcos	Marketing	150	=D4*$B$1	52	155	
5	AZCONA	Prudencio	Comunicación	258	=D5*$B$1	35	499	
6	BENÍTEZ	Juan	Comercial	89	=D6*$B$1	0	217	
7	CAIMÁN	Menchu	Comercial	452	=D7*$B$1	47	69	
8	ESTEVE	Tomás	Marketing	579	=D8*$B$1	38	248	
9	EVRA	Gil	Personal	785	=D9*$B$1	89	234	
10	GÁMEZ	Daniel	Marketing	89	=D10*$B$1	0	0	

Para ilustrar esta función, mostramos las fórmulas en lugar de los resultados en las celdas (herramienta **Mostrar fórmulas** de la pestaña **Fórmulas** - grupo **Auditoría de fórmulas**).

Para utilizar una referencia absoluta en una fórmula, también puede dar primero un nombre a la celda (véase Poner nombre a los rangos de celdas, en el capítulo Rangos con nombre) y referirse a esta celda en la fórmula de cálculo (véase Usar zonas con nombre en las fórmulas).

Introducir una fórmula multihoja

Esta técnica permite insertar en una hoja fórmulas (llamadas fórmulas 3D) que hacen referencia a celdas de una o varias hojas diferentes.

- Active la celda en la que desea que aparezca el resultado.
- Introduzca el signo =
- Empiece a escribir la fórmula y, cuando le parezca oportuno, haga clic en la ficha de la hoja, seleccione la celda o celdas que desee y concluya la fórmula.
- Confirme.

En este caso, la celda E3 de esta hoja suma el contenido de las celdas E3 de las hojas "Semestre1" y "Semestre2".

También es posible elaborar fórmulas multilibro. Para ello deberán estar abiertos todos los libros que intervengan en el cálculo. Para desplazarse hasta una celda ubicada en una hoja de otro libro, pulse el botón **Cambiar ventanas** de la pestaña **Vista** (o el icono del archivo en la barra de tareas) a fin de activar el libro correspondiente.

Usar las funciones de cálculo

- Active la celda en la que desea que aparezca el resultado.
- Haga clic en la herramienta **Insertar función** f_x, situada en la barra de fórmulas, o en la pestaña **Fórmulas**, o pulse Mayús F3.
- En el cuadro de diálogo **Insertar función**, abra la lista desplegable **O seleccionar una categoría** si desea ver una categoría concreta de funciones.

  *La categoría **Usadas recientemente** muestra una lista con las funciones usadas por usted y también con las más habituales. La categoría **Todo** muestra todas las funciones disponibles.*
- Para buscar una función concreta existen dos posibilidades: introducir en el cuadro **Buscar una función** el nombre exacto de la función o bien una descripción de lo que desea hacer con ella y luego confirmar la búsqueda pulsando el botón **Ir** o la tecla ↵.
- Haga clic en la función buscada dentro del cuadro **Seleccionar una función** para seleccionarla.

  Al seleccionar una función, su sintaxis y su descripción aparecen en la parte inferior del cuadro.

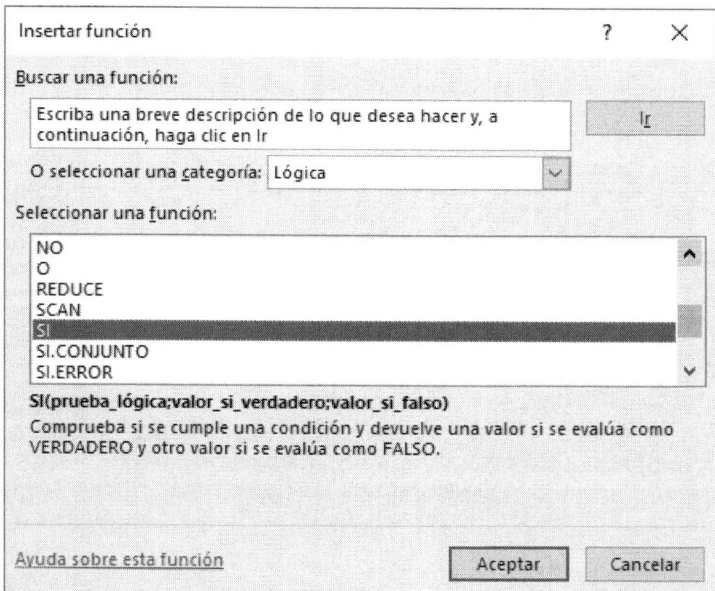

- Si es preciso, haga clic en el vínculo **Ayuda sobre esta función** para consultar la ayuda de Excel referente a la función seleccionada.
- Haga clic en **Aceptar** para activar el cuadro de diálogo **Argumentos de función.**
- Para definir los argumentos de la función:
  - Haga clic en el cuadro de texto correspondiente y, a continuación, haga clic en el botón .
  - Seleccione la celda o celdas correspondientes al argumento en la hoja de cálculo.
  - Haga clic en el botón para ver de nuevo el cuadro de diálogo.

  Otra posibilidad es introducir directamente un argumento.

  La función SI permite crear una fórmula condicional: en este ejemplo, si el valor de la celda C4 es superior o igual a 1000, aparecerá el texto "Presupuesto superado" en las celdas; en caso contrario, es el texto "Presupuesto conforme" el que se mostrará.

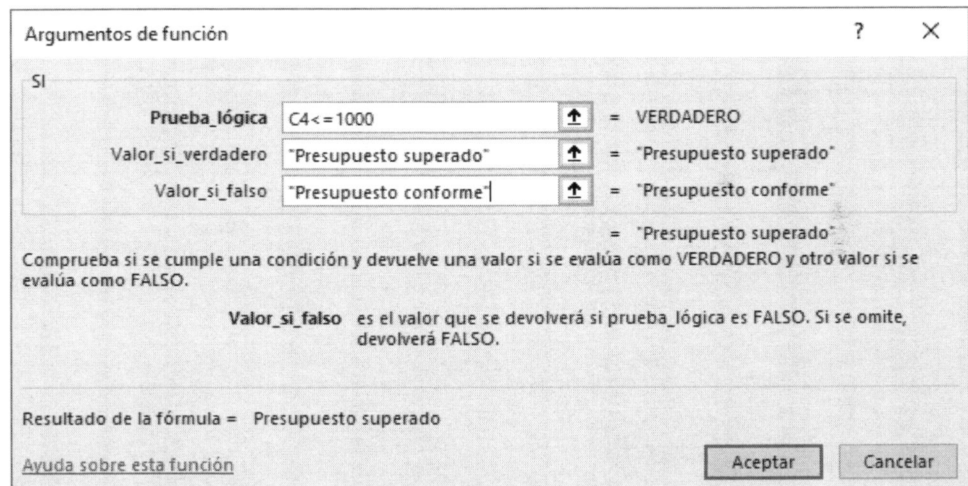

- Haga clic en **Aceptar** cuando haya definido todos los argumentos.

Es posible insertar funciones dentro de fórmulas o de otras funciones. Para ello, empiece por introducir la fórmula y, cuando le parezca oportuno, haga clic en (de la zona **Nombre**, situado a la izquierda de la barra de fórmulas) para ver la lista con las últimas funciones usadas y la opción **Más funciones** para acceder a la lista completa de funciones. También puede usar el botón **Recientes** del grupo **Biblioteca de funciones** (pestaña **Fórmulas**).

Para insertar funciones utilizando el asistente, puede activar la pestaña **Fórmulas**, hacer clic en uno de los botones del grupo **Biblioteca de funciones** (agrupan las funciones por tipo) y hacer clic sobre la función en cuestión.

Usar la opción Autocompletar para introducir funciones

*Esta operación permite introducir una función sin necesidad de pasar por el **Asistente para funciones**, pero contando con la ayuda de Excel para limitar los errores de sintaxis y de tecleo.*

- Active la celda en la que desea introducir la fórmula y ver el resultado.
- Introduzca el signo = (igual) y las primeras letras de la función.

Al introducir la primera letra, Excel muestra la lista de funciones que empiezan por esa letra en concreto.

- Continúe introduciendo el nombre de la función o haga doble clic en el nombre que aparece en la lista e indique los argumentos.

  A medida que vaya tecleando aparecerán una serie de etiquetas que le guiarán en la elaboración de la fórmula.

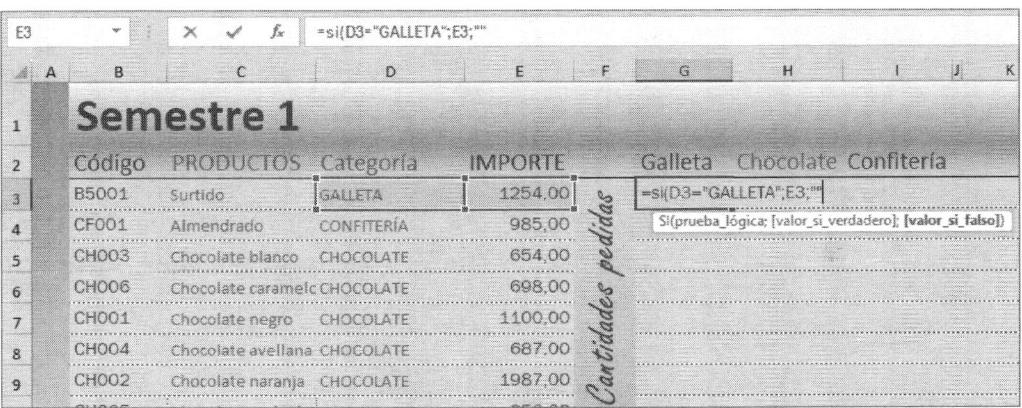

- No olvide concluir la fórmula introduciendo el signo **)** y confirme pulsando la tecla ⏎.

Sumar un conjunto de celdas

- Active la celda en la que desea que aparezca el resultado.
- Haga clic en la herramienta **Suma** Σ del grupo **Edición** (pestaña **Inicio**) o utilice el método abreviado Alt =.

  *Este botón se encuentra también en la pestaña **Fórmulas** - grupo **Biblioteca de funciones**.*

Excel muestra una función integrada llamada SUMA() y propone sumar por defecto el grupo de celdas situadas encima o a la izquierda de la celda de resultado (en este caso, E3 a E11).

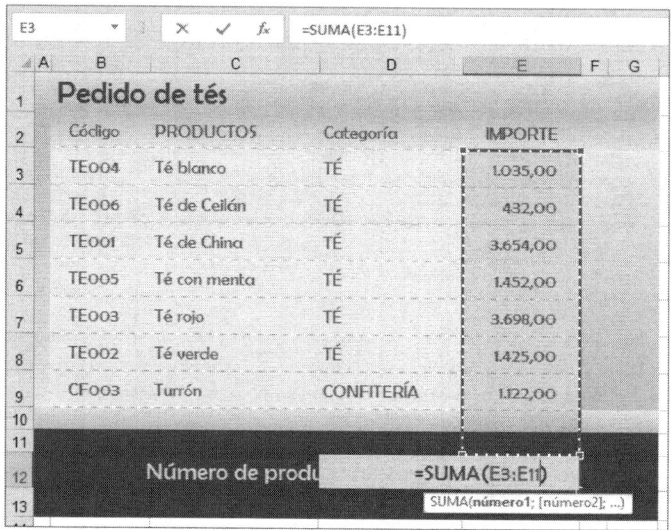

- Si la selección de celdas no le resulta conveniente, modifíquela haciendo clic y arrastrando hasta que la selección incluya las celdas deseadas.
- Confirme pulsando [Intro] o haga clic en la herramienta **Introducir** [✓].

Al seleccionar rangos de celdas con valores numéricos, Excel muestra, de forma predeterminada, la suma de dichos valores en la barra de estado.

Usar funciones estadísticas simples

- Active la celda en la que desea que aparezca el resultado.
- Abra la lista de la herramienta **Suma automática** [Σ] del grupo **Edición** (pestaña **Inicio**) o del botón **Autosuma** del grupo **Biblioteca de funciones** (pestaña **Fórmulas**).
- Haga clic en la función deseada:

Promedio	Calcula el promedio de un conjunto de celdas con valores numéricos.
Contar números	Calcula el número de celdas con valores numéricos de un conjunto de celdas.

Máx. Extrae el valor máximo de un conjunto de celdas con valores numéricos.

Mín. Extrae el valor mínimo de un conjunto de celdas con valores numéricos.

Excel muestra la función correspondiente a la elección efectuada y selecciona un grupo de celdas adyacentes.

- Si la selección de celdas no le resulta conveniente, modifíquela haciendo clic en una celda para seleccionarla o haciendo clic y arrastrando para seleccionar un rango de celdas.
- Pulse la tecla ↵ o haga clic en la herramienta ✓ para confirmar la fórmula de cálculo.

Al seleccionar rangos de celdas con valores numéricos, además de su suma correspondiente, verá en la barra de estado el promedio de los valores. En una selección cualquiera verá también el número de celdas que no están vacías. Para ver otros resultados de función, haga clic con el botón secundario del ratón en la barra de estado y seleccione entre las funciones propuestas **Recuento numérico**, **Mínima** o **Máxima**).

Crear una fórmula condicional simple

Este tipo de fórmula permite mostrar un valor o efectuar un cálculo según una o varias condiciones.

- Active la celda en la que desea introducir la fórmula y ver el resultado.
- Utilice la función **SI** para efectuar una prueba lógica (VERDADERO o FALSO) sobre el valor de una celda o en el resultado de otra fórmula; en función del resultado de la prueba, la función SI lleva a cabo una acción si el resultado es verdadero, u otra, si el resultado es falso.

  La sintaxis de la función **SI** es la siguiente:

  =SI (prueba_lógica;[valor_si_verdadero];[valor_si_falso])

La fórmula introducida en I4 se ha copiado en I5, I6, I7 e I8. En este ejemplo, probamos el valor de la celda ***Stock final*** *(H4):* ***=SI(H4<=1000;"Hacer pedido";"En espera").*** *Si el contenido de la celda H4 es inferior o igual a 1000, el texto "Hacer pedido" se mostrará en la celda de resultado; en caso contrario, lo hará el texto "En espera".*

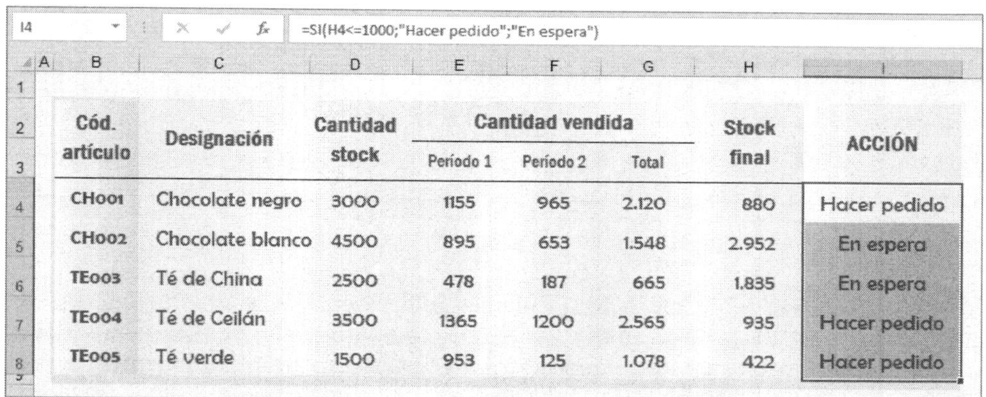

I4 | =SI(H4<=1000;"Hacer pedido";"En espera")

Cód. artículo	Designación	Cantidad stock	Cantidad vendida			Stock final	ACCIÓN
			Período 1	Período 2	Total		
CH001	Chocolate negro	3000	1155	965	2.120	880	Hacer pedido
CH002	Chocolate blanco	4500	895	653	1.548	2.952	En espera
TE003	Té de China	2500	478	187	665	1.835	En espera
TE004	Té de Ceilán	3500	1365	1200	2.565	935	Hacer pedido
TE005	Té verde	1500	953	125	1.078	422	Hacer pedido

Observe que, si invertimos la prueba, el resultado es el mismo siempre que se invierta también el valor si FALSO y el valor si VERDADERO:
=SI(H4>1000;"En espera";"Hacer pedido")

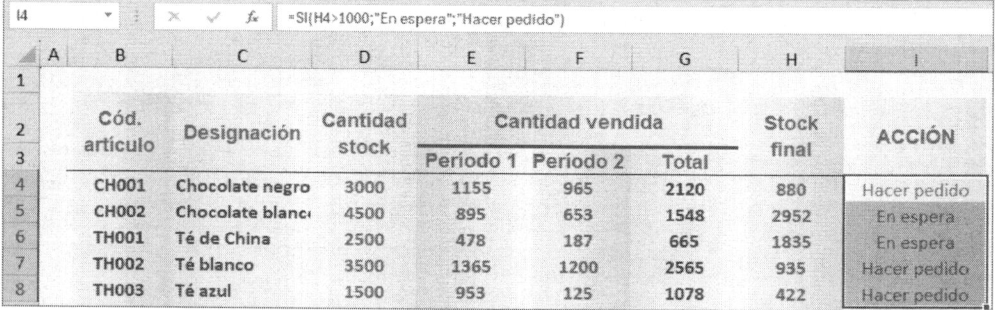

I4 | =SI(H4>1000;"En espera";"Hacer pedido")

Cód. artículo	Designación	Cantidad stock	Cantidad vendida			Stock final	ACCIÓN
			Período 1	Período 2	Total		
CH001	Chocolate negro	3000	1155	965	2120	880	Hacer pedido
CH002	Chocolate blanc	4500	895	653	1548	2952	En espera
TH001	Té de China	2500	478	187	665	1835	En espera
TH002	Té blanco	3500	1365	1200	2565	935	Hacer pedido
TH003	Té azul	1500	953	125	1078	422	Hacer pedido

Para mostrar un resultado solo si la condición es VERDADERA, puede no especificar el argumento FALSO, por ejemplo: **=SI(H4<1000;"Hacer pedido")**; en este caso, si la condición no se verifica, dado que la acción no se ha definido en la fórmula, Excel muestra el valor **FALSO**.

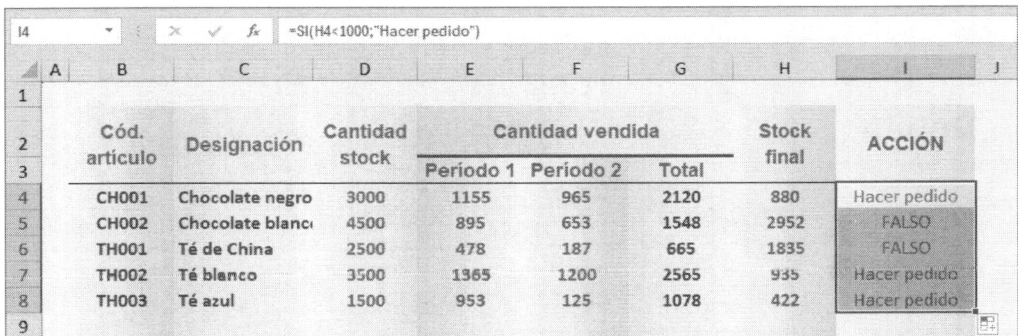

I4 =SI(H4<1000;"Hacer pedido")

Cód. artículo	Designación	Cantidad stock	Cantidad vendida			Stock final	ACCIÓN
			Período 1	Período 2	Total		
CH001	Chocolate negro	3000	1155	965	2120	880	Hacer pedido
CH002	Chocolate blanc	4500	895	653	1548	2952	FALSO
TH001	Té de China	2500	478	187	665	1835	FALSO
TH002	Té blanco	3500	1365	1200	2565	935	Hacer pedido
TH003	Té azul	1500	953	125	1078	422	Hacer pedido

Para dejar vacío el contenido una de las celdas del resultado (VERDADERO o FALSO) con el fin de que no se visualicen las palabras VERDADERO ni FALSO, escriba comillas. Por ejemplo: **=SI(H4<=1000;"Hacer pedido";" ")**

Las celdas cuyo resultado es FALSO no muestran nada:

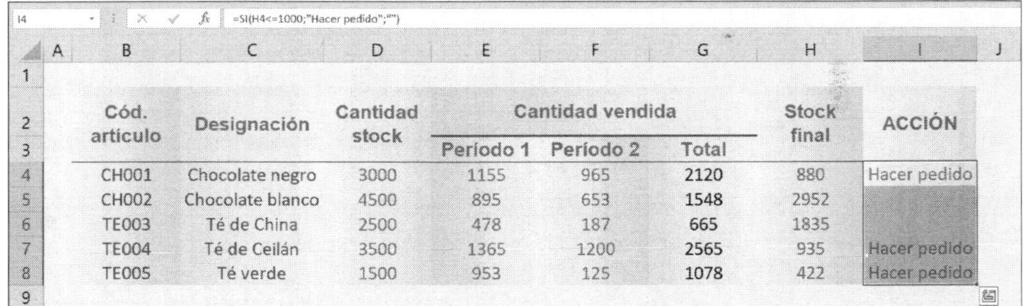

I4 =SI(H4<=1000;"Hacer pedido";"")

Cód. artículo	Designación	Cantidad stock	Cantidad vendida			Stock final	ACCIÓN
			Período 1	Período 2	Total		
CH001	Chocolate negro	3000	1155	965	2120	880	Hacer pedido
CH002	Chocolate blanco	4500	895	653	1548	2952	
TE003	Té de China	2500	478	187	665	1835	
TE004	Té de Ceilán	3500	1365	1200	2565	935	Hacer pedido
TE005	Té verde	1500	953	125	1078	422	Hacer pedido

- En una fórmula condicional pueden realizarse diversas acciones:

Ver un número	introducir el número.
Ver un texto	introducir el texto entre comillas.
Ver un resultado de cálculo	introducir la fórmula de cálculo.
Ver el contenido de una celda	hacer clic en la celda o introducir su referencia.
No ver nada	escribir "".

Existen varios operadores disponibles relativos a las condiciones:

=	igual.
>/<	superior a/inferior a.
<>	diferente de.
>=/<=	superior o igual a/inferior o igual a.

Crear una fórmula condicional anidada

Cuando un resultado de condición de prueba implica más de dos posibilidades, se pueden anidar fórmulas condicionales:

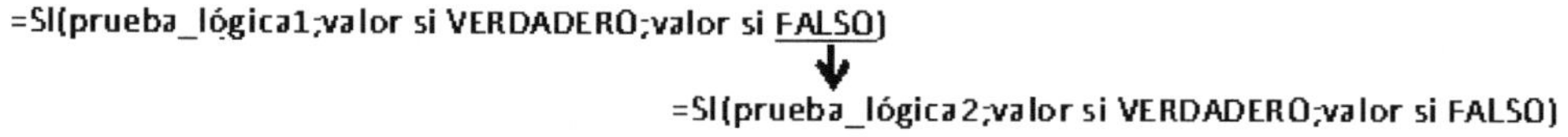

=SI(prueba_lógica1;valor si VERDADERO;valor si FALSO)

↓

=SI(prueba_lógica2;valor si VERDADERO;valor si FALSO)

En este caso, la fórmula se escribe así: **=SI(prueba_lógica1;valor si VERDADERO; SI(prueba_lógica2;valor si VERDADERO;valor si FALSO))**. La fórmula condicional número 2 se halla anidada en la primera.

Usando este método, es posible anidar varias condiciones unas en otras.

*En este ejemplo, se han anidado dos condiciones en una tercera: si el **Stock final (H4)** es inferior a **100**, se muestra el texto **"Pedido urgente"**; si el **Stock final** está comprendido entre **100 y 500**, se muestra el texto **"Hacer pedido"**; si está comprendido entre **500 y 1000**, se muestra el texto **"Stock comprendido entre 500 y 1000"**; si no se cumple ninguna de estas condiciones, se muestra el texto **"Stock > 1000"**.*

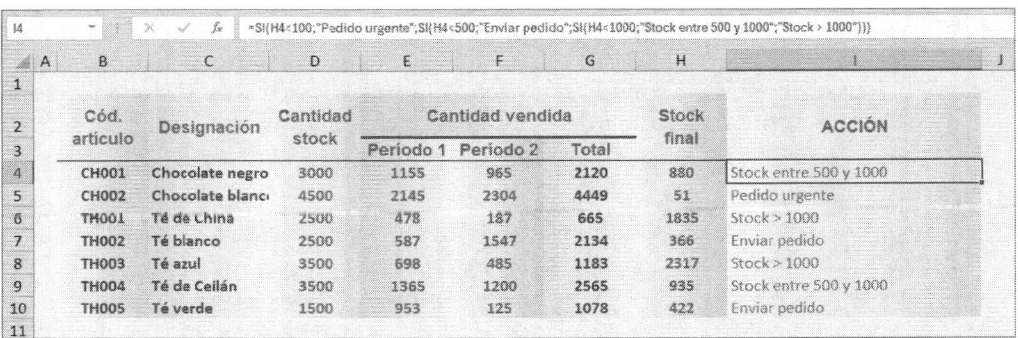

```
=SI(H4<100;"Pedido urgente";SI(H4<500;"Enviar pedido";SI(H4<1000;"Stock entre 500 y 1000";"Stock > 1000")))
```

Cód. artículo	Designación	Cantidad stock	Cantidad vendida			Stock final	ACCIÓN
			Periodo 1	Periodo 2	Total		
CH001	Chocolate negro	3000	1155	965	2120	880	Stock entre 500 y 1000
CH002	Chocolate blanc	4500	2145	2304	4449	51	Pedido urgente
TH001	Té de China	2500	478	187	665	1835	Stock > 1000
TH002	Té blanco	2500	587	1547	2134	366	Enviar pedido
TH003	Té azul	3500	698	485	1183	2317	Stock > 1000
TH004	Té de Ceilán	3500	1365	1200	2565	935	Stock entre 500 y 1000
TH005	Té verde	1500	953	125	1078	422	Enviar pedido

Observe que al final de la fórmula hay un paréntesis para cerrar cada condición.

Para facilitar la escritura de la fórmula, puede separar los argumentos insertando saltos de línea mediante las teclas Alt ↵.

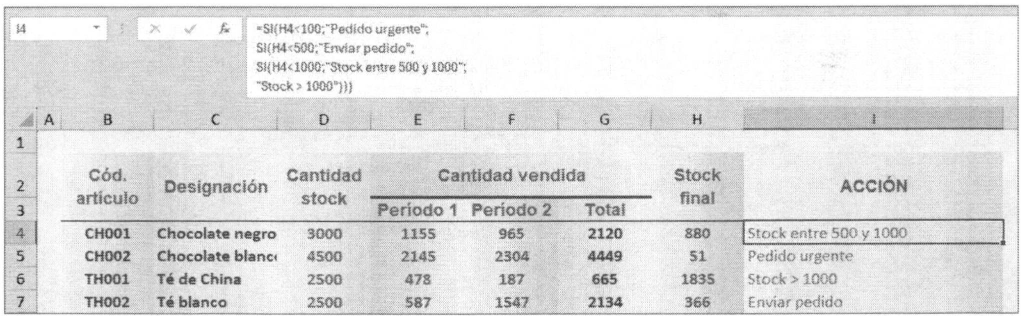

```
=SI(H4<100;"Pedido urgente";
SI(H4<500;"Enviar pedido";
SI(H4<1000;"Stock entre 500 y 1000";
"Stock > 1000")))
```

Cód. artículo	Designación	Cantidad stock	Cantidad vendida			Stock final	ACCIÓN
			Periodo 1	Periodo 2	Total		
CH001	Chocolate negro	3000	1155	965	2120	880	Stock entre 500 y 1000
CH002	Chocolate blanc	4500	2145	2304	4449	51	Pedido urgente
TH001	Té de China	2500	478	187	665	1835	Stock > 1000
TH002	Té blanco	2500	587	1547	2134	366	Enviar pedido

La inserción de saltos de línea en una fórmula no tiene ninguna incidencia en el resultado.

Para imbricar varias condiciones, también es posible utilizar la nueva función SI.CONJUNTO (véase Usar la función SI.CONJUNTO de este capítulo).

Combinar el operador O o Y en una fórmula condicional

Para poner varias condiciones, puede utilizar el operador O o Y según el caso:

- si deben verificarse varias condiciones al mismo tiempo:

  =SI(Y(cond1;cond2;... ;condn); acción que se debe realizar si las n condiciones se cumplen; acción que debe realizarse si por lo menos una de las condiciones no se cumple)

- si por lo menos una de las condiciones debe ser verdadera:

  =SI(O(cond1;cond2;... ;condn); acción que debe realizarse si por lo menos una condición se cumple; acción que debe realizarse si ninguna condición se cumple)

*En este ejemplo, si el niño es **Chico Y** tiene menos de **13** años, aparece el icono de un regalo 🎁 (letra **e** de la fuente Webdings) en la celda de la columna **Coche**; en caso contrario, la celda se queda vacía.*

E3 =SI(Y(B3="Chico";C3<13);"e";"")

	A	B	C	D	E	F	G	H
1	REGALOS DE NAVIDAD							
2	Nombre	Sexo	Edad	Peluche	Coche	Muñeca	Balón	Balancín
3	**Baltasar**	Chico	12 años		🎁		🎁	
4	**Emilia**	Chica	6 años			🎁		
5	**Eva**	Chica	13 años					🎁
6	**Mohamed**	Chico	16 años				🎁	🎁
7	**Morgana**	Chica	13 años					🎁
8	**Soledad**	Chica	2 años	🎁			🎁	
9	**Young**	Chico	5 años		🎁			
10								

Usar la función SI.CONJUNTO

La función **SI.CONJUNTO** apareció en 2019, es similar a las funciones SI anidadas y permite evaluar hasta un máximo de 127 condiciones.

A continuación podemos ver la sintaxis:

=SI.CONJUNTO(prueba_lógica1;valor_si_verdadero1;[prueba_lógica2;valor_si_verdadero2]...)

*En este ejemplo, si la edad del niño es **menor de 10 años**, aparece la categoría **Benjamín**; si la edad es **menor de 14**, aparece la categoría **Infantil** y si la edad es **mayor o igual a 14**, aparece la categoría **Cadete**:*

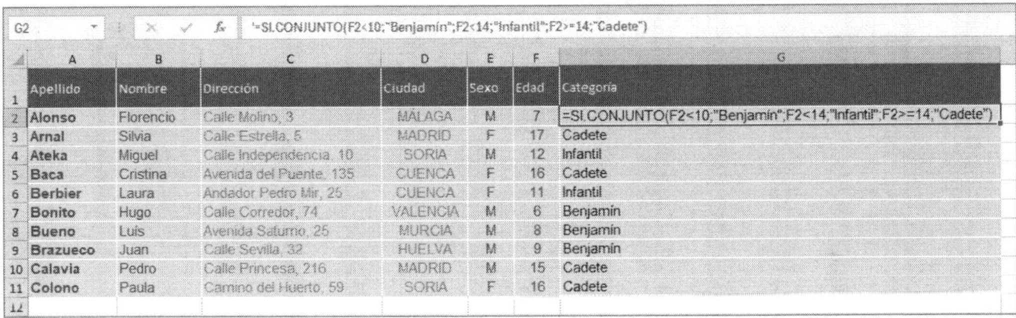

G2 `'=SI.CONJUNTO(F2<10;"Benjamín";F2<14;"Infantil";F2>=14;"Cadete")`

	A	B	C	D	E	F	G
1	Apellido	Nombre	Dirección	Ciudad	Sexo	Edad	Categoría
2	Alonso	Florencio	Calle Molino, 3	MÁLAGA	M	7	`=SI.CONJUNTO(F2<10;"Benjamín";F2<14;"Infantil";F2>=14;"Cadete")`
3	Arnal	Silvia	Calle Estrella, 5	MADRID	F	17	Cadete
4	Ateka	Miguel	Calle Independencia, 10	SORIA	M	12	Infantil
5	Baca	Cristina	Avenida del Puente, 135	CUENCA	F	16	Cadete
6	Berbier	Laura	Andador Pedro Mir, 25	CUENCA	F	11	Infantil
7	Bonito	Hugo	Calle Corredor, 74	VALENCIA	M	6	Benjamín
8	Bueno	Luis	Avenida Saturno, 25	MURCIA	M	8	Benjamín
9	Brazueco	Juan	Calle Sevilla, 32	HUELVA	M	9	Benjamín
10	Calavia	Pedro	Calle Princesa, 216	MADRID	M	15	Cadete
11	Colono	Paula	Camino del Huerto, 59	SORIA	F	16	Cadete
12							

Usar la función CAMBIAR

La función **CAMBIAR**, que apareció en 2019, evalúa un valor y muestra el resultado correspondiente al valor buscado. Permite evaluar hasta un máximo de 126 condiciones.

A continuación podemos ver la sintaxis:

=CAMBIAR(expresión;valor1;resultado1;[predeterminado_o_valor2; resultado2];[predeterminado_o_valor3;resultado3]...)

expresión	Valor a evaluar.
valor	Valor buscado.
resultado	Valor a devolver en caso de correspondencia.
predeterminado	Valor a devolver en caso de no correspondencia

*En este ejemplo, si el valor en la columna **Opción** es **1**, aparecerá el texto de la celda **E2 (Natación)**; si el valor es **2**, aparecerá el texto de la celda **E3 (Equitación)** y si no se encuentra ninguna correspondencia aparecerá el valor de la celda **E4 (Atletismo)**:*

	A	B	C	D	E
1	Apellido	Opción	Actividad		Lista de las actividades
2	Alonso	3	=CAMBIAR(B2;1;$E$2;2;$E$3;$E$4)		Natación
3	Arnal	1	Natación		Equitación
4	Ateka	3	Atletismo		Atletismo
5	Baca	2	Equitación		
6	Berbier	3	Atletismo		
7	Bonito	2	Equitación		
8	Bueno	1	Natación		
9	Brazueco	2	Equitación		
10	Calavia	3	Atletismo		
11	Colono	2	Equitación		

Contar las celdas que responden a un criterio específico (CONTAR.SI)

*La función CONTAR.SI, cuya sintaxis es **=CONTAR.SI(rango_de_celdas;criterios)**, permite contar el número de celdas que responden a uno o varios criterios.*

Rango_de_celdas Corresponde al rango de celdas que contiene el criterio buscado.

Criterios Corresponde al criterio buscado para el recuento de las celdas correspondientes.

Como ejemplo de esta función, hemos calculado el número de días en los que ha caído más de 5 mm de lluvia.

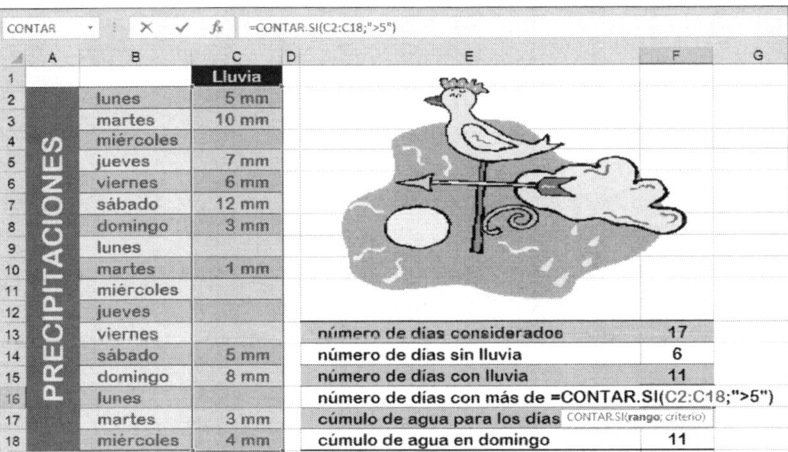

- Haga clic en la celda en la que desea mostrar el resultado.
- Comience a introducir el principio de la fórmula **=CONTAR.SI(**
- Haciendo clic y arrastrando, seleccione el **rango** de celdas que incluyen los datos que interesan para el cálculo.

  Por supuesto, también puede introducir la referencia al rango de celdas celdas o su nombre en caso de que se le haya asignado uno.
- Introduzca el punto y coma (;) para indicar el cambio de argumento.
- Luego, introduzca el **criterio** entre comillas; este puede estar compuesto:
  - de un número: en ese caso se escribe el valor directamente. Por ejemplo: =CONTAR.SI((C2:C18);**5**) para buscar únicamente la cantidad de lluvia igual a 5.
  - de una referencia de celda. Por ejemplo: =CONTAR.SI((C2:C18);C2) para buscar la cantidad incluida en la celda C2.
  - de una expresión: hay que escribir la expresión entre comillas. Por ejemplo: CONTAR.SI(C2:C18;">5") para buscar el número de días en los que la cantidad de lluvia ha sido superior a 5.
  - de una cadena de texto: por ejemplo: =CONTAR.SI(B2:B18;"lunes") para buscar el número de lunes.

  Observe que los criterios no tienen en cuenta si los caracteres están en minúsculas o en mayúsculas: las cadenas "lunes", "Lunes" y "LUNES" proporcionarán el mismo resultado.

- La inserción de un carácter genérico ? (signo de interrogación) en un criterio sirve para buscar un carácter cualquiera.
Por ejemplo, el criterio «p?rte» devuelve los resultados «porte» y «parte».
- La inserción de un * (asterisco) sirve para buscar un número cualquiera de caracteres. Por ejemplo, el criterio «lun*» puede devolver «lunes», «luna», «lunático»...
- Para buscar literalmente un signo de interrogación o un asterisco, escriba ˜ (tilde) delante de ese carácter. Por ejemplo, el criterio «xx902˜?» devuelve el resultado «xx902?».

Para obtener el carácter tilde solo (~), pulse la tecla AltGr *y, sin soltarla, pulse los dígitos 126 en el teclado numérico.*

Puede usar la función =CONTAR.SI.CONJUNTO() para contar celdas según varios criterios repartidos en rangos de celdas diferentes. Los argumentos de esta función son los siguientes: **=CONTAR.SI.CONJUNTO(Rango1;~Criterios1;Rango2;Criterios2, etc.)**

Calcular la suma de un rango que responde a un criterio (SUMAR.SI)

La función SUMAR.SI, cuyo principio es muy similar al de la función CONTAR.SI (véase Contar las celdas que responden a un criterio específico (CONTAR.SI)), permite añadir las celdas de un rango que responden a un criterio dado.

La sintaxis de la función es:

=SUMAR.SI(rango_de celdas;criterio;rango_para_sumar).

rango_de_celdas	Corresponde al rango de celdas donde se encuentra el criterio buscado.
criterio	Corresponde al criterio que se busca para añadir las celdas que cumplan el criterio.
rango_para_sumar	Este argumento se puede omitir si el argumento **Rango_de_celdas** contiene los valores a añadir; en caso contrario, el argumento corresponde al rango de celdas que se añadirá si las celdas corresponden al criterio.

Como ejemplo de esta función, hemos calculado en F17 la suma de la cantidad de agua únicamente si el valor diario es superior a 5 mm, usando solo los dos primeros argumentos de la función, ya que el rango de celdas que contiene el criterio y el que contiene los valores que se han de calcular son los mismos (C2 a C18). En F18, hemos calculado la suma de la cantidad de agua que ha caído en domingo usando los tres argumentos de la función, ya que el rango de celdas que contiene el criterio "domingo" (B2 a B18) no es el mismo que el rango de celdas que contienen los valores que se han de sumar (C2 a C18).

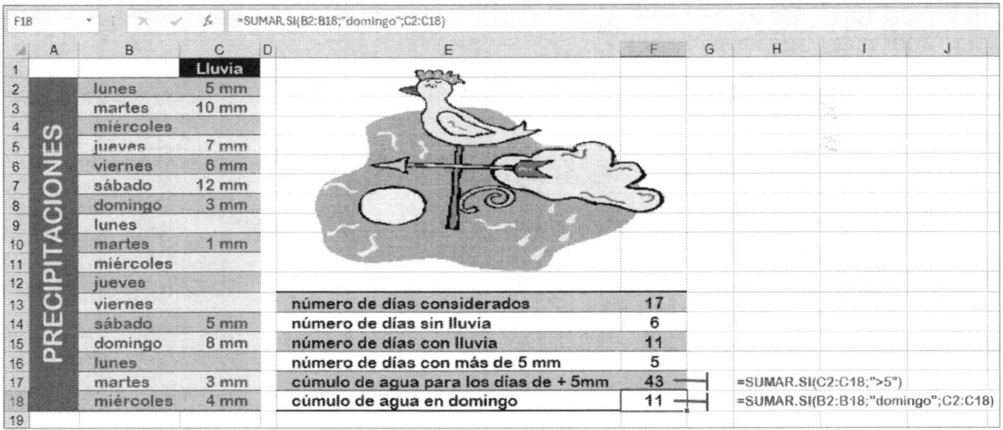

- Haga clic en la celda en la que desea que se muestre el resultado.
- Comience introduciendo el principio de la fórmula **=SUMAR.SI(**
- Seleccione el **rango** de celdas en las que se comprobará el criterio haciendo clic y arrastrando. Las celdas deben contener números o nombres, matrices o referencias que contengan nombres (los valores vacíos o textuales no se tienen en cuenta).

  También puede introducir la referencia del rango de celdas o su nombre si se le ha asignado uno.
- Introduzca un punto y coma (;) para indicar el cambio de argumento.
- Introduzca el argumento **criterio** entre comillas, que puede estar compuesto por un nombre, una referencia de celda, una expresión o una cadena de texto (véase Contar las celdas que responden a un criterio específico (CONTAR.SI)).
- Si es preciso, introduzca un punto y coma (;) y seleccione el rango de celdas que contienen los valores que se han de sumar.

Si se omite este argumento, Excel suma las celdas incluidas en el argumento rango_de_celdas.

Confirme mediante la tecla ↵.

Puede usar la función **=SUMAR.SI.CONJUNTO()** para añadir celdas según varios criterios en varios rangos de celdas.

Usar las funciones MAX.SI.CONJUNTO y MIN.SI.CONJUNTO

La función **MAX.SI.CONJUNTO** obtiene el mayor valor de un rango de celdas que cumple uno o varios criterios.

La función **MIN.SI.CONJUNTO** obtiene el valor más pequeño de un rango de celdas que cumple uno o varios criterios.

A continuación podemos ver la sintaxis:

=MAX.SI.CONJUNTO(**rango_max;rango_criterios1;criterios1;
[rango_criterios2];[criterios2]...**)

=MIN.SI.ENS(**rango_min;rango_criterios1;criterios1;[rango_criterios2];
[criterios2]...**)

rango_max/min	Es el rango de celdas que contienen los valores buscados.
rango_criterios	Es el rango de celdas que contiene el criterio.
criterios	Escriba el criterio que busca entre comillas.

*En este ejemplo, en G3, la función **MAX.SI.CONJUNTO** muestra la cantidad máxima de hijos de las mujeres casadas. En G7, la función **MIN.SI. CONJUNTO** muestra la cantidad mínima de hijos de las mujeres casadas:*

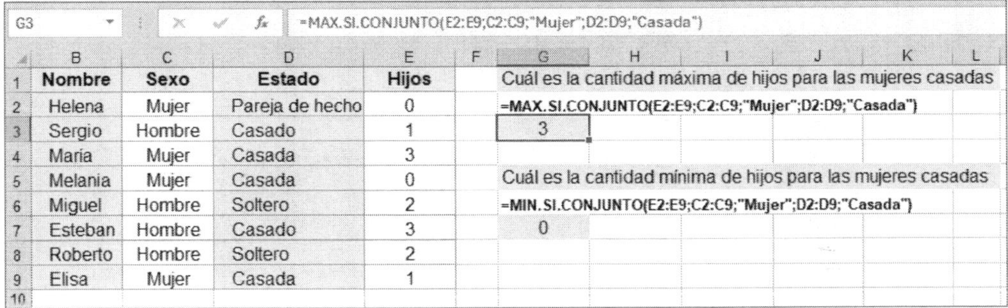

G3 =MAX.SI.CONJUNTO(E2:E9;C2:C9;"Mujer";D2:D9;"Casada")

	B	C	D	E	F	G
1	Nombre	Sexo	Estado	Hijos		Cuál es la cantidad máxima de hijos para las mujeres casadas
2	Helena	Mujer	Pareja de hecho	0		=MAX.SI.CONJUNTO(E2:E9;C2:C9;"Mujer";D2:D9;"Casada")
3	Sergio	Hombre	Casado	1		3
4	Maria	Mujer	Casada	3		
5	Melania	Mujer	Casada	0		Cuál es la cantidad mínima de hijos para las mujeres casadas
6	Miguel	Hombre	Soltero	2		=MIN.SI.CONJUNTO(E2:E9;C2:C9;"Mujer";D2:D9;"Casada")
7	Esteban	Hombre	Casado	3		0
8	Roberto	Hombre	Soltero	2		
9	Elisa	Mujer	Casada	1		
10						

Usar zonas con nombre en las fórmulas

Esta función permite reemplazar una referencia de rangos de celda por la zona con nombre correspondiente en una fórmula. Recuerde que las celdas o rangos de celdas con nombre se gestionan como referencias absolutas cuando se copian fórmulas.

- Empiece a introducir la fórmula y deténgase al llegar al nombre.
- Haga clic en el botón **Utilizar en la fórmula** del grupo **Nombres definidos** de la pestaña **Fórmulas**.

Aparece la lista con las zonas a las que se ha puesto nombre previamente (véase el capítulo Rangos con nombre - Poner nombre a los rangos de celdas):

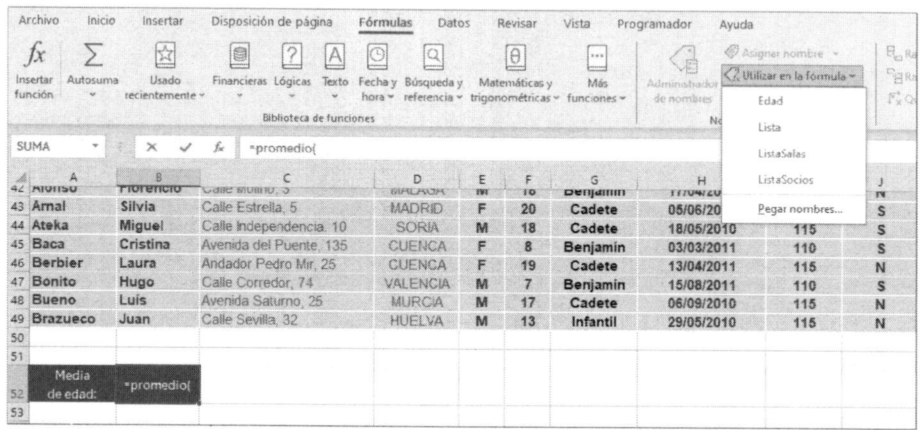

- Haga clic en el nombre correspondiente al rango de celdas que desea insertar en la fórmula.
- Continúe y concluya la fórmula.

También es posible introducir el nombre directamente en la fórmula, en lugar de las referencias de celda.

Insertar filas de estadísticas

La operación consiste en agregar filas de subtotales.

- Ordene la tabla en función de la columna que albergará los grupos con los cuales se elaborarán los subtotales.
- Seleccione la tabla en la que se van a insertar las filas de estadísticas, incluyendo los títulos de las columnas.
- Active la pestaña **Datos** y haga clic en el botón **Subtotal** del grupo **Esquema**.
- Seleccione la columna que contiene los grupos con los que se hará el cálculo estadístico en la lista **Para cada cambio en**.
- Luego seleccione el cálculo que desea efectuar en la lista **Usar función**.

Suma	Calcula la suma.
Cuenta	Calcula el número de elementos.
Promedio	Calcula el promedio.

Máx.	Destaca el valor máximo.
Mín.	Destaca el valor mínimo.
Producto	Multiplica los valores.
Contar números	Determina el número de valores comprendidos en la lista de los argumentos.
Desvest	(De una serie de números) calcula la desviación estándar de los valores respecto a la media.
Desvestp	Calcula la desviación estándar de una población a partir de la totalidad de la población.
Var	Calcula la varianza, que es igual al cuadrado de la desviación estándar, sobre la base de una muestra.
Varp	Calcula la varianza sobre la base de la totalidad de la población.

- Por último, marque las columnas que contienen los valores con los que se efectuarán los cálculos.

  *En este ejemplo, queremos calcular la **Suma** de la columna **IMPORTE** para cada **Categoría** de producto.*

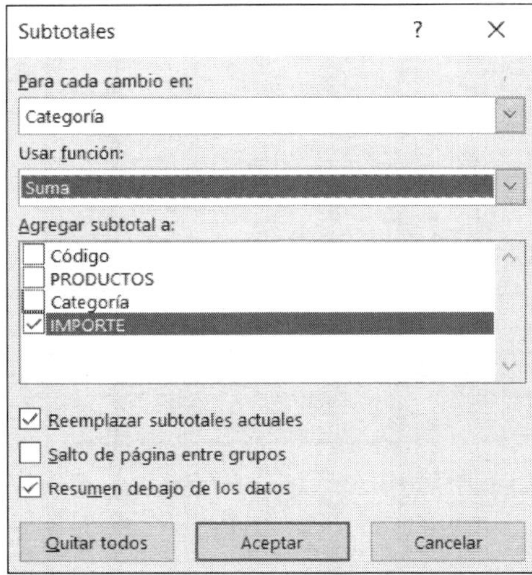

- Deje marcada la opción **Reemplazar subtotales actuales** si desea sustituir los posibles subtotales ya creados por aquellos que se están creando.

- Marque la opción **Salto de página entre grupos** para insertar automáticamente un salto de página después de cada grupo de subtotales.
- Deje marcada la opción **Resumen debajo de los datos** para realizar subtotales y totales debajo de los datos detallados. Si se desmarca esta opción, debajo de los datos detallados solo aparecerán los subtotales.
- Haga clic en **Aceptar**.

  Excel calcula las estadísticas solicitadas y construye un esquema a partir de ellas: aquí puede ver la suma de importes para cada categoría de producto, así como el ***Total general*** *de los importes de todas las categorías mezcladas, ya que hemos marcado la opción* ***Resumen debajo de los datos****.*

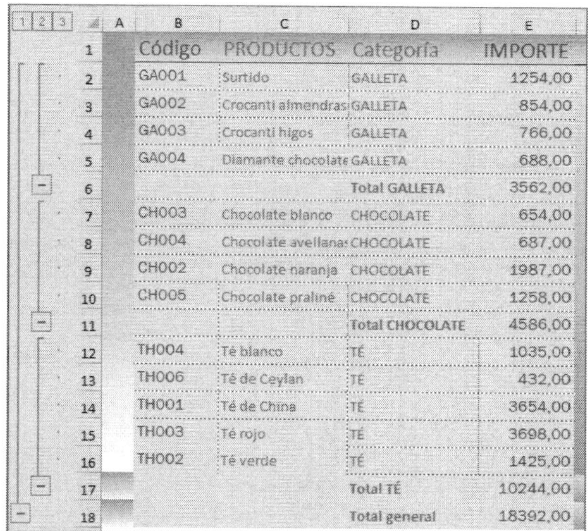

	A	B	C	D	E
1		Código	PRODUCTOS	Categoría	IMPORTE
2		GA001	Surtido	GALLETA	1254,00
3		GA002	Crocanti almendras	GALLETA	854,00
4		GA003	Crocanti higos	GALLETA	766,00
5		GA004	Diamante chocolate	GALLETA	688,00
6				Total GALLETA	3562,00
7		CH003	Chocolate blanco	CHOCOLATE	654,00
8		CH004	Chocolate avellanas	CHOCOLATE	687,00
9		CH002	Chocolate naranja	CHOCOLATE	1987,00
10		CH005	Chocolate praliné	CHOCOLATE	1258,00
11				Total CHOCOLATE	4586,00
12		TH004	Té blanco	TÉ	1035,00
13		TH006	Té de Ceylan	TÉ	432,00
14		TH001	Té de China	TÉ	3654,00
15		TH003	Té rojo	TÉ	3698,00
16		TH002	Té verde	TÉ	1425,00
17				Total TÉ	10244,00
18				Total general	18392,00

- Para reducir la vista de un grupo de celdas, haga clic en la herramienta **Ocultar detalle** (pestaña **Datos** - grupo **Esquema**) o la herramienta situada al lado del total de la fila.

  Si lo que desea es expandir la vista de un grupo, haga clic en la herramienta **Mostrar detalle** o en la herramienta .

  Para obtener más detalles sobre el funcionamiento de un esquema, vaya al apartado Utilizar un esquema del capítulo Ordenar datos y trabajar con esquemas.

El botón **Quitar todos** del cuadro de diálogo **Subtotales** permite eliminar todos los subtotales (y el esquema) de la tabla seleccionada.

Efectuar cálculos con datos de tipo fecha

En este apartado, una vez abordados los principios de cálculo de fechas usados por Excel, procederemos a describir algunas funciones específicas al tratamiento de fechas a través de una serie de ejemplos:

Principios para calcular los días

- En los cálculos realizados sobre días, siga el mismo procedimiento que con los demás cálculos. Excel registra las fechas en forma de números secuenciales llamados números de serie. Por ese motivo pueden agregarse, sustraerse e inciuirse en otros cálculos.
- De forma predeterminada, Excel para Windows inicia el calendario a partir de 1900 (para Macintosh el calendario se inicia en 1904). El 1 de enero de 1900 corresponde por tanto (en Excel para Windows) al número de serie 1, y el 1 de enero de 2005 es el 38 353, ya que desde el 1 de enero de 1900 han transcurrido 38 353 días.
- Para utilizar una función específica de gestión de fechas y horas, puede activar la pestaña **Fórmulas**, hacer clic en el botón **Fecha y hora** del grupo **Biblioteca de funciones** y luego en la función que corresponda para utilizar el asistente.

AHORA()

Devuelve el número de serie de la fecha y de la hora del día.

AÑO(número_de_serie)

Convierte un número de serie en año.

DIA(número_de_serie)

Convierte un número de serie en día del mes.

DIA.LAB(fecha_inicial;días;[días_no_laborables])

Devuelve el número de serie de la fecha antes o después del número de días laborables especificado.

DIA.LAB.INTL(fecha_inicial;días;[fin_de_semana];[días_no_laborables])

Devuelve el número de serie de la fecha antes y después de un número especificado de días laborables con parámetros que identifican y cuentan los días de fin de semana.

DIAS(fecha_final;fecha inicial)

Calcula el número de días entre las dos fechas.

DIAS.LAB(fecha_inicial; fecha_final;[días_no_laborables])

Devuelve el número de días laborables enteros comprendidos entre dos fechas.

DIAS.LAB.INTL(fecha_inicial;fecha_final;[fin_de_semana];[días_no_laborables])

Devuelve el número de días laborables enteros comprendidos entre dos fechas usando parámetros que identifican los días del fin de semana y su número.

DÍAS360(fecha_inicial;fecha_final[método])

Calcula el número de días separando dos fechas sobre la base de un año de 360 días.

DIASEM(número_de_serie;[tipo_devolución]

Convierte un número de serie en día de la semana.

FECHA(día;mes;año)

Devuelve el número de serie de una fecha precisa.

FECHA.MES(fecha_inicial;mes)

Devuelve el número de serie de la fecha, que es el número indicado de meses antes o después de la fecha inicial.

FECHANUMERO(texto_de_fecha)

Convierte una fecha representada en forma de texto en número de serie.

FIN.MES(fecha_inicial;mes)

Devuelve el número de serie del último día del mes antes o después del número especificado de meses.

FRAC.AÑO(fecha_inicial;fecha_final;[base])

Devuelve la fracción del año que representa el número de días completos entre la fecha inicial y la fecha final.

HORA(número_de_serie)

Convierte un número de serie en hora.

HORANUMERO(texto_de_hora)

Convierte una hora representada como texto en número de serie.

HOY()

Devuelve el número de serie de la fecha del día.

ISO.NUM.DE.SEMANA(fecha)

Devuelve el número ISO de la semana del año correspondiente a una fecha dada.

MES(número_de_serie)

Convierte un número de serie en mes.

MINUTO(número_de_serie)

Convierte un número de serie en minuto.

NSHORA(hora;minuto;segundo)

Devuelve el número de serie de una hora precisa.

NUM.DE.SEMANA(número_de_serie;[tipo_retorno])
Convierte un número de serie en número de semana del año.
SEGUNDO(número_de_serie)
Convierte un número de serie en segundos.

Combinar texto y fecha

Para combinar en una celda el texto y la fecha contenidos en diferentes celdas, puede usar la función **TEXTO**, cuya sintaxis es **=TEXTO(valor;formato_texto)**:

El argumento **valor** representa un valor numérico, una fórmula cuyo resultado es un valor numérico o bien una referencia a una celda con un valor numérico.

El argumento **formato_texto** representa un formato de número en forma de texto definido en el cuadro **Categoría** del cuadro de diálogo **Formato de celdas**.

Presentamos aquí un ejemplo de uso:

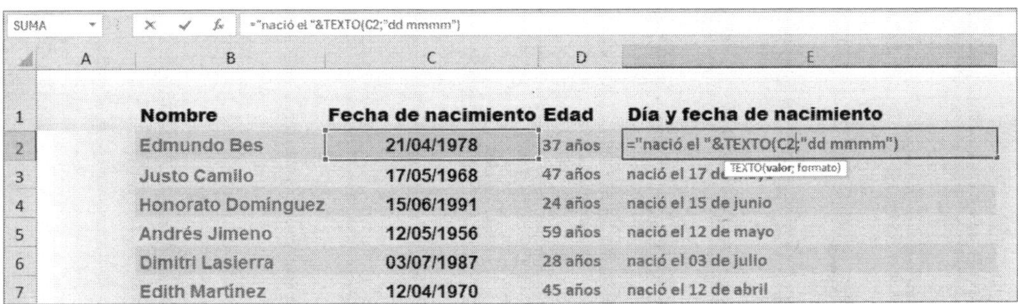

Calcular la diferencia entre dos fechas (función SIFECHA)

SIFECHA es una de las funciones «ocultas» de la aplicación Excel. Por ese motivo no aparece en el asistente para funciones ni en la ayuda en línea. Las funciones ocultas se han introducido en Excel por razones de compatibilidad con otras hojas de cálculo; funcionan a la perfección, pero no forman parte de las funciones «oficiales» de Excel.

Esta función resulta muy práctica en caso, por ejemplo, de que desee calcular la antigüedad de un empleado en años y meses.

La sintaxis de la función **SIFECHA** es **SIFECHA(fecha_inicial;fecha_final;base)**.

El argumento **base** representa la duración calculada y puede adoptar los valores siguientes:

"y" para calcular la diferencia absoluta en años.

"m" para calcular la diferencia absoluta en meses.

"d" para calcular la diferencia absoluta en días.

"ym" para calcular la diferencia en meses si las dos fechas se encuentran en el mismo año.

"yd" para calcular la diferencia en días si las dos fechas se encuentran en el mismo año.

"md" para calcular la diferencia en días si las dos fechas se encuentran en el mismo mes.

Presentamos aquí un ejemplo de uso:

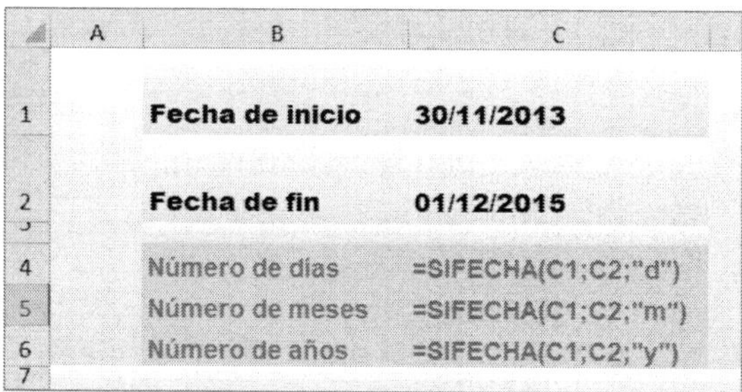

	A	B	C
1		**Fecha de inicio**	**30/11/2013**
2		**Fecha de fin**	**01/12/2015**
4		Número de días	=SIFECHA(C1;C2;"d")
5		Número de meses	=SIFECHA(C1;C2;"m")
6		Número de años	=SIFECHA(C1;C2;"y")

He aquí otro ejemplo; este permite calcular la edad de una persona en función de la fecha actual (función=**HOY()**):

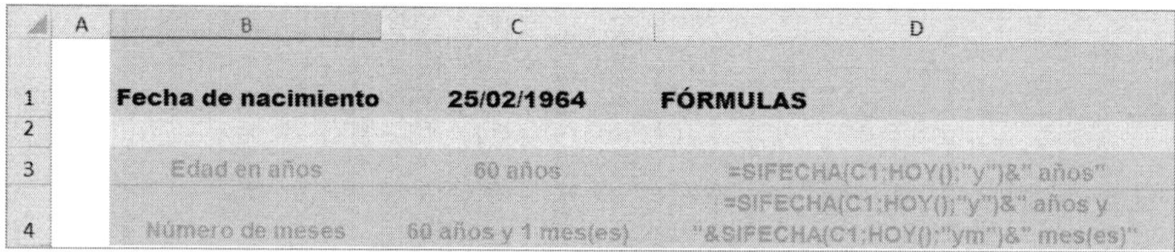

	A	B	C	D
1		**Fecha de nacimiento**	**25/02/1964**	**FÓRMULAS**
2				
3		Edad en años	60 años	=SIFECHA(C1;HOY();"y")&" años"
4		Número de meses	60 años y 1 mes(es)	=SIFECHA(C1;HOY();"y")&" años y "&SIFECHA(C1;HOY();"ym")&" mes(es)"

Calcular el número de días laborables o no entre dos fechas

Excel sabe calcular el número de días laborables (de lunes a viernes) que hay entre dos fechas con ayuda de la función **DIAS.LAB**.

La sintaxis es la siguiente: **=DIAS.LAB(fecha_inicial;fecha_final)**

Presentamos aquí un ejemplo de uso:

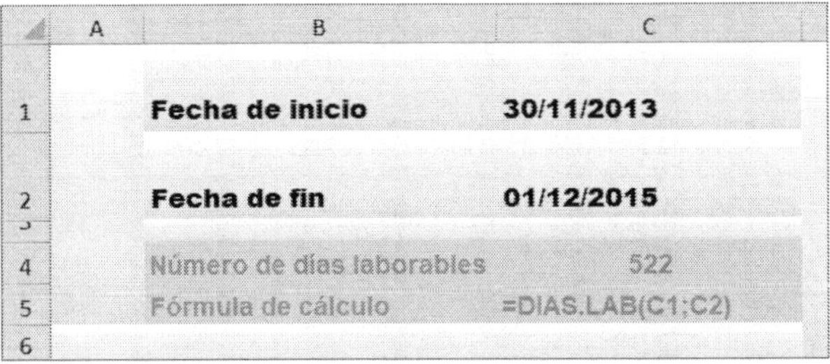

	A	B	C
1		**Fecha de inicio**	**30/11/2013**
2		**Fecha de fin**	**01/12/2015**
4		Número de días laborables	522
5		Fórmula de cálculo	=DIAS.LAB(C1;C2)
6			

Para que la función pueda tener en cuenta los días festivos en el cálculo, deberá agregar un tercer argumento que haga referencia a un día festivo o a un rango de días festivos. La sintaxis de esta función es entonces:

=DIAS.LAB(fecha_inicial; fecha_final;[días_no_laborables])

En este ejemplo, se han calculado los días festivos en el rango de celdas B5 a B16.

H5 =DIAS.LAB(F5;G5;$B$5:$B$16)

	A	B	C	D	E	F	G	H
1								
2	**Año**	**2023**						
3								
4	Días festivos				Mes	Inicio	Fin	Días laborables
5	Año nuevo	domingo, 1 de enero de 2023		1	enero	01/01/2023	31/01/2023	21
6	Epifanía del Señor	viernes, 6 de enero de 2023		2	febrero	01/02/2023	28/02/2023	20
7	Viernes Santo	viernes, 7 de abril de 2023		3	marzo	01/03/2023	31/03/2023	23
8	Lunes de Pascua	lunes, 10 de abril de 2023		4	abril	01/04/2023	30/04/2023	18
9	Fiesta del trabajo	lunes, 1 de mayo de 2023		5	mayo	01/05/2023	31/05/2023	22
10	Santiago Apóstol	martes, 25 de julio de 2023		6	junio	01/06/2023	30/06/2023	22
11	Asunción de la Virgen	martes, 15 de agosto de 2023		7	julio	01/07/2023	31/07/2023	20
12	Día de la Hispanidad	jueves, 12 de octubre de 2023		8	agosto	01/08/2023	31/08/2023	22
13	Todos los Santos	miércoles, 1 de noviembre de 2023		9	septiembre	01/09/2023	30/09/2023	21
14	Día de la Constitución	miércoles, 6 de diciembre de 2023		10	octubre	01/10/2023	31/10/2023	21
15	Inmaculada Concepción	viernes, 8 de diciembre de 2023		11	noviembre	01/11/2023	30/11/2023	21
16	Navidad	lunes, 25 de diciembre de 2023		12	diciembre	01/12/2023	31/12/2023	18
17							Total	249

Para calcular el número de días entre dos fechas (días festivos, no laborables, etc., incluidos, puede utilizar la función **DIAS**, cuya sintaxis es **=DIAS(fecha_final; fecha_inicial).**

Calcular una fecha después de determinado número de días laborables

*La función **DIA.LAB** permite calcular una fecha correspondiente a un día (fecha de inicio) más o menos el número de días laborables especificado. Los días laborables excluyen sábados y domingos y todas las fechas identificadas como días festivos.*

La sintaxis de esta función es la siguiente:

=DIA.LAB(fecha_inicial;días;[días_no_laborables]):

fecha_inicial	Representa la fecha de inicio.
días	Representa el número de días laborables antes o después de la fecha de inicio. Un número de días positivo da una fecha futura y un número de días negativo, una fecha pasada.
días_no_laborables	Representa una lista de fechas que deben excluirse del calendario de días de trabajo (días festivos, vacaciones, permisos, etc.). Este argumento es opcional.

Presentamos aquí un ejemplo de uso: queremos encontrar la fecha de finalización de un trabajo que debía empezar el 01 de noviembre de 2023 y que tiene una duración de 40 días laborables.

	A	B	C	D	E
1					
2		Fecha de inicio	01/11/2023	Días festivos	01/11/2023
3		Número de días	40		06/12/2023
4		Finalización	01/01/2024		08/12/2023
5		Fórmula de cálculo	=DIA.LAB(C2;C3;E2:E5)		25/12/2023

*Se ha aplicado a la celda C4 el formato **Fecha**, ya que, de forma predeterminada, Excel muestra el resultado en forma de número de serie.*

Si la fórmula devuelve un mensaje de error, la explicación es la siguiente:

#¡VALOR!	Un argumento no es una fecha válida.
#¡NUM!	La fecha de inicio más el número de días no da una fecha válida.

Calcular días festivos o celebraciones religiosas

Para calcular algunos días festivos o determinadas celebraciones religiosas (domingo de Pascua, Ascensión...), se requieren fórmulas diferentes, anidadas o no.

He aquí algunos ejemplos de los diferentes cálculos que se pueden utilizar para estos días. Cada una de estas fórmulas hace referencia al año introducido en la celda B2; basta con cambiar el año para actualizar las fechas.

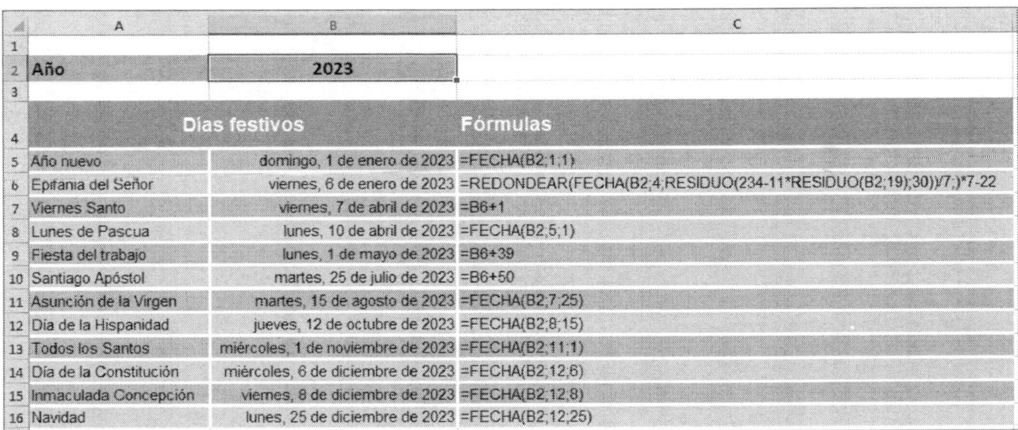

	A	B	C
1			
2	**Año**	**2023**	
3			
4	Días festivos		Fórmulas
5	Año nuevo	domingo, 1 de enero de 2023	=FECHA(B2;1;1)
6	Epifanía del Señor	viernes, 6 de enero de 2023	=REDONDEAR(FECHA(B2;4;RESIDUO(234-11*RESIDUO(B2;19);30))/7;)*7-22
7	Viernes Santo	viernes, 7 de abril de 2023	=B6+1
8	Lunes de Pascua	lunes, 10 de abril de 2023	=FECHA(B2;5;1)
9	Fiesta del trabajo	lunes, 1 de mayo de 2023	=B6+39
10	Santiago Apóstol	martes, 25 de julio de 2023	=B6+50
11	Asunción de la Virgen	martes, 15 de agosto de 2023	=FECHA(B2;7;25)
12	Día de la Hispanidad	jueves, 12 de octubre de 2023	=FECHA(B2;8;15)
13	Todos los Santos	miércoles, 1 de noviembre de 2023	=FECHA(B2;11;1)
14	Día de la Constitución	miércoles, 6 de diciembre de 2023	=FECHA(B2;12;6)
15	Inmaculada Concepción	viernes, 8 de diciembre de 2023	=FECHA(B2;12;8)
16	Navidad	lunes, 25 de diciembre de 2023	=FECHA(B2;12;25)

Sumar meses y años

- Para sumar meses respete la sintaxis siguiente:

  =FECHA(AÑO(fecha_inicial);MES(fecha_inicial)+plazo_mensual;DÍA(fecha_inicial))

  Por ejemplo, para calcular un plazo de 2 meses, use la fórmula:

  =FECHA(AÑO(HOY());MES(HOY())+2;DÍA(HOY()))

- Para sumar años respete la sintaxis siguiente:

  =FECHA(AÑO(fecha_inicial)+plazo_anual;MES(fecha_inicial);DÍA(fecha_inicial))

Efectuar cálculos con datos de tipo hora

En este apartado, una vez abordados los principios de cálculo de horas usados por Excel, procederemos a describir métodos y fórmulas específicos del tratamiento de las horas a través de una serie de ejemplos.

Principios de cálculo de las horas

- Al introducir una hora en una celda, Excel la guarda en forma de número decimal de 0 a 1 (1 no incluido) por cada periodo de 24 horas.
- Para que Excel pueda reconocer la información como una hora y guardarla en forma de número decimal, deberá separar las diferentes partes de la hora con el signo dos puntos (:). Por ejemplo, 18 h 30 min y 43 segundos se escribe de acuerdo con la sintaxis **18:30:43**. Si no desea incluir los segundos, introduzca **18:30**

Ejemplo de hora	Valor registrado por Excel
00:00 (medianoche)	0
11:59	0,499305555555556
12:00 (mediodía)	0,5
15:00 (15 h)	0,625
18:00 (18 h)	0,75

Este concepto de hora propio de Excel permite aplicar cálculos aritméticos a las horas.

Ejemplo: para calcular la diferencia entre 18:00 (18 h) y 15:00 (15 h), Excel efectúa este cálculo:

= 0,75 - 0,625 = 0,125

Excel pone a su disposición numerosos formatos de hora predeterminados.

Calcular la diferencia entre dos horas

- Para efectuar ese cálculo y representar el resultado en formato horario estándar, es decir, horas:minutos:segundos, puede usar la función **TEXTO**, cuya sintaxis es **=TEXTO(valor;formato)**.
  - El argumento **valor** representa un valor numérico o una fórmula cuyo resultado es un valor numérico o una referencia a una celda con un valor numérico.

- El argumento **formato** representa un formato de número en forma de texto definido en el cuadro **Categoría** del cuadro de diálogo **Formato de celdas** (pestaña **Inicio** - grupo **Celdas** - herramienta **Formato** - opción **Formato de celdas** - pestaña **Número**).

Presentamos aquí un ejemplo de uso:

	A	B	C
1	**hora de inicio**	8:30:45	
2	**hora de fin**	15:15:00	
3			
4	**Descripción**	**Resultado**	**Fórmula**
5	número de horas entre dos horas	6	=TEXTO(B2-B1;"h")
6	número de horas y de minutos entre dos horas	6:44	=TEXTO(B2-B1;"h:mm")
7	número de horas, de minutos y de segundos entre dos h	6:44:15	=TEXTO(B2-B1;"h:mm:ss")
8			

Convertir horas

Para convertir unidades como horas en otras unidades de medida, utilice la función **CONVERTIR**, cuya sintaxis es **=CONVERTIR(número;desde_unidad;a_unidad)**.

número Representa el número que hay que convertir.

"desde_unidad" Corresponde a la unidad del número que hay que convertir (presentada entre comillas).

"a_unidad" Corresponde a la unidad del resultado (presentado entre comillas).

Esta función permite convertir múltiples unidades de medida (peso, masa, distancia, presión, fuerza, energía, etc.).

Veamos su uso en el marco de una conversión de unidades de medición del tiempo. Según la unidad que hay que convertir y la unidad deseada, use los siguientes argumentos:

Año	**"yr"**
Día	**"day"**
Hora	**"hr"**
Minuto	**"mn"**
Segundo	**"sec"**

*Ejemplo: para convertir **10 años** en horas, use esta fórmula:*

=CONVERTIR(10;"yr";"hr")

Resultado = 87 660 (horas)

Usar una función de búsqueda

La función BUSCARV

La función BUSCARV permite buscar un valor en la primera columna de una tabla (V = Vertical) y devuelve el valor contenido en la celda situada en la misma fila y en la columna especificadas.

- Elabore una tabla que agrupe los datos que se recuperarán después, al efectuar la búsqueda, y ordénela por orden creciente a partir de los datos de la primera columna. Dé un nombre a este rango de celdas si no desea seleccionarlo en el momento de crear la fórmula de cálculo.
- Haga clic en la celda en la que aparecerá el dato buscado de la tabla.
- Elabore la fórmula de cálculo respetando la sintaxis siguiente:

=BUSCARV(valor_buscado;matriz_buscar_en;indicador_columnas;ordenado)

valor_buscado	Es el valor que la función busca en la primera columna de la tabla correspondiente a indicador_columnas.
matriz_buscar_en	Es la tabla a partir de la cual se recuperarán los datos. Este argumento puede ser las referencias de un rango de celdas o el nombre de un rango de celdas.
indicador_columnas	Es el número de la columna de la tabla (matriz_buscar_en) que contiene el valor buscado. La primera columna de la tabla es la columna 1.
ordenado	Es un valor lógico que permite efectuar una búsqueda exacta o aproximada a aquella buscada. Si el valor_ordenado es VERDADERO o nulo, se muestra un dato igual o inmediatamente inferior al valor buscado. Si el valor_ordenado es FALSO, solo se muestra el valor buscado.

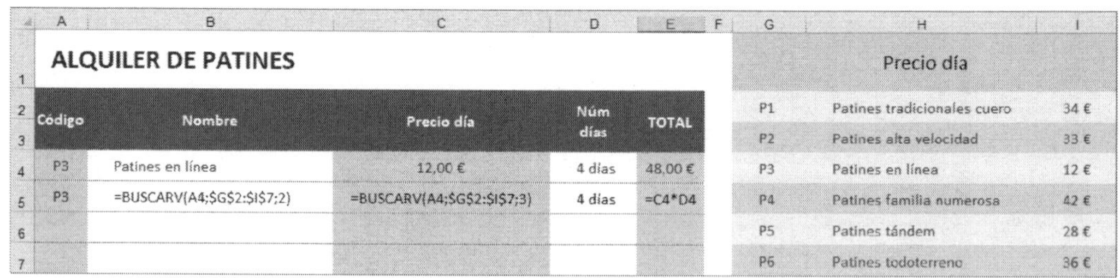

ALQUILER DE PATINES

Código	Nombre	Precio día	Núm días	TOTAL
P3	Patines en línea	12,00 €	4 días	48,00 €
P3	=BUSCARV(A4;$G$2:$I$7;2)	=BUSCARV(A4;$G$2:$I$7;3)	4 días	=C4*D4

Precio día

P1	Patines tradicionales cuero	34 €
P2	Patines alta velocidad	33 €
P3	Patines en línea	12 €
P4	Patines familia numerosa	42 €
P5	Patines tándem	28 €
P6	Patines todoterreno	36 €

En este ejemplo, la función BUSCARV busca la referencia exacta del producto (contenida en celda A4) en la tabla con los códigos de los productos (G2 a I7) y encuentra en ella la descripción, que sitúa en la segunda columna, y el precio del artículo, en la tercera.

- Confirme la fórmula pulsando la tecla ↵.

El rango de celdas G2:I7 se ha tomado como referencia absoluta en la fórmula (símbolos $) con el fin de que se mantenga tal cual cuando las fórmulas se copien a otras partes de la tabla. Para facilitar la lectura de la fórmula (y conservar sus referencias absolutas), puede dar un nombre a este rango de celdas. Esta técnica resulta especialmente interesante si la tabla matriz se encuentra en otra hoja o en otro libro, por ejemplo.

De igual forma, la función BUSCARH lleva a cabo una búsqueda horizontal (en la primera fila de una tabla) y devuelve el valor contenido en la celda situada en la misma columna y en la fila especificada.

La función BUSCARX

La función BUSCARX es más fácil de usar que la función BUSCARV. Permite buscar un valor en una columna de una tabla (no es necesario que sea la primera) y devolver el valor correspondiente presente en la misma fila, pero en otra columna de esta tabla. También permite indicar directamente el valor para mostrar si no se ha encontrado el valor buscado.

- Haga clic en la celda donde se debe mostrar el dato buscado de la tabla.
- Cree su fórmula respetando la siguiente sintaxis:

=BUSCARX(valor_buscado;matriz_buscada;matriz_devuelta;
[si_no_se_encuentra];[modo_de_coincidencia];[modo_de_búsqueda])

valor_buscado	Es el valor que busca la función en la matriz_buscada.
matriz_buscada	Es la tabla o el rango de celdas donde se realiza la búsqueda.
matriz_devuelta	Corresponde a la tabla o al rango de celdas donde se encuentra el valor para devolver.

modo_de_coincidencia (argumento opcional)
: Permite especificar cómo se realiza la búsqueda. De manera predeterminada, se utiliza el modo de correspondencia exacta:
0 (predeterminado): correspondencia exacta, si no se ha encontrado ninguna correspondencia se devuelve el valor **si_no_se_encuentra** o #N/A si no se ha introducido este argumento;
-1: correspondencia exacta, si no se ha encontrado ninguna correspondencia se devuelve el valor inferior.
1: correspondencia exacta, si no se ha encontrado ninguna correspondencia se devuelve el valor superior.
2: correspondencia genérica, permite usar carateres comodín (*, ?) en el **valor_buscado**.

modo_de_búsqueda
: Permite especificar el modo de búsqueda utilizado:
1 (predeterminado): la búsqueda se realiza empezando por el primer elemento de matriz_buscada.
-1: la búsqueda se realiza empiezando por el último elemento de la matriz_buscada.
2: búsqueda binaria por orden creciente, los datos deben estar ordenados en orden creciente.
-2: búsqueda binaria en orden decreciente, los datos deben estar ordenados en orden decreciente.

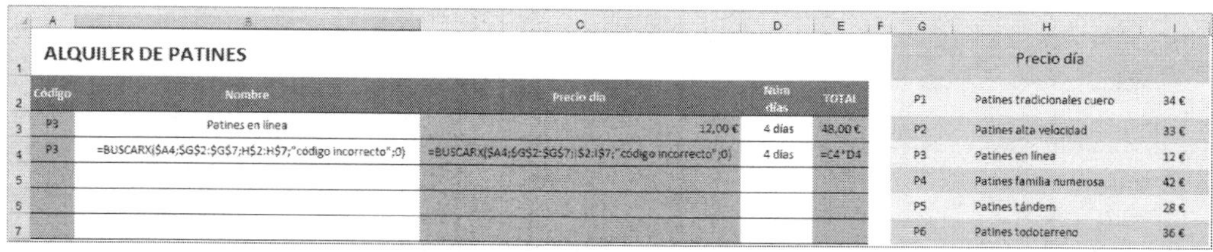

En este ejemplo, la función BUSCARX busca la referencia exacta del producto (contenida en la celda A4) en la columna de los códigos de producto (G2:G7), encuentra el nombre en el rango de celdas H2:H7 y el precio en el rango de celdas I2:I7. Si no encuentra el código mostrará "código incorrecto".

- Valide pulsando la tecla ⏎.

Usar funciones en el texto

Concatenar funciones de tipo texto

*La función **CONCAT** permite concatenar textos. Será posible unir hasta 254 cadenas de texto. Esta función remplaza a la función CONCATENAR, es más simple y más corta de utilizar.*

La sintaxis es como sigue:

=CONCAT(Texto1;Texto2;[Texto3], etc.)

*En este ejemplo, la función **CONCAT** muestra los datos de las celdas **A2**, **B2** y **C2** separadas por un espacio y seguidas del símbolo de moneda **€**:*

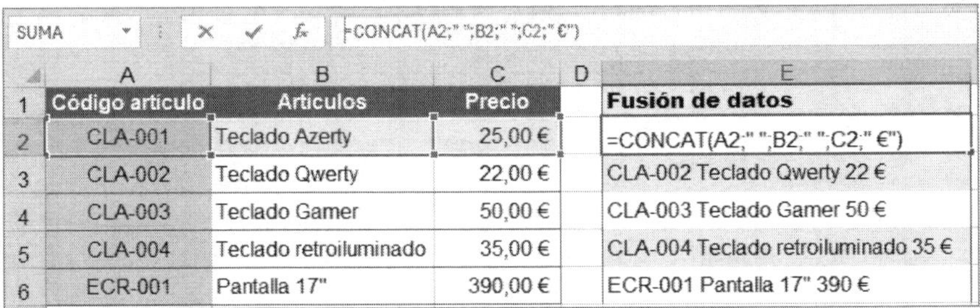

SUMA | =CONCAT(A2;" ";B2;" ";C2;" €")

	A	B	C	D	E
1	Código artículo	Artículos	Precio		Fusión de datos
2	CLA-001	Teclado Azerty	25,00 €		=CONCAT(A2;" ";B2;" ";C2;" €")
3	CLA-002	Teclado Qwerty	22,00 €		CLA-002 Teclado Qwerty 22 €
4	CLA-003	Teclado Gamer	50,00 €		CLA-003 Teclado Gamer 50 €
5	CLA-004	Teclado retroiluminado	35,00 €		CLA-004 Teclado retroiluminado 35 €
6	ECR-001	Pantalla 17"	390,00 €		ECR-001 Pantalla 17" 390 €

Si el separador de cadenas de caracteres es idéntico, es preferible usar la función UNIRCADENAS.

Fonción UNIRCADENAS

*La función **UNIRCADENAS** permite mostrar los textos de varias celdas unos después de otros y separados por el carácter o los caracteres especificados.*

La sintaxis es como sigue:

UNIRCADENAS(delimitador, ignorar_vacío, Texto1, [Texto2],...)

Delimitador	Para este argumento, especifique el carácter o caracteres que se usarán para separar las cadenas de texto.
Ignorar_vacío	Escriba **VERDADERO** para no tomar en cuenta las celdas vacías del rango seleccionado o **FALSO** en caso contrario.
Texto1,Texto2, etc.	Seleccione los diferentes rangos de celdas que albergan los datos que se desea mostrar.

*En este ejemplo, la función **UNIRCADENAS** muestra los datos de las celdas **C3**, **B3** y **A3** separados por un **espacio**; las celdas vacías se ignoran (argumento **VERDADERO**).*

E3 | '=UNIRCADENAS(" ";VERDADERO;C3;B3;A3)

	A	B	C	D	E
1					
2	Productos	Unidad	Cantidad		Ingredientes
3	pescado	g	350		=UNIRCADENAS(" ";VERDADERO;C3;B3;A3)
4	calabaciones		2		2 calabaciones
5	zanahorias		2		2 zanahorias
6	Cantidad	Unidad	Productos		
7	50	g	hinojo		=UNIRCADENAS(" ";VERDADERO;A7:C7)
8	1		pepino		1 pepino
9	1		limón		1 limón
10					

Usar variables en una fórmula

*La función **LET** está destinada a facilitar la escritura de algunas fórmulas complejas porque permite declarar y asignar valores a variables situadas en el interior de una fórmula. Así se definen pares de nombres y valores asociados que se usarán en un cálculo.*

*La función **LET** admite un máximo de 126 pares.*

La sintaxis es como sigue:

=LET(nombre1;nombre_valor1;cálculo_o_nombre2;[nombre2 / valor2];...)

nombre1	Corresponde al nombre que se atribuirá al valor o al cálculo. Este nombre debe empezar por una letra.
nombre_valor1	Corresponde al valor o al cálculo que se asignará a nombre1.
cálculo	Corresponde al cálculo a realizar con ayuda de los nombres y de los valores asignados.

*En este ejemplo, la función **LET** permite simplificar la escritura de la función **FILTRO** y modificar con rapidez el nombre del vendedor Hervé en Marie introduciendo una sola vez el valor de la variable X:*

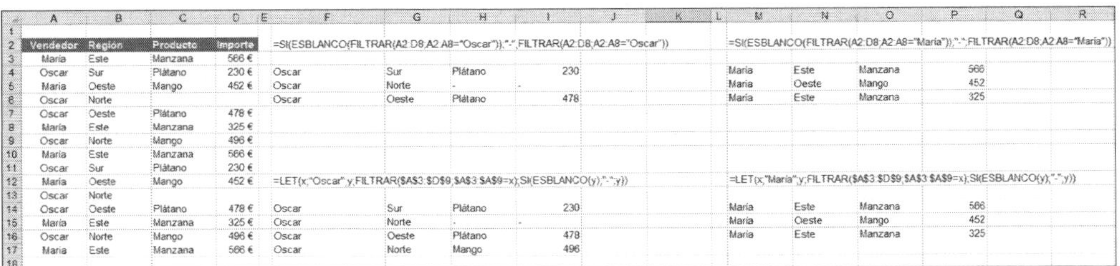

	A	B	C	D	E	F	G	H	I	J	K	L	M	N	O	P	Q	R
1																		
2	Vendedor	Región	Producto	Importe		=SI(ESBLANCO(FILTRAR(A2:D8;A2:A8="Oscar"));"-";FILTRAR(A2:D8;A2:A8="Oscar"))							=SI(ESBLANCO(FILTRAR(A2:D8;A2:A8="María"));"-";FILTRAR(A2:D8;A2:A8="María"))					
3	María	Este	Manzana	566 €														
4	Oscar	Sur	Plátano	230 €		Oscar	Sur	Plátano	230				María	Este	Manzana	566		
5	María	Oeste	Mango	452 €		Oscar	Norte	-	-				María	Oeste	Mango	452		
6	Oscar	Norte				Oscar	Oeste	Plátano	478				María	Este	Manzana	325		
7	Oscar	Oeste	Plátano	478 €														
8	María	Este	Manzana	325 €														
9	Oscar	Norte	Mango	496 €														
10	María	Este	Manzana	566 €														
11	Oscar	Sur	Plátano	230 €														
12	María	Oeste	Mango	452 €		=LET(x;"Oscar";y;FILTRAR($A$3:$D$9;$A$3:$A$9=x);SI(ESBLANCO(y);"-";y))							=LET(x;"María";y;FILTRAR($A$3:$D$9;$A$3:$A$9=x);SI(ESBLANCO(y);"-";y))					
13	Oscar	Norte																
14	Oscar	Oeste	Plátano	478 €		Oscar	Sur	Plátano	230				María	Este	Manzana	566		
15	María	Este	Manzana	325 €		Oscar	Norte	-	-				María	Oeste	Mango	452		
16	Oscar	Norte	Mango	496 €		Oscar	Oeste	Plátano	478				María	Este	Manzana	325		
17	María	Este	Manzana	566 €		Oscar	Norte	Mango	496									
18																		

Consolidar datos

Esta función permite combinar valores de varios rangos de datos ubicados en diferentes hojas de cálculo (para reunirlos, por ejemplo).

- Antes de iniciar la consolidación, compruebe los siguientes puntos:
  - Cada rango de datos de origen debe estar ubicado en una hoja de cálculo distinta; ningún rango de origen debe estar ubicado en la hoja de cálculo sobre la cual se va a situar la consolidación.
  - Asegúrese de que las tablas que se van a consolidar tienen la misma estructura (el mismo número de filas y de columnas, el mismo tipo de datos en las celdas) y que están colocadas en las mismas celdas de las distintas hojas.
  - Si lo desea, asigne un nombre a los rangos de datos de origen (véase el capítulo Rangos con nombre - Poner nombre a los rangos de celdas).
- Active la primera celda de destino de la consolidación.
- Active la pestaña **Datos** y haga clic en la herramienta **Consolidar** del grupo **Herramientas de datos.**
- Seleccione la **Función** de síntesis que debe usarse para consolidar los datos; para sumar los datos de las distintas tablas, escoja **Suma.**
- Si los datos que desea consolidar se hallan en otro libro, haga clic en el botón **Examinar**, localice el libro correspondiente, selecciónelo y haga clic en **Aceptar**.

- Si los datos que desea consolidar se sitúan en el libro activo, efectúe estas operaciones en todos los rangos de datos:

  - Haga clic en el botón para reducir el cuadro de diálogo.
  - Entre en la hoja de cálculo y seleccione las celdas que corresponda o introduzca el nombre de la zona de datos de origen.
  - Haga clic en el botón para ver de nuevo el cuadro de diálogo.
  - Haga clic en **Agregar**.

  *La consolidación calculará la suma de las celdas **C3** a **F8** de las hojas **Semestre 1** y **Semestre 2**.*

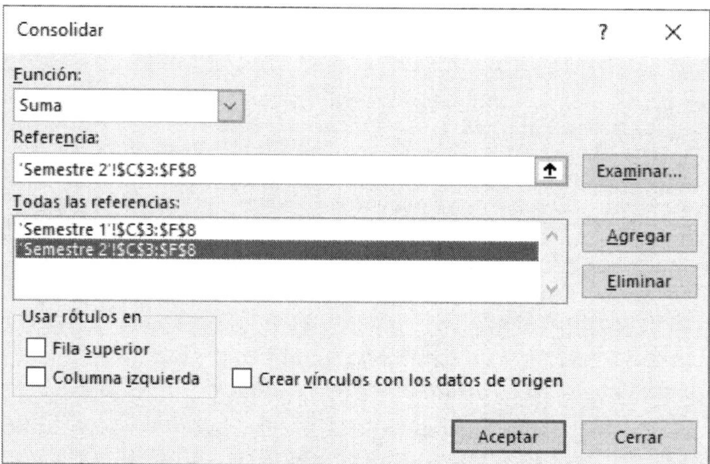

- Marque la opción **Crear vínculos con los datos de origen** si desea crear un vínculo permanente entre las hojas de origen y la hoja de consolidación. En esos casos, la tabla de consolidación se actualizará automáticamente cada vez que se modifiquen los datos de origen.

  Observe que, en este caso, no podrá modificar las celdas ni los rangos incluidos en la consolidación.

- Marque o desmarque las opciones del cuadro **Usar rótulos en** según si los datos copiados contienen o no rótulos de filas y de columnas.
- Haga clic en el botón **Aceptar** para confirmar.

El resultado de la consolidación aparece enseguida.

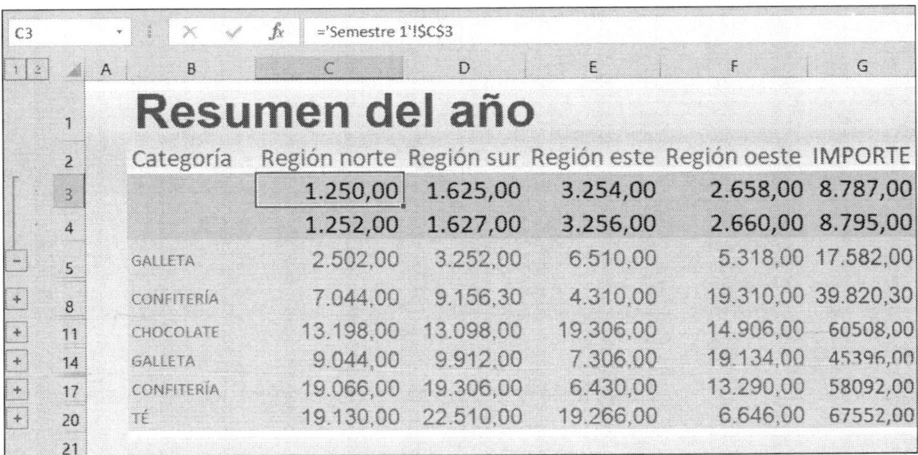

C3 =’Semestre 1’!$C$3

	A	B	C	D	E	F	G
1		Resumen del año					
2		Categoría	Región norte	Región sur	Región este	Región oeste	IMPORTE
3			1.250,00	1.625,00	3.254,00	2.658,00	8.787,00
4			1.252,00	1.627,00	3.256,00	2.660,00	8.795,00
5		GALLETA	2.502,00	3.252,00	6.510,00	5.318,00	17.582,00
8		CONFITERÍA	7.044,00	9.156,30	4.310,00	19.310,00	39.820,30
11		CHOCOLATE	13.198,00	13.098,00	19.306,00	14.906,00	60508,00
14		GALLETA	9.044,00	9.912,00	7.306,00	19.134,00	45396,00
17		CONFITERÍA	19.066,00	19.306,00	6.430,00	13.290,00	58092,00
20		TÉ	19.130,00	22.510,00	19.266,00	6.646,00	67552,00
21							

Al solicitar un vínculo, Excel genera además un esquema de la tabla de consolidación; las referencias de la hoja de cálculo y del libro de origen se retoman en las fórmulas de la tabla consolidada de este modo.

Generar una tabla de doble entrada

Con el fin de ilustrar el uso de una tabla de doble entrada, queremos conocer el valor de los pagos para un capital prestado fijo de 15 000 €, un número variable de mensualidades y tipos de interés también variables.

- Introduzca los elementos iniciales del cálculo que se debe realizar (tipo de interés, duración del préstamo, importe del préstamo, en nuestro ejemplo).
- Introduzca los encabezados y las filas de la tabla que corresponden a los parámetros variables.

  Atención, la tabla preparada no debe estar unida a los elementos iniciales y el primer dato variable de fila debe estar situado una fila más arriba y una columna más a la derecha que el primer dato variable de columna.
- Introduzca la fórmula de cálculo en la intersección de la fila y la columna y confirme.

A11 | =ABS(PAGO(D4/12;D5;D6))

	A	B	C	D	E	F	G	H	I	J
4		Tipo de interés		10%						
5		Duración (meses)		360						
6		Importe del préstamo		15.000,00 €						
7										
8										
9		Cálculo de cuotas mensuales								
10		2 años	3 años	4 años	5 años	6 años	7 años	8 años	9 años	10 años
11	131,64 €	24 meses	36 meses	48 meses	60 meses	72 meses	84 meses	96 meses	108 meses	120 meses
12	9,00%									
13	9,25%									
14	9,50%									
15	9,75%									
16	10,00%									
17										

En este ejemplo, en la celda A11 hemos usado la función PAGO para calcular el importe de las cuotas mensuales correspondiente a la devolución de un préstamo basándonos en el número de pagos mensuales y en un tipo de interés constante. Asimismo, hemos usado la función ABS para efectuar este cálculo en valor absoluto.

- Seleccione el rango de celdas que comprende la fórmula de cálculo hasta la última celda de la tabla.
- Active la pestaña **Datos**, haga clic en el botón **Análisis de hipótesis** del grupo **Previsión**.
- Active la opción **Tabla de datos.**
- En el cuadro **Celda de entrada (fila)**, indique la referencia de la celda utilizada en la fórmula correspondiente a los datos variables situados en la primera fila de la tabla.

  *En nuestro ejemplo, la fila corresponde a la duración; por tanto, usaremos la celda **D5**.*
- De acuerdo con el mismo principio, indique la **Celda de entrada (columna).**

- Haga clic en **Aceptar**.

Excel calcula íntegramente la tabla de pagos.

	A	B	C	D	E	F	G	H	I	J
4		Tipo de interés		10%						
5		Duración (meses)		360						
6		Importe del préstamo		15.000,00 €						
7										
8										
9		Cálculo de cuotas mensuales								
10		2 años	3 años	4 años	5 años	6 años	7 años	8 años	9 años	10 años
11	131,64 €	24 meses	36 meses	48 meses	60 meses	72 meses	84 meses	96 meses	108 meses	120 meses
12	9,00%	685,27 €	477,00 €	373,28 €	311,38 €	270,38 €	241,34 €	219,75 €	203,14 €	190,01 €
13	9,25%	686,99 €	478,74 €	375,06 €	313,20 €	272,25 €	243,24 €	221,70 €	205,14 €	192,05 €
14	9,50%	688,72 €	480,49 €	376,85 €	315,03 €	274,12 €	245,16 €	223,66 €	207,14 €	194,10 €
15	9,75%	690,44 €	482,25 €	378,64 €	316,86 €	276,00 €	247,08 €	225,63 €	209,15 €	196,16 €
16	10,00%	692,17 €	484,01 €	380,44 €	318,71 €	277,89 €	249,02 €	227,61 €	211,18 €	198,23 €

En este ejemplo, para realizar cálculos a partir de las celdas B11 a J11 a pesar del texto «meses», se ha aplicado a estas celdas el formato personalizado 0 "meses".

Usar una fórmula matricial

Esta fórmula tiene la particularidad de efectuar varios cálculos y devolver resultados simples o múltiples. Una fórmula matricial solo puede intervenir en dos (o más) conjuntos de valores llamados comúnmente argumentos matriciales. Estos deben tener el mismo número de filas y columnas.

- Proceda igual que para efectuar un cálculo simple, pero en lugar de trabajar por celdas, trabaje por rangos de celdas y, en lugar de confirmar pulsando [Intro] o [Ctrl] [Intro], hágalo con la combinación de teclas [Ctrl] [Mayús] [Intro].

Veamos el uso de una fórmula matricial a través de tres ejemplos diferentes:

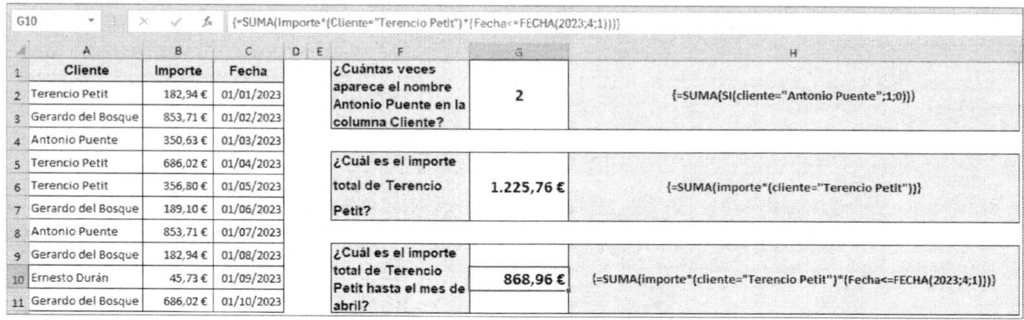

G10 {=SUMA(Importe*(Cliente="Terencio Petit")*(Fecha<=FECHA(2023;4;1)))}

	A	B	C
1	Cliente	Importe	Fecha
2	Terencio Petit	182,94 €	01/01/2023
3	Gerardo del Bosque	853,71 €	01/02/2023
4	Antonio Puente	350,63 €	01/03/2023
5	Terencio Petit	686,02 €	01/04/2023
6	Terencio Petit	356,80 €	01/05/2023
7	Gerardo del Bosque	189,10 €	01/06/2023
8	Antonio Puente	853,71 €	01/07/2023
9	Gerardo del Bosque	182,94 €	01/08/2023
10	Ernesto Durán	45,73 €	01/09/2023
11	Gerardo del Bosque	686,02 €	01/10/2023

F	G	H
¿Cuántas veces aparece el nombre Antonio Puente en la columna Cliente?	2	{=SUMA(SI(cliente="Antonio Puente";1;0))}
¿Cuál es el importe total de Terencio Petit?	1.225,76 €	{=SUMA(importe*(cliente="Terencio Petit"))}
¿Cuál es el importe total de Terencio Petit hasta el mes de abril?	868,96 €	{=SUMA(importe*(cliente="Terencio Petit")*(Fecha<=FECHA(2023;4;1)))}

*Para simplificar la lectura de las fórmulas, hemos puesto nombre a tres zonas: **Cliente** (A2:A11), **Importe** (B2:B11), **Fecha** (C2:C11).*

- Las fórmulas matriciales se han introducido en G2, G6 y G10:

G2 {=SUMA(SI(Cliente="Antonio Puente";1;0))}
Con esta fórmula, en el rango de celdas **Cliente** buscamos la entrada "**Antonio Puente**"; si la condición se verifica, Excel agrega **1**, de lo contrario Excel agrega **0**.
El mismo resultado podría obtenerse con la función NB.SI.

G6 {=SUMA(Importe*(Cliente="Terencio Petit"))}
Con esta fórmula, solicitamos que se calcule la suma de los importes correspondientes al cliente Terencio Petit: **SUMA(Importe: *(**el cliente se llama Terencio Petit: **Cliente="Terencio Petit"**.

G10 {=SUMA(Importe*(Cliente="Terencio Petit")*(Fecha<=FECHA(2023;4;1)))}
Con esta fórmula solicitamos que se calcule la suma de los importes correspondientes al cliente Terencio Petit, fechados antes del 1/4/2013 (incluido): **SUMA(Importe: *(**el cliente se llama Terencio Petit: **Cliente="Terencio Petit** y como ***(**la fecha es inferior o igual a 1/4/2023:
Fecha<=FECHA(2023;4;1).

Una fórmula matricial puede reconocerse por las llaves que abren y cierran la fórmula.

Mostrar las fórmulas en lugar de los resultados

- Active la pestaña **Fórmulas** y haga clic en la herramienta **Mostrar fórmulas** del grupo **Auditoría de fórmulas** o use el método abreviado Ctrl ` (acento grave).
- Para ocultar las fórmulas y ver de nuevo los resultados, haga clic en la herramienta o use el mismo método abreviado.

Localizar y resolver los errores en una fórmula

Excel puede comprobar un número determinado de errores en las fórmulas, como pueden ser valores de error (p. ej. "#¿NOMBRE?", "#¡VALOR!"...), números almacenados en forma de texto, etc. Cuando se detecta un problema, Excel muestra un triángulo en la esquina superior izquierda de la celda que alberga la fórmula.

Mostrar los errores

Cuando en una celda el resultado de una fórmula muestra un valor de error como puede ser #¿NOMBRE?, #N/A, #¡DIV0!, etc., es posible localizar todas las celdas que intervienen en la fórmula.

- Active la celda que contiene el error.
- Active la pestaña **Fórmulas** y abra la lista de la herramienta **Comprobación de errores** del grupo **Auditoría de fórmulas.**
- Haga clic en la opción **Rastrear error**.

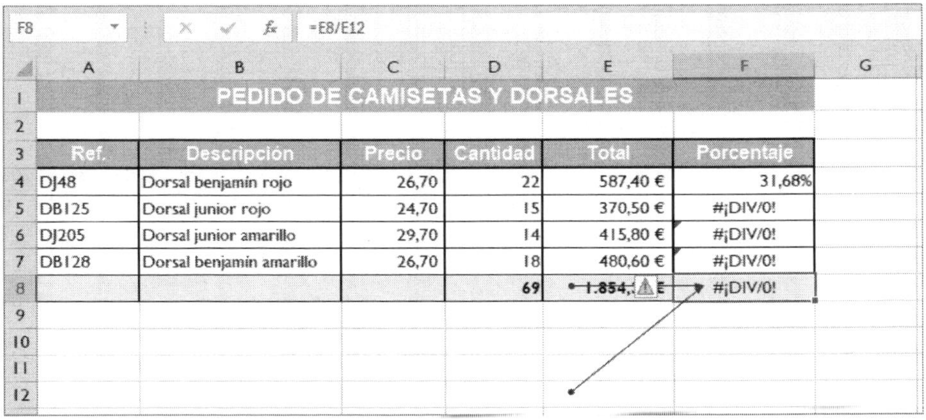

F8 =E8/E12

	A	B	C	D	E	F	G
1	PEDIDO DE CAMISETAS Y DORSALES						
2							
3	Ref.	Descripción	Precio	Cantidad	Total	Porcentaje	
4	DJ48	Dorsal benjamín rojo	26,70	22	587,40 €	31,68%	
5	DB125	Dorsal junior rojo	24,70	15	370,50 €	#¡DIV/0!	
6	DJ205	Dorsal junior amarillo	29,70	14	415,80 €	#¡DIV/0!	
7	DB128	Dorsal benjamín amarillo	26,70	18	480,60 €	#¡DIV/0!	
8				69	1.854,[illegible] €	#¡DIV/0!	
9							
10							
11							
12							

Aparecen en pantalla una serie de flechas de auditoría. Las flechas rojas unen la celda que ha producido el error con aquellas que hacen referencia a ella, mientras que las flechas azules designan los antecedentes de la celda que ha provocado el error.

Para borrar las flechas de auditoría, haga clic en la herramienta **Quitar flechas** del grupo **Auditoría de fórmulas** de la pestaña **Fórmulas.**

Analizar los errores de una fórmula

- Active la celda que contiene el error, identificable gracias al triángulo (verde por defecto) que aparece en la esquina superior izquierda de la celda.
- Haga clic en el botón, situado a la izquierda de la celda activa.

  Aparece una lista de opciones. En la primera de ellas se indica el tipo de error localizado por Excel.

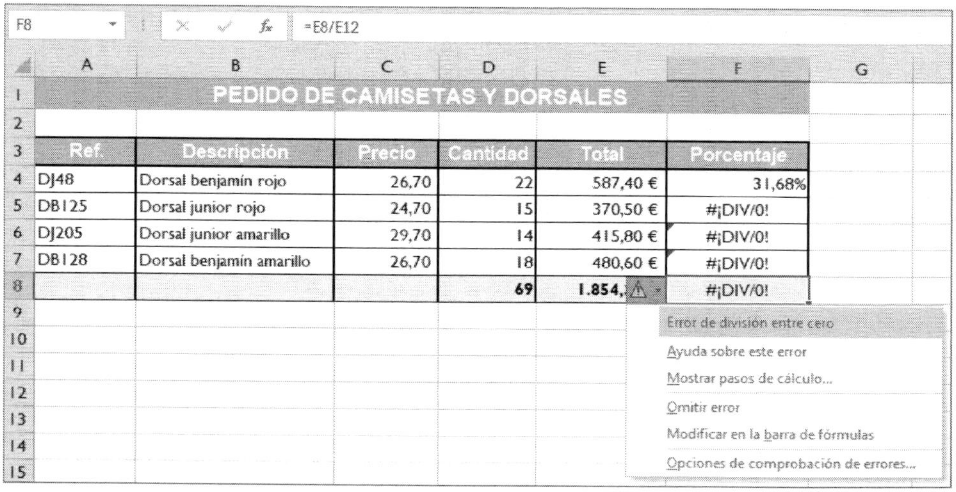

F8 =E8/E12

	A	B	C	D	E	F
1	PEDIDO DE CAMISETAS Y DORSALES					
2						
3	Ref.	Descripción	Precio	Cantidad	Total	Porcentaje
4	DJ48	Dorsal benjamín rojo	26,70	22	587,40 €	31,68%
5	DB125	Dorsal junior rojo	24,70	15	370,50 €	#¡DIV/0!
6	DJ205	Dorsal junior amarillo	29,70	14	415,80 €	#¡DIV/0!
7	DB128	Dorsal benjamín amarillo	26,70	18	480,60 €	#¡DIV/0!
8				69	1.854,	#¡DIV/0!

Error de división entre cero
Ayuda sobre este error
Mostrar pasos de cálculo...
Omitir error
Modificar en la barra de fórmulas
Opciones de comprobación de errores...

- Haga clic en la opción que prefiera:

Omitir error	Desactiva la localización del error: el triángulo de color y el botón desaparecen.
Modificar en la barra de fórmulas	Coloca el cursor en la barra de fórmulas para que pueda modificar la fórmula.
Opciones de comprobación de errores	Muestra el cuadro de diálogo **Opciones de Excel** y permite activar o desactivar las **Reglas de verificación de Excel.**

Dependiendo del tipo de error puede haber disponibles otras opciones.

Si no le interesa ninguna de las opciones propuestas, active otra celda para ocultarlas o pulse [esc].

Si en la celda no aparece ningún indicador de error (triángulo de color y botón), haga clic en la pestaña **Archivo** y luego en el botón **Opciones**; active la categoría **Fórmulas** y la opción **Habilitar comprobación de errores en segundo plano**, en la zona **Comprobación de errores**. Haga clic en **Aceptar** para confirmar.

Analizar los errores de todas las fórmulas

- Entre en el cuadro de diálogo **Opciones de Excel** (pestaña **Archivo** - **Opciones**); active la categoría **Fórmulas** y modifique, si es preciso, la lista de errores que Excel debe localizar activando o desactivando las opciones del apartado **Reglas de verificación de Excel**.
- Active la hoja en la que desea comprobar los errores.
- Active la pestaña **Fórmulas** y haga clic en la herramienta **Comprobación de errores** del grupo **Auditoría de fórmulas**.

*Excel selecciona la primera celda con un error y muestra los detalles de la fórmula y del error en el cuadro de diálogo **Comprobación de errores**.*

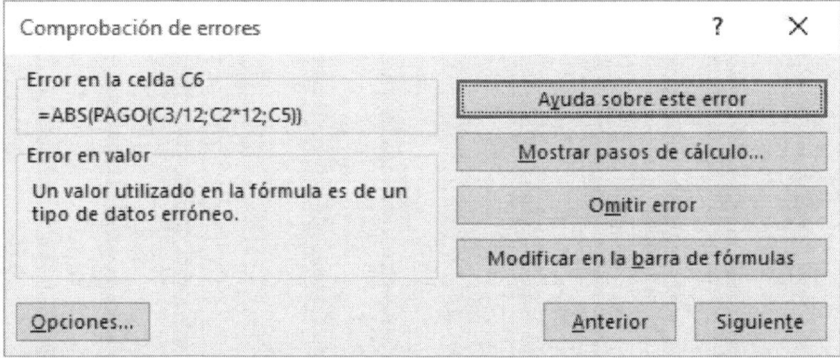

- Puede optar por obtener **Ayuda sobre este error**, **Mostrar pasos de cálculo**, **Omitir error** o **Modificar en la barra de fórmulas**, según el caso.

*Los botones del cuadro de diálogo **Comprobación de errores** pueden ser diferentes en función del tipo de error.*

- Según la elección efectuada, es posible que en el cuadro de diálogo **Comprobación de errores** aparezca el botón **Continuar**, que permite seguir verificando las celdas siguientes.

- Si desea pasar directamente al error siguiente o anterior sin tratar el error seleccionado, haga clic en los botones **Anterior** o **Siguiente**.

Para volver a activar la localización de errores en las celdas en que ha optado por **Omitir error**, haga clic en el botón **Opciones** y luego haga clic en el botón **Restablecer errores omitidos.**

Evaluar fórmulas

Esta técnica permite ver el resultado de las diferentes partes de una fórmula anidada.

- Seleccione la celda que desea evaluar.
- Active la pestaña **Fórmulas** y haga clic en la herramienta **Evaluar fórmula** del grupo **Auditoría de fórmulas.**

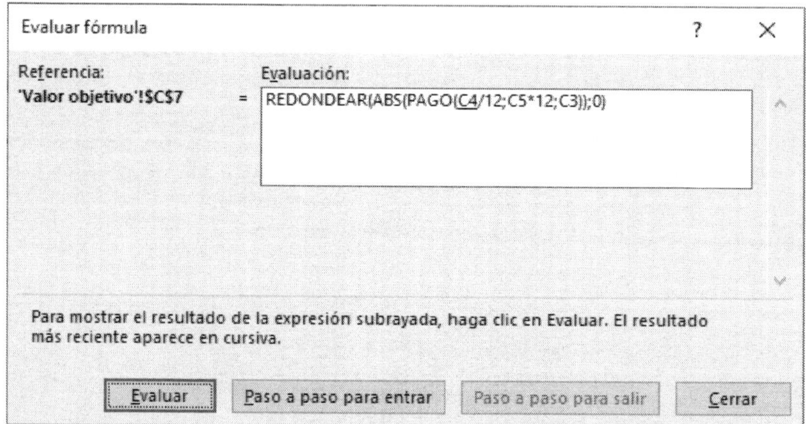

- Haga clic en el botón **Evaluar** para ver el resultado de la expresión subrayada del cuadro **Evaluación.** El resultado aparece en cursiva.
- Haga clic de nuevo en el botón **Evaluar** para ver el resultado de la parte siguiente y así sucesivamente.
- Cuando haya evaluado toda la fórmula, haga clic en el botón **Cerrar** para finalizar la evaluación o en el botón **Reiniciar** (que sustituye al botón **Evaluar**) para revisar la evaluación.

Si la fórmula evaluada contiene una referencia a otra fórmula, el botón **Paso a paso para entrar** permite ver los detalles de la fórmula (cuando está subrayada) en un nuevo cuadro de la zona **Evaluación**. El botón **Paso a paso para salir** permite volver a la fórmula inicial.

Usar la ventana Inspección

*La **Ventana Inspección** permite observar simultáneamente el contenido de las celdas y los detalles de las fórmulas.*

- Seleccione las celdas que desea inspeccionar.
- Active la pestaña **Fórmulas** y haga clic en el botón **Ventana Inspección** del grupo **Auditoría de fórmulas.**

*Si la **Ventana Inspección** aparece sobre la hoja de cálculo, puede anclar la ventana haciendo doble clic en su barra de título. Para desanclarla, arrastre su barra de título al centro de la ventana.*

- Para inspeccionar las celdas, agréguelas a la **Ventana Inspección**:
  - Seleccione la celda o celdas. Para seleccionar todas las celdas con fórmulas de una hoja, active la pestaña **Inicio** y haga clic en el botón **Buscar y seleccionar** del grupo **Edición**, haga clic en la opción **Fórmulas**.
  - Haga clic en el botón **Agregar inspección**. Compruebe la selección en el cuadro de diálogo de igual nombre y haga clic en el botón **Agregar**.

*Podrá seleccionar otra celda (o rango de celdas) y añadirla a la lista de inspecciones siempre que la **Ventana Inspección** permanezca activa.*

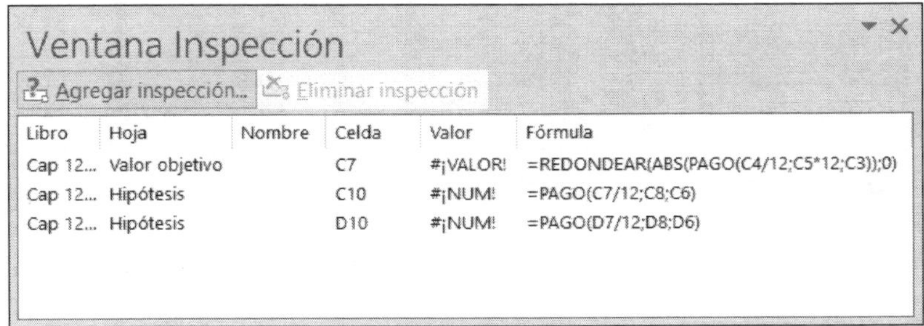

Libro	Hoja	Nombre	Celda	Valor	Fórmula
Cap 12...	Valor objetivo		C7	#¡VALOR!	=REDONDEAR(ABS(PAGO(C4/12;C5*12;C3));0)
Cap 12...	Hipótesis		C10	#¡NUM!	=PAGO(C7/12;C8;C6)
Cap 12...	Hipótesis		D10	#¡NUM!	=PAGO(D7/12;D8;D6)

- Para modificar el ancho de las columnas, haga clic y arrastre a la altura de la intersección de los títulos de columna.
- Para ir rápidamente hasta una celda de una fila de la **Ventana Inspección**, haga doble clic en la fila.
- Cuando no necesite la **Ventana Inspección**, haga clic de nuevo en el botón **Ventana Inspección** de la pestaña **Fórmulas** para cerrarla o haga clic en el botón x.

Rastrear las relaciones entre las fórmulas y las celdas

Mostrar los precedentes

Se trata de localizar las celdas que intervienen en una fórmula con ayuda de las flechas de auditoría.

- Seleccione la celda que contiene la fórmula.
- Active la pestaña **Fórmulas** y haga clic en la herramienta **Rastrear precedentes** del grupo **Auditoría de fórmulas**.

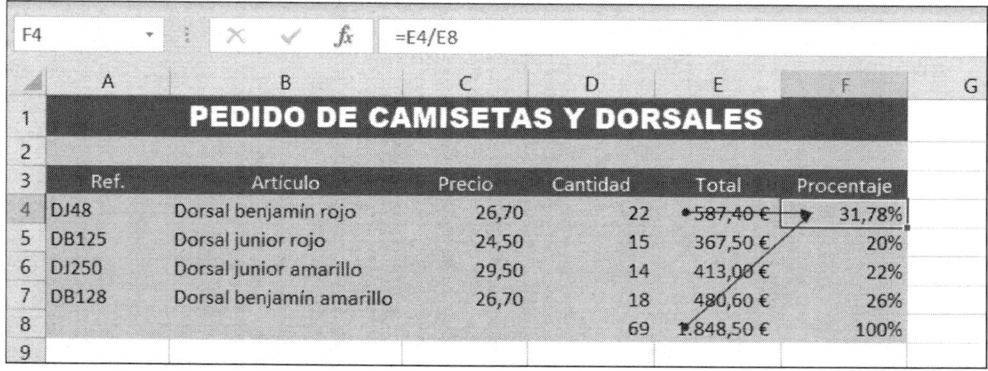

	A	B	C	D	E	F
1	PEDIDO DE CAMISETAS Y DORSALES					
2						
3	Ref.	Artículo	Precio	Cantidad	Total	Procentaje
4	DJ48	Dorsal benjamín rojo	26,70	22	587,40 €	31,78%
5	DB125	Dorsal junior rojo	24,50	15	367,50 €	20%
6	DJ250	Dorsal junior amarillo	29,50	14	413,00 €	22%
7	DB128	Dorsal benjamín amarillo	26,70	18	480,60 €	26%
8				69	1.848,50 €	100%
9						

*En el ejemplo de arriba las flechas (azules) señalan los precedentes de la celda **F4**: las celdas **E4** y **E8** se usan en la fórmula de la celda **F4**.*

- Para ocultar las flechas de precedentes, abra la lista de la herramienta **Quitar flechas** y haga clic en la opción **Quitar un nivel de precedentes**.

Auditoría de fórmula

Mostrar los dependientes

Se trata de localizar las celdas que contienen una fórmula y que hacen referencia a la celda seleccionada utilizando las flechas de auditoría.

- Active la celda correspondiente.
- Active la pestaña **Fórmulas** y haga clic en la herramienta **Rastrear dependientes** del grupo **Auditoría de fórmulas**.

*La celda **E8** interviene en la fórmula de las celdas **F4** a **F8**.*

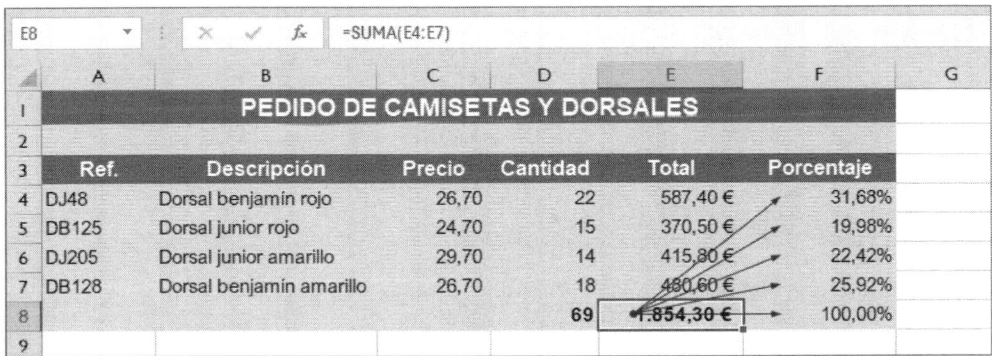

E8 =SUMA(E4:E7)

	A	B	C	D	E	F	G
1	PEDIDO DE CAMISETAS Y DORSALES						
2							
3	Ref.	Descripción	Precio	Cantidad	Total	Porcentaje	
4	DJ48	Dorsal benjamín rojo	26,70	22	587,40 €	31,68%	
5	DB125	Dorsal junior rojo	24,70	15	370,50 €	19,98%	
6	DJ205	Dorsal junior amarillo	29,70	14	415,80 €	22,42%	
7	DB128	Dorsal benjamín amarillo	26,70	18	480,60 €	25,92%	
8				69	1.854,30 €	100,00%	
9							

- Para ocultar las flechas de dependientes, abra la lista de la herramienta **Quitar flechas** y haga clic en la opción **Quitar un nivel de dependientes.**

Para borrar todas las flechas de auditoría, haga clic en la herramienta **Quitar flechas**, en la pestaña **Fórmulas**, grupo **Auditoría de fórmulas.**

Modificar la fuente y el tamaño de los caracteres

- Seleccione las celdas o los caracteres que desea modificar.
- Active la pestaña **Inicio**.

Modificar la fuente o su tamaño

- Abra la lista **Fuente** del grupo **Fuente** o la lista **Tamaño de fuente** de ese mismo grupo, según el caso.
- Arrastre el ratón, sin hacer clic, sobre la fuente o el tamaño deseado(s).

  Verá inmediatamente el efecto producido en las celdas seleccionadas de la hoja de cálculo.

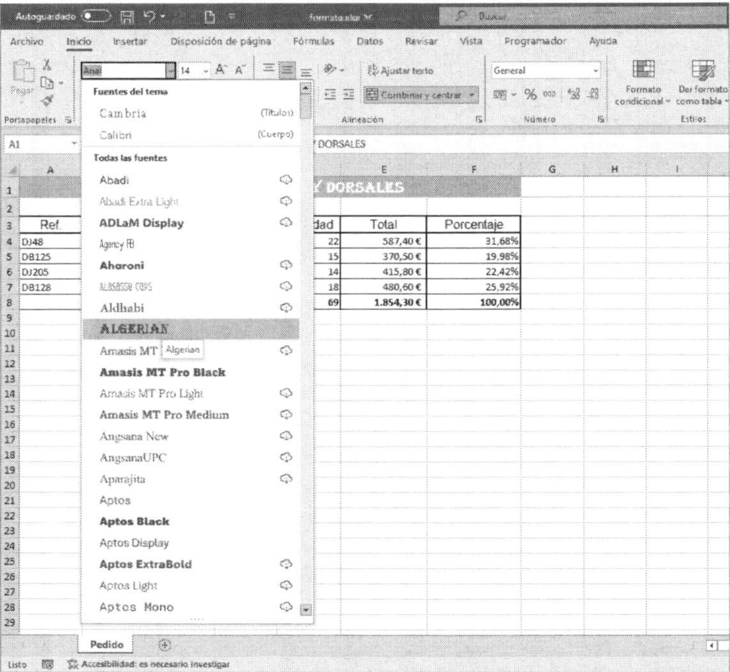

- Haga clic en la fuente o el tamaño deseados.

Otra posibilidad es hacer clic sobre el iniciador de cuadro de diálogo del grupo **Fuente** para abrir el cuadro de diálogo **Formato de celda** (o Ctrl Mayús **F**) y llevar a cabo las selecciones oportunas en la ficha **Fuente**.

Para aumentar o reducir un punto el tamaño de los caracteres, haga clic en la herramienta **Aumentar tamaño de fuente** o **Disminuir tamaño de fuente** .

Para definir la fuente y el tamaño utilizados de forma predeterminada en los nuevos libros, haga clic en la pestaña **Archivo**, luego en **Opciones**. En la categoría **General**, seleccione la fuente en la lista **Usar esta fuente**, y el tamaño de los caracteres en la lista **Tamaño de fuente**, del apartado **Al crear nuevos libros** (véase el capítulo Libros - Crear un libro basado en una plantilla).

Ajustar el tamaño de los caracteres

Esta función indica a Excel que debe reducir automáticamente el tamaño de los caracteres si no puede verse todo el contenido de la celda en sentido horizontal.

Seleccione las celdas que corresponda, active la pestaña **Inicio** y haga clic en el iniciador de cuadro de diálogo del grupo **Alineación**, o pulse las teclas Ctrl Mayús **F**.

Active, si es preciso, la ficha **Alineación** y marque la opción **Ajustar texto** de la zona **Control del texto**. Haga clic en **Aceptar**.

Una vez reducido el tamaño, los caracteres vuelven a su tamaño original si se aumenta el ancho de la columna.

Aplicar los formatos Negrita, Subrayado, Cursiva

Seleccione las celdas o los caracteres que corresponda.

Active la pestaña **Inicio** y aplique los formatos deseados:

- Para aplicar el formato negrita, haga clic en la herramienta **Negrita** **N** o pulse Ctrl **N** o Ctrl **2**.
- Para aplicar el formato cursiva, haga clic en la herramienta **Cursiva** *K* o Ctrl **K** o Ctrl **3**.
- Para aplicar el formato subrayado simple, haga clic en la herramienta **Subrayado** S o pulse Ctrl **S** o Ctrl **4**.
- Para aplicar el formato subrayado doble, abra la lista asociada a la herramienta **Subrayado** S y active la opción **Subrayado doble**.

- Para anular un formato, vuelva a ejecutar las operaciones precedentes en la selección deseada.

Es posible aplicar varios formatos a una misma selección.

Aplicar otros atributos de caracteres

*Se trata de aplicar los formatos **Tachado**, **Superíndice** o **Subíndice** o incluso de seleccionar otros estilos de subrayado.*

- Seleccione las celdas o los caracteres.
- Active la pestaña **Inicio** y haga clic en el Iniciador de cuadro de diálogo del grupo **Fuente** o pulse Ctrl Mayús **F** y active, si es preciso, la ficha **Fuente**.

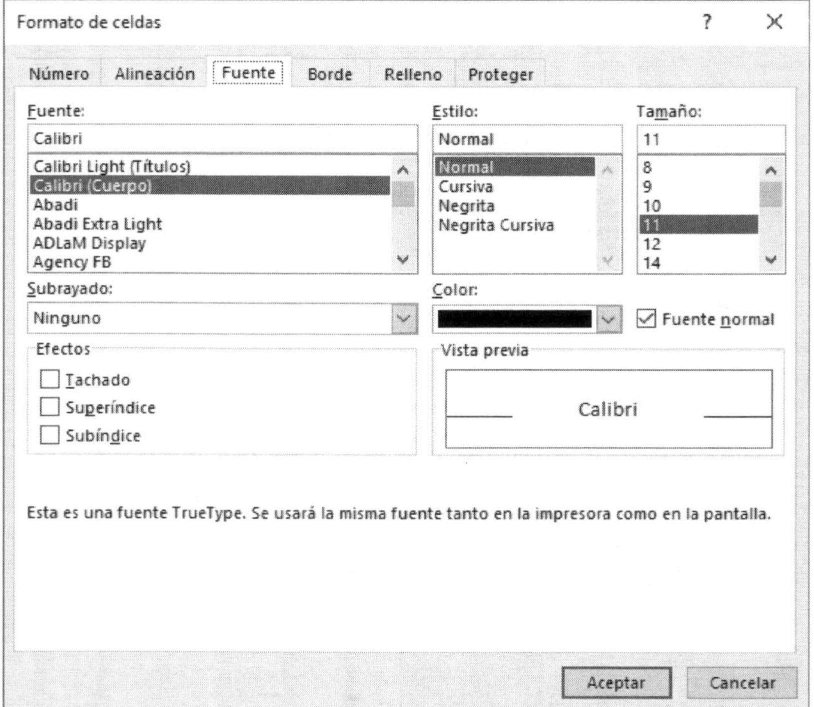

- Aplique los formatos deseados en el cuadro **Efectos**: **Tachado**, **Superíndice** y **Subíndice**.

  *La lista **Subrayado** permite optar por otro tipo de subrayado.*

- Haga clic en el botón **Aceptar**.

Cambiar el color de los caracteres

- Seleccione las celdas o los caracteres que corresponda.
- Abra la lista asociada a la herramienta **Color de fuente** del grupo **Fuente** (pestaña **Inicio**) y haga clic en el color deseado.

También es posible seleccionar el color en el cuadro de diálogo **Formato de celdas**, ficha **Fuente**.

El color seleccionado aparece en la herramienta **Color de fuente**: para aplicar el color a otro texto, basta con hacer clic directamente en la herramienta, sin abrir la lista.

Utilizar la minibarra de herramientas

- Para modificar el formato de los caracteres con la minibarra de herramientas, seleccione los caracteres que corresponda.

  Aparece temporalmente una minibarra encima de la selección.

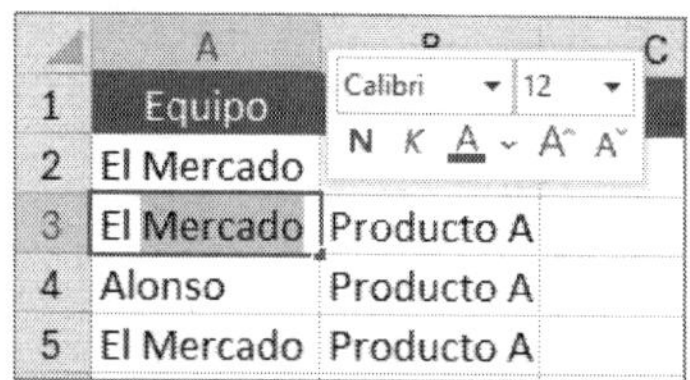

- Señale la minibarra de herramientas y haga clic en el formato que desee aplicar.

La minibarra de herramientas se muestra si está activada la opción **Mostrar minibarra de herramientas al seleccionar** del cuadro de diálogo **Opciones de Excel** (pestaña **Archivo** - botón **Opciones** - categoría **General**).

Aplicar un formato numérico

- Para aplicar un formato predefinido, seleccione las celdas que corresponda y, en la pestaña **Inicio**, abra la lista **Formato de número** del grupo **Número**.

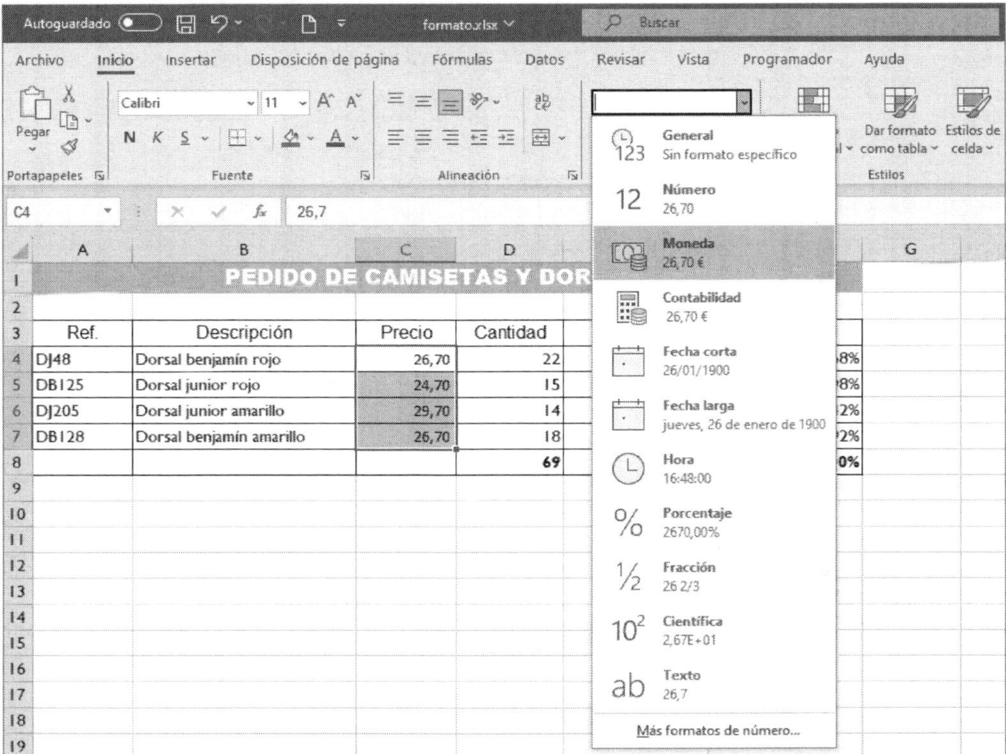

- Haga clic en uno de los formatos propuestos por Excel.

  *Cuando se aplica a los números el formato **Porcentaje**, estos se multiplican por 100 para convertirlos en porcentaje.*

  *El formato **Texto** permite ver los valores numéricos como texto (alineado a la izquierda de la celda de forma predeterminada).*

- Si es preciso, aumente o disminuya el número de decimales haciendo clic en la herramienta **Aumentar decimales** ←,0 ,00 o **Disminuir decimales** ,00 →,0.

Es posible que en algunas celdas, cuando el ancho de la columna sea insuficiente para mostrar el formato solicitado, aparezcan unas almohadillas. En esos casos, aumente el ancho de la columna.

Para que las celdas seleccionadas vuelvan al formato inicial, abra la lista **Formato de número** y haga clic en la opción **General**. Las celdas con formato **General** no tienen un formato de número específico.

Para aplicar rápidamente el formato **moneda**, **porcentaje** o **millares**, haga clic en las herramientas , % o 000 respectivamente.

Para aplicar otro formato a las celdas seleccionadas, active la pestaña **Inicio**, abra la lista **Formato de número** del grupo **Número** y haga clic en la opción **Más formatos de número** o haga clic en el iniciador de cuadro de diálogo del grupo **Número**, o pulse Ctrl Mayús **F** y active, si es preciso, la ficha **Número** del cuadro de diálogo **Formato de celdas**.

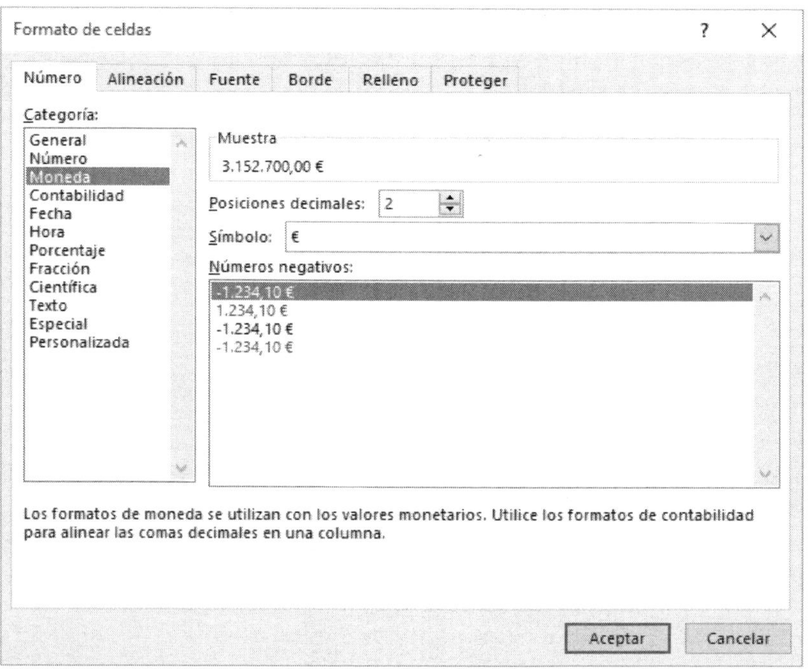

- Seleccione la opción que contiene el formato que le interesa en la lista **Categoría**.
- En caso necesario, modifique la configuración de formato (**Posiciones decimales**, etc.).
- Haga clic en el botón **Aceptar**.

Para combinar texto y fecha, puede utilizar la función TEXTO (véase el capítulo Cálculos avanzados - Efectuar cálculos con datos de tipo fecha) o bien personalizar el formato (véase Crear un formato personalizado).

Crear un formato personalizado

- Seleccione las celdas a las que desea aplicar el formato.
- En la pestaña **Inicio**, abra la lista **Formato de número** del grupo **Número** y luego haga clic en la opción **Más formatos de número** o bien haga clic en el iniciador de cuadro de diálogo del grupo **Número** o pulse Ctrl Mayús **F** y active, si es preciso, la ficha **Número**.
- En la lista **Categoría** seleccione la opción **Personalizada** e introduzca el formato personalizado en el cuadro de texto **Tipo**, respetando los principios siguientes:
  - Un formato personalizado puede estar compuesto de cuatro secciones, separadas por punto y coma. Estas secciones definen, por orden, el formato de los números positivos, el de los números negativos, el de los valores nulos y el formato de texto.

    *Por ejemplo: **0,00" kg";[rojo]-0,00" kg";0**. Este ejemplo muestra los valores positivos con dos decimales seguidos del texto kg, los valores negativos aparecen en rojo precedidos del signo - y seguidos del texto kg, los valores nulos se mostrarán sin decimales y sin el texto kg; no se define ningún formato específico para los valores de tipo texto.*

  - Cabe la posibilidad de definir únicamente una sección. En esos casos la sección es usada por todos los números, sea cual sea su valor.

    *Por ejemplo: **#.##0" sin IVA"**. En este ejemplo, sea cual sea el valor introducido (positivo, negativo o nulo), aparecerá un punto entre los millares y las centenas y el valor irá seguido del texto «sin IVA».*

  - Para crear un formato personalizado, pueden usarse las sintaxis siguientes:

    Para agregar texto a un formato personalizado: el texto agregado al formato debe teclearse obligatoriamente entre comillas. Tenga cuidado de no dejar espacios delante de las comillas, de lo contrario Excel interpretaría el espacio como una solicitud de dividir entre 1000.

En los formatos numéricos personalizados:

#.##: muestra un espacio entre los millares y las centenas

0: muestra los valores sin decimales

0,00: muestra dos decimales

Por ejemplo: ***#.##0,00"sin IVA"***: si se introduce *2415* aparece *2.415,00 sin IVA*

Para personalizar un formato de fecha:

Para los días, use los códigos: d (1) - dd (01) - ddd (sáb) - dddd (sábado)

Para los meses, use los códigos: m (1) - mm (01) - mmm (ene) - mmmm (enero) Para los años, use los códigos: aa (11) - aaaa (2011)

Use el carácter que prefiera como separador

Por ejemplo: ***"El"ddd dd de mmm "de "aaaa***: al introducir *24/4/11* aparece *El dom 24 de abr de 2011.*

Si los elementos introducidos contienen texto: use el carácter @ para indicar el texto introducido. Por ejemplo: ***"Región: "@***: al introducir *Sur* aparece *Región: Sur*

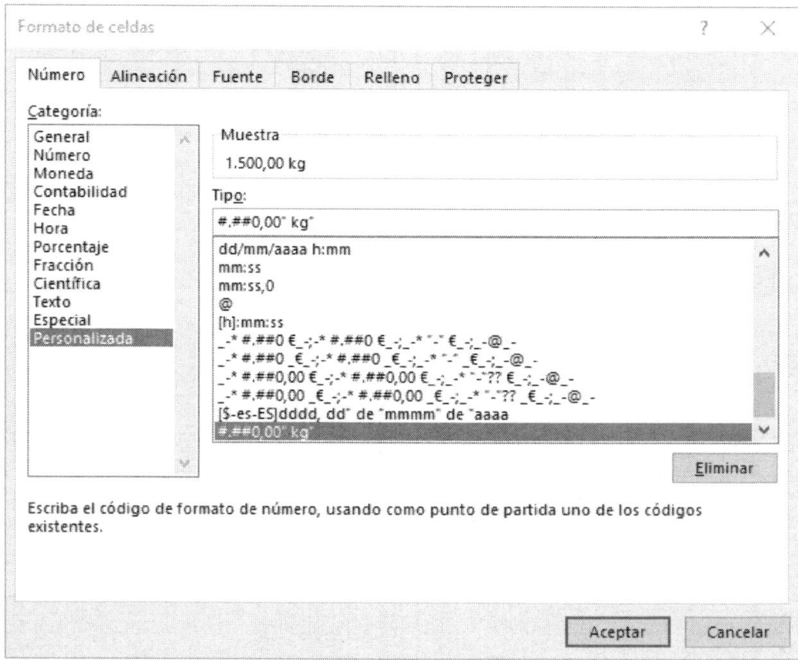

Recordemos que la tecla # se obtiene por lo general con la combinación de teclas AltGr ***3***.

Confirme pulsando **Aceptar**.

Para personalizar la vista de los datos, también puede usar la función TEXTO (véase el capítulo Cálculos avanzados - Efectuar cálculos con datos de tipo fecha).

Para ocultar el contenido de las celdas, cree el formato personalizado ;;; (tres punto y coma).

Distribuir el texto en la altura de la fila

La altura de la fila se ajusta automáticamente, en este caso, con objeto de mostrar el contenido de la celda en varias líneas sin modificar la anchura de la columna.

- Seleccione la celda o las celdas correspondientes.
- En la pestaña **Inicio**, haga clic en la herramienta **Ajustar texto** del grupo **Alineación**, o haga clic en el iniciador de cuadro de diálogo del grupo **Alineación**, marque la opción **Ajustar texto**, que aparece en la zona **Control del texto**, y haga clic en **Aceptar**.

Si la columna no es lo suficientemente ancha como para enseñar todo su contenido, el texto se muestra en la línea (o líneas) siguiente y la altura de la fila se amplía de forma automática:

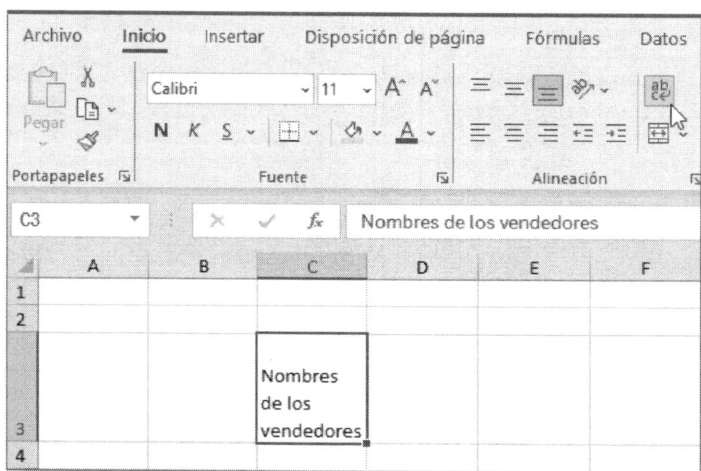

Si la anchura de la columna se amplía lo suficiente como mostrar todo el contenido de la celda en una sola línea, el texto aparece entonces en una única línea, pero su altura no se modifica; en ese caso, puede hacer doble clic en el trazo horizontal situado bajo el número de fila para ajustar su altura.

También puede introducir varias líneas en una celda usando la combinación de teclas Alt ↵ cada vez que quiera forzar un cambio de línea. En ese caso, si la columna se amplía, el texto sigue visualizándose igualmente en varias líneas.

Alineación de los datos

Modificar la orientación del contenido de las celdas

- Seleccione las celdas en cuestión.
- Active la pestaña **Inicio** y abra la lista de la herramienta **Orientación** del grupo **Alineación**.

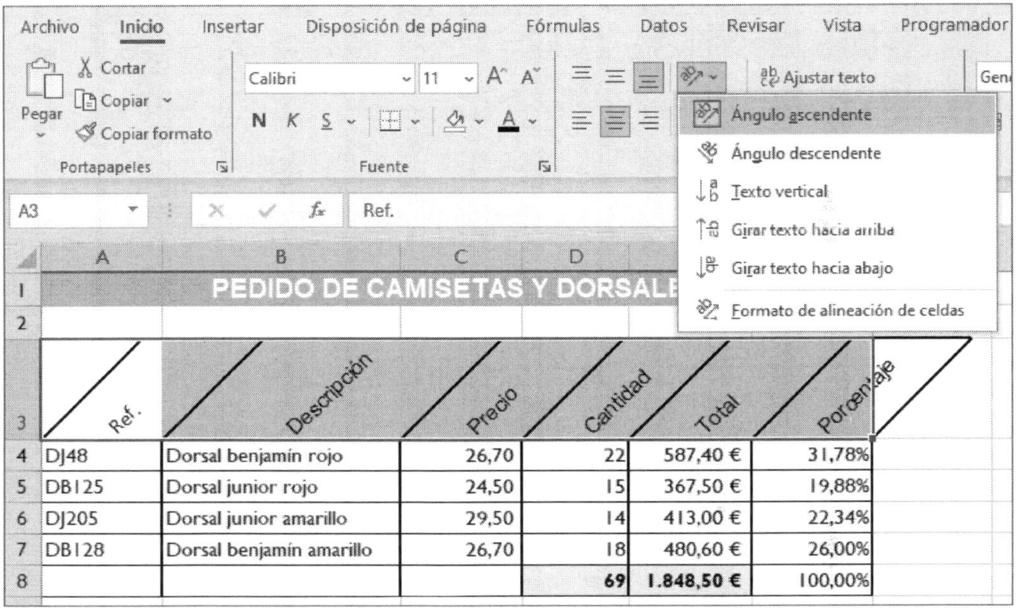

	A	B	C	D	E	F
1	PEDIDO DE CAMISETAS Y DORSALE					
2						
3	Ref.	Descripción	Precio	Cantidad	Total	Porcentaje
4	DJ48	Dorsal benjamín rojo	26,70	22	587,40 €	31,78%
5	DB125	Dorsal junior rojo	24,50	15	367,50 €	19,88%
6	DJ205	Dorsal junior amarillo	29,50	14	413,00 €	22,34%
7	DB128	Dorsal benjamín amarillo	26,70	18	480,60 €	26,00%
8				69	1.848,50 €	100,00%

- Haga clic en la orientación deseada.

La opción **Formato de alineación de celdas** de la lista de la herramienta permite abrir el cuadro de diálogo **Formato de celdas** (ficha **Alineación**) para seleccionar en él un ángulo de rotación personalizado en el cuadro **Grados** (zona **Orientación**).

Alinear el contenido de las celdas

- Seleccione las celdas y active la pestaña **Inicio**.
- Para modificar la alineación vertical del contenido de las celdas con respecto al alto de la fila, haga clic en una de las herramientas siguientes, situadas en el grupo **Alineación:** **Alinear en la parte superior,** **Alinear en el medio,** **Alinear en la parte inferior.**

- Para modificar la alineación horizontal del contenido de las celdas con respecto al ancho de la columna, haga clic en una de las herramientas siguientes: **Alinear a la izquierda**, **Centrar**, **Alinear a la derecha**.

También encontrará esas opciones en el cuadro de diálogo **Formato de celdas**, ficha **Alineación** (para abrirlo haga clic en el iniciador de cuadro de diálogo del grupo **Alineación**, pestaña **Inicio**), listas **Horizontal** y **Vertical**. La opción **General** de la lista **Horizontal** permite volver a la alineación original.

Para justificar el contenido de una celda, entre en el cuadro de diálogo **Formato de celdas** (ficha **Alineación**), abra la lista **Horizontal** y seleccione la opción **Justificar** si quiere justificar el texto a lo ancho o abra la lista **Vertical** y seleccione la opción **Justificar** si quiere justificar el texto a lo alto.

Aplicar una sangría al contenido de las celdas

- Seleccione las celdas que corresponda.
- Active la pestaña **Inicio** y haga clic una o varias veces en la herramienta **Aumentar sangría** del grupo **Alineación**; utilice la herramienta **Disminuir sangría** para reducirla.
- Para aplicar otro tipo de sangría, en la pestaña **Inicio**, haga clic en el iniciador de cuadro de diálogo del grupo **Alineación** o pulse Ctrl **F** y active, si es preciso, la ficha **Alineación.**
- Abra la lista **Horizontal** y seleccione el tipo de sangría:

Izquierda (sangría)	Para alinear a la izquierda y aplicar una sangría con respecto al borde izquierdo de las celdas.
Derecha (sangría)	Para alinear a la derecha y aplicar una sangría con respecto al borde derecho de las celdas.
Distribuido (sangría)	Para justificar y aplicar una sangría con respecto al borde derecho e izquierdo de las celdas.

- Especifique el valor deseado en el cuadro **Sangría**.

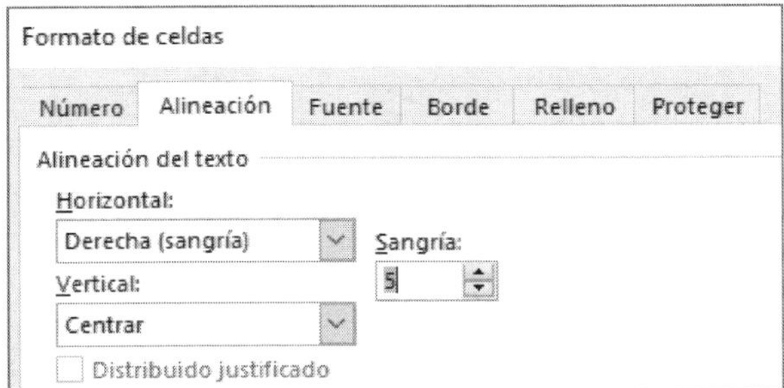

*Cada incremento del cuadro **Sangría** que se obtiene al hacer clic en ▲ o ▼ equivale al ancho de un carácter.*

- Haga clic en **Aceptar**.

Combinar celdas

Esta operación permite agrupar varias celdas para «expandir» el contenido de la primera a las demás. Las celdas combinadas pasan a formar una sola.

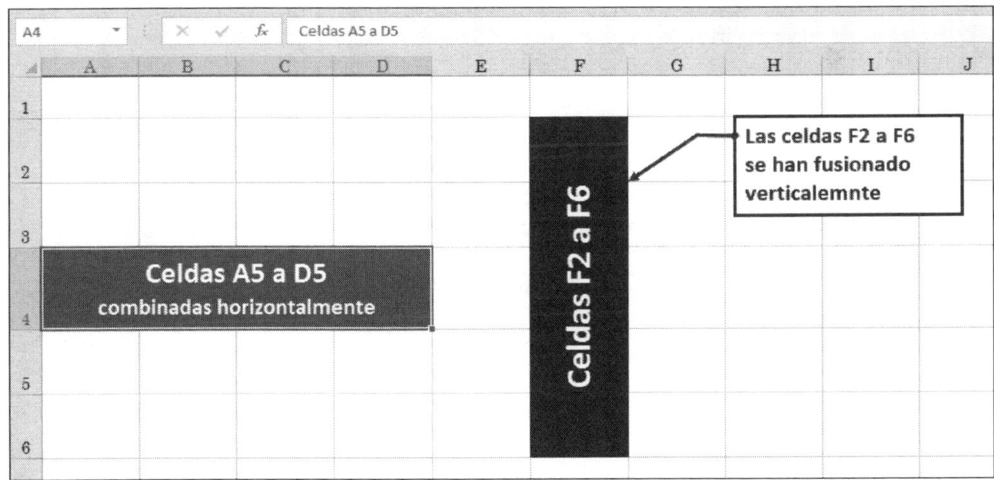

- Seleccione las celdas que deben combinarse.

  Solo los datos situados en la primera celda de la selección aparecerán en las celdas combinadas.

- En la pestaña **Inicio**, abra la lista de la herramienta **Combinar y centrar** del grupo **Alineación** y seleccione la opción adecuada:

Combinar y centrar	Para combinar la selección centrando horizontalmente el contenido de la primera celda sobre la selección.
Combinar horizontalmente	Para combinar la selección en sentido horizontal, sin cambiar la alineación horizontal de la selección.
Combinar celdas	Para combinar la selección en sentido horizontal o vertical, sin cambiar la alineación horizontal de la selección.
Separar celdas	Para anular la combinación de la celda seleccionada.

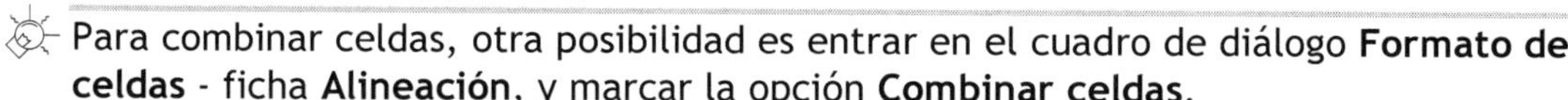

Para combinar celdas, otra posibilidad es entrar en el cuadro de diálogo **Formato de celdas** - ficha **Alineación**, y marcar la opción **Combinar celdas**.

Centrar un contenido en varias columnas (centrar en la selección)

*Cuando se han combinado varias celdas y se desea insertar o eliminar filas o columnas que afectan al rango de las celdas combinadas, aparece un mensaje en el que se le informa de que la acción no es posible. Para evitar esta situación, puede utilizar el comando **Centrar en la selección**, con el que se puede obtener la misma disposición horizontal de las celdas sin que sea preciso combinarlas.*

En el siguiente ejemplo, el título de la tabla, introducido en la celda B2, se ha centrado sobre las celdas B2 a G2:

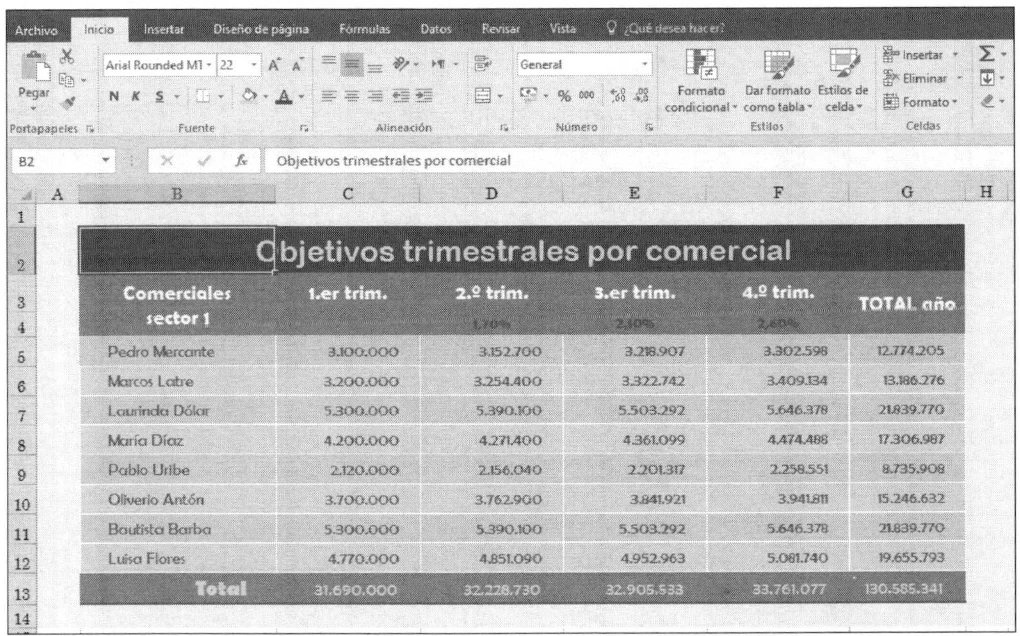

Objetivos trimestrales por comercial					
Comerciales sector 1	1.er trim.	2.º trim.	3.er trim.	4.º trim.	TOTAL año
		1,70%	2,10%	2,60%	
Pedro Mercante	3.100.000	3.152.700	3.218.907	3.302.598	12.774.205
Marcos Latre	3.200.000	3.254.400	3.322.742	3.409.134	13.186.276
Laurinda Dólar	5.300.000	5.390.100	5.503.292	5.646.378	21.839.770
María Díaz	4.200.000	4.271.400	4.361.099	4.474.488	17.306.987
Pablo Uribe	2.120.000	2.156.040	2.201.317	2.258.551	8.735.908
Oliverio Antón	3.700.000	3.762.900	3.841.921	3.941.811	15.246.632
Bautista Barba	5.300.000	5.390.100	5.503.292	5.646.378	21.839.770
Luisa Flores	4.770.000	4.851.090	4.952.963	5.081.740	19.655.793
Total	31.690.000	32.228.730	32.905.533	33.761.077	130.585.341

Aunque el título aparece en las celdas C2, D2 y E2, su texto se mantiene en la celda B2; si desea modificarlo, deberá seleccionar la celda B2.

- Si ha combinado las celdas correspondientes, active la herramienta **Combinar y centrar** de la pestaña **Inicio** (grupo **Alineación**) para deshacer la combinación.
- A continuación, seleccione la celda que contiene el texto que se ha de centrar, así como las celdas adyacentes en las que el contenido debe ser centrado.
- Active el iniciador de cuadro de diálogo del grupo **Alineación** de la pestaña **Inicio**.
- Abra la lista **Horizontal**, escoja la opción **Centrar en la selección** y haga clic en el botón **Aceptar**.

Aplicar bordes a las celdas

De forma predeterminada, no aparece ningún borde alrededor de las celdas. La cuadrícula de la hoja de cálculo solo se imprime en caso de que así se especifique.

Aplicar bordes definidos previamente

- Seleccione las celdas a las que quiere aplicar el borde.
- En la pestaña **Inicio**, abra la lista asociada a la herramienta **Bordes** del grupo **Fuente.**

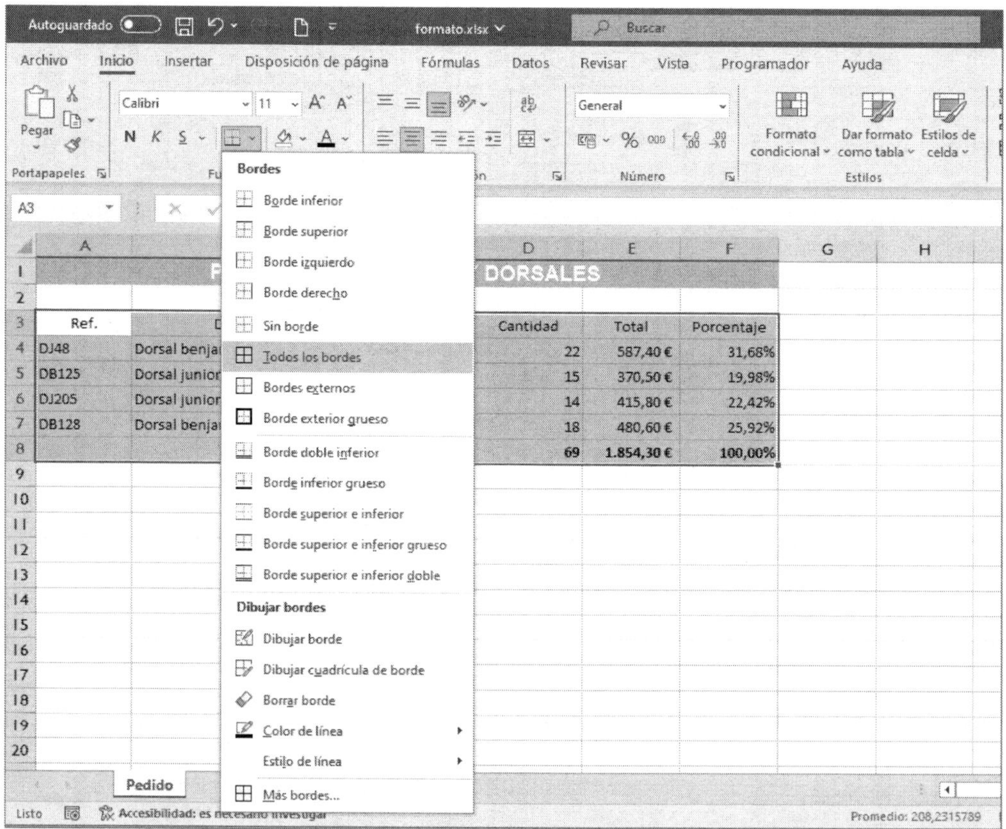

- Haga clic en el tipo de borde deseado.

La herramienta dibuja todos los bordes de las celdas seleccionadas.

- El último borde aplicado puede verse sobre la herramienta ; para aplicarlo a una nueva selección, haga clic en la herramienta, sin abrir la lista.

Para eliminar todos los bordes de la selección, seleccione la opción **Sin borde** en la lista de la herramienta .

Aplicar otros bordes

- Seleccione las celdas a las que desea aplicar un borde.
- En la pestaña **Inicio**, abra la lista de la herramienta del grupo **Fuente** y haga clic en la opción **Más bordes** o haga clic en el iniciador de cuadro de diálogo del grupo **Fuente** o pulse Ctrl Mayús **F** y active, si es preciso, la ficha **Borde**.

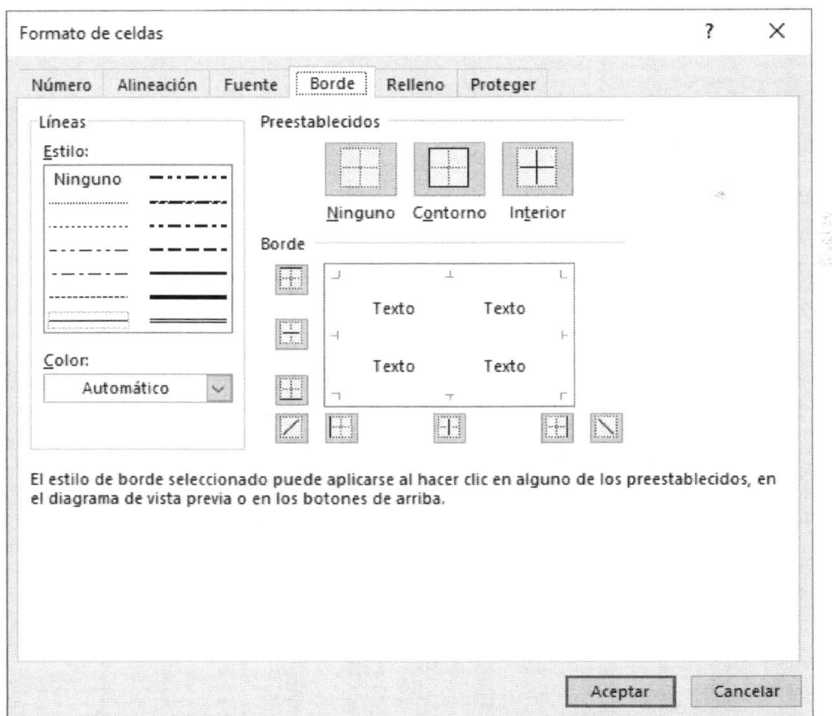

- Para colocar un borde específico alrededor de los bordes externos de la selección, seleccione el **Estilo** y el **Color** del borde y haga clic en el botón **Contorno**. Para dibujar una cuadrícula, haga clic en el botón **Interior**.

  Para colocar un borde a lo largo de los bordes especificados de cada celda de la selección, seleccione en primer lugar el **Estilo** y el **Color**, y haga clic en el botón correspondiente del cuadro **Borde** para ver u ocultar el borde, o bien haga clic en el borde visible en el cuadro de vista previa.

  Haga clic en el botón **Interior** para insertar líneas alrededor de las celdas seleccionadas, exceptuando los bordes externos de la selección.

  Los botones y permiten trazar diagonales en las celdas.
- Confirme haciendo clic en **Aceptar**.
- Visualice el resultado haciendo clic fuera de la selección.

Trazar bordes

- En la pestaña **Inicio**, abra la lista de la herramienta **Bordes** del grupo **Fuente**.
- Señale la opción **Color de línea** y escoja un color.
- Abra de nuevo la lista, señale la opción **Estilo de línea** y seleccione el tipo de línea a utilizar.

  Se activa automáticamente la herramienta : el puntero del ratón toma la forma de un lápiz.
- Haga clic en los bordes de la celda que quiere dibujar.
- Para trazar una cuadrícula, seleccione la herramienta **Dibujar cuadrícula de borde** en la lista de la herramienta **Bordes** y trace la cuadrícula haciendo clic y arrastrando.
- Para borrar un borde, seleccione la herramienta **Borrar borde** de esta misma lista y borre cada borde haciendo clic en él.

Para desactivar una de estas herramientas, pulse la tecla esc.

Aplicar un color de relleno a las celdas

- Seleccione las celdas que corresponda.
- En la pestaña **Inicio**, abra la lista de la herramienta **Color de relleno** del grupo **Fuente**.

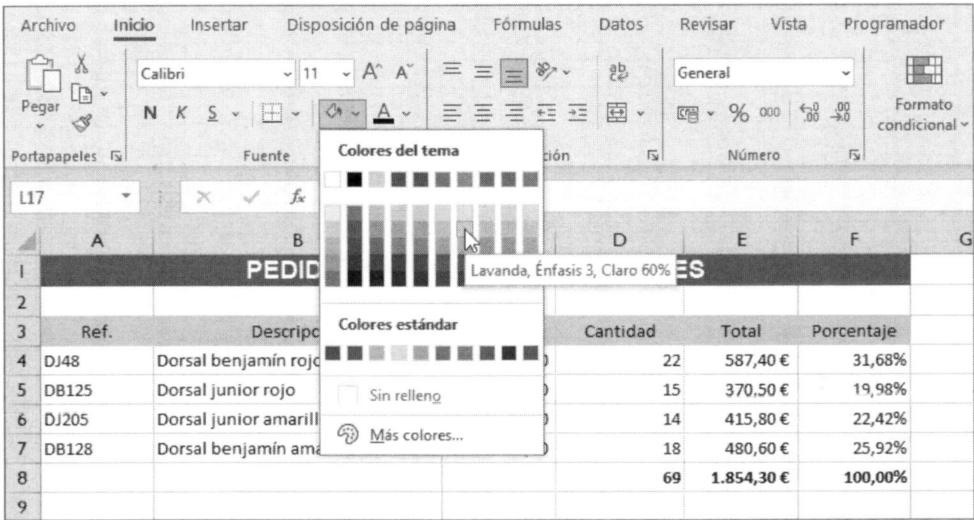

- Si uno de los **Colores del tema** o de los **Colores estándar** le va bien, señale con el puntero el color elegido para obtener una vista previa del resultado directamente en las celdas seleccionadas, o haga clic en ese color para aplicarlo.
- Para seleccionar un color distinto, active la opción **Más colores**. Se abre entonces el cuadro de diálogo **Colores** y en él puede llevar a cabo dos operaciones:
  - En la ficha **Estándar**, haga clic en la muestra de color que desea aplicar.
  - En la ficha **Personalizado**, use el cursor de color o los cuadros **Rojo**, **Verde**, **Azul** para crear su propio color.

  Haga clic en el botón **Aceptar** del cuadro de diálogo **Colores**.

El último color aplicado aparece en la herramienta **Color de relleno**; para aplicarlo a una nueva selección, basta con hacer clic en la herramienta, sin abrir la lista.

Los colores seleccionados en el cuadro de diálogo **Colores** aparecen después en el cuadro **Colores recientes** de la lista asociada a la herramienta **Color de relleno**.

El cuadro de diálogo **Formato de celdas**, ficha **Relleno**, también permite aplicar un color al fondo de las celdas.

Para anular un color de fondo de una selección de celdas, seleccione la opción **Sin relleno** de la lista asociada a la herramienta **Color de relleno**.

Aplicar una trama o un degradado al fondo de las celdas

- Seleccione las celdas que corresponda.
- En la pestaña **Inicio** y haga clic en el iniciador de cuadro de diálogo del grupo **Fuente** o pulse Ctrl Mayús **F**.
- Active la ficha **Relleno.**

Aplicar una trama

- En el cuadro **Color de fondo**, seleccione, en caso necesario, un color para el fondo de la trama.
- Para aplicar una trama al fondo de las celdas seleccionadas, abra la lista **Color de Trama** y escoja el color frontal si desea crear una trama de color.

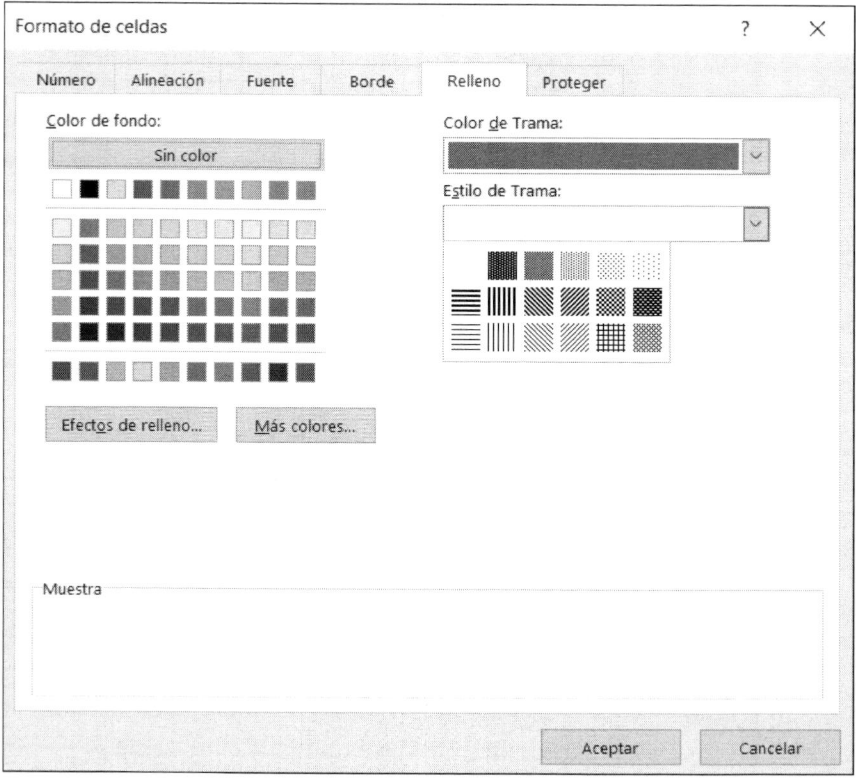

- Abra la lista **Estilo de Trama** y seleccione el estilo que desea aplicar a las celdas.

Aplicar un degradado al fondo de las celdas

- Haga clic en el botón **Efectos de relleno** del cuadro de diálogo **Formato de celdas** - ficha **Relleno.**
- Abra las listas **Color 1** y **Color 2** para seleccionar los colores del degradado.
- En el cuadro **Estilos de sombreado**, seleccione aquel que mejor le convenga y haga clic en uno de los modelos propuestos en el cuadro **Variantes.**

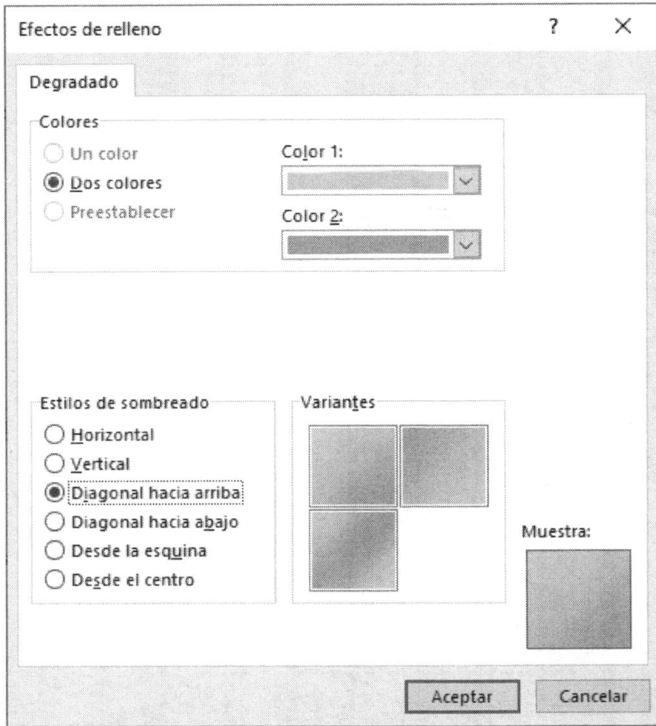

- Haga clic una vez en el botón **Aceptar** para salir del cuadro de diálogo **Efectos de relleno** y una segunda vez para salir del cuadro de diálogo **Formato de celdas.**

Aplicar un formato condicional definido previamente

*Los formatos condicionales permiten destacar las celdas con valores numéricos, fechas, horas o texto visualizando los datos con ayuda de barras de datos, escalas de color y conjuntos de iconos que tomarán distintas formas según el valor que contenga cada celda. El aspecto de las celdas se modifica en función de condiciones gestionadas por Excel. La herramienta **Análisis rápido** integrada en Microsoft 365 permite aplicar una plantilla de formato condicional con un solo clic.*

- Seleccione las celdas a las que desea aplicar el formato condicional.
- Haga clic en el botón **Análisis rápido** que aparece en la esquina inferior izquierda de la selección (o Ctrl **Q**).

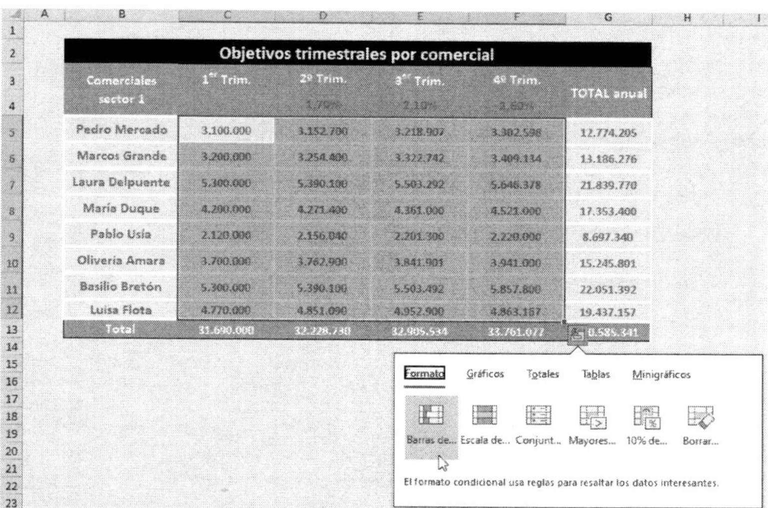

*La galería **Análisis rápido** se compone de diferentes fichas: **Formato**, **Gráficos**, **Totales**, **Tablas**, **Minigráficos**, a partir de las cuales puede aplicar formato a los datos. La ficha activa aparece con el nombre en negrita y subrayado.*

- Active la ficha **Formato**, si no lo está todavía, y señale uno de los cinco modelos propuestos para obtener una vista previa en tiempo real:

  Barras de datos: permiten comparar los valores de diferentes celdas con el fin de resaltar rápidamente los valores más elevados y los menos elevados. La longitud de la barra de datos representa el valor en una celda. Cuanto más larga es la barra, mayor es el valor.

En el ejemplo anterior, se ha aplicado el formato condicional ***Barra de datos*** *a las celdas C5 a F12, lo que permite resaltar las diferencias entre zonas de un trimestre a otro.*

Escala de colores: permiten comprender la distribución y las variaciones de los datos. Es posible aplicar una escala de dos colores (el sombreado del color representa los valores más altos y los más bajos) o de tres colores (el sombreado del color representa los valores altos, los valores intermedios y los valores bajos). Este parámetro puede cambiarse con el botón **Formato condicional** - **Escalas de color** - **Más reglas** (pestaña **Inicio** - grupo **Estilos**).

En este caso, se ha aplicado un formato condicional de ***Escala de colores*** *con tres colores a las celdas C5 a F12. Los valores inferiores a un determinado valor se representan por diferentes tonos de un color, los valores comprendidos entre dos valores se representan mediante matices de otro color, mientras que los valores superiores se representan por una escala de un segundo color.*

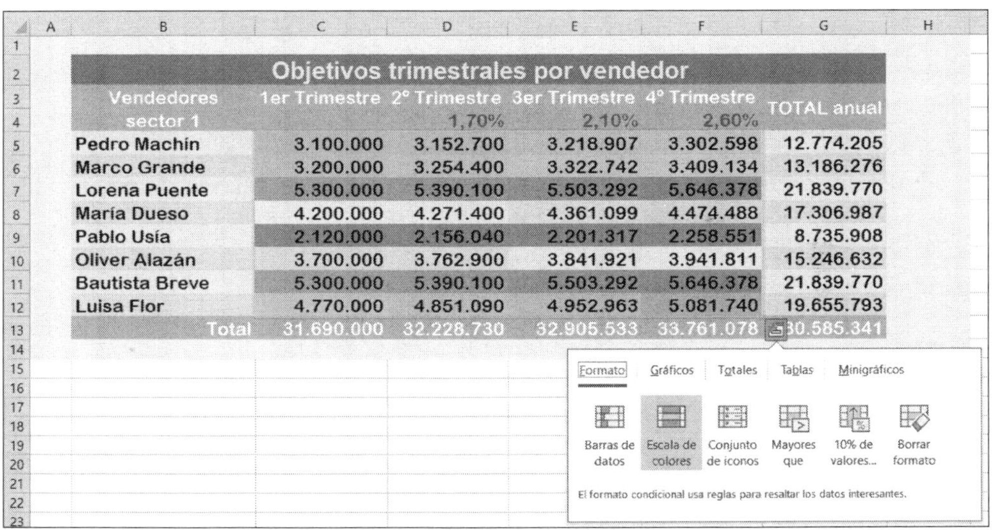

Objetivos trimestrales por vendedor

Vendedores sector 1	1er Trimestre	2º Trimestre	3er Trimestre	4º Trimestre	TOTAL anual
		1,70%	2,10%	2,60%	
Pedro Machín	3.100.000	3.152.700	3.218.907	3.302.598	12.774.205
Marco Grande	3.200.000	3.254.400	3.322.742	3.409.134	13.186.276
Lorena Puente	5.300.000	5.390.100	5.503.292	5.646.378	21.839.770
María Dueso	4.200.000	4.271.400	4.361.099	4.474.488	17.306.987
Pablo Usía	2.120.000	2.156.040	2.201.317	2.258.551	8.735.908
Oliver Alazán	3.700.000	3.762.900	3.841.921	3.941.811	15.246.632
Bautista Breve	5.300.000	5.390.100	5.503.292	5.646.378	21.839.770
Luisa Flor	4.770.000	4.851.090	4.952.963	5.081.740	19.655.793
Total	31.690.000	32.228.730	32.905.533	33.761.078	[illegible]0.585.341

Conjunto de iconos: permiten anotar y clasificar datos en tres a cinco categorías, separadas por un valor máximo. Cada icono representa un rango de valores. Por ejemplo, en el conjunto llamado **3 flechas (de color)**, la flecha verde orientada hacia arriba representa los valores más altos; la flecha amarilla horizontal, los valores intermedios, y la flecha roja orientada hacia abajo, los valores más bajos. La elección del conjunto de iconos puede modificarse con el botón **Formato condicional** - **Conjuntos de iconos** (pestaña **Inicio** - grupo **Estilos**).

En este caso, se ha aplicado el formato condicional ***Conjuntos de iconos - 3 flechas (de color)*** *a las celdas C5 a F12. Observe que el color de las flechas varía en función de si la cantidad de la celda es inferior a un determinado valor, está comprendida entre dos valores o es superior a otro valor.*

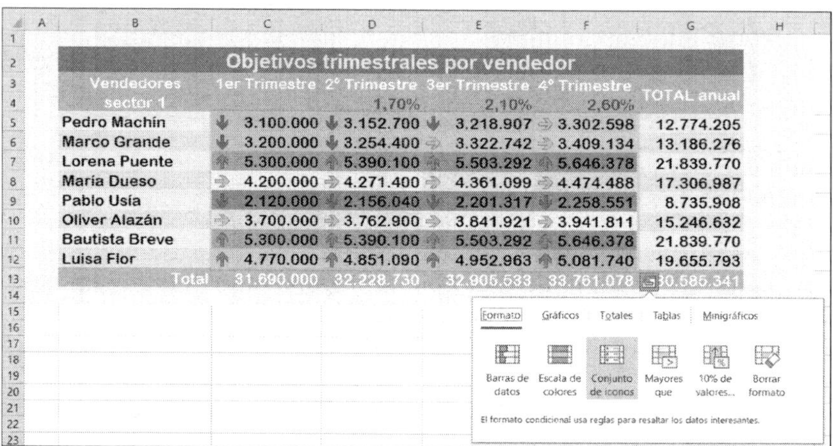

Mayores que: permite resaltar mediante un código de color los valores superiores a un determinado importe. Este importe, así como el color aplicado, puede modificarse con el botón **Formato condicional - Resaltar reglas de celdas - Es mayor que** (pestaña **Inicio** - grupo **Estilos**).

En este caso, los valores más importantes aparecen en rojo.

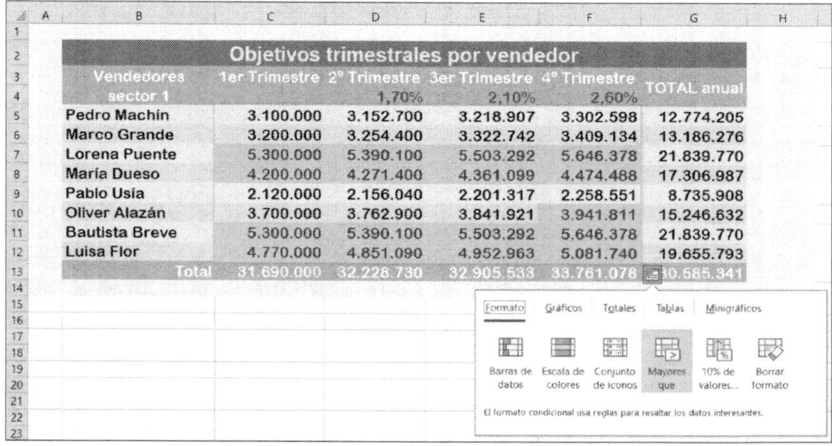

10% de valores: resalta los n valores más elevados. El porcentaje (10 por defecto), así como el formato que se debe aplicar, pueden modificarse con el botón **Formato condicional** - **Reglas superiores e inferiores** - **10% de valores superiores** (pestaña **Inicio** - grupo **Estilos**).

En este caso, se ha aplicado a los valores más elevados un relleno rojo claro, con texto rojo oscuro.

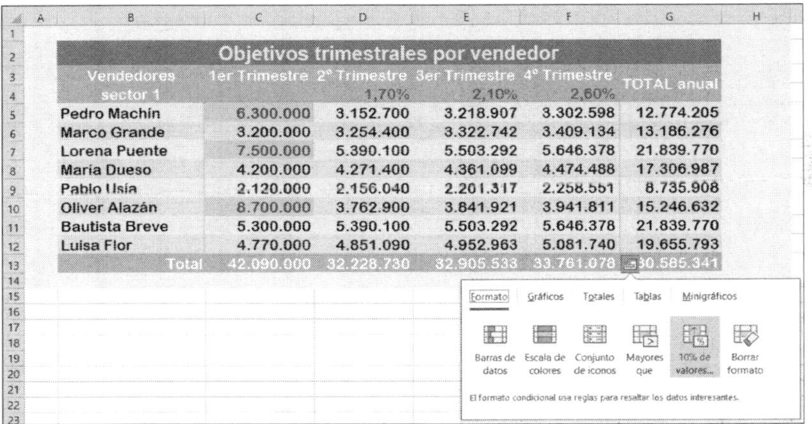

Objetivos trimestrales por vendedor					
Vendedores sector 1	1er Trimestre	2º Trimestre 1,70%	3er Trimestre 2,10%	4º Trimestre 2,60%	TOTAL anual
Pedro Machín	6.300.000	3.152.700	3.218.907	3.302.598	12.774.205
Marco Grande	3.200.000	3.254.400	3.322.742	3.409.134	13.186.276
Lorena Puente	7.500.000	5.390.100	5.503.292	5.646.378	21.839.770
María Dueso	4.200.000	4.271.400	4.361.099	4.474.488	17.306.987
Pablo Usía	2.120.000	2.156.040	2.201.317	2.258.551	8.735.908
Oliver Alazán	8.700.000	3.762.900	3.841.921	3.941.811	15.246.632
Bautista Breve	5.300.000	5.390.100	5.503.292	5.646.378	21.839.770
Luisa Flor	4.770.000	4.851.090	4.952.963	5.081.740	19.655.793
Total	42.090.000	32.228.730	32.905.533	33.761.078	30.585.341

Para cancelar el formato condicional de las celdas seleccionadas, use la opción **Borrar formato** de la galería **Análisis rápido** o bien la opción **Borrar reglas de las celdas seleccionadas** del botón **Formato condicional** - **Borrar reglas** (pestaña **Inicio** - grupo **Estilos**).

Se pueden aplicar diversos formatos condicionales al mismo rango de celdas.

Al modificar un dato, el formato condicional aplicado a la celda se actualiza inmediatamente.

Para aplicar un formato condicional con opciones y colores suplementarios, puede seleccionar los datos y, en la pestaña **Inicio**, abrir la lista del botón **Formato condicional** del grupo **Estilos** y hacer clic en el modelo de **Barras de datos**, de **Escalas de color** o de **Conjunto de iconos** que desee aplicar.

Crear una regla de formato condicional

La operación consiste en crear una serie de condiciones propias para aplicar uno de los formatos condicionales predefinidos o para aplicar un formato personalizado por el usuario.

- Seleccione las celdas a las que desea aplicar el formato condicional.
- Active la pestaña **Inicio** y abra la lista asociada a la herramienta **Formato condicional** del grupo **Estilos**.
- Haga clic en la opción **Nueva regla**.

  *Se abre el cuadro de diálogo **Nueva regla de formato**. También puede accederse a este cuadro activando la opción **Más reglas** situada en los menús de las opciones **Barras de datos**, **Escalas de color** y **Conjuntos de iconos**.*

Crear un formato condicional de tipo Barras de datos

- En el cuadro de diálogo **Nueva regla de formato**, compruebe que está activa la opción **Aplicar formato a todas las celdas según sus valores** del cuadro **Seleccionar un tipo de regla**.
- Abra la lista **Estilo de formato** y seleccione, si es preciso, la opción **Barra de datos**.
- Lleve a cabo una de las siguientes operaciones:

  - Para formatear los valores inferiores y superiores, seleccione las opciones **Valor más bajo** y **Valor más alto** en las listas **Tipo** de las zonas **Barra más corta** y **Barra más larga**.

  *En ese caso no podrá especificar un **Valor**.*

  - Para formatear valores numéricos, fechas u horas, seleccione la opción **Número** en las listas **Tipo** de las zonas **Barra más corta** y **Barra más larga** e introduzca un **Valor** en cada uno de los cuadros.
  - Para formatear porcentajes, seleccione la opción **Porcentual** en las listas **Tipo** de las zonas **Barra más corta** y **Barra más larga**, e introduzca un **Valor** en cada uno de los cuadros.

  Los valores válidos están comprendidos entre 0 y 100. No escriba el signo de porcentaje.

  - Para formatear percentiles, seleccione la opción **Percentil** en las listas **Tipo** de las zonas **Barra más corta** y **Barra más larga** e introduzca un **Valor** en cada uno de los cuadros.

  Los percentiles permiten visualizar un grupo de valores elevados (como el percentil 80) en una parte de la barra de datos y los valores bajos (como el percentil 20) en otra, ya que representan los valores extremos que podrían sesgar la visualización de los datos. No se puede usar un percentil si el rango de celdas contiene más de 8.191 puntos de datos.

- Para aplicar la barra en función del resultado de una fórmula, seleccione la opción **Fórmula** en las listas **Tipo** de las zonas **Barra más corta** y **Barra más larga** e introduzca un **Valor** en cada cuadro.

La fórmula debe devolver un valor numérico, de fecha o de hora. Inicie la fórmula con el signo igual (=). Si las fórmulas no son válidas, no se aplica ningún formato al resultado.

Es posible seleccionar un **Tipo** diferente para la **Barra más corta** y para la **Barra más larga** (por ejemplo, un tipo **Número** en el cuadro **Barra más corta** y un tipo **Porcentaje** en el cuadro **Barra más larga**); compruebe que el valor de la **Barra más corta** es inferior al de la **Barra más larga**.

Para definir la apariencia de la barra, elija los parámetros que desee en los campos **Relleno**, **Color**, **Borde** y su **Color**.

*En el siguiente ejemplo, la barra se aplicará a las celdas cuyo valor represente del 25 al 75 % del total de valores. Según los parámetros elegidos, se mostrará un modelo de barra en el cuadro **Vista previa**.*

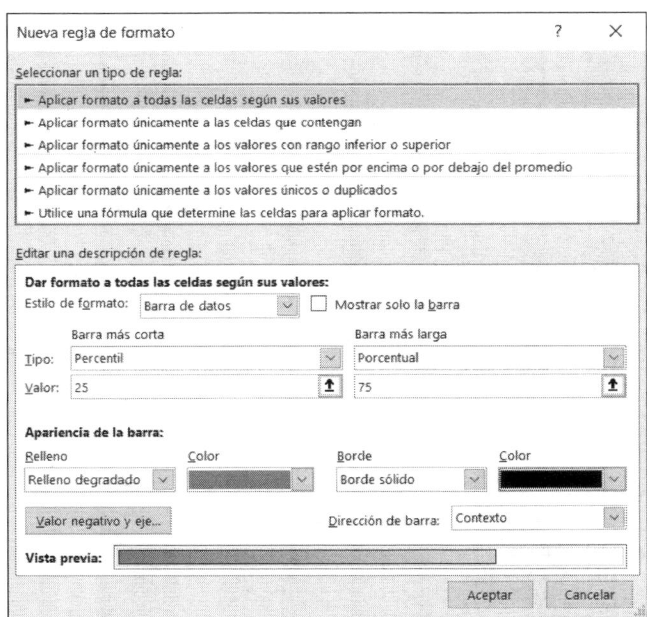

Para cambiar la **Dirección de barra**, abra la lista correspondiente y haga clic en la opción **Contexto** (valor por defecto), **De izquierda a derecha** o **De derecha a izquierda**.

- Para establecer la apariencia de la barra cuando el valor es negativo, haga clic en el botón **Valor negativo y eje** y defina en el cuadro de diálogo **Valor negativo y configuración del eje** las opciones de relleno y los colores de esta barra. Defina también, si es preciso, los parámetros de ubicación, así como el color del eje.

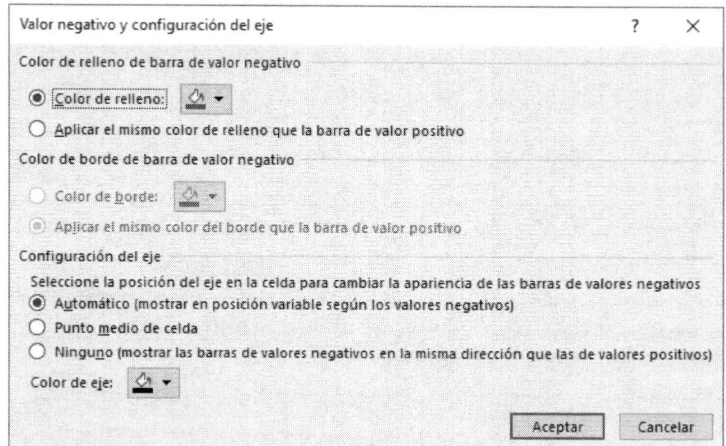

Confirme con **Aceptar**.

- Para mostrar solo la barra de datos y no el valor de la celda, marque la opción **Mostrar solo la barra**.
- Haga clic en el botón **Aceptar**.

Crear un formato condicional de tipo Escalas de color

- En el cuadro de diálogo **Nueva regla de formato**, compruebe que está activa la opción **Aplicar formato a todas las celdas según sus valores** del cuadro **Seleccionar un tipo de regla**.
- Abra la lista **Estilo de formato** y seleccione si es preciso la opción **Escala de 2 colores** o **Escala de 3 colores**.
- Lleve a cabo el mismo tipo de operaciones que en el apartado anterior:
  - Abra la lista **Tipo** del cuadro **Barra más corta** y seleccione la opción **Valor más bajo**, **Número**, **Porcentual**, **Fórmula** o **Percentil**.
  - En el cuadro **Valor**, introduzca el número, el porcentaje (sin el símbolo), el percentil o cree la fórmula de cálculo en la que se indique la condición necesaria para mostrar los valores mínimos.
  - Abra la lista **Color** y seleccione aquel que mejor le convenga.

- Lleve a cabo la misma operación en el cuadro **Máxima** y, en las escalas de tres colores, en el cuadro **Punto medio**.

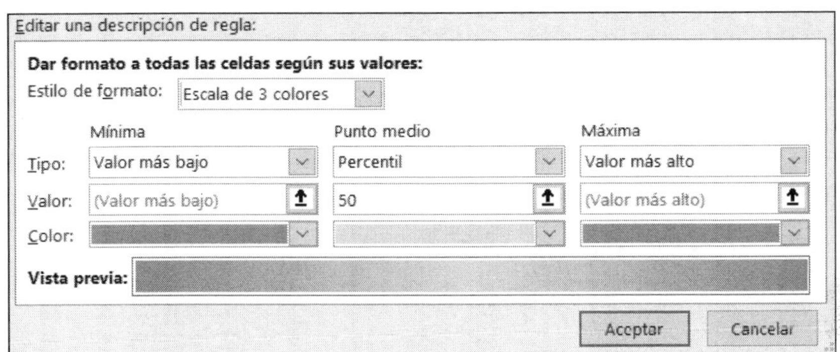

- Haga clic en **Aceptar**.

Crear un formato condicional de tipo Conjuntos de iconos

- En el cuadro de diálogo **Nueva regla de formato**, compruebe que está activa la opción **Aplicar formato a todas las celdas según sus valores** del cuadro **Seleccionar un tipo de regla**.
- Abra la lista **Estilo de formato** y seleccione, si es preciso, la opción **Conjuntos de iconos**.
- Abra la lista **Estilo de icono** y elija aquel que más le convenga.
- Haga clic en el botón **Invertir criterio de ordenación de icono** si desea que el primer icono represente los valores más bajos y el último, los valores más altos.
- Marque la opción **Mostrar icono únicamente** si desea que se muestren solo los iconos, y no el valor de las celdas.
- Puede modificar el símbolo de cada icono asociado al **Estilo de icono** seleccionado. Para ello, haga clic en la flecha negra que aparece al lado del icono que desea modificar y luego haga clic en el símbolo.
- Para cada icono elegido, seleccione un operador de comparación: > >= < <=...
  - Abra las listas **Tipo** de cada cuadro y seleccione la opción **Número**, **Porcentual**, **Fórmula** o **Percentil**.
  - En los cuadros **Valor**, introduzca el número, el porcentaje, el percentil o cree la fórmula de cálculo.

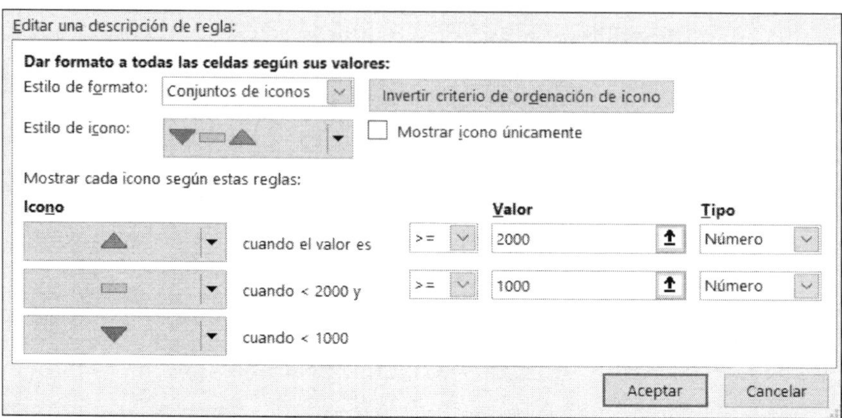

El icono ▲ aparecerá en las celdas cuyo valor sea superior o igual a 2000; el icono ▬ aparecerá para los valores comprendidos entre 1000 y 2000, y el icono ▼ aparecerá para los valores inferiores a 1000.

Existen tres tamaños de iconos. El tamaño que se muestra depende del tamaño de la fuente usada en las celdas.

- Haga clic en **Aceptar**.

Formatear las celdas en función de su contenido

El formato que se aplicará al dato dependerá de su valor (por ejemplo, los valores negativos en rojo y negrita) (véase también Aplicar un formato condicional definido previamente).

Aplicar un formato predefinido

- Seleccione las celdas a las que desea aplicar el formato condicional.

- En la pestaña **Inicio**, haga clic en el botón **Formato condicional** del grupo **Estilos** y seleccione una de las opciones propuestas en el submenú **Reglas para resaltar celdas** o en el submenú **Reglas para valores superiores e inferiores.**

  En función de la opción seleccionada, el cuadro de diálogo que aparece permite introducir o modificar los datos representativos de la regla que desea aplicar. Aquí puede modificar el primer cuadro para aplicar un formato a los n primeros valores.

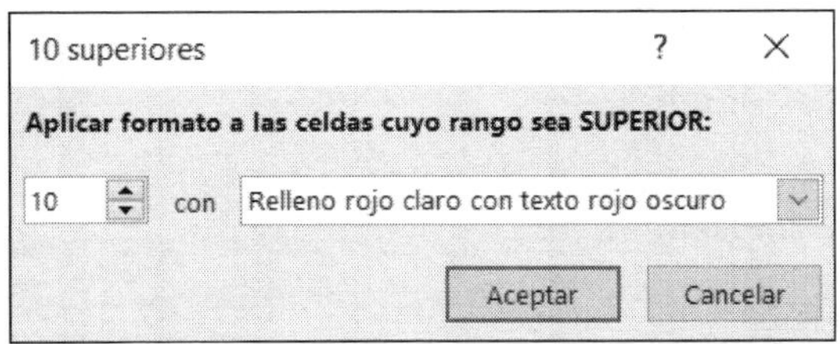

- Modifique o introduzca los datos correspondientes a la regla que desea aplicar.
- A continuación, abra la lista desplegable para seleccionar el formato.
- Haga clic en **Aceptar**.

Personalizar el formato

- Seleccione las celdas a las que desea aplicar el formato condicional.
- En la pestaña **Inicio**, haga clic en el botón **Formato condicional** del grupo **Estilos** y a continuación en la opción **Nueva regla**.
- En el cuadro **Seleccionar un tipo de regla**, seleccione el tipo de regla que desea crear, a saber, una de las reglas que empiezan con el título **Aplicar formato...** o la regla **Utilice una fórmula que determine las celdas para aplicar formato**.
- En el cuadro **Editar una descripción de regla**, especifique las condiciones de aplicación de la regla mediante las listas y los cuadros de texto disponibles.

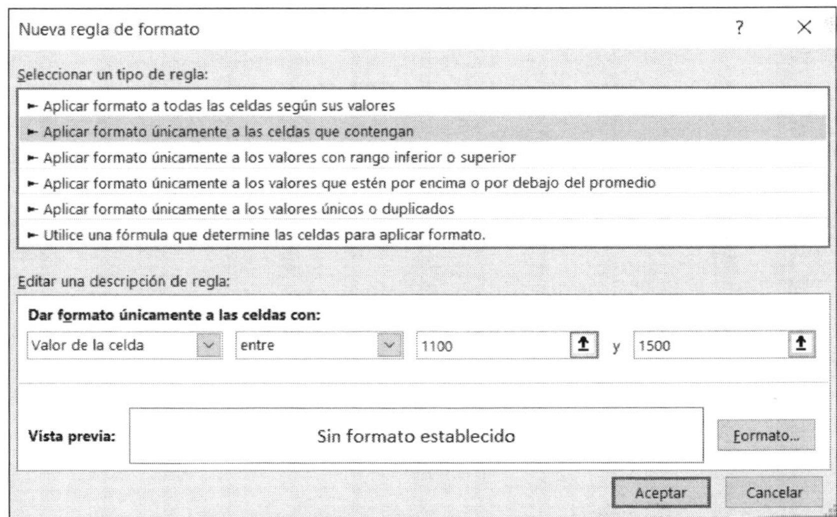

- Haga clic en el botón **Formato**: se abre el cuadro de diálogo **Formato de celdas**. Active las diferentes fichas para personalizar el formato de las celdas propio de la condición y haga clic en los dos botones **Aceptar**.

Eliminar las reglas de formato condicional

Esta técnica muestra cómo eliminar los formatos condicionales (vinculados a reglas) aplicados a una hoja o a un rango de celdas.

- Active la hoja de cálculo que contiene los formatos condicionales que deben borrarse o seleccione las celdas a las que se aplican estos formatos.
- En la pestaña **Inicio**, haga clic en el botón **Formato condicional** del grupo **Estilos**, señale la opción **Borrar reglas** y, según lo que le convenga, haga clic en la opción **Borrar reglas de las celdas seleccionadas** o **Borrar reglas de toda la hoja**.

Para devolver el aspecto original a las celdas seleccionadas, también puede utilizar la opción **Borrar formato** de la galería **Análisis rápido** (véase Aplicar un formato condicional definido previamente).

Administrar las reglas de formato condicional

- Seleccione las celdas cuyos formatos condicionales desea modificar.
- En la pestaña **Inicio**, haga clic en el botón **Formato condicional** del grupo **Estilos** y a continuación en la opción **Administrar reglas**.

*El cuadro de diálogo **Administrador de reglas de formato condicionales** muestra las diferentes reglas aplicadas a la selección (aquí, dos reglas).*

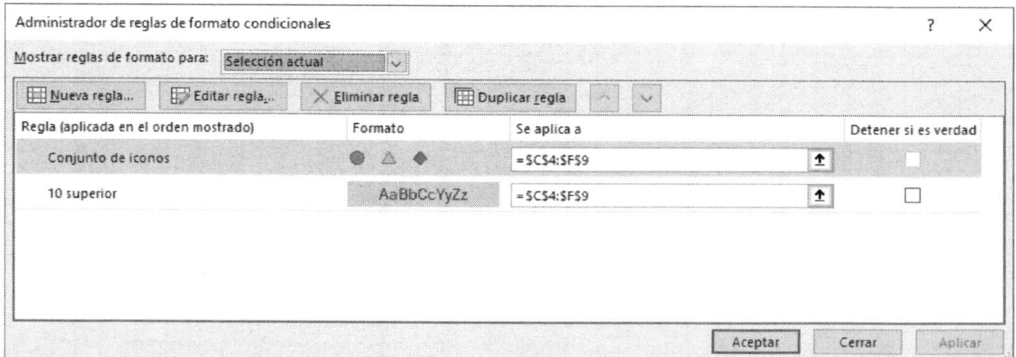

- Abra la lista **Mostrar reglas de formato para** y escoja una de las opciones: **Selección actual**, **Esta hoja** u **Hoja x**.
- Para seleccionar una regla, haga clic en su fila correspondiente.
- Para modificar una regla, selecciónela y haga clic en el botón **Editar regla** y lleve a cabo los cambios en el cuadro de diálogo **Editar la regla de formato**, que es similar al cuadro de diálogo **Nueva regla**.
- Para eliminar una regla, selecciónela y haga clic en el botón **Eliminar regla**.
- Para modificar las celdas a las que se aplica la regla, selecciónela y use el botón del cuadro **Se aplica a** para modificar la selección. Esta operación puede efectuarse con celdas situadas en otra hoja de cálculo del libro activo.
- Para duplicar una regla, selecciónela y luego haga clic en el botón **Duplicar regla**. Después, modifique las celdas a las que se aplica.
- Para modificar la prioridad de las reglas, seleccione una de ellas y haga clic en el botón o .

  Las reglas situadas en la parte alta de la lista tienen prioridad sobre las situadas más abajo. Por defecto, las nuevas reglas se agregan siempre a la parte superior de la lista y tienen, por tanto, un nivel de prioridad mayor.
- Active la casilla **Detener si es verdad** para que Excel no compruebe las reglas siguientes si la regla actual se ha verificado.

  *La casilla de verificación **Detener si es verdad** permite también garantizar la compatibilidad con versiones anteriores de Microsoft Excel que no soporten varias reglas de formato condicional. Por ejemplo, si dispone de tres reglas para un rango de celdas, las versiones de Excel anteriores a Excel 2007 aplican la última regla por orden de prioridad. Si desea que se apliquen la primera o la segunda, active la casilla de verificación **Detener si es verdad** para esa regla.*
- Haga clic en **Aceptar** para guardar los cambios y cerrar el cuadro de diálogo **Administrador de reglas de formato condicionales** o en el botón **Cerrar** para no guardarlos.

Aplicar un estilo de celda

Los estilos son formatos predefinidos que pueden aplicarse a cualquier celda. Es posible crear estilos de celda personalizados.

- Seleccione las celdas a las que desea aplicar un estilo.
- En la pestaña **Inicio**, haga clic en el botón **Estilos de celda** del grupo **Estilos.**

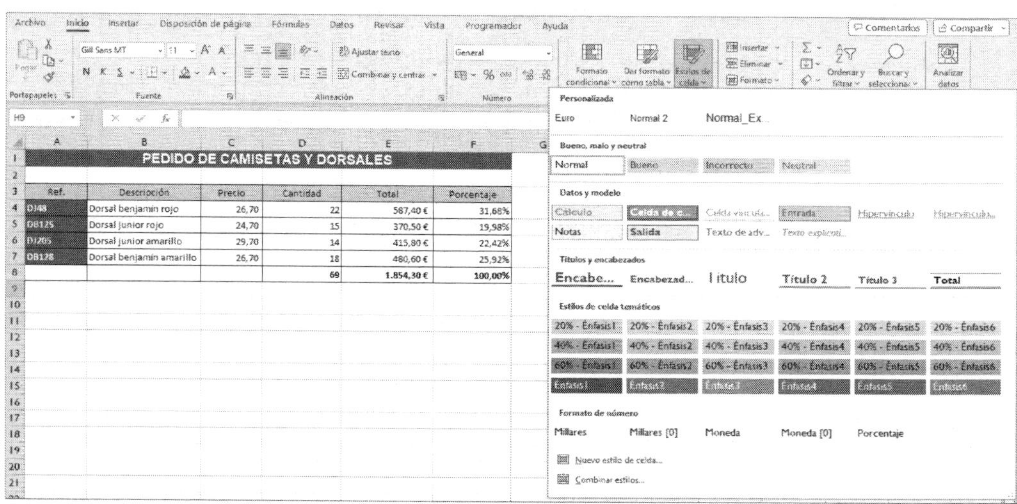

*Se abre una lista con los diferentes estilos, clasificados por categorías (**Personalizada**, **Bueno, malo y neutral**, **Datos y modelo**, **Títulos y encabezados**, etc.).*

*Dependiendo de la resolución de su pantalla, es posible que el botón **Estilos de celda** se reemplace por la galería de estilos: en ese caso, haga clic en el botón para mostrar toda la galería*

- Haga clic en el estilo que desea aplicar.

Para volver al formato anterior a la aplicación del estilo, haga clic en el botón **Estilos de celda** del grupo **Estilos** y seleccione el estilo **Normal** de la categoría **Bueno, malo y neutral.**

Crear un estilo de celda

Crear un estilo resulta muy útil para guardar presentaciones que posteriormente van a aplicarse a otras celdas.

- Active la celda cuya presentación desea automatizar.
- En la pestaña **Inicio**, haga clic en el botón **Estilos de celda** del grupo **Estilos** y active la opción **Nuevo estilo de celda.**
- Introduzca el **Nombre del estilo** en el cuadro de diálogo **Estilo.**

*El apartado **El estilo incluye (según el ejemplo)** presenta la descripción del estilo.*

- Desmarque los posibles formatos que no deban incluirse en el estilo.

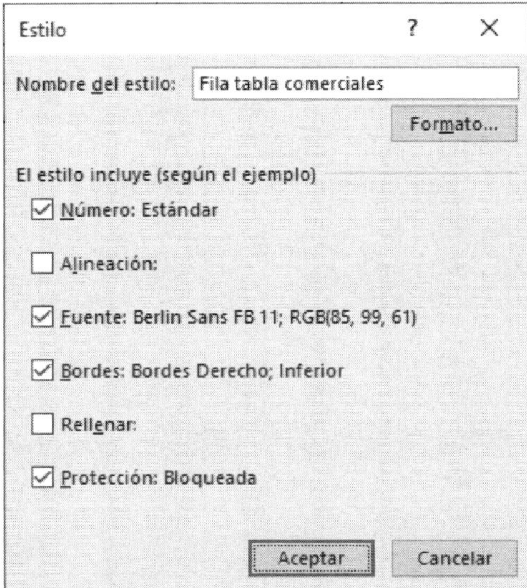

- Si es preciso, modifique los formatos que sea necesario utilizando el botón **Formato.**
- Confirme pulsando **Aceptar**.

Observe que el estilo creado de esta forma no se ha aplicado a la celda activa, aunque es posible hacerlo (véase Aplicar un estilo de celda). Los estilos se definen únicamente para el libro activo.

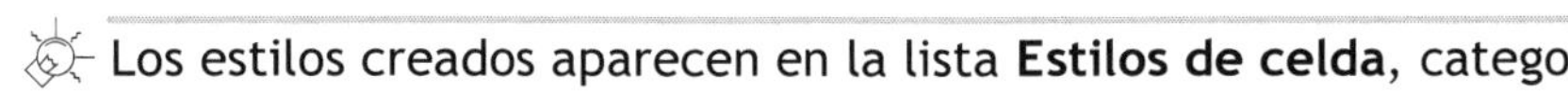

Los estilos creados aparecen en la lista **Estilos de celda**, categoría **Personalizada.**

Administrar los estilos de celda existentes

- En la pestaña **Inicio**, haga clic en el botón **Estilos de celda** del grupo **Estilos.**
- Para modificar un estilo de celda, haga clic con el botón derecho del ratón sobre el estilo que desea modificar y haga clic en la opción **Modificar**. Haga clic en el botón **Formato** del cuadro de diálogo **Estilo** que se abre, introduzca las modificaciones en el cuadro de diálogo **Formato de celdas** y haga clic en **Aceptar**.

  Inmediatamente se modifican todas las celdas formateadas con ese estilo.
- Para eliminar un estilo de celda, haga clic con el botón derecho del ratón en el estilo que desea eliminar y haga clic en la opción **Eliminar**.

  La eliminación se produce de forma inmediata: las celdas a las que se aplicaba el estilo pierden su formato y recuperan uno estándar. Cuidado, las eliminaciones de estilos no pueden deshacerse.
- Para insertar la lista de estilos de celda en la barra de herramientas de acceso rápido, haga clic con el botón derecho del ratón sobre uno de los estilos y haga clic en la opción **Agregar galería a la barra de herramientas de acceso rápido**.
- Para integrar los estilos de celda de otro libro (este debe estar abierto), haga clic en la opción **Combinar estilos**. Haga doble clic en el libro que contiene los estilos que desea utilizar. Haga clic en el botón **Sí** si quiere que se combinen los estilos que llevan el mismo nombre, o en **No** si desea conservar los estilos del libro activo intactos.

Aplicar un estilo de tabla

Con esta técnica es posible aplicar un formato prestablecido a una tabla.

- Seleccione las celdas a las que desea aplicar el estilo de tabla; si va a aplicarlo a toda la tabla, haga clic en una celda cualquiera de esta.
- En la pestaña **Inicio**, haga clic en el botón **Dar formato como tabla** del grupo **Estilos** y, en la lista que se muestra, haga clic en el estilo de tabla que quiera aplicar.

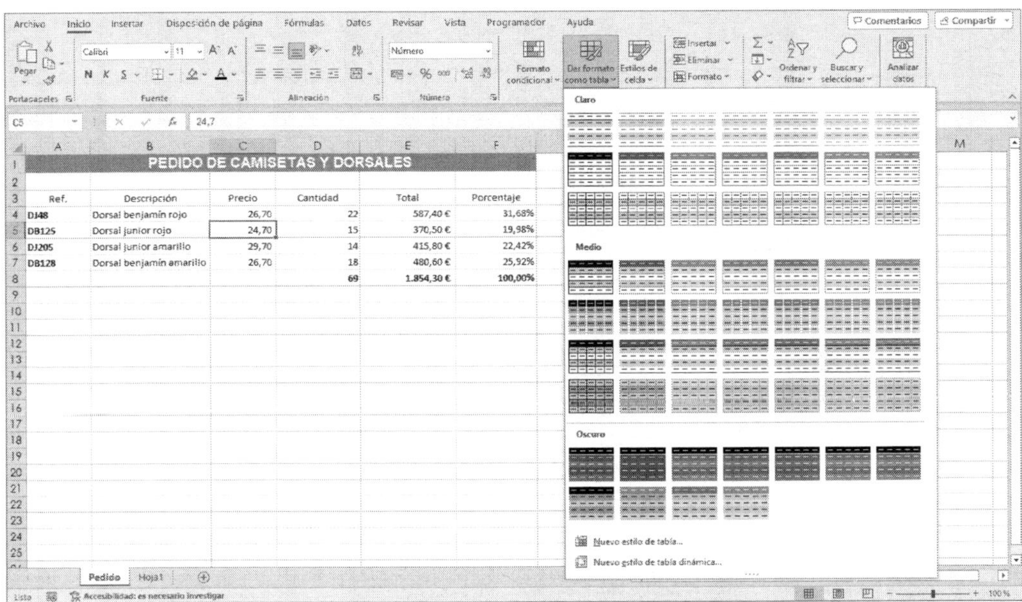

*Se muestra el cuadro de diálogo **Dar formato como tabla**, en el que se le propone convertir la selección de celdas en tabla de datos (véase el capítulo Tablas de datos); la selección de celdas aparece en la zona **¿Dónde están los datos de la tabla?** y se representa en la hoja de cálculo mediante un recuadro punteado:*

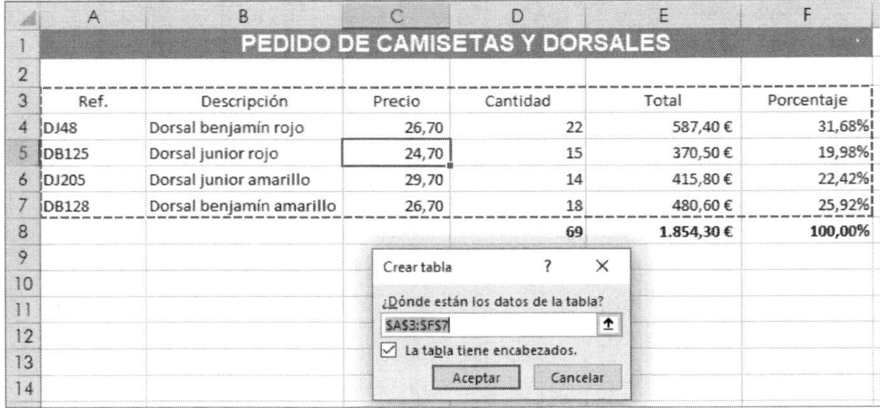

- Si la selección propuesta no es correcta, seleccione directamente en la hoja de cálculo las celdas a las que se aplicará el formato.
- Si la tabla incluye encabezados de columna, marque, si es preciso, la opción **La tabla tiene encabezados.**

  En nuestro ejemplo, la fila 3 contiene los encabezados de columna de la tabla.
- Haga clic en el botón **Aceptar.**

  El estilo de tabla elegido se aplica a las celdas de la tabla. Como Excel ha convertido las celdas en tabla de datos, los encabezados de columna de la tabla muestran ahora un botón que abre una lista desplegable para filtrar u ordenar los datos. Aparece una nueva pestaña contextual denominada ***Diseño de tabla****; puede utilizar las herramientas que contiene para personalizar o editar la tabla (véase el capítulo Tablas de datos).*

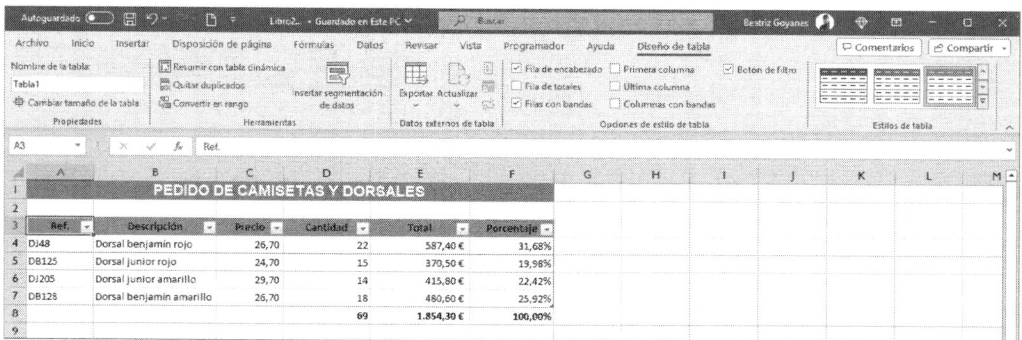

- Si desea conservar el estilo de la tabla sin convertirla en tabla de datos, haga clic en el botón **Convertir en rango** de la pestaña **Diseño de tabla** (grupo **Herramientas**), y a continuación en el botón **Sí** del mensaje de confirmación que aparece.

Aplicar un tema al libro

Los temas son conjuntos de elementos de formato que incluyen colores, fuentes (inclusive fuentes de encabezado y de cuerpo de texto), efectos gráficos (inclusive filas y efectos de relleno) que dan un aspecto coherente al libro. Los cambios de temas repercuten inmediatamente en la presentación de las celdas sobre las que se aplican los estilos.

- Active la hoja de cálculo a la que quiere aplicar el tema.

- Active la pestaña **Diseño de página** y haga clic en el botón **Temas** del grupo **Temas**.

  Se abre la lista de temas predefinidos.

- Arrastre el ratón sobre los temas (sin hacer clic) para ver directamente el formato en la hoja de cálculo.

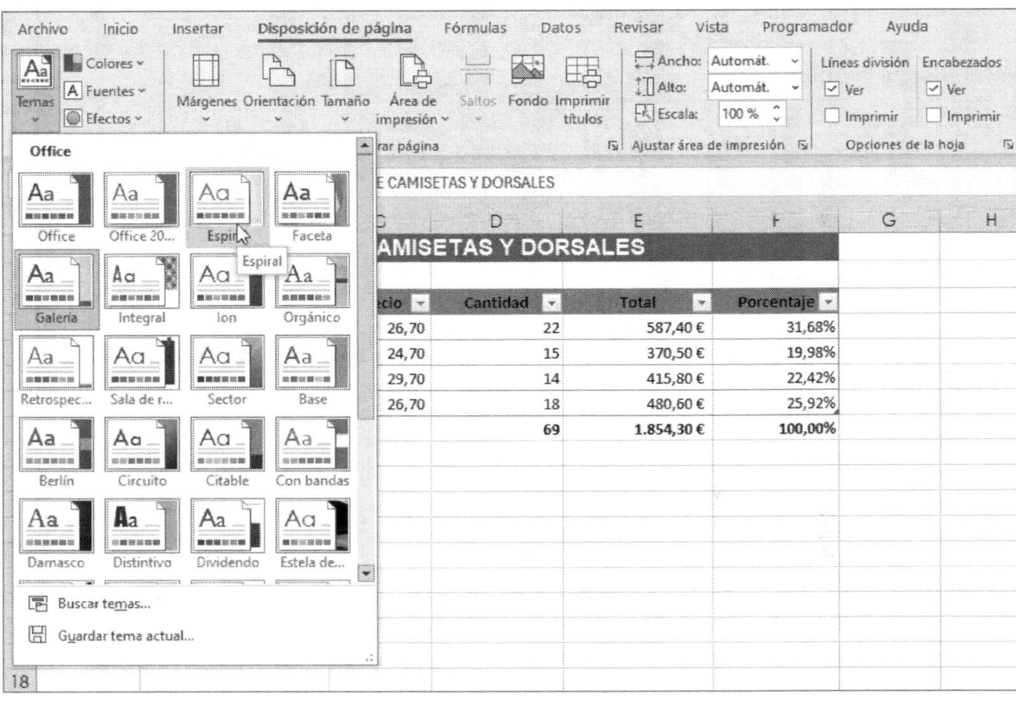

- Cuando haya escogido el tema, haga clic en su nombre.

  El tema aplicado modifica la presentación de las celdas formateadas con estilos.

El tema utilizado de forma predeterminada es el llamado **Office**.

Si el tema que desea usar no se encuentra en la lista, haga clic en la opción **Buscar temas** para buscarlo en su ordenador o en una ubicación de red.

Personalizar los colores del tema

Los colores del tema contienen dos colores de texto, dos colores de fondo de celda, seis colores de énfasis y dos colores de hipervínculo.

Modificar el conjunto de colores asociado al tema

- Active la pestaña **Diseño de página** y haga clic en el botón **Colores** del grupo **Temas**.
- Arrastre el ratón (sin hacer clic) sobre los diferentes conjuntos de colores para ver directamente el efecto producido en la hoja de cálculo.

  Los cuatro colores de texto y de fondo son los que aparecen en el botón ***Colores****; los ocho colores restantes aparecen a la izquierda del nombre de la paleta de colores, al abrir la lista.*
- Cuando haya escogido la paleta de colores del tema, haga clic sobre su nombre.

Crear una paleta de colores

- Haga clic en el botón **Colores** del grupo **Temas** (pestaña **Diseño de página**) y luego en la opción **Personalizar colores** que aparece al final de la lista.

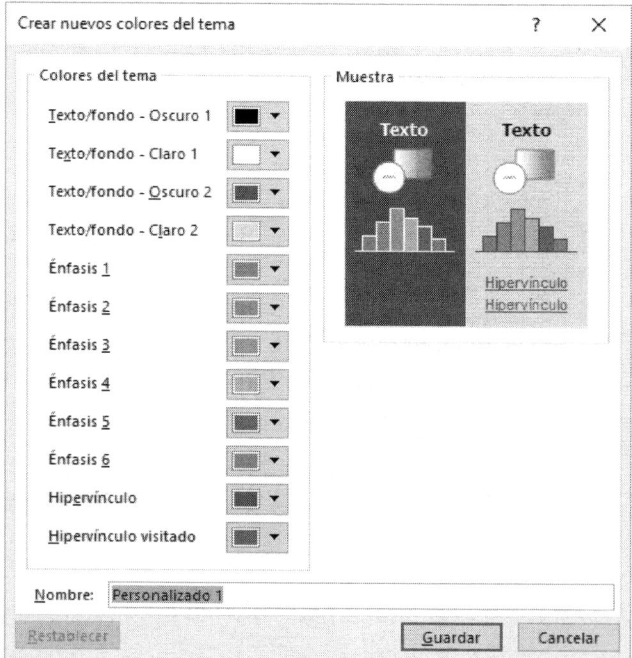

- En la lista **Colores del tema**, haga clic en el botón correspondiente al elemento de color del tema que desea cambiar y seleccione el color deseado.

  *El cuadro **Muestra** se va modificando en función de los cambios efectuados.*

- Cuando haya modificado todos los elementos de color, vaya al cuadro **Nombre** e introduzca un nombre apropiado para los nuevos colores del tema.

  *Si desea volver a los colores de origen de cada elemento, haga clic en **Restablecer**.*

- Haga clic en el botón **Guardar**.

Las paletas de colores creadas aparecen en la categoría **Personalizados** de la lista asociada al botón **Colores**.

Personalizar las fuentes del tema

Las fuentes de tema contienen una fuente de título y una fuente de cuerpo de texto.

Modificar el conjunto de fuentes asociado al tema

- Active la pestaña **Diseño de página** y haga clic en el botón **Fuentes** del grupo **Temas**.
- Deslice el ratón sobre las diferentes fuentes (sin hacer clic) para ver el efecto producido en la hoja de cálculo.
- Cuando haya elegido la fuente, haga clic sobre su nombre.

Crear un conjunto de fuentes

Puede modificar dos fuentes para crear su propio conjunto de fuentes de tema.

- Haga clic en el botón **Fuentes** del grupo **Temas** (pestaña **Diseño de página**) y luego sobre la opción **Personalizar fuentes**, situada al final de la lista.
- Seleccione las fuentes que desea usar en los cuadros **Fuente de encabezado** y **Fuente de cuerpo**.

- Si trabaja con alfabetos no latinos, como por ejemplo árabe, puede escoger estas mismas opciones para dicho alfabeto (esta opción solo está disponible si tiene activado en Windows algún idioma no latino).

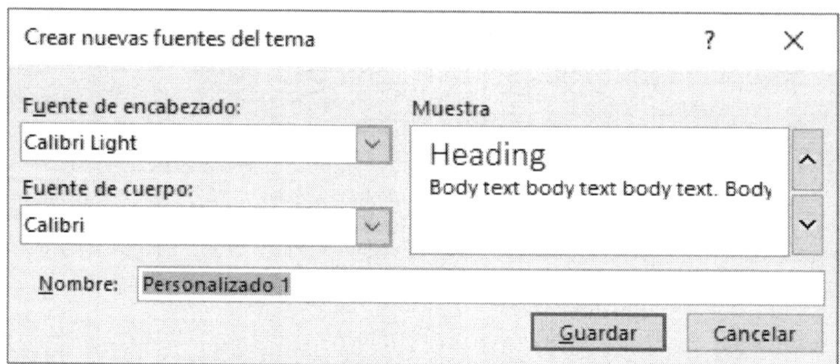

Podrá obtener una vista previa de las fuentes seleccionadas en el cuadro ***Muestra****.*

- Introduzca un nombre apropiado para el nuevo conjunto de fuentes en el cuadro **Nombre**.
- Haga clic en el botón **Guardar**.

Los conjuntos de fuentes creados aparecen en la categoría **Personalizados** de la lista asociada al botón **Fuentes**.

Seleccionar los efectos del tema

Los efectos de tema son conjuntos de filas y efectos de relleno. Aunque no pueda crear su propio conjunto de efectos de tema, sí puede modificar el asociado al tema activo.

- Active la pestaña **Diseño de página** y haga clic en el botón **Efectos** del grupo **Temas**.

  Verá las líneas y los efectos de relleno usados en cada conjunto de efectos de tema para los objetos gráficos.

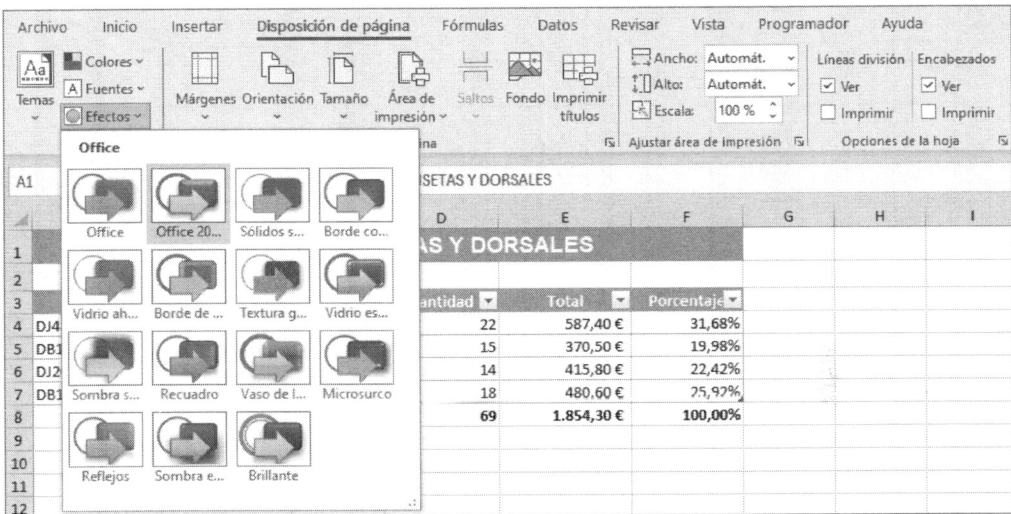

- Haga clic sobre el efecto que desea aplicar.

Guardar un tema

Los cambios introducidos en los colores, fuentes o efectos de fila y de relleno de un tema pueden guardarse como tema personalizado que podrá aplicarse más adelante a otros libros.

- Lleve a cabo los cambios en el tema activo (personalice los colores, las fuentes y los efectos).
- Active la pestaña **Diseño de página** y haga clic en el botón **Temas** del grupo **Temas**.
- Haga clic en la opción **Guardar tema actual**.
- Introduzca un nombre en el cuadro **Nombre de archivo**.

  La carpeta donde se guardan los temas personalizados aparece activada. Se trata de la carpeta: C:\Usuarios\Nombre de usuario\AppData\Roaming\Microsoft\Plantillas\Document Themes.
- Haga clic en **Guardar**.

Los temas personalizados creados aparecen en la lista asociada al botón **Temas**, bajo la categoría **Personalizados**.

El tipo de archivo de un tema es **Tema de Office** (*thms).

Ordenar datos y trabajar con esquemas

Ordenar los datos de una tabla de acuerdo con un único criterio de contenido

Microsoft 365 permite ordenar rápidamente una tabla de acuerdo con los valores contenidos en alguna de sus columnas.

- Seleccione, si es preciso, las celdas que desea ordenar.

  Si se debe ordenar toda la tabla y esta contiene filas o columnas vacías o celdas combinadas, no es preciso hacer una selección.

- Haga clic en la celda de la columna en función de la cual desea establecer el orden. Si ha hecho una selección, use las teclas ⇄ o Mayús ⇄ para ir a la celda.

- Haga clic en el botón **Ordenar y filtrar** de la pestaña **Inicio**, grupo **Edición**, y luego sobre la opción **Ordenar de A a Z** para ordenar en orden creciente (de A a Z o de 0 a 9) o sobre la opción **Ordenar de Z a A** para ordenar en orden decreciente (de Z a A o de 9 a 0).

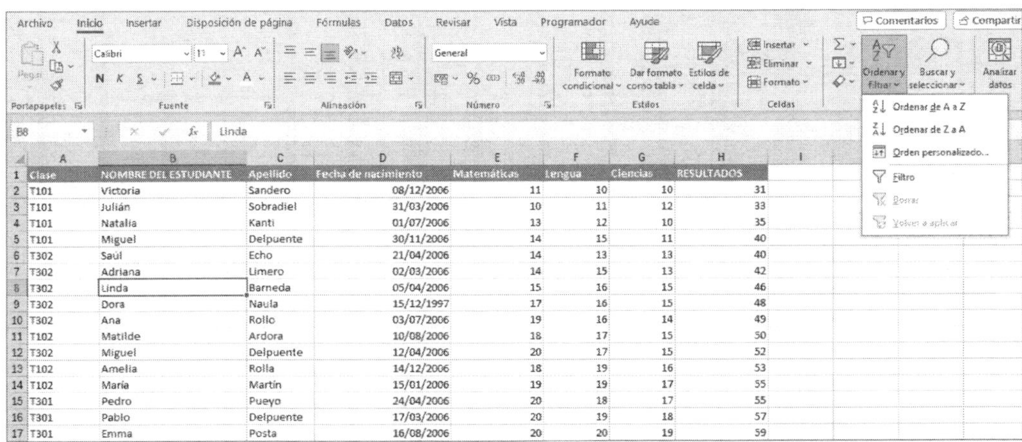

	A	B	C	D	E	F	G	H
1	Clase	NOMBRE DEL ESTUDIANTE	Apellido	Fecha de nacimiento	Matemáticas	Lengua	Ciencias	RESULTADOS
2	T101	Victoria	Sandero	08/12/2006	11	10	10	31
3	T101	Julián	Sobradiel	31/03/2006	10	11	12	33
4	T101	Natalia	Kanti	01/07/2006	13	12	10	35
5	T101	Miguel	Delpuente	30/11/2006	14	15	11	40
6	T302	Saúl	Echo	21/04/2006	14	13	13	40
7	T302	Adriana	Limero	02/03/2006	14	15	13	42
8	T302	Linda	Barneda	05/04/2006	15	16	15	46
9	T302	Dora	Naula	15/12/1997	17	16	15	48
10	T302	Ana	Rollo	03/07/2006	19	16	14	49
11	T102	Matilde	Ardora	10/08/2006	18	17	15	50
12	T302	Miguel	Delpuente	12/04/2006	20	17	15	52
13	T102	Amelia	Rolla	14/12/2006	18	19	16	53
14	T102	María	Martín	15/01/2006	19	19	17	55
15	T301	Pedro	Pueyo	24/04/2006	20	18	17	55
16	T301	Pablo	Delpuente	17/03/2006	20	19	18	57
17	T301	Emma	Posta	16/08/2006	20	20	19	59

Estas opciones llevan nombres diferentes en función del contenido de las celdas seleccionadas: ***Ordenar de A a Z*** *u* ***Ordenar de Z a A*** *para los textos,* ***Ordenar de menor a mayor*** *u* ***Ordenar de mayor a menor*** *para los números u* ***Ordenar de más antiguos a más recientes*** *u* ***Ordenar de más recientes a más antiguos*** *para las fechas.*

Encontrará también las herramientas AZ↓ y ZA↓ en el grupo **Ordenar y filtrar** de la pestaña **Datos**, así como en las listas desplegables de una tabla de datos (véase el capítulo Tablas de datos - Crear una tabla de datos o el capítulo Filtrar datos - Activar/desactivar el filtro automático).

Para ordenar los datos de una tabla de acuerdo con varios criterios de valor, remítase al apartado correspondiente, más adelante en este mismo capítulo.

 Para cancelar un orden, puede hacer clic en la herramienta **Deshacer**  de la barra de herramientas de **acceso rápido** o usar el método abreviado Ctrl **Z**.

Ordenar los datos de acuerdo con un color de celda, de fuente o un conjunto de iconos

Si ha aplicado un color de celda o de fuente a un rango de celdas o a una columna, la tabla puede ordenarse en función de esos colores. También se puede ordenar en función de un conjunto de iconos creado por un formato condicional (véase el capítulo correspondiente).

- Seleccione, si es preciso, las celdas que desea ordenar.
- Haga clic en el botón **Ordenar y filtrar** de la pestaña **Inicio**, grupo **Edición**, y luego en la opción **Orden personalizado**.

  *Se abre el cuadro de diálogo **Ordenar**.*
- Active la opción **Mis datos tienen encabezados** si la primera fila de la selección contiene títulos de columna y no debe ordenarse.
- Abra la lista **Ordenar por** y seleccione la columna que contiene el color o los iconos que servirán como criterio de ordenación.
- En la lista **Ordenar según**, active una de las opciones siguientes:

  Color de celda: para ordenar por color de celda.

  Color de fuente: para ordenar por color de fuente.

  Icono de formato condicional: para ordenar por conjunto de iconos.
- Abra la primera lista desplegable del cuadro **Criterio de ordenación** y seleccione, según el tipo de orden, el color de celda, el color de fuente o el icono de celda a partir de los cuales deben ordenarse los datos.
- Abra la segunda lista desplegable del cuadro **Criterio de ordenación** y seleccione la opción **En la parte superior** para ver las filas correspondientes al color o al icono elegido arriba o la opción **En la parte inferior** en caso contrario.

*En este ejemplo, las filas de la columna **Total** que contengan un icono en forma de triángulo aparecerán las primeras.*

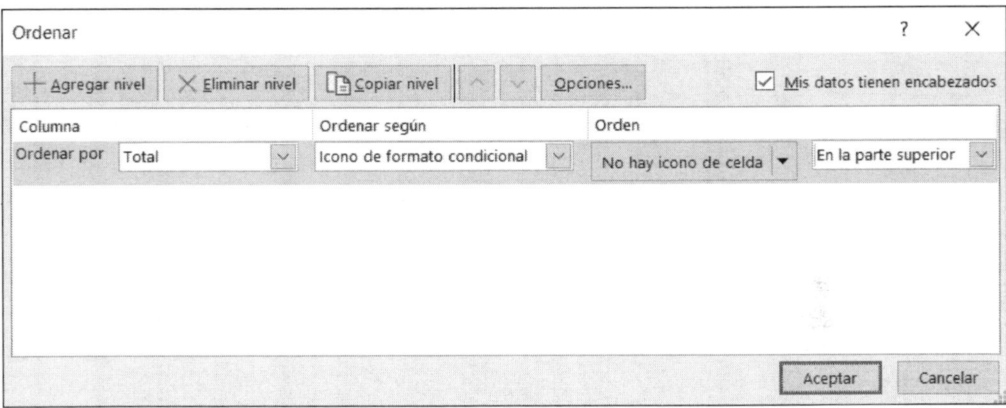

- Haga clic en **Aceptar** para iniciar la ordenación.

También encontrará este criterio de ordenación a partir de las listas desplegables de una tabla de datos (véase el capítulo Tablas de datos - Crear una tabla de datos o el capítulo Filtrar datos - Activar/desactivar el filtro automático).

Ordenar los datos de una tabla de acuerdo con varios criterios

En Excel Microsoft 365 es posible combinar hasta 64 criterios de orden.

- Seleccione, si es preciso, las celdas que desea ordenar.
- Haga clic en el botón **Ordenar y filtrar** de la pestaña **Inicio**, grupo **Edición**, y luego en la opción **Orden personalizado**.
- Active la opción **Mis datos tienen encabezados** si la primera fila de la selección contiene títulos de columna y estos no deben ordenarse.

Ordenar según varios criterios relativos a los valores

Las tablas pueden ordenarse de acuerdo con los valores de varias columnas (por ejemplo, una tabla con notas puede ordenarse por nombre del alumno, su apellido, su fecha de nacimiento, sus notas, etc.).

- Entre en el cuadro de diálogo **Ordenar**: haga clic en el botón **Ordenar y filtrar** de la pestaña **Inicio** - grupo **Edición**, y haga clic en la opción **Orden personalizado**.
- Especifique el primer criterio de orden:
  - Abra la lista **Ordenar por** y seleccione la primera columna que debe servir de criterio de orden.
  - Abra, si es preciso, la lista **Ordenar según** y active la opción **Valores de celda**.
  - Abra la lista **Criterio de ordenación** y seleccione el tipo de orden:

    creciente, con la opción **A a Z** si la columna contiene texto, la opción **De menor a mayor** si la columna contiene valores numéricos y la opción **De más antiguos a más recientes** si la columna contiene fechas.

    decreciente, con la opción **Z a A** si la columna contiene texto, la opción **De mayor a menor** si la columna contiene valores numéricos y la opción **De más recientes a más antiguos** si contiene fechas.
- Haga clic en el botón **Agregar nivel** para ver una segunda fila de criterios.
- Especifique el segundo criterio de orden:
  - Abra la lista **Luego por** y seleccione la segunda columna que debe servir de criterio de orden.
  - Compruebe que la lista **Ordenar según** muestra la opción **Valores de celda**.
  - Especifique el **Criterio de ordenación**.
- Realice las dos últimas operaciones si desea crear otros criterios.

En este ejemplo, la tabla se ordenará en función de las notas generales (columna ***RESULTADOS****) y luego, si dos alumnos tienen la misma nota, por apellido, nombre y finalmente por fecha de nacimiento.*

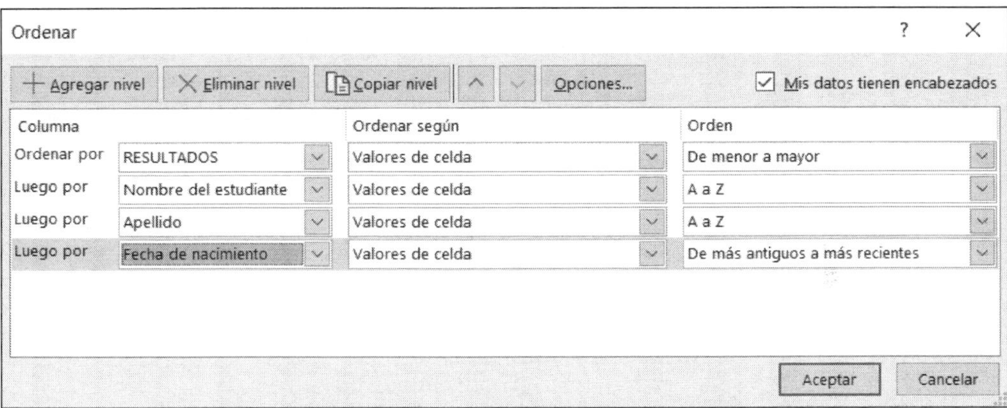

- Haga clic en **Aceptar** para iniciar la ordenación.

Ordenar según varios criterios de color o de icono

Las tablas pueden ordenarse en función de varios colores de celda, de fuente y de conjuntos de iconos de una misma columna.

- En el cuadro de diálogo **Ordenar**, especifique el primer criterio de orden.
- Haga clic en el botón **Agregar nivel** para ver una segunda fila de criterios.
- Especifique el segundo criterio de orden:
  - Abra la lista **Luego por** y seleccione la misma columna que la utilizada para el primer criterio.
  - Abra la lista **Ordenar según** y seleccione el elemento a partir del cual debe establecerse el orden.
  - Especifique el **Criterio de ordenación**.
- Realice las dos últimas operaciones si desea agregar otros criterios.

En este ejemplo la tabla se ordenará en función de dos colores de relleno de las celdas de la columna ***APELLIDO****.*

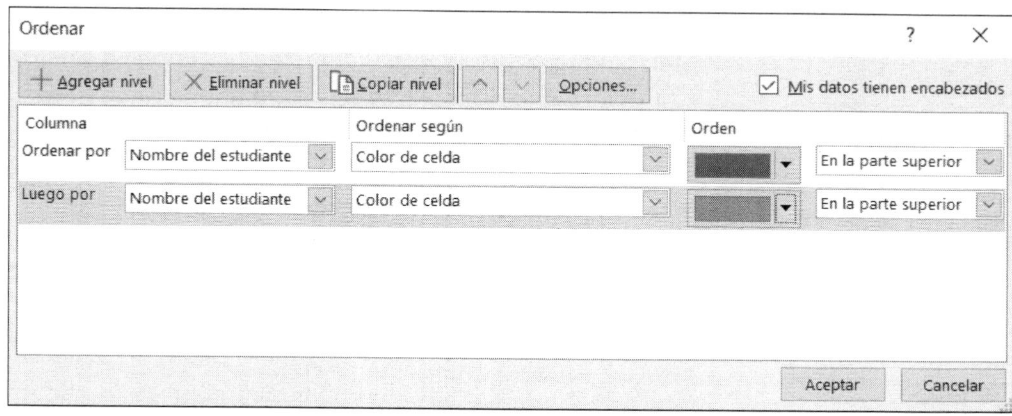

- Haga clic en el botón **Aceptar** para iniciar la ordenación.

Puede combinar varios criterios basados en el contenido de las celdas o sus formatos (color de relleno, de fuente y/o conjunto de iconos).

Administrar los criterios de orden

- Entre en el cuadro de diálogo **Ordenar**.
- Para seleccionar un criterio, haga clic al principio de su fila correspondiente (título **Ordenar por** o **Luego por**).
- Para modificar el orden de los criterios, seleccione la fila correspondiente al criterio y haga clic en el botón para que «suba» en la lista o en el botón para que «baje».
- Para eliminar un criterio, seleccione su fila correspondiente y haga clic en el botón **Eliminar nivel**.
- Para copiar un criterio, selecciónelo y haga clic en el botón **Copiar nivel**.

El botón **Opciones** del cuadro de diálogo **Ordenar** permite activar la opción **Distinguir mayúsculas de minúsculas** para diferenciar ambas opciones, y modificar la **Orientación** para ordenar columnas en vez de filas.

Utilizar un esquema

Los esquemas permiten ver o imprimir solo los resultados principales de una tabla obviando los pormenores de los datos.

Crear un esquema automáticamente

Si ha sintetizado la tabla con ayuda de fórmulas (suma, promedio, etc.), podrá crear esquemas automáticos.

- Seleccione la tabla que corresponda o haga clic en una celda cualquiera de la tabla.
- Active la pestaña **Datos**, abra la lista del botón **Agrupar** del grupo **Esquema** y seleccione la opción **Autoesquema**.

A la izquierda y en la parte superior de la hoja de cálculo aparecen unos botones que permiten gestionar los diferentes niveles del esquema. Este se compone de tres niveles: el nivel 3 corresponde a las filas de datos detallados (fila 4 a 7 y 9 a 14), el nivel 2 corresponde a los totales por tipo de gasto (filas 8 y 15). El nivel 1 corresponde al total de gastos (fila 16). Todos los niveles aparecen aquí desarrollados.

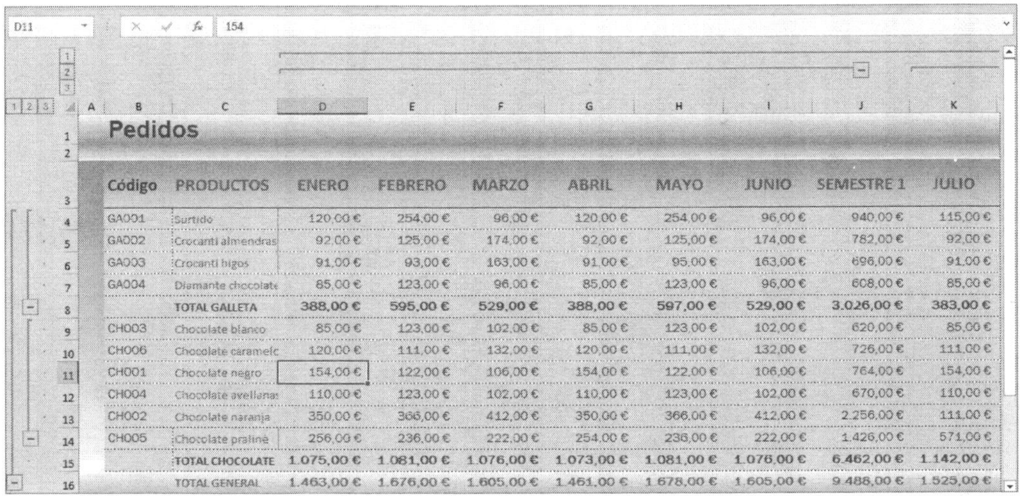

Pedidos

Código	PRODUCTOS	ENERO	FEBRERO	MARZO	ABRIL	MAYO	JUNIO	SEMESTRE 1	JULIO
GA001	Surtido	120,00 €	254,00 €	96,00 €	120,00 €	254,00 €	96,00 €	940,00 €	115,00 €
GA002	Crocanti almendras	92,00 €	125,00 €	174,00 €	92,00 €	125,00 €	174,00 €	782,00 €	92,00 €
GA003	Crocanti higos	91,00 €	93,00 €	163,00 €	91,00 €	95,00 €	163,00 €	696,00 €	91,00 €
GA004	Diamante chocolate	85,00 €	123,00 €	96,00 €	85,00 €	123,00 €	96,00 €	608,00 €	85,00 €
	TOTAL GALLETA	**388,00 €**	**595,00 €**	**529,00 €**	**388,00 €**	**597,00 €**	**529,00 €**	**3.026,00 €**	**383,00 €**
CH003	Chocolate blanco	85,00 €	123,00 €	102,00 €	85,00 €	123,00 €	102,00 €	620,00 €	85,00 €
CH006	Chocolate caramelo	120,00 €	111,00 €	132,00 €	120,00 €	111,00 €	132,00 €	726,00 €	111,00 €
CH001	Chocolate negro	154,00 €	122,00 €	106,00 €	154,00 €	122,00 €	106,00 €	764,00 €	154,00 €
CH004	Chocolate avellanas	110,00 €	123,00 €	102,00 €	110,00 €	123,00 €	102,00 €	670,00 €	110,00 €
CH002	Chocolate naranja	350,00 €	366,00 €	412,00 €	350,00 €	366,00 €	412,00 €	2.256,00 €	111,00 €
CH005	Chocolate praliné	256,00 €	236,00 €	222,00 €	254,00 €	236,00 €	222,00 €	1.426,00 €	571,00 €
	TOTAL CHOCOLATE	**1.075,00 €**	**1.081,00 €**	**1.076,00 €**	**1.073,00 €**	**1.081,00 €**	**1.076,00 €**	**6.462,00 €**	**1.142,00 €**
	TOTAL GENERAL	1.463,00 €	1.676,00 €	1.605,00 €	1.461,00 €	1.678,00 €	1.605,00 €	9.488,00 €	1.525,00 €

Si no visualiza los símbolos del esquema ⊟ y ⊞, haga clic en la pestaña **Archivo** y luego en el botón **Opciones**. En la categoría **Avanzadas**, desplace las opciones hasta llegar al grupo **Mostrar opciones para esta hoja** y active la opción **Mostrar símbolos de esquema si se aplica un esquema**.

Crear un esquema manualmente

Se trata de agrupar las filas o las columnas de la tabla según uno o varios niveles.

- Seleccione las filas (columnas) contiguas que deberán formar parte del mismo nivel de esquema (sin incluir la posible fila de resumen asociada a la selección, en caso de que esta exista).
- Active la pestaña **Datos** y haga clic en la herramienta **Agrupar** del grupo **Esquema.**
- Active la opción **Filas o Columnas** según el tipo de agrupación que quiera hacer y confirme mediante **Aceptar**.
- Para insertar o retirar una columna (fila) en el grupo del nivel anterior, seleccione la columna (o la fila) y haga clic de nuevo en el botón **Agrupar** o en **Desagrupar** del grupo **Esquema**, según el caso.
- Active la opción **Filas** o **Columnas** según el caso, y confirme mediante **Aceptar**.

Usar un esquema

- Para ocultar las columnas o las filas subordinadas, haga clic en el botón ⊟ correspondiente.
- Para ocultar todos los grupos del mismo nivel, haga clic en el botón numerado correspondiente al nivel.

  En este ejemplo no están a la vista las columnas pertenecientes al nivel 3. Los botones ⊟ se transforman en ⊞.

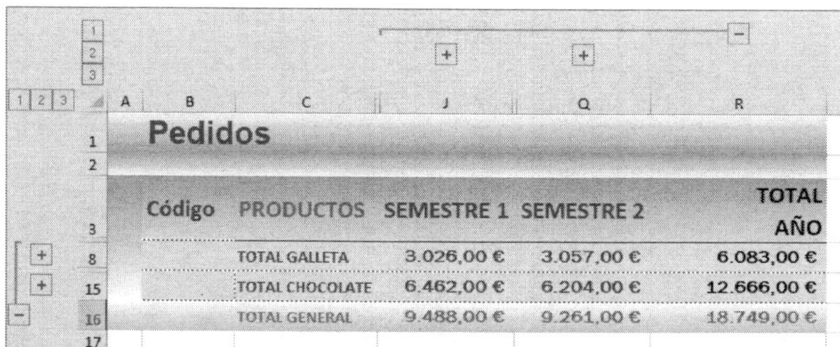

	A	B	C	J	Q	R
1	Pedidos					
2						
3		Código	PRODUCTOS	SEMESTRE 1	SEMESTRE 2	TOTAL AÑO
8			TOTAL GALLETA	3.026,00 €	3.057,00 €	6.083,00 €
15			TOTAL CHOCOLATE	6.462,00 €	6.204,00 €	12.666,00 €
16			TOTAL GENERAL	9.488,00 €	9.261,00 €	18.749,00 €
17						

- Para volver a ver las columnas o filas subordinadas, haga clic en cada botón ⊞ o en el botón correspondiente al nivel siguiente.

Eliminar un esquema

- Active la hoja que contiene el esquema.
- Active la pestaña **Datos**, abra la lista asociada al botón **Desagrupar** del grupo **Esquema** y active la opción **Borrar esquema**.

Si elimina el esquema cuando los datos detallados están ocultos, es posible que las filas o columnas de datos detallados permanezcan ocultas. En ese caso, para volver a ver los datos, seleccione las filas o columnas visibles, muestre el menú contextual de la selección y active la opción **Mostrar**.

Activar/desactivar el filtro automático

El filtro automático permite filtrar los datos de una tabla para ver solo las filas correspondientes a los criterios especificados.

Si el rango de celdas se ha convertido en tabla de datos (véase el capítulo Tablas de datos - Crear una tabla de datos), la función ***filtro automático*** *ya se encuentra activada y los botones de las listas desplegables aparecen en los encabezados de columnas.*

- Active una de las celdas del rango de celdas correspondiente.
- Haga clic en el botón **Ordenar y filtrar** de la pestaña **Inicio**, grupo **Edición**, y luego en la opción **Filtro**.

En cada celda de encabezado de columna aparecen unas flechas de lista desplegable: esto indica que el filtro se ha activado, pero aún no se ha aplicado.

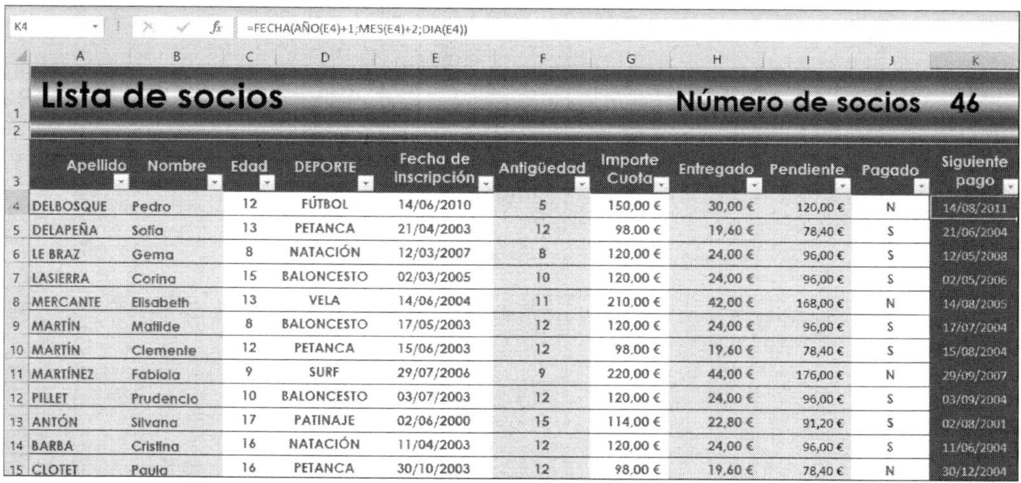

K4 =FECHA(AÑO(E4)+1;MES(E4)+2;DIA(E4))

Lista de socios — Número de socios 46

Apellido	Nombre	Edad	DEPORTE	Fecha de inscripción	Antigüedad	Importe Cuota	Entregado	Pendiente	Pagado	Siguiente pago
DELBOSQUE	Pedro	12	FÚTBOL	14/06/2010	5	150,00 €	30,00 €	120,00 €	N	14/08/2011
DELAPEÑA	Sofía	13	PETANCA	21/04/2003	12	98,00 €	19,60 €	78,40 €	S	21/06/2004
LE BRAZ	Gema	8	NATACIÓN	12/03/2007	8	120,00 €	24,00 €	96,00 €	S	12/05/2008
LASIERRA	Corina	15	BALONCESTO	02/03/2005	10	120,00 €	24,00 €	96,00 €	S	02/05/2006
MERCANTE	Elisabeth	13	VELA	14/06/2004	11	210,00 €	42,00 €	168,00 €	N	14/08/2005
MARTÍN	Matilde	8	BALONCESTO	17/05/2003	12	120,00 €	24,00 €	96,00 €	S	17/07/2004
MARTÍN	Clemente	12	PETANCA	15/06/2003	12	98,00 €	19,60 €	78,40 €	S	15/08/2004
MARTÍNEZ	Fabiola	9	SURF	29/07/2006	9	220,00 €	44,00 €	176,00 €	N	29/09/2007
PILLET	Prudencio	10	BALONCESTO	03/07/2003	12	120,00 €	24,00 €	96,00 €	S	03/09/2004
ANTÓN	Silvana	17	PATINAJE	02/06/2000	15	114,00 €	22,80 €	91,20 €	S	02/08/2001
BARBA	Cristina	16	NATACIÓN	11/04/2003	12	120,00 €	24,00 €	96,00 €	S	11/06/2004
CLOTET	Paula	16	PETANCA	30/10/2003	12	98,00 €	19,60 €	78,40 €	N	30/12/2004

- Cree los filtros deseados (véase más adelante Filtrar datos a partir de un contenido o de un formato).

Puede crear tres tipos de filtros: por valores de lista, por formato o por criterios. Una vez filtrados los datos, puede copiarlos, modificarlos, formatearlos, representarlos en forma de gráfico e imprimirlos sin reorganizarlos ni desplazarlos.

- Para desactivar el filtro automático, haga clic de nuevo en el botón **Ordenar y filtrar** de la pestaña **Inicio**, grupo **Edición**, y luego en la opción **Filtro**.

  La desactivación del filtro automático provoca la anulación de otros posibles filtros existentes y, por tanto, hace visibles todos los datos.

Filtrar datos a partir de un contenido o de un formato

Gracias al filtro automático, es posible filtrar los datos en función del contenido de las celdas, de su color de relleno, de su color de fuente o de su formato condicional por conjuntos de iconos.

Filtrar a partir de los valores de la columna

- Active el filtro automático.
- Abra la lista desplegable asociada a la columna que contiene los valores en función de los cuales desea filtrar.

  *Se abre el menú **Filtro automático**, en el que puede verse una lista con los valores comprendidos en la columna activa (hasta 10.000 valores). Las casillas de verificación correspondientes a los valores están activas de forma predeterminada: podrá ver todos los valores de la columna. En el menú encontrará también las opciones de ordenación.*

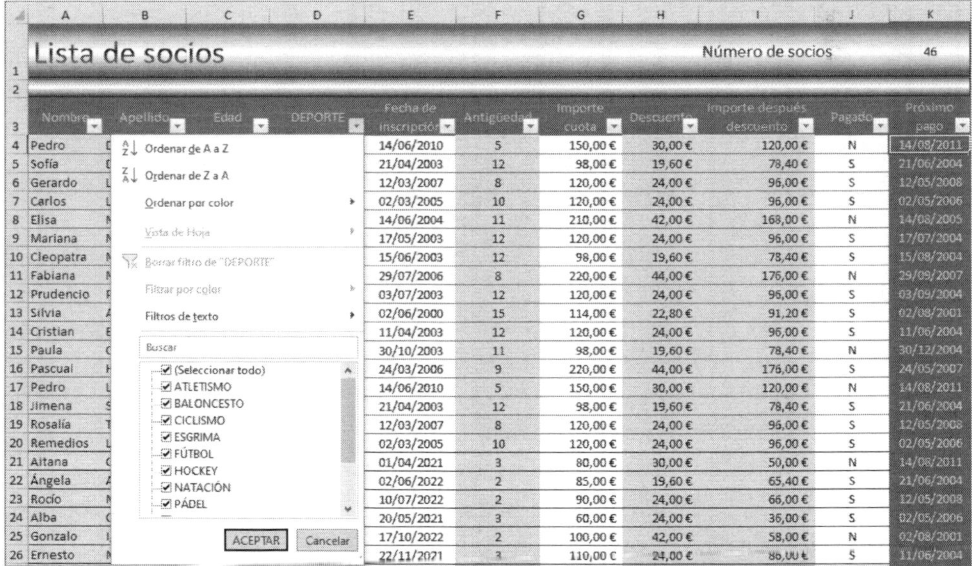

Puede cambiar el tamaño del menú ***Filtro automático*** *arrastrando la esquina inferior derecha.*

- Para ocultar determinados valores, desactive las casillas de verificación correspondientes a los valores que desea ocultar.

Para ver valores, resulta más rápido desactivar la opción ***(Seleccionar todo)*** *y activar los valores en cuestión.*

- Para buscar un valor preciso, introdúzcalo en el cuadro **Buscar**.

Si ese valor existe en la columna, también se seleccionará. En caso contrario, aparecerá el mensaje ***No hay coincidencias*** *en lugar de la lista de valores.*

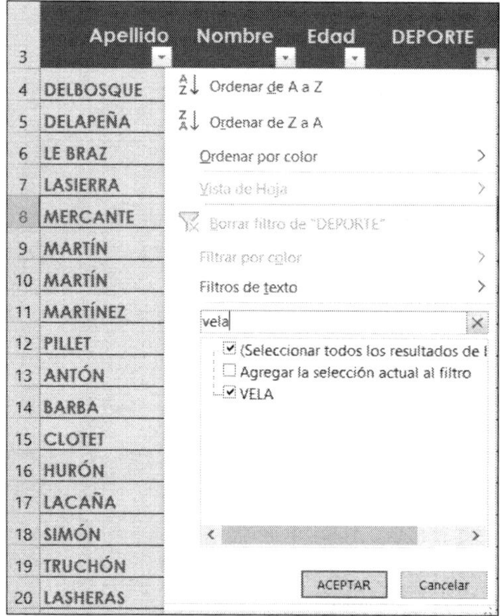

- Para mostrar de nuevo la lista completa de valores, haga clic en la cruz situada a la derecha del cuadro de búsqueda.
- Para filtrar las celdas que no están vacías, active la opción **(Seleccionar todo)** y desactive **(Vacías)**, situada en la parte inferior de la lista de valores. A la inversa, para filtrar las celdas vacías, desactive la opción **(Seleccionar todo)** y active **(Vacías)**.

*La opción **(Vacías)** no aparece si la columna no contiene celdas vacías.*

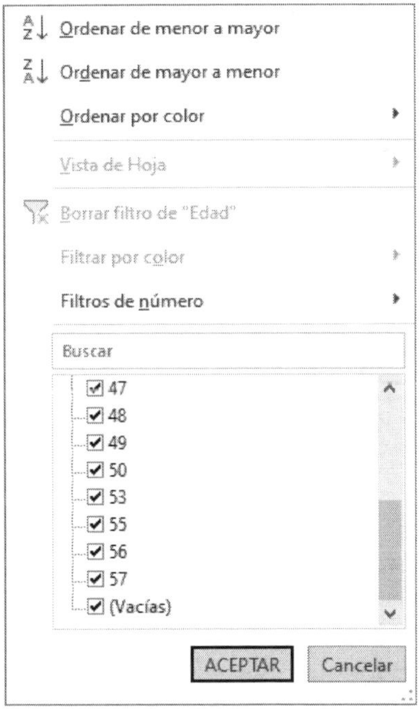

- Haga clic en **ACEPTAR**.

  Solo son visibles las filas correspondientes a los valores seleccionados. Al filtrar una columna, la flecha correspondiente a la lista desplegable aparece de la forma siguiente: . Si señala este botón se abrirá una etiqueta informativa en la que se describe el filtro aplicado.

  Puede personalizar los criterios de filtro o usar filtros específicos para datos de tipo número, fecha, etc.

Filtrar a partir de un color de celda, de fuente o un conjunto de iconos

Si ha aplicado a la tabla un color de relleno en las celdas o un color de fuente, o incluso un formato condicional en forma de conjunto de iconos, puede filtrar los datos en función de uno de esos colores o de un conjunto de iconos.

- Active el filtro automático y abra la lista desplegable asociada a la columna.
- Active la opción **Filtrar por color**.

Esta opción solo está disponible si la columna contiene colores o conjuntos de iconos.

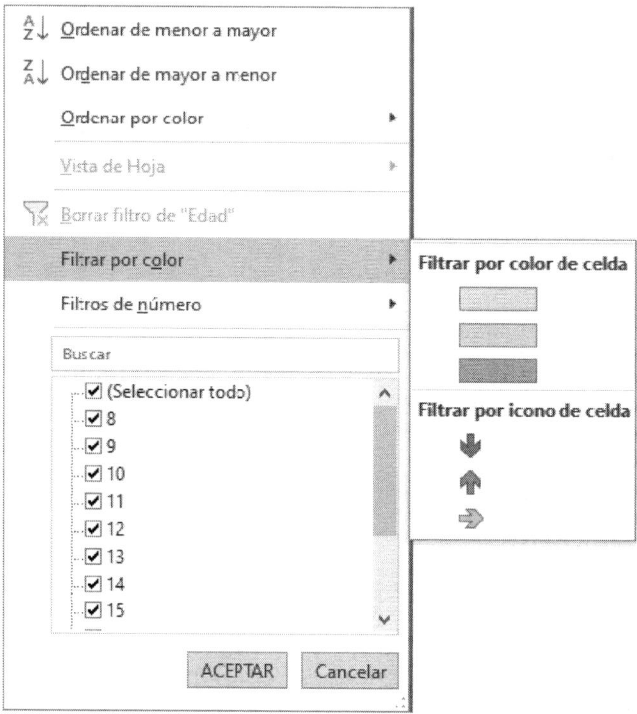

*En función del formato aplicado a la columna, aparecen las opciones **Filtrar por color de celda**, **Filtrar por color de fuente** o **Filtrar por icono de celda**.*

- De acuerdo con el tipo de formato, haga clic en un color de celda, un color de fuente o un icono de celda.

No es posible combinar estos tres tipos de filtro.

Filtrar a partir del contenido y el formato de la celda activa

Puede filtrar rápidamente los datos en función del valor que contiene una celda específica o de su formato.

- Active el filtro automático.
- Haga clic con el botón secundario del ratón en la celda que contenga el valor, el color, el color de fuente o el icono a partir de los cuales se filtrarán las celdas.

- Active la opción **Filtrar** y haga clic en una de las opciones siguientes:

  Filtrar por valor de celda seleccionada para filtrar a partir del contenido texto, número, fecha u hora de la celda.

  Filtrar por color de celda seleccionada para, como indica la opción, filtrar a partir del color de celda.

  Filtrar por color de fuente de la celda seleccionada para filtrar a partir del color de fuente de la celda seleccionada.

  Filtrar por icono de celda seleccionada para filtrar a partir del icono que muestra la celda seleccionada.

Filtrar a partir de un criterio personalizado

La operación consiste en filtrar los datos de acuerdo con valores contenidos en la columna. En función del tipo de datos de la columna, Excel propone tres tipos de filtro: filtros numéricos (para datos de tipo numérico), filtros cronológicos (para datos de tipo fecha) o filtros de texto (para datos alfanuméricos).

- Active el filtro automático y abra la lista desplegable asociada a la columna que contiene los datos en función de los cuales desea aplicar el filtro.
- De acuerdo con el tipo de datos de la columna, haga clic en la opción **Filtros de número**, **Filtros de fecha** o **Filtros de texto**.
- Haga clic en la opción **Filtro personalizado** o en cualquier otra que abra un cuadro de diálogo (por ejemplo: **Es igual a**, **No es igual a**, **Mayor que**, **Antes**, etc.).

  *Cualquiera que sea la opción escogida, se abrirá el cuadro de diálogo **Autofiltro personalizado**. Si ha seleccionado una opción diferente de **Filtro personalizado**, la primera lista del cuadro de diálogo mostrará el término correspondiente a la opción escogida (p. ej.: **no es igual a** o **es anterior a**).*
- Seleccione el operador de comparación en la primera lista.
- Active el cuadro siguiente e introduzca o seleccione el valor de comparación. Puede usar caracteres genéricos como **?** para reemplazar un solo carácter o ***** para reemplazar una serie de caracteres.

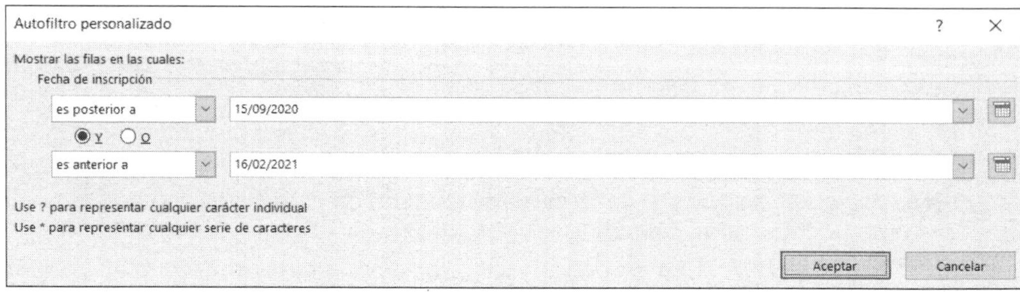

Para los filtros de fecha puede hacer clic en el ***Selector de fecha*** *y seleccionar una fecha en el calendario desplegable.*

Las opciones ***Y*** *y* ***O*** *permiten definir varios criterios de filtro (véase Filtrar a partir de varios criterios).*

- Haga clic en **Aceptar**.

Usar filtros específicos para los tipos de datos

Filtrar a partir de un intervalo de datos (filtro por número o por fecha)

- Active el filtro automático y abra la lista desplegable asociada a la columna.
- Active la opción **Filtros de fecha** o **Filtros de número** y haga clic en la opción **Entre**.
- En el cuadro de diálogo **Autofiltro personalizado** que aparece, especifique el valor inferior del intervalo con respecto al operador de comparación (**es posterior o igual a** o **mayor o igual a**).
- Compruebe que está activa la opción **Y**.
- Especifique el valor superior del intervalo con respecto al segundo operador de comparación (**es menor o igual a** o **es inferior o igual a**).
- Haga clic en el botón **Aceptar**.

Filtrar a partir de los valores máximos o mínimos (filtro numérico)

- Active el filtro automático y abra la lista desplegable asociada a la columna.
- Active la opción **Filtros de número** y luego la opción **Diez mejores**.
- Indique qué valores desea obtener, los máximos (**superiores**) o los mínimos (**inferiores**).
- Especifique el número de filas que desea ver, correspondientes a su criterio.

- En la última lista del cuadro de diálogo, seleccione la opción **Elementos** para filtrar las filas correspondientes al criterio establecido o la opción **Por ciento** para filtrar un número de filas correspondiente al porcentaje del número total de valores de la lista.

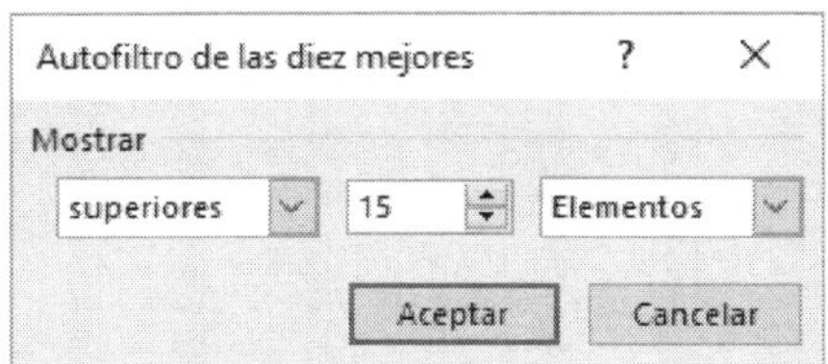

- Haga clic en **Aceptar**.

Filtrar a partir de la media de los valores (filtro numérico)

- Active el filtro automático y abra la lista desplegable asociada a la columna.
- Active la opción **Filtros de número** y luego una de las opciones siguientes:

Superior al promedio	Para filtrar los datos correspondientes a los valores que excedan el promedio.
Inferior al promedio	Para filtrar los datos correspondientes a los valores que están por debajo del promedio.

Los números superiores e inferiores al promedio son función del rango de celdas o de la columna de la tabla de origen, y no del posible subconjunto de datos filtrados.

Usar un filtro dinámico (filtro por fecha)

Los filtros dinámicos ofrecen la posibilidad de cambiar los criterios al volver a aplicar el filtro.

- Active el filtro automático y abra la lista desplegable asociada a la columna.
- Active la opción **Filtros de fecha** y haga clic en una de las opciones correspondientes a una fecha definida previamente (**Mañana**, **Hoy**, **Ayer**, **Próxima semana**, etc.).

*La opción **Todas las fechas en el periodo** permite filtrar por periodos (por ejemplo, **Enero** o **Trimestre 3**).*

*La opción **Este año** devuelve fechas futuras del año en curso, mientras que la opción **Hasta la fecha** solo devuelve las fechas hasta la fecha señalada como fecha límite (incluida).*

Filtrar a partir de varios criterios

Dos criterios para una misma columna

- Active el filtro automático y abra la lista desplegable asociada a la columna.
- De acuerdo con el tipo de datos de la columna, haga clic en la opción **Filtros de número**, **Filtros de fecha** o **Filtros de texto.**
- Haga clic en la opción **Filtro personalizado.**
- Concrete el primer criterio de filtro en la primera lista: especifique el operador y el valor de comparación.
- Especifique cómo deben concatenarse los dos criterios:
  - Mediante **Y** lógico: para que Excel filtre los datos que respondan simultáneamente a todos los criterios.
  - Mediante **O** lógico: para que Excel filtre los datos que respondan a uno u otro de los criterios.
- Especifique el segundo criterio de filtro en la segunda lista: especifique el operador y el valor de comparación.

  En este ejemplo solo se muestran las filas con una fecha de inscripción comprendida entre el 15/09/2020 y el 16/02/2021.

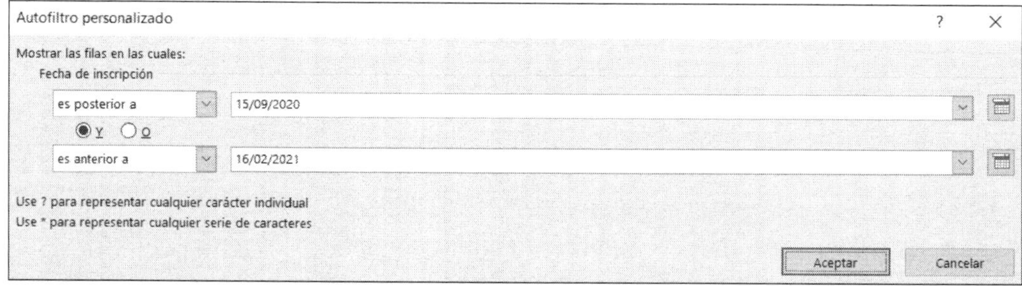

- Haga clic en **Aceptar**.

No es posible establecer un criterio de contenido y un criterio de formato en una misma columna.

Varios criterios en columnas diferentes

- Active el filtro automático.
- Defina cada criterio en su columna respectiva.

Los filtros son acumulativos, es decir, cada filtro complementario se basa en el filtro activo, lo que reduce aún más el subconjunto de datos.

Es posible establecer un criterio de contenido y un criterio de formato en columnas diferentes.

Borrar un filtro o todos los filtros

La operación consiste, simplemente, en volver a ver todos los datos.

- Para desactivar el filtro de una columna, abra la lista desplegable asociada a la columna y active la opción **Borrar filtro** de "nombre de la columna".
- Para desactivar todos los filtros, haga clic en el botón **Ordenar y filtrar** del grupo **Edición** (pestaña **Inicio**) y haga clic en la opción **Borrar**.

*También se puede desactivar el filtrado automático (pestaña **Inicio** - botón **Ordenar y filtrar** - **Filtro**) para volver a mostrar todos los datos de la tabla.*

Filtrar datos con un filtro complejo

Los filtros complejos necesitan la creación previa de una zona de criterios en la que usted mismo introducirá los criterios de filtro. A continuación podrá filtrar los datos directamente en la lista, pero también copiarlos en otras ubicaciones.

Crear una zona de criterios

- Encima o al lado de los datos que se van a filtrar deberá haber varias filas y columnas vacías.
- En la primera de esas filas vacías, introduzca o copie el nombre de los encabezados de columnas que servirán para definir los criterios.
- En las filas de debajo introduzca los criterios que deben respetarse, sin olvidar las siguientes consignas:
  - para vincular criterios con **O** lógico, introdúzcalos en varias filas.
  - para vincular criterios con **Y** lógico, introdúzcalos en varias columnas.
  - para vincular criterios con **Y** y **O** lógicos, introdúzcalos en varias filas y columnas.

Ejemplos:

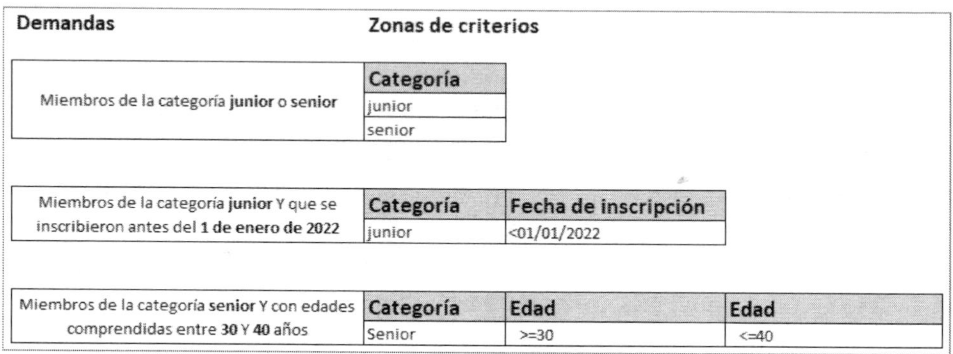

Demandas	Zonas de criterios		
Miembros de la categoría **junior** o **senior**	**Categoría**		
	junior		
	senior		
Miembros de la categoría **junior** Y que se inscribieron antes del **1 de enero de 2022**	**Categoría**	**Fecha de inscripción**	
	junior	<01/01/2022	
Miembros de la categoría **senior** Y con edades comprendidas entre **30** Y **40** años	**Categoría**	**Edad**	**Edad**
	Senior	>=30	<=40

Filtrar datos a partir de una zona de criterios

- Haga clic en la celda de la tabla que contiene los datos que se han de filtrar.
- Active la pestaña **Datos** y haga clic en el botón **Avanzadas** del grupo **Ordenar y filtrar**.

  Se abre el cuadro de diálogo ***Filtro avanzado****. En él aparece seleccionada la opción* ***Filtrar la lista sin moverla a otro lugar****.*
- Especifique, si es preciso, las referencias de las celdas que contienen los datos en el cuadro **Rango de la lista**.
- Haga clic en el cuadro **Rango de criterios** y en el botón [↑] para seleccionar el cuadro de criterios creado previamente. A continuación, haga clic en el botón [↓] para agrandar de nuevo el cuadro de diálogo.

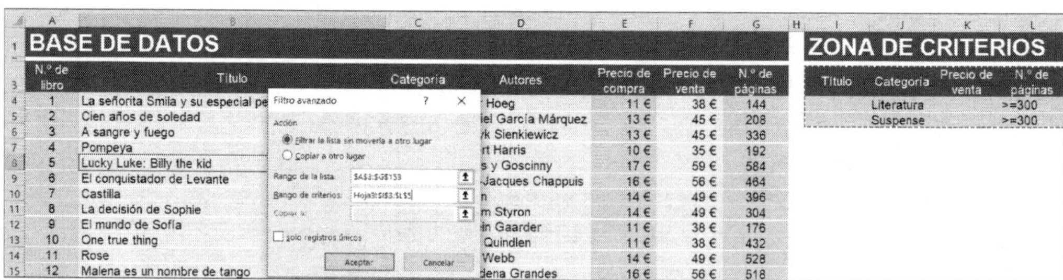

- Marque la opción **solo registros únicos** para filtrar las fichas retirando las repeticiones.

- Haga clic en **Aceptar**.

  Solo se mostrarán las filas que respondan a los criterios establecidos.
- Para ver de nuevo todas las filas, borre el filtro: haga clic en el botón **Borrar** del grupo **Ordenar y filtrar** de la pestaña **Datos.**

Copiar los datos que respondan a un filtro complejo

- Prepare una ubicación vacía cerca de la tabla de origen.
- Cree, si es preciso, una zona de criterios.
- Haga clic en una de las celdas de la tabla que contiene los datos que desea copiar.
- Haga clic en el botón **Avanzadas** del grupo **Ordenar y filtrar** de la pestaña **Datos.**
- Active la opción **Copiar a otro lugar**.
- Especifique, si es preciso, las referencias de la tabla (**Rangos**) y el rango de criterios (**Rango de criterios**).
- Entre en el cuadro **Copiar a** y haga clic en el botón para seleccionar la celda superior izquierda de la zona en la que desea copiar las filas. A continuación haga clic en el botón para agrandar de nuevo el cuadro de diálogo.
- Haga clic en **Aceptar**.

Filtrar una tabla de datos por medio de segmentaciones

*Con Excel Microsoft 365 es posible filtrar una tabla de datos utilizando **segmentaciones**.*

- Cree una tabla de datos (véase el capítulo Tablas de datos - Crear una tabla de datos) y haga clic en una de sus celdas.

  *Inmediatamente se activa la pestaña contextual **Diseño de tabla**.*
- Haga clic en la herramienta **Insertar segmentación de datos** del grupo **Herramientas** de la pestaña **Herramientas de tabla - Diseño.**
- Marque el campo o los campos de la tabla de datos para los que desea crear un filtro de segmentación.

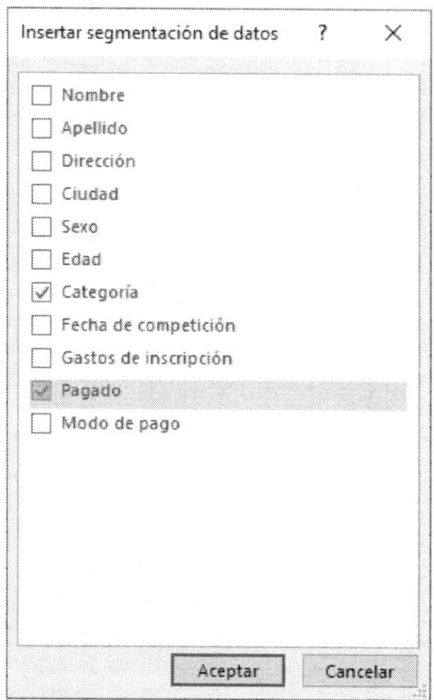

⎆ Haga clic en **Aceptar**.

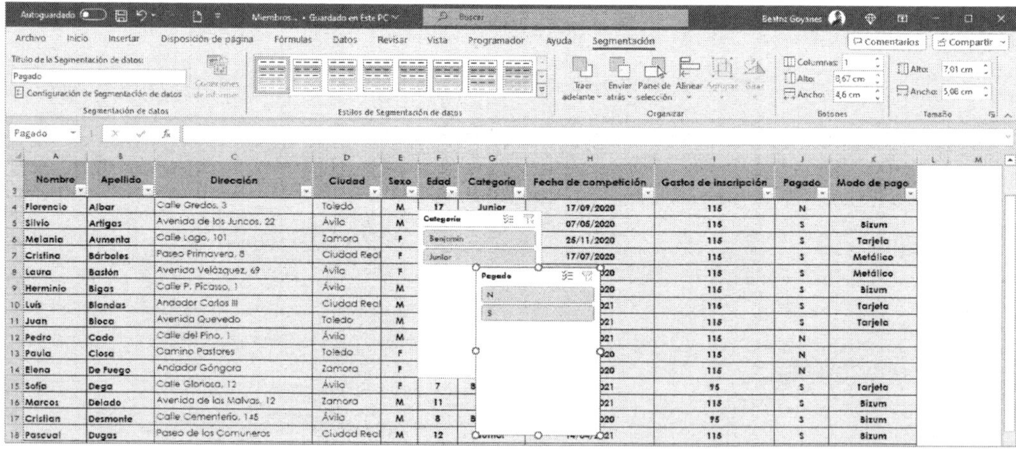

En este ejemplo, se superponen dos filtros de segmentación. Puede mover estos paneles arrastrando su barra de título, así como cambiar su tamaño arrastrando uno de sus ángulos.

*Observe asimismo la aparición de una nueva pestaña contextual **Segmentación**, que se muestra cuando uno de los filtros de segmentación (paneles) está activado.*

- Para filtrar los datos de la tabla, haga clic en uno de los botones del filtro de segmentación.

  Para añadir filtros adicionales, mantenga pulsada la tecla Ctrl, o haga clic en la herramienta **Selección múltiple**, en la parte superior del panel, y haga clic en los botones de los filtros que desea aplicar.

  Las modificaciones se aprecian automáticamente en la hoja de cálculo.

- Para cancelar un filtro, haga clic en la herramienta **Borrar** o haga clic con el botón derecho en el panel correspondiente y escoja la opción **Borrar filtro de «nombre del campo»**.

  Por defecto, el estilo del filtro de segmentación retoma el estilo de la tabla a la que se refiere.

  Preste atención: las modificaciones que efectúe en la tabla una vez creado el filtro de segmentación no se tendrán en cuenta para la segmentación.

- Para modificar el formato de un filtro de segmentación, haga clic en el filtro en cuestión, seleccione el filtro que quiera en el grupo **Estilos de Segmentación de datos** de la pestaña contextual **Segmentación**.
- Para cambiar la configuración de la segmentación activa, haga clic en la herramienta **Configuración de Segmentación de datos** del grupo **Segmentación de datos** (pestaña contextual **Segmentación**).

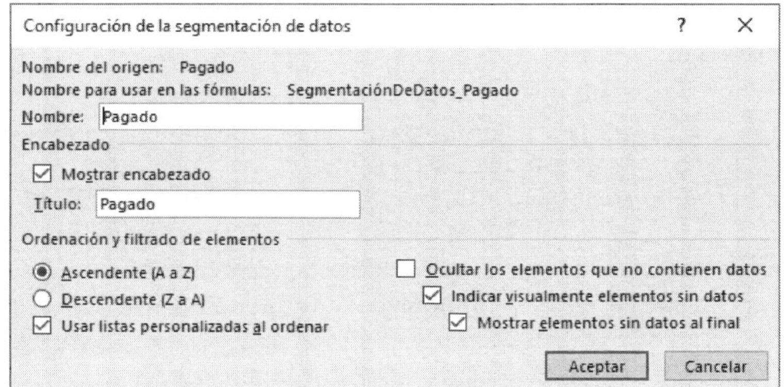

- Efectúe los cambios y confirme pulsando el botón **Aceptar**.
- Para eliminar un filtro de segmentación, haga clic en su barra de título y pulse Supr.

*También puede hacer clic con el botón derecho en el panel y a continuación escoger la opción **Quitar «nombre del filtro»**.*

Efectuar estadísticas de los datos filtrados mediante una zona de criterios

Estos cálculos estadísticos harán referencia a las filas cuyos valores respondan a los criterios definidos en la zona de criterios.

- Cree la zona de criterios adecuada e introduzca los criterios (véase Filtrar datos con un filtro complejo).
- Seleccione la celda en la que desea que se muestre el resultado y use las funciones siguientes:

=BDCONTAR (BDD;nombre_de_campo;criterios)	cuenta el número de celdas.
=BDSUMA(BDD;nombre_de_campo; criterios)	suma los valores del campo.
=BDPROMEDIO (BDD;nombre_de_campo;criterios)	devuelve el promedio de los valores del campo.
=BDMAX (BDD; nombre_de_campo; criterios)	extrae el valor máximo del campo.
=BDMIN (BDD; nombre_de_campo; criterios)	extrae el valor mínimo del campo.

En las cuales reemplazará:

- **BDD** por la referencia de las celdas que corresponda a la lista de datos sobre la que se realiza el cálculo (incluidas las etiquetas de columna).
- **Nombre_de_campo** por la referencia de la celda que contiene la etiqueta de la columna sobre la que debe hacerse el cálculo; si utiliza la función **BDCONTAR**, debe especificar el valor **0** para este argumento con el fin de que el cálculo se efectúe correctamente.
- **criterios** por las referencias de las celdas que correspondan a la zona de criterios.

Cuando modifique un elemento de la zona de criterios, las estadísticas se actualizarán automáticamente.

Puede encontrar la lista de todas las funciones de base de datos en la categoría **Base de datos** del asistente para funciones (herramienta *fx* en la barra de fórmulas).

Modificar las opciones de diseño de página

- Active la pestaña **Diseño de página**.
- Para modificar los márgenes de impresión, haga clic en el botón **Márgenes** del grupo **Configurar página** y escoja uno de los márgenes preestablecidos: **Normal**, **Ancho** o **Estrecho**, o bien haga clic en la opción **Márgenes personalizados** para definir los valores de los márgenes en las zonas **Superior**, **Izquierdo**, **Derecho** e **Inferior**. En este caso, también puede activar la opción **Horizontalmente** o **Verticalmente** para centrar la tabla con respecto al ancho o al alto de la página.

  Haga clic en el botón **Aceptar** del cuadro de diálogo de personalización de **Márgenes**.

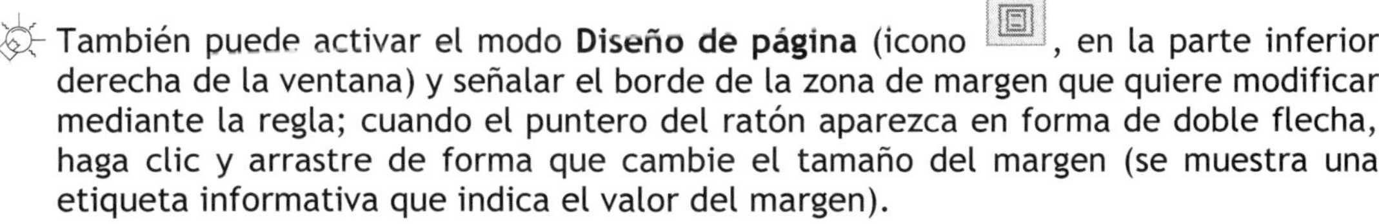

También puede activar el modo **Diseño de página** (icono ▣, en la parte inferior derecha de la ventana) y señalar el borde de la zona de margen que quiere modificar mediante la regla; cuando el puntero del ratón aparezca en forma de doble flecha, haga clic y arrastre de forma que cambie el tamaño del margen (se muestra una etiqueta informativa que indica el valor del margen).

- Para modificar la orientación de las páginas, haga clic en el botón **Orientación** del grupo **Configurar página** y escoja la opción **Vertical** u **Horizontal**.
- Para definir el formato de papel, haga clic en el botón **Tamaño** del grupo **Configurar página**.

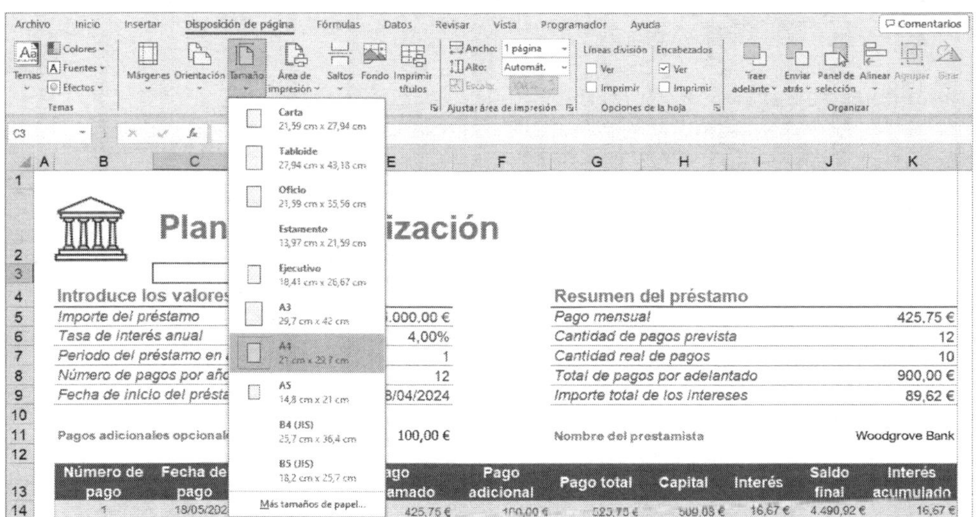

Escoja las opciones propuestas o haga clic en la opción **Más tamaños de papel** para abrir el cuadro de diálogo **Configurar página** y elegir la opción que prefiera en la lista **Tamaño del papel**.

Si desea modificar la escala de impresión:

- Para reducir la altura o la anchura de la página impresa a fin de imprimir varias páginas por hoja, abra la lista asociada al botón **Ancho** o **Alto** (según el caso) del grupo **Ajustar área de impresión** y haga clic en el número de páginas que desee.
- Para ampliar o reducir los datos impresos en función de un porcentaje del tamaño real, seleccione el porcentaje que desee en la zona **Escala** del grupo **Ajustar área de impresión**.

Para volver a las dimensiones originales, seleccione las opciones **Automático** en las listas **Ancho** y **Alto** del grupo **Escala**.

Para imprimir la cuadrícula de la hoja, active la opción **Imprimir** de la zona **Líneas división** del grupo **Opciones de la hoja**.

Incluso si no ha aplicado bordes a las celdas, estas se imprimirán con un borde simple.

*La opción **Ver** de esta zona corresponde a la opción **Líneas de cuadrícula** de la pestaña **Vista** - grupo **Mostrar**, y permite visualizar la cuadrícula de las celdas en la hoja de cálculo.*

Para imprimir las letras representativas de las columnas y los números representativos de las filas, active la opción **Imprimir** de la zona **Encabezados** del grupo **Opciones de la hoja**.

*La opción **Ver** de esta zona corresponde a la opción **Títulos** de la pestaña **Vista** - grupo **Mostrar**, y permite ver los números de las filas y las letras de las columnas en la hoja de cálculo.*

También puede accederse a algunas de las funciones descritas aquí desde la pestaña **Archivo** - botón **Imprimir** (véase el capítulo Impresión - Imprimir un libro/una hoja/una selección).

Crear un área de impresión

Si no desea imprimir toda la hoja de cálculo, puede definir un área de impresión. Este área corresponde a la parte de la hoja que va a imprimirse.

- Seleccione el área que desea imprimir.
- Active, si es preciso, la pestaña **Diseño de página**.
- Haga clic en el botón **Área de impresión** del grupo **Configurar página** y luego en la opción **Establecer área de impresión**.

  Cuando se define una nueva área de impresión, Excel sustituye la última área creada por la nueva.
- Para agregar una nueva parte a la impresión, selecciónela y haga clic en el botón **Área de impresión** y luego en la opción **Agregar al área de impresión**. Si desea agregar más áreas, lleve a cabo la misma operación.

  Las diferentes áreas de impresión se imprimirán en páginas diferentes.
- Para eliminar el área de impresión e imprimir de nuevo toda la hoja de cálculo, haga clic en el botón **Área de impresión** y luego en la opción **Borrar área de impresión**.

Insertar y eliminar un salto de página manual

Cuando imprime una tabla relativamente grande, o una hoja de cálculo que contiene varias tablas, puede insertar manualmente un salto de página para repartir los datos que hay que imprimir en varias hojas.

- Active la celda a partir de la cual los datos se imprimirán en otra página.

  El salto de página se insertará encima y a la izquierda de la celda activa.
- Active la pestaña **Diseño de página**, haga clic en el botón **Saltos** del grupo **Configurar página** y luego en la opción **Insertar salto de página**.

  *En modo **Vista - Ver salt. Pág.**, el salto de página queda representado mediante una línea azul.*
- Para eliminar un salto de página, active una celda de la fila o de la columna que le sigue, haga clic en el botón **Saltos** y en la opción **Quitar salto de página**.
- Para eliminar todos los saltos de página manuales, active cualquier celda de la hoja, haga clic en el botón **Saltos** y en la opción **Restablecer todos los saltos de página**.

Recordemos que los saltos de página pueden moverse desde el modo **Ver salt. Pág.**, pestaña **Vista**, grupo **Vistas de libro** (véase el capítulo Vista).

Repetir filas y columnas en cada página impresa

Cuando imprime una tabla grande en varias hojas de papel, puede resultar útil repetir los encabezados de las filas o las columnas en cada página impresa.

- Active la pestaña **Disposición de página** y haga clic en el botón **Imprimir títulos** del grupo **Configurar página.**

  Se abre el cuadro de diálogo ***Configurar página****, con la ficha* ***Hoja*** *en primer término.*

- Haga clic en el botón del cuadro **Repetir filas en extremo superior** y del cuadro **Repetir columnas a la izquierda**, según el caso, y seleccione, en la hoja, las filas o columnas que desea repetir.

  En este ejemplo, las filas 2, 3 y 4 se imprimirán en todas las páginas.

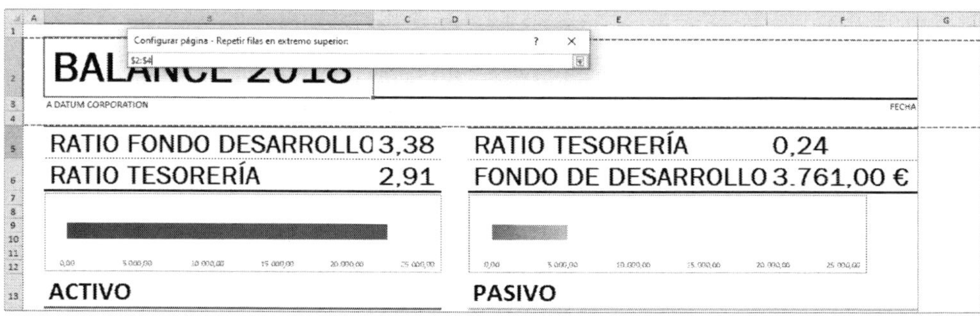

- Haga clic en el botón para ver otra vez todo el cuadro de diálogo.
- Haga clic en **Aceptar**.

Diseño de página

Crear y administrar encabezados y pies de página

El contenido del encabezado se imprime en la parte superior de la página y el contenido del pie se imprime en la parte inferior. Dispone de tres cuadros de texto para cada encabezado o pie de página: a la izquierda, centrado y a la derecha.

Acceder a la zona de encabezado o de pie de página

Active la hoja y seleccione una de las siguientes técnicas:

- En vista Normal, active la pestaña **Insertar** y haga clic en el botón **Encabez. pie de pág.** del grupo **Texto**.

  *Esta técnica activa por sistema la vista **Diseño de página**.*

- En vista **Diseño de página**, haga clic en uno de los cuadros situados en el margen superior.

*El punto de inserción parpadea en la parte central del **Encabezado** y aparece la pestaña contextual **Encabezado y pie de página**.*

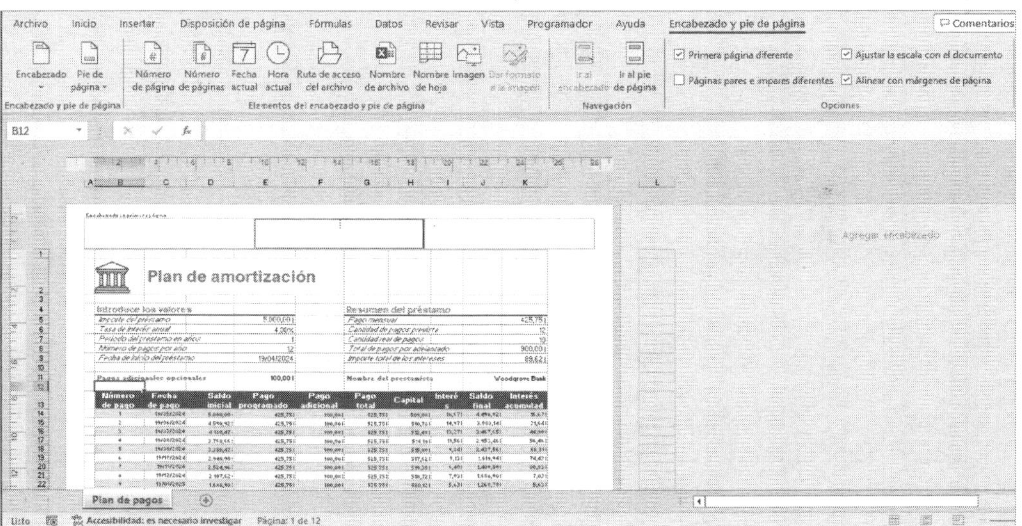

Para activar una de las otras dos zonas de texto, haga clic dentro de ella o use la tecla ⇥.

- Para pasar del encabezado al pie de página, haga clic en el botón **Ir al pie de página** del grupo **Navegación**. Para volver a activar el encabezado, haga clic en el botón **Ir al encabezado**.
- Para salir del encabezado o del pie de página, haga clic en la hoja de cálculo o pulse [esc].

Insertar un encabezado o pie de página predefinido

- Acceda al cuadro de encabezado o de pie de página.
- Para insertar un encabezado, abra la lista **Encabezado** del grupo **Encabezado y pie de página**, perteneciente a la pestaña contextual **Encabezado y pie de página**. Para insertar un pie de página, abra la lista **Pie de página**.

  Cuando Excel propone un solo contenido, este aparece en la zona central; cuando propone varios, estos aparecen separados por punto y coma y pueden verse en los cuadros izquierdo, central y derecho.

  *La opción **(ninguno)** permite borrar el encabezado o el pie de página.*
- Haga clic en el contenido deseado.

  Sea cual sea la posición de partida, Excel inserta el encabezado y el pie de página en zonas determinadas.

Insertar un encabezado o pie de página personalizado

- Entre en el cuadro de encabezado o pie de página y active el cuadro de texto haciendo clic sobre él.
- Introduzca el texto deseado; use la tecla [↵] para crear varias líneas.

  *Para insertar el signo & («y» comercial) en el texto de un encabezado o pie de página, escríbalo dos veces. Por ejemplo, para incluir «Proveedores & servicios» en un encabezado, escriba **Proveedores && servicios**.*
- Para insertar contenidos concretos, haga clic en el botón correspondiente del grupo **Elementos del encabezado y pie de página** de la pestaña contextual **Encabezado y pie de página: Número de página**, **Número de páginas**, **Fecha actual**, **Hora actual**, **Ruta de acceso del archivo** (para insertar la ruta de acceso y el nombre del archivo activo), **Nombre de archivo** o **Nombre de hoja**.

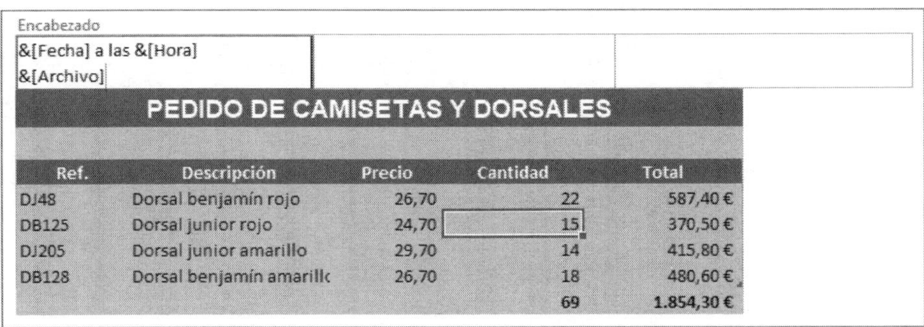

Los contenidos concretos corresponden a un código que aparece entre corchetes.

- Para dar formato a los caracteres, selecciónelos y use las herramientas de la pestaña **Inicio**.

Definir las opciones de encabezado y pie de página

- Entre en el cuadro de encabezado o pie de página de la hoja.
- Active las opciones siguientes del grupo **Opciones** de la pestaña **Encabezado y pie de página**:

  Primera página diferente para diferenciar el encabezado y el pie de página de la primera página impresa. En esos casos, especifique el encabezado y el pie en la primera página y luego en una de las demás.

  Páginas pares e impares diferentes para insertar un encabezado o un pie de página diferente en las páginas pares e impares. En esos casos, especifique el encabezado y el pie en una de las páginas impares y luego en una de las pares.

  Ajustar la escala con el documento para usar el mismo tamaño de fuente y la misma escala que la de la hoja de cálculo.

  Alinear con márgenes de página para alinear el margen del encabezado o del pie con los márgenes derecho e izquierdo de la hoja de cálculo.

Eliminar encabezados y pies de página

- Entre en el cuadro de encabezado o pie de página de la hoja.
- Seleccione el contenido que desea eliminar y pulse Supr.

  o

  Abra la lista **Encabezado** o **Pie de página** del grupo **Encabezado y pie de página**, pestaña **Encabezado y pie de página**, y active la opción **(ninguno)**.

Crear una imagen de fondo

Al contrario de lo que ocurre con los fondos de hoja, que no pueden imprimirse, Excel Microsoft 365 ofrece la posibilidad de insertar una imagen como encabezado o pie de página para imprimirla como fondo del texto de la hoja.

- Cree o modifique el encabezado o pie de página de la hoja de cálculo y luego haga clic en el cuadro de texto que va a contener la imagen.
- Haga clic en el botón **Imagen** del grupo **Elementos del encabezado y pie de página**, pestaña **Encabezado y pie de página**.

  *Se abre el cuadro de diálogo **Insertar imágenes**.*
- Si la imagen está almacenada en el equipo, active la opción **Desde un archivo**.
- Entre en la carpeta que contiene la imagen que desea usar y haga doble clic en el archivo **Imagen**
- Para buscar una imagen en Internet, escriba lo que desea encontrar en el cuadro de **Búsqueda de imágenes de Bing** y pulse ↵ para ver los resultados.

  A continuación haga clic en la imagen que desea utilizar y en el botón **Insertar**.
- Para usar una imagen almacenada en su espacio OneDrive, haga clic en **OneDrive - Personal** o en **OneDrive - nombre de la empresa** y en la carpeta que contiene la imagen.

  Seleccione la imagen que desea utilizar y haga clic en **Insertar**.
- Para cambiar el tamaño de la imagen o ajustarla a escala, haga clic en el botón **Dar formato a la imagen** del grupo **Elementos del encabezado y pie de página** y seleccione, en el cuadro de diálogo **Formato de imagen**, las opciones de la pestaña **Tamaño** que le parezcan adecuadas. Haga clic en **Aceptar**.

Usar la técnica de las vistas

*Una **vista** permite «grabar» un área de impresión, la configuración del diseño de página, la configuración del filtro, filas y columnas ocultas, etc. Activando la vista se activan automáticamente las opciones guardadas.*

Crear una vista

- Prepare la impresión de la hoja (diseño de página, área de impresión, columnas ocultas, etc.).
- Active la pestaña **Vista** y haga clic en el botón **Vistas personalizadas** del grupo **Vistas de libro.**
- Haga clic en **Agregar**.
- Introduzca el **Nombre** de la vista que se está elaborando.
- Especifique si la vista debe guardar la **Configuración de impresora** y la **Configuración de filas ocultas, columnas ocultas y filtros** marcando las opciones correspondientes.

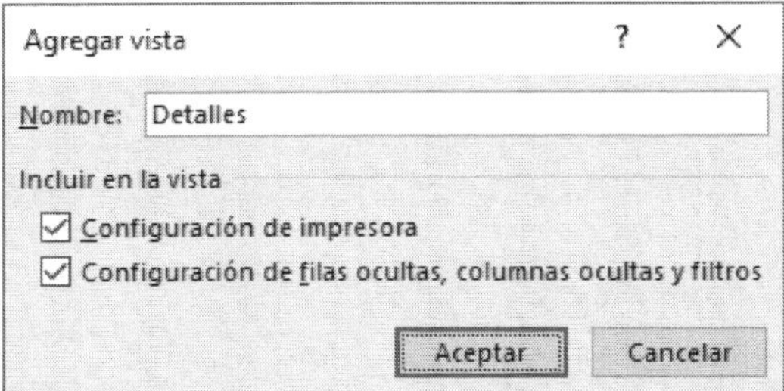

- Haga clic en el botón **Aceptar**.

Usar una vista

- Active la pestaña **Vista** y haga clic en el botón **Vistas personalizadas** del grupo **Vistas de libro.**
- Haga clic en el nombre de la vista que desea usar y luego en **Mostrar**.

El botón **Eliminar** permite eliminar la vista seleccionada de la lista **Vistas**.

Usar la vista preliminar

La operación consiste en visualizar las hojas del libro tal y como estas van a imprimirse.

- Active la hoja que desea visualizar.
- Haga clic en la pestaña **Archivo** y luego en el botón **Imprimir** (Ctrl **P**).

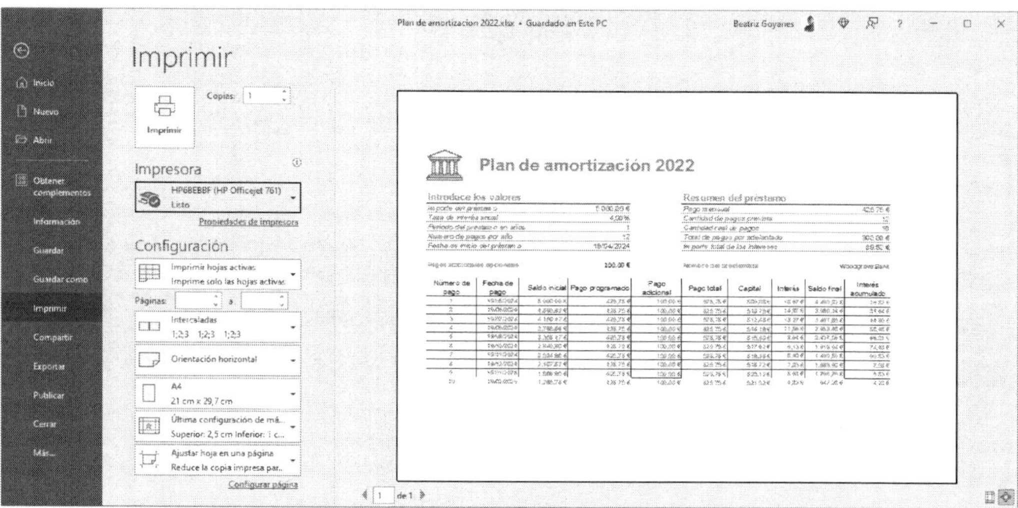

En la parte derecha de la pantalla aparece una imagen reducida de la hoja que muestra cómo va a imprimirse. Si su impresora no gestiona el color, la vista previa se mostrará en blanco y negro. En la barra de estado, Excel informa sobre el número de la página activa y el número total de páginas que se van a imprimir.

- Para agrandar la vista preliminar, haga clic en el icono **Toda a la página**, situado abajo a la derecha.
- Para volver a la vista reducida, haga clic de nuevo en el icono **Toda a la página**.
- Para ver otra página, use las flechas situadas al lado de los números de página.
- Para mostrar todas las hojas de cálculo del libro, abra la primera lista de **Configuración** y haga clic en la opción **Imprimir todo el libro**.

- Para modificar los márgenes y el ancho de las columnas, haga clic en el icono **Mostrar márgenes** [icono], situado en la parte inferior derecha de la vista previa.
  Aparecen entonces varios indicadores:

- Desplace los indicadores que le convengan.
- Para iniciar la impresión, verifique las opciones de impresión y haga clic en el botón **Imprimir**.
- Para salir de la vista preliminar sin iniciar la impresión, haga clic en [botón] o pulse [esc].

Las opciones del apartado **Configuración** del panel central de la ventana permiten modificar las opciones de diseño de página (orientación, formato del papel, etc.) (véase Imprimir un libro/una hoja/una selección).

Imprimir un libro/una hoja/una selección

- Haga clic en la pestaña **Archivo** y luego en la opción **Imprimir** o Ctrl **P**.
- Para seleccionar otra impresora distinta de la establecida por defecto, abra la lista **Impresora** y haga clic en la impresora que prefiera.
- Para imprimir solo los elementos seleccionados en la hoja activa, abra la primera lista de **Configuración** y haga clic en la opción **Imprimir selección**.

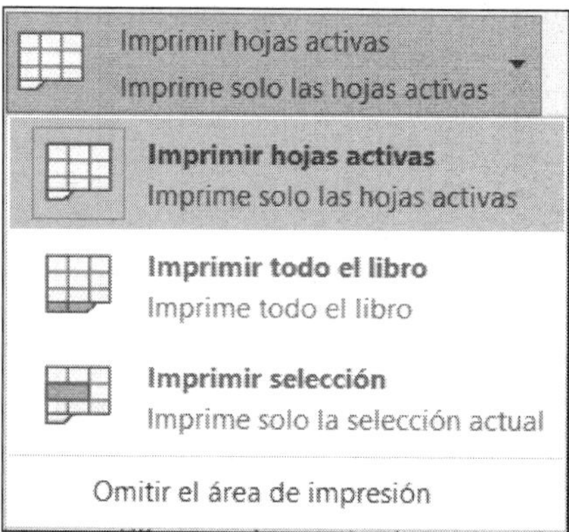

*También puede **Imprimir hojas activas** o **Imprimir todo el libro**.*

- Si la hoja de cálculo contiene zonas de impresión que Excel no debe tener en cuenta, abra la primera lista desplegable del apartado **Configuración** y haga clic en la opción **Omitir el área de impresión**.
- Para imprimir un grupo de páginas, introduzca el número de la primera y de la última página en los campos **Páginas**.
- Si desea obtener varios ejemplares impresos, introduzca el número de copias que desee en el cuadro **Copias** (a la derecha del botón **Imprimir**).

  Si la impresión requiere varias páginas y usted necesita varios ejemplares, la opción **Intercaladas**, en la lista del apartado **Configuración**, permite la impresión de un ejemplar completo antes de proceder con la impresión de la primera página del ejemplar siguiente.

- Para cambiar las opciones de formato (orientación, tamaño de la página, márgenes), utilice las listas del apartado **Configuración** y escoja las opciones que desee:

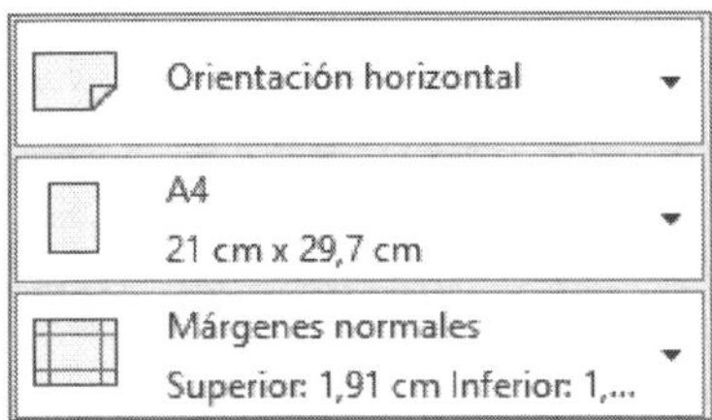

- Si desea imprimir una hoja de cálculo entera en una sola página, puede escalarla. Para ello, abra la última lista del apartado **Configuración** y haga clic en la opción que prefiera:

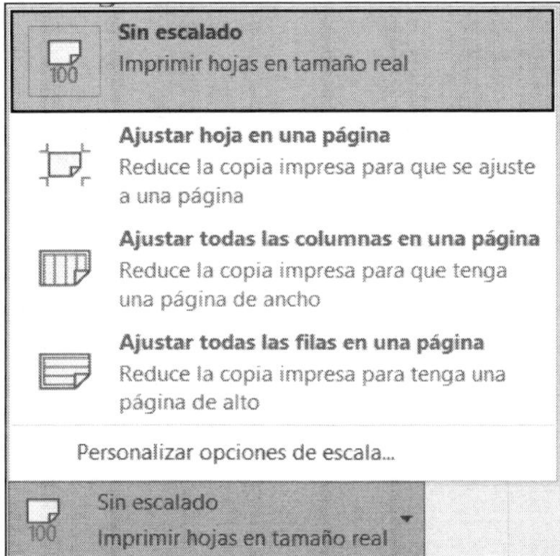

- Cuando se hayan definido todos los parámetros, haga clic en el botón **Imprimir** para que la impresión comience.

Para proceder a una impresión de la hoja activa según la configuración de página actual, haga clic en la herramienta **Impresión rápida**, en la barra de herramientas de **acceso rápido**; si esta herramienta no aparece, agréguela haciendo clic en el botón **Personalizar barra de herramientas de acceso rápido** y marcando la opción **Impresión rápida**.

Crear un gráfico

Seleccione los datos que desea representar en forma de gráfico:

- Si las celdas son contiguas, selecciónelas haciendo clic y arrastrando.
- Si las celdas no son contiguas, selecciónelas haciendo clic y arrastrando al tiempo que mantiene pulsada la tecla Ctrl. Procure que los diferentes rangos de celdas constituyan una forma rectangular.
- Si las celdas están representadas en una tabla de datos, haga clic en una de las celdas que la componen.

Concepto	OESTE	ESTE
Habitación individua	1.722,99 €	1.809,47 €
Habitación doble	926,58 €	1.284,35 €
Desayuno	687,37 €	631,12 €
Media pensión	1.912,18 €	1.560,96 €
Pensión completa	998,46 €	1.015,38 €

Excel considera los bloques seleccionados como un solo bloque rectangular

Concepto	ESTE
Habitación individua	1.809,47 €
Habitación doble	1.284,35 €
Media pensión	1.560,96 €
Pensión completa	1.015,38 €

Crear un gráfico con la herramienta Análisis rápido

*La herramienta **Análisis rápido** integrada en Excel Microsoft 365 permite crear fácilmente un gráfico a partir de datos seleccionados.*

Haga clic en el botón **Análisis rápido** que aparece en la parte inferior derecha de la selección (o Ctrl **Q**).

*La galería **Análisis rápido** está compuesta de diferentes pestañas: **Formato**, **Gráficos**, **Totales**, **Tablas**, **Minigráficos**, con las que puede dar formato a sus datos. La pestaña activa aparece subrayada y en verde.*

DEPORTES	11-12 años	13-14 años	15-16 años	17-18 años	19-20 años	Total
Acrobacias	53	36	38	44	42	213
Aerobic	51	46	36	38	33	204
Gimnasia deportiva	57	53	65	37	35	247
Gimnasia rítmica	38	37	24	29	31	159
Karate	51	44	48	39	45	227
Natación	55	45	43	32	34	209
Danza	57	53	65	42	43	260

Formato Gráficos Totales Tablas Minigráficos

Barras... Barras... Column... Column... Dispersión Más...

Los gráficos recomendados le ayudan a visualizar los datos.

Hoja1 Reserva Deportes

- Active la pestaña **Gráficos** si no lo está aún y señale (sin hacer clic) uno de los cinco modelos que se ofrecen para obtener una vista previa en una ventana individual:

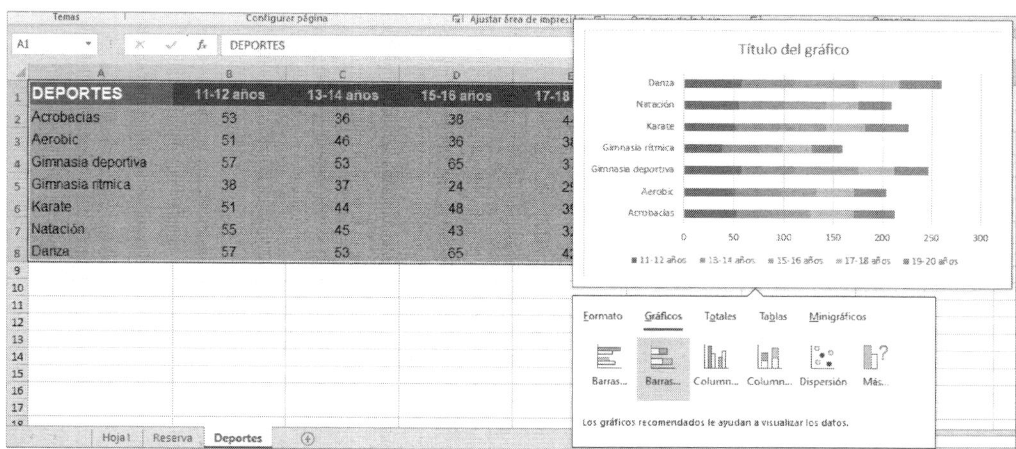

*La opción **Más gráficos** cierra la galería **Análisis rápido** y abre la ventana **Insertar gráfico** (véase subapartado siguiente).*

- Haga clic en el modelo que prefiera para aceptar la creación del nuevo gráfico.

Crear gráficos

Crear un gráfico recomendado

- Una vez efectuada la selección de los datos, active la pestaña **Insertar**.
- En el grupo **Gráficos**, active el botón **Gráficos recomendados** para que Excel pueda sugerir algunos gráficos que se adaptan particularmente bien a los datos seleccionados.
- Active, si no lo está todavía, la pestaña **Gráficos recomendados** de la ventana **Insertar gráfico.**
- En el panel derecho, haga clic en uno de los tipos de gráficos recomendados por Excel.

  En la parte derecha de la ventana, Excel presenta los datos seleccionados con la forma del gráfico escogido y le guía en la elección de uno mostrando comentarios.

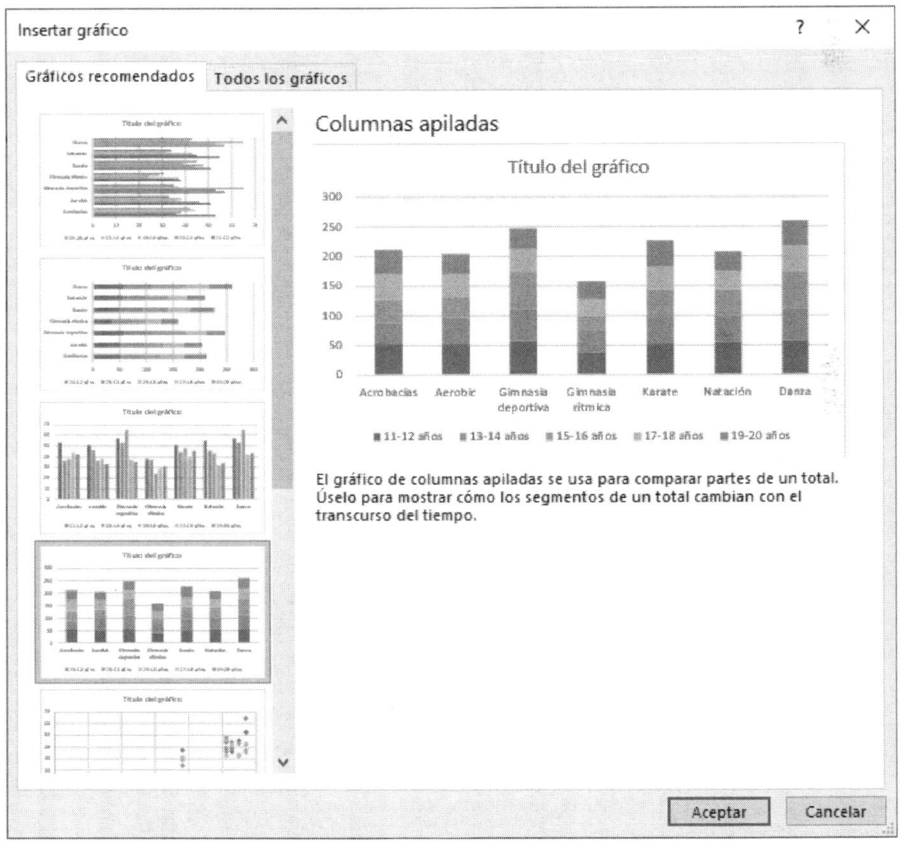

- Si el resultado propuesto le satisface, haga clic en el botón **Aceptar** para confirmar su elección y crear el gráfico.

Escoger el gráfico

- Una vez efectuada la selección de los datos, active la pestaña **Insertar**.
- En el grupo **Gráficos**, abra la lista correspondiente al tipo de gráfico que desea crear y haga clic en una de las plantillas de gráficos disponibles:

Gráfico de columnas o de barras

Los **gráficos de columnas** o **gráficos de barras** permiten ilustrar las variaciones de datos en un periodo determinado y también comparar elementos.

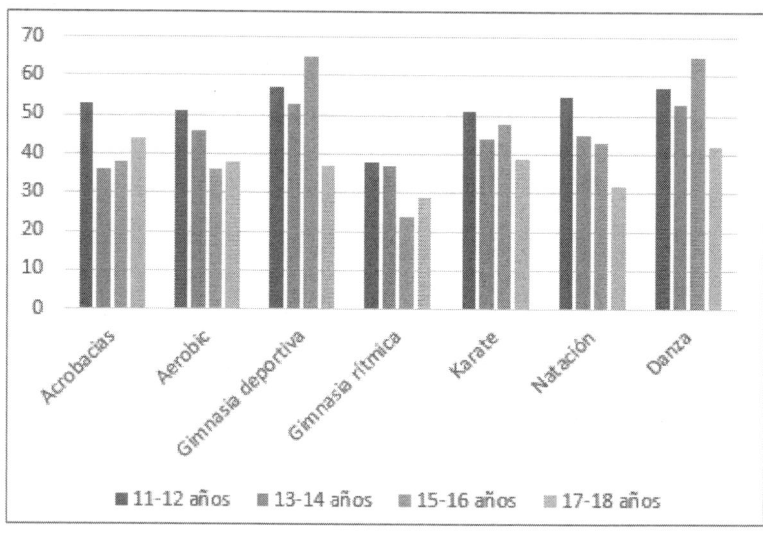

 **Gráfico de líneas o de áreas**

Los gráficos de **Línea** permiten ver datos continuos a lo largo de un periodo determinado. Se definen en relación con una escala normal y son adecuados para representar las tendencias de los datos en intervalos regulares.

Los gráficos de **Área** destacan la amplitud de las variaciones durante un periodo determinado y permiten atraer la atención sobre el valor total de una tendencia.

 **Gráfico circular o de anillos**

El gráfico **Circular** representa el tamaño de los elementos de una sola serie de datos en comparación con la suma total.

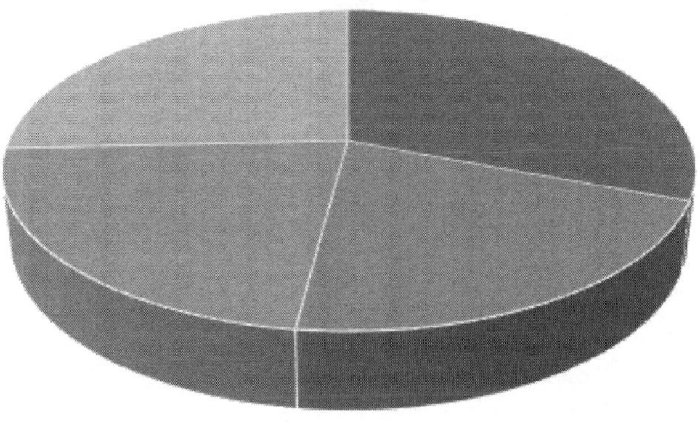

Al igual que los gráficos circulares, los **gráficos de anillos** representan las relación de las diferentes partes con el total, pero pueden contener varias series de datos.

Gráficos de jerarquía (**Rectángulos** y **Proyección solar**)

Los gráficos de tipo **Rectángulo** representan los datos en cuadros rectangulares.

Los gráficos de tipo **Proyección solar** se utilizan como gráficos en sectores.

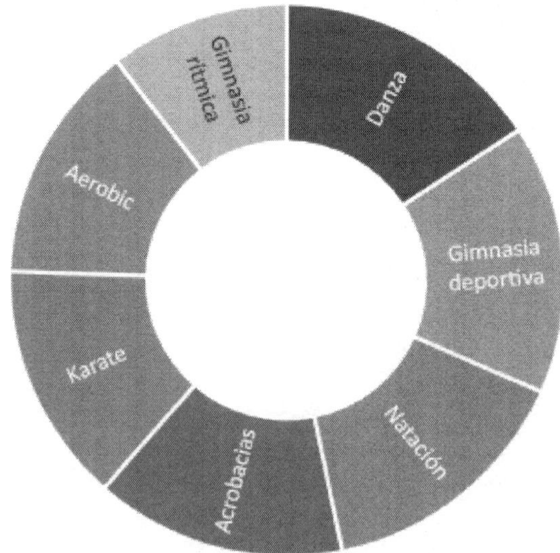

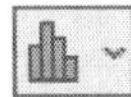 **Gráfico de estadística** (**Histograma**, **Cajas** y **bigotes**)

Los gráficos de estadística de tipo **Histograma** representan la repartición de una serie de datos según el número de veces en las que el dato aparece.

En este ejemplo, el gráfico ***Histograma*** *permite tener una vista sintética del reparto de pedidos por intervalos de fechas.*

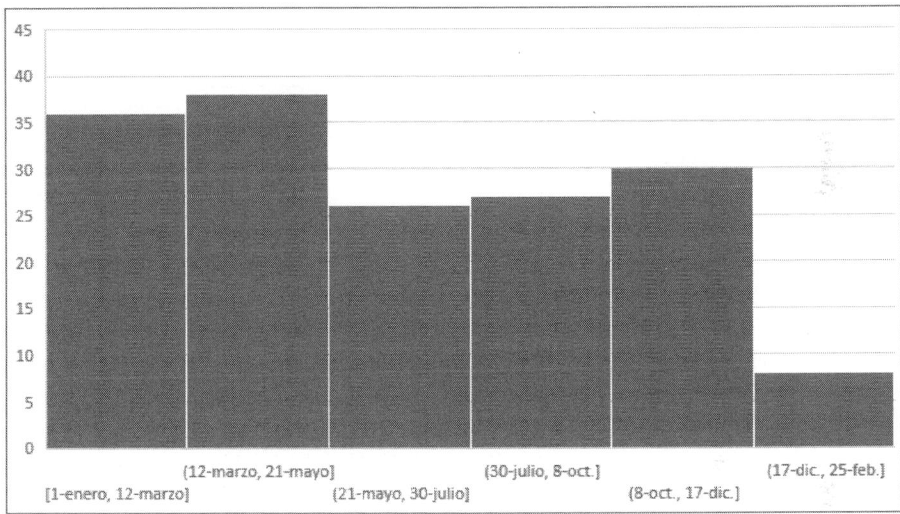

Los gráficos de **Cajas** ilustran la ley de Pareto, también conocida como «regla del 80/20», según la cual el 80 % de los problemas resultan del 20 % de causas. Es una herramienta de análisis y de apoyo en la toma de decisiones usado a menudo en los controles de calidad de los productos, la gestión del stock o el análisis de procesos.

En este ejemplo, el gráfico de ***Pareto*** *permite clasificar las categorías de incidentes en función de su importancia.*

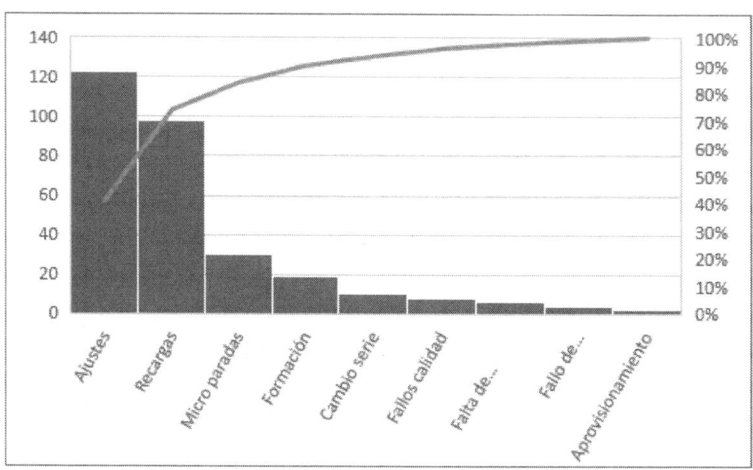

Los gráficos de **Cajas y bigotes**, también conocidos como **diagrama de Tukey**, muestran la distribución de una serie de valores a lo largo de un eje, es decir, su tamaño ordenado, así como su dispersión. Permite visualizar varios parámetros de distribución de una variable: la media, la mediana, el intervalo intercuartil y el valor máximo y mínimo de la serie.

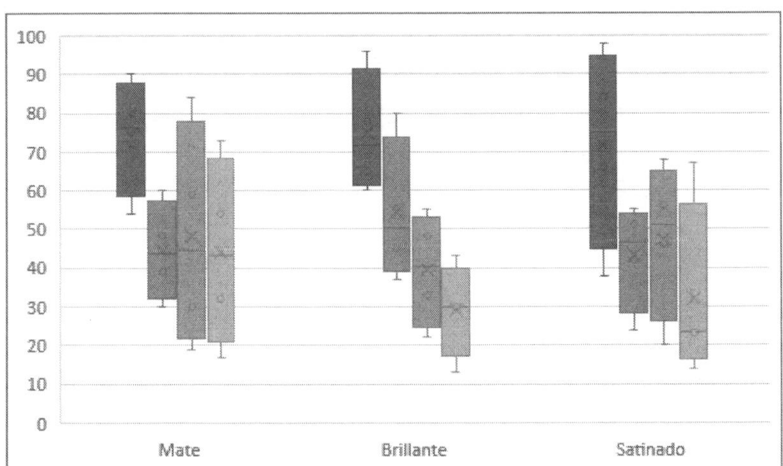

Gráfico de dispersión (X, Y) o de burbuja

Los gráficos de **Dispersión** representan las relaciones entre los valores numéricos de varias series de datos.

Los gráficos en **Burbuja** se utilizan para representar datos dispuestos en columnas (los valores X indicados en la primera columna; los valores Y correspondientes y los valores del tamaño de las burbujas aparecen en las columnas adyacentes).

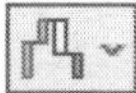

Gráfico de cascada, embudo, cotizaciones, superficie o radial

Los gráficos de **Cascada** se utilizan para representar detalladamente las variaciones positivas o negativas de los gráficos de barras. La mayor parte de las veces se usan para representar las diferentes etapas de constitución de una cuenta de resultados o para analizar los motivos de alzas o bajas en los precios, duraciones, etc., así como los factores implicados y la contribución de cada uno de ellos.

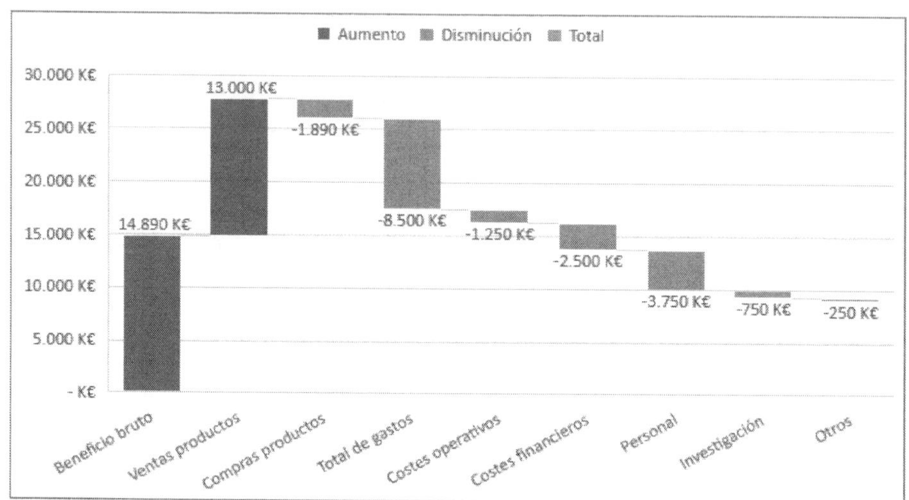

Los gráficos de **Embudo** son los gráficos de síntesis que permiten mostrar los datos en forma de barras que representan las diferentes etapas de un proceso.

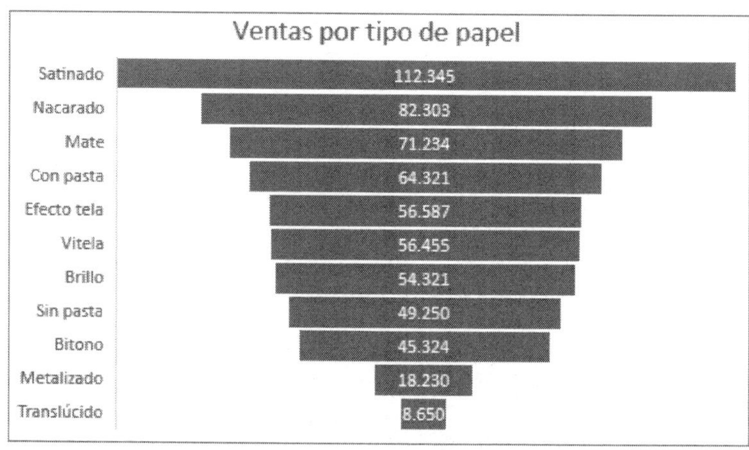

Los gráficos de **Cotizaciones** se utilizan para representar la fluctuación de las cotizaciones bursátiles y para representar datos científicos.

Los gráficos de **Superficie** permiten buscar las mejores combinaciones entre dos conjuntos de datos.

Los gráficos de tipo **Radial** comparan los valores agrupados de determinado número de series de datos.

*Para seleccionar el gráfico que desea crear también es posible hacer clic en el Iniciador de cuadro de diálogo del grupo **Gráficos** (pestaña **Insertar**) y activar la pestaña **Todos los gráficos**.*

En el panel izquierdo de la ventana, haga clic sobre la categoría de gráficos deseada para ver los diferentes modelos de esa categoría en la parte superior de la ventana.

*En el siguiente ejemplo se proponen, en la parte derecha de la ventana **Insertar gráfico**, siete modelos de gráficos de tipo **Columna**. La vista previa del modelo seleccionado (**Columnas agrupadas** en nuestro ejemplo) aparece en un recuadro.*

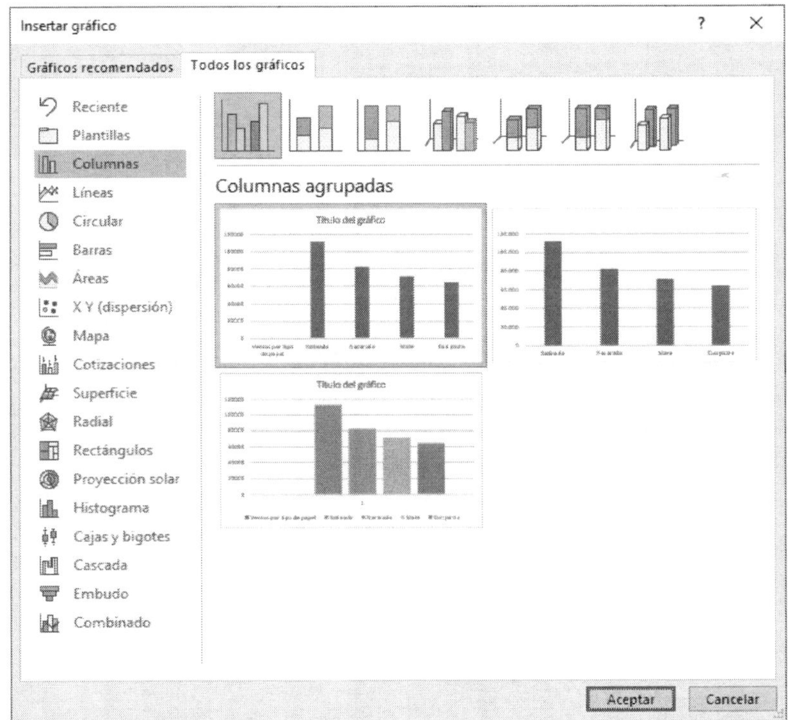

Presentación del gráfico creado

El ***Área del gráfico*** *aparece inmediatamente en la hoja de cálculo (es un gráfico incorporado) y, asociadas a la pestaña* ***Herramientas de gráficos****, pueden verse las pestañas específicas* ***Diseño de gráfico*** *y* ***Formato****.*

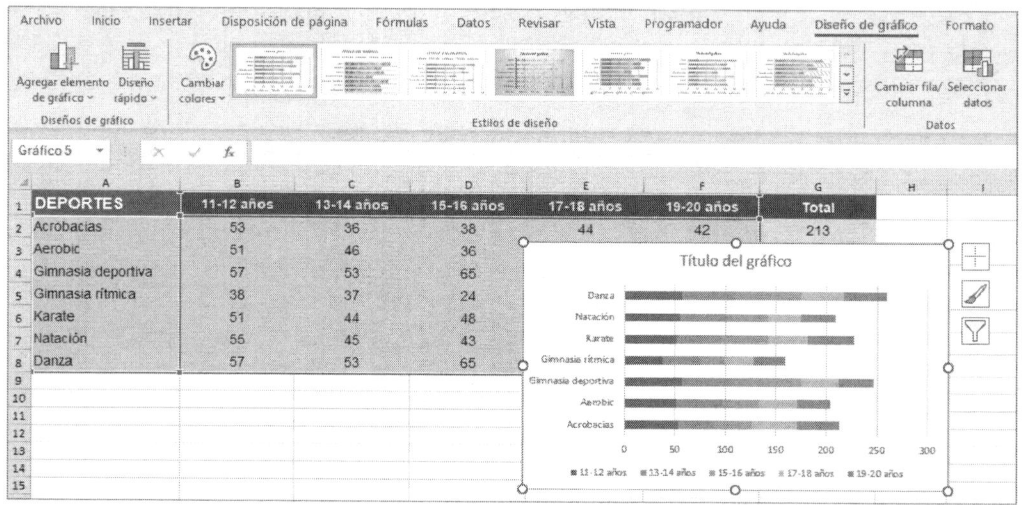

DEPORTES	11-12 años	13-14 años	15-16 años	17-18 años	19-20 años	Total
Acrobacias	53	36	38	44	42	213
Aerobic	51	46	36			
Gimnasia deportiva	57	53	65			
Gimnasia rítmica	38	37	24			
Karate	51	44	48			
Natación	55	45	43			
Danza	57	53	65			

Observe asimismo la presencia de tres herramientas: ***Elementos de gráfico*** *,* ***Estilos de gráfico*** *y* ***Filtros de gráficos*** *, situadas a la derecha del gráfico. Estas herramientas permiten añadir fácilmente elementos al gráfico, tales como títulos de ejes, etiquetas de datos, etc., así como personalizar la apariencia del gráfico (estos procedimientos se describen con detalle más adelante en este libro).*

Cuando se selecciona un gráfico incorporado, creado a partir de datos contiguos, aparecen una serie de rangos de celdas codificados por colores. Estos rangos ponen de relieve los datos de la hoja de cálculo usados en el gráfico.

Si es preciso, desplace el gráfico como haría con cualquier otro objeto gráfico: para ello, señale uno de los bordes del objeto (**Área del gráfico**) y muévalo. También es posible modificar su tamaño arrastrando los indicadores.

Salvo indicación contraria por su parte, todas las modificaciones aportadas a los datos de origen se trasladan automáticamente al gráfico, ya que ambos están conectados.

El número de puntos de serie de datos de un gráfico 2D solo está limitado por la memoria disponible del ordenador.

Para crear rápidamente un gráfico basado en el tipo de gráfico predeterminado, seleccione los datos que desea presentar en él y pulse Alt F1 para crear un gráfico incorporado o F11 para crear un gráfico en una hoja de gráfico distinta.

Crear un gráfico de tipo Mapa 2D

Este tipo de gráficos permite representar valores o categorías en un mapa geográfico. Para usar gráficos de este tipo, los datos de la primera columna de la tabla deben incluir datos geográficos, como, por ejemplo, nombres de países, regiones, provincias, ciudades o códigos postales; los valores numéricos o las categorías deben incorporarse en las columnas siguientes.

- Seleccione una única celda de la tabla si deben representarse todos los datos de la tabla o bien seleccione el rango de datos deseado.
- Active la pestaña **Insertar** y el botón **Mapas** del grupo **Gráficos**.

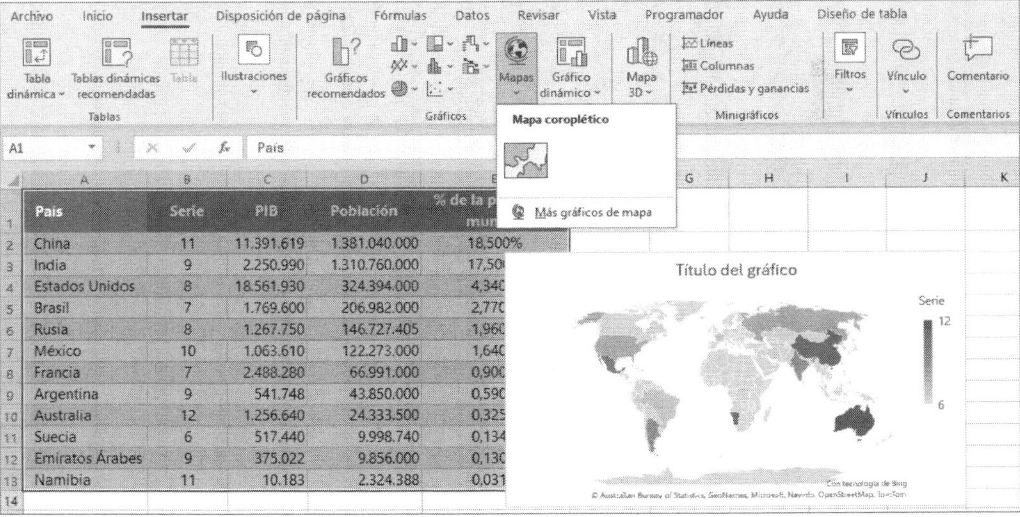

- Haga clic en la plantilla **Mapa coroplético**.

*Una vez creado el gráfico, este se muestra en la hoja de cálculo. Al igual que con cualquier otro gráfico, es posible utilizar los comandos de la pestaña contextual **Diseño de gráfico** para añadir elementos al gráfico, aplicar otro estilo de gráfico, modificar los colores, moverlo a una hoja gráfica, etc.*

*En este ejemplo, se ha aplicado a las series de datos el tipo de color **Divergente (3 colores)**:*

Activar y desactivar un gráfico incorporado

- Para activar un gráfico incorporado, haga clic una vez sobre él si desea seleccionar el objeto gráfico o uno de los elementos del gráfico.

  *Aparecen nuevamente las pestañas contextuales **Diseño de gráfico** y **Formato**.*
- Para desactivar un gráfico incorporado, haga clic en una celda fuera del gráfico.

Cambiar la ubicación de un gráfico

De forma predeterminada, los gráficos se crean en las hojas de cálculo (gráfico incorporado). Sin embargo, es posible cambiar su ubicación de forma que aparezca en una hoja completa (hoja gráfica) o en otra hoja de cálculo como gráfico incorporado.

- Si se trata de un gráfico incorporado, haga clic sobre él para seleccionarlo. Si se trata de un gráfico existente en una hoja gráfica, haga clic en la ficha de la hoja para activarla.
- Active la pestaña **Diseño de gráfico** y haga clic en el botón **Mover gráfico** del grupo **Ubicación**.

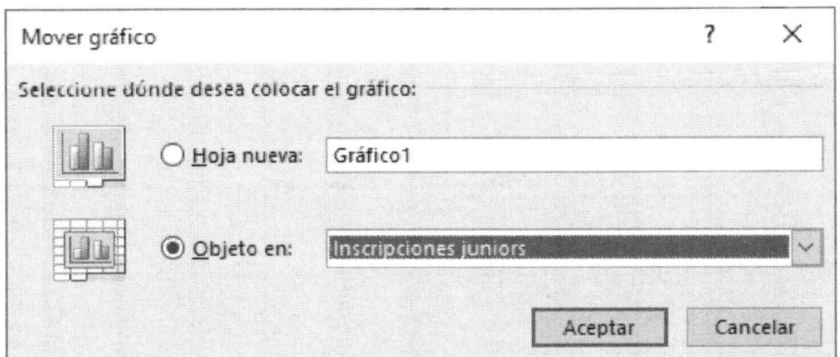

- Para desplazar el gráfico a una hoja completa, active la opción **Hoja nueva** y en el cuadro de texto que sigue cambie, si es preciso, el nombre de la nueva hoja.
- Para desplazar el gráfico a una hoja existente como gráfico incorporado, abra la lista **Objeto en** y seleccione la hoja deseada.
- Haga clic en **Aceptar**.

  Si ha optado por desplazar el gráfico a una nueva hoja, esta se insertará antes de la hoja activa.

Invertir los datos de un gráfico

Se trata de invertir las series de datos y las categorías.

- Si es preciso, active el gráfico.
- Active la pestaña **Diseño de gráfico** y haga clic en el botón **Cambiar fila/columna** del grupo **Datos**.

  Inmediatamente, los datos representados en columnas pasan a ordenarse en filas y a la inversa.

Otra posibilidad es hacer clic en el botón **Seleccionar datos** del grupo **Datos** (pestaña **Diseño de gráfico**) y luego, en el cuadro de diálogo **Seleccionar origen de datos** que aparece, hacer clic en el botón **Cambiar fila/columna**.

Modificar el origen de los datos del gráfico

Esta técnica permite modificar las referencias de las celdas representadas en el gráfico.

Primer método

Este método está reservado al gráfico incorporado. Si desea agregar series de datos, estas deben ser contiguas a las existentes en el gráfico.

- Seleccione la zona de gráfico.

  Recordamos que, en las hojas de cálculo, las celdas que contienen los puntos de datos aparecen rodeadas por un rectángulo azul.
- Arrastre el indicador del rectángulo azul para insertar o eliminar los valores de los nuevos datos en el gráfico.

Segundo método

- Active el gráfico, si es preciso.
- Active la pestaña **Diseño de gráfico** y haga clic en el botón **Seleccionar datos** del grupo **Datos**.
- En el cuadro de diálogo **Seleccionar origen de datos** que aparece, haga clic en el botón [↑] para seleccionar la hoja con los nuevos datos que desea representar, selecciónelos y haga clic en el botón [↓] para volver a la vista del cuadro de diálogo.
- Haga clic en **Aceptar**.

Agregar una o varias series de datos al gráfico

- Active el gráfico si es preciso.
- Active la pestaña **Diseño de gráfico** y haga clic en el botón **Seleccionar datos** del grupo **Datos**.

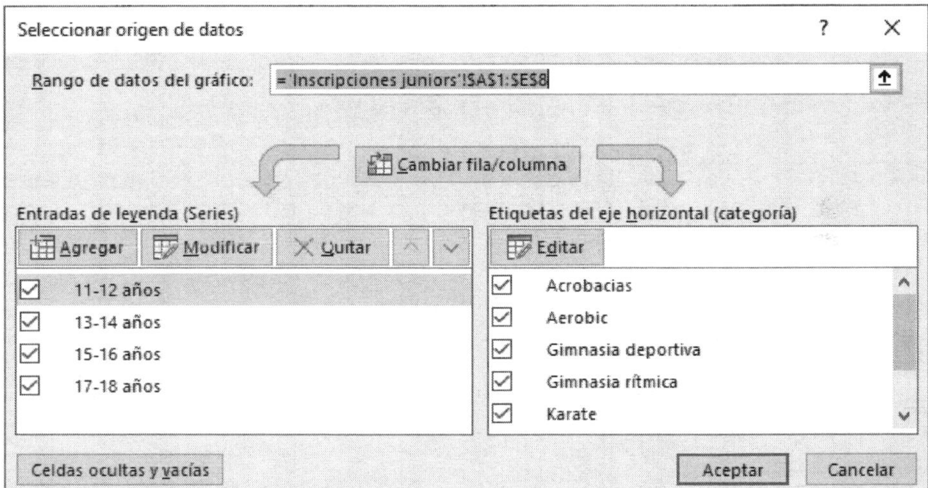

Para agregar varias series de una sola vez, estas deberán estar en celdas contiguas.

*Las series (columna **Entradas de leyenda**) marcadas ya están integradas en el gráfico.*

- Haga clic en el botón **Agregar** del cuadro de diálogo **Seleccionar origen de datos**.
- En el cuadro **Nombre de la serie**, use el botón para seleccionar la celda o celdas con las etiquetas de serie que desea agregar.
- En el cuadro **Valores de la serie**, use el botón para seleccionar las celdas con los datos numéricos de la serie o series que desea agregar.

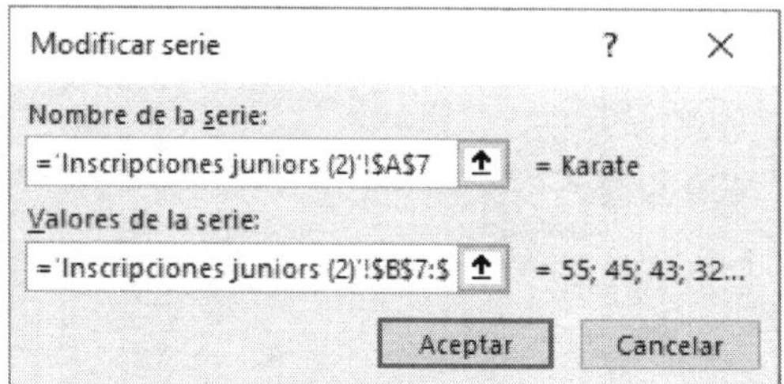

- Haga clic sucesivamente en los dos botones **Aceptar**.

También es posible, al igual que para modificar el origen de los datos del gráfico, arrastrar el rectángulo azul (que aparece en la hoja de cálculo) hasta insertar las celdas con los datos de la nueva serie.

Eliminar una serie de datos del gráfico

- Active el gráfico y seleccione la serie que desea eliminar haciendo clic en ella (barra, línea...).
- Pulse la tecla Supr.

El botón **Quitar** del cuadro de diálogo **Seleccionar origen de datos** permite eliminar también la serie seleccionada en el cuadro **Entradas de leyenda (Series)**. Asimismo, en este cuadro de diálogo puede desmarcar la serie o las series que elija para desactivarlas.

Modificar el orden de las series de datos del gráfico

- Si es preciso active el gráfico.
- Active la pestaña **Diseño de gráfico** y haga clic en el botón **Seleccionar datos** del grupo **Datos**.
- En la parte **Entradas de leyenda (Series)** del cuadro de diálogo **Seleccionar origen de datos**, haga clic en la serie cuyo orden debe modificarse.
- Haga clic en el botón ^ o v en función de hacia dónde desea desplazarla.
- Haga clic en el botón **Aceptar**.

Modificar el origen de las etiquetas del eje horizontal

- Si es preciso active el gráfico.
- Active la pestaña **Diseño de gráfico** y haga clic en el botón **Seleccionar datos** del grupo **Datos**.
- Haga clic en el botón **Editar** de la parte **Etiquetas del eje horizontal (categoría).**
- Use el botón para seleccionar las celdas con las etiquetas del eje que desea agregar.
- Haga clic en el botón **Aceptar** del cuadro de diálogo **Rótulos del eje.**
- Haga clic en el botón **Aceptar** del cuadro de diálogo **Seleccionar origen de datos.**

También es posible seleccionar la primera serie del gráfico y modificar el segundo argumento de la función SERIE(), visible en la barra de fórmula.

Administrar las plantillas de gráfico

Crear una plantilla de gráfico permite volver a usar un tipo de gráfico previamente personalizado.

Guardar un gráfico como plantilla

- Haga clic con el botón derecho en el gráfico correspondiente y active la opción **Guardar como plantilla** del menú contextual.
- Introduzca el nombre de la plantilla de gráfico en el cuadro **Nombre de archivo.**

  Las plantillas de gráfico llevan la extensión .crtx y se guardan de forma predeterminada en la carpeta C:\Usuarios\Nombre del usuario\App Data\Roaming\Microsoft\Plantillas\Charts.
- Haga clic en el botón **Guardar**.

Aplicar una plantilla de gráfico

- Para crear un nuevo gráfico a partir de una plantilla, active la pestaña **Insertar**, haga clic en el botón **Gráficos recomendados** o en el iniciador de cuadro de diálogo del grupo **Gráficos** y luego en la ficha **Todos los gráficos.**

  Para modificar un gráfico y atribuirle la plantilla, active la pestaña **Diseño de gráfico** y haga clic en el botón **Cambiar tipo de gráfico** del grupo **Tipo.**

- En el cuadro de diálogo **Cambiar tipo de gráfico** que aparece, haga clic en la carpeta **Plantillas** situada en la parte izquierda.

  En la parte derecha del cuadro de diálogo aparece la lista de plantillas existentes.

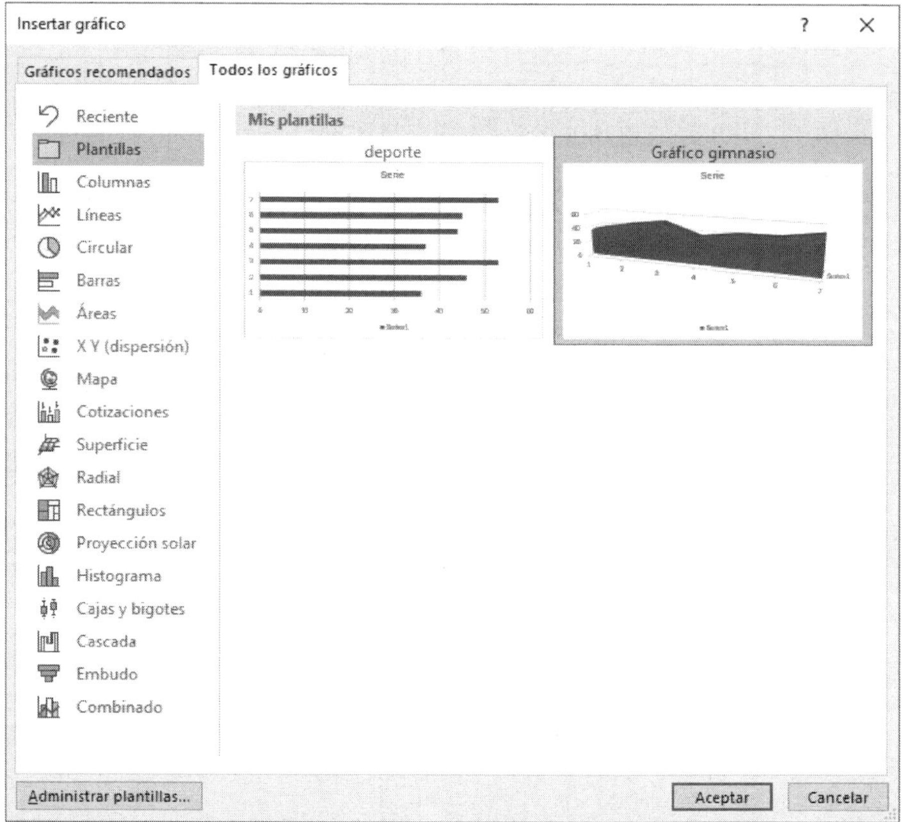

- Para aplicar un zoom a una plantilla, señale su miniatura, sin hacer clic.
- Haga doble clic en el nombre de la plantilla que desea usar.

Eliminar una plantilla de gráfico

- Entre en el cuadro de diálogo **Cambiar tipo de gráfico** o **Insertar un gráfico.**
- Haga clic en el botón **Administrar plantillas.**

  Se abre una ventana del Explorador de archivos con la carpeta de almacenamiento de plantillas activa.
- Haga clic en la plantilla que desea eliminar y pulse Supr o bien use el botón **Eliminar** de la pestaña **Inicio** o la opción **Eliminar** del menú contextual. Confirme la eliminación haciendo clic en el botón **Sí**.
- Cierre la ventana del Explorador de archivos para volver al cuadro de diálogo de origen.
- Haga clic en **Aceptar**.

La eliminación de una plantilla personalizada no incide en los gráficos basados en esa plantilla.

Crear/eliminar minigráficos

Para obtener una representación visual y compacta de las tendencias de los datos directamente en una celda, puede insertar gráficos minúsculos denominados ***minigráficos****. Estos gráficos se imprimen al mismo tiempo que la hoja de cálculo en la que se encuentran.*

- Seleccione una o varias celdas vacías para insertar el minigráfico (se aconseja colocar los minigráficos cerca de las celdas que contienen los datos, aunque no es obligatorio).
- Active la pestaña **Insertar**.
- En el grupo **Minigráficos**, haga clic en el botón que corresponda al tipo de minigráfico que desea crear: **Líneas**, **Columnas** o **Pérdidas y ganancias.**
- En el cuadro de diálogo **Crear Minigráficos** que se muestra, haga clic en el botón para seleccionar la hoja que contiene los datos que afectan al gráfico, selecciónelos y haga clic en el botón para volver al cuadro de diálogo.

- Siguiendo el mismo principio, modifique si es preciso la **Ubicación** de los minigráficos.

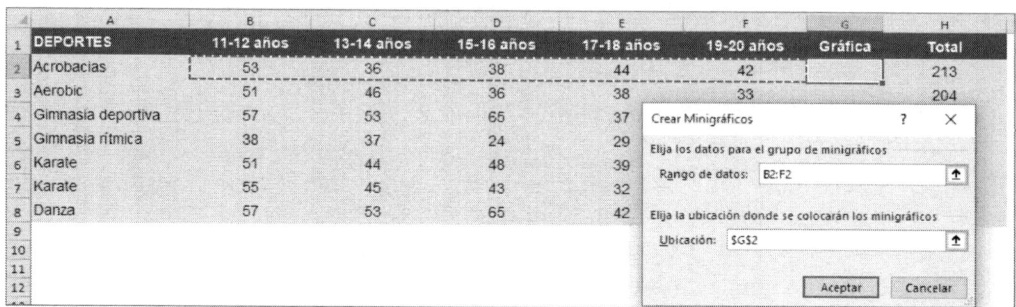

DEPORTES	11-12 años	13-14 años	15-16 años	17-18 años	19-20 años	Gráfica	Total
Acrobacias	53	36	38	44	42		213
Aerobic	51	46	36	38	33		204
Gimnasia deportiva	57	53	65	37			
Gimnasia rítmica	38	37	24	29			
Karate	51	44	48	39			
Karate	55	45	43	32			
Danza	57	53	65	42			

- Haga clic en **Aceptar** para confirmar.

DEPORTES	11-12 años	13-14 años	15-16 años	17-18 años	19-20 años	Gráfica	Total
Acrobacias	53	36	38	44	42		213
Aerobic	51	46	36	38	33		204
Gimnasia deportiva	57	53	65	37	35		247
Gimnasia rítmica	38	37	24	29	31		159
Karate	51	44	48	39	45		227
Karate	55	45	43	32	34		209
Danza	57	53	65	42	43		260

El minigráfico aparece en el fondo de la celda o de las celdas elegidas. Contrariamente a un gráfico normal, el minigráfico no es un objeto: simplemente está anidado en una celda. Esto significa que es posible introducir un texto en la celda que contiene el gráfico de fondo, tal y como se haría en una celda normal.

- Si es preciso, ajuste la altura de la fila o de las filas para visualizar mejor el gráfico.
- Para reproducir un minigráfico en las celdas adyacentes, utilice el controlador de relleno situado en el ángulo inferior derecho de la celda que contiene el primer minigráfico.

DEPORTES	11-12 años	13-14 años	15-16 años	17-18 años	19-20 años	Gráfica	Total
Acrobacias	53	36	38	44	42		213
Aerobic	51	46	36	38	33		204
Gimnasia deportiva	57	53	65	37	35		247
Gimnasia rítmica	38	37	24	29	31		159
Karate	51	44	48	39	45		227
Karate	55	45	43	32	34		209
Danza	57	53	65	42	43		260

- Para seleccionar un minigráfico, haga clic en la celda en cuyo fondo aparece.

  Si el minigráfico forma parte de un grupo, aparece enmarcado en un cuadro azul (como en nuestro ejemplo). Observe que, en ese caso, los cambios de formato que se realizan en uno de los gráficos se reproducen en todos los minigráficos del grupo.

*Si hace clic en una celda que contiene un minigráfico, aparece la pestaña contextual **Minigráfico**, con los grupos **Minigráfico**, **Tipo**, **Mostrar**, **Estilo** y **Grupo**.*

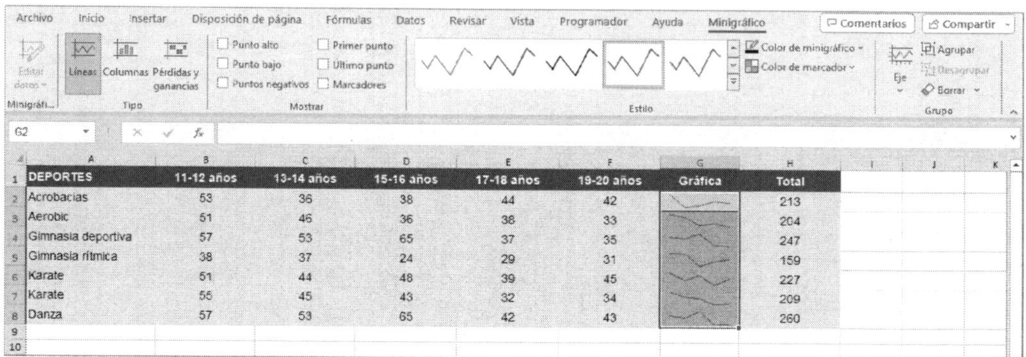

DEPORTES	11-12 años	13-14 años	15-16 años	17-18 años	19-20 años	Gráfica	Total
Acrobacias	53	36	38	44	42		213
Aerobic	51	46	36	38	33		204
Gimnasia deportiva	57	53	65	37	35		247
Gimnasia rítmica	38	37	24	29	31		159
Karate	51	44	48	39	45		227
Karate	55	45	43	32	34		209
Danza	57	53	65	42	43		260

Para eliminar un minigráfico o un grupo de minigráficos, seleccione el elemento o los elementos que corresponda, active la pestaña **Minigráfico**, abra la lista del botón **Borrar** del grupo **Grupo** y haga clic en la opción **Borrar minigráficos seleccionados** o **Borrar grupos de minigráficos seleccionados.**

Para asociar minigráficos a una selección de datos, también puede hacer clic en el botón **Análisis rápido** y activar la ficha **Minigráficos** para elegir uno de los tres tipos de gráficos recomendados.

DEPORTES	11-12 años	13-14 años	15-16 años	17-18 años	19-20 años	Total
Acrobacias	53	36	38	44	42	213
Aerobic	51	46	36	38	33	204
Gimnasia deportiva	57	53	65	37	35	247
Gimnasia rítmica	38	37	24	29	31	159
Karate	51	44	48	39	45	227
Karate	55	45	43	32	34	209
Danza	57	53	65	42	43	260

Formato Gráficos Totales Tablas Minigráficos

Líneas Columna Gananci...

Los minigráficos son gráficos de tamaño reducido colocados en celdas individuales.

Editar un minigráfico

- Para seleccionar un minigráfico, haga clic en el gráfico correspondiente (si forma parte de un grupo y solo debe modificarse el gráfico seleccionado, desagrúpelo primero).
- Para desagrupar uno de los minigráficos del grupo, seleccione el gráfico correspondiente (el grupo aparece rodeado por un marco azul), active la pestaña **Minigráfico** y luego haga clic en el botón **Desagrupar** del grupo **Grupo**.

  Una vez desagrupado, el minigráfico puede modificarse independientemente de los demás.
- Para modificar el **Tipo** de minigráfico o de un grupo de minigráficos, seleccione uno de los gráficos correspondientes y haga clic en el botón **Línea**, **Columna** o **Pérdidas y ganancias** del grupo **Tipo** de la pestaña **Minigráfico**.
- Para aplicar un estilo predeterminado a un minigráfico, seleccione uno de los gráficos correspondientes y haga clic en el estilo que prefiera de los que aparecen en el grupo **Estilo** de la pestaña **Minigráfico**.
- Si el rango de datos relativo al minigráfico contiene fechas, puede organizar los puntos de datos en este gráfico a fin de identificar los periodos irregulares. Para ello, haga clic en el botón **Eje** del grupo **Grupo** de la pestaña **Minigráfico**, y haga clic en la opción **Tipo de eje de fecha**. En el cuadro de diálogo **Rango de fechas del minigráfico**, rellene el campo **Seleccione el rango que contiene los valores de fecha para los datos del minigráfico** y confirme pulsando **Aceptar**.
- Para mostrar u ocultar determinadas marcas de datos individuales (valores) en un minigráfico de tipo Línea, en el grupo **Mostrar** de la pestaña **Minigráfico**, marque o desmarque las opciones **Marcadores**, **Puntos negativos** (valores negativos), **Punto alto** (valor más alto), **Punto bajo** (valor más bajo), **Primer punto** (primer valor) o **Último punto** (último valor), según los puntos de valor que deben mostrarse u ocultarse.

- Para editar ubicación y datos del grupo de un minigráfico o para editar los datos de un minigráfico, haga clic en el gráfico (de grupo o individual) y haga clic en el botón **Editar datos** del grupo **Minigráfico**; finalmente, escoja la opción que desee:

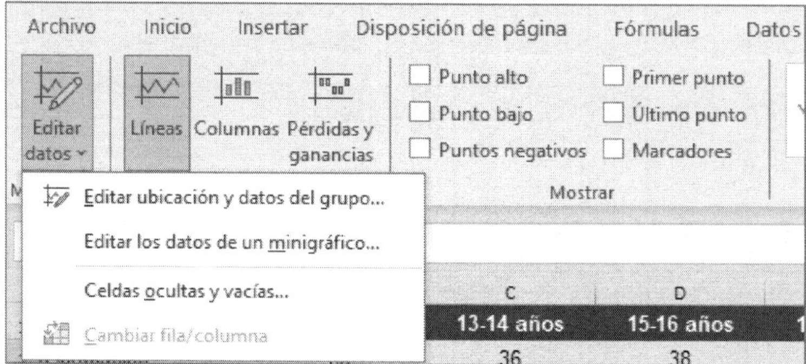

- Complete el campo o los campos en el cuadro de diálogo **Editar grupo Minigráfico** o **Editar los datos de un minigráfico**, según el caso, y confirme pulsando **Aceptar**.
- Para determinar el modo como el minigráfico debe gestionar las celdas vacías del rango de celdas de origen, haga clic en el botón **Editar datos** del grupo **Minigráfico** de la pestaña **Minigráfico**, y haga clic en la opción **Celdas ocultas y vacías**.

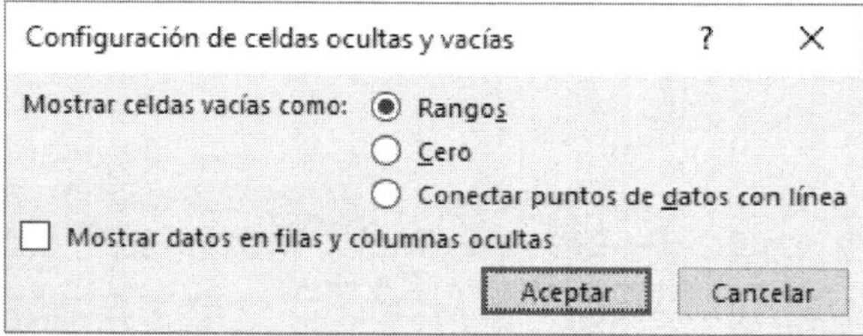

- Para definir cómo se verán las celdas vacías en el minigráfico, active la opción:
  - **Rangos** para insertar una zona vacía en lugar del dato que falta y de las posibles series precedentes.

  En este ejemplo, no se ha introducido ningún dato en la columna 13-14 años; el minigráfico oculta totalmente el campo, así como la serie precedente (11-12 años).

DEPORTES	11-12 años	13-14 años	15-16 años	17-18 años	19-20 años	Gráfica
Acrobacias	57		89	38	45	

  - **Cero** para representar la celda vacía con un cero.

  En este caso, el valor que falta será reemplazado por el valor cero. Observe que, en ese caso, el valor o los valores de las series precedentes sí están representados en el minigráfico.

DEPORTES	11-12 años	13-14 años	15-16 años	17-18 años	19-20 años	Gráfica
Acrobacias	57		89	38	45	

  - **Conectar puntos de datos con línea** sin tener en cuenta el valor que falta:

DEPORTES	11-12 años	13-14 años	15-16 años	17-18 años	19-20 años	Gráfica
Acrobacias	57		89	38	45	

- Para integrar en el minigráfico los valores de las celdas ocultas, marque la opción **Mostrar datos en filas y columnas ocultas**.
- Confirme mediante **Aceptar**.

Seleccionar los elementos de un gráfico

- Si no lo ha hecho ya, active el gráfico.
- Señale el elemento que desea seleccionar y haga clic.

Al señalar un elemento, su nombre y, dependiendo del elemento, su valor, aparecen en una etiqueta informativa. Al seleccionar el elemento, este aparece rodeado de una serie de indicadores de selección.

*Si hace clic con el botón derecho del ratón, activará simultáneamente la pestaña contextual **Diseño de gráfico** o **Formato**, pero también el menú contextual que incluye opciones específicas:*

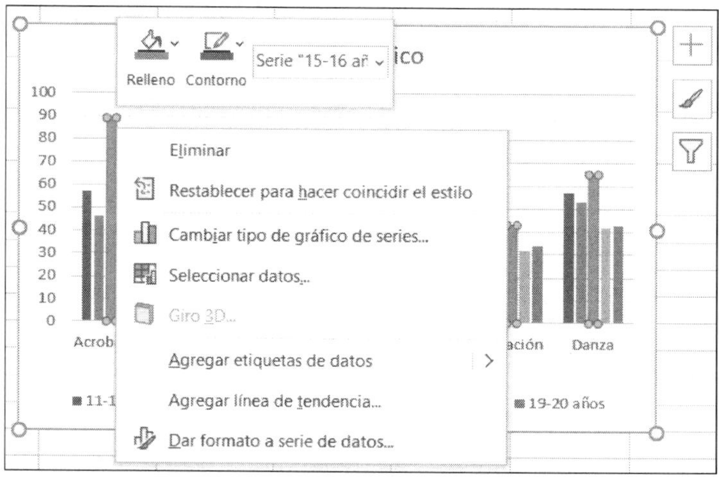

- Para seleccionar un punto de una serie, haga clic primero sobre la serie y luego sobre el punto que desea seleccionar.

Seleccionar todos los elementos de un gráfico equivale a seleccionar el elemento llamado **Área del gráfico**.

También puede activar la pestaña **Formato**, abrir la lista **Elementos de gráfico** del grupo **Selección actual** y hacer clic en el elemento de gráfico que desea seleccionar.

Cambiar el tipo de gráfico y de serie

- Para modificar todo el gráfico, simplemente actívelo. Para modificar una serie de datos del gráfico, selecciónela.
- Active la pestaña **Diseño de gráfico** y haga clic en el botón **Cambiar tipo de gráfico** del grupo **Tipo**.
- Active la pestaña **Todos los gráficos** si es preciso.

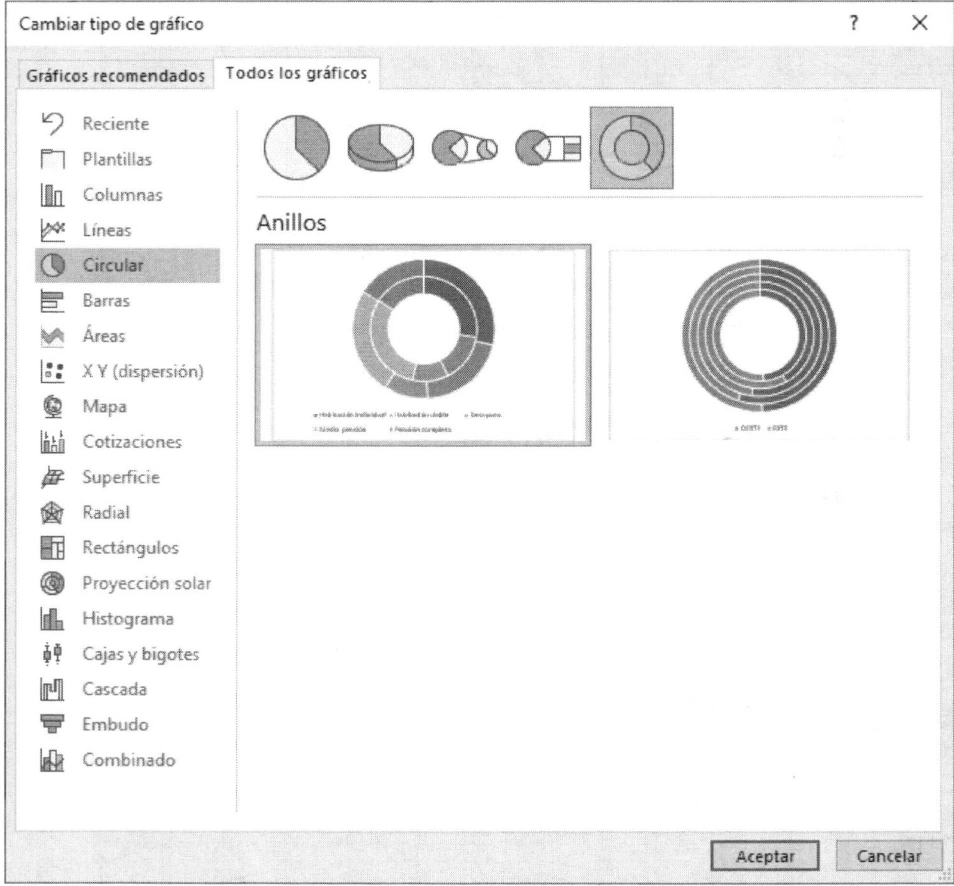

- Haga clic en un tipo de gráfico en la parte izquierda del cuadro de diálogo y haga doble clic en el subtipo de gráfico que desee, en la parte derecha.

Si usa con frecuencia el mismo tipo de gráfico, le interesa definirlo como tipo de gráfico predeterminado: una vez seleccionados el tipo y subtipo de gráfico en el cuadro de diálogo **Cambiar tipo de gráfico**, haga clic con el botón derecho en el subtipo de gráfico correspondiente y luego en el botón **Establecer como predeterminado.**

Aplicar un diseño predefinido al gráfico

Las diferentes plantillas de diseño propuestas de forma predeterminada reservan una ubicación para el título del gráfico, la leyenda, la tabla de datos, etc.

- Si es preciso active el gráfico y la pestaña **Diseño de gráfico.**

Aplicar una disposición

- Abra la lista asociada al botón **Diseño rápido** del grupo **Diseños de gráfico** y haga clic en el diseño que prefiera.

  *Por ejemplo, la disposición denominada **Diseño 5** permite ver la tabla de datos en el espacio reservado al gráfico.*

Aplicar un conjunto de colores

- Para aplicar colores preestablecidos al gráfico seleccionado, haga clic en el botón **Cambiar colores.**
- Señale una de las muestras del cuadro **Multicolor** o **Monocromático** para obtener una vista previa instantánea en el gráfico.

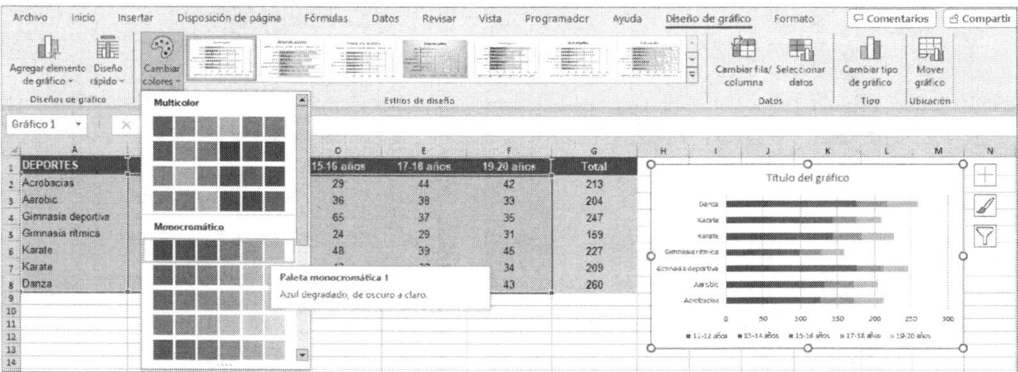

Haga clic en la serie de colores que desee para aplicarla al gráfico seleccionado.

Para cambiar los colores, también puede hacer clic en la herramienta **Estilos de gráfico**, situada al lado del área del gráfico, active la pestaña **Color** y escoja la paleta de colores que prefiera aplicar.

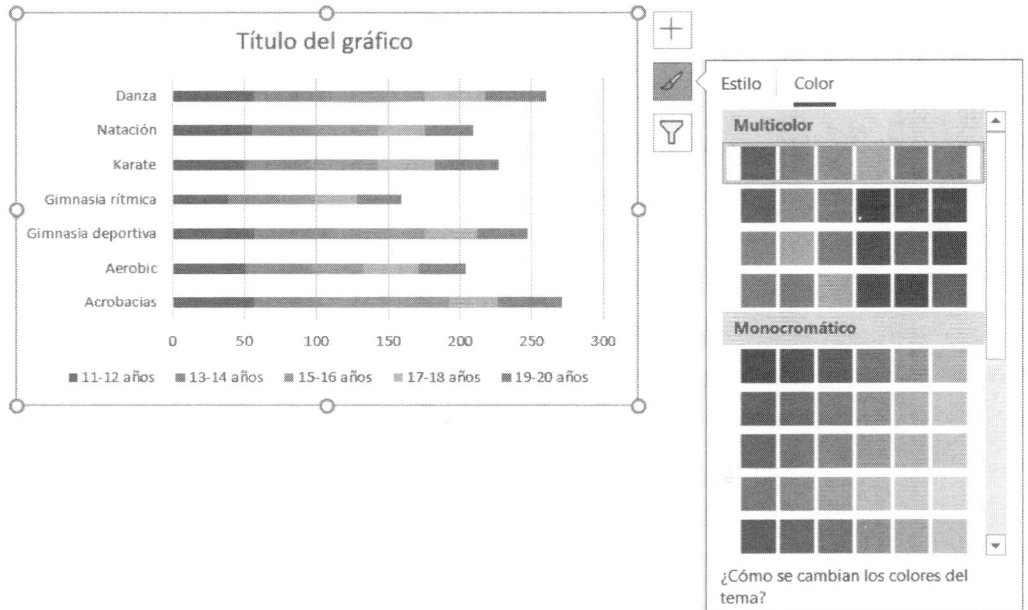

Mostrar/ocultar elementos del gráfico

Se trata de ver (eligiendo una posición de vista predefinida) u ocultar el título del gráfico, los títulos de los ejes, la leyenda, los rótulos de datos, la tabla de datos, los ejes, las líneas de cuadrícula, las barras de error, etc.

- Si es preciso, active el gráfico correspondiente.

Primer método

- Active la pestaña **Diseño de gráfico** y haga clic en el botón **Agregar elemento de gráfico** del grupo **Diseños de gráfico.**
- Para mostrar un elemento, haga clic en el botón que corresponda al elemento en cuestión:

Ejes	Para ver el eje horizontal principal, con o sin los rótulos, y el eje vertical principal seleccionando su escala de valores (millares, millones, miles de millones, etc.).
Títulos del eje	Para ver un cuadro de texto modificable correspondiente al eje horizontal y un cuadro de texto modificable correspondiente al eje vertical.
Título del gráfico	Para ver un cuadro de texto modificable, superpuesto y centrado en el gráfico o por encima del gráfico; para introducir el título del gráfico, basta con hacer clic en el cuadro de texto y luego escribirlo.
Etiquetas de datos	Para ver los valores de la serie de datos seleccionada. Si no hay seleccionada ninguna serie, Excel muestra los rótulos de todas ellas.
Tabla de datos	Para ver la tabla correspondiente a los datos de origen del gráfico, debajo de este último.
Barras de error	Para mostrar el margen de error potencial correspondiente a cada punto o marca de datos de una serie de datos.
Líneas de la cuadrícula	Para ver las cuadrículas horizontal y vertical principales y secundarias.
Leyenda	Para ver el título de las series de datos. De forma predeterminada este elemento aparece a la derecha del gráfico.
Líneas	Para añadir líneas de tendencia o líneas de máximos y mínimos.

Línea de tendencia	Para ilustrar las tendencias de los datos actuales o las previsiones de los datos futuros (véase Agregar una línea de tendencia a un gráfico).
Barras ascendentes y descendentes	Para relacionar las series de datos de los gráficos mediante líneas en 2D.

- Haga clic a continuación en el subtipo de elemento que desee.

Al señalar uno de los elementos que se ofrecen, obtendrá una representación instantánea en el gráfico activo.

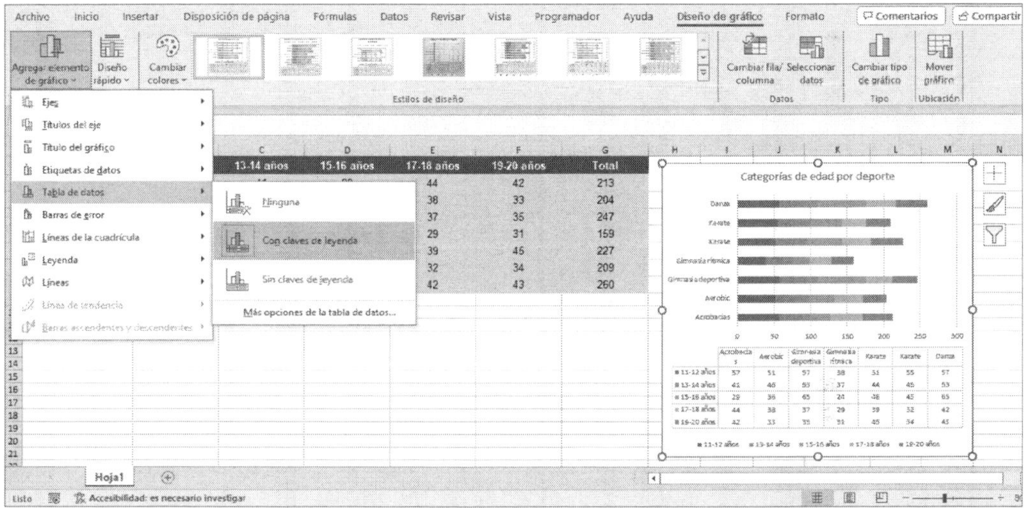

Otro método

- Haga clic en la herramienta **Elementos de gráfico** [+], situada a la derecha del gráfico.

Las opciones marcadas ya están activas en el gráfico; su número varía según el tipo de gráfico.

Al señalar uno de los elementos que se incluyen, obtendrá una representación instantánea en el gráfico activo.

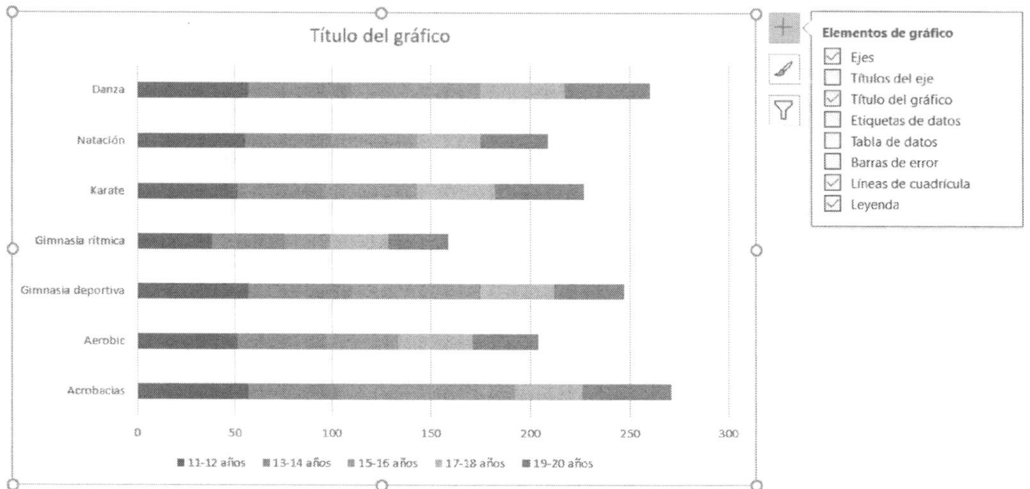

Para integrar un elemento en el gráfico, marque la opción correspondiente.

En ese caso, Excel integra el elemento según la configuración de ubicación y diseño que estén establecidos de forma predeterminada.

El hecho de aplicar algunas presentaciones predefinidas también permite ver u ocultar algunos elementos.

Para ocultar un elemento, puede desmarcar la opción correspondiente del panel **ELEMENTOS DE GRÁFICO** o bien seleccionar el elemento directamente en el gráfico y pulsar la tecla Supr.

Algunos elementos, como los títulos, las leyendas, etc., pueden moverse haciendo clic en ellos y arrastrándolos. Estos mismos elementos u otros (área de trazado, leyendas, etc.) pueden redimensionarse arrastrando uno de los controles de selección que aparecen alrededor del elemento cuando este está seleccionado.

Modificar las opciones del eje de las abscisas

El eje de las abscisas también se denomina eje de las X o eje de las categorías.

Esta operación permite modificar la posición de las graduaciones, los rótulos, la intersección entre el eje vertical y el horizontal, etc.

Si es preciso, active el gráfico y haga doble clic en el eje de las abscisas.

*El panel de Office **Dar formato al eje** se muestra a la derecha de la ventana. Este panel se administra (abrir, mover, cambiar, etc.) siguiendo los mismos principios que el panel **Selección**.*

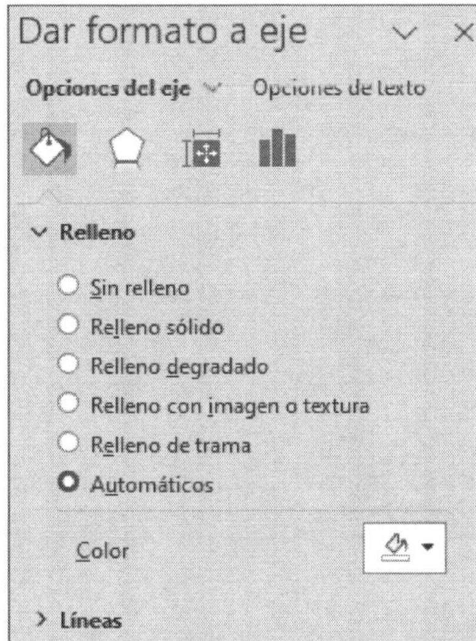

*Las opciones del panel de Office **Dar formato al eje** se organizan en dos temas: **Opciones del eje** y **Opciones de texto**. A su vez, las opciones de los temas se clasifican por categorías, las cuales están representadas por iconos.*

Opciones de eje:

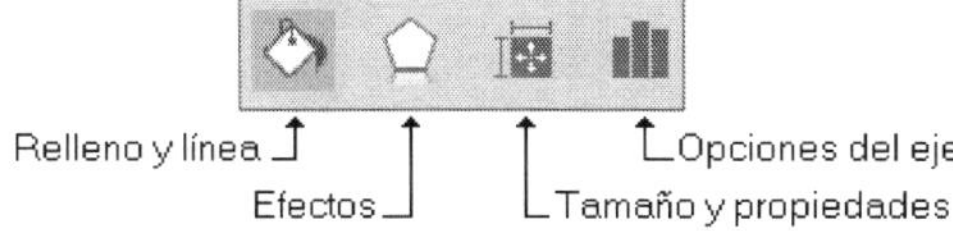

Opciones de texto:

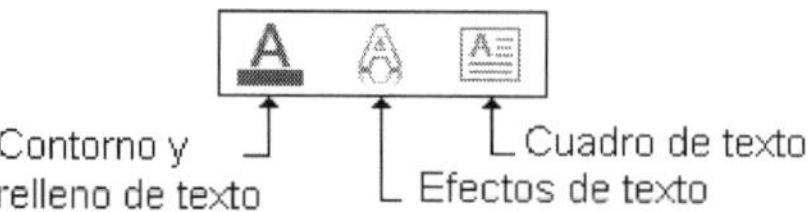

El icono correspondiente a la categoría activa aparece de color (verde por defecto).

Muestre la categoría **Dar formato al eje** (tema **Opciones del eje**).

*Las opciones del tema **Dar formato al eje** - categoría **Opciones del eje** están agrupadas, a su vez, en cuatro listas: **Opciones del eje**, **Marcas de graduación**, **Etiquetas** y **Número**.*

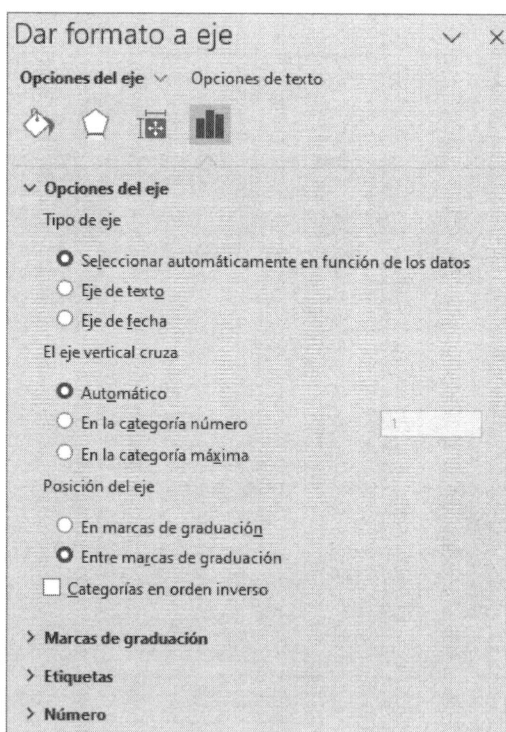

- Para abrir una lista, haga clic en la flecha situada al lado de su nombre.
- Para ocultar una lista, haga clic en el símbolo ▾ situado al lado de su nombre.

  *En nuestro ejemplo, la lista **Opciones del eje** está abierta, mientras que las listas **Marcas de graduación**, **Etiquetas** y **Número** están cerradas.*

Lista: Opciones del eje

- Para definir el **Tipo de eje**, deje activada la opción **Seleccionar automáticamente en función de los datos** si desea que el tipo de eje utilizado corresponda lo máximo posible a los datos, o active la opción:
  - **Eje de texto** para espaciar de forma regular los puntos de datos y el texto sobre el eje de texto.
  - **Eje de fecha** para presentar las fechas por orden cronológico en intervalos definidos o en una base de unidades (número de días, número de meses, etc.), incluso aunque las fechas de la hoja de cálculo no estén en orden o no empleen la misma unidad de tiempo.
- Si desea modificar el punto de cruce del eje de las ordenadas y el eje de las abscisas, en la zona **El eje vertical cruza** active la opción:
  - **En la categoría número** e introduzca en el campo asociado el número que desee.
  - **En la categoría máxima** para que el eje de las ordenadas (eje Y) corte el eje de las abscisas (eje X) tras la última categoría del eje X.

  *La opción **Automáticamente** está activada por defecto.*
- Defina la **Posición del eje** activando la opción **En marcas de graduación** o **Entre marcas de graduación**, según prefiera.
- Para invertir el orden de las etiquetas de las categorías, marque la opción **Categorías en orden inverso**.

Lista: Marcas de graduación

- Si es preciso, muestre la lista **Marcas de graduación** haciendo clic en el símbolo > situado al lado de su nombre.

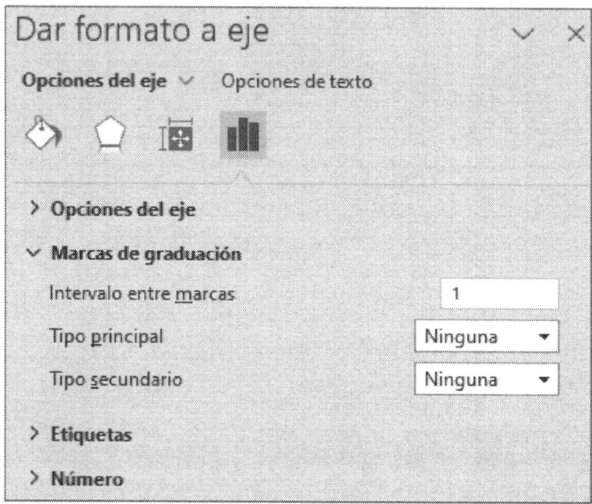

- Especifique en la zona **Intervalo entre marcas** el número de categorías de datos que se deben mostrar entre las marcas de graduación del eje.
- Para mostrar las marcas de la graduación principal, abra la lista **Tipo principal** y escoja su posición (**Interior**, **Exterior**, **Cruz**).
- Para mostrar las marcas de graduación secundarias, abra la lista **Tipo secundario** y escoja su posición (**Interior**, **Exterior**, **Cruz**).

Lista: Etiquetas

- Si es preciso, muestre la lista **Etiquetas** haciendo clic en el símbolo [>] situado al lado de su nombre.

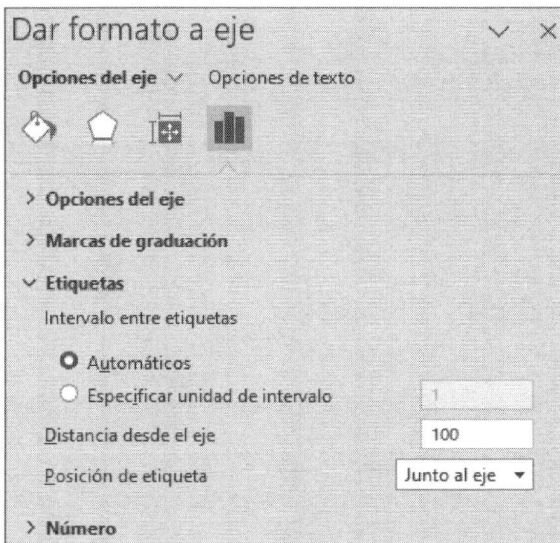

- Si desea precisar el intervalo entre las etiquetas de las marcas de graduación en el cuadro **Intervalo entre etiquetas**, active la opción **Especificar unidad de intervalo** e introduzca el número correspondiente al intervalo que desee; por ejemplo, escriba **2** para mostrar una etiqueta de cada dos.
- Si desea colocar las etiquetas a una distancia más o menos próxima a los ejes, haga clic en el cuadro **Distancia desde el eje** e introduzca un número bajo para acercar la etiqueta al eje o bien un número alto para separarla.
- Para mostrar el texto de las etiquetas de graduación, abra la lista **Posición de etiqueta** y escoja su posición (**Junto al eje**, **Alto**, **Bajo**).

Lista: Número

- Si es preciso, muestre la lista **Número** haciendo clic en el símbolo [>] situado al lado de su nombre.

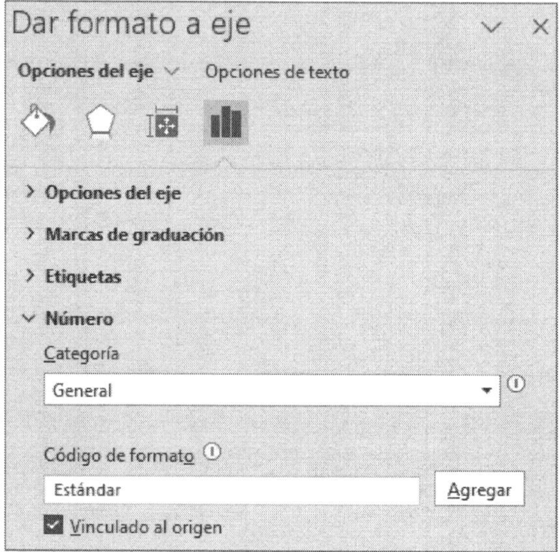

- Abra la lista **Categoría** y escoja la opción **General**, **Número**, **Moneda**, **Contabilidad**, **Fecha**, **Hora**, **Porcentaje**, **Fracción**, **Científico**, **Texto**, **Especial** o **Personalizado**.
- Determine las posibles opciones completando los parámetros que aparecen (estos varían según la categoría elegida).
- Si desea conservar los formatos de los números tal y como están en la hoja de cálculo, marque la opción **Vinculado al origen**.

Para establecer hasta qué punto se superponen o se separan las series, seleccione una serie de datos para que aparezca el panel de Office **Formato de serie de datos** y definir los parámetros que prefiera en la lista **Opciones de serie**.

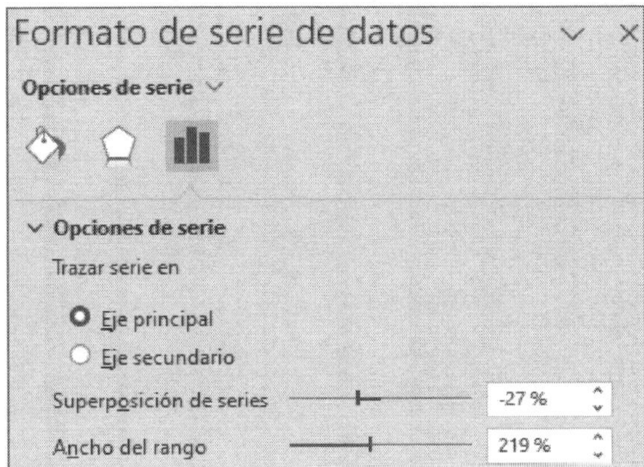

Modificar las opciones del eje de las ordenadas

El eje de las ordenadas también se denomina eje vertical, eje de las Y o eje de valores. Esta técnica permite modificar la escala del gráfico, la posición de las graduaciones, los rótulos, la intersección entre el eje horizontal y el vertical, etc.

Si es preciso active el gráfico correspondiente y haga doble clic en el eje de las ordenadas.

El panel de Office ***Dar formato al eje*** *se muestra a la derecha de la ventana. Este panel es casi idéntico al que hemos estudiado en el apartado anterior (véase Modificar las opciones del eje de las abscisas).*

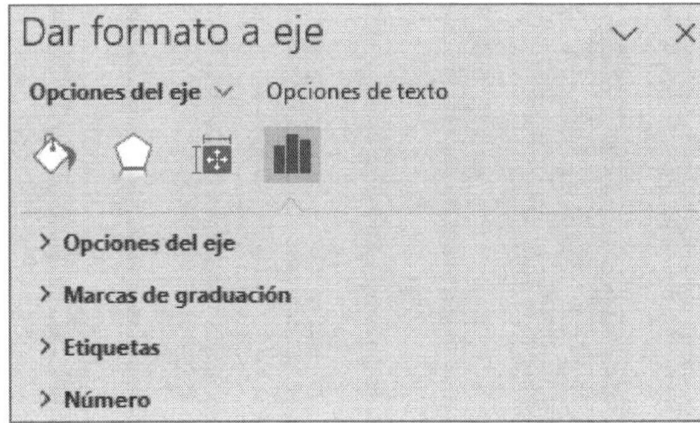

*También en este caso las opciones del panel de Office **Dar formato al eje** se distribuyen en dos temas: **Opciones del eje** y **Opciones de texto**. A su vez, las opciones de los temas están clasificadas en categorías, las cuales se representan mediante iconos.*

Opciones del eje:

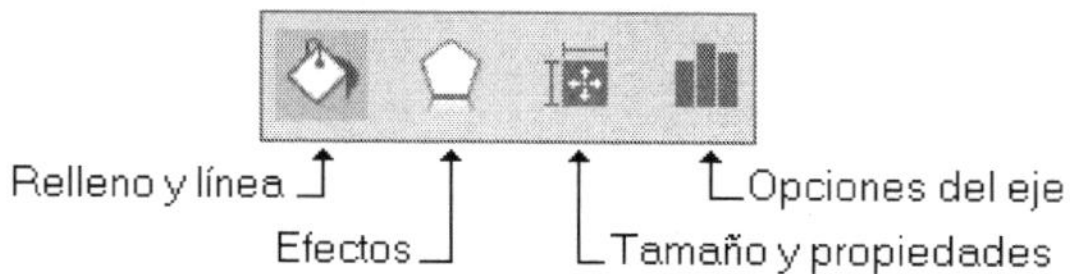

Opciones de texto:

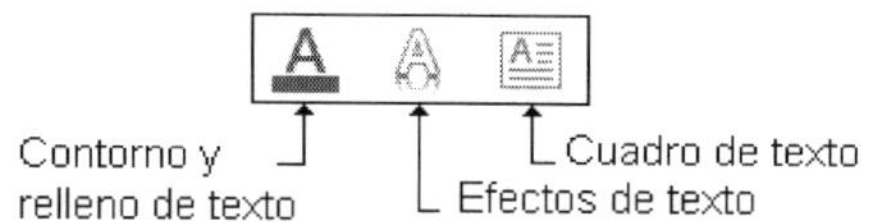

El icono de la categoría activa aparece de color (verde por defecto).

- Muestre la categoría **Opciones del eje** (tema **Opciones del eje**).

*Las opciones del tema **Dar formato al eje** - categoría **Opciones del eje** están agrupadas a su vez en cuatro listas: **Opciones del eje**, **Marcas de graduación**, **Etiquetas** y **Número**.*

- Para abrir una vista, haga clic en el símbolo [>] situado al lado de su nombre.
- Para ocultar una lista, haga clic en el símbolo [v] situado al lado de su nombre.

Lista: Opciones del eje

- Si es preciso, abra la lista **Opciones del eje**.

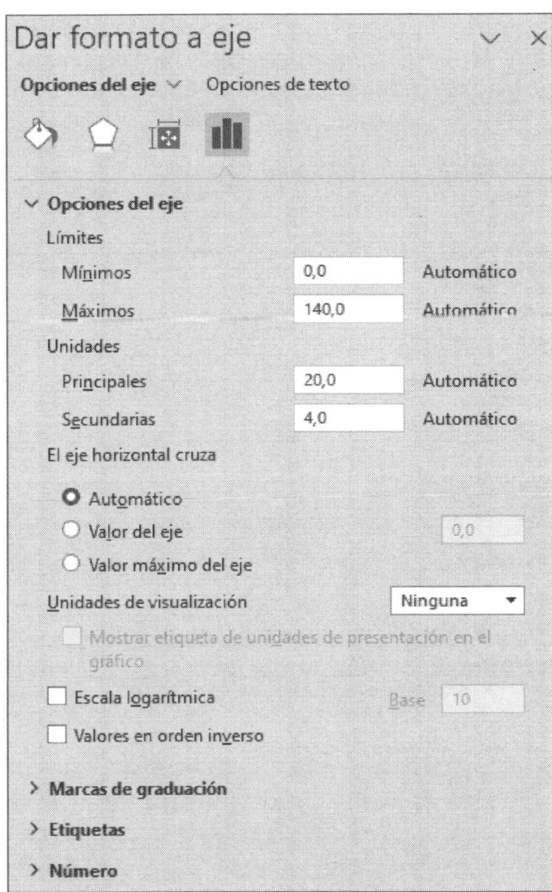

- Para definir un valor de escala particular, cambie los valores de las opciones **Mínimo** o **Máximo** de la zona **Límites**.

  *En ese caso, la indicación **Automático** se transforma en el botón **Restablecer**, que le permitirá volver al valor predeterminado.*

- Para definir el intervalo de las marcas de graduación y de las cuadrículas del gráfico, modifique los valores de las opciones **Mayor** o **Menor** de la zona **Unidades**.

- Si desea modificar el punto de intersección del eje de las ordenadas y el eje de las abscisas, en la zona **El eje horizontal cruza** active la opción:
  - **Valor del eje** e introduzca en el campo asociado el número que desee.
  - **Valor máximo del eje** para establecer que el eje de las abscisas (eje X) debe cruzar el eje de las ordenadas (eje Y) en el nivel del valor más elevado. En ese caso, las etiquetas de las categorías se colocarán en el lado opuesto en el gráfico.

  *La opción **Automáticamente** está activada por defecto.*
- Para cambiar si es preciso las **Unidades de visualización**, abra la lista correspondiente y haga clic en la opción que prefiera:

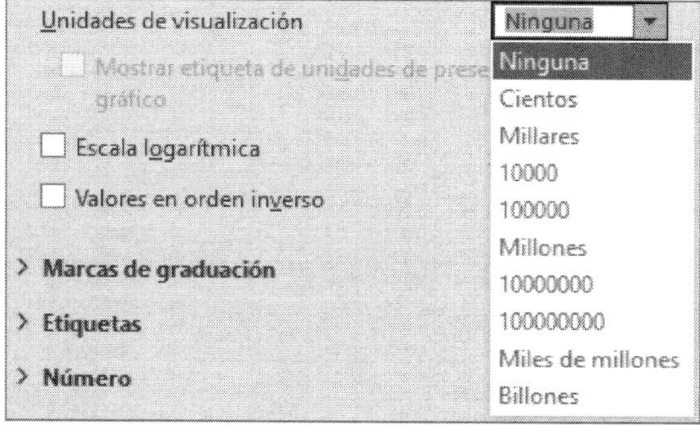

  *Por defecto, está seleccionada la opción **Ninguno**.*
- Si ha elegido una de las unidades de visualización (por ejemplo, para reemplazar valores altos por otros más pequeños), puede marcar la opción **Mostrar etiqueta de unidades de presentación en el gráfico** para añadir una etiqueta que indique la unidad utilizada.
- Cuando los valores representados en el gráfico cubren un rango muy grande, tiene la posibilidad de reemplazar el eje de los valores por una escala logarítmica. Para ello, marque la opción **Escala logarítmica** y cambie, si es preciso, la **Base** asociada.

  Observe que es imposible utilizar una escala de este tipo para los valores negativos o nulos.
- Para invertir el orden de los valores, marque la opción **Valores en orden inverso.**

Tenga presente que, si cambia el orden de los valores en el eje de las ordenadas, de modo que vayan de abajo arriba, las etiquetas de las categorías en el eje de las abscisas aparecerán en la parte superior del gráfico, y no debajo. De igual modo, si cambia el orden de las categorías partiendo de la izquierda hacia la derecha, las etiquetas de los valores aparecerán a la derecha, y no a la izquierda del gráfico.

Lista: Marcas de graduación

- Si es preciso, muestre la lista **Marcas de graduación** haciendo clic en la pequeña flecha situada al lado de su nombre.
- Para mostrar las graduaciones principales, abra la lista **Tipo principal** y escoja su posición (**Interior**, **Exterior**, **Cruz**).
- Para mostrar las graduaciones secundarias, abra la lista **Tipo secundario** y escoja su posición (**Interior**, **Exterior**, **Cruz**).

Lista: Etiquetas

- Si es preciso, muestre la lista **Etiquetas** haciendo clic en la pequeña flecha situada al lado de su nombre.
- Para mostrar el texto de las etiquetas de graduación, abra la lista **Posición de etiqueta** y escoja su posición (**Junto al eje**, **Alto**, **Bajo**).

Lista: Número

- Si es preciso, muestre la lista **Número** haciendo clic en la pequeña flecha situada al lado de su nombre.
- Abra la lista desplegable **Categoría** y escoja la opción **General**, **Número**, **Moneda**, **Contabilidad**, **Fecha**, **Hora**, **Porcentaje**, **Fracción**, **Científico**, **Texto**, **Especial** o **Personalizado**.
- Especifique las posibles opciones completando los parámetros que aparecen y que varían dependiendo de la categoría seleccionada.
- Si desea conservar los formatos de los números tal y como están en la hoja de cálculo, marque la opción **Vinculado al origen**.

 Los gráficos de tipo líneas muestran los valores únicamente en el eje de las ordenadas (vertical), mientras que los gráficos de dispersión (XY) y en burbujas muestran sus valores en el eje de las abscisas y en el eje de las ordenadas. En caso de que la escala del eje horizontal del gráfico de tipo líneas no pueda modificarse en la misma medida que la escala del eje vertical utilizado en el gráfico de dispersión, puede resultar apropiado emplear un gráfico de dispersión (XY) antes que un gráfico de líneas si debe cambiarse la escala de este eje o mostrarlo en forma de escala logarítmica.

Añadir un eje vertical secundario

Esta técnica permite representar en un mismo gráfico datos completamente diferentes, a partir de su escala o su unidad. En este ejemplo, la primera serie (Precipitaciones) se representa con barras asociadas al eje vertical principal, mientras que la segunda (valores de la serie ***Temperaturas****) está representada por una curva asociada al eje vertical secundario:*

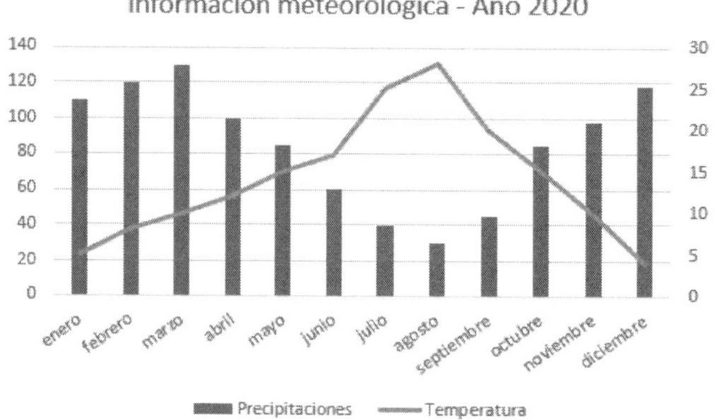

El principio consiste en convertir un gráfico en gráfico combinado.

- Haga clic en cualquier parte del gráfico que desea convertir en gráfico combinado.
- Active la pestaña **Diseño de gráfico** y haga clic en el botón **Cambiar tipo de gráfico** del grupo **Tipo**.

- Active la ficha **Todos los gráficos**.
- Active la categoría **Cuadro combinado** en el panel izquierdo de la ventana.
- Haga clic en la subcategoría **Columna agrupada** - **Línea en eje secundario** , situada en la parte superior del panel derecho de la ventana.

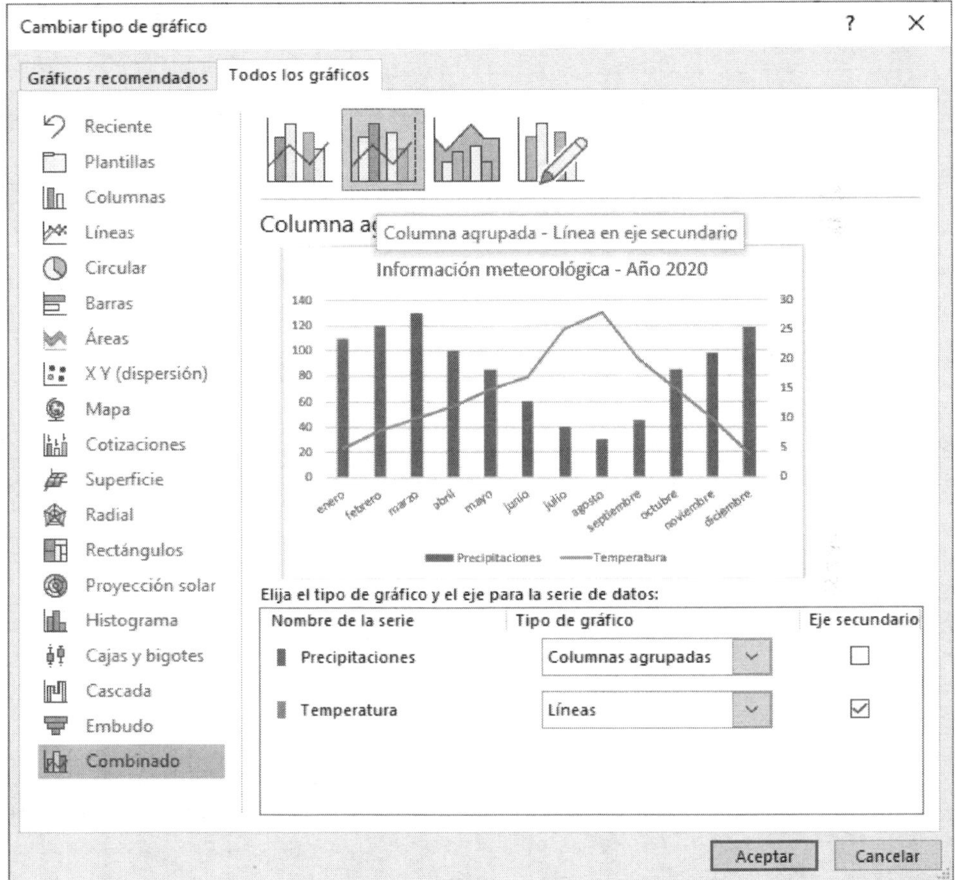

- En el cuadro **Elija el tipo de gráfico y el eje para la serie de datos**, marque la opción **Eje secundario** de cada serie de datos que desee trazar en el eje secundario.
- A continuación, escoja la opción **Líneas** en cada una de las listas **Tipo de gráfico** correspondientes.

Compruebe que el **Tipo de gráfico** de las demás series sea **Columna agrupada**.

Para añadir un título a cada eje vertical con el fin de que resulte más legible, puede activar el gráfico correspondiente, hacer clic en la herramienta **Elementos de gráfico** [+], señalar (sin hacer clic) la categoría **Títulos de ejes** y hacer clic en la pequeña flecha asociada.

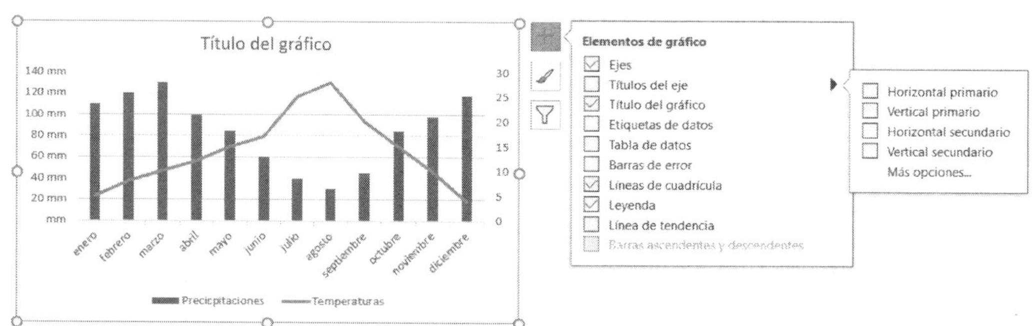

A continuación, marque la opción con las opciones que prefiera. Finalmente, en el gráfico, haga clic en cada título de eje que haya añadido para poder introducirlo.

Para modificar los parámetros del eje vertical secundario, puede hacer clic en la serie del gráfico, luego en la herramienta **Elementos de gráfico** (pestaña **Formato**, grupo **Selección actual**) a fin de abrir el panel de Office **Formato de la serie de datos.** Efectúe los cambios usando las diferentes opciones distribuidas en las categorías **Relleno y línea**, **Efectos** y **Opciones de serie** (véase Modificar las opciones del eje de las ordenadas).

Modificar los rótulos de datos

Se trata de modificar la vista de los valores correspondientes a los datos de cada serie.

- En el gráfico, muestre, si es preciso, las etiquetas de datos de las series deseadas (véase Mostrar/ocultar elementos del gráfico).
- Active el gráfico y haga clic en la herramienta **Elementos de gráfico** ⊞.
- Señale la opción **Etiquetas de datos** y haga clic en la flecha pequeña asociada para mostrar las opciones suplementarias y haga clic en **Más opciones** para que se muestre el panel de Office **Formato de etiquetas de datos.**
- Active la categoría **Opciones de etiqueta** del panel de Office y luego la subcategoría **Opciones de etiqueta.**

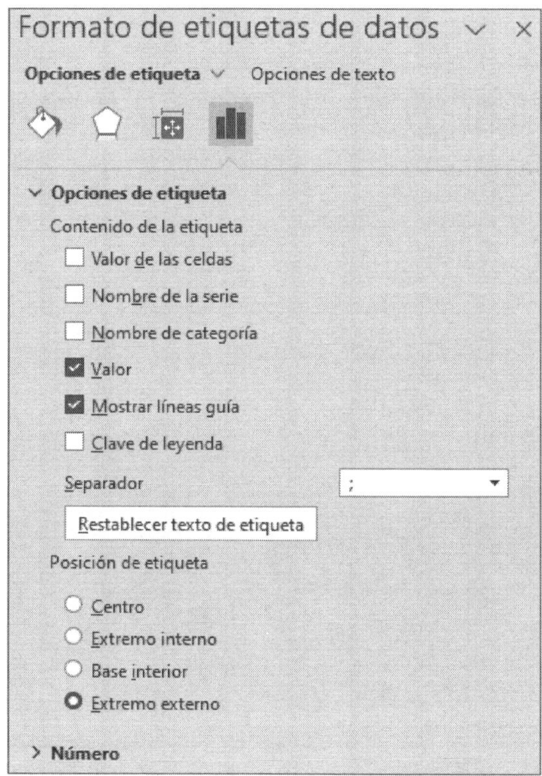

- Especifique lo que deben mostrar las etiquetas dentro de la zona **Contenido de la etiqueta**.
- Para mostrar también la clave de la leyenda en la etiqueta, marque la opción **Clave de leyenda**.
- Seleccione la disposición de las etiquetas en relación con la representación de las series (barras, líneas, etc.) en la zona **Posición de etiqueta**.

Para eliminar la visualización de todas las etiquetas, desmarque la opción **Etiquetas de datos** asociada a la herramienta **Elementos de gráfico** [+]. Para eliminar la visualización de una etiqueta en particular, haga clic en la zona correspondiente del gráfico para seleccionarla y pulse la tecla [Supr].

Cambiar la forma de una etiqueta de datos

- Para cambiar el conjunto de las etiquetas de una serie, seleccione dicha serie en el gráfico. Para modificar una etiqueta en particular, selecciónela.
- Haga clic con el botón derecho en la selección y active la opción **Cambiar formas de etiquetas de datos** o **Cambiar forma de etiqueta de datos**, según el caso.

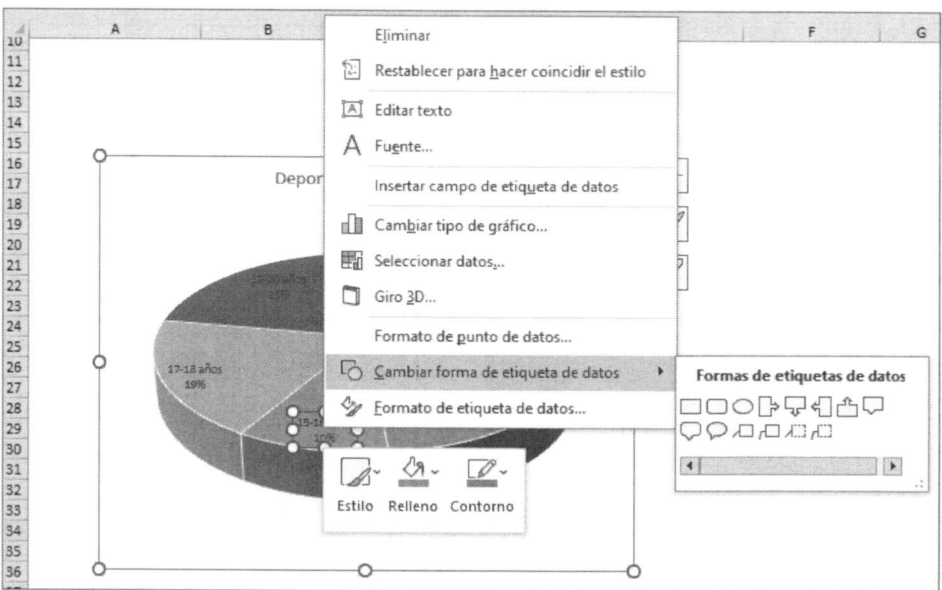

- A continuación, seleccione la forma que prefiera.

Restaurar el texto de una etiqueta

Si ha personalizado el contenido de una etiqueta de datos, tenga en cuenta que esta ya no está vinculada a los datos de la hoja de cálculo. Pero es posible restaurar el vínculo y restablecer al mismo tiempo el texto original de las etiquetas.

- Para restaurar el vínculo entre todas las etiquetas de una serie de datos y las celdas correspondientes de la hoja de cálculo, haga clic una vez en el gráfico en una de las etiquetas de datos de la serie correspondiente. Para restaurar el vínculo de una etiqueta en particular, haga doble clic en ella.
- Haga clic en la herramienta **Elementos de gráfico**, señale la opción **Etiquetas de datos**, haga clic en la flecha pequeña asociada y luego vuelva a hacer clic en la opción **Más opciones**.
- Haga clic en el botón **Restablecer texto de etiqueta** de la lista **Opciones de etiqueta** (categoría **Opciones de etiqueta**).

Para mostrar el panel **Formato de etiquetas de datos**, también puede hacer clic con el botón derecho en la etiqueta de datos y escoger la opción **Cambiar formas de etiquetas de datos** o **Cambiar forma de etiqueta de datos**, según qué haya seleccionado.

Aplicar un estilo rápido al gráfico

Un estilo rápido es un conjunto predefinido de colores, relleno y contornos para los elementos del gráfico.

Primer método

- Haga clic en el estilo que prefiera del grupo **Estilos de diseño de gráfico**, en la pestaña **Diseño**; para visualizar todos los estilos disponibles al mismo tiempo, haga clic en el botón **Más** de ese mismo grupo.

Segundo método

- Active el gráfico, haga clic en la herramienta **Estilos de gráfico** situada al lado del área del gráfico y si es preciso haga clic en la pestaña **Estilo** de la ventana que aparece.

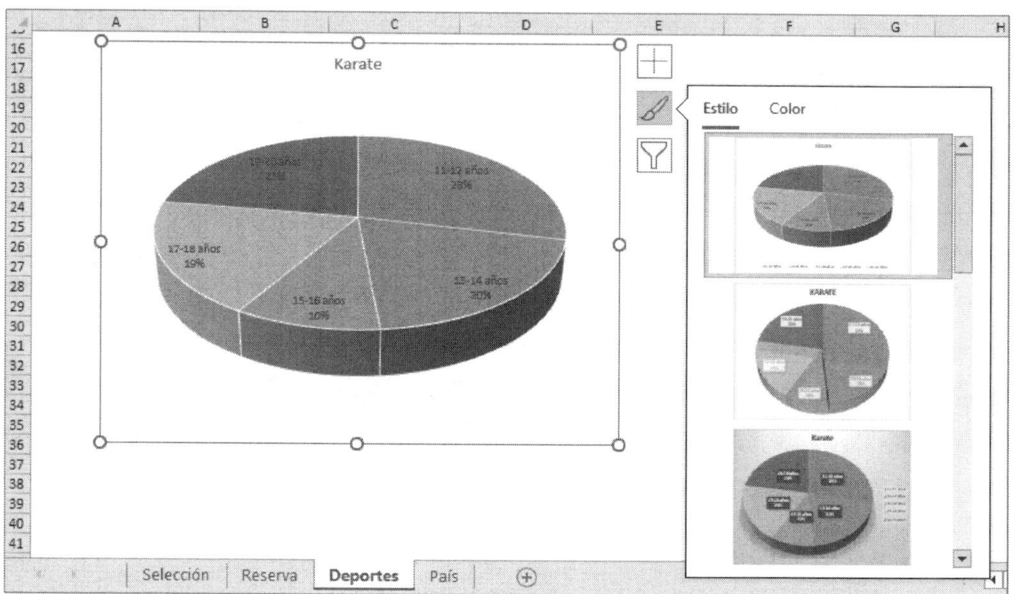

- Haga clic en la plantilla que desee.

Es posible aplicar un estilo rápido a un elemento en particular del gráfico.

Para cambiar los colores del gráfico, véase el apartado Aplicar un diseño predefinido al gráfico.

Para borrar el formato personalizado del elemento de gráfico seleccionado y restablecer el estilo visual que se le aplicó de forma predeterminada, active la pestaña **Formato** y haga clic en el botón **Restablecer para hacer coincidir el estilo** del grupo **Selección actual**.

Agregar una línea de tendencia a un gráfico

La línea de tendencia, asociada (obligatoriamente) a una serie de datos, permite ilustrar las tendencias de los datos existentes o las previsiones de datos futuros. Esta herramienta sirve para hacer un análisis de regresión que puede usarse para efectuar previsiones.

Según el tipo de análisis que busque, podrá, por ejemplo, extender una línea de tendencia en un gráfico más allá de los datos existentes con el fin de prever valores futuros. Pero también puede crear una media móvil que permita suavizar las fluctuaciones de los datos para, de este modo, ilustrar la tendencia con más precisión.

Observe que es imposible añadir una línea de tendencia a un gráfico 3D, apilado, radial, circular, de superficie o de anillos.

- Seleccione la serie a la que desea añadir una línea de tendencia.
- Haga clic en la herramienta **Elementos de gráfico** [+], señale la opción **Línea de tendencia** y haga clic en la pequeña flecha asociada.

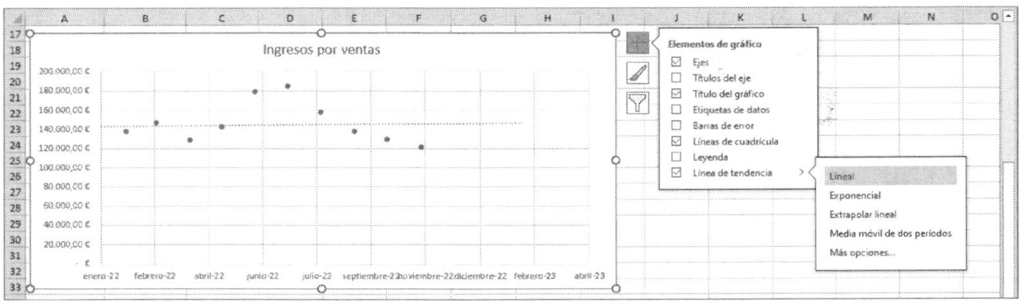

- Escoja una de las líneas de tendencia preestablecidas o haga clic en la opción **Más opciones** para definir su configuración, seleccione la serie correspondiente y haga clic en **Aceptar**.

*Si ha seleccionado **Más opciones** aparece a la derecha de la pantalla el panel de Office **Formato de línea de tendencia**.*

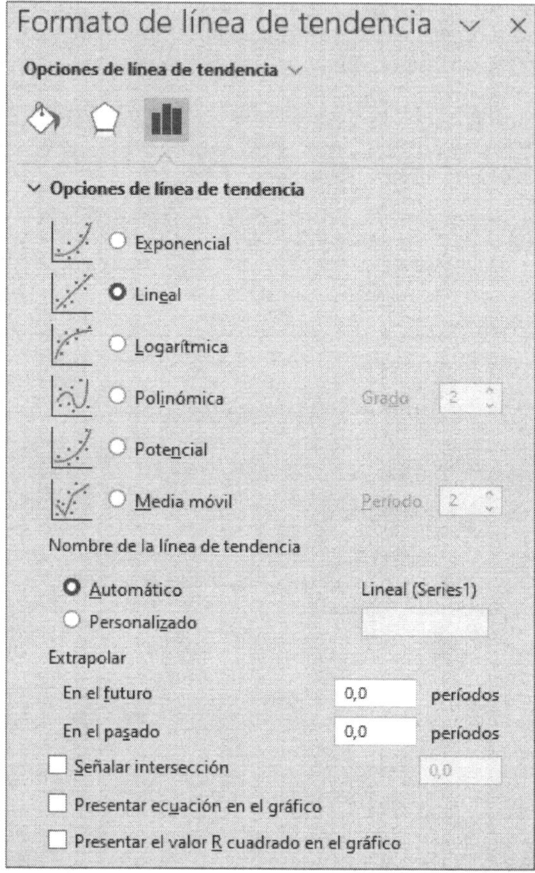

*Para mostrar este panel de Office, también puede hacer clic con el botón derecho en la serie de datos que corresponda y escoger la opción **Agregar línea de tendencia**.*

Microsoft Excel propone seis tipos de líneas de tendencia o de regresión. La elección de una o de otra línea de tendencia dependerá del tipo de datos de que se disponga.

Escoja el tipo de tendencia o regresión activando la opción:

- **Exponencial** para obtener una línea curva a partir de valores que aumentan o disminuyen de forma constante. Los valores nulos o negativos no pueden utilizarse en una línea de tendencia exponencial. Escoja este tipo de línea si usa una ecuación del tipo $y = ce^{bx}$ (donde *c* y *b* son constantes, y *e*, la base del logaritmo neperiano) para calcular los mínimos cuadrados.
- **Lineal** para obtener una línea recta ponderada a partir de conjuntos de datos lineales simples, como sucede cuando la unión de los puntos de sus datos se asemeja a una recta. Este tipo de línea se utiliza en una ecuación del tipo $y = ax + b$ (donde *a* es la pendiente y *b* la ordenada en el origen) para calcular los mínimos cuadrados para una línea.
- **Logarítmica** para obtener una línea lo más exacta posible en caso de que la frecuencia de cambio de los datos varíe rápidamente y luego se estabilice. Pueden usarse valores positivos y negativos en una línea de tendencia logarítmica. Escoja este tipo de línea si utiliza una ecuación de tipo $y = c \ln x + b$ (donde *c* y *b* son constantes y *ln*, la función del logaritmo neperiano) para calcular los mínimos cuadrados.
- **Polinómica** para representar generalmente fluctuaciones (tales como pérdidas y ganancias, por ejemplo) en un gran número de datos. El orden de esta línea puede determinarse por el número de fluctuaciones en los datos o el número de curvas de línea. Escoja este tipo de líneas si utiliza una ecuación del tipo $y = b + c_1x + c_2x^2 + c_3x^3 + ... + c_6x^6$ (donde *b* y $c_1...c_6$ son constantes) para calcular los mínimos cuadrados. Tras activar la opción **Polinómica**, defina la potencia más elevada para la variable independiente en el cuadro **Grado**.
- **Potencial** si, por ejemplo, el conjunto de los datos compara medidas que aumentan con una velocidad específica (como la aceleración de un dragster por segundo). Los valores nulos o negativos no pueden utilizarse en una línea de tendencia potencial. Escoja este tipo de línea si usa una ecuación del tipo $y = cx^b$ (donde *c* y *b* son constantes) para calcular los mínimos cuadrados.
- **Media móvil**: este tipo de línea de tendencia iguala las fluctuaciones de los datos con el fin de resaltar una pauta o una tendencia. Utiliza un número específico de puntos de datos (definido por el valor de la opción **Período**), calcula una media y luego utiliza este valor como punto de la línea de tendencia. Escoja este tipo de curva si utiliza una ecuación del tipo:

$$Ft = \frac{At + At\text{-}1 + ...At - n+1}{n}$$

Observe que el número de puntos de este tipo de línea es igual al número total de puntos de la serie menos el número especificado por el ***Período****. Este último corresponde a los periodos que hay que utilizar para calcular la media móvil.*

- Para cambiar el nombre de la línea de tendencia que Excel atribuye automáticamente, active la opción **Personalizado** de la zona **Nombre de la línea de tendencia** e introduzca el nombre que prefiera en el campo correspondiente.
- Para especificar el número de periodos que se deben incluir para una previsión sobre un gráfico 2D (en áreas no apiladas, en barras, en columnas, en líneas, en dispersión (XY) o en burbujas), introduzca en el campo **Adelante** o **Hacia atrás** el valor de los **períodos** que hay que incluir.
- Si utiliza una línea de tendencia exponencial, lineal o polinómica, puede, si lo desea, especificar el punto donde la línea de tendencia corta el eje de las ordenadas (vertical) sobre un gráfico 2D (en áreas no apiladas, en barras, en columnas, en líneas, en dispersión (XY) o en burbujas). Para ello, marque la opción **Señalar intersección** e introduzca en el campo asociado el valor que indica el punto donde la línea de tendencia cruza el eje de las ordenadas (vertical).
- Para mostrar la ecuación de la línea de tendencia sobre un gráfico 2D (en áreas no apiladas, en barras, en columnas, en líneas, en dispersión (XY) o en burbujas), marque la opción **Presentar ecuación en el gráfico**.
- Recordemos, si es necesario, que una línea de tendencia está más ajustada cuando su coeficiente de determinación (R^2) es igual o próximo a 1. Tenga en cuenta que Excel calcula automáticamente el valor de la raíz cuadrada de la línea de tendencia que habrá aplicado a sus datos. Para mostrar el coeficiente de determinación de una línea de tendencia sobre un gráfico 2D (en áreas no apiladas, en barras, en columnas, en líneas, en dispersión (XY) o en burbujas), marque la opción **Presentar el valor R cuadrado en el gráfico**.
- Para cambiar/verificar el formato de la línea de tendencia, utilice los parámetros que se ofrecen en las diferentes categorías de opciones del panel de Office (**Relleno y línea**, **Estilo de línea**, **Efectos**).

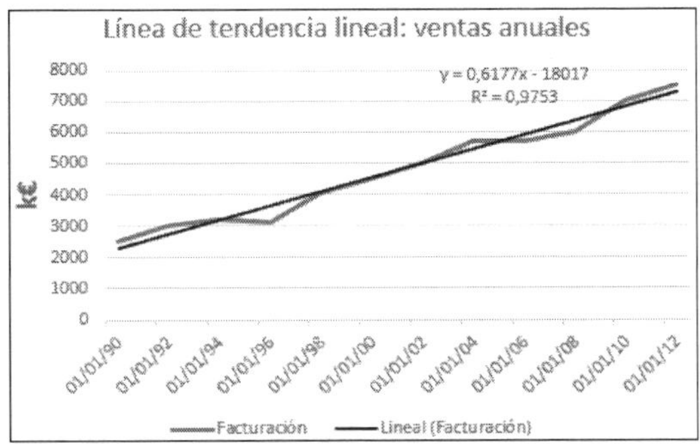

- Para eliminar una línea de tendencia, selecciónela haciendo clic en ella y pulse la tecla Supr.

Modificar la orientación del texto en un elemento

- Haga doble clic en el elemento del gráfico que contiene el texto que desee modificar, a fin de que aparezca el panel de Office.
- Active la categoría **Tamaño y propiedades** y abra la lista de la opción **Dirección del texto**.

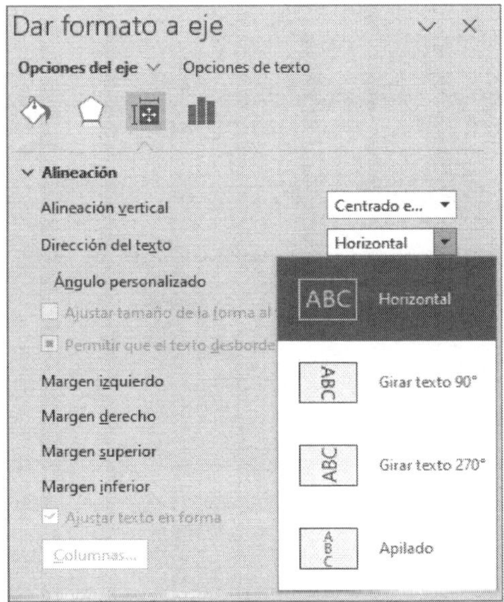

- Seleccione la opción **Girar texto 90°**, la opción **Girar texto 270°** o la opción **Apilado** para ver los caracteres unos debajo de otros,

  o

  conserve la opción **Horizontal** en la lista **Dirección del texto** y especifique un grado de inclinación en el cuadro **Ángulo personalizado.**

  En este ejemplo, los rótulos del eje horizontal se han orientado a -56°.

Modificar el formato 3D de un elemento

Estas opciones permiten formatear el elemento de gráfico seleccionado con un efecto en tres dimensiones.

- Seleccione el elemento del gráfico en cuestión.
- Active la pestaña **Formato** y haga clic en el botón **Aplicar formato a la selección** del grupo **Selección actual.**
- Active la categoría **Efectos** del panel de Office y abra la lista **Formato 3D.**

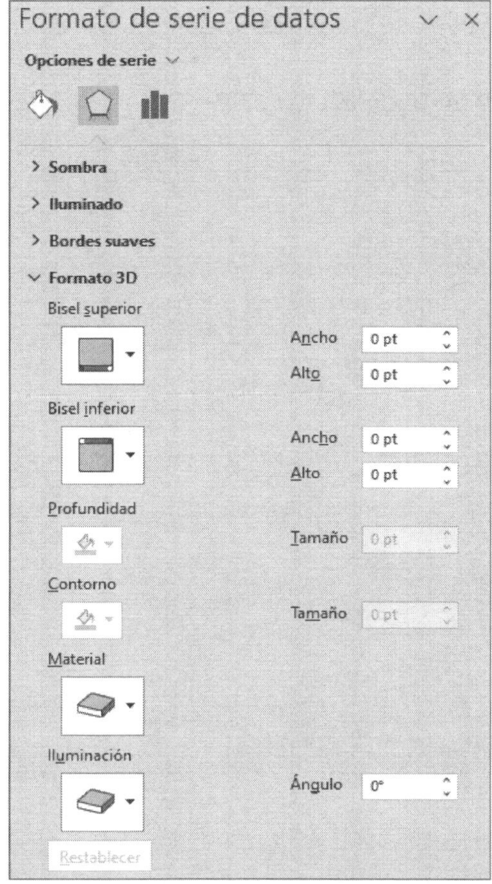

Algunas opciones de formato 3D no están disponibles con ciertos gráficos.

- Para obtener un efecto en 3D en el borde superior de un elemento, abra la lista **Bisel superior** o **Bisel inferior**, según el caso, y seleccione la opción deseada. A continuación defina el **Ancho** y el **Alto** del borde.

  Los efectos de bisel dan relieve al contorno gracias a la incorporación de sombras y luces en torno al elemento.

- Seleccione seguidamente, si es posible, el **Contorno** y la **Profundidad** del efecto 3D.
- Para modificar el aspecto del elemento cambiando su iluminación especular, abra las listas **Material** e **Iluminación**, seleccione el modelo que desee y defina, si es preciso, el **Ángulo** (en grados) de reflexión de la luz.

*La iluminación especular hace que los objetos aparezcan más o menos brillantes. El uso de un efecto de la lista **Material** permite hacer los elementos más mates, plásticos, metálicos o traslúcidos.*

El botón **Restablecer** anula el formato 3D aplicado al elemento.

Modificar la orientación y la perspectiva de un gráfico en 3D

- Haga doble clic en el área del gráfico.

  *También puede seleccionar el área del gráfico o el área de trazado, activar la pestaña **Formato** y hacer clic en el botón **Aplicar formato a la selección** del grupo **Selección actual**.*

- Active la categoría **Efectos** del panel de Office y abra la lista **Giro 3D**.

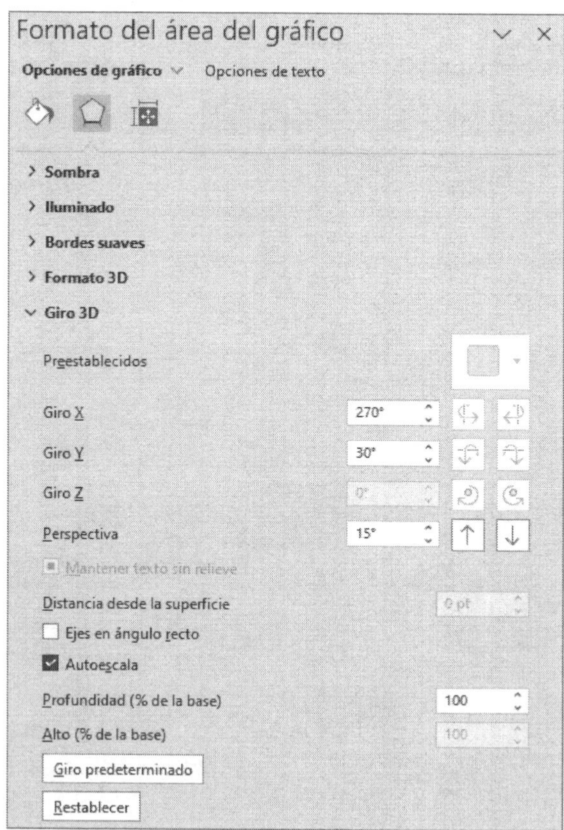

- Para modificar la orientación (el giro) y la posición de la cámara (vista) usada para visualizar los elementos, especifique los valores en los cuadros:

  Giro X para modificar la orientación del eje horizontal.

  Giro Y para modificar la orientación del eje vertical.

  Giro Z para modificar la posición de las formas por encima o por debajo de otras formas.
- Para modificar la profundidad del efecto 3D, teclee un valor en el cuadro **Perspectiva**.

  El valor mínimo (0) es como tener una cámara en paralelo, y el valor máximo (120) produce una perspectiva más exagerada, similar a la generada por una cámara con gran angular.
- Active la opción **Mantener texto sin relieve** para evitar que, al girar la forma, rote también el texto situado dentro de ella.

  Cuando esta opción está seleccionada, el texto permanece siempre encima de la forma. Si no lo está, el texto insertado en la forma sigue el movimiento de rotación de la forma.
- Para mover la forma hacia delante o hacia atrás en un espacio 3D, introduzca un valor en el cuadro **Distancia desde la superficie**.

El botón **Restablecer** cancela los efectos de giro 3D y de perspectiva aplicados al elemento.

Modificar un gráfico sectorial

También es posible hacer rotar gráficos sectoriales e incluso separar una o varias de sus partes.

- Seleccione la serie del gráfico o uno de sus datos.
- Active la ficha **Formato** y haga clic en el botón **Aplicar formato a la selección** del grupo **Selección actual**.

  También puede hacer doble clic directamente en la selección.

  *Si ha seleccionado el conjunto de la serie gráfica, el título del panel de Office es **Formato de serie de datos**; si la selección concierne solo a un dato, el panel de Office se llama **Formato de punto de datos**.*
- Active la categoría **Opciones de serie**.
- Para hacer que el gráfico sectorial rote, arrastre el cursor del cuadro **Ángulo del primer sector** o introduzca un grado de rotación en el cuadro de texto situado debajo del cursor.

- Para separar las partes del gráfico, arrastre el cursor del cuadro **Sección circular** o **Sección de puntos** si se trata de un solo dato o introduzca un porcentaje en el cuadro de texto situado debajo de ese cursor.

  En este ejemplo, solo se ha separado una parte.

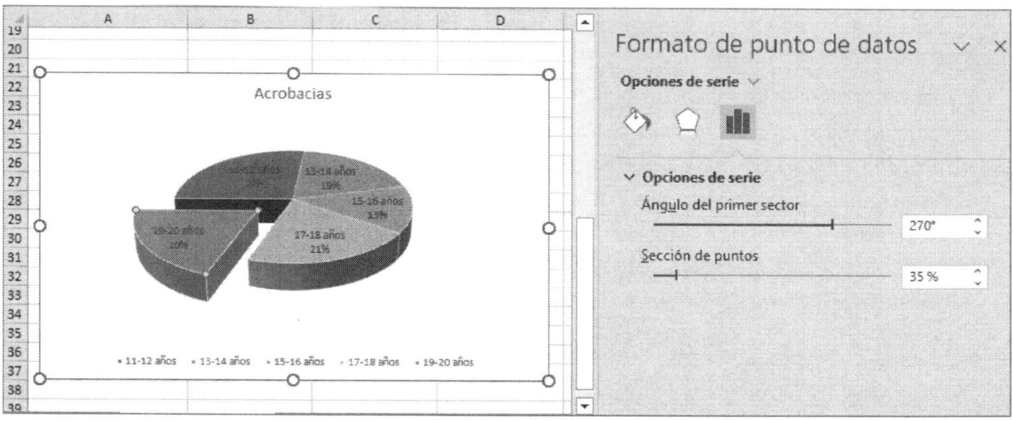

Para destacar una de las partes del gráfico, es posible separarla de las demás: haga clic dos veces en la parte en cuestión para seleccionarla y haga clic y arrastre hacia la parte exterior del gráfico.

Los gráficos sectoriales son prácticos para mostrar puntos de datos en forma de porcentaje, pero cuando estos puntos representan un porcentaje muy pequeño, puede resultar difícil distinguirlos. En ese caso, es posible utilizar un subtipo de gráfico: subgráfico circular o subgráfico de barras (véase siguiente apartado).

Usar un subgráfico circular o un subgráfico de barras

Este subtipo de gráfico circular separa los sectores más pequeños del gráfico principal y los muestra en un gráfico circular o en un gráfico de barras apiladas suplementario.

- Para cambiar el tipo de gráfico, selecciónelo y haga clic en el botón **Cambiar tipo de gráfico** de la pestaña **Diseño de gráfico**, grupo **Tipo**.

- Active, si es preciso, la categoría **Circular** en el panel izquierdo, y luego haga clic en el modelo **Gráfico circular con subgráfico circular** o **Gráfico circular con subgráfico de barras** según el tipo que desee, y confirme mediante **Aceptar**.
- Para modificar este tipo de gráfico, seleccione la serie completa o uno de los datos del gráfico.

  *Si ha seleccionado el conjunto de la serie del gráfico, el título del cuadro de diálogo es **Formato de serie de datos**; si la selección solo concierne a un dato, el cuadro de diálogo se llama **Formato de punto de datos**.*

- En la lista **Opciones de serie**, abra la lista desplegable **Dividir serie por** y escoja el criterio en función del cual Excel debe separar los datos (**Posición**, **Valor**, **Valor del porcentaje**, **Personalizado**).

  *Según la opción elegida, se solicita información suplementaria. Para la opción **Valor del porcentaje**, se le pide que complete el valor del porcentaje de referencia en el campo **Valores en segundo trazado**.*

  Complete la información asociada al criterio de separación de datos.

  Si la modificación solo concierne a un dato (panel de Office **Formato de punto de datos**), abra la lista desplegable **El punto pertenece a** y elija su posición: **Segundo trazado** (gráfico secundario) o **Primer trazado** (gráfico principal).
- Para separar las partes del gráfico, arrastre el cursor de la zona **Sección circular** o la zona **Sección de puntos** si se trata de un solo dato, o bien introduzca un porcentaje en el cuadro de edición situado al lado de este cursor.
- Varíe, si es preciso, la distancia que separa los dos gráficos arrastrando el cursor de la zona **Ancho del intervalo** o introduciendo la anchura del intervalo en porcentaje del tamaño del gráfico secundario.
- Modifique, si es preciso, el **Tamaño del segundo trazado** arrastrando el cursor de la zona correspondiente o bien introduciendo el tamaño en porcentaje del tamaño del gráfico principal.

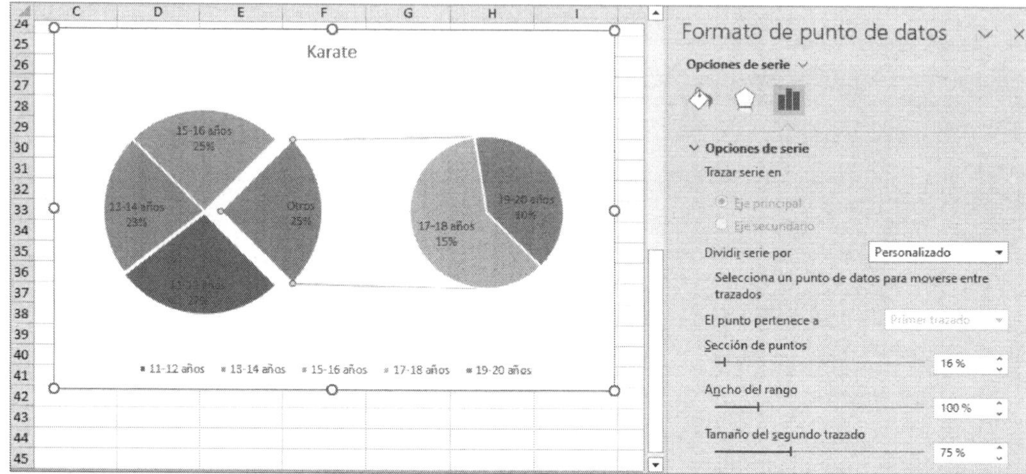

Los dos gráficos se sitúan siempre uno al lado de otro horizontalmente. El gráfico de la izquierda corresponde al gráfico principal, y el de la derecha, al gráfico secundario.

El gráfico secundario presenta los sectores que responden a los criterios definidos, y el total de estos sectores se presenta globalmente en el gráfico principal. Las líneas de conexión permiten visualizar mejor la asociación entre los dos gráficos.

Crear un gráfico en media luna

Se trata de integrar en el gráfico sectorial la columna Total, que ocupará la mitad del gráfico sectorial; luego bastará con ocultarla para obtener un gráfico en media luna.

- Seleccione los datos que hay que presentar sin los títulos y cree un gráfico circular según el procedimiento habitual (pestaña **Insertar**).
- Haga clic en el botón **Seleccionar datos** de la pestaña **Diseño de gráfico** y luego en el botón **Editar** del cuadro **Etiquetas del eje horizontal**.
- Seleccione las celdas que contienen las etiquetas excepto la del total, y haga clic en **Aceptar**.
- Haga clic en los datos del gráfico para mostrar el panel de Office **Formato de serie de datos** o **Formato de punto de datos**. Si es preciso, active la categoría **Opciones de serie** .

*También puede hacer clic en el botón **Aplicar formato a la selección** de la pestaña **Formato**.*

- Aplique una rotación de **270°** en el **Ángulo del primer sector**.

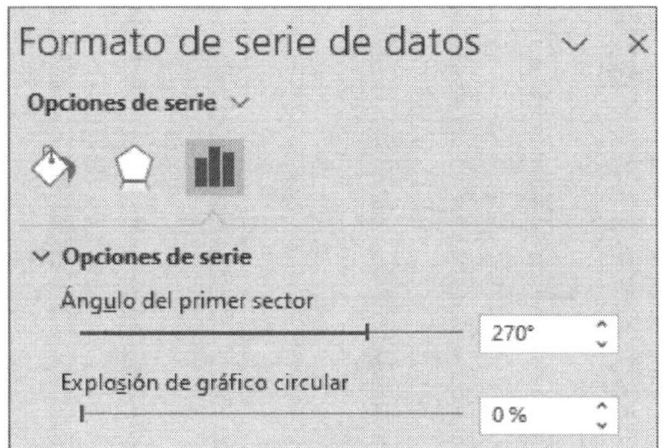

- Para ocultar la parte inferior del gráfico, selecciónelo y active la opción **Sin relleno** del panel de Office **Formato de punto de datos** - **Opciones de serie** - categoría **Relleno y línea** - lista **Relleno:**

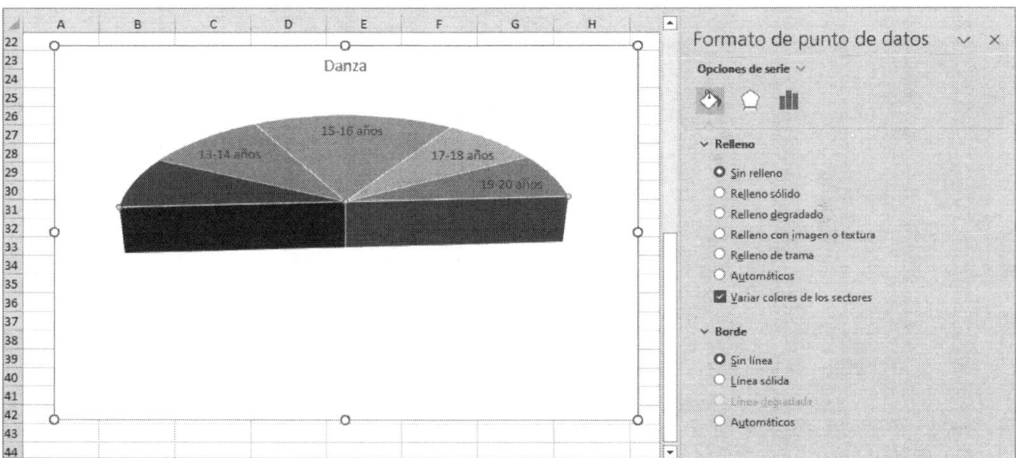

*También puede utilizar la opción **Sin relleno** de la herramienta **Relleno de forma** (pestaña **Formato**, grupo **Estilos de forma**).*

- Complete la presentación del gráfico en media luna añadiéndole un efecto 3D, etiquetas de datos (evite los porcentajes, ya que no resultarían coherentes en la medida en que la mitad del gráfico está oculto), etc.

Unir los puntos de un gráfico de tipo línea

- Active la pestaña **Diseño de gráfico.**
- Para ver líneas entre los puntos, haga clic en el botón **Agregar elemento de gráfico** y luego en la opción **Líneas** y seleccione:

Líneas de unión	Para ver líneas que parten del valor de la ordenada más alta y acaban en el eje de las abscisas.
Líneas de máximos y mínimos	Para ver filas que unen el valor de la ordenada más alta y el valor de la más baja.

- Para ver barras entre los puntos, haga clic en el botón **Barras ascendentes o descendentes** del botón **Agregar elemento de gráfico** y active la opción del mismo nombre.

En este ejemplo aparecen líneas de unión y barras ascendentes y descendentes.

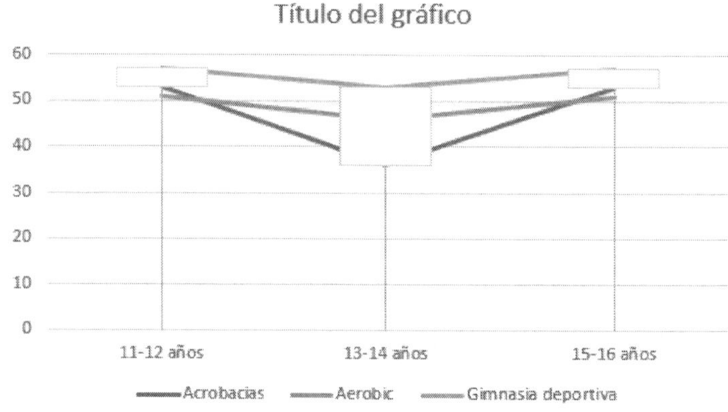

Para agregar barras ascendentes o descendentes, también puede hacer clic en la herramienta **Elementos de gráfico** y marcar la opción **Barras ascendentes y descendentes.**

Trazar una forma

- Active la pestaña **Insertar** y haga clic en el botón **Formas** del grupo **Ilustraciones.**
- Haga clic en la forma que desea dibujar.
- Haga clic en el lugar de la hoja donde desea que aparezca la forma para insertarla con unas medidas predefinidas,

  o

  haga clic y arrastre en la hoja de cálculo pulsando o no, según lo que más le convenga, una de las teclas siguientes:

  - Use la tecla Alt para alinear la forma con las celdas.
  - Use la tecla Mayús para dibujar un cuadrado, un círculo o para disminuir las dimensiones de las demás formas.

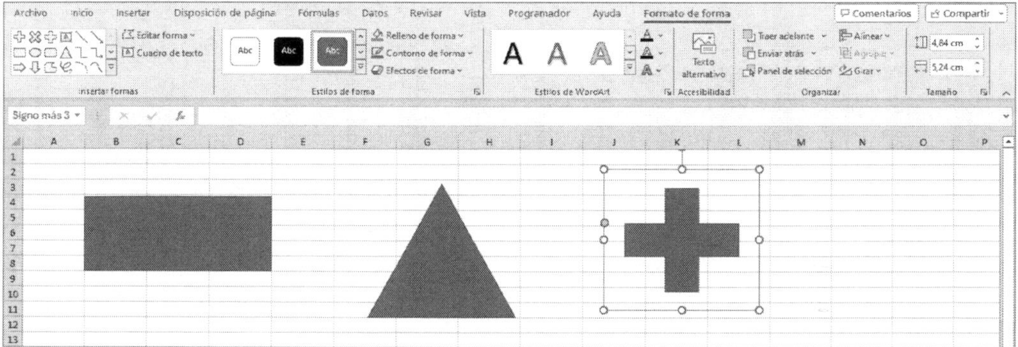

- En caso necesario, introduzca el texto que deberá aparecer en la forma; use la tecla ↵ para pasar a la siguiente línea y la tecla esc para finalizar la introducción de texto.
- Para dar formato al texto introducido, utilice las herramientas de la pestaña **Formato de forma** o de la pestaña **Inicio.**

Es posible agregar formas a un gráfico o a un diagrama para personalizarlos.

Si desea agregar texto a una forma ya creada, haga clic en ella para seleccionarla e introduzca el texto deseado.

Para dibujar varias formas iguales seguidas, haga clic en el botón **Formas** de la pestaña **Insertar** (grupo **Ilustraciones**), muestre el menú contextual de la forma en cuestión y active la opción **Bloquear modo de dibujo**. Lleve a cabo los diferentes trazados y, una vez que haya añadido todas las formas deseadas, pulse [esc].

Trazar un cuadro de texto

Un cuadro de texto es un objeto gráfico, sin fondo ni contorno de forma predeterminada, destinado a albergar texto. Este objeto permite introducir texto fuera de las celdas.

- Active la pestaña **Insertar** y haga clic en el botón **Cuadro de texto** del grupo **Texto**.
- Haga clic en el lugar donde desea crear el cuadro de texto,

  o

  haga clic y arrastre dentro de la hoja de cálculo, pulsando o no, según lo que más le convenga, una de las siguientes teclas para trazar el cuadro:

  - Use la tecla [Alt] para alinear el cuadro con las celdas.
  - Use la tecla [Mayús] para dibujar el cuadro de texto en forma de cuadrado.

  La pestaña contextual ***Formato de forma*** *aparece con una serie de herramientas específicas.*
- Introduzca el texto deseado sin preocuparse de los retornos de carro. Pulse la tecla [↵] para crear nuevos párrafos.

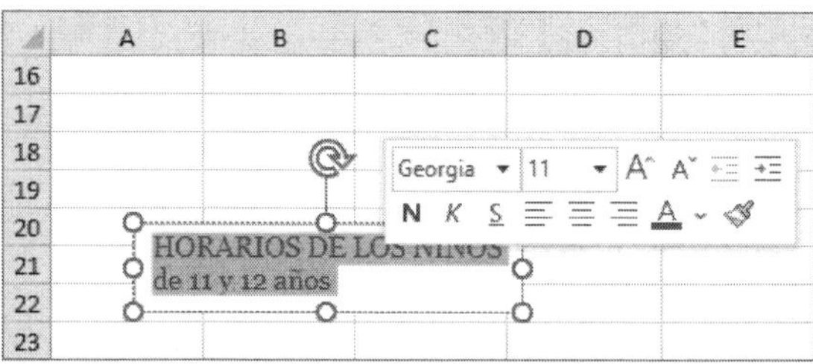

- Para dar formato al texto introducido, utilice las herramientas de la pestaña **Inicio** o las de la minibarra de herramientas que aparece cuando se selecciona texto.
- Cuando haya terminado el cuadro de texto, haga clic fuera de él.

Si desea seleccionar el cuadro de texto, y no solo su contenido, haga clic en él y pulse [esc] (el cuadro de texto aparecerá rodeado con un borde sólido, y no de puntos). Basta con hacer clic una vez para activar su contenido para poder modificarlo.

Insertar un objeto WordArt

Un objeto WordArt es un objeto gráfico destinado, al igual que los cuadros de texto, a contener caracteres presentados con un efecto decorativo. Ejemplo:

- Active la pestaña **Insertar** y haga clic en el botón **WordArt** del grupo **Texto**.
- Haga clic en el efecto deseado.

  El objeto aparece en la hoja de cálculo con el contenido: ***Espacio para el texto.***
- Introduzca el texto al que se aplicará el objeto WordArt. Use la tecla [Enter] para insertar saltos de línea.
- Para dar formato al texto introducido, use las herramientas de la pestaña **Formato de forma** o de la pestaña **Inicio.**

Si desea seleccionar un objeto WordArt, y no solo su contenido, haga clic en él y pulse [esc] (el objeto de WordArt aparecerá rodeado con un borde sólido, y no de puntos). Basta con hacer clic una vez sobre el cuadro para activar su contenido y poder modificarlo.

Insertar un icono

Los iconos son símbolos que pueden añadirse a las hojas de cálculo.

- Active la pestaña **Insertar** y el botón **Iconos** del grupo **Ilustraciones.**
- Seleccione el tema de símbolos deseado y haga clic en el icono o iconos que quiere añadir.

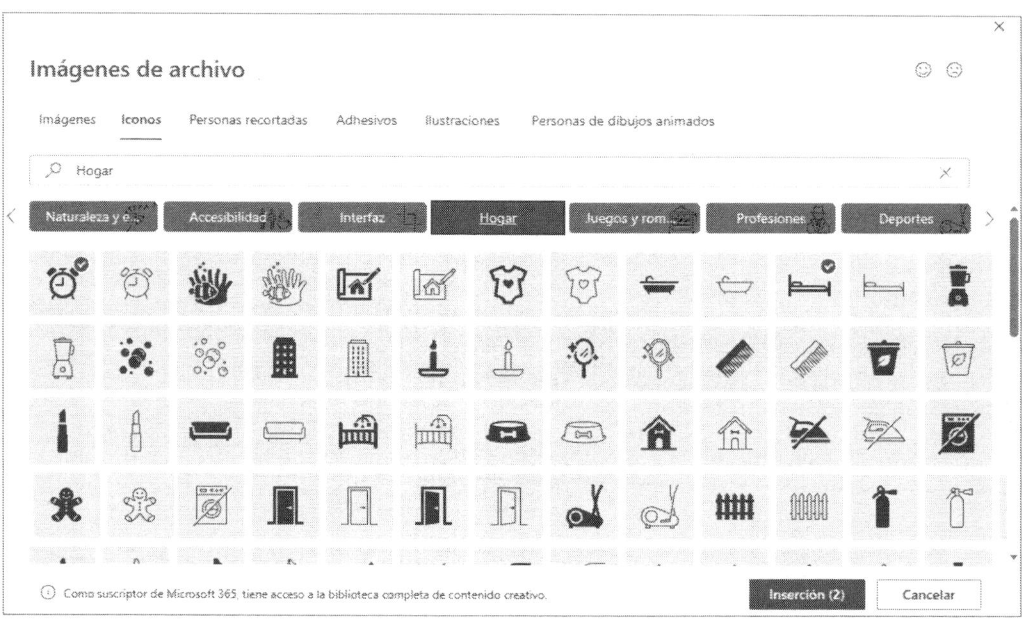

- Haga clic en **Insertar**.

Insertar un archivo de imagen

- Active la pestaña **Insertar** y haga clic en el botón **Imágenes** del grupo **Ilustraciones** si la imagen está almacenada en el propio ordenador, haga clic en la opción **Este dispositivo** para acceder a la carpeta donde está guardado el archivo y haga doble clic la imagen que desea insertar.
- Para buscar una imagen en Internet o una imagen guardada en el espacio OneDrive, haga clic en el botón **Imágenes en línea**.

Se abre el cuadro de diálogo ***En línea imágenes****.*

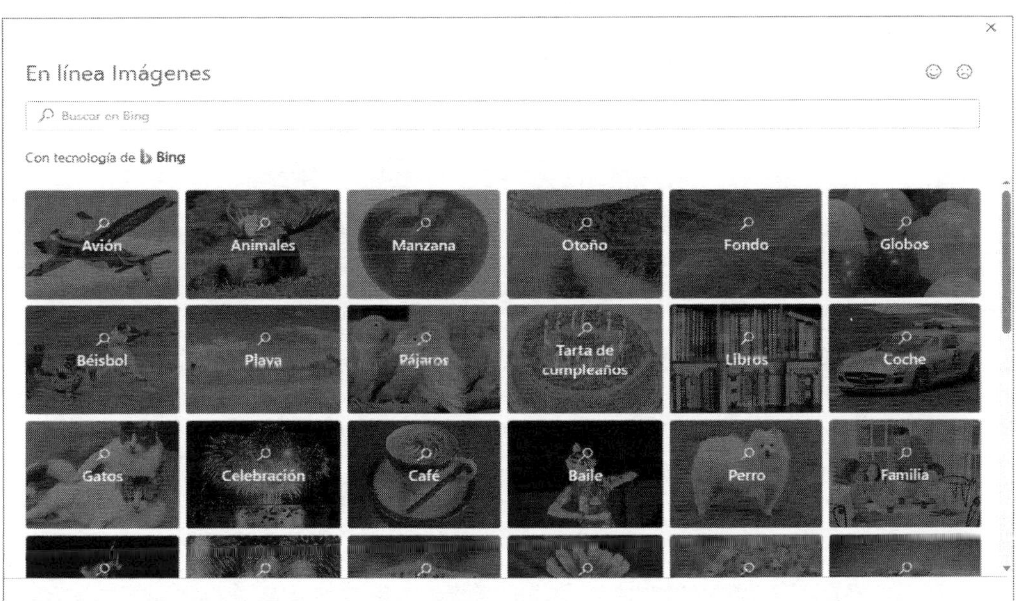

- Haga clic en la viñeta de uno de los temas propuestos para ver las imágenes correspondientes o bien busque la imagen introduciendo el elemento buscado en el cuadro correspondiente y pulsando la tecla [Intro] para mostrar los resultados.

  El motor de búsqueda de Bing muestra primero las imágenes correspondientes a las palabras clave introducidas que tengan una licencia Creative Commons, lo que significa que pueden usarse libremente siempre que se cumplan determinadas condiciones de reutilización establecidas por el autor; desactivando la opción ***Solo Creative Commons****, pueden verse todas las imágenes correspondientes a los criterios de búsqueda, con independencia de su licencia de uso.*

- Haga clic en la viñeta de las imágenes que desea añadir y después en el botón **Insertar**.

Para editar o eliminar una imagen, vaya el capítulo Gestionar objetos, en este libro.

Insertar un modelo 3D

Los modelos o imágenes 3D son objetos de tres dimensiones que se pueden girar para verlos desde otro ángulo. A las hojas de cálculo pueden añadirse archivos 3D almacenados en el ordenador o procedentes de sitios de Internet (vía Remixer 3D).

Desde un archivo

- Active la pestaña **Insertar**, abra la lista del botón **Modelos 3D** del grupo **Ilustraciones** y seleccione la opción **Este dispositivo.**
- Acceda a la carpeta del archivo y haga doble clic sobre su nombre.

Desde la biblioteca en línea Remixer 3D

- Active la pestaña **Insertar** y haga clic en el botón **Modelos 3D** (sin abrir la lista) del grupo **Ilustraciones.**

  Se abre la ventana ***En línea Modelos 3D*** *con varias categorías de modelos:*

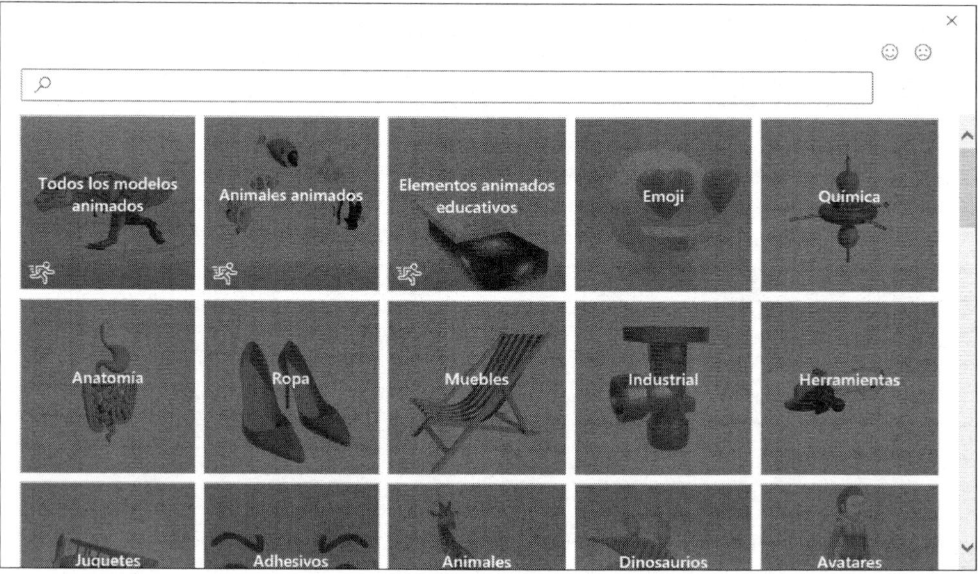

- Para ver los modelos 3D de una categoría, haga clic en su correspondiente viñeta.

  Para buscar un modelo 3D, haga clic en el cuadro de búsqueda e introduzca la palabra o palabras clave para encontrarlo. A continuación, pulse la tecla ↵ para ver los resultados de la búsqueda.
- Haga clic en la viñeta del modelo que desea añadir y en el botón **Insertar**.

  La imagen 3D aparece en la hoja de cálculo con la pestaña contextual ***Modelo 3D*** *activa:*

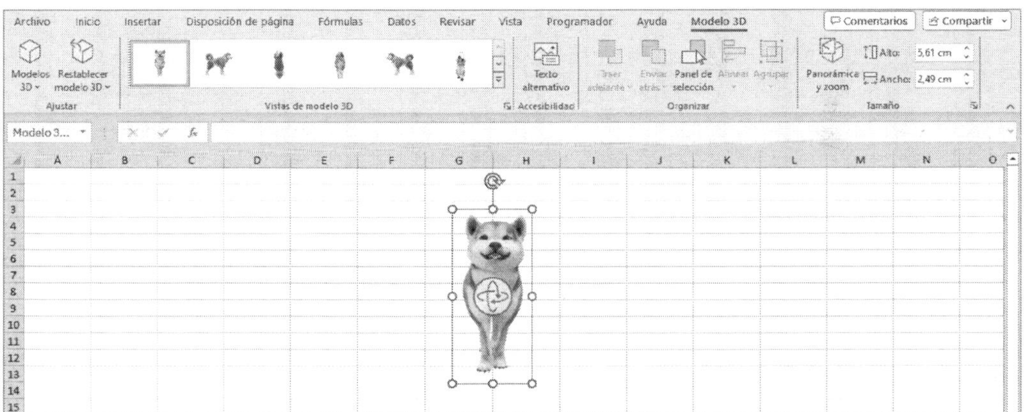

Editar un modelo 3D

- Para editar el tamaño de la imagen, arrastre uno indicadores de selección (círculos blancos) o bien especifique el **Alto** y el **Ancho** en centímetros en los cuadros correspondientes del grupo **Tamaño**, pestaña contextual **Modelo 3D**.
- Para seleccionar otra vista del modelo, abra la galería del grupo **Vistas de modelo 3D** y haga clic en una de las vistas propuestas.

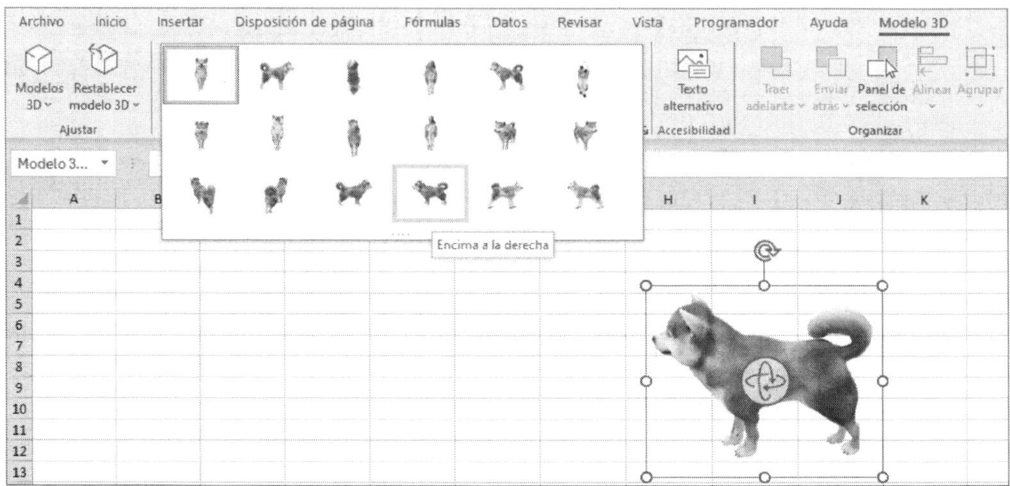

- Para girar o inclinar el modelo 3D en la dirección deseada, desplace la herramienta situada en el centro de la imagen.
- Para desplazar o modificar el tamaño de la imagen dentro del cuadro, haga clic en el botón **Panorámica y zoom** del grupo **Tamaño.**

  Para desplazar la imagen, arrástrela.

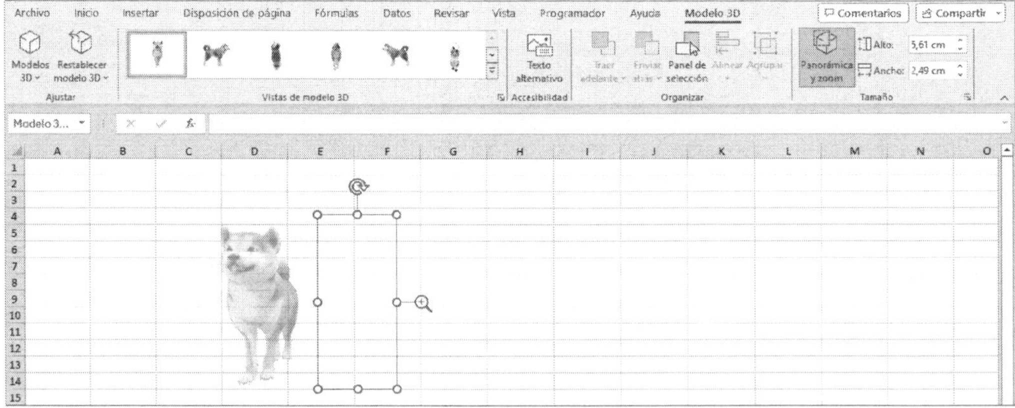

Para modificar el tamaño de la imagen en el cuadro, haga clic en la herramienta , situada a la derecha del cuadro, y deslícela hacia arriba para agrandar la imagen o hacia abajo para reducirla.

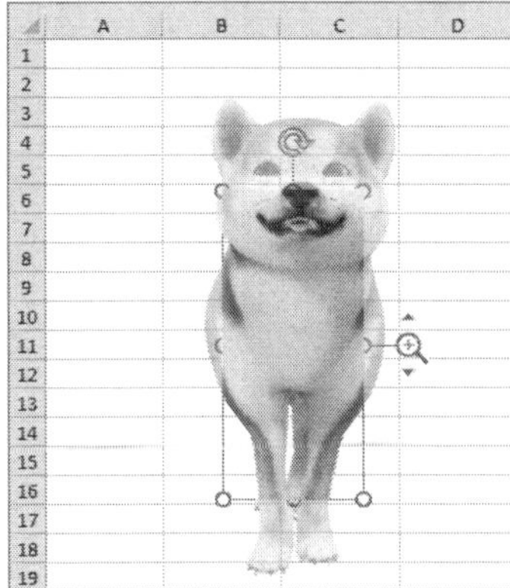

- Para cancelar las modificaciones efectuadas en el modelo 3D, haga clic en la parte superior del botón **Restablecer modelo 3D** del grupo **Ajustar**; para cancelar las modificaciones y volver al tamaño original, abra la lista del botón **Restablecer modelo 3D** y seleccione la opción **Restablecer modelo 3D y tamaño**.

Insertar una captura de pantalla

Esta función permite integrar una «foto» de un elemento (página, ventana, etc.) abierto en la pantalla en una hoja de Excel.

- Asegúrese de que la ventana/elemento de la otra aplicación que quiere capturar está abierta.
- Active la hoja de Excel en la que desea insertar la captura de pantalla.
- En la pestaña **Insertar**, haga clic en la herramienta **Captura** del grupo **Ilustraciones**.

- Para integrar en forma de imagen la totalidad de una de las ventanas abiertas, haga clic en la viñeta correspondiente del cuadro **Ventanas disponibles.**
- Para integrar solo una parte de una ventana, y en caso de que estén abiertas varias ventanas, tenga en cuenta que, por defecto, la selección se efectúa en la primera ventana del cuadro **Ventanas disponibles.** Haga clic en la opción **Recorte de pantalla** situada en **Ventanas disponibles.**

  La ventana de Excel también se reduce y solo se muestra la ventana de fondo (más opaca, aunque visible a pesar de todo; el puntero del ratón se transforma en una pequeña cruz).
- Haciendo clic y arrastrando, seleccione la zona que desea capturar.

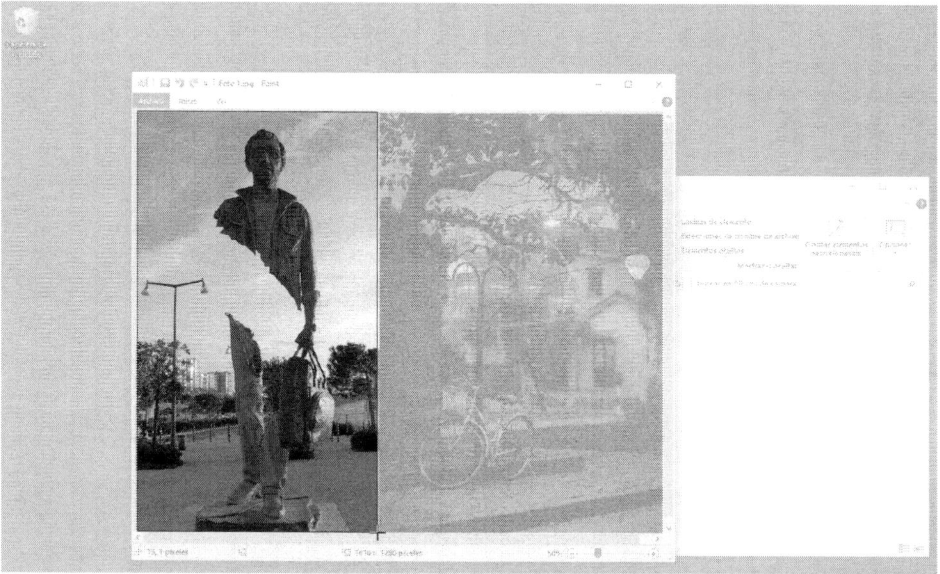

*Una vez finalizada la selección, la hoja de Excel aparece de nuevo; Excel inserta automáticamente la zona seleccionada en forma de objeto gráfico. Esta imagen se gestiona con las herramientas de la pestaña **Formato de imagen**.*

Insertar un diagrama (SmartArt)

*Los diagramas, llamados también gráficos **SmartArt**, son representaciones gráficas de informaciones e ideas como puede ser, por ejemplo, un organigrama.*

- Active la pestaña **Insertar** y haga clic en el botón **SmartArt** del grupo **Ilustraciones.**

La parte izquierda del cuadro de diálogo agrupa todos los tipos de diagramas disponibles; la parte central muestra todas las disposiciones para el tipo seleccionado en la parte izquierda y la parte derecha muestra la descripción de la disposición seleccionada.

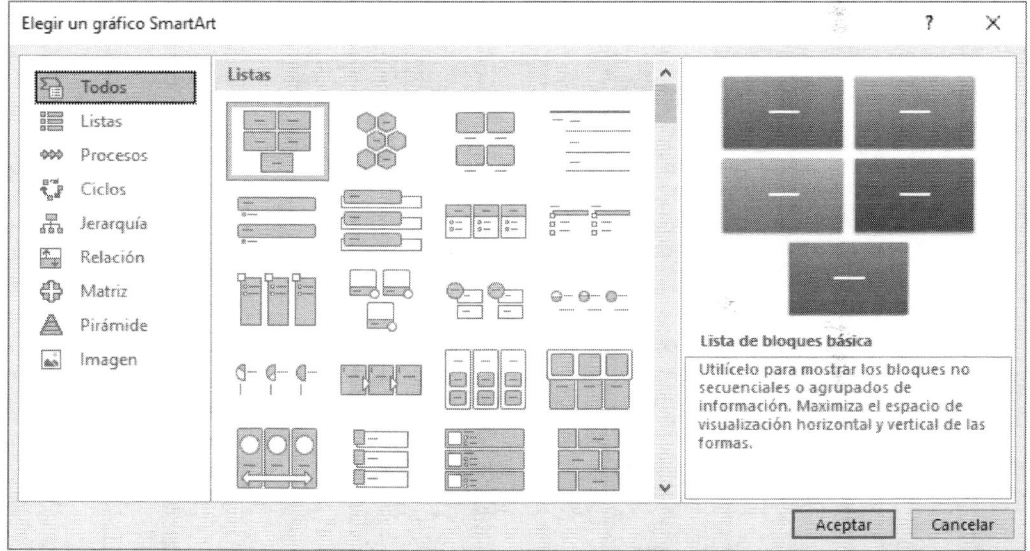

- En la parte izquierda del cuadro de diálogo, seleccione el tipo de diagrama deseado. La opción **Todos** agrupa las disposiciones de todos los tipos de diagramas.
- En la parte central del cuadro de diálogo, haga clic en la disposición deseada y luego en el botón **Aceptar**.

Aparece un diagrama sin texto, acompañado a la izquierda por un panel de Texto que permite completarlo. El punto de inserción parpadea en el primer espacio del panel reservado al texto, llamado viñeta, y que corresponde a la primera forma del diagrama. Aparecen también las pestañas contextuales ***Diseño de SmartArt*** *y* ***Formato****.*

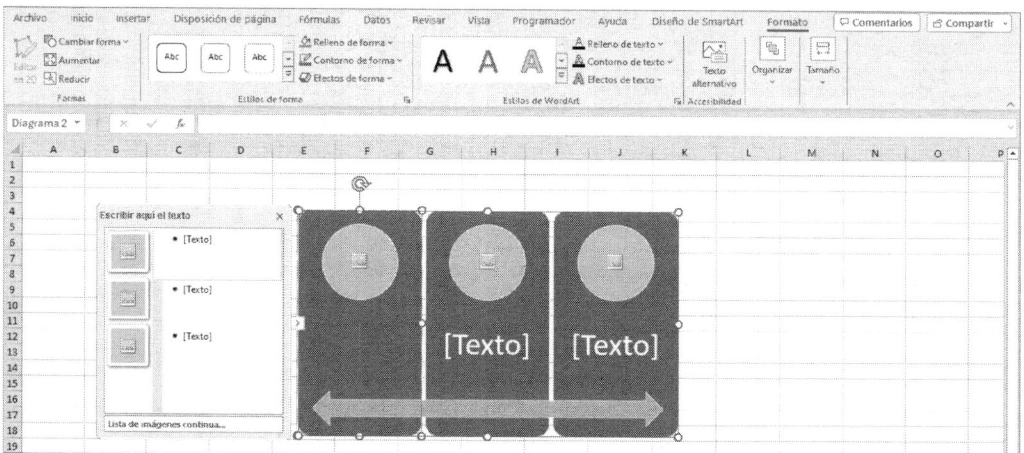

- En el panel de Texto, haga clic en el espacio reservado **[Texto]** que desea completar e introduzca el texto.

  El panel de Texto puede compararse con un esquema o con una lista de viñetas. Cada viñeta del panel de Texto corresponde a una información usada para organizar el diagrama: el diagrama se actualiza automáticamente a medida que se introduce el texto. Cuanto más texto se introduce, más disminuye el tamaño de los caracteres en la forma activa, pero también en las demás formas.

  Cuando el diagrama puede incorporar una imagen (como en nuestro caso), aparece el icono en el centro de la forma en la que puede agregarse.

- Para insertar una imagen en una forma, haga clic en el icono y, en el cuadro de diálogo **Insertar imágenes**, seleccione la imagen que desee y confirme haciendo clic en **Insertar**.
- Para eliminar la imagen, haga clic en ella con el fin de seleccionarla y pulse Supr.

Agregar viñetas a una forma

Cada viñeta del panel de Texto corresponde a una información usada para organizar el diagrama. Cada diagrama define sus propias correspondencias entre las viñetas del panel de Texto y su propio conjunto de formas.

- Haga clic en la forma dentro de la cual desea agregar las viñetas.
- Haga clic en el botón **Agregar viñeta** del grupo **Crear gráfico**, pestaña **Diseño de SmartArt** y escriba su nombre.

  En función del tipo de diagrama elegido, la viñeta agregada se representará con una nueva forma, o bien como una viñeta insertada en una forma. Las viñetas insertadas en formas indican que el texto correspondiente se encuentra en un nivel inferior con respecto al texto que le precede.

  Como ejemplo, en este primer diagrama, se ha añadido una viñeta a partir de la primera forma.

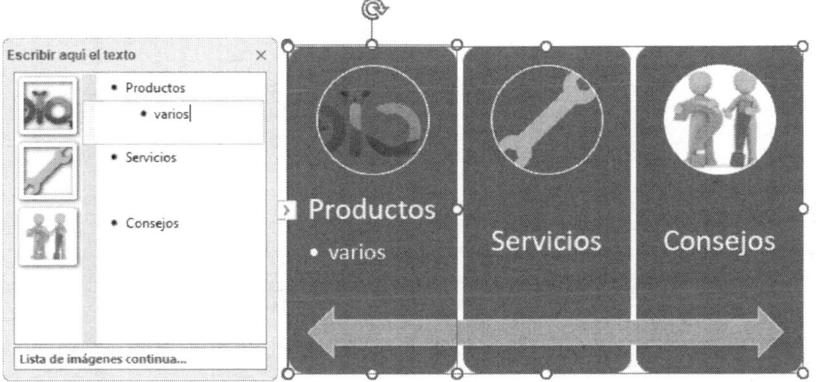

Ver y ocultar el panel de Texto

- Para cerrar el panel de Texto, haga clic en el botón de cierre ✕ o en el botón **Panel de texto** del grupo **Crear gráfico** de la pestaña **Diseño de SmartArt**.
- Para ver de nuevo el panel de Texto, haga clic en el botón situado a la izquierda de la primera forma, o bien haga clic de nuevo en el botón **Panel de texto** del grupo **Crear gráfico** de la pestaña **Diseño de SmartArt**.

Administrar las formas de un diagrama

Existen varias soluciones: es posible trabajar en el panel de Texto y, por tanto, en las líneas de texto con viñeta o directamente sobre las formas del diagrama.

Crear una nueva forma

Seleccione la forma después de la cual desea agregar una nueva y haga clic en el botón **Agregar forma** del grupo **Crear gráfico**, pestaña **Diseño de SmartArt**; luego haga clic en la opción **Agregar forma detrás** o **Agregar forma delante**, según el caso.

Para agregar una nueva forma al final de la lista, también puede, en el panel de Texto, hacer clic al final de la línea de texto con viñeta después de la cual desea agregar una nueva línea y pulsar la tecla ⏎.

Como consecuencia de esta acción, se creará una nueva forma en el diagrama o bien una viñeta dentro de una forma. En los diagramas con un número constante de formas, aparece una X roja en el panel de Texto y la forma no se inserta en el diagrama:

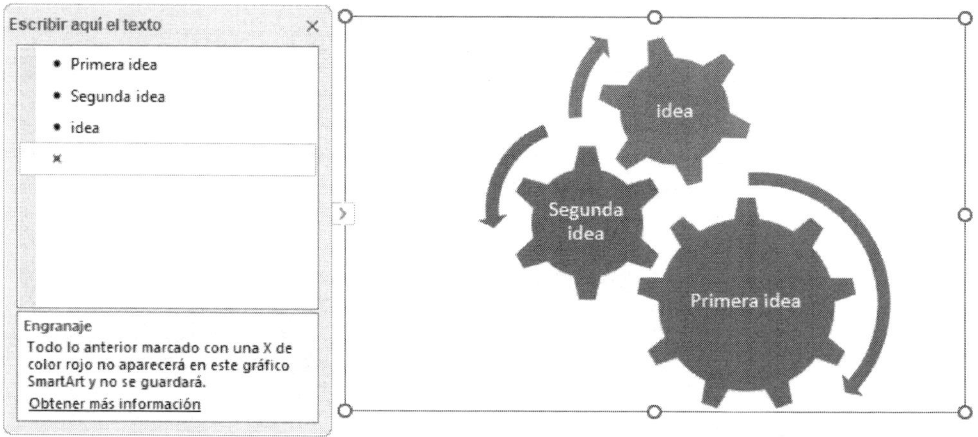

Para evitar esto, cambie la disposición del diagrama (véase apartado Modificar la presentación general de un diagrama).

Modificar el nivel de una forma

- Para disminuir el nivel de una forma, es decir, para sangrar una línea de viñeta, haga clic a partir del panel de Texto en la línea en cuestión y pulse la tecla [Tab] o haga clic en el botón **Disminuir nivel** del grupo **Crear gráfico**, pestaña **Diseño de SmartArt**.
- Para aumentar el nivel de una forma, es decir, para disminuir el sangrado de una línea del panel de Texto, haga clic en la línea y a continuación pulse [Mayús] [Tab] o haga clic en el botón **Promover** del grupo **Crear gráfico**, pestaña **Diseño de SmartArt**.

  El diagrama se actualiza siempre. No es posible disminuir el texto varios niveles con respecto a la línea superior ni, obviamente, disminuir el nivel de la forma de primer nivel.

Eliminar una forma

- Seleccione la forma que desea eliminar en el diagrama o seleccione su línea de texto en el panel de Texto y pulse [Supr].

Desplazar formas o una imagen en el diagrama

- Seleccione la forma que desea desplazar en el diagrama. Si desea desplazar varias formas, use la tecla [Ctrl] para seleccionarlas.
- Haga clic y arrastre la selección hasta el lugar deseado en la zona del diagrama.
- Para invertir formas, seleccione una de ellas y haga clic en el botón **De derecha a izquierda** del grupo **Crear gráfico**, pestaña **Diseño de SmartArt**.

Para reemplazar una forma por otra, selecciónela, active la pestaña **Formato** y haga clic en el botón **Cambiar forma** del grupo **Formas** y luego en la forma que desee.

Modificar la presentación general de un diagrama

Es posible cambiar la disposición, el tipo y los colores de un diagrama e incluso aplicarle un estilo rápido.

- Haga clic, si es preciso, en el diagrama y active la pestaña **Diseño de SmartArt**.
- Para modificar la disposición o el tipo de diagrama, selecciónelo en el grupo **Diseños** de la pestaña **Diseño de SmartArt**.

  *También puede hacer clic en el botón **Más** del grupo **Diseños**, pestaña **Diseño de SmartArt**, y luego en la opción **Más diseños**, para que aparezca el cuadro de diálogo **Elegir un gráfico SmartArt**.*
- Para personalizar la presentación de las diferentes formas del diagrama (colores, efectos, tamaño...) puede usar los botones de la pestaña **Formato**, o los de la pestaña **Diseño de SmartArt** (estilo, colores...).
- Para volver a la presentación de origen, haga clic en el botón **Restablecer gráfico** del grupo **Restablecer** (pestaña **Diseño de SmartArt**).

Para separar las formas a fin de poder moverlas, cambiar su tamaño, eliminar una forma independientemente de las otras, haga clic en el botón **Convertir en formas** de la pestaña **Diseño de SmartArt** - grupo **Restablecer**.

Gestionar objetos

Seleccionar los objetos

Las técnicas abordadas en este capítulo son válidas para los objetos gráficos, pero también para los gráficos (exceptuando los minigráficos) y, en lo que respecta a formato, para los elementos de un gráfico.

Sin el panel Selección

- Para seleccionar un objeto, haga clic en él.

Atención: en los cuadros de texto u objetos WordArt, pulse [esc] *para seleccionar el objeto entero, y no su contenido. En los diagramas, pulse* [esc] *dos veces si ha seleccionado una forma haciendo clic sobre ella.*

Cuando los objetos están seleccionados (exceptuando los diagramas y gráficos), aparece un marco ficticio a su alrededor que contiene ***indicadores de selección****, representados por círculos blancos en los laterales y en los ángulos:*

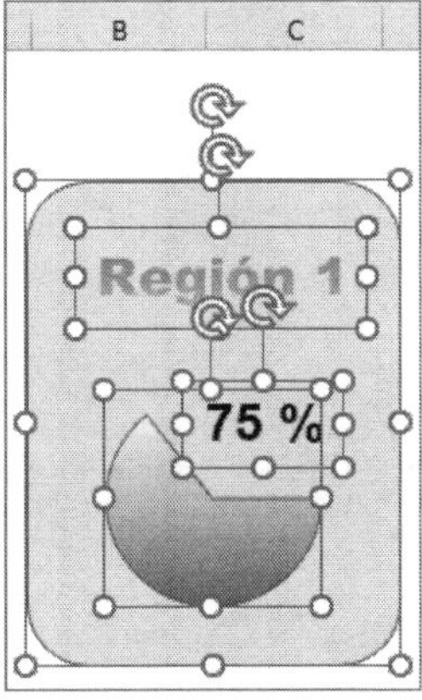

Al señalar estos indicadores, el cursor del ratón adopta la forma de una flecha doble vertical, horizontal u oblicua, en función del indicador.

Algunos objetos presentan también un círculo verde encima, llamado ***indicador de rotación*** *(véase Administrar objetos). Por su parte, los diagramas o gráficos seleccionados aparecen rodeados de un marco más elaborado, pero el principio de los indicadores sigue siendo el mismo.*

- Para seleccionar varios objetos al mismo tiempo, seleccione el primero de ellos y, manteniendo pulsada la tecla Mayús o Ctrl, haga clic sobre los demás.

  También puede trazar un cuadro de selección alrededor de los objetos una vez haya escogido la opción **Seleccionar objetos** en la lista del botón **Buscar y seleccionar** de la pestaña **Inicio.**

Con el panel Selección

- Para mostrar u ocultar el panel **Selección**, active la pestaña **Disposición de página** y haga clic en la herramienta **Panel de selección** del grupo **Organizar**.

  También puede activar la pestaña **Inicio**, hacer clic en la herramienta **Buscar y seleccionar** del grupo **Edición** y hacer clic en la opción **Panel de selección**.

  De forma predeterminada, el panel **Selección** se muestra a la derecha de la pantalla.

- Para seleccionar un objeto, haga clic en su nombre; para seleccionar varios objetos, haga clic en el primero de ellos, mantenga pulsada la tecla Ctrl y haga clic sucesivamente en el nombre de cada objeto que quiera seleccionar.

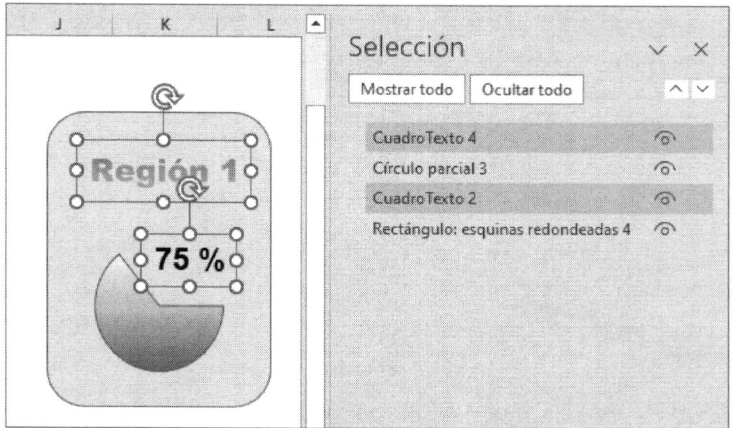

- Para mover el panel **Selección**, señale su encabezado y, cuando el puntero tome la forma siguiente, haga clic y arrastre el panel a la ubicación que desee.

  De este modo, puede fijar el panel a la izquierda o a la derecha de la pantalla, o bien mantenerlo en una ventana independiente que puede ubicarse en cualquier parte.

- Para cambiar el tamaño del panel, haga clic en la flecha situada al lado del título del panel **Selección**, y haga clic en la opción **Cambiar tamaño**.

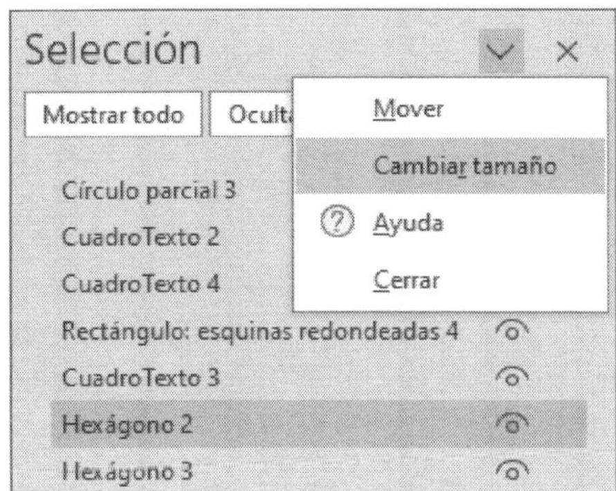

El puntero del ratón toma la siguiente forma: ⇔.

Mueva (sin hacer clic) el ratón para cambiar el tamaño del panel instantáneamente y haga clic cuando el nuevo tamaño sea de su agrado.

También puede arrastrar el borde izquierdo del panel para cambiar su tamaño.

- Para ocultar uno de los objetos gráficos del libro, haga clic en el símbolo asociado a ese objeto.

El símbolo del objeto ocultado se reemplaza por el símbolo .

Haga clic en el símbolo situado al lado del objeto ocultado para que se muestre de nuevo.

- Para cambiar el nombre de un objeto, haga doble clic en dicho nombre, modifíquelo y confirme pulsando la tecla ⏎.
- Para cerrar el panel **Selección**, haga clic en la herramienta ✕ situada a la derecha de su barra de título.

*También puede hacer clic de nuevo en la opción **Panel de selección** (pestaña **Inicio** - grupo **Edición** - herramienta **Buscar y seleccionar**), o la herramienta **Panel de selección** (pestaña **Diseño de página** - grupo **Organizar**).*

Administrar objetos

- Para eliminar, mover, cambiar su tamaño, rotar, agrupar o desagrupar objetos, empiece siempre seleccionando los objetos que corresponda.
- Para eliminar los objetos seleccionados, pulse la tecla Supr.
- Para mover los objetos seleccionados, señale uno de los bordes de la selección hasta que el puntero del ratón adopte la siguiente forma: y haga clic y arrastre hasta la nueva ubicación.
- Para cambiar el tamaño de los objetos, arrastre uno de los indicadores de selección.

  También es posible especificar las dimensiones exactas del objeto en los cuadros **Alto** y **Ancho** del grupo **Tamaño** (pestaña **Formato de forma**).
- Para rotar un objeto, señale el controlador circular situado en la parte superior del objeto y arrástrelo para hacer girar el elemento.

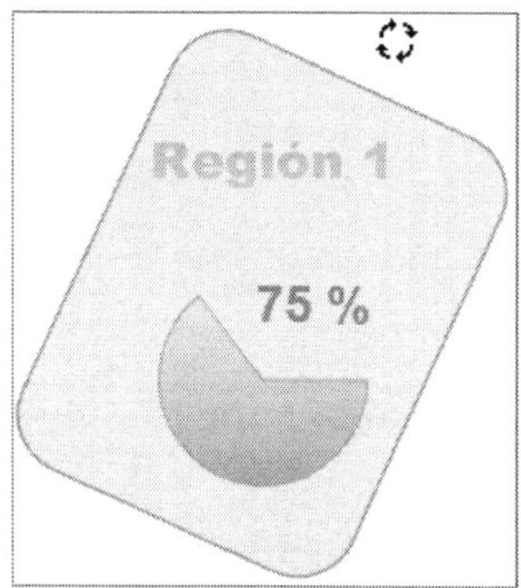

Es posible hacer girar cuadros de texto, formas, objetos WordArt, imágenes, así como formas situadas dentro de diagramas.

- Para aplicar una rotación precisa, haga clic en la herramienta **Girar** , situada en el grupo **Organizar** de la pestaña **Formato**, y escoja una de las opciones propuestas.

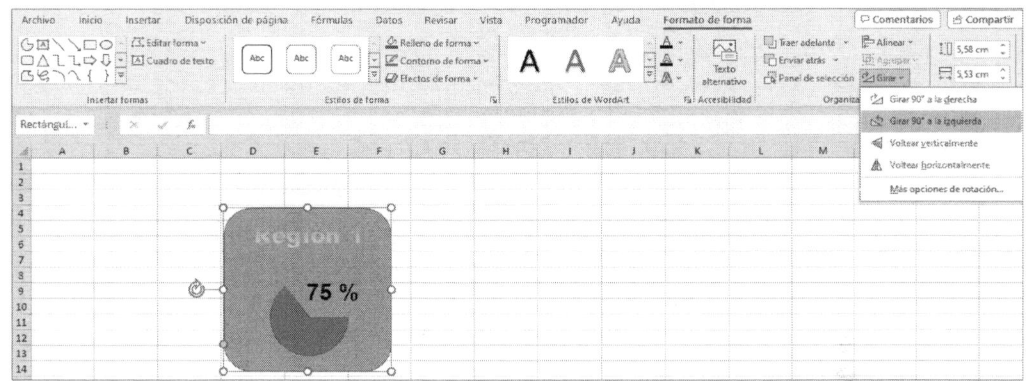

- Para agrupar/desagrupar los objetos seleccionados con el fin de moverlos, cambiar su tamaño o su formato en una única operación, active la pestaña **Formato de forma** y haga clic en la herramienta **Agrupar** del grupo **Organizar** y active la opción **Agrupar**.

  *Los objetos aparecen rodeados de un solo marco. Observe que el cuadro de nombre de la barra de fórmula muestra en estos casos el término **Grupo n**.*
- Para desagrupar objetos, seleccione el grupo, haga clic en la herramienta **Agrupar** (pestaña **Formato de forma** - grupo **Organizar**) y seleccione la opción **Desagrupar**.
- Para alinear objetos entre sí con respecto a su borde superior, inferior, izquierdo, derecho y a su medio horizontal o vertical, active la pestaña **Formato de forma**, haga clic en la herramienta **Alinear** del grupo **Organizar** y active una de las seis primeras opciones, aquella que corresponda al tipo de alineación deseado.

  *Las opciones **Distribuir horizontalmente** y **Distribuir verticalmente** del submenú permiten uniformizar el espacio existente entre los objetos de la selección.*
- Para modificar el orden de superposición de los objetos, active la pestaña **Formato de forma** y escoja una de las opciones siguientes:
  - Haga clic en el botón **Traer adelante** del grupo **Organizar** y active la opción **Traer adelante** para situar el objeto delante de los demás o la opción del mismo nombre para situar el objeto delante de aquel que le precede.
  - Haga clic en el botón **Enviar atrás** del grupo **Organizar** y active la opción **Enviar al fondo** para situar el objeto detrás de los demás o la opción **Enviar atrás** para situar el objeto detrás de aquel que le sigue.

Cambiar el formato de un objeto

- Para aplicar un estilo de forma predefinido a los objetos seleccionados (cuadros de texto, formas y objetos WordArt, así como formas incluidas dentro de diagramas e incluso de elementos de gráfico), active la pestaña **Formato de forma** y haga clic en el estilo deseado en el grupo **Estilos de forma.**
- Para modificar el relleno de los objetos seleccionados (cuadros de texto, formas, objetos WordArt, así como formas incluidas dentro de diagramas o diagramas enteros e incluso elementos de gráfico), active la pestaña **Formato de forma**, y haga clic en el botón **Relleno de forma** del grupo **Estilos de forma**:

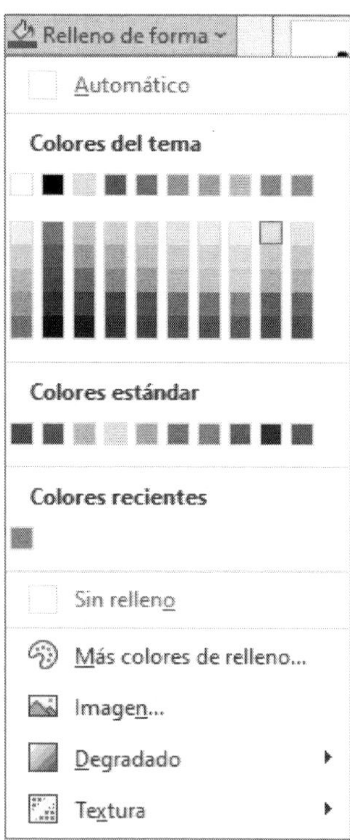

Efectúe una de las siguientes operaciones:

- Haga clic en una de las muestras de los **Colores del tema** o los **Colores estándar** para rellenar el objeto con el color escogido.

  *La opción **Más colores de relleno** le permite crear sus propios colores.*
- Haga clic en la opción **Imagen** para rellenar el objeto con un archivo **Imagen** que se seleccionará en el cuadro de diálogo **Insertar imágenes**.
- Haga clic en la opción **Degradado** para aplicar al fondo del objeto un degradado del color escogido más arriba.
- Haga clic en la opción **Textura** para aplicar una textura particular al fondo del objeto.

Para modificar el borde de la selección, haga clic en el botón **Contorno de forma** del grupo **Estilos de forma**:

Efectúe una de las siguientes operaciones:

- Haga clic en una de las muestras de los **Colores del tema** o los **Colores estándar** para aplicar al borde del objeto el color escogido.

  *La opción **Más colores del contorno** le permite crear sus propios colores.*
- Haga clic en la opción **Grosor** para modificar el tamaño del borde del objeto.
- Haga clic en la opción **Rayas** para cambiar el estilo del borde del objeto.
- Haga clic en la opción **Esbozado** para aplicar un estilo de boceto.

Para aplicar un efecto de profundidad al objeto, haga clic en el botón **Efectos de forma** del grupo **Estilos de forma**, active una de las opciones para ver el submenú y haga clic sobre la opción deseada:

Encontrará estas opciones en el panel de Office **Formato de forma**, que se abre haciendo clic en el iniciador de cuadro de diálogo del grupo **Estilos de forma**.

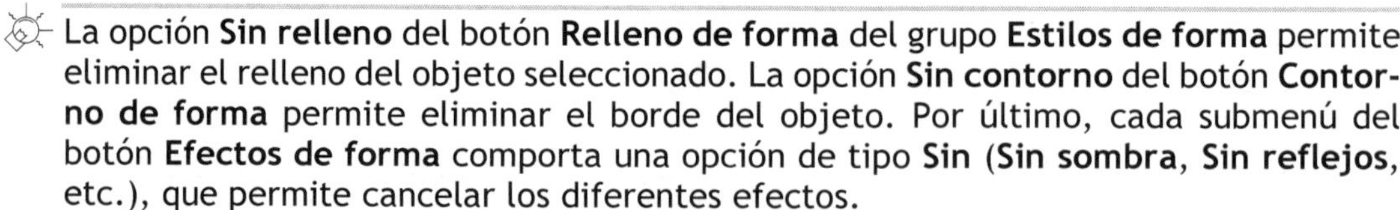
La opción **Sin relleno** del botón **Relleno de forma** del grupo **Estilos de forma** permite eliminar el relleno del objeto seleccionado. La opción **Sin contorno** del botón **Contorno de forma** permite eliminar el borde del objeto. Por último, cada submenú del botón **Efectos de forma** comporta una opción de tipo **Sin** (**Sin sombra**, **Sin reflejos**, etc.), que permite cancelar los diferentes efectos.

Modificar el formato de una imagen

- Seleccione la imagen haciendo clic una vez o, en caso necesario, dos veces para que aparezca la pestaña contextual **Formato de imagen**.

- Para aplicar un estilo predefinido a la imagen, abra la galería del grupo **Estilos de imagen** haciendo clic en la herramienta y haga clic en uno de los estilos que se proponen.
- Para modificar el borde de la imagen, haga clic en el botón **Contorno de imagen** del grupo **Estilos de imagen** y seleccione el color, el grosor y el estilo del borde.
- Para aplicar un efecto concreto a la imagen, haga clic en el botón **Efectos de la imagen** del grupo **Estilos de imagen** y seleccione el tipo de efecto **Preestablecer** (para un efecto 3D), **Sombra**, **Reflexión**, **Iluminado**, **Bordes suaves**, **Bisel** o **Giro 3D** y haga clic en el subtipo deseado.
- Para modificar la luminosidad y el contraste de la imagen, haga clic en el botón **Correcciones** del grupo **Ajustar**.
- Para modificar los parámetros de color de una imagen, haga clic en el botón **Color** del grupo **Ajustar**.

  Señale uno de los modelos para ver el efecto que produce en la imagen seleccionada y luego haga clic en el modelo que elija,

  o

  haga clic en **Opciones de color de imagen** para establecer la **Saturación de color**, y el **Tono de color** en el panel de Office **Formato de imagen**.
- Para aplicar transparencia a un color de la imagen seleccionada, haga clic en el botón **Color** del grupo **Ajustar** y luego en **Definir color transparente**.

  El puntero del ratón toma la forma siguiente: .

  Haga clic entonces en la zona de la imagen que contiene el color que desea borrar.

- Para aplicar uno de los **Efectos artísticos** disponibles, haga clic en el botón correspondiente del grupo **Ajustar** y luego en el modelo que prefiera.

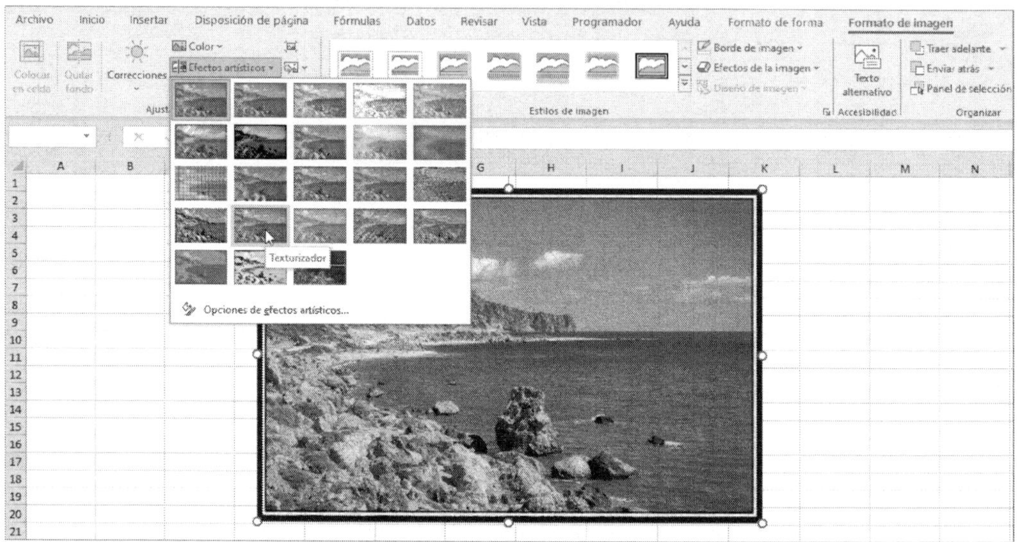

*Puede cambiar la configuración de un efecto artístico desde la opción **Opciones de efectos artísticos**.*

- Para cancelar todos los formatos de la imagen, abra la lista del botón **Restablecer imagen** del grupo **Ajustar** y haga clic en **Restablecer imagen** para cancelar todos los formatos de imagen o en **Restablecer imagen y tamaño** para cancelar únicamente los cambios de tamaño.

El botón **Cambiar imagen** del grupo **Ajustar** permite reemplazar la imagen seleccionada por otra (archivo de imagen) conservando el formato aplicado.

Para cambiar el tamaño de una imagen, vaya al apartado Administrar objetos, al principio de este capítulo.

También puede acceder a todas las opciones de formato en el panel de Office **Formato de imagen**, que puede abrir haciendo clic en el iniciador de cuadro de diálogo del grupo **Estilos de imagen** o **Tamaño**.

Recortar una imagen

Esta técnica sirve para eliminar áreas situadas en los bordes de la imagen.

- Seleccione la imagen que corresponda.
- En la pestaña **Formato de imagen**, haga clic en el botón **Recortar** del grupo **Tamaño**, señale el lado o el ángulo de la imagen que corresponda a la parte que desea eliminar y arrastre el ratón hacia el interior. Ajuste el cuadro de recorte haciendo clic y arrastrando si es necesario.

  Las partes que se van a suprimir aparecen con una película gris.

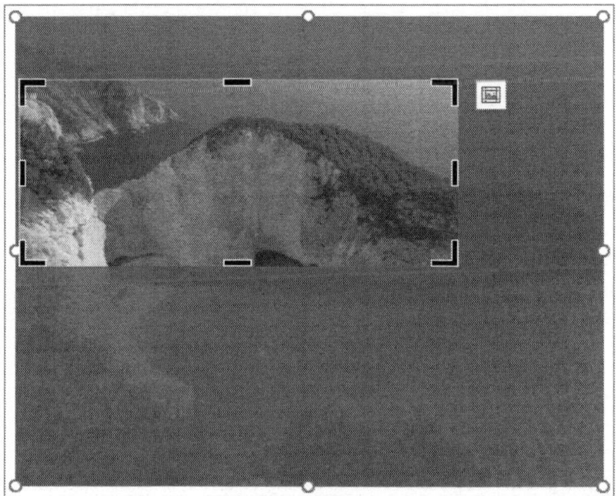

- Para recortar la imagen según una forma particular, haga clic en la parte inferior del botón **Recortar** (grupo **Tamaño** - pestaña **Formato de imagen**), señale la opción **Recortar a la forma** y luego haga clic en la forma con la que desea recortar la imagen.
- Para recortar la imagen seleccionada a fin de adaptarla a las proporciones habituales de fotografía, haga clic en la flecha asociada al botón **Recortar** (grupo **Tamaño** - pestaña **Formato de imagen**), señale la opción **Relación de aspecto** y haga clic en la proporción que prefiera.
- Cuando haya terminado, pulse [esc] o haga clic de nuevo en el botón **Recortar**.

Para cancelar el recorte efectuado, utilice la herramienta **Deshacer**, situada en la barra de herramientas de acceso rápido (o pulse [Ctrl] **Z**).

 Si tras haber recortado una imagen desea que esta ocupe toda el área de imagen, utilice la opción **Relleno** asociada al botón **Recortar**; para conservar las proporciones de la imagen, utilice la opción **Ajustar** en lugar de la opción **Relleno**.

Eliminar el fondo de una imagen

Con esta técnica puede suprimir determinadas partes de una imagen.

- Seleccione la imagen correspondiente.
- Haga clic en el botón **Quitar fondo** del grupo **Ajustar** de la pestaña **Formato de imagen**.
- Arrastre el contorno de selección de forma que se incluyan (o se excluyan) las zonas que deben conservarse (o eliminarse).

Las partes de color rosa corresponden a los elementos que se eliminarán (no se verán) en la imagen final:

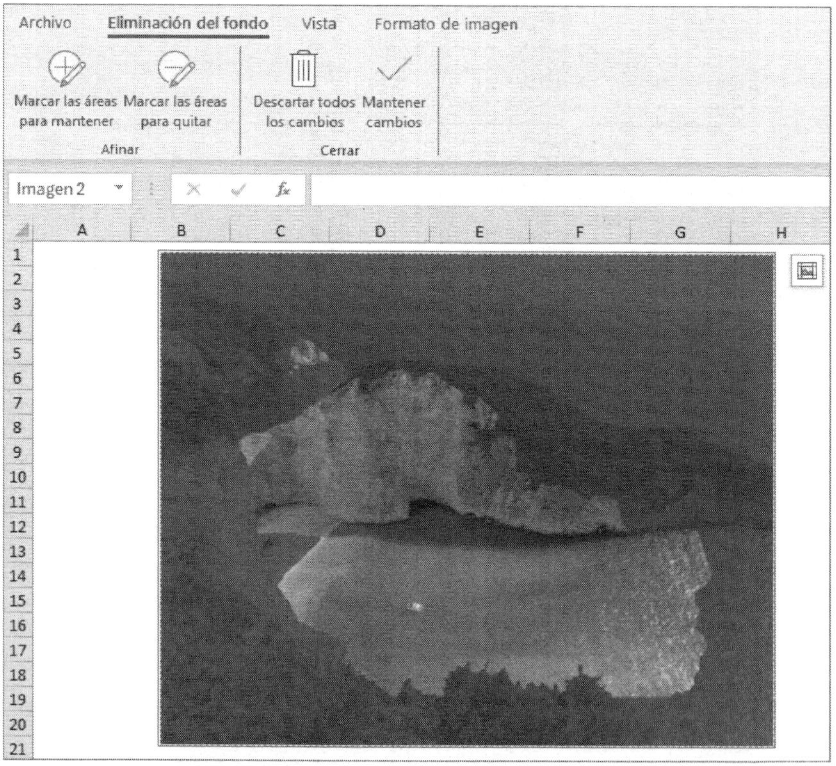

Observe que la ficha ***Eliminación del fondo*** *se mostrará mientras se mantenga activo el proceso de eliminación.*

- Si es preciso, utilice los siguientes botones del grupo **Afinar** de la ficha **Eliminación del fondo**:

  Marcar las áreas para mantener para indicar, mediante un clic o haciendo clic y arrastrando, las zonas que no deben suprimirse automáticamente.

  Marcar las áreas para quitar para indicar (siguiendo el mismo principio) las zonas que se deben eliminar al mismo tiempo que las zonas marcadas automáticamente.
- Para salir del proceso de eliminación del fondo, haga clic en el botón **Descartar todos los cambios** o **Mantener cambios**, según desee.

Cambiar la resolución de las imágenes

Puede resultar interesante cambiar la resolución o la calidad, o bien comprimir una imagen para disminuir su tamaño con el fin de que el archivo correspondiente ocupe menos espacio en su disco duro o para reducir el tiempo de descarga.

Modificar la resolución por defecto de las imágenes

- Para cambiar la resolución que se aplica por defecto a las imágenes insertadas en un libro, abra el libro de Excel correspondiente.
- Active la pestaña **Archivo** haga clic en **Opciones** y seleccione la categoría **Avanzadas**.
- Abra si es necesario la lista **Tamaño y calidad de la imagen** y seleccione el libro correspondiente.
- En la lista **Resolución predeterminada**, escoja la resolución que quiera.

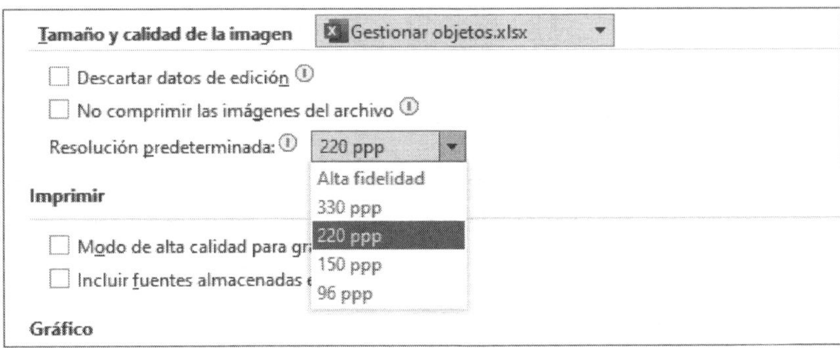

Por defecto, la resolución definida es de 220 ppp. Esta resolución se aplica generalmente a las imágenes destinadas a impresión de alta calidad. Para verlas por pantalla o si solo se requiere una calidad normal de impresión, puede elegir una resolución inferior.

Si está marcada la opción ***No comprimir las imágenes del archivo****, la imagen conservará la máxima calidad, pero en este caso el tamaño del archivo puede resultar muy elevado (sin límite máximo).*

Cambiar la resolución de las imágenes seleccionadas

- Seleccione la imagen o las imágenes correspondientes.
- Haga clic en la herramienta **Comprimir imágenes** del grupo **Ajustar** de la pestaña **Formato de imagen**.
- Marque la opción **Aplicar solo a esta imagen** y, en la parte **Resolución**, active la resolución que desee.

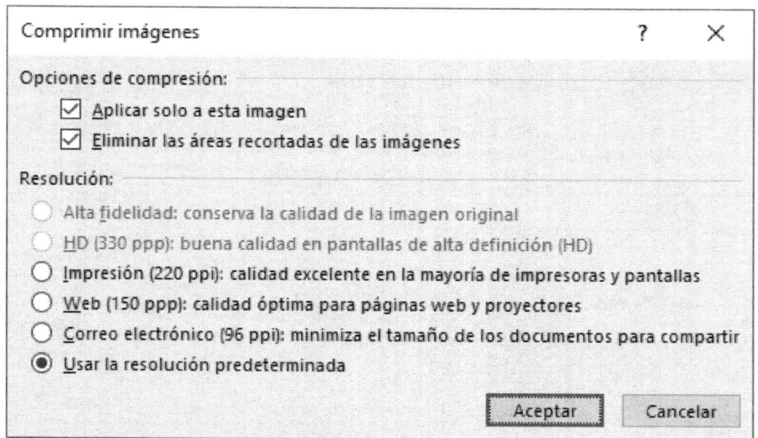

- Confirme mediante **Aceptar**.

Para reducir el tamaño de un archivo de imagen, también puede eliminar las posibles zonas de recorte de la imagen (véase Recortar una imagen).

Formatear los caracteres de un objeto

Estas operaciones permiten modificar el aspecto de los caracteres de los cuadros de texto, las formas, los objetos WordArt, así como de las formas incluidas en diagramas o en elementos de gráfico.

- Seleccione el objeto o los objetos que contienen el texto que se desea formatear.

Sin el panel Formato de forma

- Use la minibarra de herramientas asociada a la selección de caracteres o las herramientas y botones del grupo **Fuente** de la pestaña **Inicio** para modificar la fuente, el tamaño, el formato y el color de los caracteres.
- Para aplicar efectos especiales, active la pestaña **Formato de forma** y use los siguientes botones del grupo **Estilos de WordArt**:

Estilos rápidos	Para aplicar un efecto de carácter de tipo WordArt a partir de uno de los 20 modelos.
	Para aplicar un color, un degradado, una imagen o una textura al fondo de los caracteres.
	Para aplicar un contorno a los caracteres.
	Para aplicar un efecto especial a los caracteres (sombra, luz, etc.).

Con el panel Formato de forma

- Haga clic en el iniciador de cuadro de diálogo del grupo **Estilos de WordArt** (pestaña **Formato de forma**) para mostrar el panel de Office **Formato de forma**.
- Si es preciso, active la ficha **Opciones de texto**.

*Este panel de Office agrupa las **Opciones de texto** en distintas listas distribuidas en tres grandes categorías: **Contorno y relleno de texto**, **Efectos de texto** y **Cuadro de texto**.*

En este caso, se muestran las seis listas de opciones de la categoría ***Efectos de texto*** .

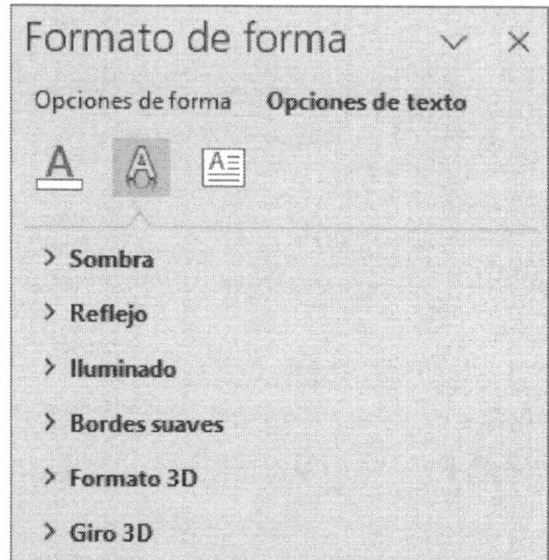

- Para ver los detalles de una lista, haga clic en el nombre de dicha lista.
- Efectúe las modificaciones que desee a la forma seleccionada usando las diferentes opciones de este panel.

Guardar formas como archivo independiente

Todo objeto seleccionado (texto, autoforma, imagen, etc.) se puede guardar como imagen. Si hay varios objetos seleccionados, el conjunto de la selección se guardará como una única imagen.

- Seleccione el o los objetos deseados.
- Abra el menú contextual de la selección.

- Seleccione la opción **Guardar como imagen**.
- Seleccione la carpeta donde desea guardar la imagen y luego escriba el nombre que desea darle al archivo en la zona **Nombre de archivo**.
- Abra la lista **Tipo** y seleccione uno de los formatos de imagen.
- Haga clic en **Guardar**.

La elección del formato de la imagen depende de la compatibilidad deseada. Si hay que imprimir la imagen, puede elegir los formatos BMP, TIFF, WMF o EMF. Sin embargo, estos formatos pueden aumentar considerablemente el tamaño del archivo. Si el destino de la imagen es ser proyectada (o usada en Internet), son más apropiados los formatos GIF, PNG y JPED. Son formatos comprimidos que usan hasta 256 colores para el formato GIF y 16 millones de colores para los formatos JPEG y PNG.

Crear una tabla de datos

*Las **tablas de datos** (también llamadas listas de datos (en las versiones anteriores de Excel) son conjuntos de filas y columnas con datos conectados y administrados independientemente de los datos de otras filas y columnas de la hoja de cálculo. Las tablas permiten administrar y analizar los datos con mayor facilidad.*

No debe confundirse este tipo de tabla de datos con las tablas de datos que forman parte de una serie de comandos de análisis de los escenarios.

- Seleccione el rango de celdas que se ha de definir como tabla de datos.
- Haga clic en el botón **Análisis rápido** situado en el ángulo inferior derecho de la selección.
- Active la pestaña **Tablas**.
- Señale el icono **Tabla** para obtener una vista previa del resultado en una ventana independiente.

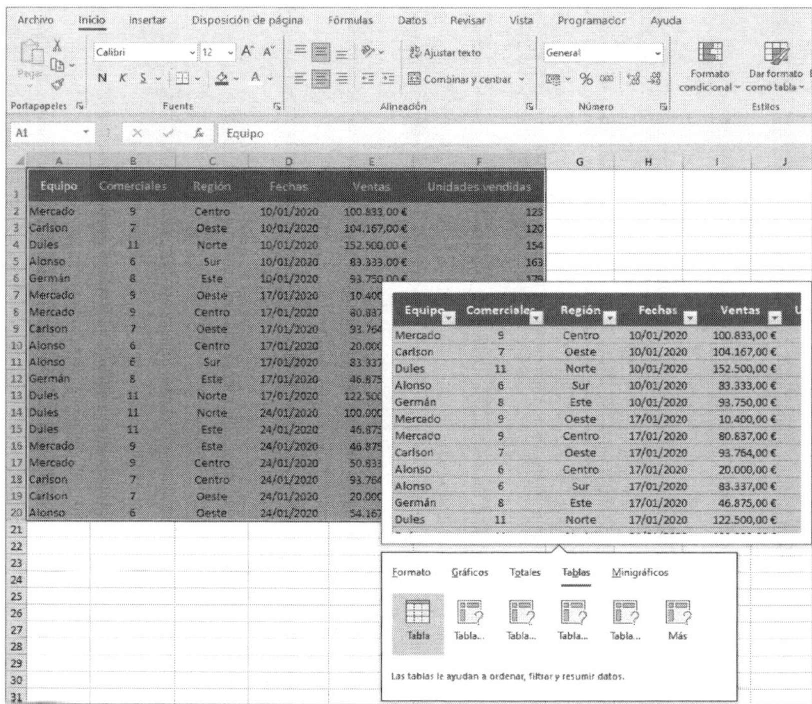

- Haga clic en el icono **Tabla** para crear la tabla de datos.

  Los encabezados de tabla aparecen automáticamente y presentan una serie de flechas de lista desplegable. Aparece también una nueva pestaña contextual llamada ***Diseño de tabla****. Puede usar las herramientas que se proponen en ella para personalizar o modificar la tabla.*

Otra posibilidad para crear una tabla es seleccionar las celdas y aplicarles un estilo de tabla mediante la opción **Dar formato como tabla** del grupo **Estilos** (pestaña **Inicio**). Para crear una tabla de datos, también puede activar la pestaña **Insertar** y hacer clic en el botón **Tabla** del grupo **Tablas**. En ese caso, se le pedirá que indique dónde se encuentran los datos de la tabla y que marque la opción **La tabla tiene encabezados** si el rango de celdas seleccionado contiene los encabezados de las columnas.

Poner nombre a una tabla de datos

- Haga clic en una de las celdas de la tabla de datos.
- Active, si es preciso, la pestaña contextual **Diseño de tabla**.
- Haga clic en la zona **Nombre de la tabla** del grupo **Propiedades**, introduzca el nombre que desea dar a la tabla y pulse [Intro].

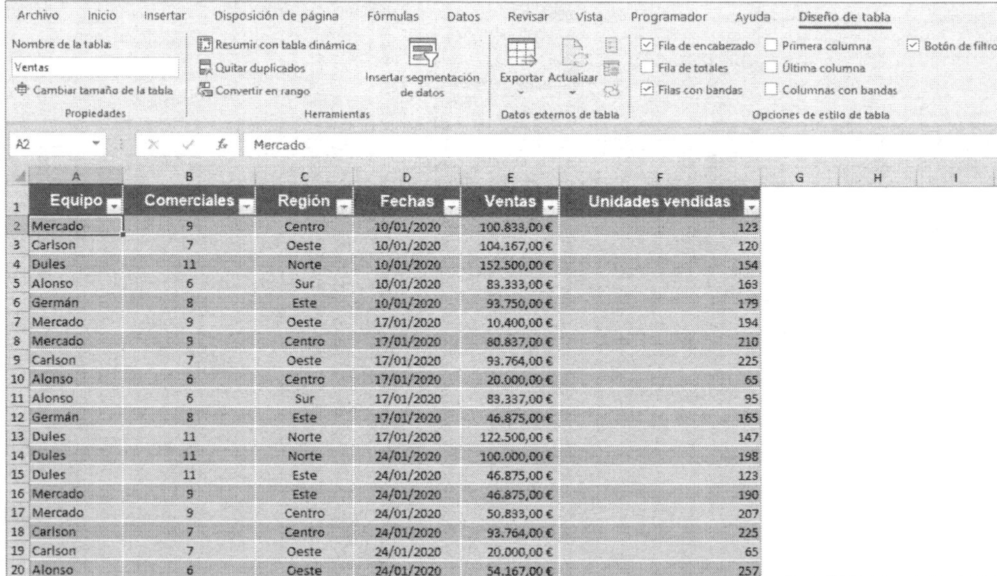

Equipo	Comerciales	Región	Fechas	Ventas	Unidades vendidas
Mercado	9	Centro	10/01/2020	100.833,00 €	123
Carlson	7	Oeste	10/01/2020	104.167,00 €	120
Dules	11	Norte	10/01/2020	152.500,00 €	154
Alonso	6	Sur	10/01/2020	83.333,00 €	163
Germán	8	Este	10/01/2020	93.750,00 €	179
Mercado	9	Oeste	17/01/2020	10.400,00 €	194
Mercado	9	Centro	17/01/2020	80.837,00 €	210
Carlson	7	Oeste	17/01/2020	93.764,00 €	225
Alonso	6	Centro	17/01/2020	20.000,00 €	65
Alonso	6	Sur	17/01/2020	83.337,00 €	95
Germán	8	Este	17/01/2020	46.875,00 €	165
Dules	11	Norte	17/01/2020	122.500,00 €	147
Dules	11	Norte	24/01/2020	100.000,00 €	198
Dules	11	Este	24/01/2020	46.875,00 €	123
Mercado	9	Este	24/01/2020	46.875,00 €	190
Mercado	9	Centro	24/01/2020	50.833,00 €	207
Carlson	7	Centro	24/01/2020	93.764,00 €	225
Carlson	7	Oeste	24/01/2020	20.000,00 €	65
Alonso	6	Oeste	24/01/2020	54.167,00 €	257

Si hay tablas dinámicas que hacen referencia a esta tabla de datos, tenga en cuenta que el nombre que acaba de modificar se actualiza automáticamente para evitar que aparezca el signo de aviso que advierte de la existencia de referencias no válidas.

Cambiar el tamaño de una tabla de datos

- Haga clic en una de las celdas de la tabla.
- Haga clic en el botón **Cambiar tamaño de la tabla** del grupo **Propiedades**, pestaña **Diseño de tabla**.
- Modifique la selección de las celdas y confirme.

Otra posibilidad es señalar el indicador de cambio de tamaño (triangulito situado en la esquina inferior derecha de la tabla) y arrastrarlo hasta seleccionar el rango de celdas deseado.

Mostrar u ocultar los encabezados de una tabla

- Haga clic en una de las celdas de la tabla.
- Active, si es preciso, la pestaña **Diseño de tabla**.
- Para ver los encabezados de la tabla, marque la opción **Fila de encabezado** del grupo **Opciones de estilo de tabla** y, para ocultarlos, desactive esa opción.

Cuando se desactivan los encabezados de una tabla, se eliminan de ella los filtros automáticos de encabezado y también los demás filtros que pudieran haberse aplicado.

Agregar una fila o una columna a una tabla de datos

- Para agregar una fila a la tabla, introduzca un dato en una celda situada justo debajo de la tabla.
- Para agregar una columna a la tabla, introduzca un dato en una celda situada inmediatamente a la derecha de la tabla.
- Para agregar filas y columnas, también puede arrastrar el indicador de cambio de tamaño (esquina inferior derecha de la tabla) hacia abajo o hacia la derecha y seleccionar filas y columnas.

- Para agregar una fila vacía en la parte inferior de la tabla, haga clic en la última celda de la tabla y pulse la tecla [Tab].

  Si existe una fila de totales en la tabla, sitúela en la última celda de la fila que precede a la de subtotales.

- Para insertar o eliminar filas y columnas en una tabla de datos, use el mismo procedimiento que en las hojas de cálculo (véase el capítulo Filas, columnas y celdas).

Seleccionar filas y columnas en una tabla de datos

- Para seleccionar los datos de una columna perteneciente a una tabla, señale el borde superior del encabezado de la columna de la tabla (el puntero del ratón adopta la forma ⬇) y haga clic o active una de las celdas de la columna y pulse [Ctrl] [Espacio].

  Para seleccionar toda la columna (incluyendo el encabezado), haga doble clic o use dos veces el método abreviado [Ctrl] [Espacio].

- Para seleccionar los datos de una fila de una tabla, señale el borde izquierdo de la fila (el puntero del ratón adopta la forma ➡) y haga clic o active una de las celdas de la fila y pulse [Mayús] [Espacio].
- Para seleccionar todos los datos de una tabla, señale el borde superior izquierdo de la tabla (el puntero del ratón adopta la forma ↘) y haga clic o active una de las celdas de la columna y pulse [Ctrl] [Mayús] [Espacio] o [Ctrl] **E**.

  Para seleccionar toda la tabla (incluyendo los encabezados), haga doble clic o use dos veces uno de los métodos abreviados.

Mostrar una fila de totales en una tabla de datos

Primer método

- Haga clic en una de las celdas de la tabla.
- Active, si es preciso, la pestaña contextual **Diseño de tabla** y marque la opción **Fila de totales** del grupo **Opciones de estilo de tabla**.

  *La fila de totales aparece en la última fila de la tabla con la mención **Total** en la celda de la izquierda.*

- Para ver el resultado de otro cálculo o de otra columna, haga clic en la celda de la columna correspondiente y haga clic en la flecha de la lista desplegable que aparece.

Excel propone las funciones habituales de cálculo:

	Equipo	Comerciales	Región	Fechas	Ventas	Unidades vendidas
12	Germán	8	Este	17/01/2020	46.875,00 €	165
13	Dules	11	Norte	17/01/2020	122.500,00 €	147
14	Dules	11	Norte	24/01/2020	100.000,00 €	198
15	Dules	11	Este	24/01/2020	46.875,00 €	123
16	Mercado	9	Este	24/01/2020	46.875,00 €	190
17	Mercado	9	Centro	24/01/2020	50.833,00 €	207
18	Carlson	7	Centro	24/01/2020	93.764,00 €	224
19	Carlson	7	Oeste	24/01/2020	20.000,00 €	240
20	Alonso	6	Oeste	24/01/2020	54.167,00 €	257
21						
22	Total				73.937,37 €	3279
23						
24						
25						
26						
27						
28						
29						

También puede insertar una fórmula personalizada directamente en una celda de la fila de totales.

Haga clic en la función que desea usar.

- Para ocultar la fila de totales, desactive la opción **Fila de totales** del grupo **Opciones de estilo de tabla**.

Segundo método

- Para insertar una fila calculada debajo de la tabla de datos seleccionada, haga clic en el botón **Análisis rápido** y active la pestaña **Totales**.

  *Los primeros iconos (**Sumar**, **Promedio**, **Recuento**, **% del total**, **Total**) añaden una «fila» de totales.*

- Señale el botón que corresponda al tipo de cálculo que se debe efectuar (**Sumar**, **Promedio**, **Recuento**, **% del total**, **Total**) para obtener una vista previa del resultado en la última fila de la tabla.

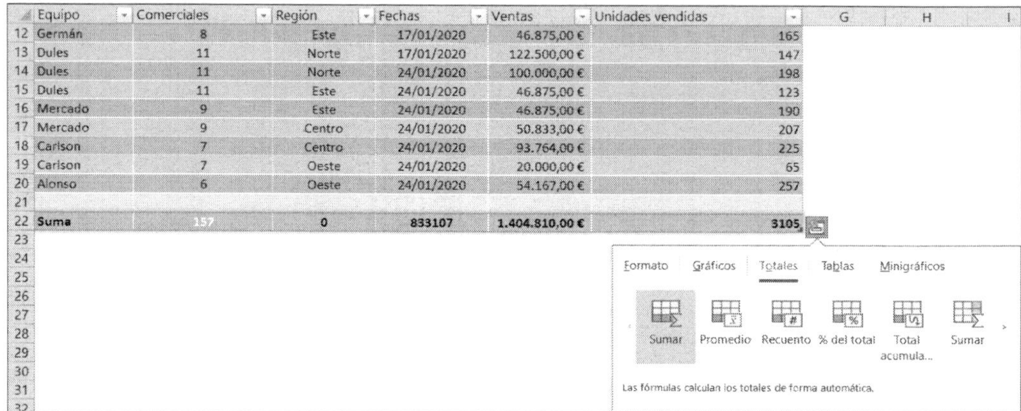

	Equipo	Comerciales	Región	Fechas	Ventas	Unidades vendidas	G	H	I
12	Germán	8	Este	17/01/2020	46.875,00 €	165			
13	Dules	11	Norte	17/01/2020	122.500,00 €	147			
14	Dules	11	Norte	24/01/2020	100.000,00 €	198			
15	Dules	11	Este	24/01/2020	46.875,00 €	123			
16	Mercado	9	Este	24/01/2020	46.875,00 €	190			
17	Mercado	9	Centro	24/01/2020	50.833,00 €	207			
18	Carlson	7	Centro	24/01/2020	93.764,00 €	225			
19	Carlson	7	Oeste	24/01/2020	20.000,00 €	65			
20	Alonso	6	Oeste	24/01/2020	54.167,00 €	257			
21									
22	Suma	157	0	833107	1.404.810,00 €	3105			

- Haga clic en el icono correspondiente para confirmar su elección.

Crear una columna calculada en una tabla de datos

Añadir un cálculo predefinido

- Seleccione la tabla de datos.
- Haga clic en el botón **Análisis rápido** [icono], situado en la esquina inferior derecha de la tabla.
- Active la pestaña **Totales**.
- Muestre los cinco iconos de inserción de columnas (naranja y blanco) haciendo clic en la flecha [›].
- Señale (sin hacer clic) el icono del tipo de cálculo que debe efectuarse (**Sumar**, **Promedio**, **Recuento**, **% del total**, **Total**) para obtener una vista previa del resultado en la nueva columna de la tabla.

*En nuestro ejemplo, podemos ver en la columna F el **Promedio** de cada fila de datos.*

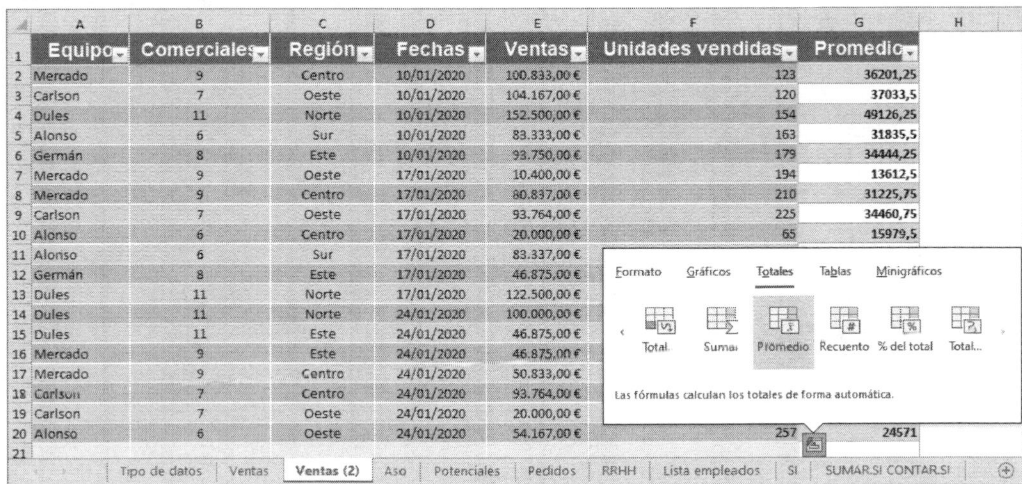

	Equipo	Comerciales	Región	Fechas	Ventas	Unidades vendidas	Promedio
2	Mercado	9	Centro	10/01/2020	100.833,00 €	123	36201,25
3	Carlson	7	Oeste	10/01/2020	104.167,00 €	120	37033,5
4	Dules	11	Norte	10/01/2020	152.500,00 €	154	49126,25
5	Alonso	6	Sur	10/01/2020	83.333,00 €	163	31835,5
6	Germán	8	Este	10/01/2020	93.750,00 €	179	34444,25
7	Mercado	9	Oeste	17/01/2020	10.400,00 €	194	13612,5
8	Mercado	9	Centro	17/01/2020	80.837,00 €	210	31225,75
9	Carlson	7	Oeste	17/01/2020	93.764,00 €	225	34460,75
10	Alonso	6	Centro	17/01/2020	20.000,00 €	65	15979,5
11	Alonso	6	Sur	17/01/2020	83.337,00 €		
12	Germán	8	Este	17/01/2020	46.875,00 €		
13	Dules	11	Norte	17/01/2020	122.500,00 €		
14	Dules	11	Norte	24/01/2020	100.000,00 €		
15	Dules	11	Este	24/01/2020	46.875,00 €		
16	Mercado	9	Este	24/01/2020	46.875,00 €		
17	Mercado	9	Centro	24/01/2020	50.833,00 €		
18	Carlson	7	Centro	24/01/2020	93.764,00 €		
19	Carlson	7	Oeste	24/01/2020	20.000,00 €		
20	Alonso	6	Oeste	24/01/2020	54.167,00 €	257	24571

- Haga clic en el icono correspondiente para confirmar su elección.

Añadir un cálculo

- Escriba el nombre de la columna nueva a la derecha de la última columna de la tabla.

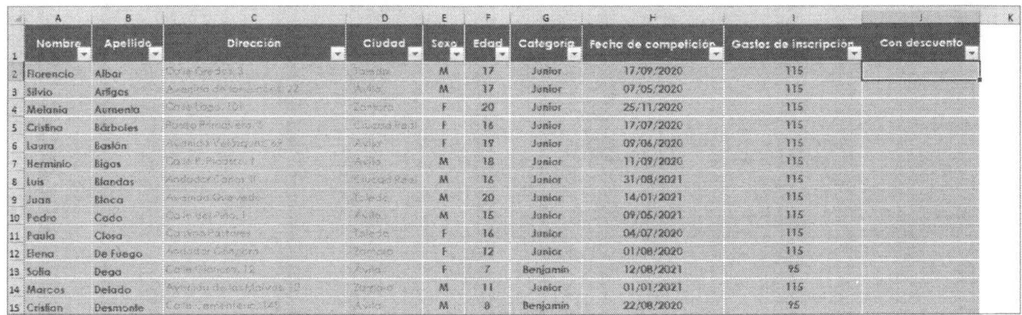

	Nombre	Apellido	Dirección	Ciudad	Sexo	Edad	Categoría	Fecha de competición	Gastos de inscripción	Con descuento
2	Florencio	Albar	[illegible]	[illegible]	M	17	Junior	17/09/2020	115	
3	Silvio	Arrigos	[illegible]	[illegible]	M	17	Junior	07/05/2020	115	
4	Melania	Aumenta	[illegible]	[illegible]	F	20	Junior	25/11/2020	115	
5	Cristina	Bárboles	[illegible]	[illegible]	F	16	Junior	17/07/2020	115	
6	Laura	Bastón	[illegible]	[illegible]	F	19	Junior	09/06/2020	115	
7	Herminio	Bigos	[illegible]	[illegible]	M	18	Junior	11/09/2020	115	
8	Luis	Blandas	[illegible]	[illegible]	M	16	Junior	31/08/2021	115	
9	Juan	Bloca	[illegible]	[illegible]	M	20	Junior	14/01/2021	115	
10	Pedro	Cado	[illegible]	[illegible]	M	15	Junior	09/05/2021	115	
11	Paula	Closa	[illegible]	[illegible]	F	16	Junior	04/07/2020	115	
12	Elena	De Fuego	[illegible]	[illegible]	F	12	Junior	01/08/2020	115	
13	Sofía	Dega	[illegible]	[illegible]	F	7	Benjamín	12/08/2021	95	
14	Marcos	Delado	[illegible]	[illegible]	M	11	Junior	01/01/2021	115	
15	Cristian	Desmonte	[illegible]	[illegible]	M	8	Benjamín	22/08/2020	95	

Una vez validada, la columna adopta el formato de la tabla.

- Introduzca la fórmula en la primera celda de la columna situada debajo del encabezado de la columna usando las flechas del teclado para seleccionar las celdas que desea insertar en la fórmula.

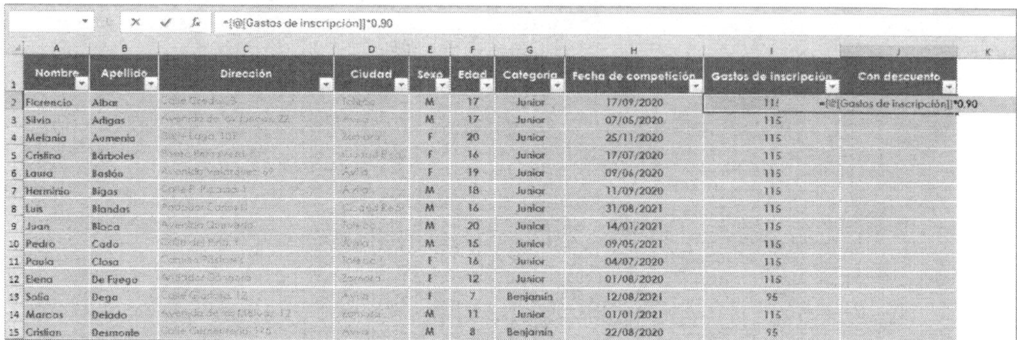

El nombre de la celda I2 se sustituye por el nombre de la columna precedido del símbolo @.

- Valide.

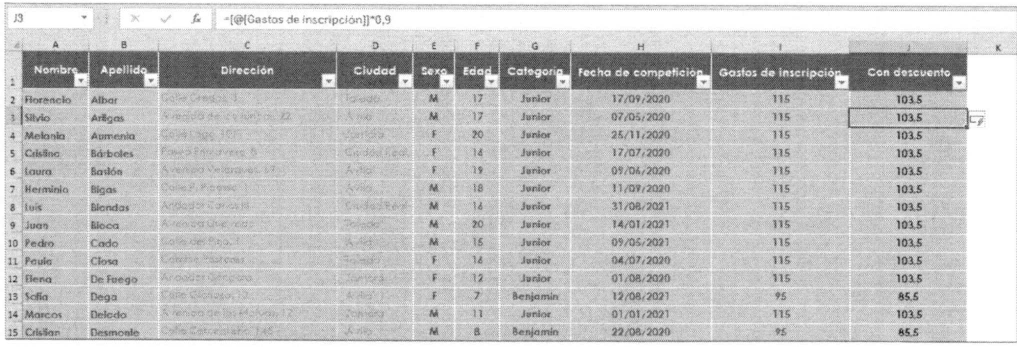

El cálculo se ha efectuado de manera automática para todas las celdas de la columna; todas ellas contienen la misma fórmula de cálculo.

Para eliminar una columna calculada, proceda como si se tratara de eliminar una columna cualquiera.

Para modificar una columna calculada, basta con modificar una de las fórmulas de cálculo de la columna: las demás celdas se actualizarán automáticamente.

Aplicar un estilo de tabla a una tabla de datos

- Haga clic en una de las celdas de la tabla.
- Active, si es preciso, la pestaña **Diseño de tabla** y haga clic en la herramienta **Más** de la galería de estilos del grupo **Estilos de tabla**.
- Señale (sin hacer clic) uno de los estilos para ver su aplicación en la tabla.

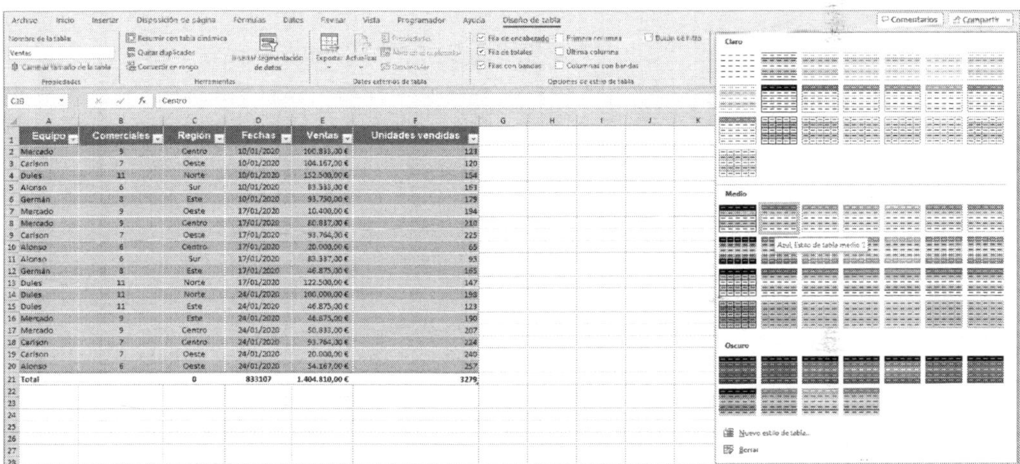

	Equipo	Comerciales	Región	Fechas	Ventas	Unidades vendidas
2	Mercado	9	Centro	10/01/2020	100.833,00 €	123
3	Carlson	7	Oeste	10/01/2020	104.167,00 €	120
4	Dules	11	Norte	10/01/2020	152.500,00 €	154
5	Alonso	6	Sur	10/01/2020	83.333,00 €	163
6	Germán	8	Este	10/01/2020	93.750,00 €	179
7	Mercado	9	Oeste	17/01/2020	10.400,00 €	194
8	Mercado	9	Centro	17/01/2020	80.837,00 €	210
9	Carlson	7	Oeste	17/01/2020	93.764,00 €	225
10	Alonso	6	Centro	17/01/2020	20.000,00 €	65
11	Alonso	6	Sur	17/01/2020	83.337,00 €	93
12	Germán	8	Este	17/01/2020	46.875,00 €	165
13	Dules	11	Norte	17/01/2020	122.500,00 €	147
14	Dules	11	Norte	24/01/2020	100.000,00 €	198
15	Dules	11	Este	24/01/2020	46.875,00 €	123
16	Mercado	9	Este	24/01/2020	46.875,00 €	190
17	Mercado	9	Centro	24/01/2020	50.833,00 €	207
18	Carlson	7	Centro	24/01/2020	93.764,00 €	224
19	Carlson	7	Oeste	24/01/2020	20.000,00 €	240
20	Alonso	6	Oeste	24/01/2020	54.167,00 €	257
21	Total		0	833107	1.404.810,00 €	3279

- Haga clic en el estilo de tabla que desea usar.

Convertir una tabla de datos en rango de celdas

Cuando ya no necesite la tabla de datos, puede convertirla en un rango de celdas normal, manteniendo su formato.

- Haga clic en una de las celdas de la tabla de datos.
- Haga clic en el botón **Convertir en rango** del grupo **Herramientas** de la pestaña **Diseño de tabla** o utilice la opción **Tabla - Convertir en rango** del menú contextual de la tabla.
- Confirme la conversión de la tabla en rango de celdas haciendo clic en el botón **Sí**.

Eliminar una tabla y sus datos

- Haga clic en una de las celdas de la tabla de datos y pulse las teclas [Ctrl] **E** dos veces para seleccionar toda la tabla.
- Pulse la tecla [Supr].

Si no desea trabajar con los datos en una tabla de datos, puede convertirla en un rango de celdas normal conservando su formato (véase Convertir una tabla de datos en rango de celdas).

Elegir una tabla dinámica recomendada

Una tabla dinámica permite resumir, analizar, explorar y presentar datos de síntesis. Excel Microsoft 365, además, puede sugerir varias tablas dinámicas que se adaptan particularmente a los datos de la hoja de cálculo, ayudando de este modo al usuario a sintetizarlos y analizarlos.

- Si el rango de celdas en el que se basa la tabla dinámica contiene encabezados de columna o ya está organizado en una tabla de Excel, haga clic en una de las celdas. De lo contrario, seleccione el rango de celdas que desea tratar en la tabla dinámica.
- Asegúrese de que sus datos no contienen filas vacías.
- Active la pestaña **Insertar** y haga clic en el botón **Tablas dinámicas recomendadas**  del grupo **Tablas**.

Excel analiza los datos seleccionados y sugiere algunos tipos de tablas que se adaptan a ellos.

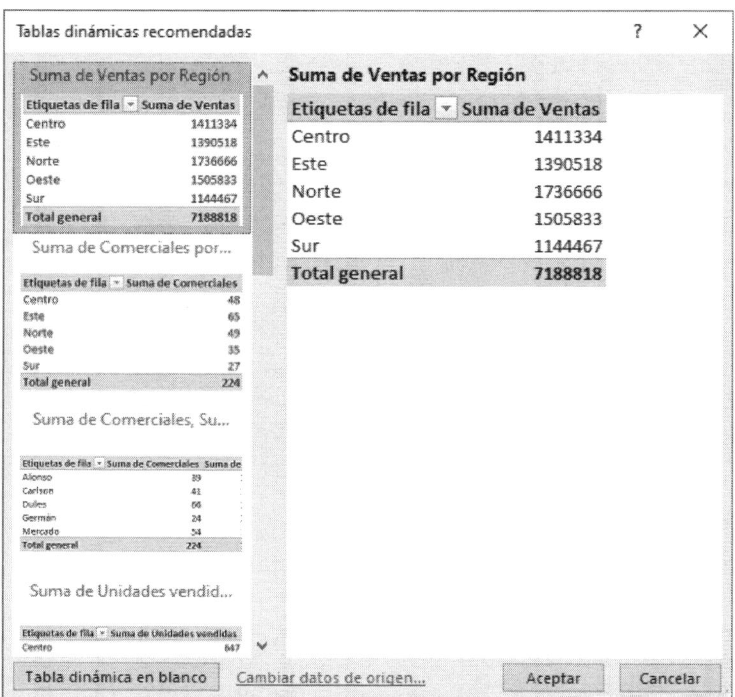

- Haga clic en una de las disposiciones de tablas dinámicas de la parte izquierda de la ventana para obtener una vista previa en la parte derecha.

  *El botón **Tabla dinámica en blanco** situado en la parte inferior izquierda de la ventana permite, como indica su nombre, ignorar las sugerencias de Excel y definir desde cero la tabla dinámica.*

- Si la tabla dinámica propuesta se adapta a lo que necesita, haga clic en el botón **Aceptar**.

  *La nueva hoja de cálculo (denominada **Hojax**) que crea esa tabla dinámica muestra también el panel de **Campos de tabla dinámica**, con el que puede modificar la tabla dinámica.*

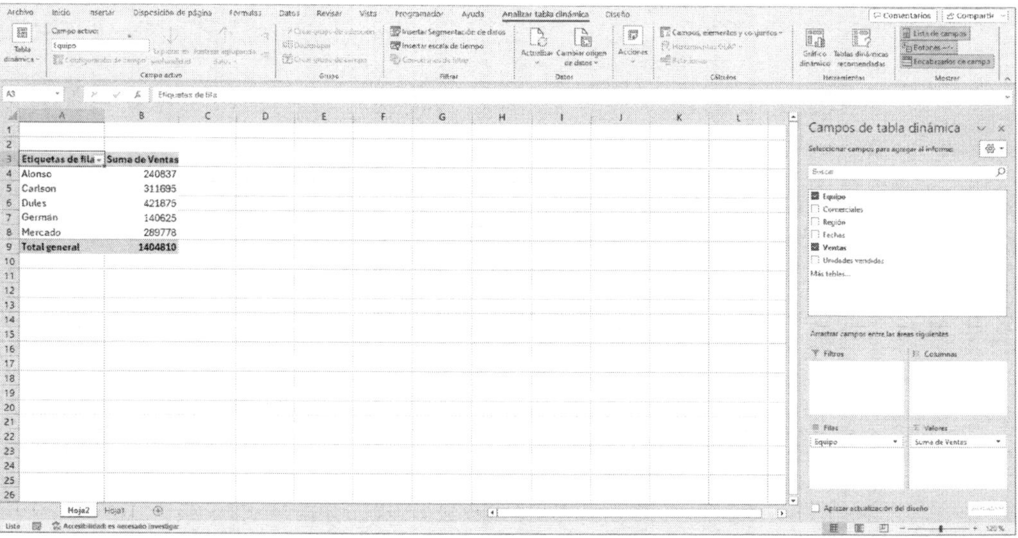

Si desea modificar la tabla dinámica que ha creado automáticamente Excel, siga los mismos procedimientos que se describen en el apartado Administrar los campos de una tabla dinámica, en este capítulo.

Para crear una tabla dinámica a partir de las sugerencias de Excel, también puede seleccionar los datos, hacer clic en el botón **Análisis rápido**, situado en la esquina inferior derecha de la selección, y activar la ficha **Tablas**.

En ese caso, puede señalar uno de los modelos propuestos para obtener una vista previa del resultado y luego hacer clic en la disposición deseada. El icono **Más** abre la ventana **Tablas dinámicas recomendadas**.

La herramienta **Analizar datos** también puede proponerle sugerencias de análisis (véase Usar las ideas de análisis propuestas por Excel al final de este capítulo).

Crear una tabla dinámica

Una tabla dinámica permite resumir, analizar, explorar y presentar datos de síntesis.

Para usar una de las tablas dinámicas recomendadas por Excel, vaya al apartado Elegir una tabla dinámica recomendada, en este capítulo.

- Si el rango de celdas a las que afecta la tabla dinámica contiene encabezados de columnas o ya está organizado en una tabla de datos, haga clic en una de las celdas de la tabla; en caso contrario, seleccione el rango de celdas que se van a tratar en la tabla dinámica.
- Asegúrese de que los datos no contienen filas vacías.
- Active la pestaña **Insertar** y haga clic en el botón **Tabla dinámica** del grupo **Tablas.**

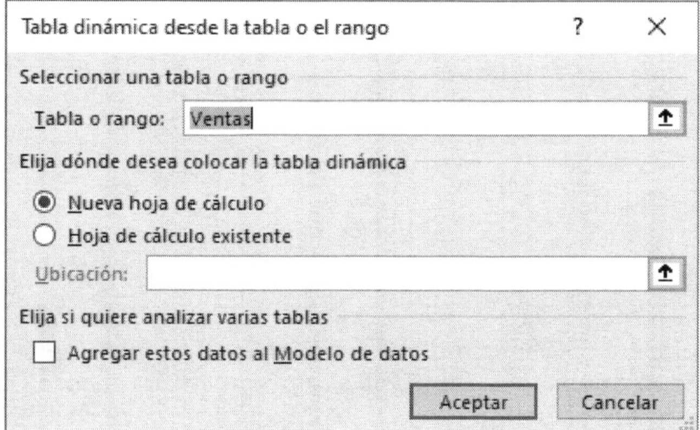

- Asegúrese de que el cuadro **Seleccione una tabla o rango** contenga exactamente los datos que se deben analizar; en caso contrario, utilice el botón para seleccionarlos.
- Elija entre ubicar la tabla dinámica en una nueva hoja o en una de las hojas del libro. Para ello, active la opción **Nueva hoja de cálculo** en el primer caso, o la opción **Hoja de cálculo existente** en el segundo; si ha elegido esta última opción, utilice el botón para activar la primera celda en la que se colocará el informe.
- Haga clic en el botón **Aceptar**.

*Aparecen las pestañas contextuales **Analizar tabla dinámica** y **Diseño**.*

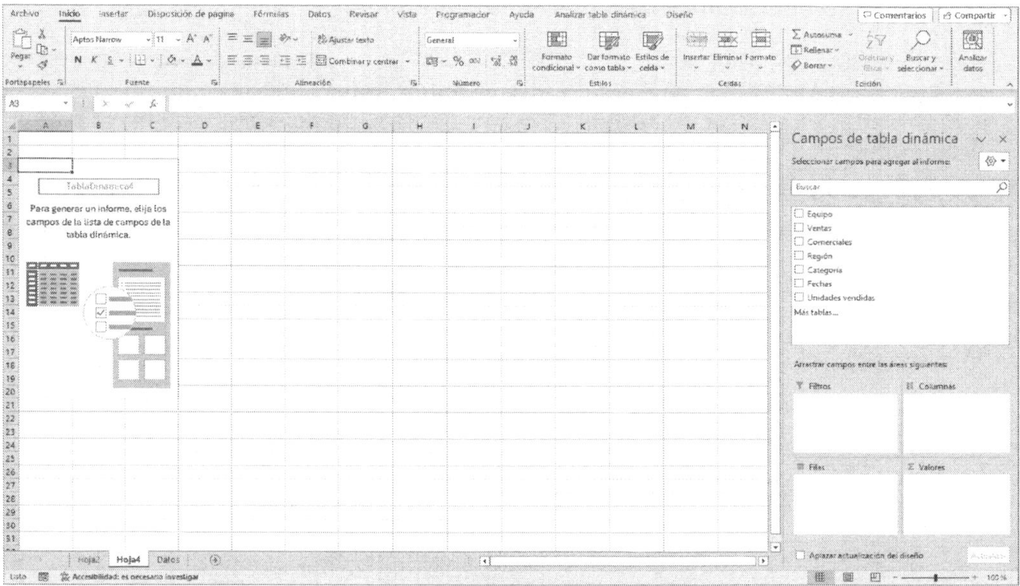

*En la ubicación indicada se inserta un informe vacío de tabla dinámica (aquí en la celda **A3** de una nueva hoja denominada **Hoja4**) y aparece a la derecha el panel **Campos de tabla dinámica**, desde el que puede empezar a agregar campos, crear un diseño y personalizar el informe. Este panel incluye dos secciones: la parte superior, llamada sección de **Campos**, que muestra la lista de campos, y la parte inferior, llamada sección de **Áreas**, que permite reorganizar y recolocar los campos en uno de los cuatro cuadros del informe de tabla dinámica.*

Puede obtener este mismo resultado usando el botón ***Tabla dinámica en blanco****, situado en la esquina inferior izquierda de la ventana* ***Tablas dinámicas recomendadas*** *(véase Elegir una tabla dinámica recomendada).*

- Por defecto, las secciones **Campos** y **Áreas** están superpuestas; para cambiar esta disposición, haga clic en el botón **Herramientas** [⚙ ▾], situado en la parte superior derecha del panel:

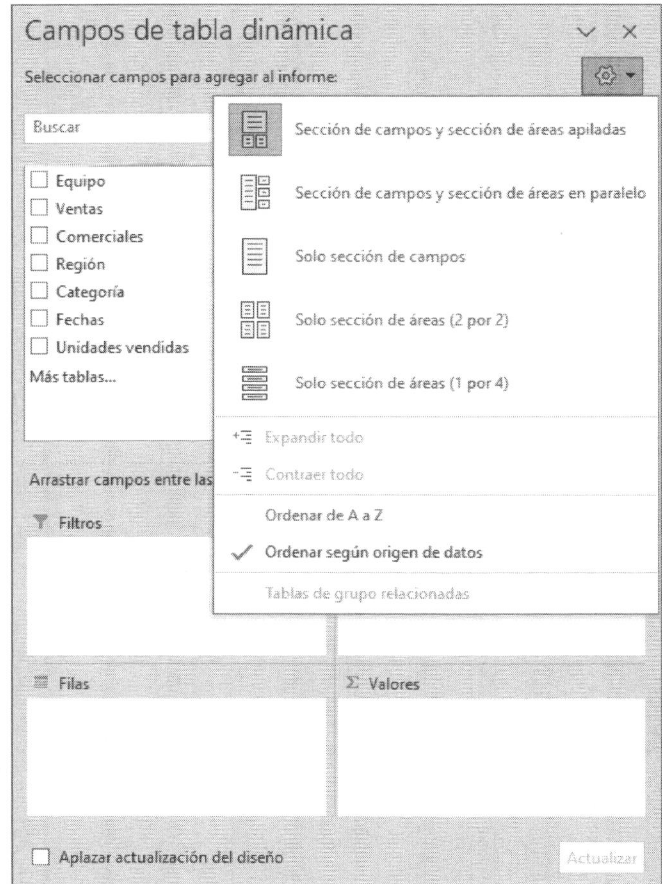

- Haga clic en la disposición que prefiera.

*Observe que si la opción **Diseño de tabla dinámica clásica (permite arrastrar campos en la cuadrícula)** está activada (pestaña **Analizar tabla dinámica** - botón **Tabla dinámica** - botón **Opciones** - ficha **Mostrar**), la zona que representa la tabla tiene este formato:*

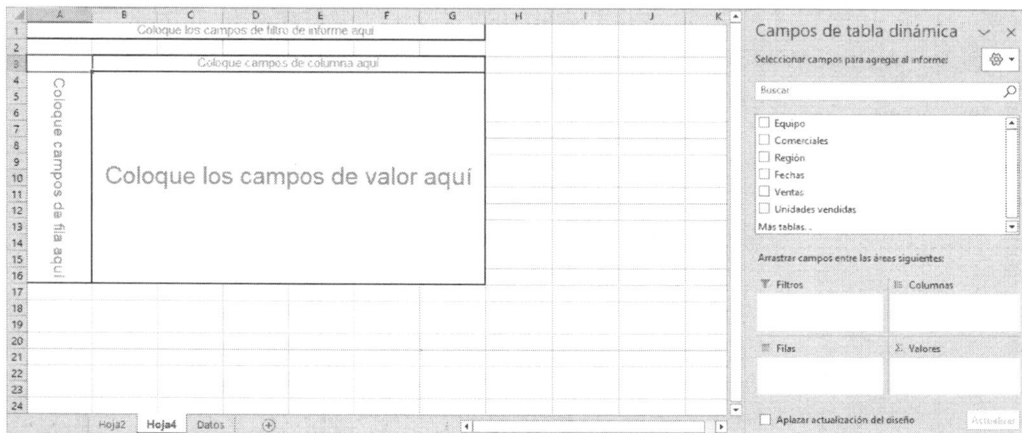

Esta disposición permite insertar los campos en la tabla arrastrándolos hasta la zona adecuada.

- Si hace clic fuera de la zona destinada a la tabla dinámica, desaparece el panel **Campos de tabla dinámica.** Para mostrar de nuevo la lista de campos, haga clic en dicha zona.
- A partir de ahí, el usuario podrá agregar los campos que desee para crear la tabla dinámica (véase Administrar los campos de una tabla dinámica).
- Para dar nombre a una tabla dinámica, haga clic en el botón **Tabla dinámica** de la pestaña **Analizar tabla dinámica**; cambie el **Nombre de tabla dinámica** en la zona correspondiente, y confirme.

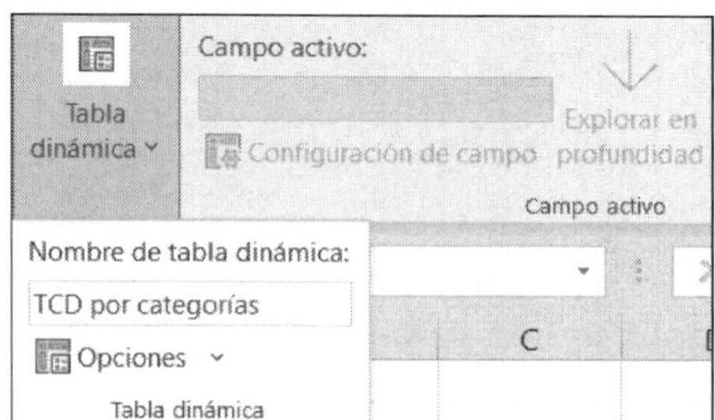

Las modificaciones efectuadas en la lista de campos de la tabla dinámica se integran inmediatamente en el área del informe. Para acelerar el proceso de añadir, mover o eliminar uno de los campos, puede marcar la opción **Aplazar actualización del diseño** (situada en la parte inferior del panel de Office **Campos de tabla dinámica**). No obstante, tenga presente que no podrá utilizar el informe antes de haber desmarcado esta opción.

Crear una tabla dinámica basada en varias tablas

*Esta función permite listar los campos de varias tablas en el panel **Campos de tabla dinámica**, lo que facilita la creación de una única tabla dinámica.*

Para importar varias tablas en una lista de campos de tabla dinámica, puede importarlas simultáneamente desde una base de datos relacional (véase el capítulo Importar datos - Importar datos de una base de datos de Access), o bien importar las tablas una a una desde una única fuente de datos o desde fuentes de datos diferentes, añadirlas a un modelo de datos de Excel, crear relaciones y utilizar este modelo de datos como base de una tabla dinámica.

En el contexto de este libro, usaremos el ejemplo de la importación de varias tablas desde una base de datos de Access, con las que hemos creado una plantilla de datos de Excel.

- Active la pestaña **Insertar**, haga clic en el menú desplegable del botón **Tabla dinámica**.
- Active la opción **Desde Datos externos** de origen.
- Haga clic en el botón **Elegir conexión** del cuadro de diálogo **Tabla dinámica desde un origen externo**.
- Active la ficha **Tablas** y haga clic en el elemento que desee.

*Para nuestro ejemplo, hemos seleccionado la opción **Tablas del modelo de datos del libro**. Nuestro modelo de datos contiene **8 Tablas** previamente importadas desde una base de datos de Access.*

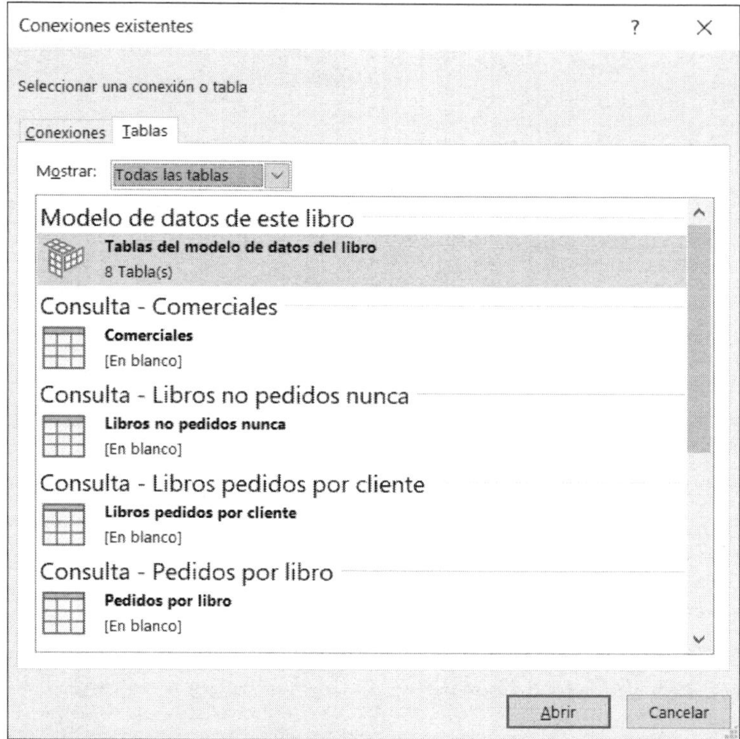

- Haga clic en el botón **Abrir**.
- Elija a continuación entre crear la nueva tabla dinámica en una nueva hoja de cálculo (opción **Nueva hoja de cálculo**) o bien en la hoja activa (opción **Hoja de cálculo existente**) en la **Ubicación** definida.
- Haga clic en el botón **Aceptar**.

  *Observe la presencia de varias tablas en la lista de los campos. Estas tablas (y sus campos) pueden verse en las pestañas **Activo** y/o **Todos**.*

- Para ver los campos asociados a una tabla, haga clic en el símbolo [>] situado a la izquierda de su nombre. Y para ocultarlos, haga clic en el símbolo [⌟].
- Defina la disposición de esta nueva tabla dinámica siguiendo el mismo procedimiento que para una tabla dinámica común; por ejemplo, arrastrando los campos que desee de cualquiera de las tablas a la zona **Valores**, **Filas** o **Columnas** (véase Crear una tabla dinámica).

El botón **Más tablas** situado debajo de los campos del panel **Campos de tabla dinámica** de una tabla dinámica común también permite integrar tablas en una nueva tabla dinámica.

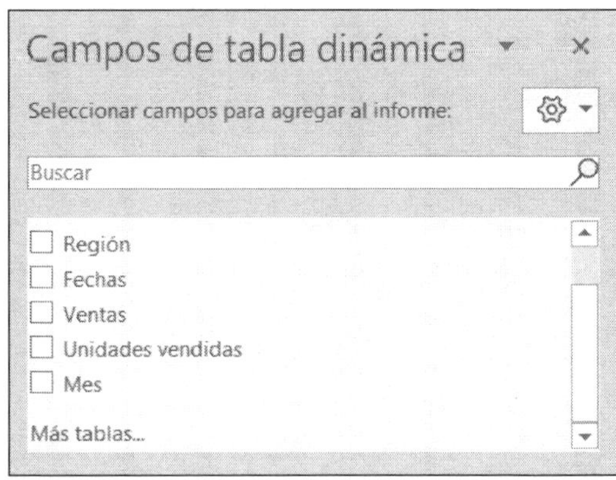

Administrar los campos de una tabla dinámica

Agregar o eliminar un campo

- Haga clic con el botón secundario en el nombre del campo (sección de **Campos** del panel **Campos de tabla dinámica**) y seleccione la opción correspondiente a la zona en que desea colocar el campo:

Agregar a filtro de informe	Para que los valores de este campo se propongan, en forma de lista, como criterios de filtro de la tabla dinámica.
Agregar a etiquetas de fila	Para que los valores de este campo se conviertan en encabezados de fila de la tabla.
Agregar a etiquetas de columna	Para que los valores de este campo se conviertan en encabezados de columna de la tabla.

Agregar a valores Para que los valores de este campo se utilicen con objeto de rellenar las diferentes celdas de la tabla dinámica. Por defecto, Excel utiliza la función SUMA para resumir los datos numéricos, y la función CONTAR para los datos de tipo texto. Observe que es posible cambiar esta función de resumen, igual que es posible efectuar un cálculo personalizado con esos datos (véase Modificar la función de resumen o el cálculo personalizado de un campo).

*Esta tabla dinámica permite mostrar la suma de las ventas por equipo y por región. Los campos situados en la lista dinámica aparecen en las **Áreas** correspondientes del panel **Campos de tabla dinámica**.*

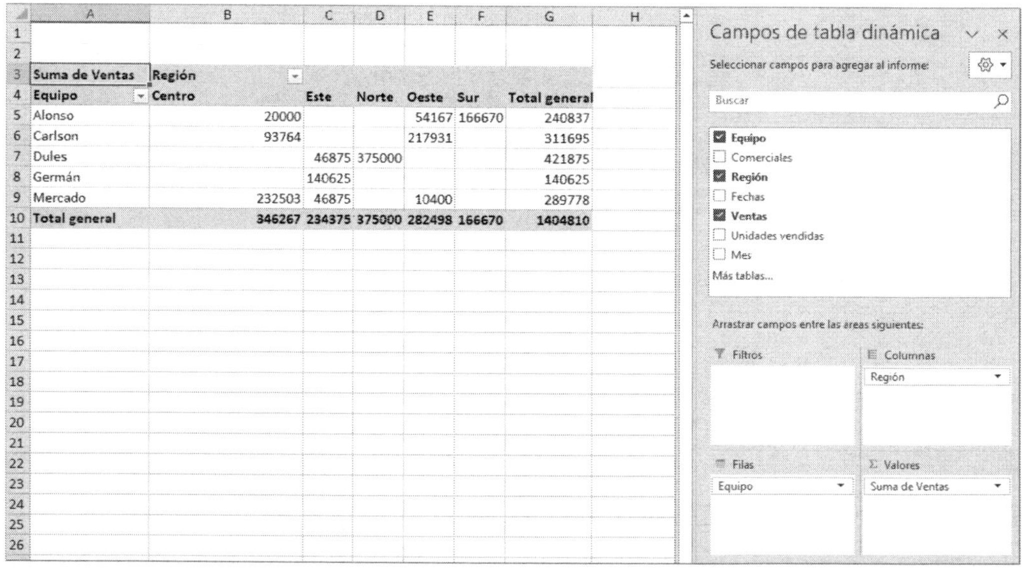

Suma de Ventas	Región					
Equipo	Centro	Este	Norte	Oeste	Sur	Total general
Alonso	20000			54167	166670	240837
Carlson	93764			217931		311695
Dules		46875	375000			421875
Germán		140625				140625
Mercado	232503	46875		10400		289778
Total general	346267	234375	375000	282498	166670	1404810

*También es posible arrastrar el campo a la zona correspondiente de la sección de Áreas que aparece por defecto bajo la lista de los campos o, si la disposición clásica de la tabla dinámica está activada (pestaña **Analizar tabla dinámica - Tabla dinámica - Opciones** - ficha **Mostrar**), arrastrar los campos directamente a la zona adecuada de la tabla.*

Para eliminar un campo de tabla dinámica, desactive su casilla de verificación correspondiente en la sección de los **Campos**.

- Para mostrar u ocultar alternativamente los encabezados de filas o de columnas, haga clic en **Encabezados de fila** o **Encabezados de columna** del grupo **Opciones de estilo de tabla dinámica** en la pestaña **Diseño**.
- Para crear varios niveles de filas o de columnas en la tabla dinámica, añada el campo o los campos correspondientes en las zonas que desee, según el procedimiento descrito anteriormente.

  *En este ejemplo, hemos añadido el campo **Sexo** al segundo nivel de las **Etiquetas de fila** (ver el área **Filas**); las etiquetas de fila de la tabla ahora van precedidas por un signo + que indica la presencia de un nivel suplementario.*

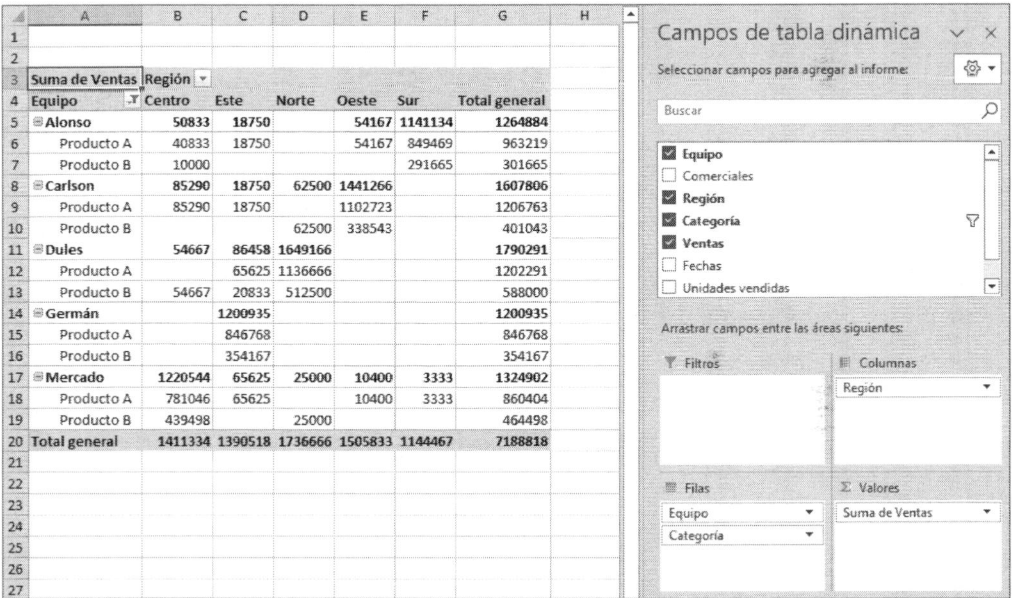

Suma de Ventas	Región					
Equipo	Centro	Este	Norte	Oeste	Sur	Total general
Alonso	50833	18750		54167	1141134	1264884
Producto A	40833	18750		54167	849469	963219
Producto B	10000				291665	301665
Carlson	85290	18750	62500	1441266		1607806
Producto A	85290	18750		1102723		1206763
Producto B			62500	338543		401043
Dules	54667	86458	1649166			1790291
Producto A		65625	1136666			1202291
Producto B	54667	20833	512500			588000
Germán		1200935				1200935
Producto A		846768				846768
Producto B		354167				354167
Mercado	1220544	65625	25000	10400	3333	1324902
Producto A	781046	65625		10400	3333	860404
Producto B	439498		25000			464498
Total general	1411334	1390518	1736666	1505833	1144467	7188818

- Para mostrar u ocultar los botones de nivel (signo + o -), puede hacer clic en el botón 

(pestaña **Analizar tabla dinámica**, grupo **Mostrar**).

Para expandir o contraer la visualización de un nivel, haga clic con el botón derecho en el elemento correspondiente y señale la opción **Expandir o contraer**.

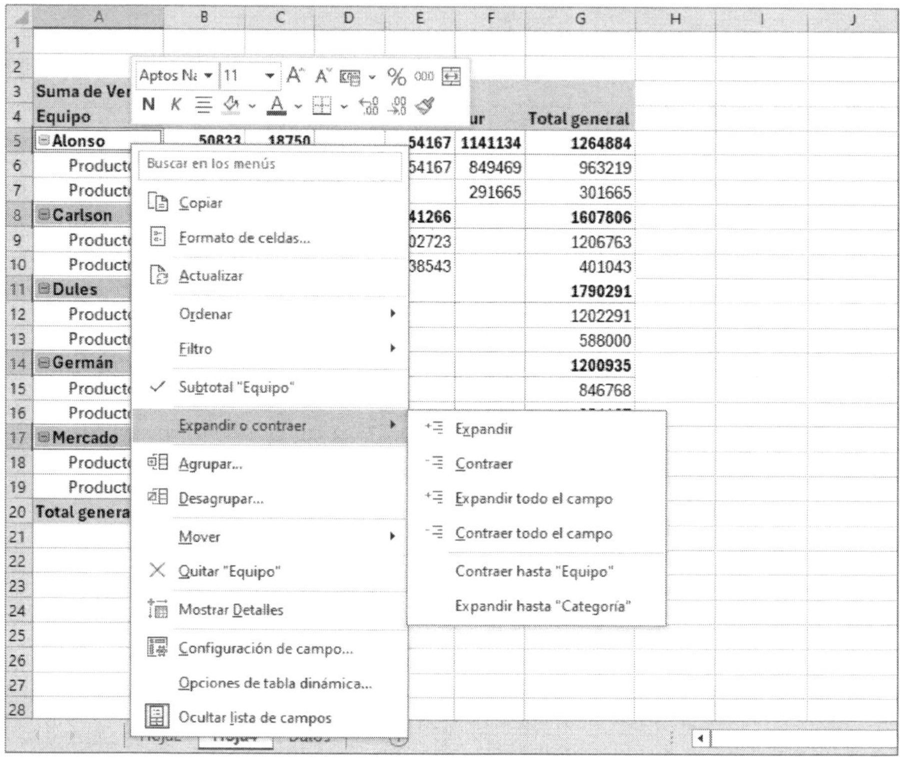

Luego haga clic en la opción:

- **Expandir** o **Contraer** para mostrar la información detallada del elemento activo.
- **Expandir todo el campo** o **Contraer todo el campo** para mostrar u ocultar la información detallada de todos los elementos de un campo.
- **Expandir hasta** o **Contraer hasta** para mostrar u ocultar un nivel de detalle más allá del nivel siguiente.

También puede activar el campo (de fila o de columna) correspondiente y luego, en la pestaña ***Analizar tabla dinámica****, grupo* ***Campo activo****, hacer clic en la opción* ***Expandir campo*** *o* ***Contraer campo****, según el caso.*

Dependiendo de la resolución de su pantalla, puede acceder a estos botones directamente en la cinta de opciones o desde el menú desplegable del botón ***Campo activo****, donde se encuentran agrupados.*

Para contraer o expandir una de las etiquetas, también puede hacer clic en el signo + (para expandir) o en el signo - (para contraer), situado al lado de la etiqueta correspondiente.

Reorganizar los campos

Haga clic en el nombre del campo correspondiente en una de las cuatro zonas de la sección de **Áreas** y arrástrelo hasta otra zona; si la zona contiene varios campos, también puede arrastrar los campos dentro de la misma zona para cambiar su orden.

Estos cambios se reflejan automáticamente en la tabla dinámica.

Las diferentes posibilidades de organización se encuentran en el menú que aparece cuando hace clic en el nombre de un campo visible en una de estas zonas:

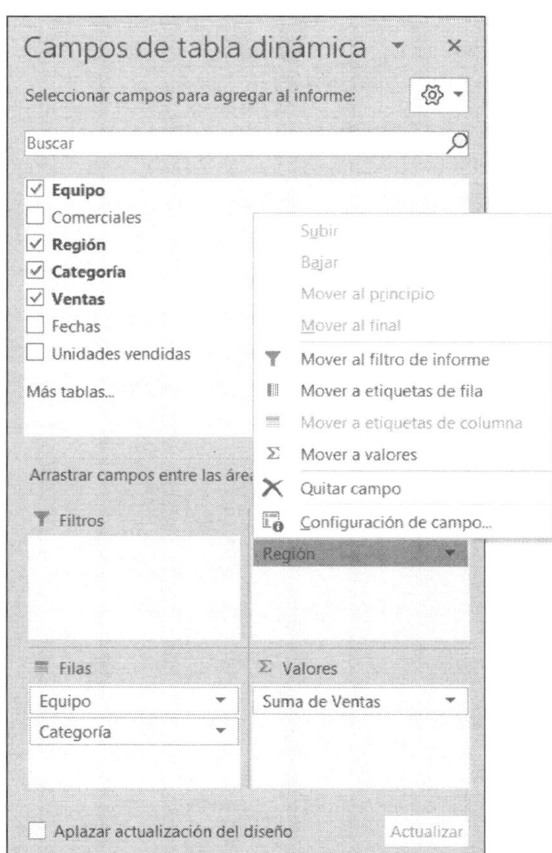

Insertar un campo calculado

- Para añadir un campo calculado a la tabla dinámica, haga clic en la tabla dinámica con objeto de que se activen las herramientas específicas, vaya al grupo **Cálculos** de la pestaña **Analizar tabla dinámica** y luego haga clic en el botón **Campos, elementos y conjuntos.**
- Haga clic en la opción **Campo calculado.**
- En el cuadro de diálogo **Insertar campo calculado**, escriba el **Nombre** del nuevo campo calculado.
- Introduzca la **Fórmula** que elija; para integrar uno de los campos existentes, seleccione el campo correspondiente en la lista **Campos** y luego haga clic en el botón **Insertar campo.** Complete la fórmula según el cálculo que se deba efectuar.

  Como ejemplo de esta función, vamos a calcular porcentaje del 15% sobre las ventas.

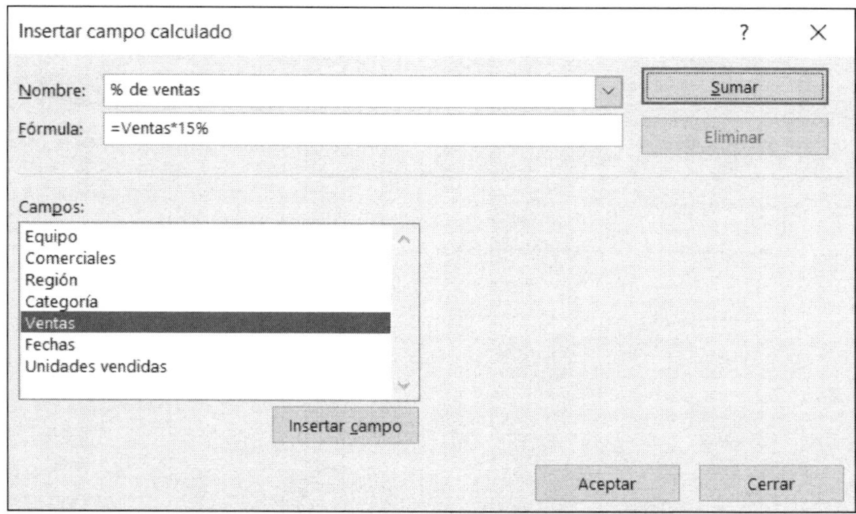

- Haga clic en el botón **Aceptar** para confirmar.

Los valores del campo calculado aparecen en la tabla; el nombre del nuevo campo puede verse en la lista de los campos. Observe también que, por defecto, la función SUMA se ha aplicado automáticamente a este campo.

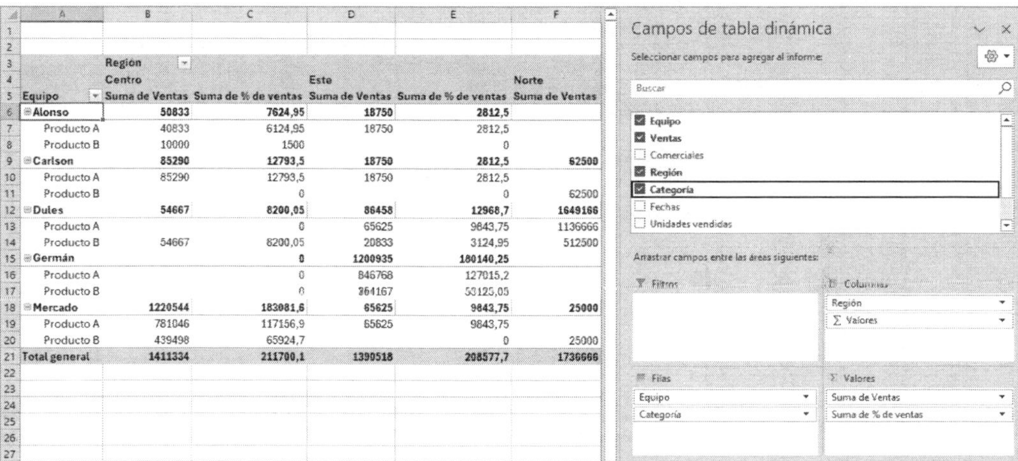

Para eliminar un campo calculado, abra la lista **Nombre** del cuadro de diálogo **Insertar campo calculado** (botón **Cálculos** - opción **Campos, elementos y conjuntos** - botón **Campo calculado**) para seleccionarlo; luego haga clic en el botón **Eliminar**. También puede hacer clic con el botón derecho en la etiqueta del campo calculado y escoger la opción **Quitar «nombre del campo»** del menú contextual.

Modificar la función de resumen o el cálculo personalizado de un campo

Recordemos que, por defecto, se aplica la función SUMA a los datos numéricos de la zona VALORES y la función CONTAR a los datos de tipo texto.

Para cambiar la función de resumen utilizada o efectuar un cálculo personalizado con objeto de tratar los datos de un campo de la zona **Valores**, haga clic en el nombre del campo correspondiente en esta zona y active la opción **Configuración de campo de valor**.

Se abre el cuadro de diálogo ***Configuración de campo de valor****.*

También puede acceder a este cuadro de diálogo mediante la pestaña ***Analizar tabla dinámica*** *- grupo* ***Campo activo*** *- botón* ***Configuración de campo****.*

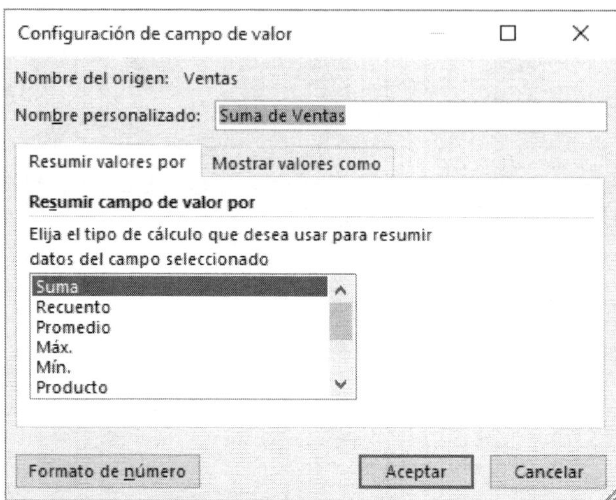

*La zona **Nombre personalizado** contiene el nombre del campo activo, o el nombre del origen si no se ha definido ningún nombre personalizado, precedido del tipo del cálculo efectuado.*

- Para cambiar la función de resumen, active la ficha **Resumir valores por** y, en el cuadro **Resumir campo de valor por**, haga clic en la función de resumen que desee.
- Para utilizar un cálculo personalizado, active la ficha **Mostrar valores como** y abra la lista desplegable **Mostrar valores como**.

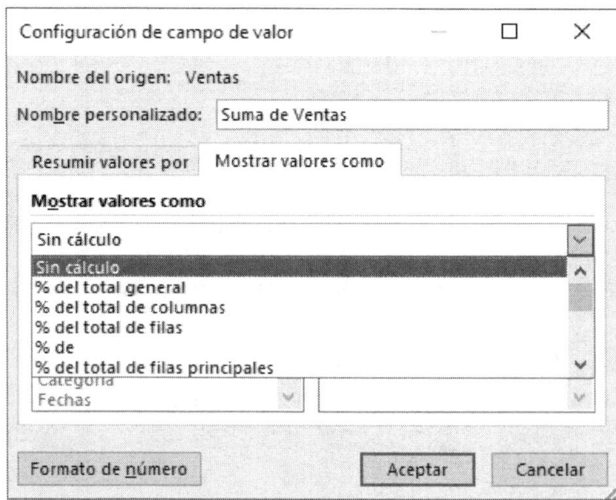

Luego haga clic en el cálculo personalizado que más le convenga:

- **% de**: para mostrar el valor en forma de porcentaje del valor del **Elemento base** en el **Campo base**.
- **Diferencia de % de la diferencia de**: para mostrar el valor, en número o en porcentaje, correspondiente a la diferencia en relación con el valor del **Elemento base** en el **Campo base**.
- **Total en**: para mostrar los valores para elementos sucesivos en el **Campo base** en forma de total acumulado.
- **% del total de filas** o **% del total de columnas**: para mostrar los valores de cada fila (o categoría) o de cada columna (o serie) en porcentaje del total de la fila (o categoría) o de la columna (o serie).
- **% del total general**: para mostrar un valor en porcentaje del total general de todos los datos o puntos de datos del informe.
- **Índice**: para calcular un valor según esta fórmula: *[(valor en la celda) x (Total general)]/[(Total general de la fila) x (Total general de la columna)]*.

*La opción **Sin cálculo** desactiva el cálculo personalizado.*

Según el tipo de cálculo solicitado, puede seleccionar a continuación un **Campo base** y un **Elemento base** sabiendo que el **Campo base** debe ser diferente del seleccionado al principio del procedimiento (zona **Valores**).

En este caso, pedimos que se muestre la diferencia de las ventas respecto a la región Centro.

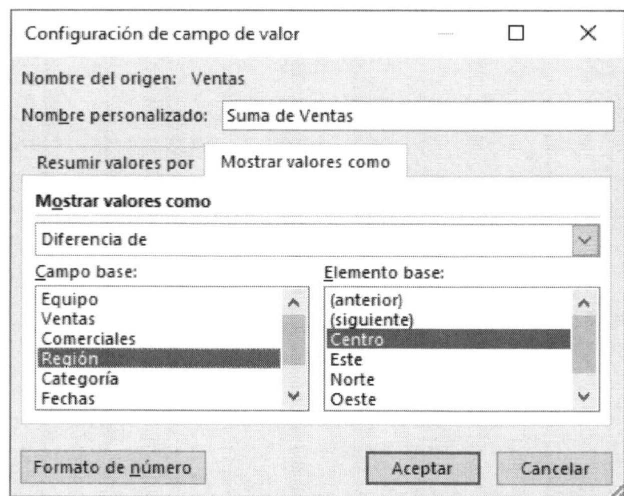

Para cambiar el formato de los resultados del cálculo, haga clic en el botón **Formato de número.**

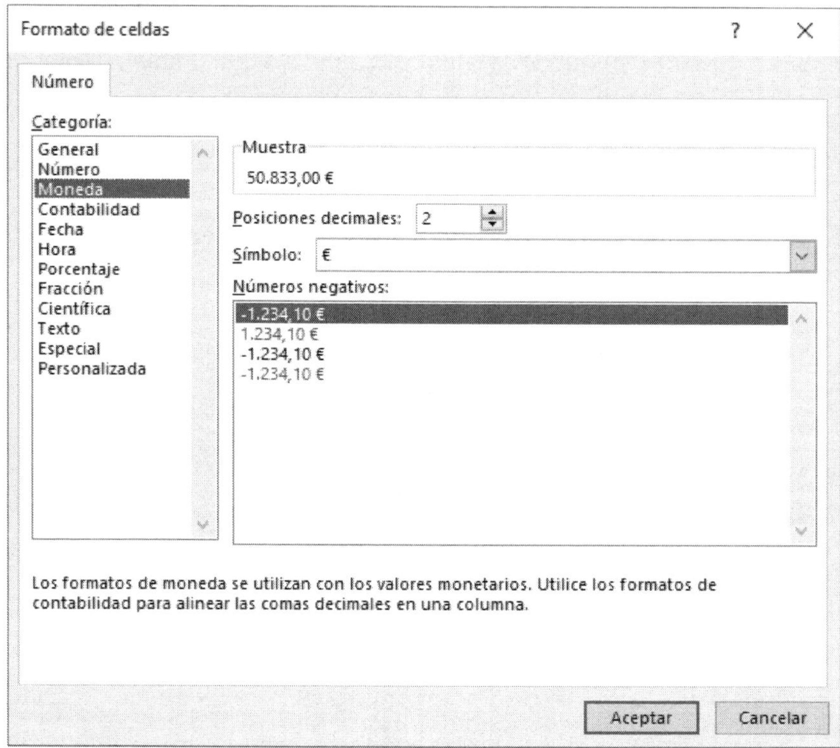

Escoja la **Categoría** de número que hay que asignar al resultado y modifique, si es preciso, las opciones que se le han asociado en el panel derecho del cuadro de diálogo. Confirme mediante el botón **Aceptar**.

- Haga clic en el botón **Aceptar** del cuadro de diálogo **Configuración de campo de valor** para confirmar las modificaciones.

En esta tabla, podemos ver que la columna de cada región muestra con claridad la diferencia (en euros) de las ventas en relación a las ventas de la región Centro (columna vacía, puesto que se trata de nuestro valor de referencia).

	A	B	C	D	E	F	G
1							
2							
3	Suma de Ventas	Etiquetas de columnas					
4	Etiquetas de fila	Centro	Este	Norte	Oeste	Sur	Total general
5	**⊟Alonso**		**-32.083,00 €**	**-50.833,00 €**	**3.334,00 €**	**1.090.301,00 €**	
6	Producto A		-22.083,00 €	-40.833,00 €	13.334,00 €	808.636,00 €	
7	Producto B		-10.000,00 €	-10.000,00 €	-10.000,00 €	281.665,00 €	
8	**⊟Carlson**		**-66.540,00 €**	**-22.790,00 €**	**1.355.976,00 €**	**-85.290,00 €**	
9	Producto A		-66.540,00 €	-85.290,00 €	1.017.433,00 €	-85.290,00 €	
10	Producto B		0,00 €	62.500,00 €	338.543,00 €	0,00 €	
11	**⊟Dules**		**31.791,00 €**	**1.594.499,00 €**	**-54.667,00 €**	**-54.667,00 €**	
12	Producto A		65.625,00 €	1.136.666,00 €	0,00 €	0,00 €	
13	Producto B		-33.834,00 €	457.833,00 €	-54.667,00 €	-54.667,00 €	
14	**⊟Germán**		**1.200.935,00 €**	**0,00 €**	**0,00 €**	**0,00 €**	
15	Producto A		846.768,00 €	0,00 €	0,00 €	0,00 €	
16	Producto B		354.167,00 €	0,00 €	0,00 €	0,00 €	
17	**⊟Mercado**		**-1.154.919,00 €**	**-1.195.544,00 €**	**-1.210.144,00 €**	**-1.217.211,00 €**	
18	Producto A		-715.421,00 €	-781.046,00 €	-770.646,00 €	-777.713,00 €	
19	Producto B		-439.498,00 €	-414.498,00 €	-439.498,00 €	-439.498,00 €	
20	**Total general**		**-20.816,00 €**	**325.332,00 €**	**94.499,00 €**	**-266.867,00 €**	

Si desea utilizar varios métodos de resumen para un campo en particular, puede añadir otra vez el campo en cuestión desde la lista de campos de la tabla dinámica y seguir el mismo procedimiento para asignarle otra función de resumen.

Utilizar los campos de totales y de subtotales

*Para ilustrar este apartado, vamos a utilizar una tabla dinámica simple en la que se calcularán por defecto las sumas de las ventas (zona **Valores**) por Equipo, Categoría y por Región.*

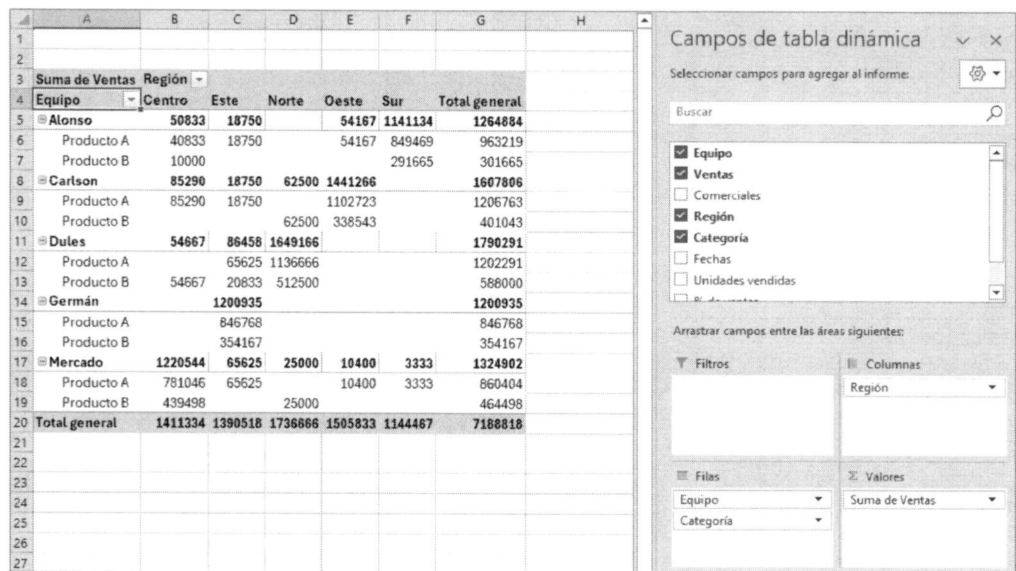

Suma de Ventas	Región					
Equipo	Centro	Este	Norte	Oeste	Sur	Total general
Alonso	50833	18750		54167	1141134	1264884
Producto A	40833	18750		54167	849469	963219
Producto B	10000				291665	301665
Carlson	85290	18750	62500	1441266		1607806
Producto A	85290	18750		1102723		1206763
Producto B			62500	338543		401043
Dules	54667	86458	1649166			1790291
Producto A		65625	1136666			1202291
Producto B	54667	20833	512500			588000
Germán		1200935				1200935
Producto A		846768				846768
Producto B		354167				354167
Mercado	1220544	65625	25000	10400	3333	1324902
Producto A	781046	65625		10400	3333	860404
Producto B	439498		25000			464498
Total general	1411334	1390518	1736666	1505833	1144467	7188818

Seleccione uno de los elementos del campo de fila o de columna para el que desea añadir subtotales o totales.

En el grupo **Campo activo**, haga clic en el botón **Configuración de campo** (pestaña **Analizar tabla dinámica**) para mostrar el cuadro de diálogo **Configuración de campo.**

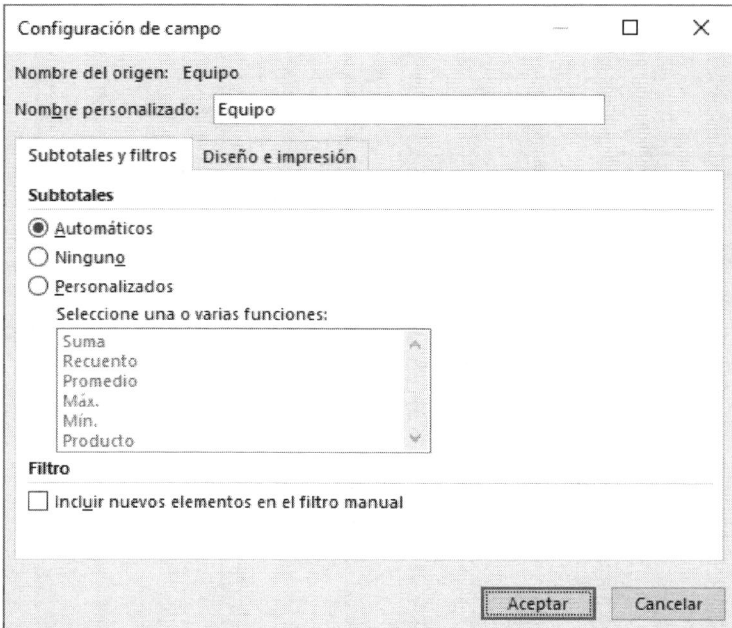

- Para calcular el subtotal de la etiqueta de fila o de columna seleccionada usando la función de resumen por defecto (SUMA para los valores numéricos, CONTAR para los valores de tipo texto), active la opción **Automáticos** del cuadro **Subtotales**.
- Para calcular los subtotales usando una función diferente, o bien calcular varios tipos de subtotales, active la opción **Personalizados** y escoja la función o las funciones que quiere utilizar, usando la tecla Ctrl para seleccionar varias funciones si es preciso.
- Para cambiar el modo de visualización de los subtotales, active la ficha **Diseño e impresión**; active, si no lo está, la opción **Mostrar etiquetas de elementos en formato esquemático** y marque la opción **Mostrar subtotales en la parte superior de cada grupo**. Confirme mediante **Aceptar**.

  Para saber más acerca de la presentación y el diseño de una tabla dinámica, véase el apartado Cambiar el diseño y la presentación de una tabla dinámica, un poco más adelante en este capítulo.
- Haga clic en el botón **Aceptar** para confirmar.

*En este caso, hemos añadido los subtotales de tipo **Suma** y **Promedio** por etiqueta de fila.*

	A	B	C	D	E	F	G	H
1								
2								
3	**Suma de Ventas**		**Región**					
4	**Equipo**	**Categoría**	**Centro**	**Este**	**Norte**	**Oeste**	**Sur**	**Total general**
5	⊞ **Alonso**		**50.833,00 €**	**18.750,00 €**		**54.167,00 €**	**1.141.134,00 €**	**1.264.884,00 €**
6	⊟ **Carlson**							
7		Producto A	85.290,00 €	18.750,00 €		1.102.723,00 €		1.206.763,00 €
8		Producto B			62.500,00 €	338.543,00 €		401.043,00 €
9	**Suma Carlson**		**85.290,00 €**	**18.750,00 €**	**62.500,00 €**	**1.441.266,00 €**		**1.607.806,00 €**
10	**Promedio Carlson**		**85.290,00 €**	**18.750,00 €**	**62.500,00 €**	**480.422,00 €**		**267.967,67 €**
11	⊞ **Dules**		**54.667,00 €**	**86.458,00 €**	**1.649.166,00 €**			**1.790.291,00 €**
12	⊞ **Germán**			**1.200.935,00 €**				**1.200.935,00 €**
13	⊞ **Mercado**		**1.220.544,00 €**	**65.625,00 €**	**25.000,00 €**	**10.400,00 €**	**3.333,00 €**	**1.324.902,00 €**
14	**Total general**		**1.411.334,00 €**	**1.390.518,00 €**	**1.736.666,00 €**	**1.505.833,00 €**	**1.144.467,00 €**	**7.188.818,00 €**
15								

Para modificar la visualización de los totales generales, también puede hacer clic en el botón **Totales generales** del grupo **Diseño** de la pestaña **Diseño**, y hacer clic en la opción de visualización que prefiera:

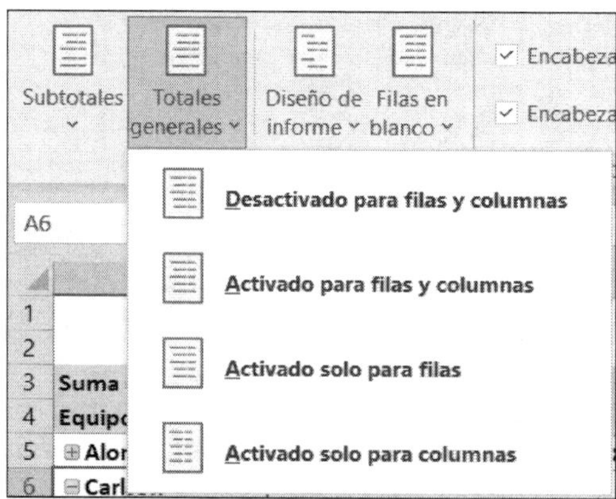

Para modificar la visualización de los subtotales, también puede hacer clic en el botón **Subtotales** del grupo **Diseño** de la pestaña **Herramientas de tabla dinámica - Diseño**, y hacer clic en la opción de visualización que prefiera:

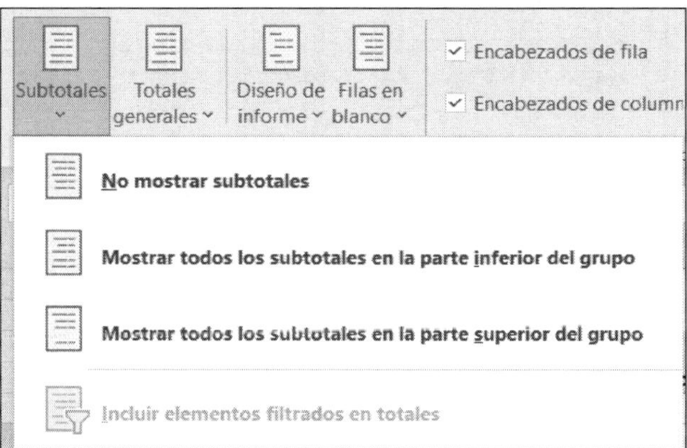

Filtrar una tabla dinámica

Para filtrar los datos de una tabla dinámica a partir de uno o varios campos, puede utilizar un filtro normal, que se puede aplicar desde una lista desplegable, o bien utilizar los filtros de segmentación, que proporcionan una representación visual de los datos filtrados.

El campo utilizado para filtrar forma parte de la tabla

- Haga clic en el botón , situado a la derecha de **Etiquetas de fila** o **Etiquetas de columna.**

Se abre un menú y en él se muestra la lista de los valores del campo. Todos los valores están marcados y, por lo tanto, aparecen en la tabla.

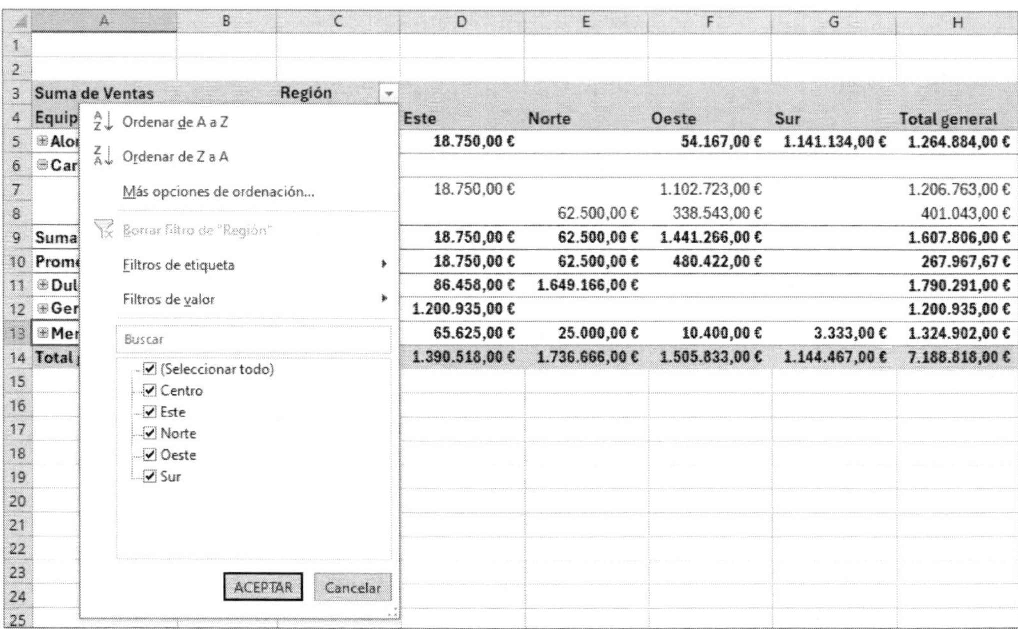

- Para quitar uno o varios valores de la tabla, desmarque la opción correspondiente. Para conservar un solo valor, desmarque la opción (**Seleccionar todo**) y luego marque el valor que desee mostrar.
- Haga clic en **ACEPTAR**.

*En este ejemplo, la columna **Centro** ya no se ve en la tabla. El botón , que aparece a la derecha de **Etiquetas de columna**, indica que se ha aplicado un filtro a este campo. El símbolo también aparece en la lista de los campos de la tabla dinámica.*

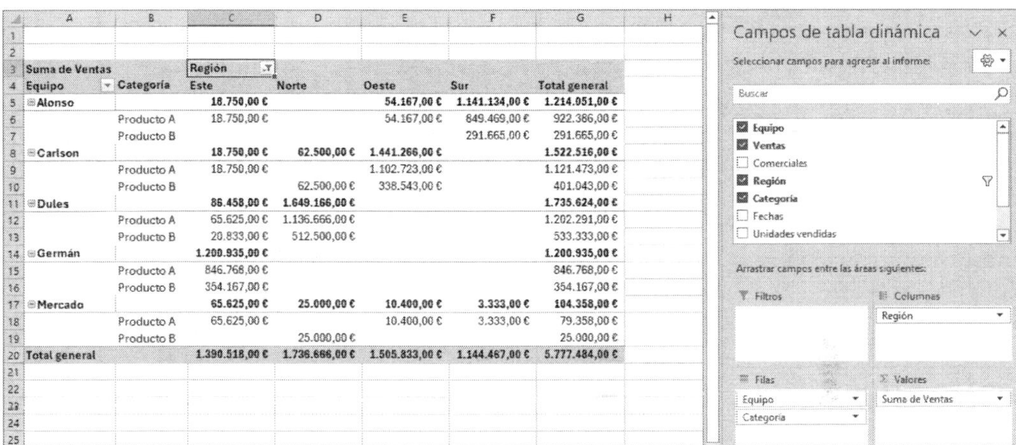

- Para cancelar este filtro, haga clic en el botón o en el símbolo que aparece en la lista de los campos y luego en la opción **Borrar filtro de «campo»**.
- Para filtrar en función de los valores de la tabla dinámica, haga clic en el botón y luego en la opción **Filtros de valor**:

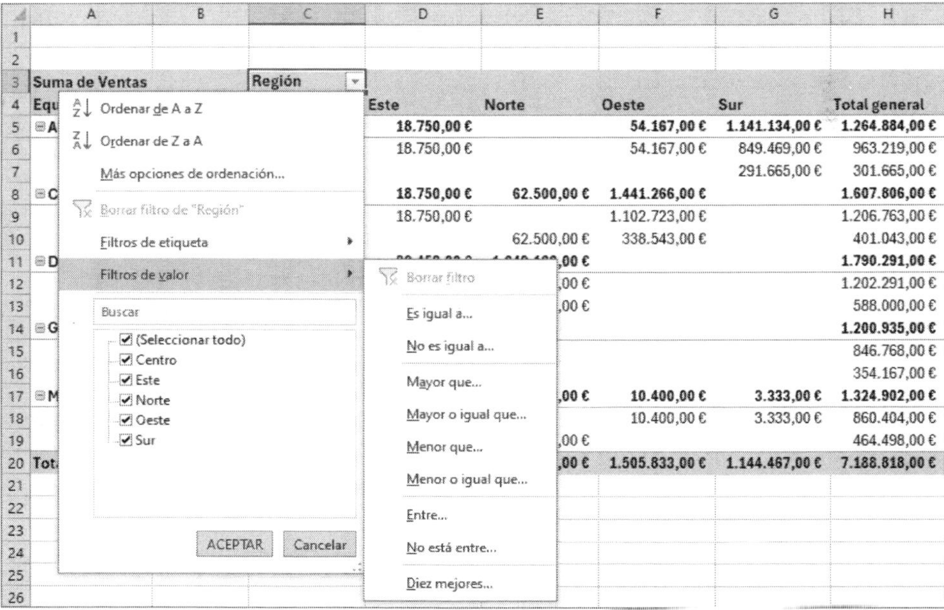

Haga clic entonces en la opción que le permita definir el intervalo de valores que se emplearán en el filtro. Por ejemplo, para filtrar los valores comprendidos entre 10.000 y 15.000, haga clic en **Entre**, precise los extremos del intervalo y haga clic en **Aceptar**.

La opción **Filtros de etiqueta** permite, siguiendo el mismo principio, filtrar en función de un intervalo definido sobre los datos de las etiquetas de fila o de columna. Si los datos son fechas, también puede filtrar según un periodo dado; si se trata de texto, puede filtrar los datos que **Comienza por**, **Termina con**...

El campo utilizado para filtrar no forma parte de la tabla

- Arrastre el campo correspondiente desde la lista de campos hasta la zona **Filtro de informe** de la sección de **Filtros**.

  *El elemento correspondiente aparece encima de la tabla dinámica (en nuestro ejemplo, hemos utilizado el campo **Categoría**).*

- Haga clic en el botón asociado a este campo.

  Aparece la lista de valores del campo.

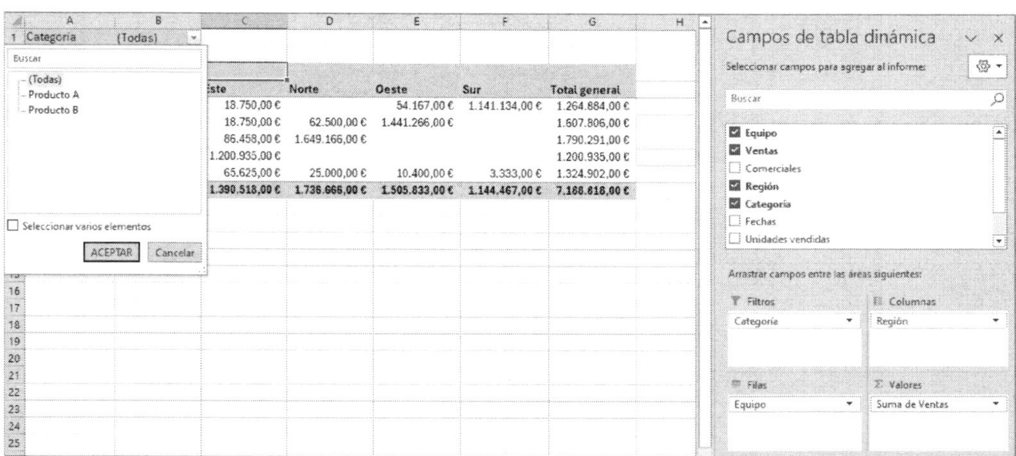

- Marque el valor en función del cual desea aplicar el filtro y desmarque los demás. La opción **Seleccionar varios elementos** hace que aparezcan las casillas de verificación que permiten seleccionar varios valores.
- Haga clic en **ACEPTAR**.

Se modifica el contenido de la tabla dinámica; aparece el botón en lugar del botón en la lista de campos.

- Para modificar este filtro, haga clic de nuevo en . Para quitar este campo de filtro, haga clic en el nombre del campo que se muestra en la zona **Filtros** de informe y luego en la opción **Quitar campo** o desmárquelo en la lista de los campos.

Filtrar una tabla dinámica usando un filtro de segmentación

Para filtrar los datos de una tabla dinámica, también puede segmentar los datos. En contraposición con el método tradicional de filtrado, la segmentación de datos presenta la ventaja de su facilidad de acceso, ya que incorpora un conjunto de botones de filtrado y proporciona una visión más clara de los datos filtrados.

- Para crear una segmentación de datos en una tabla dinámica, haga clic en dicha tabla y luego en el botón **Insertar Segmentación de datos** del grupo **Filtrar** de la pestaña **Analizar tabla dinámica**.

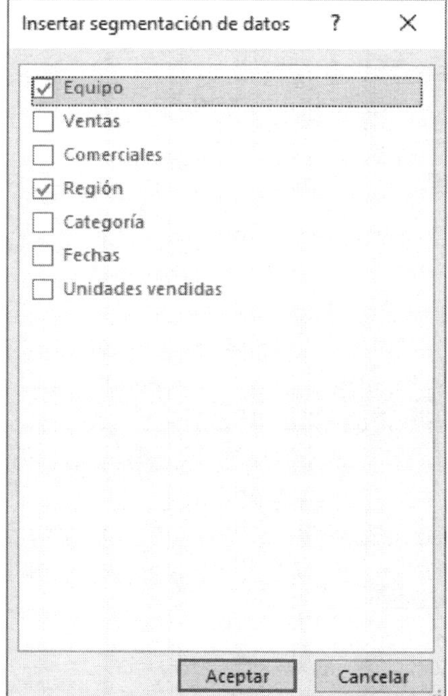

- Marque el campo o los campos de la tabla dinámica a los que desea aplicar un filtro por segmentación.
- Haga clic en **Aceptar** para confirmar.

  Se muestra un filtro de segmentación de datos para cada campo seleccionado; cada filtro contiene los valores del campo representados en forma de botones.

  En este ejemplo, se superponen dos filtros de segmentación. Puede mover estos paneles arrastrando su barra de título y cambiar su tamaño arrastrando uno de sus ángulos.

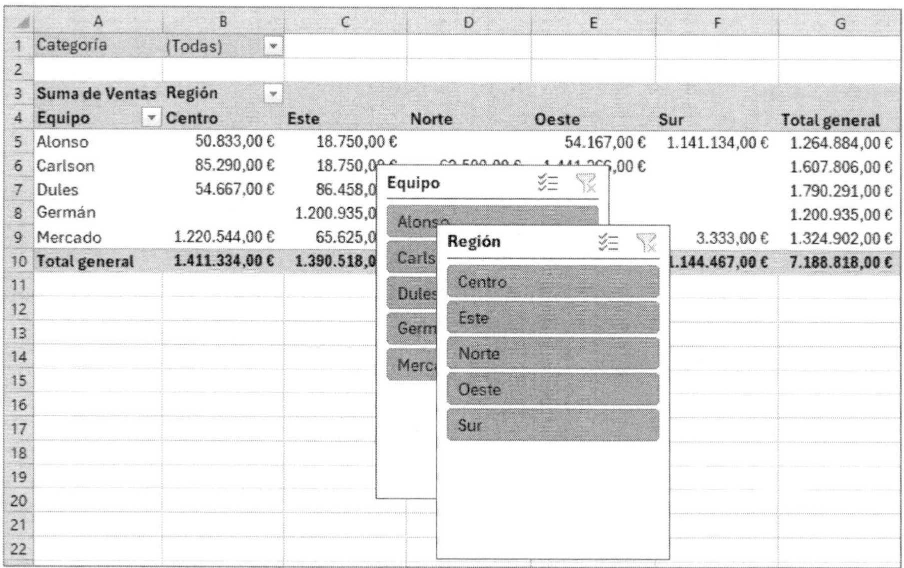

- Para filtrar los datos de la tabla dinámica, haga clic en uno de los botones del filtro de segmentación (mantenga pulsada la tecla Ctrl para filtrar según varios datos).

  Los cambios se reflejan automáticamente en la tabla dinámica.

- Para cancelar un filtro, haga clic con el botón derecho en el panel correspondiente y luego haga clic en la opción **Borrar filtro de «nombre de campo»**.

  Por defecto, el estilo del filtro de segmentación retoma el estilo de la tabla dinámica a la que se aplica. Observe no obstante que las modificaciones efectuadas en la tabla dinámica tras la creación del filtro de segmentación no serán tomadas en cuenta por dicho filtro.

- Para cambiar el formato de un filtro de segmentación, haga clic en el filtro en cuestión y seleccione el estilo que prefiera en el grupo **Estilos de Segmentación de datos** de la pestaña **Segmentación**.
- Para compartir un filtro de segmentación con otra tabla dinámica, puede conectarlo a esa tabla. Para ello, haga clic en el filtro de segmentación y luego en el botón **Conexiones de informes** del grupo **Segmentación de datos** de la pestaña **Segmentación**.

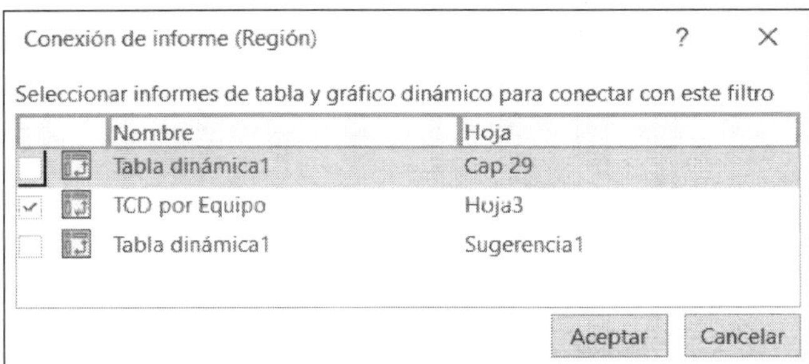

Marque el nombre de las tablas dinámicas en las que desea utilizar el filtro de segmentación y confirme mediante **Aceptar**.

*Para utilizar el filtro de segmentación que acaba de definir como compartido, la tabla dinámica «conectada» deberá utilizar la opción **Conexiones de filtro** (pestaña **Analizar tabla dinámica** - grupo **Filtrar**).*

- Si un filtro de segmentación ya no le resulta útil, en vez de eliminarlo puede «desconectarlo» de la tabla dinámica. Para ello, haga clic en cualquier lugar de la tabla dinámica y luego haga clic en la flecha asociada al botón **Conexiones de filtro** del grupo **Filtrar** de la pestaña **Analizar**.

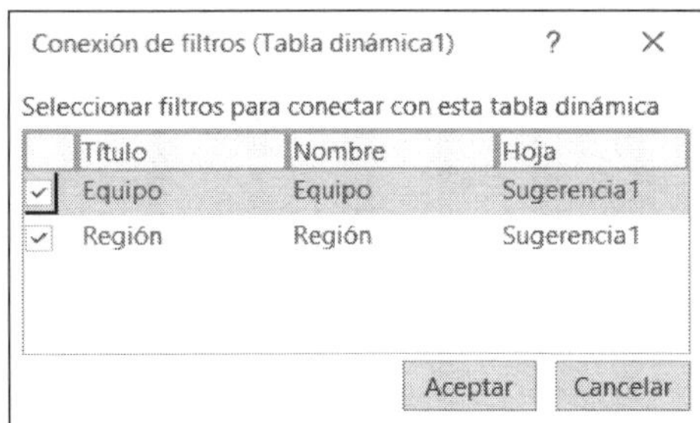

Desmarque el campo o los campos de la tabla dinámica en los que ya no desea utilizar el filtro de segmentación (y al revés, marque los campos para activar de nuevo la conexión al filtro de segmentación correspondiente). Confirme mediante **Aceptar**.

Los filtros de segmentación desconectados permanecen visibles, pero ya no están vinculados a la tabla dinámica.

- Para eliminar un filtro de segmentación, haga clic en su barra de título y luego pulse [Supr].

*También puede hacer clic con el botón derecho en el panel y luego escoger la opción **Quitar «nombre del filtro»**.*

Agrupar los datos de una tabla dinámica

Esta función le permite agrupar valores de uno o varios campos por criterios de selección o por campo.

*Desde la versión 2016, los datos pertenecientes a los campos de tipo Fecha y hora añadidos en **Columnas** o en **Filas** se agrupan automáticamente por años, trimestres y meses. Puede deshacer este agrupamiento para ver de nuevo las fechas y aplicar el agrupamiento que mejor le convenga.*

*Tomemos el ejemplo de una tabla dinámica presentada por **Equipo** y **Fechas**.*

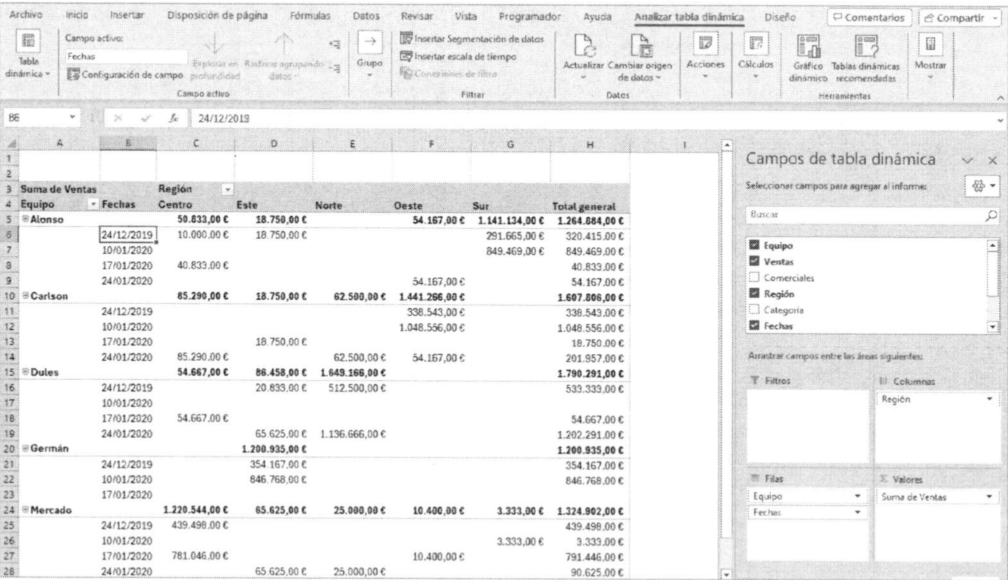

Suma de Ventas		Región					
Equipo	Fechas	Centro	Este	Norte	Oeste	Sur	Total general
Alonso		**50.833,00 €**	**18.750,00 €**		**54.167,00 €**	**1.141.134,00 €**	**1.264.884,00 €**
	24/12/2019	10.000,00 €	18.750,00 €			291.665,00 €	320.415,00 €
	10/01/2020					849.469,00 €	849.469,00 €
	17/01/2020	40.833,00 €					40.833,00 €
	24/01/2020				54.167,00 €		54.167,00 €
Carlson		**85.290,00 €**	**18.750,00 €**	**62.500,00 €**	**1.441.266,00 €**		**1.607.806,00 €**
	24/12/2019				338.543,00 €		338.543,00 €
	10/01/2020				1.048.556,00 €		1.048.556,00 €
	17/01/2020		18.750,00 €				18.750,00 €
	24/01/2020	85.290,00 €		62.500,00 €	54.167,00 €		201.957,00 €
Dules		**54.667,00 €**	**86.458,00 €**	**1.649.166,00 €**			**1.790.291,00 €**
	24/12/2019		20.833,00 €	512.500,00 €			533.333,00 €
	10/01/2020						
	17/01/2020	54.667,00 €					54.667,00 €
	24/01/2020		65.625,00 €	1.136.666,00 €			1.202.291,00 €
Germán			**1.200.935,00 €**				**1.200.935,00 €**
	24/12/2019		354.167,00 €				354.167,00 €
	10/01/2020		846.768,00 €				846.768,00 €
	17/01/2020						
Mercado		**1.220.544,00 €**	**65.625,00 €**	**25.000,00 €**	**10.400,00 €**	**3.333,00 €**	**1.324.902,00 €**
	24/12/2019	439.498,00 €					439.498,00 €
	10/01/2020					3.333,00 €	3.333,00 €
	17/01/2020	781.046,00 €			10.400,00 €		791.446,00 €
	24/01/2020		65.625,00 €	25.000,00 €			90.625,00 €

Agrupar por campo

- Para resumir elementos de tipo <u>numérico</u> o de <u>fecha</u> en el informe, haga clic en una de las etiquetas de fila o de columna correspondientes al campo de la tabla dinámica que desea agrupar.

  *En nuestro ejemplo, vamos a agrupar el campo **Fechas** por año.*

- Active si es preciso la pestaña **Analizar tabla dinámica** y haga clic en el botón **Grupo**.

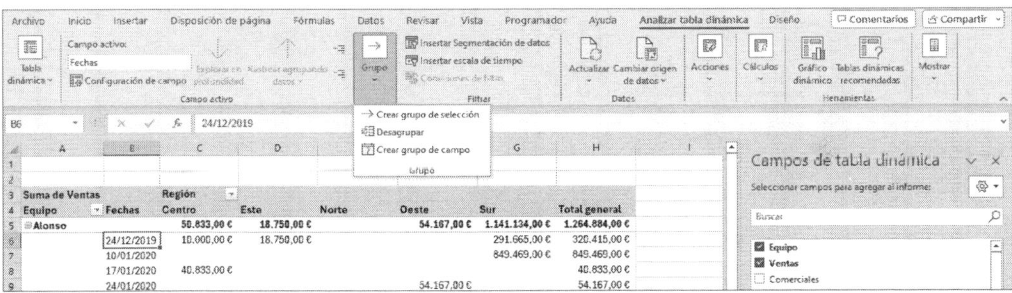

- Haga clic en la opción **Crear grupo de campo**.

  *La opción **Crear grupo de campo** aparecerá en gris (inaccesible) si el elemento seleccionado no es un número, una fecha o una hora.*

- En el cuadro de diálogo **Agrupar**, modifique si es preciso el primer valor que debe integrarse en la agrupación (número, fecha u hora) en la zona **Comenzar en**, y la última, en la zona **Terminar en**.

  Los valores propuestos por defecto corresponden a los valores mínimo y máximo del campo.

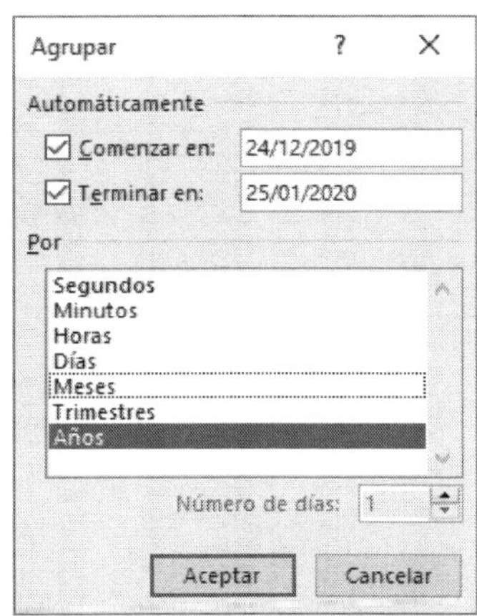

- En la zona **Por**, y en función del tipo de agrupamiento, lleve a cabo una de las siguientes operaciones:
  - Para agrupar datos numéricos, escriba el valor que representa el intervalo de cada grupo.
  - Para agrupar fechas u horas, haga clic en la unidad o las unidades de tiempo que deben aplicarse a los grupos (para desactivar una de las unidades seleccionadas, haga clic de nuevo en su nombre).

  En nuestro ejemplo, las columnas de la tabla dinámica se agruparán por años entre el 24/12/2019 y el 25/01/2020.
- Haga clic en el botón **Aceptar**.

	A	B	C	D	E	F	G
1							
2							
3	Suma de Ventas	Etiquetas de columna					
4	Etiquetas de fila	Centro	Este	Norte	Oeste	Sur	Total general
5	**Alonso**	**168000**	**150000**	**1649166**	**75000**	**1141134**	**3183300**
6	2019					291665	291665
7	2020	168000	150000	1649166	75000	849469	2891635
8	**Carlson**	**85290**	**18750**	**62500**	**1441266**		**1607806**
9	2019				1048556		1048556
10	2020	85290	18750	62500	392710		559250
11	**Dules**	**54667**	**65625**	**1649166**		**20833**	**1790291**
12	2019			1649166			1649166
13	2020	54667	65625			20833	141125
14	**Germán**		**1200935**				**1200935**
15	2019		846768				846768
16	2020		354167				354167
17	**Mercado**	**1220544**	**65625**	**25000**	**10400**	**3333**	**1324902**
18	2019	781046				3333	784379
19	2020	439498	65625	25000	10400		540523
20	**Total general**	**1528501**	**1500935**	**3385832**	**1526666**	**1165300**	**9107234**

Para cancelar el agrupamiento, desagrupe los elementos: haga clic en uno de los valores del grupo y luego en el botón **Grupo** y en la opción **Desagrupar**.

Agrupar por selección

Esta función permite crear un conjunto a partir de elementos seleccionados en el informe a fin de poder mostrar el total de los elementos que lo constituyen o, por el contrario, de mostrar cada valor.

- Seleccione, haciendo clic y arrastrando o bien haciendo clic con la tecla Ctrl pulsada, la etiqueta o las etiquetas de los campos que desea agrupar.

  Para ilustrar esta función, vamos a crear un primer grupo con ***Centro*** *y* ***Este****.*

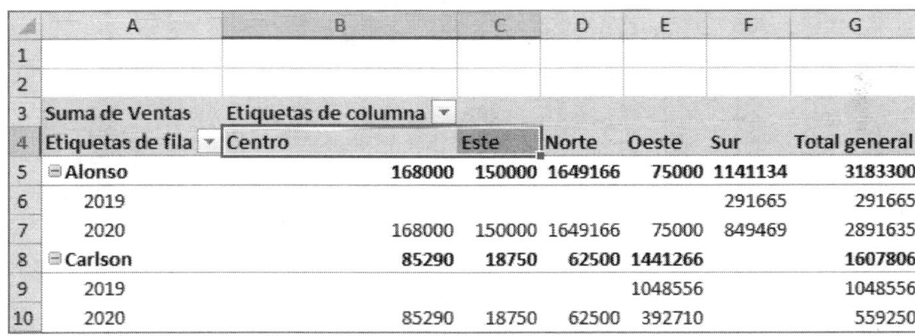

	A	B	C	D	E	F	G
1							
2							
3	Suma de Ventas	Etiquetas de columna					
4	Etiquetas de fila	Centro	Este	Norte	Oeste	Sur	Total general
5	Alonso	168000	150000	1649166	75000	1141134	3183300
6	2019					291665	291665
7	2020	168000	150000	1649166	75000	849469	2891635
8	Carlson	85290	18750	62500	1441266		1607806
9	2019				1048556		1048556
10	2020	85290	18750	62500	392710		559250

- En la pestaña **Análisis de tabla dinámica**, haga clic en el botón **Grupo** y luego en la opción **Crear grupo de selección**.

  También puede hacer clic con el botón derecho en la selección y escoger la opción ***Agrupar*** *del menú contextual.*

- Repita esta operación con cada grupo que desea formar.

*En este caso, se han creado dos niveles de agrupamiento: **Grupo1** para las regiones **Centro** y **Este**) y **Grupo2** para las regiones (**Norte, Oeste** y **Sur**).*

	A	B	C	D	E	F	G	H	I
1									
2									
3	Suma de Ventas	Etiquetas de columna ▾							
4		⊟Grupo1		Total Grupo1	⊟Grupo2			Total Grupo2	Total general
5	Etiquetas de fila ▾	Centro	Este		Norte	Oeste	Sur		
6	⊟Alonso	168000	150000	318000	1649166	75000	1141134	2865300	3183300
7	2019						291665	291665	291665
8	2020	168000	150000	318000	1649166	75000	849469	2573635	2891635
9	⊟Carlson	85290	18750	104040	62500	1441266		1503766	1607806
10	2019					1048556		1048556	1048556
11	2020	85290	18750	104040	62500	392710		455210	559250
12	⊟Dules	54667	65625	120292	1649166		20833	1669999	1790291
13	2019				1649166			1649166	1649166
14	2020	54667	65625	120292			20833	20833	141125
15	⊟Germán		1200935	1200935					1200935
16	2019		846768	846768					846768
17	2020		354167	354167					354167
18	⊟Mercado	1220544	65625	1286169	25000	10400	3333	38733	1324902
19	2019	781046		781046			3333	3333	784379
20	2020	439498	65625	505123	25000	10400		35400	540523
21	Total general	1528501	1500935	3029436	3385832	1526666	1165300	6077798	9107234

- Para contraer la vista del grupo, haga clic en el signo - (menos) correspondiente, y para desarrollar el grupo con el fin de mostrar cada valor por separado, haga clic en el signo + (más).

Para cancelar el agrupamiento, desagrupe los elementos: haga clic en el nombre del grupo y en el botón **Grupo**, luego en la opción **Desagrupar**, o haga clic con el botón derecho en el nombre del grupo y luego escoja la opción **Desagrupar** del menú contextual.

Filtrar las fechas de forma interactiva (filtro de escala de tiempo)

Es posible utilizar una escala de tiempo para mostrar los datos correspondientes a diferentes periodos.

- Haga clic en la tabla dinámica.
- Haga clic en el botón **Insertar escala de tiempo** del grupo **Filtrar** de la pestaña **Analizar tabla dinámica**.
- En el cuadro de diálogo **Introducir escalas de tiempo**, marque el campo o los campos de tipo fecha que quiere utilizar para aplicar el filtro cronológico y confirme pulsando **Aceptar**.

En este ejemplo, hemos aplicado un filtro de escala de tiempo basándonos en el campo ***Fechas****.*

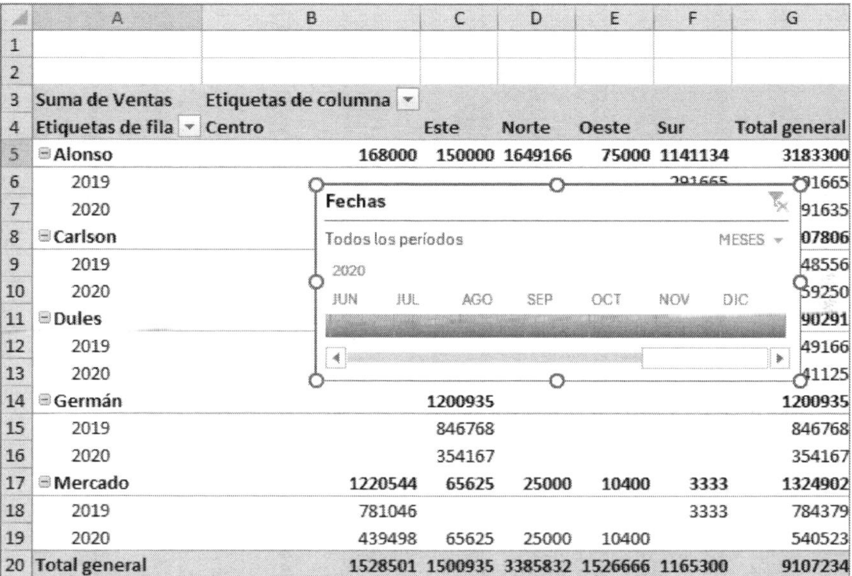

- Para cambiar el período aplicado a este filtro, abra la lista de la periodicidad actual (**MESES** en nuestro ejemplo), y seleccione la opción **AÑOS**, **TRIMESTRES**, **MESES** o **DÍAS**.
- Para moverse por la línea de tiempo, puede utilizar la barra de desplazamiento horizontal situada en la parte inferior de la ventana.

  Si la barra de desplazamiento no incluye ningún cursor, puede señalar el extremo de la barra central (azul) y arrastrarlo hasta el periodo deseado.

En este ejemplo, la tabla dinámica muestra únicamente los valores cuya ***fecha*** *está comprendida entre el 1 y el 31 de marzo de 2020.*

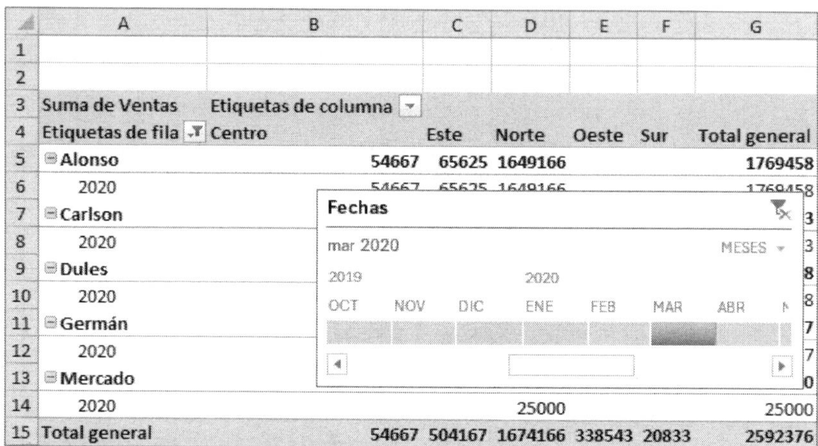

El filtro de línea de tiempo se administra como un filtro de segmentación (véase Filtrar una tabla dinámica - Filtrar una tabla dinámica usando un filtro de segmentación).

Cambiar el diseño y la presentación de una tabla dinámica

Cambiar el formato de la tabla dinámica

Para cambiar el formato de la tabla dinámica, active la pestaña **Diseño** y haga clic en el botón **Diseño de informe** del grupo **Diseño**; active la opción:

- **Mostrar en forma compacta** para mantener los campos de la izquierda en una columna aplicándoles una sangría a fin de mostrar la relación de anidación entre los datos conectados (forma activada por defecto).
- **Mostrar en forma de esquema** para presentar los datos según el estilo habitual de una tabla dinámica.
- **Mostrar en formato tabular** para presentar los datos en un formato de tabla tradicional.

Cambiar el formato de un campo de fila

- Para cambiar el formato de un campo de fila, selecciónelo y haga clic en el botón **Configuración de campo** del grupo **Campo activo** de la pestaña **Analizar tabla dinámica.**

  También puede hacer doble clic en el campo de fila correspondiente en modo esquema o tabular.

- Active la pestaña **Diseño e impresión.**

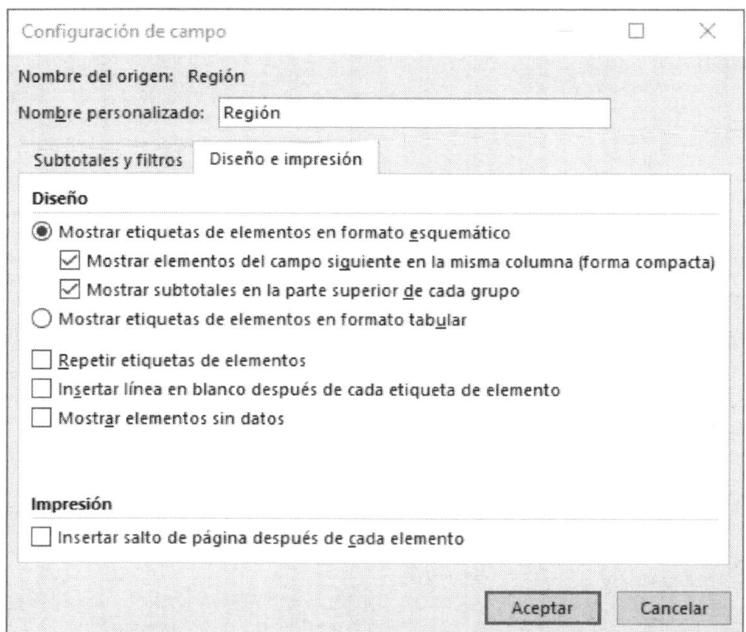

- Para mostrar los elementos del campo de forma jerárquica, active la opción **Mostrar etiquetas de elementos en formato esquemático.** A continuación puede pedir que se muestren (u oculten) las etiquetas del campo siguiente en la misma columna de forma compacta marcando la opción **Mostrar elementos del campo siguiente en la misma columna (forma compacta).**
- Para mostrar los elementos del campo en formato tabular, active la opción **Mostrar etiquetas de elementos en formato tabular.**
- Para integrar un salto de página a la hora de imprimir, marque la opción **Insertar salto de página después de cada elemento.**
- Haga clic en el botón **Aceptar** para confirmar la **Configuración de campo.**

Cambiar la disposición y el formato de la tabla

- Para cambiar la disposición y el formato de la tabla, haga clic en el botón **Tabla dinámica - Opciones** (pestaña **Analizar tabla dinámica**) con objeto de mostrar el cuadro de diálogo del mismo nombre.

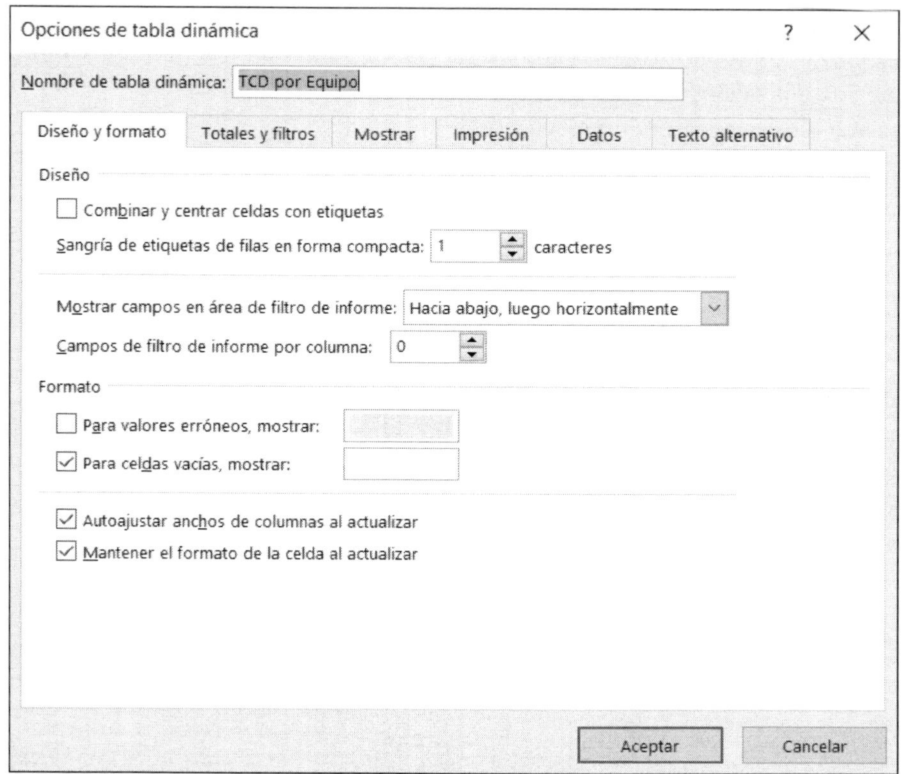

- Active la pestaña **Diseño y formato** y luego defina el **Diseño** de las celdas, así como el **Formato** de los valores de error o de las celdas vacías. Así, por ejemplo, para reemplazar las celdas vacías por ceros, puede marcar la opción **Para celdas vacías, mostrar** y luego teclear **0** en el campo asociado.
- Confirme las modificaciones haciendo clic en **Aceptar**.

Cambiar el estilo de la tabla dinámica

- Muestre las **Opciones de estilo de tabla dinámica** activando la pestaña **Diseño** y marque la opción o las opciones que prefiera:

☑ Encabezados de fila	☐ Filas con bandas
☑ Encabezados de columna	☐ Columnas con bandas

Opciones de estilo de tabla dinámica

  - **Filas con bandas** o **Columnas con bandas** para aplicar alternativamente un color claro y luego un color oscuro a las filas o a las columnas.
  - **Encabezados de fila** o **Encabezados de columna** para incluir los encabezados de fila o de columna en los estilos de las bandas.
- Para insertar una línea en blanco después de cada elemento de la tabla dinámica, haga clic en el botón **Filas en blanco** de la pestaña **Diseño** y luego en la opción **Insertar línea en blanco después de cada elemento**. En caso contrario, para suprimirla, haga clic de nuevo en el botón **Filas en blanco** y luego en la opción **Quitar línea en blanco después de cada elemento**.
- Para aplicar o modificar el estilo de tabla, selecciónelo en el grupo **Estilos de tabla dinámica** de la pestaña **Diseño**.

Volver a calcular una tabla dinámica

Cuando el rango de celdas de origen de la tabla dinámica se modifica, estos cambios no se reflejan automáticamente en la tabla: es preciso actualizarla.

- Haga clic si es preciso en la tabla dinámica.
- Active la pestaña **Analizar tabla dinámica** y haga clic en la parte inferior del botón **Actualizar** del grupo **Datos**.
- Haga clic en la opción **Actualizar** para actualizar la información del libro que provenga del origen de datos o en la opción **Actualizar todo** para actualizar **toda** la información que provenga de la fuente datos.

  También puede utilizar la opción **Actualizar** *del menú contextual de la tabla dinámica.*

Eliminar una tabla dinámica

- Haga clic dentro de la tabla dinámica.
- Active si es preciso la pestaña **Analizar tabla dinámica.**
- Haga clic en el botón **Borrar** del grupo **Acciones** y luego en la opción **Borrar todo.**

Usar las ideas de análisis propuestas por Excel

Esta función nos da la posibilidad de analizar nuestros datos con modelos de tendencias y resúmenes visuales adecuados.

- Seleccione una celda dentro del rango de datos que va a analizar, luego active la pestaña **Inicio** y haga clic en el botón **Analizar datos** del grupo **Análisis.**

  A la derecha de la ventana aparece el panel **Analizar datos.**

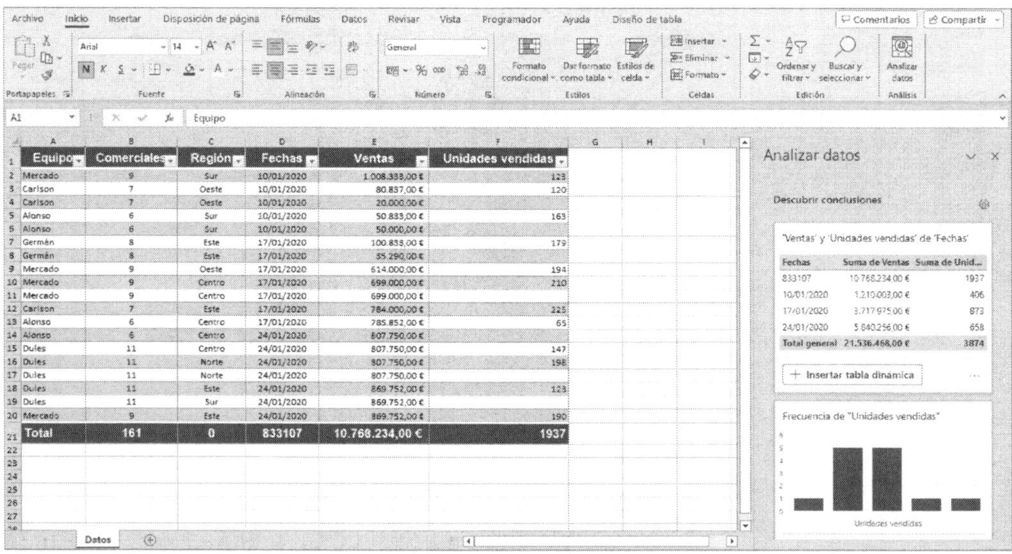

Puede refinar sus ideas seleccionando únicamente los campos que desea consultar.

- En el panel **Analizar datos**, haga clic en el boton .

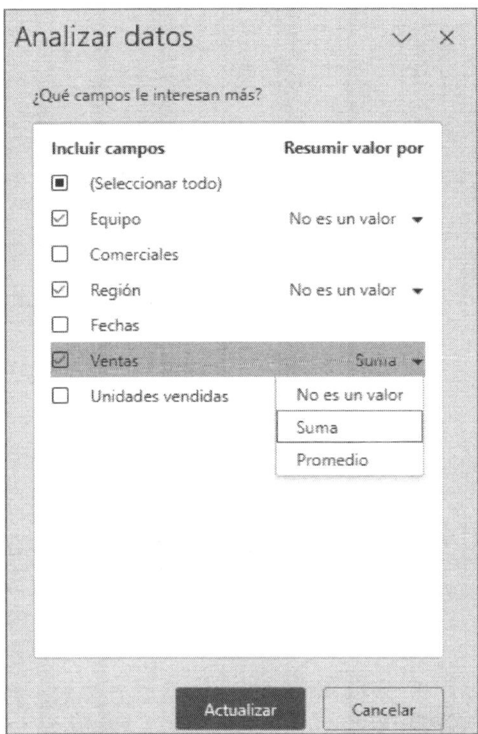

- En la lista **Incluir campos**, seleccione los que se deben usar y en la lista **Resumir valor por**, defina la función de cálculo (**Suma** o **Promedio**).

  *La opción **No es un valor** corresponde a campos que generalmente no se calculan.*

  En nuestro ejemplo, el análisis de datos se realiza en los campos Equipo, Región y ventas resumidos por valores calculados con ayuda de la función Suma.

- Haga clic en el botón **Actualizar**.

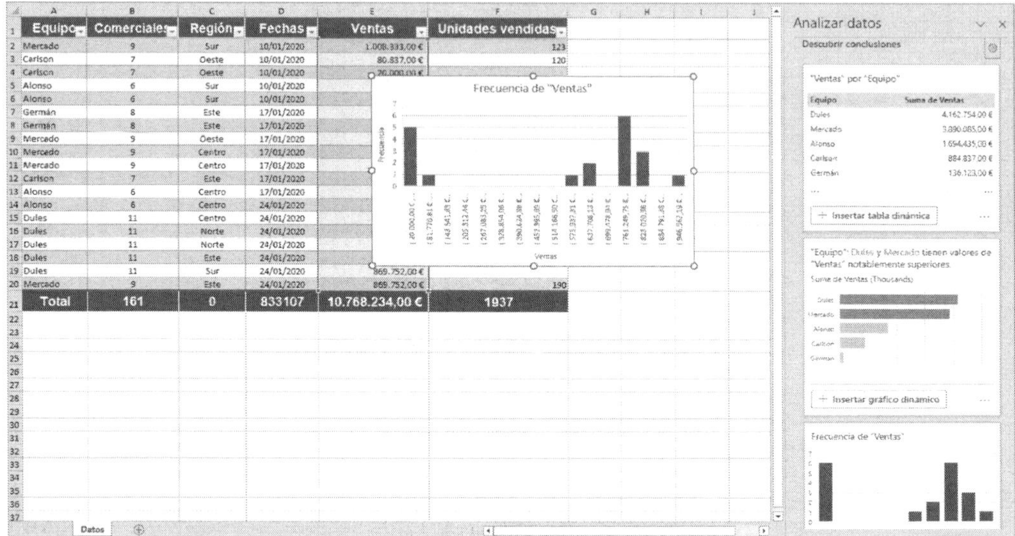

Haga clic en el enlace **Insertar tabla dinámica**, **Insertar gráfico**, etc. en la parte inferior de la miniatura correspondiente al análisis que desea insertar en el libro.

*Si ha seleccionado insertar una tabla dinámica, se coloca en una hoja nueva con el nombre **Sugerencia1**. Mientras que si ha elegido insertar un gráfico, este se coloca en la hoja de cálculo activa.*

*La función **Analizar datos** da mejores resultados con datos "limpios". Asegúrese de que el rango de celdas no contiene celdas combinadas o con ajuste de texto y que hay una etiqueta para cada fila de encabezados.*

Gráficos dinámicos

Elegir un gráfico dinámico recomendado

Los gráficos dinámicos facilitan una representación gráfica de los datos contenidos en una tabla dinámica o en una hoja de cálculo compleja. El gráfico incorpora controles de filtrado interactivos que permiten analizar rápidamente un subconjunto de datos.

Además, Excel Microsoft 365 sugiere algunos gráficos dinámicos particularmente adaptados a los datos, lo que resulta de gran ayuda a la hora de sintetizarlos y analizarlos.

- Haga clic en la tabla de datos.
- Active el botón **Gráficos recomendados** de la pestaña **Insertar**.

  *Se abre la ventana **Insertar gráfico**.*
- Si es preciso, active la pestaña **Gráficos recomendados**.

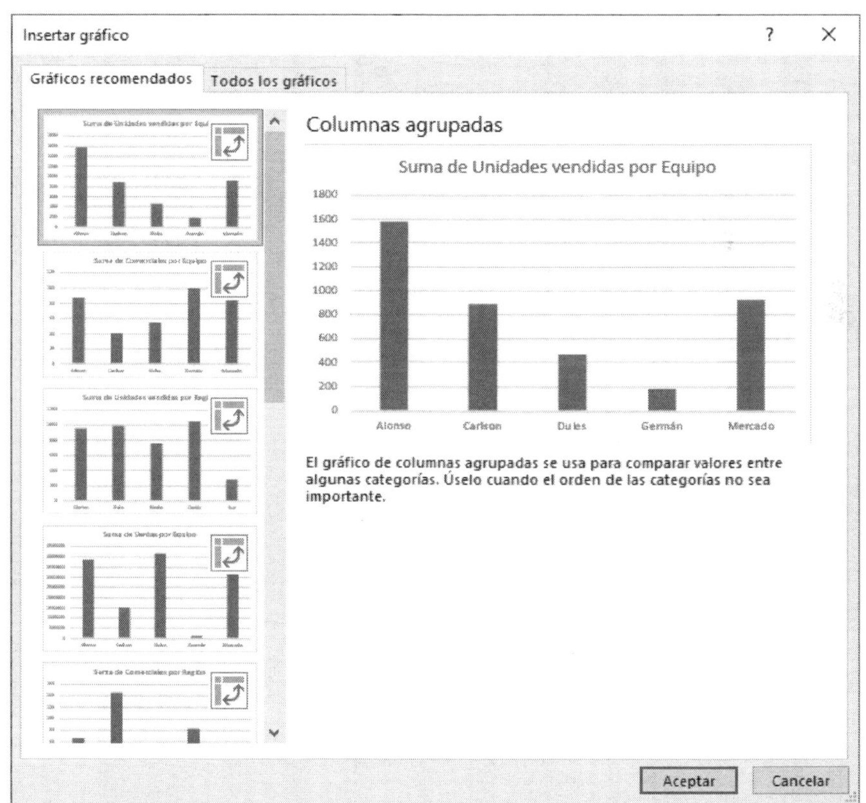

En el panel izquierdo de la ventana, seleccione un gráfico que incluya el icono del gráfico dinámico en la esquina superior derecha de su viñeta.

En la parte derecha de la ventana ***Insertar gráfico*** *se muestra una vista previa del gráfico seleccionado.*

- Si el gráfico presentado cumple sus expectativas, haga clic en el botón **Aceptar** para crearlo.

Si no le convence ninguno de los gráficos que se le presentan, diríjase al apartado Crear un gráfico dinámico.

La nueva hoja de cálculo (con el nombre ***Hojax****) creada para albergar este gráfico dinámico muestra también el panel* ***Campos de gráfico dinámico****, que podrá usar para modificar dicho gráfico dinámico.*

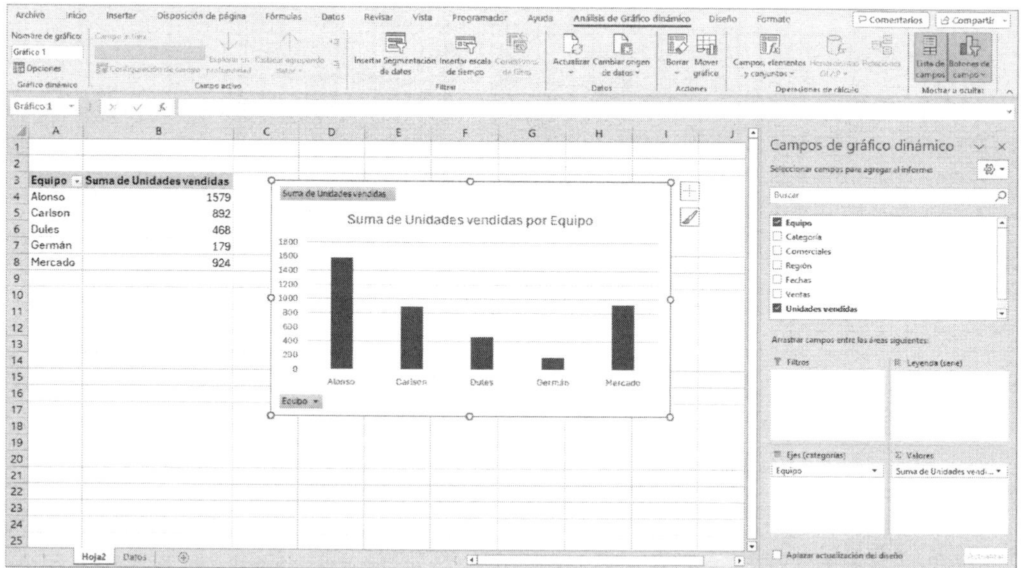

- Para efectuar cambios en la arquitectura del gráfico dinámico usando el panel, proceda como lo haría con una tabla dinámica (véase el capítulo Tablas dinámicas).
- Para cambiar el tipo de gráfico, la disposición y los formatos de un gráfico dinámico, diríjase a los capítulos dedicados a los gráficos en Excel.

Para crear un gráfico dinámico a partir de una tabla dinámica que ya existe, haga clic en la tabla dinámica, active la pestaña **Analizar tabla dinámica** y haga clic en el botón **Gráfico dinámico** del grupo **Herramientas** antes de seleccionar el tipo de gráfico que desea obtener.

Crear un gráfico dinámico

Recordemos que los gráficos dinámicos facilitan una representación gráfica de los datos contenidos en una tabla dinámica o en una hoja de cálculo compleja. El gráfico incorpora controles de filtrado interactivos que permiten analizar rápidamente un subconjunto de datos.

Además, Excel Microsoft 365 puede sugerir algunos gráficos dinámicos particularmente adaptados a los datos (véase Elegir un gráfico dinámico recomendado), aunque, obviamente, también puede crearlo usted mismo.

- Si el rango de celdas que sirven de base para el gráfico dinámico contiene encabezados de columna o ya está organizado en una tabla de datos, haga clic en una de las celdas. De lo contrario, seleccione el rango de celdas que desea tratar en la tabla dinámica.
- Active la pestaña **Insertar** y haga clic en la parte superior del botón **Gráfico dinámico.**

  Se abre un cuadro de diálogo similar al que sirve para crear tablas dinámicas.
- Compruebe que el cuadro **Seleccione una tabla o rango** contiene los datos que desea analizar. Si no es así, use el botón para seleccionarlos.
- Elija la ubicación del gráfico dinámico: en una nueva hoja de cálculo (opción **Nueva hoja de cálculo**) o en una hoja ya creada (opción **Hoja de cálculo existente**). Si ha optado por esta última opción, use el botón para activar la primera celda destinataria del gráfico.
- Haga clic en **Aceptar**.

*Un gráfico dinámico vacío aparece en la ubicación indicada y justo al lado vemos una tabla dinámica, también vacía. Al igual que cuando se crean tablas dinámicas solas, a la derecha de la ventana se abre el panel **Campos de gráfico dinámico**. La sección **Leyenda (Serie)** sustituye a la sección **Columna** y la sección **Eje (Categorías)** sustituye a la sección **Filas**.*

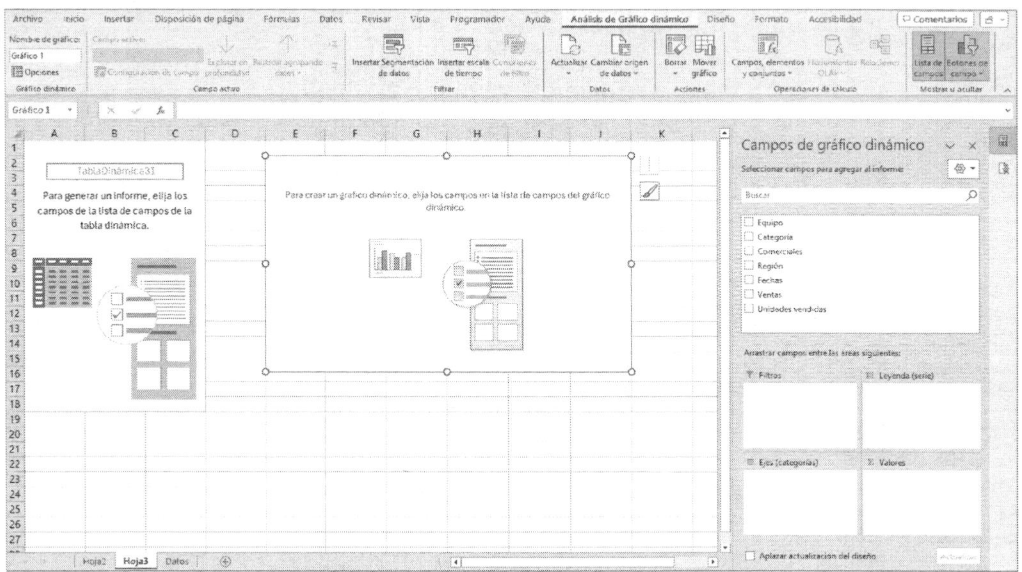

*Aparecen también las pestañas contextuales **Análisis de Gráfico dinámico - Diseño** y **Formato**.*

- Construya el gráfico dinámico igual que si se tratase de una tabla dinámica (véase el capítulo Tablas dinámicas).
- Para modificar el tipo de gráfico, la presentación y el formato de un gráfico dinámico, remítase a los capítulos sobre gráficos.

Para crear un gráfico dinámico a partir de una tabla dinámica existente, haga clic en la tabla dinámica, active la pestaña **Analizar tabla dinámica** y, en el grupo **Herramientas**, haga clic en el botón **Gráfico dinámico** para seleccionar el tipo de gráfico que necesita.

Eliminar un gráfico dinámico

- Haga clic dentro del gráfico dinámico.
- Active, si es preciso, la pestaña **Análisis de Gráfico dinámico**, haga clic en el botón **Acciones**, luego en **Borrar** y finalmente en **Borrar todo** para suprimir el gráfico y la posible tabla dinámica asociada.
- Para eliminar únicamente el gráfico dinámico, haga clic en uno de sus bordes exteriores con objeto de seleccionar la zona de gráfico y luego pulse la tecla [Supr].

Filtrar un gráfico dinámico

- Haga clic dentro del gráfico dinámico.
- Abra la lista desplegable asociada a cada campo y marque el elemento o los elementos que es preciso filtrar y luego confirme pulsando **Aceptar**.

  También puede usar los filtros por segmentación.
- Para ello, active si es preciso la pestaña **Análisis de Gráfico dinámico** y haga clic en el botón **Insertar Segmentación de datos** del grupo **Filtrar**.
- Marque el campo o los campos del gráfico dinámico en los que desea aplicar un filtro por segmentación y haga clic en **Aceptar** para confirmar.

  Se muestra un filtro por segmentación para cada campo seleccionado.

  En este ejemplo, se ha añadido un filtro por segmentación.

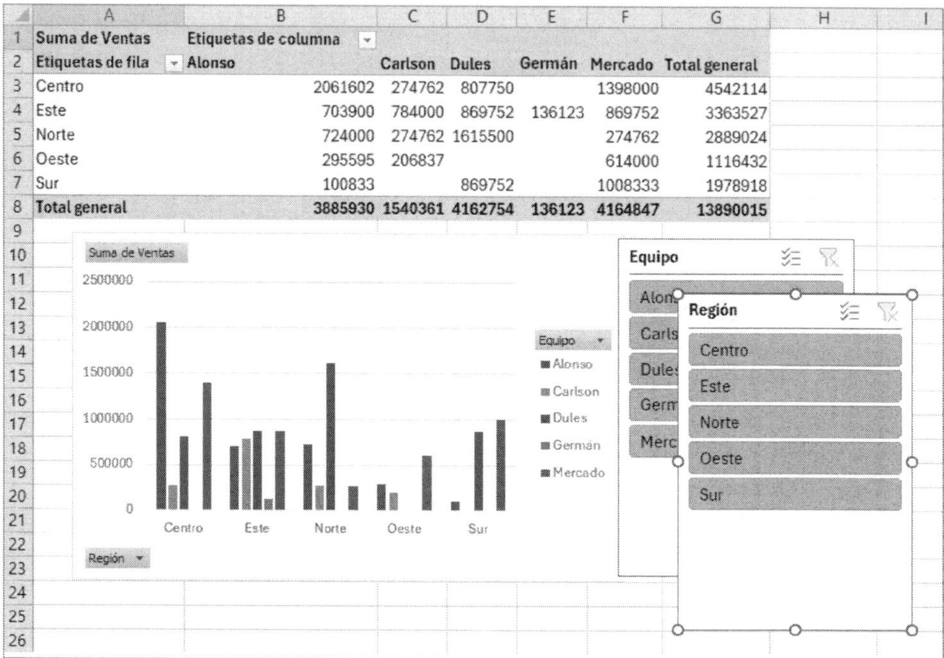

Suma de Ventas	Etiquetas de columna					
Etiquetas de fila	Alonso	Carlson	Dules	Germán	Mercado	Total general
Centro	2061602	274762	807750		1398000	4542114
Este	703900	784000	869752	136123	869752	3363527
Norte	724000	274762	1615500		274762	2889024
Oeste	295595	206837			614000	1116432
Sur	100833		869752		1008333	1978918
Total general	**3885930**	**1540361**	**4162754**	**136123**	**4164847**	**13890015**

Los filtros del gráfico dinámico se administran del mismo modo que en una tabla dinámica. Para saber más acerca de los filtros normales o por segmentación, vaya el apartado Filtrar una tabla dinámica.

- Para aplicar un filtro de escala de tiempo a los datos del gráfico dinámico activo, haga clic en el botón **Insertar escala de tiempo** de la pestaña **Análisis de gráfico dinámico** (grupo **Filtrar**) y marque, en el cuadro de diálogo **Introducir escalas de tiempo**, el campo o los campos de tipo fecha con los que desea aplicar el filtro cronológico. Confirme haciendo clic en **Aceptar**.

El filtro de escala del tiempo se administra como un filtro de segmentación (véase Filtrar una tabla dinámica - Filtrar una tabla dinámica usando un filtro de segmentación, en el capítulo Tablas dinámicas).

Calcular previsiones

*La herramienta **Previsión** permite establecer datos futuros basándose en registros de datos previamente obtenidos. Para usar la herramienta **Previsión** necesita dos series de datos: una serie con datos de tipo fecha que representan la cronología y una serie de valores correspondientes a estas fechas.*

En este ejemplo disponemos de volúmenes de ventas mensuales desde el año 2019 hasta el 2022 y queremos obtener una previsión de ventas en el futuro, desde enero de 2023 hasta diciembre de 2024:

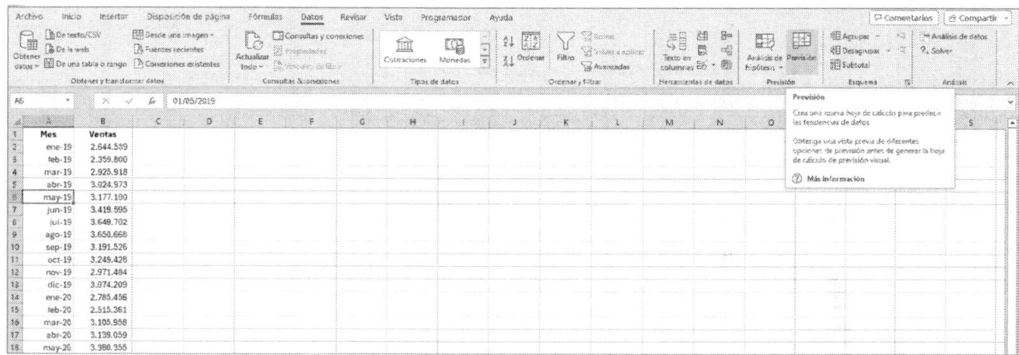

- Haga clic en una celda del rango de datos y luego active la pestaña **Datos** y haga clic en el botón **Previsión** del grupo **Previsión**.

  *Se abre la ventana **Crear hoja de cálculo de pronóstico** y podemos ver una vista previa del gráfico que representa los valores conocidos en función de la cronología de fechas así como los valores de la previsión.*

- Para cambiar el tipo de gráfico propuesto por Excel, haga clic en el botón **Crear un gráfico de columnas** situado en la parte superior derecha de la ventana; para obtener un gráfico de líneas, haga clic en el icono **Crear un gráfico de líneas**.

- En el campo **Final del pronóstico**, introduzca la fecha en la que desea que se realice la previsión.

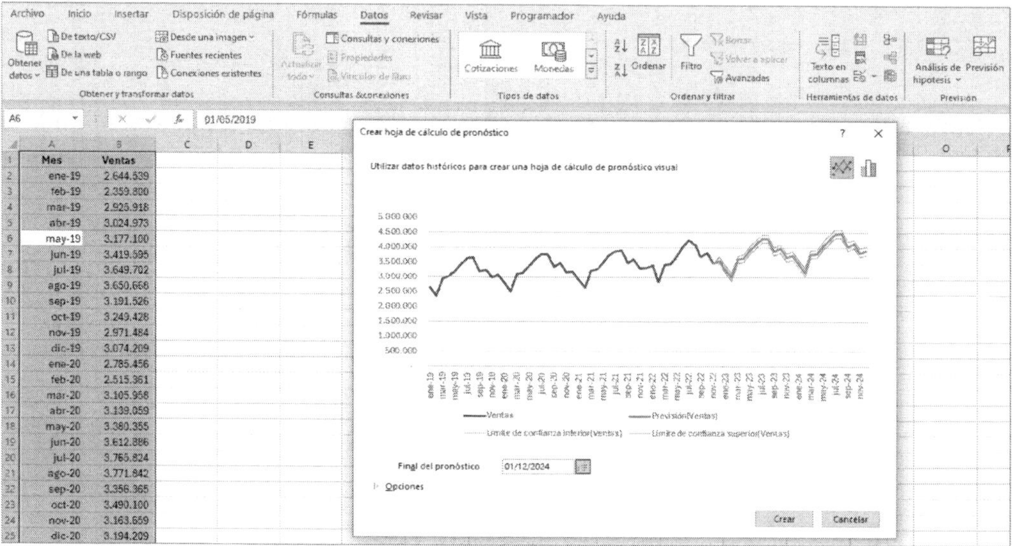

En el gráfico, las previsiones aparecen en color naranja.

Haga clic en **Opciones** para configurar la previsión de manera más detallada:

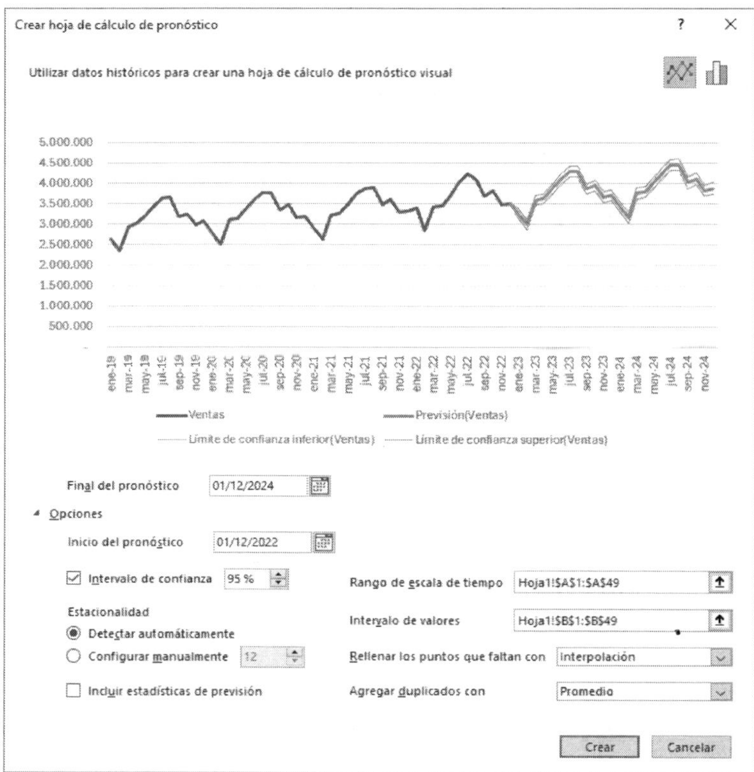

- Para cambiar el rango de datos que se va a considerar, modifique los campos **Rango de escala de tiempo** e **Intervalo de valores**.
- **Inicio del pronóstico**: de manera predeterminada, Excel empieza la previsión cuando terminan los datos conocidos. También podemos elegir que la previsión empiece antes para, por ejemplo, comparar los datos pronosticados con los reales.
- **Intervalo de confianza**: el intervalo de confianza predeterminado es **95 %.** Eso significa que hay un 95 % de posibilidades de que el punto de datos se sitúe entre los límites de pronóstico inferiores y superiores calculados. Para ocultar los límites de previsión en el gráfico y no calcularlos, deseleccione esta opción. Para aumentar la probabilidad de que el punto de datos se encuentre entre los límites de pronóstico calculados, incremente el valor del intervalo de confianza hasta el **98 %**, por ejemplo. Hay que tener en cuenta que el intervalo entre el límite de previsión bajo y el alto también aumentará.

- **Estacionalidad**: si sus datos abarcan un intervalo regular (por ejemplo: son diarios o mensuales), puede introducir este intervalo de manera manual; en caso contrario deje que lo determine Excel. Por ejemplo: para un ciclo de venta anual y muestreo de datos mensuales, hay 12 ciclos.
- **Rellenar los puntos que faltan con**: de manera predeterminada Excel sustituye los datos que faltan por la media ponderada de los puntos adyacentes al punto que falta (**Interpolación**), pero puede elegir que los datos que faltan sean sustituidos por ceros.
- En el campo **Agregar duplicados con**, elija la fórmula que se aplicará si existen varios valores para una misma fecha. De manera predeterminada, Excel usa el **Promedio** de los valores.
- Una vez configuradas las opciones, haga clic en el botón **Crear**.

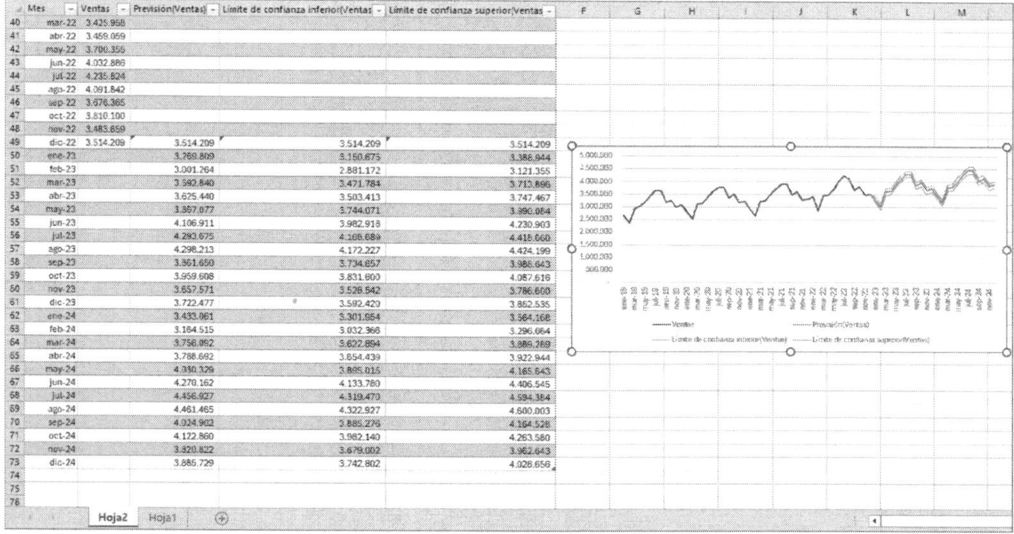

	Mes	Ventas	Previsión(Ventas)	Límite de confianza inferior(Ventas	Límite de confianza superior(Ventas
40	mar-22	3.425.958			
41	abr-22	3.459.059			
42	may-22	3.700.356			
43	jun-22	4.032.886			
44	jul-22	4.235.824			
45	ago-22	4.091.842			
46	sep-22	3.676.365			
47	oct-22	3.810.100			
48	nov-22	3.483.859			
49	dic-22	3.514.209	3.514.209	3.514.209	3.514.209
50	ene-23		3.269.809	3.150.675	3.388.944
51	feb-23		3.001.264	2.881.172	3.121.355
52	mar-23		3.592.840	3.471.784	3.713.896
53	abr-23		3.625.440	3.503.413	3.747.467
54	may-23		3.867.077	3.744.071	3.990.084
55	jun-23		4.106.911	3.982.918	4.230.903
56	jul-23		4.293.675	4.168.689	4.418.660
57	ago-23		4.298.213	4.172.227	4.424.199
58	sep-23		3.861.650	3.734.657	3.988.643
59	oct-23		3.959.608	3.831.600	4.087.616
60	nov-23		3.657.571	3.528.542	3.786.600
61	dic-23		3.722.477	3.592.420	3.852.535
62	ene-24		3.433.061	3.301.954	3.564.168
63	feb-24		3.164.515	3.032.366	3.296.664
64	mar-24		3.756.092	3.622.894	3.889.269
65	abr-24		3.788.692	3.654.439	3.922.944
66	may-24		4.030.329	3.895.015	4.165.643
67	jun-24		4.270.162	4.133.780	4.406.545
68	jul-24		4.456.927	4.319.470	4.594.384
69	ago-24		4.461.465	4.322.927	4.600.003
70	sep-24		4.024.902	3.885.276	4.164.528
71	oct-24		4.122.860	3.982.140	4.263.580
72	nov-24		3.820.822	3.679.002	3.962.643
73	dic-24		3.885.729	3.742.802	4.028.656
74					
75					
76					

Hoja2 Hoja1

En el libro se inserta una hoja de cálculo nueva. Esta hoja contiene los datos que previamente se habían introducido así como los datos de pronóstico y el cálculo del intervalo de confianza. También se ha creado un gráfico, donde los datos pronosticados y el intervalo de confianza aparecen representados en naranja a continuación de los datos conocidos. Para obtener este resultado, Excel utiliza un algoritmo de suavizado de datos exponencial.

Alcanzar un valor objetivo

Esta técnica permite resolver el problema siguiente: qué valor debe contener una celda para que un determinado resultado alcance determinado valor.

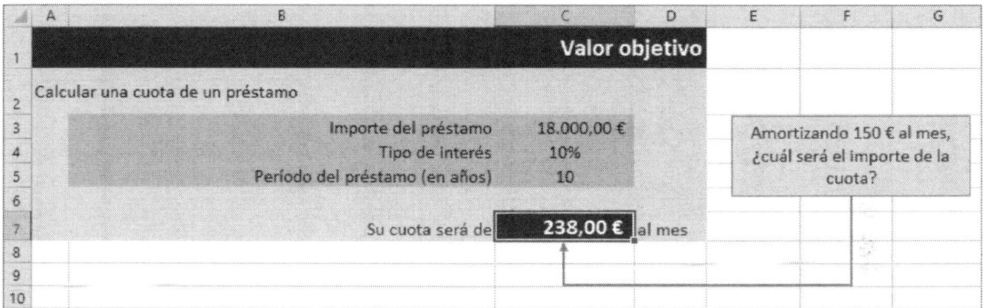

- Active la celda que debe tener un valor concreto y compruebe que contiene una fórmula de cálculo. Si es posible, visualice al mismo tiempo la celda que hay que modificar.
- Active la pestaña **Datos** y haga clic en el botón **Análisis de hipótesis** del grupo **Previsión.**
- Haga clic en la opción **Buscar objetivo.**
- Compruebe que el campo **Definir la celda** hace referencia a la celda (o al nombre de la celda) que contiene la fórmula para la cual desea encontrar una solución.
- Especifique el valor objetivo en el cuadro **Con el valor.**
- Seleccione en el cuadro **Cambiando la celda** la referencia de celda (o el nombre de celda) que desea ajustar para alcanzar el valor objetivo.

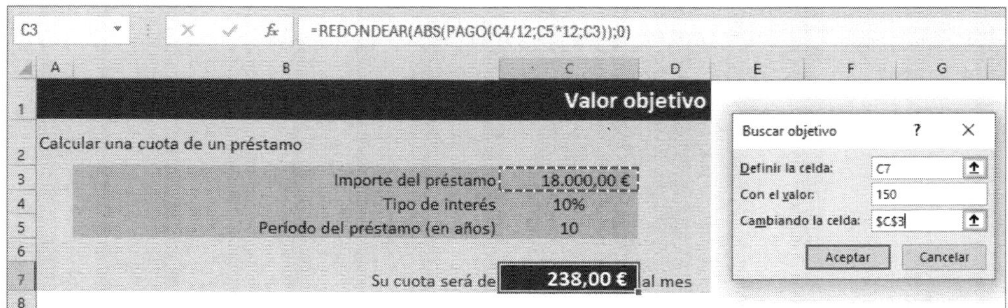

Haciendo un pago de 150 € al mes, ¿cuál será el importe del capital prestado?

- Haga clic en **Aceptar** para iniciar la búsqueda.

  Cuando Excel encuentra una solución, se detiene y muestra las conclusiones en la hoja de cálculo.

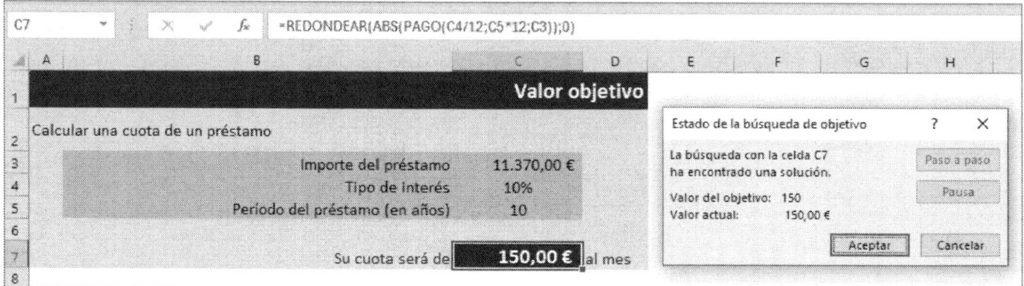

- Si el resultado propuesto le resulta satisfactorio, haga clic en el botón **Aceptar** para conservarlo en la hoja. Si desea volver a los valores de partida, haga clic en **Cancelar**.

Crear escenarios

Un escenario permite resolver un problema considerando varias hipótesis; se trata, por tanto, de una herramienta de análisis de simulación. Tomemos el ejemplo de una tabla sobre un préstamo:

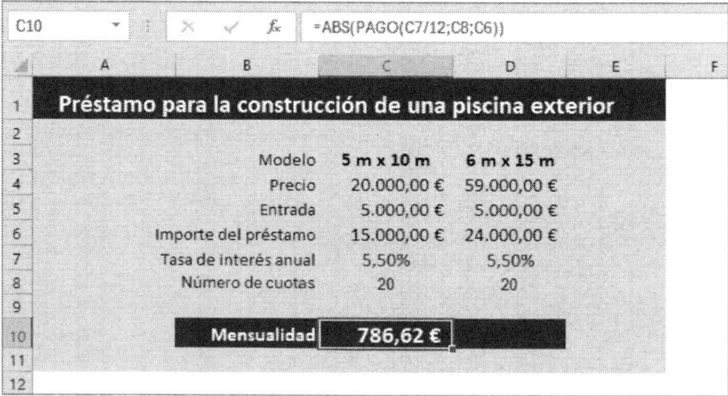

Buscamos evaluar el importe del reembolso mensual en función de tres variables: importe del préstamo, tasa de interés anual y número de cuotas, incluidos en las celdas C6, C7 y C8 respectivamente.

Crear escenarios

- Active la pestaña **Datos** y haga clic en el botón **Análisis de hipótesis** del grupo **Previsión.**
- Active la opción **Administrador de escenarios.**
- En el cuadro de diálogo **Administrador de escenarios**, haga clic en el botón **Agregar** e introduzca el **Nombre del escenario.**
- En el cuadro **Celdas cambiantes**, especifique las celdas con los datos que desea variar.

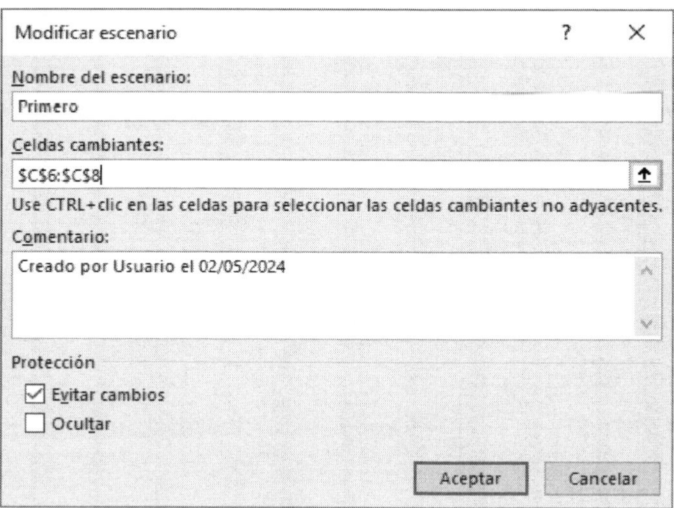

- Haga clic en el botón **Aceptar**, introduzca el valor de cada celda cambiante y confirme.

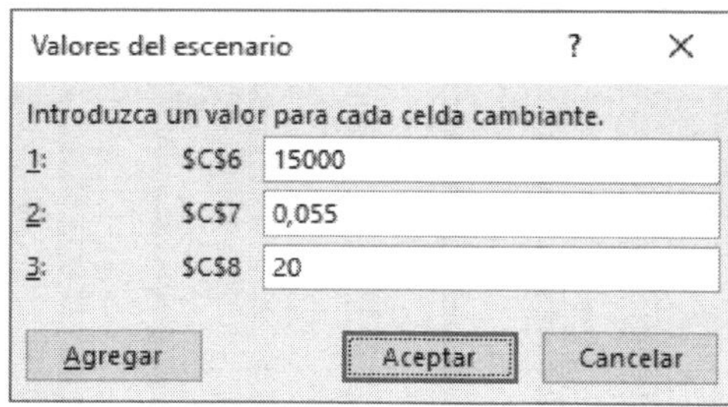

- Cree los demás escenarios siguiendo el mismo procedimiento.

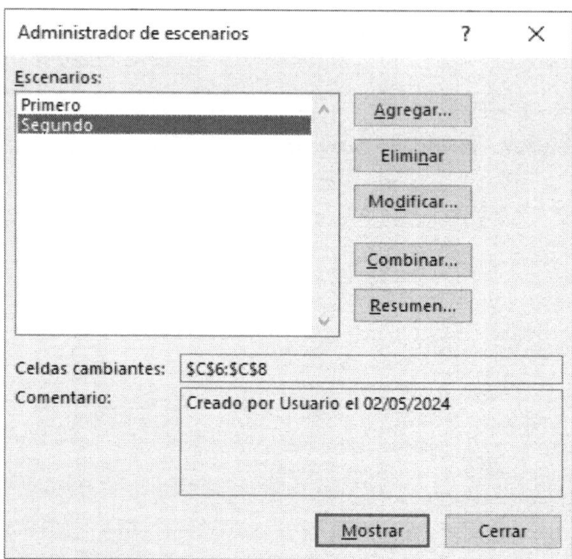

- Haga clic en **Cerrar**.

Iniciar la ejecución de los escenarios

- Active la pestaña **Datos** y haga clic en el botón **Análisis de hipótesis** del grupo **Previsión**.
- Active la opción **Administrador de escenarios**.
- Si solo debe iniciarse un escenario, selecciónelo y haga clic en el botón **Mostrar**. En esos casos, el resultado se muestra en la hoja de cálculo.
- Si deben ejecutarse todos los escenarios, haga clic en el botón **Resumen**. Si es preciso, seleccione en la hoja de resumen las celdas cuyo valor desea ver en cada escenario.

Si ha hecho clic en el botón ***Resumen****, Excel le propone dos tipos de informe.*

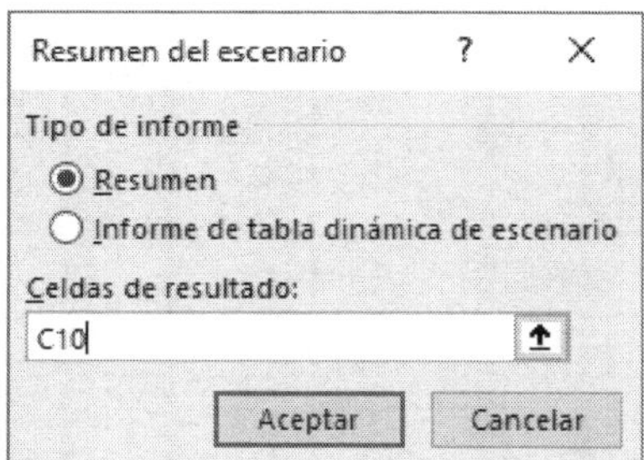

Active el **Tipo de informe** deseado y haga clic en **Aceptar**.

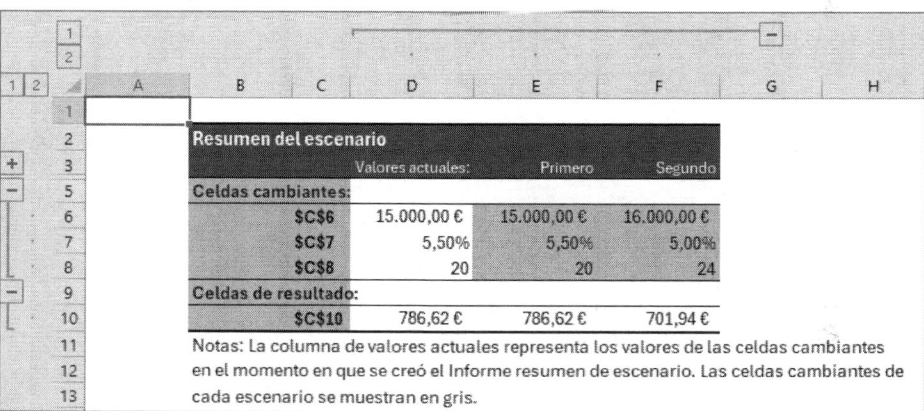

El resumen aparece en forma de esquema en una nueva hoja de cálculo. De este modo, obtenemos los valores de las distintas mensualidades, en función de los valores de las tres variables definidas.

Descubrir y activar el complemento Solver

El Solver de Excel es una herramienta de análisis de simulación; permite encontrar el valor óptimo o mínimo de una celda objetivo, en función de condiciones (celdas de restricciones) que usted habrá aplicado a los valores de otras celdas de la fórmula (celdas variables o variables de decisión).

Para resolver un problema, deberá definir los parámetros siguientes:

- *El* ***objetivo que quiere alcanzar****: representa la celda cuyo contenido debe optimizarse o alcanzar determinado valor. Contiene por lo general una fórmula, y su valor depende de una o de varias celdas variables (la definición de esta celda, no obstante, no es obligatoria).*
- *Las* ***celdas que deben modificarse****: también llamadas variables de decisión, representan las celdas cuyo valor puede ir cambiando el Solver hasta lograr que las restricciones del problema queden satisfechas y que la «celda objetivo» alcance el objetivo definido.*
- *Las* ***celdas de restricciones*** *representan una o varias celdas cuyos valores deben alcanzar un nivel dado o bien permanecer dentro de determinados límites. En principio, deben contener fórmulas dependientes de las celdas variables.*

Con la finalidad de resolver un problema, el Solver hace que intervengan varias iteraciones para las que utiliza un conjunto de valores de celdas variables que hacen que se recalcule la hoja de cálculo, y examina las restricciones asociadas, así como el posible valor de la celda que hay que definir.

El Solver muestra, entonces, el valor de la celda variable más próxima a la solución buscada. También es posible crear un informe-resumen que contenga las características del problema, sus valores originales y sus valores finales.

Por defecto, el complemento Solver no está disponible en Excel: es preciso activarlo.

- Haga clic en la pestaña **Archivo** y luego en **Opciones**.
- En la categoría **Complementos**, abra la lista desplegable del campo **Administrar**, haga clic en **Complementos de Excel** y luego en el botón **Ir**.

- En la lista de los **Complementos disponibles**, marque la opción **Solver**.

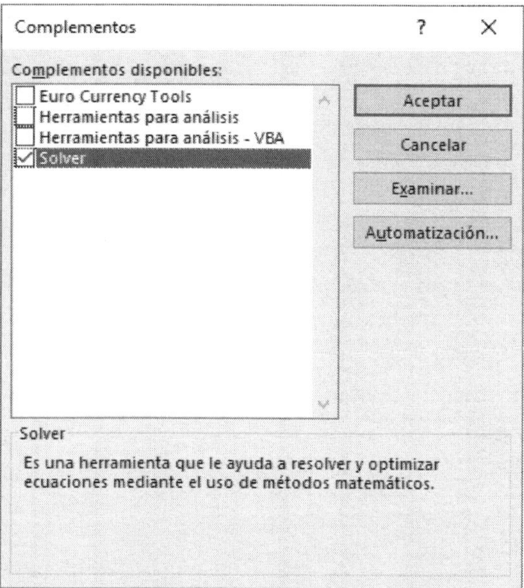

- Haga clic en el botón **Aceptar** para confirmar.

Definir y resolver un problema usando el Solver

Tomemos el ejemplo siguiente: en el ámbito de un proyecto de préstamo bancario, vamos a buscar la oferta más ventajosa compatible con nuestra capacidad de reembolso, sabiendo que el porcentaje de interés es fijo y que el importe de los reembolsos, constante.

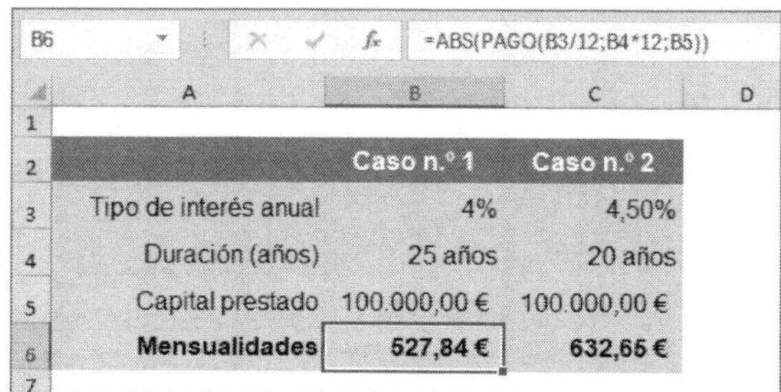

B6 =ABS(PAGO(B3/12;B4*12;B5))

	A	B	C
1			
2		Caso n.º 1	Caso n.º 2
3	Tipo de interés anual	4%	4,50%
4	Duración (años)	25 años	20 años
5	Capital prestado	100.000,00 €	100.000,00 €
6	**Mensualidades**	**527,84 €**	**632,65 €**

Las mensualidades se han calculado con las funciones PAGO y ABS.

El problema que se plantea es el siguiente: ¿cuál será la duración (número de mensualidades) para un reembolso de aproximadamente 500 € al mes?

- Active la pestaña **Datos** y haga clic en el botón **Solver** del grupo **Análisis.**

Si este comando no aparece, deberá activarlo (véase Descubrir y activar el complemento Solver).

- Haga clic en el icono asociado al campo **Establecer objetivo**, haga clic en la celda objetivo (que debe contener obligatoriamente una fórmula) y haga clic en el icono para expandir de nuevo el cuadro de diálogo **Parámetros de Solver**.

*También puede escribir directamente la referencia o el nombre de la celda objetivo en el campo **Establecer objetivo**.*

- A continuación, active la opción:

- **Máx** para buscar el valor más elevado del objetivo.
- **Mín** para buscar el valor más pequeño del objetivo.
- **Valor de** para buscar un valor preciso.

Para nuestro ejemplo, buscamos una mensualidad de aproximadamente 500 €; por lo tanto, pediremos buscar un valor máximo.

- Haga clic en el icono asociado al campo **Cambiando las celdas de variables**; haga clic en una celda variable de decisión (200 máximo), separe las celdas no adyacentes mediante un punto y coma. Cada una de las celdas debe estar asociada, directamente o no, a la celda objetivo. A continuación, haga clic en el icono para expandir el cuadro de diálogo **Parámetros de Solver**.

- Complete cada una de las restricciones (**Sujeto a las restricciones**) que deben aplicarse siguiendo este procedimiento:

- Haga clic en el botón **Agregar** para abrir el cuadro de diálogo **Agregar restricción.**
- Haga clic en el icono asociado al campo **Referencia de celda** y haga clic en la celda (o rango de celdas) que va a someter a una restricción. A continuación, haga clic en el icono para expandir de nuevo el cuadro de diálogo **Agregar restricción.**

- Usando la lista desplegable situada entre la **Referencia de celda** y la **Restricción**, defina la relación (<=, =, >=, **int**, **bin** o **dif**):
  - **bin** si se trata de una restricción binaria (es decir, que implica dos variables). En ese caso, la palabra **binario** se muestra en **Restricción**.
  - **int** para que el resultado obtenido en la celda a la que se hace referencia (celda variable obligatoriamente) sea un número entero. Ello puede resultar práctico si, por ejemplo, se busca calcular un número de acciones (estas no pueden estar fragmentadas). En ese caso, la palabra **entero** se muestra en **Restricción**.
  - **dif** para que el resultado obtenido en la celda a la que se hace referencia (celda variable obligatoriamente) sea diferente. En este caso, **Todos diferentes** se muestra en el campo **Restricción**.
  - <= (menor o igual que), >= (mayor o igual) o = (igual), para llevar a cabo una comparación con un valor, una fórmula, una referencia o un nombre de celda; introduzca este dato en el cuadro **Restricción**.

En este ejemplo, buscamos un importe de reembolso igual o inferior a 500 €.

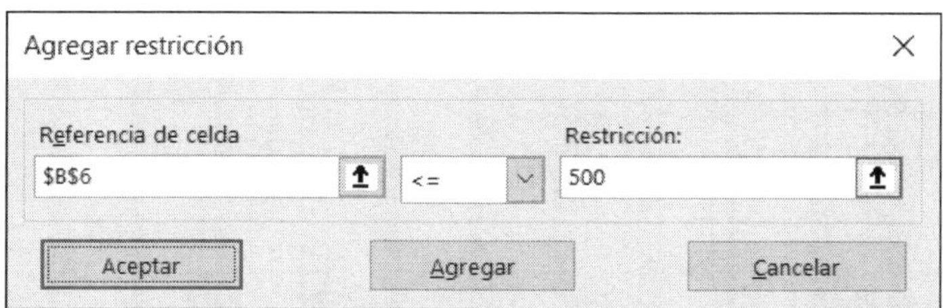

- Para confirmar la restricción que acaba de definir y crear una nueva, haga clic en el botón **Agregar**.
- Cuando estén definidas todas las restricciones, haga clic en el botón **Aceptar** para confirmar los últimos datos definidos y volver al cuadro de diálogo **Parámetros de Solver**.

En nuestro ejemplo, y teniendo en cuenta que un banco no presta por fracciones de año ni de mes, hemos añadido la restricción suplementaria según la cual la duración (celda $B$4) debe ser un número entero.

- Según el tipo de problema que debe resolver (no lineal simple, lineal o complejo), puede seleccionar en la lista **Método de resolución** un método de resolución diferente (**GRG Nonlinear**, **Simplex LP** o **Evolutionary**).
- Haga clic en el botón **Resolver** (el botón **Cerrar** permite grabar los parámetros del Solver sin ejecutar la resolución del problema).

*La ventana **Resultados de Solver** muestra la posible solución encontrada en función de los parámetros definidos.*

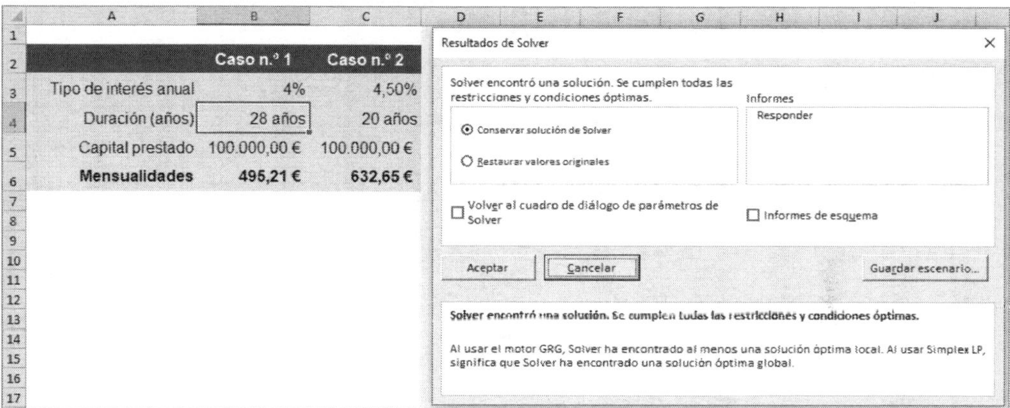

En la parte inferior se muestra un comentario sobre el resultado obtenido.

- Para conservar la solución propuesta o, por el contrario, volver a los valores originales, active la opción **Conservar solución de Solver** o **Restaurar valores originales**, según el caso.

  Para crear un informe basado en este resultado, haga clic en el tipo de informe deseado del cuadro **Informes**, a fin de seleccionarlo.

  *Tras aceptar la ventana **Resultados de Solver**, el informe se creará en una nueva hoja de cálculo.*

- Para guardar los valores de las celdas variables de decisión como escenario con el fin de poder consultarlo más adelante, haga clic en el botón **Guardar escenario**; escriba el **Nombre de** escenario que desee.

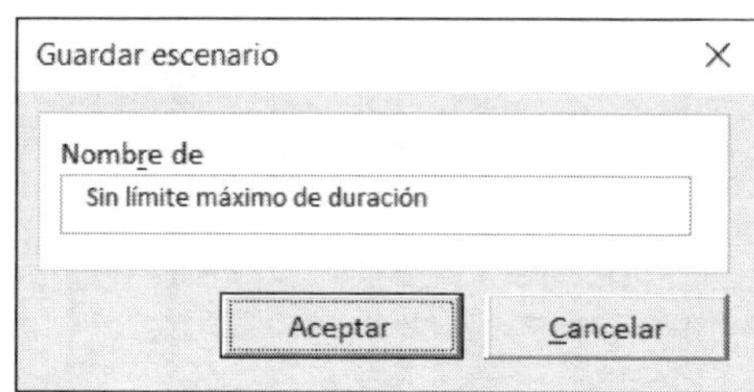

A continuación haga clic en **Aceptar**.

- Haga clic en el botón **Aceptar** de la ventana **Resultados de Solver** para tener en cuenta los cambios efectuados.

  Si ha elegido conservar un informe del resultado, se integra en el libro una nueva hoja de cálculo llamada ***Informe de respuestas 1****.*

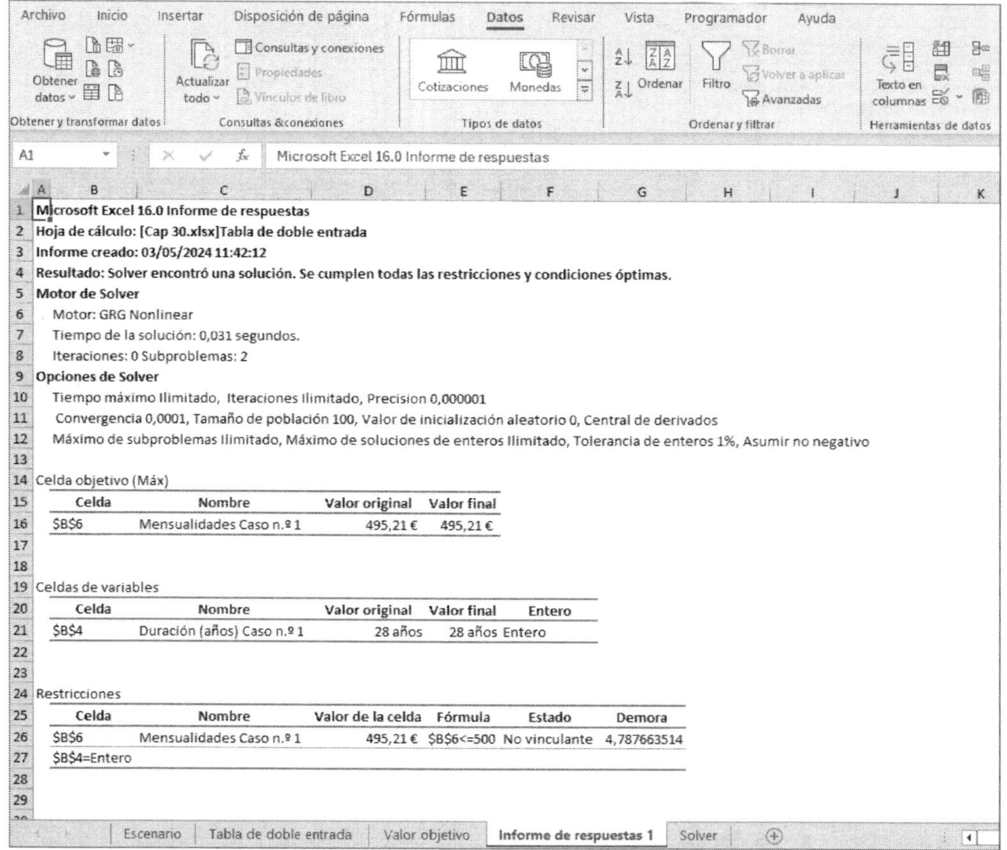

- Para cambiar una de las restricciones, abra de nuevo el cuadro de diálogo **Parámetros de Solver** (pestaña **Datos** - botón **Solver**), haga clic en la restricción correspondiente y luego en el botón **Cambiar**. Efectúe los cambios que desee en el cuadro de diálogo **Cambiar restricción** y confirme mediante **Aceptar**.
- Para eliminar una de las **Restricciones**, haga clic en la restricción correspondiente y luego en el botón **Eliminar**.

Mostrar las soluciones de prueba del Solver

- Active la pestaña **Datos** y haga clic en el botón **Solver** del grupo **Análisis**.
- Defina el problema que hay que resolver (véase Definir y resolver un problema usando el Solver).
- Haga clic en el botón **Opciones** de la ventana **Parámetros de Solver**.

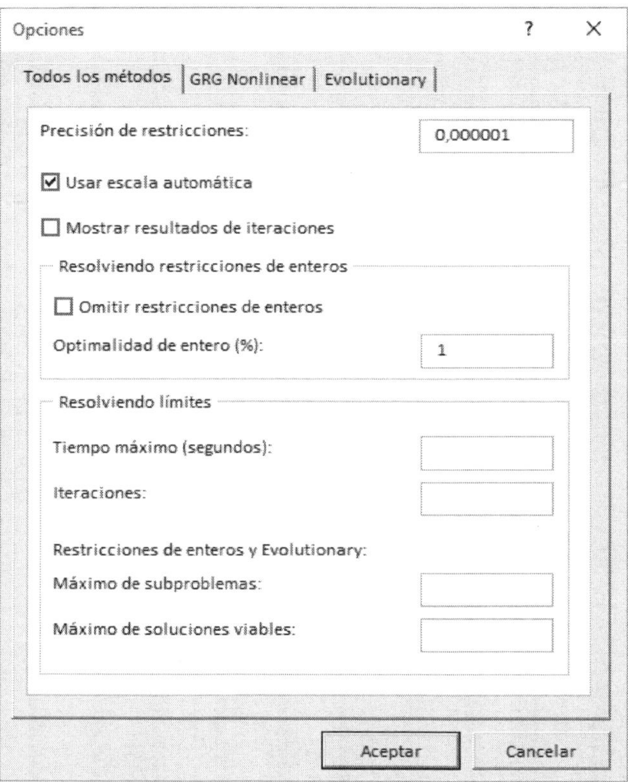

- Marque la opción **Mostrar resultados de iteraciones** para que se muestren los resultados de cada solución de prueba.
- Haga clic en **Aceptar**.

Protección

Proteger un libro con una contraseña

Para que solo algunos usuarios puedan ver y modificar los datos, los libros pueden protegerse con contraseñas.

- Abra el libro que desea proteger y entre en el cuadro de diálogo **Guardar como** (pestaña **Archivo** - opción **Guardar como** - opción **Examinar**).
- Haga clic en el botón **Herramientas** y luego en **Opciones generales** del cuadro de diálogo **Guardar como**.
- Para proteger la lectura de un libro, es decir, para solicitar al usuario una contraseña cuando este quiera abrirlo, introduzca una contraseña en el cuadro **Contraseña de apertura**.

  Esta función usa de forma predeterminada el cifrado avanzado. Se trata de un método estándar usado para proteger archivos.
- Para proteger la escritura del libro, es decir, para solicitar al usuario una contraseña al abrir el libro que permita guardar las modificaciones que se efectúen en él, introduzca una contraseña en el cuadro **Contraseña de escritura**.

  En este caso no se trata de una función de seguridad propiamente dicha, sino de una simple protección, ya que el contenido del libro no se encripta. Esta contraseña permite que el usuario abra el libro en modo lectura. No podrá modificar el contenido del libro original, pero sí podrá, pese a todo, introducir cambios y guardar el documento con otro nombre.

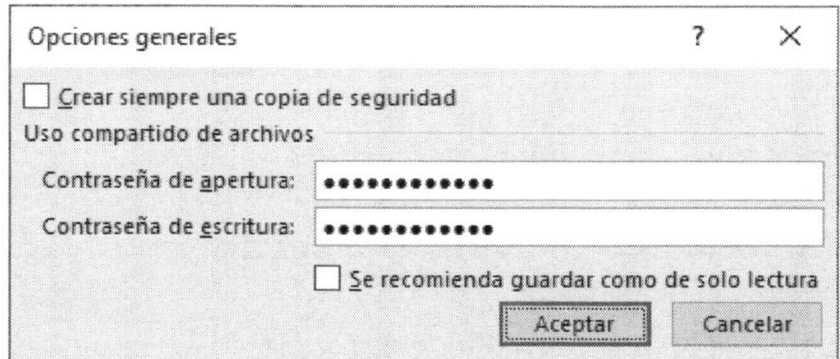

Aconsejamos el uso de contraseñas «seguras», que combinen letras mayúsculas y minúsculas, números y símbolos. Las contraseñas deben contener al menos ocho caracteres.

- Para reforzar la protección, marque la opción **Se recomienda solo lectura**. De esta forma, al abrir el libro se preguntará a los usuarios si desean abrir el archivo en modo solo lectura.

  *Esta opción puede combinarse con la solicitud de una contraseña de escritura. Si se solicita esta última, el procedimiento de apertura del libro se modificará ligeramente: incluso conociendo la contraseña, Excel propondrá que se abra el libro en modo solo lectura (en esos casos, deberá hacer clic en el botón **Sí** para abrirlo en modo solo lectura y en **No** en caso contrario).*
- Haga clic en **Aceptar**.
- Cuando se le requiera, introduzca de nuevo las contraseñas para confirmarlas y haga clic en **Aceptar**.
- Haga clic en el botón **Guardar**.
- Si es preciso, haga clic en el botón **Sí** para reemplazar el libro existente.

Cuidado: no olvide las contraseñas porque no será posible recuperarlas. Anótelas en algún lugar seguro, lejos de la información que protegen.

Para eliminar una contraseña, seleccione el contenido de los cuadros **Contraseña de apertura** y **Contraseña de escritura** haciendo clic y arrastrando y pulse la tecla [Supr].

Proteger los elementos de un libro

Se trata de proteger los cambios relativos a la estructura de las hojas de cálculo, así como el tamaño y posición de estas.

- Active la pestaña **Revisar** y haga clic en el botón **Proteger libro** del grupo **Proteger**.
- Para impedir que los usuarios puedan ver las hojas de cálculo ocultas, desplazar, eliminar, ocultar o cambiar el nombre de las hojas de cálculo e insertar nuevas hojas de cálculo, marque la opción **Estructura**.
- Para impedir que los usuarios modifiquen el tamaño o la posición de las hojas de cálculo, marque la opción **Ventanas**.
- Para impedir que usuarios no autorizados eliminen la protección del libro, introduzca una contraseña en el cuadro **Contraseña (opcional)**.

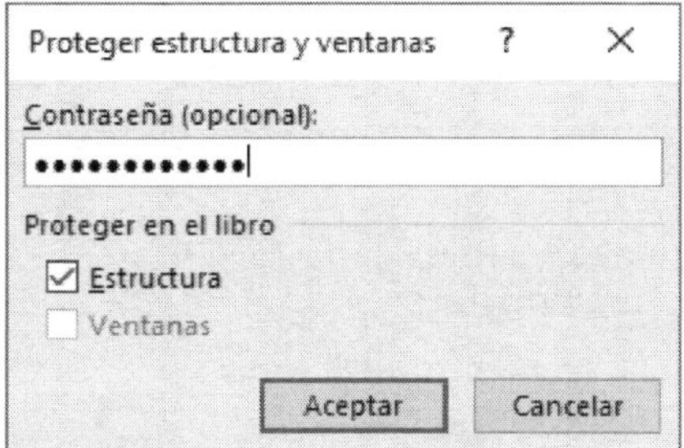

- Haga clic en el botón **Aceptar**.
- Si es preciso, introduzca de nuevo la contraseña para confirmarla y acepte.

Para eliminar la protección del libro, haga clic de nuevo en el botón **Proteger libro** del grupo **Proteger** (pestaña **Revisar**). Si la protección está vinculada a una contraseña, escríbala en el cuadro de diálogo **Desproteger libro** y confirme con **Aceptar**. En caso contrario, desmarque la opción **Estructura** del cuadro de diálogo **Proteger estructura y ventanas** y confirme con **Aceptar**.

Proteger las celdas de una hoja de cálculo

Si desea autorizar la introducción de datos solo en algunas celdas de la hoja de cálculo, deberá cancelar previamente la protección de las celdas (estado activo de forma predeterminada) y luego proteger toda la hoja.

Desbloquear un rango de celdas

- Seleccione las celdas en las que se autorizará la introducción de datos.
- Active la pestaña **Inicio** y haga clic en el botón **Formato** del grupo **Celdas** y en la opción **Formato de celdas** (o Ctrl **1**).
- En el cuadro de diálogo **Formato de celdas** que aparece, active la pestaña **Proteger**.
- Desactive la opción **Bloqueada**.
- Haga clic en **Aceptar**.

Activar el estado de protección de la hoja

- Active la pestaña **Revisar** y haga clic en el botón **Proteger hoja** del grupo **Proteger**.
- Compruebe que está marcada la opción **Proteger hoja y contenido de celdas bloqueadas**.
- Marque (o desmarque) las opciones correspondientes a las acciones que los usuarios podrán llevar a cabo en la lista **Permitir a los usuarios de esta hoja de cálculo.**

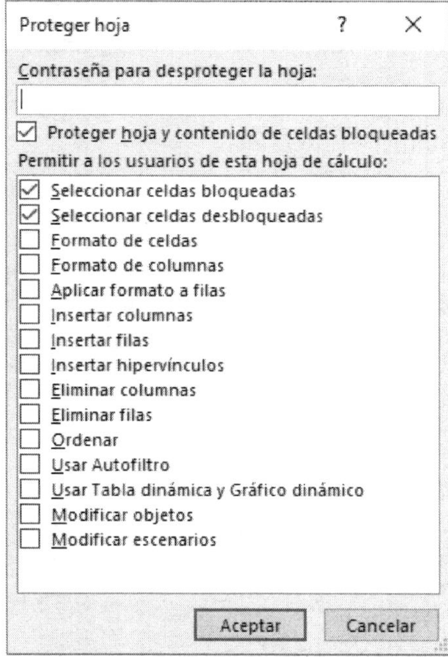

- Para que los usuarios autorizados puedan desactivar la protección de la hoja, introduzca una contraseña en el cuadro **Contraseña para desproteger la hoja.**
- Haga clic en **Aceptar**.
- Si es preciso, introduzca de nuevo la contraseña para confirmarla y haga clic en **Aceptar**.

Si intenta introducir un dato en una celda protegida, aparece el siguiente mensaje de advertencia:

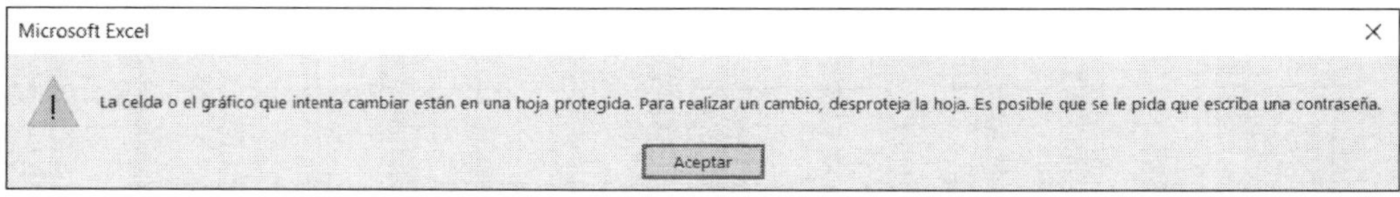

Haga clic en **Aceptar** para cerrar el cuadro de diálogo.

Según los permisos acordados a los usuarios, algunas opciones de las diferentes fichas no estarán disponibles en la hoja protegida (los botones correspondientes aparecen en gris).

Para cancelar la protección de la hoja, haga clic en el botón **Desproteger hoja** del grupo **Proteger** (pestaña **Revisar**). Si es preciso, introduzca la contraseña y confirme.

Permitir a algunos usuarios el acceso a las celdas

Esta técnica permite proteger las celdas de una hoja y autorizar el acceso a diferentes rangos de celdas, ya sea a través de contraseñas diferentes, ya sea seleccionando nombres de usuario (en ese caso su PC deberá formar parte de una red de empresa organizada en dominios).

- Active la pestaña **Revisar** y haga clic en el botón **Permitir editar rangos** del grupo **Proteger**.
- Haga clic en el botón **Nuevo**.

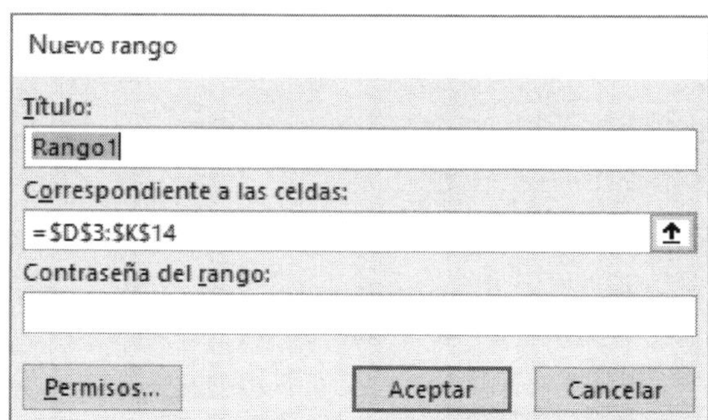

- Si es preciso, modifique el **Título** asociado al rango para el que se van a otorgar los permisos de acceso.
- Haga clic en el botón [↑] del cuadro **Correspondiente a las celdas**, seleccione en la hoja el rango de celdas y haga clic en [↓] para volver al cuadro de diálogo **Nuevo rango.**

  Puede usar la tecla Ctrl para seleccionar rangos de celdas discontinuos.
- En el cuadro **Contraseña del rango**, escriba la contraseña que los usuarios deberán introducir para modificar el rango, pulse [Intro] y, para confirmar, introduzca por segunda vez la contraseña y acepte.

  Si no se define una contraseña, todos los usuarios podrán modificar las celdas.
- Para definir la lista de usuarios a los que se van a conceder derechos de acceso, haga clic en el botón **Permisos** del cuadro de diálogo **Nuevo rango** o, si ha introducido y confirmado una contraseña, haga clic en el botón **Permisos** del cuadro de diálogo **Permitir a usuarios modificar rangos.** En el cuadro de diálogo **Permisos de «Nombre del rango»** que aparece a continuación, haga clic en el botón **Agregar**.
- Introduzca los nombres de los usuarios, los ordenadores o los grupos a los que desea otorgar derechos, separándolos con punto y coma (;).

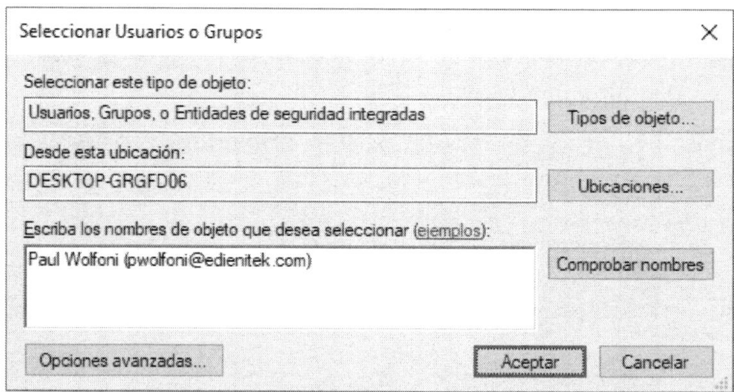

*El vínculo **ejemplos** presenta diferentes posibilidades de sintaxis.*

- Haga clic en el botón **Comprobar nombres** para que las señas introducidas se identifiquen correctamente.
- Cuando haya introducido y comprobado todos los nombres, haga clic dos veces en el botón **Aceptar** para salir de los cuadros de diálogo.
- Si necesita definir otro rango de celdas asociado a otras contraseñas, haga clic una vez más en el botón **Nuevo** del cuadro de diálogo **Permitir a usuarios modicar rangos** y lleve a cabo las operaciones descritas antes.

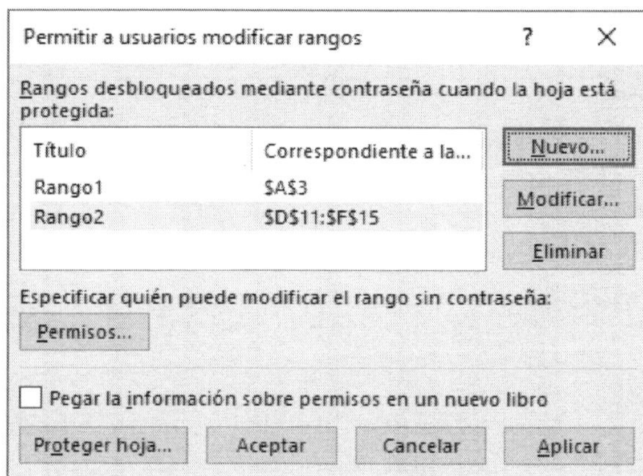

*La opción **Pegar la información sobre permisos en un nuevo libro** permite resumir las autorizaciones en un libro nuevo.*

- Haga clic en el botón **Proteger hoja** y compruebe que está marcada la opción **Proteger hoja y contenido de celdas bloqueadas**. Introduzca una contraseña en el campo **Contraseña que se requerirá para desproteger la hoja** y, si es preciso, marque o desmarque las opciones en la lista **Permitir a los usuarios de esta hoja de cálculo**.
- Haga clic en **Aceptar**.
- Si es preciso, introduzca de nuevo la contraseña de protección de la hoja de cálculo para confirmarla.
- Haga clic en el botón **Aceptar**.

Si intenta escribir en una celda perteneciente a un rango cuya autorización de cambios está protegida mediante una contraseña, Excel le solicitará que introduzca la contraseña.

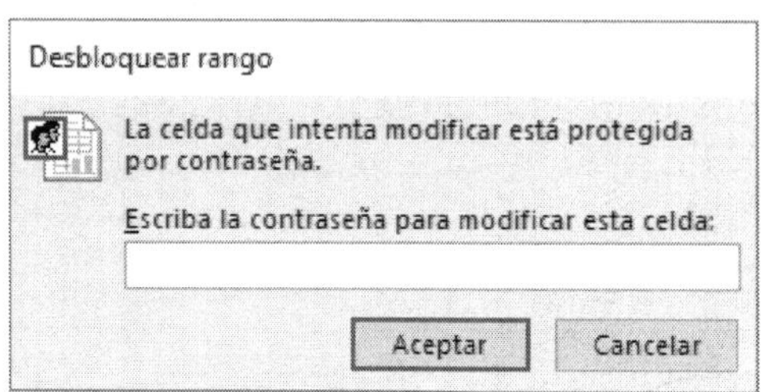

- Introduzca la contraseña y haga clic en **Aceptar**.

Crear y utilizar una firma digital

*La **firma digital** es un «sello de identificación electrónico», encriptado y protegido, que asegura que el archivo proviene del firmante y que no se ha modificado tras su firma.*

Para usar una firma digital con garantías, es preciso obtener un certificado digital emitido por una autoridad de certificación o por una entidad oficialmente designada por Microsoft. El nivel de seguridad puede variar de un certificado a otro.

Crear una firma digital

- Si no ha creado ninguna firma digital, active la pestaña **Archivo** y, si es preciso, la opción **Información**.
- En el panel central, haga clic en el botón **Proteger libro** y escoja la opción **Agregar una firma digital**.

  Aparece el siguiente mensaje:

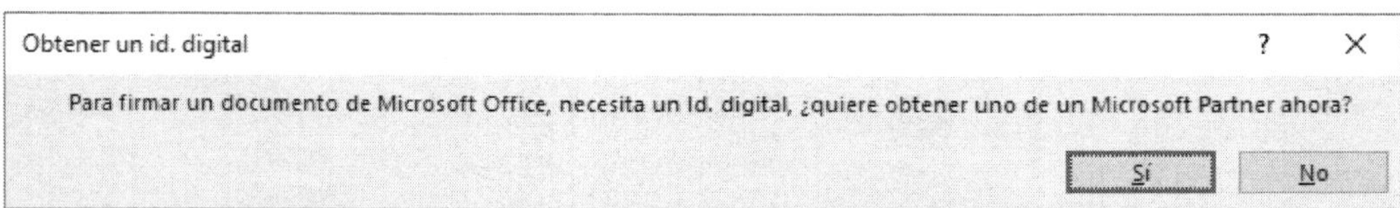

- Si su firma digital debe considerarse «autentificada» por una autoridad de certificación, active **Sí** para obtener una identificación digital de una entidad asociada a Microsoft. Esta opción requiere conexión a Internet.

- Haga clic en el botón **Aceptar**.

Insertar una firma digital

- Haga clic en la pestaña **Archivo** y, si es preciso, en la opción **Información**.
- En el panel central, haga clic en el botón **Proteger libro** y escoja **Agregar una firma digital**.

  Se abre el siguiente cuadro de diálogo:

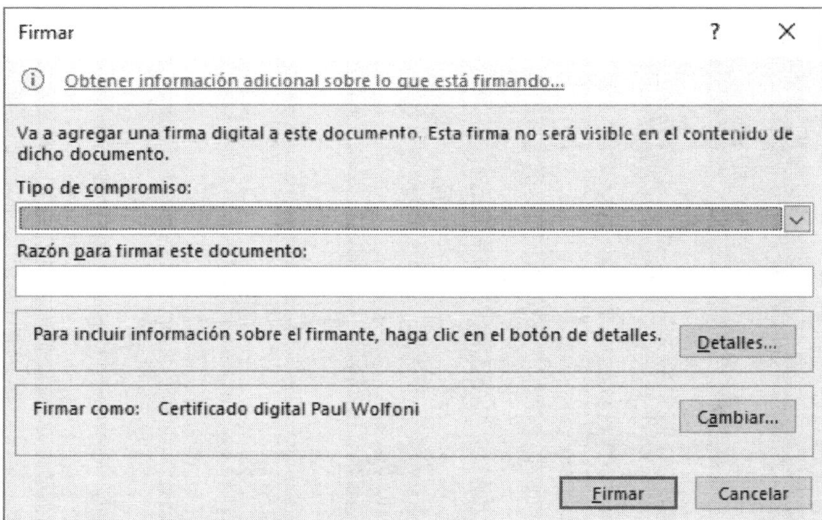

- En la lista **Tipo de compromiso**, elija una de las opciones propuestas: **Creó y aprobó este documento**, **Aprobó este documento**, **Creó este documento** o **Ninguno**.
- En la zona **Razón para firmar este documento**, escriba el motivo de firmar el libro.
- A continuación, haga clic en el botón **Firmar**.
- En el mensaje de confirmación que aparece, haga clic en **Aceptar**.

  *Se ha añadido la opción **Ver firmas** a las opciones de información; el libro está en modo de solo lectura.*

El icono en la barra de estado indica que el libro está firmado digitalmente.

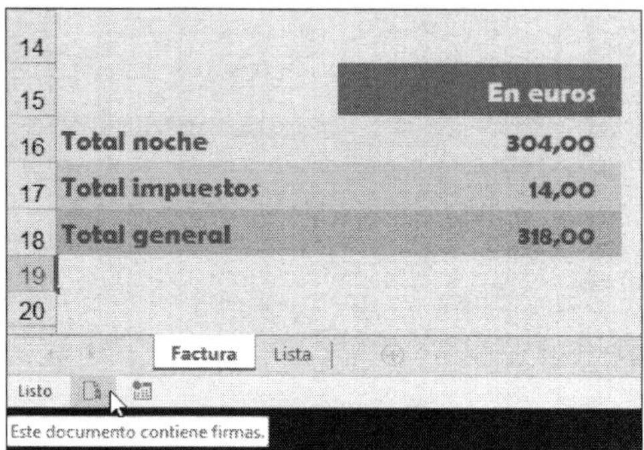

Para que se muestre este icono, debe estar activada la opción **Firmas** en el menú contextual de la barra de estado.

Mostrar la información de una firma digital

Para mostrar el nombre del firmante, haga clic en el icono de la barra de estado.
El panel ***Firmas*** *se abre y se muestra a la derecha de la pantalla.*

- Para mostrar más información acerca de la firma, abra la lista de esta y escoja la opción **Detalles de la firma**.
- A continuación, haga clic en el botón **Ver** para mostrar la información relativa al certificado.

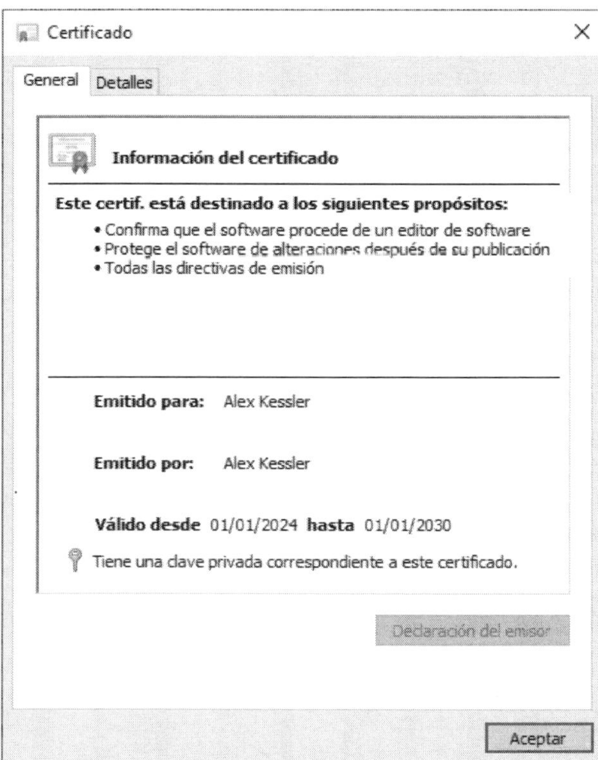

- Para cerrar la ventana, haga clic en el botón **Aceptar** y luego en **Cerrar**.

Revalidar una firma digital

*Cuando un libro está firmado, la barra de información indica que dicho libro está marcado como «versión final» y muestra el botón **Editar de todos modos**.*

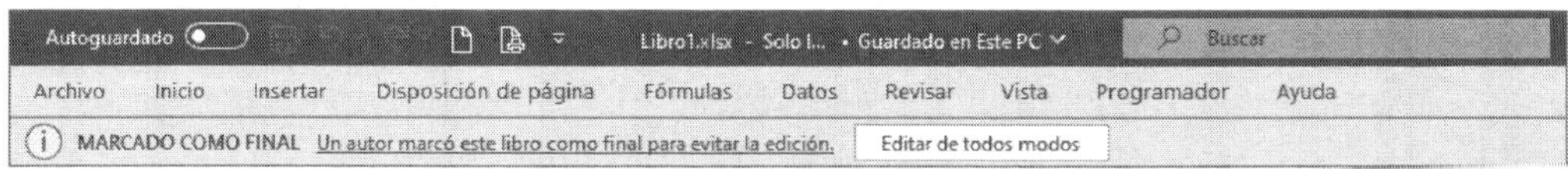

- Haga clic en este botón para editar el libro y, a continuación, en **Sí** y en **Aceptar**.
  La firma se elimina.
- Efectúe las modificaciones que desee.
- Para revalidar la firma, active la pestaña **Archivo** y, si es preciso, haga clic en la opción **Información**. En el panel central, haga clic en el botón **Proteger libro** y escoja la opción **Agregar una firma digital**.
  Haga clic en el botón **Aceptar** del mensaje que aparece.
- Firme de nuevo el libro tal y como hemos visto en los apartados anteriores.

Eliminar una firma digital de un libro

- Haga clic en el icono que aparece en la barra de estado.
- Abra la lista de la firma y escoja la opción **Quitar firma**.
- Haga clic en el botón **Sí** para confirmar.
- Haga clic en el botón **Aceptar**.

Trabajo de grupo

Introducción

Excel permite que varios usuarios trabajen de manera simultánea en un mismo libro. Cada uno de ellos puede ver las modificaciones de los demás editores en tiempo real. Para ello, el propietario debe guardar previamente el libro en un espacio de almacenamiento en línea como puede ser OneDrive (personal o profesional) o, en una biblioteca SharePoint o un equipo Teams.

Otros usuarios podrán consultar o modificar los archivos guardados en el espacio OneDrive a condición de que estos se hayan compartido.

Todos los usuarios del sitio de equipo o del equipo Team podrán acceder a archivos situados en bibliotecas SharePoint o equipos Team. También se pueden compartir archivos con usuarios externos al equipo u organización, siempre y cuando el administrador de Microsoft 365 lo autorice.

Compartir y proteger un libro

Esta función permite compartir archivos situados en espacios OneDrive (personales o profesionales) para que uno o varios usuarios miembros o no de su organización puedan acceder a ellos. Recordemos que los archivos que se encuentran en una biblioteca SharePoint o en un equipo Teams se comparten automáticamente con los miembros del sitio o del equipo.

- Abra el libro y, si es preciso, guárdelo en un espacio de almacenamiento online (véase El espacio de almacenamiento en línea OneDrive del capítulo Libros).
- Haga clic en el botón Compartir (a la derecha de la barra de pestañas de la cinta de opciones) y en la opción **Compartir**.

  *También es posible usar el comando **Archivo - Compartir**.*

  *Aparece el panel **Compartir**.*

Si el archivo que se quiere compartir no está en un espacio de almacenamiento en línea, Excel muestra este mensaje:

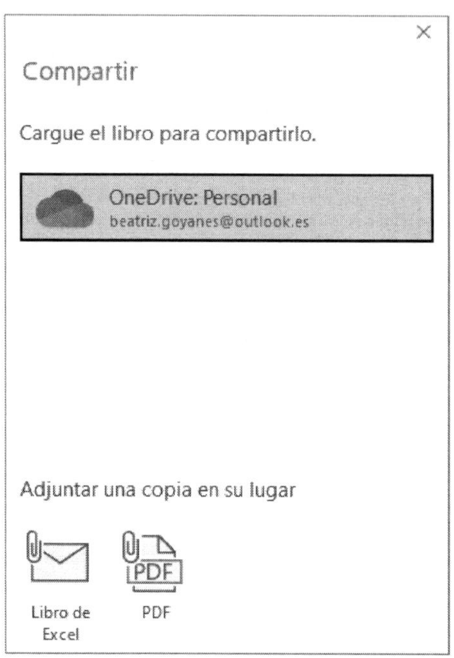

*Los botones **Libro de Excel** y **PDF** permiten enviar el libro por correo electrónico. Para obtener más información puede consultar el capítulo Libros- Enviar un libro por correo electrónico.*

- En ese caso, haga clic en el botón correspondiente a su **OneDrive Professional** o **Personal** y escoja la carpeta en línea donde desea guardar el archivo.

*Una vez establecida la conexión, la ventana **Compartir** se actualiza:*

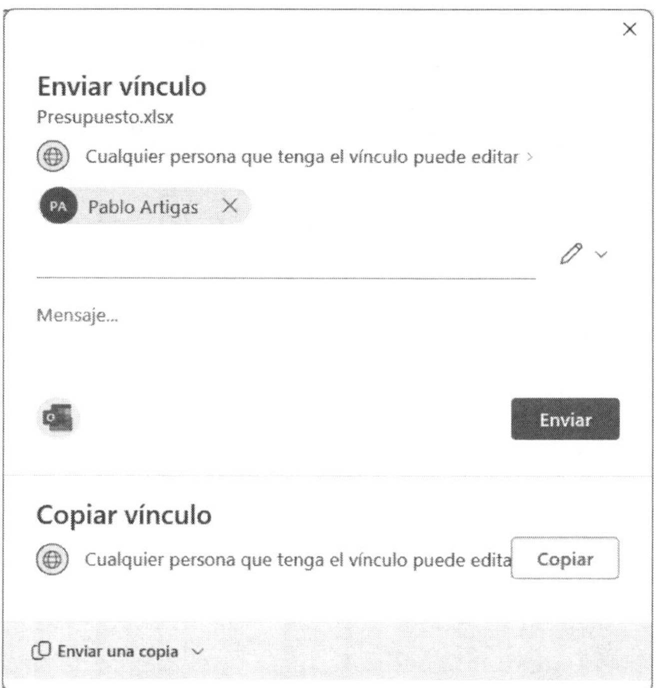

De manera predeterminada, el enlace propuesto permite que todos los que tenga el vínculo puedan consultar y modificar el contenido.

- Para modificar esta autorización de acceso, haga clic en el texto **Cualquier persona que tenga el vínculo puede editar** y seleccione una opción.

Cualquier persona	Para dar autorización a todos los usuarios a acceder al archivo. Esta opción genera un vínculo de invitado anónimo, no se pedirá ninguna conexión a los usuarios. Si es necesario, seleccione la fecha de expiración del vínculo haciendo clic en **Establecer fecha de expiración** e introduzca una contraseña haciendo clic en **Establecer contraseña**.
Usuarios de la organización que tengan el vínculo	Para compartir el libro solo con los usuarios de su organización.
Personas que tienen acceso	Para reenviar el vínculo a los usuarios a los que ya se lo ha enviado.
Personas determinadas	Para enviar el vínculo a uno o a varios usuarios cualesquiera.

- Deje activa la opción **Puede editar** para que los usuarios puedan modificar el archivo.

  Es posible que esta opción no esté disponible dependiendo de la configuración definida por el administrador de la organización.
- Para autorizar solo la lectura del archivo, abra la lista desplegable y seleccione la opción **Puede ver** en lugar de **Puede editar**. Si es necesario, active la opción **Bloquear la descarga** para que no se puede realizar la descarga, impresión o copia del archivo. Los usuarios podrán abrir el libro en modo de solo lectura en la aplicación Excel para la web (aplicación en línea de Excel disponible con una suscripción Microsoft 365), pero no podrán abrirlo en la aplicación Excel de escritorio.
- Haga clic en **Aplicar**.

- En la zona **Para: nombre, grupo o correo electrónico**, escriba la dirección de correo de los usuarios externos o el nombre de los usuarios de su organización a los que desea enviar el vínculo de acceso por correo electrónico. Luego haga clic en el nombre que aparece en la lista.

  Si un usuario no pertenece a la organización, esta información aparece al final de la lista. La herramienta ☒ ***Eliminar*** *que podemos ver al lado de un usuario permite quitarlo de la lista.*

- En la zona **Mensaje...**, escriba el mensaje que se adjuntará a la invitación a compartir enviada a los usuarios.

*También puede hacer clic en el botón **Copiar** para copiar el vínculo generado y luego pegarlo donde desee, o en la herramienta **Outlook** para abrir, en la aplicación Outlook en la web, la ventana de un mensaje nuevo donde se habrá añadido el vínculo de acceso.*

*La lista **Enviar una copia** le permite acceder a las opciones **Libro de Excel** o **PDF** que dan lugar a la creación de un mensaje de correo electrónico nuevo, donde el archivo activo aparecerá como documento adjunto (véase el capítulo Libros - Enviar un libro por correo electrónico).*

Haga clic en **Enviar**.

*Entonces todos los usuarios reciben una invitación a compartir por correo electrónico, donde aparece el vínculo de acceso al archivo compartido. Los usuarios de la organización también pueden acceder al archivo compartido activando el vínculo **Compartido** de su espacio OneDrive Enterprise (pestaña **Compartido conmigo**).*

También se puede compartir directamente desde el espacio OneDrive.

Administrar el acceso a un libro compartido guardado en OneDrive

En el momento en que lo necesite, puede añadir o eliminar usuarios o bien modificar el tipo de acceso al archivo (modificar o solo ver).

Haga clic en el botón Compartir que aparece en la parte superior de la ventana del libro y luego haga clic en la opción **Administrar el acceso**.

*Se abre el panel **Administrar acceso** donde se muestran los vínculos (seleccionando la pestaña **Vínculos**) y las personas autorizadas (seleccionando la pestaña **Contactos**):*

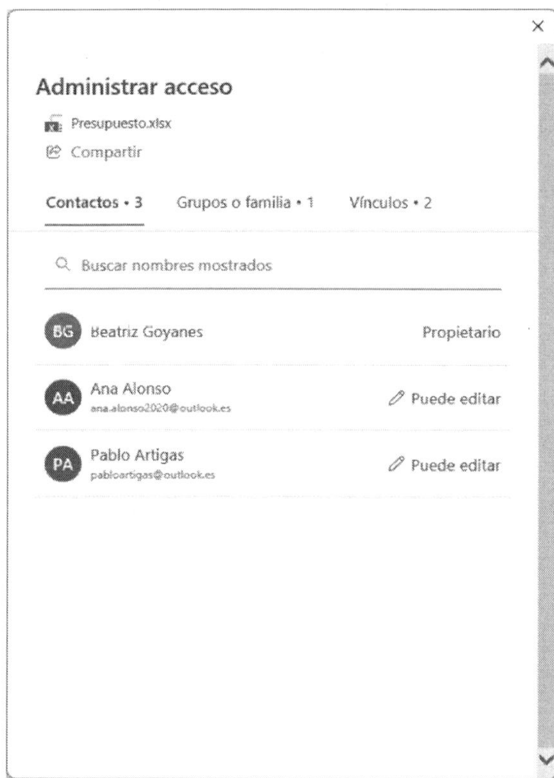

En este caso, dos personas tienen acceso al libro además de la propietaria del libro, Beatriz Goyanes.

- Para volver a copiar uno de los vínculos, seleccione la pestaña **Vínculos** y luego haga clic en el botón **Copiar**.
- Haga clic en el texto que aparece debajo del vínculo para modificar o añadir una fecha de expiración o una contraseña. Las opciones pueden variar dependiendo del tipo de vínculo.

- Para eliminar un vínculo de compartir en el panel **Administrar acceso**, seleccione la pestaña Vínculos y luego haga clic en el botón que se encuentra al lado del vínculo que se desea eliminar.
- Para eliminar a una persona, vaya a la pestaña **Contactos**, haga clic en el nombre, haga clic en el desplegable **Acceso directo: puede editar**, vuelva a hacer clic en el desplegable **Puede editar** y por último haga clic en la opción **Quitar el acceso directo.**

Coeditar un libro

Cuando un libro se ha compartido con otros usuarios, aquellos que dispongan de un derecho de edición podrán abrirlo y trabajar en él simultáneamente.

Haga clic en el vínculo o en el nombre del libro que aparece en la invitación para compartir que ha recibido por correo electrónico: el libro se abre en Excel para la web mediante el navegador de Internet.

*También se puede acceder a los archivos compartidos en OneDrive a partir del enlace **Compartido** del espacio de almacenamiento OneDrive.*

*Si dispone de autorización para editar el libro, aparecerá en la barra de comandos, en la parte superior de la pantalla, el botón **Edición**.*

- Para ver el archivo sin hacer modificaciones (solo lectura), seleccione la opción **Visualización** del botón **Edición**. Si desea volver a hacer cambios, haga clic en la opción **Edición** del botón Visualización, en la parte superior de la pantalla.
- Para editar el libro en la aplicación Excel instalada en su equipo, haga clic en el botón **Abrir en la aplicación de escritorio.**

El libro puede entonces modificarse incluso si otro usuario lo ha abierto al mismo tiempo.

Los usuarios en línea que están trabajando en ese libro se indican a la izquierda del botón ***Compartir*** *mediante un círculo de color con las iniciales.*

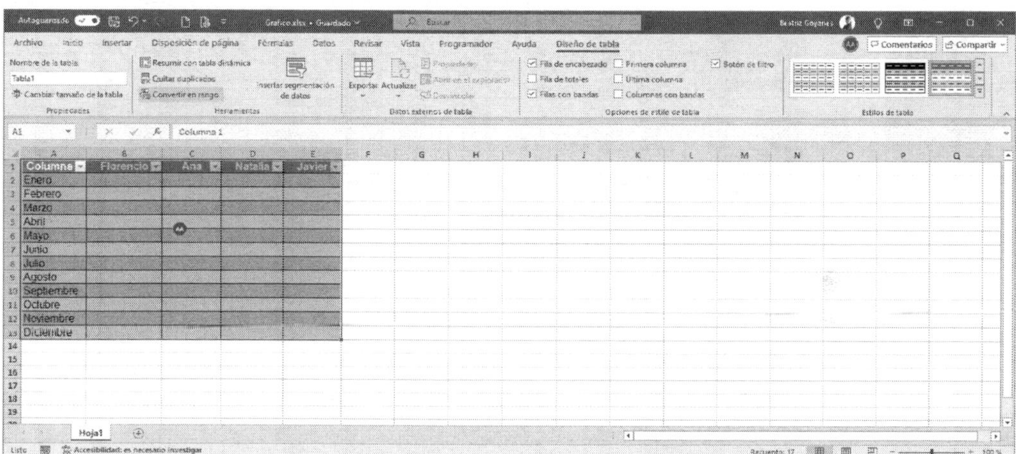

Haga clic en el círculo de color del usuario para desplazarse hasta la celda que está modificando.

Las modificaciones introducidas por usted u otros editores se guardan de forma automática y pueden verse en el libro abierto.

El botón ***Comentarios*** *(a la izquierda del botón* ***Compartir****) permite comunicarse por mensajería instantánea con los usuarios conectados.*

Crear y usar los comentarios

Esta técnica permite hacer anotaciones en un libro asociando comentarios a las celdas. Los comentarios se usan en un libro que está disponible para varios usuarios ya que todas las personas con las que está compartido el libro podrán dejar comentarios y responderlos.

Crear un comentario

- Abra el panel **Comentarios** haciendo clic en el botón [Comentarios] situado en la parte superior derecha de la pantalla, o haciendo clic en el botón **Mostrar comentarios** del grupo **Comentarios** de la pestaña **Revisar**.

  *El panel **Comentarios** aparece a la derecha de la ventana.*
- Seleccione la o las celdas donde desea realizar una comentario.
- En la pestaña **Revisar**, haga clic en el botón **Nuevo comentario** del grupo **Comentarios**.
- Escriba el texto del comentario en la zona de texto que aparece en el panel.
- Haga clic en el botón [▷] para validar o pulse [Ctrl] [↵].

  En la hoja actual, aparece un triángulo de colores en la parte superior derecha de la celda donde se ha incluido el comentario:

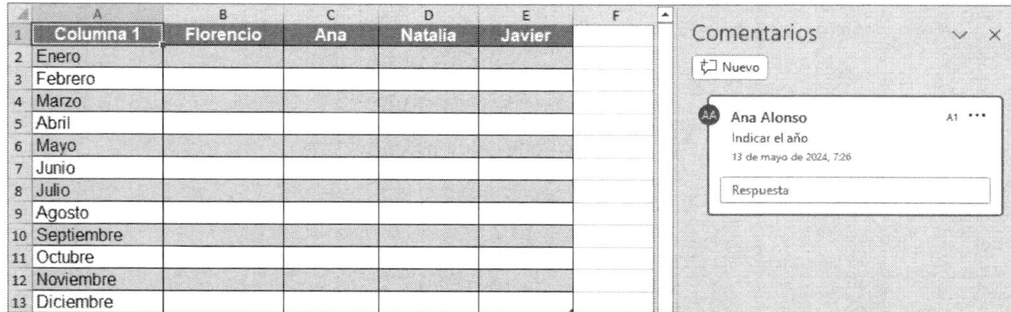

Ver un comentario concreto

- Vaya a la hoja que contiene el comentario que desea ver.
- Si el panel **Comentarios** no es visible en la pantalla, puede colocar el cursor del ratón sobre el triángulo visible en la esquina superior derecha de la celda, pero sin hacer clic.

Aparece un mensaje de información con el nombre del usuario.

- Si el panel **Comentarios** es visible en la pantalla, haga clic en la celda. El comentario correspondiente aparece dentro de un marco de color.

Ver todos los comentarios uno por uno

Sin importar cuál es la celda actual, haga clic en el botón **Comentario anterior** o **Comentario siguiente** del grupo **Comentarios** de la pestaña **Revisar** para acceder a los distintos comentarios.

Modificar un comentario

- Haga clic en el comentario que desea modificar en el panel **Comentarios** y luego en el botón **Editar comentario** .
- Realice las modificaciones y valide haciendo clic en **Guardar**.

Responder a un comentario

Es posible responder a un comentario añadido por otro usuario.

- Si es necesario, abra el panel **Comentarios** y la hoja donde se encuentra el comentario al que desea responder.
- Haga clic en la zona **Respuesta** del comentario deseado.
- Escriba la respuesta.

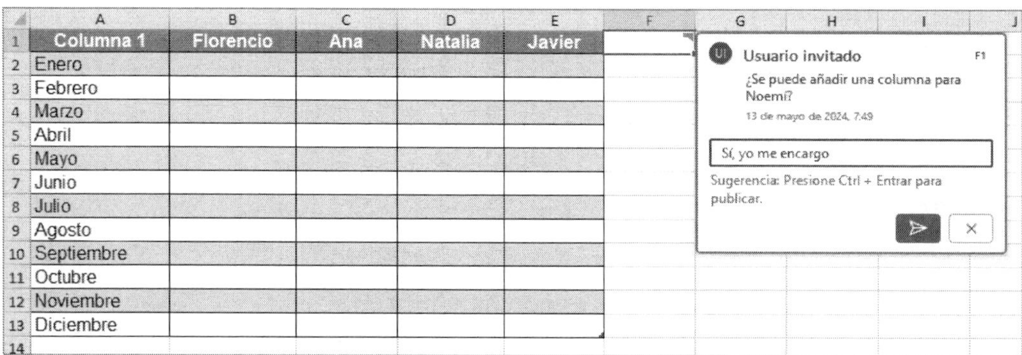

- Valide haciendo clic en el botón .

Con el botón puede eliminar su respuesta.

Mencionar a una persona

Puede llamar la atención de una persona que comparte el archivo mencionándola en un comentario mediante el símbolo @. La persona mencionada de esta manera recibirá un correo electrónico con un vínculo al comentario. Entonces puede hacer clic en el vínculo para abrir el archivo y acceder al comentario.

- Cree o modifique el comentario deseado.
- En la zona de texto del comentario, escriba el símbolo @ y el nombre o el apellido de la persona que desea mencionar. Luego, cuando el nombre aparezca en la lista, selecciónelo.
- Valide el comentario pulsando .

Finalizar una conversación

Cuando ya se ha tenido en cuenta un comentario o una conversación, se pueden marcar como terminados para distinguirlos de los otros.

- Si es necesario, en el panel **Comentarios**, active el comentario deseado.
- Haga clic en la herramienta **Más acciones del hilo** [...] y seleccione la opción **Resolver el hilo.**
- Para que un comentario o una conversación puedan volver a ser modificables, active el comentario y luego haga clic en la opción **Volver a abrir** [↶].

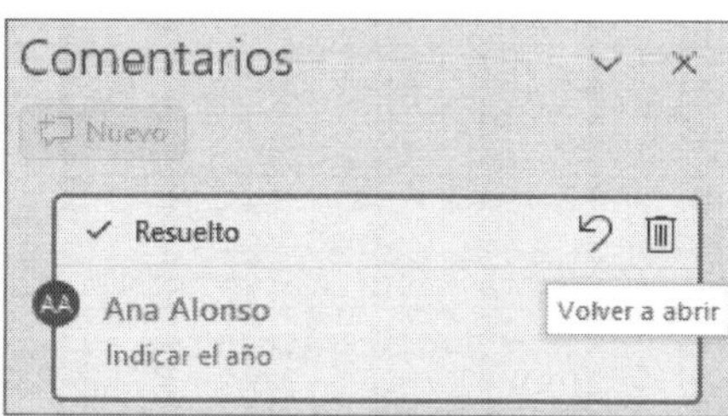

Eliminar una conversación o un comentario

- Para eliminar un comentario, haga clic en el icono del comentario [...], en el panel **Comentarios**, seleccione la opción **Eliminar el hilo** o haga clic en el botón **Eliminar** del grupo **Comentarios** de la pestaña **Revisar**.

Usar las vistas de hoja

*Las **vistas de hojas** permiten crear vistas personalizadas que solo están vinculadas a las funciones de ordenar y/o filtrar.*

Estas vistas de hojas con muy útiles cuando se trabaja en co-autoría porque permiten conservar la información con la que está trabajando sin que se vea afectada por las modificaciones de los otros co-autores del libro.

Esta función únicamente está disponible si el libro se ha compartido y guardado en un espacio OneDrive (OneDrive personal o OneDrive para la Empresa) o en un sitio SharePoint (o un equipo de Teams).

Crear una vista de hoja

- Seleccione la hoja de cálculo que contiene los datos que desea ordenar o filtrar.
- Ordene o filtre la hoja según sus necesidades.
- Haga clic en el botón Nuevo del grupo **Vista de hoja** de la pestaña **Vista**.
- En el grupo **Vista de hoja**, seleccione **Vista temporal** y luego introduzca el nombre que desee darle a la vista.
- Haga clic en el botón **Deje** para guardar la vista de hoja.

  Si hay otras personas trabajando en el archivo, Excel le pregunta si desea aplicar este orden o filtro para usted o para todos.

Cuando está en vista de hoja, aparece el símbolo de un ojo RRHH *al lado del nombre de la pestaña de la hoja de cálculo. Si coloca el cursor sobre este símbolo, aparece un mensaje de información que nos muestra el nombre de la vista de hoja activa.*

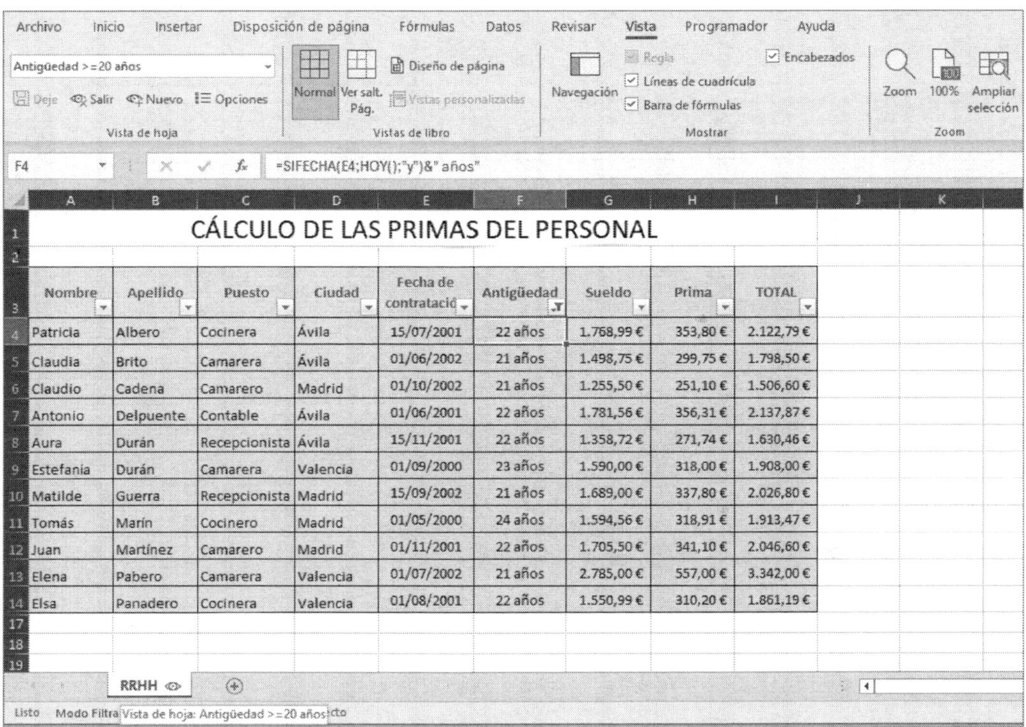

Nombre	Apellido	Puesto	Ciudad	Fecha de contratació	Antigüedad	Sueldo	Prima	TOTAL
Patricia	Albero	Cocinera	Ávila	15/07/2001	22 años	1.768,99 €	353,80 €	2.122,79 €
Claudia	Brito	Camarera	Ávila	01/06/2002	21 años	1.498,75 €	299,75 €	1.798,50 €
Claudio	Cadena	Camarero	Madrid	01/10/2002	21 años	1.255,50 €	251,10 €	1.506,60 €
Antonio	Delpuente	Contable	Ávila	01/06/2001	22 años	1.781,56 €	356,31 €	2.137,87 €
Aura	Durán	Recepcionista	Ávila	15/11/2001	22 años	1.358,72 €	271,74 €	1.630,46 €
Estefania	Durán	Camarera	Valencia	01/09/2000	23 años	1.590,00 €	318,00 €	1.908,00 €
Matilde	Guerra	Recepcionista	Madrid	15/09/2002	21 años	1.689,00 €	337,80 €	2.026,80 €
Tomás	Marín	Cocinero	Madrid	01/05/2000	24 años	1.594,56 €	318,91 €	1.913,47 €
Juan	Martínez	Camarero	Madrid	01/11/2001	22 años	1.705,50 €	341,10 €	2.046,60 €
Elena	Pabero	Camarera	Valencia	01/07/2002	21 años	2.785,00 €	557,00 €	3.342,00 €
Elsa	Panadero	Cocinera	Valencia	01/08/2001	22 años	1.550,99 €	310,20 €	1.861,19 €

Cerrar o cambiar las vistas de hoja

- Para cerrar la vista de hoja y volver a la vista predeterminada, haga clic en el botón Salir del grupo **Vista de hoja** de la pestaña **Vista**.
- Para cambiar a otra vista de hoja, haga clic en la pestaña **Vista**, vaya al grupo **Vista de hoja** y luego seleccione el nombre en la lista **Cambiar vista de hoja**.

Administrar las vistas de hoja

- Para renombrar, eliminar o copiar una vista de hoja, haga clic en el botón 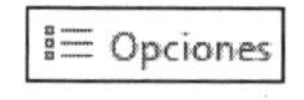 que se en encuentra en el grupo **Vista de hoja** de la pestaña **Vista**.

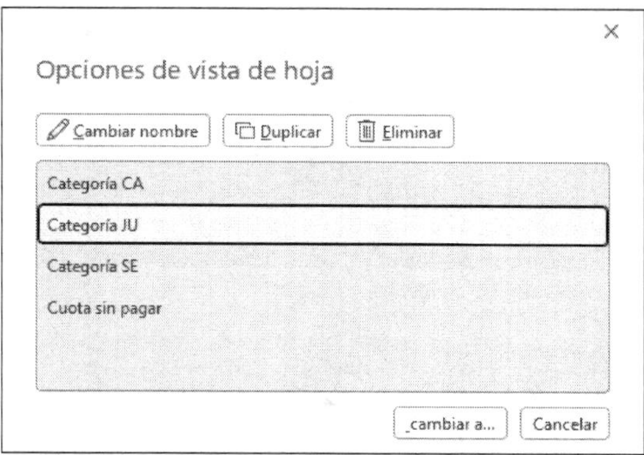

- Seleccione la vista de hoja que desee y luego haga clic en uno de los botones **Cambiar nombre**, **Duplicar** o **Eliminar**. El botón **Cambiar a** permite activar la vista de hoja seleccionada.

En una tabla de datos, puede crear y administrar las vistas de hoja con ayuda de la opción **Vista de tabla**, a la que puede acceder desde los botones de listas desplegables que aparecen en cada celda de encabezado de columna.

Optimizar la introducción de datos

Crear una serie de datos personalizada

- Si la lista se encuentra en la hoja de cálculo, seleccione las celdas que formarán la nueva lista personalizada. Si no es así, no es preciso que seleccione nada
- Haga clic en la pestaña **Archivo** y luego en **Opciones**.
- Seleccione la categoría **Avanzadas** y haga clic en el botón **Modificar listas personalizadas** del cuadro **General**.
- En el cuadro **Listas personalizadas**, haga clic en la opción **Nueva lista**, incluso si esta ya está seleccionada, e introduzca sus datos en el cuadro **Entradas de lista**, separándolos con la tecla ⏎.

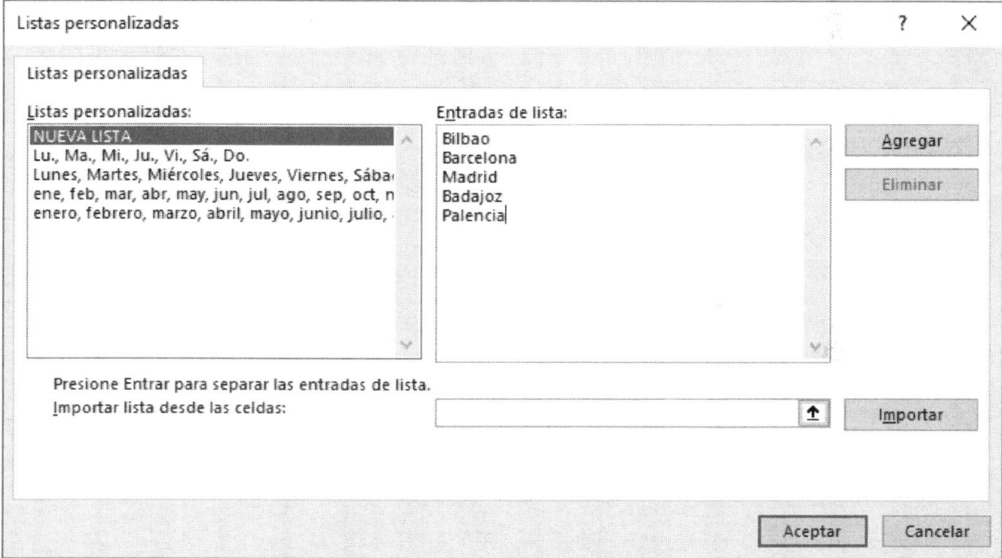

- Haga clic en **Agregar**. Para importar una nueva serie a partir de las celdas previamente seleccionadas, haga clic en el botón **Importar**.

  También puede hacer clic en la herramienta ⬆ *y seleccionar las celdas en la hoja de cálculo.*

  La nueva lista se coloca a continuación de las series existentes y cada dato se separa del siguiente con una coma.

- Haga clic en el botón **Aceptar** una primera vez para cerrar el cuadro de diálogo **Listas personalizadas** y una segunda para cerrar el cuadro **Opciones de Excel**.

 Las series de datos personalizadas se usan igual que las demás series de datos: introduzca el primer valor de la serie en una celda y arrastre el indicador de relleno de la celda.

Modificar o eliminar una serie de datos personalizada

- Entre en el cuadro de diálogo **Listas personalizadas** (pestaña **Archivo - Opciones** - categoría **Avanzadas** botón **Modificar listas personalizadas**).
- Para modificar una lista personalizada, seleccione la serie en el cuadro **Listas personalizadas.**

  Lleve a cabo las modificaciones oportunas en el cuadro **Entradas de lista**: agregue o elimine caracteres o entradas.
- Para eliminar una serie personalizada, selecciónela en el cuadro **Listas personalizadas** y haga clic en el botón **Eliminar**. Confirme la eliminación definitiva haciendo clic en el botón **Aceptar**.
- Haga clic en **Aceptar** una primera vez para cerrar el cuadro de diálogo **Listas personalizadas** y una segunda vez para cerrar el cuadro **Opciones de Excel**.

Crear una lista desplegable de valores

Esta operación permite crear listas desplegables en celdas a partir de datos introducidos en celdas situadas en otra parte del libro. Cuando está activa, la celda que contiene la lista desplegable muestra un botón, una flecha que permite abrir la lista y seleccionar la entrada deseada.

- Si es preciso, introduzca cada entrada de la lista desplegable en una celda, en una sola fila o una sola columna, delimitada por una celda vacía.

  Es posible ordenar los datos según el orden en que desea que aparezcan en la lista desplegable.
- Si quiere crear la lista en una hoja de cálculo diferente de aquella en la que se encuentran las entradas, es preferible asignar un nombre a las celdas que contienen las entradas (véase capítulo Rangos con nombre).

  Si los valores de la lista no son muy numerosos, puede introducir sus diferentes elementos en el momento en que la cree.
- Seleccione la celda o las celdas en las que desea que aparezca la lista desplegable.

Optimizar la introducción de datos

- Active la pestaña **Datos** y haga clic en la herramienta **Validación de datos**  del grupo **Herramientas de datos.**

  *Se abre el cuadro de diálogo **Validación de datos**.*
- En la pestaña **Configuración**, abra la lista **Permitir** y seleccione la opción **Lista.**
- Para seleccionar las celdas con entradas de lista situadas en una hoja, active el cuadro de texto **Origen** y escriba el signo = seguido del nombre atribuido a las celdas o seleccione las entradas de lista situadas en la hoja de cálculo.

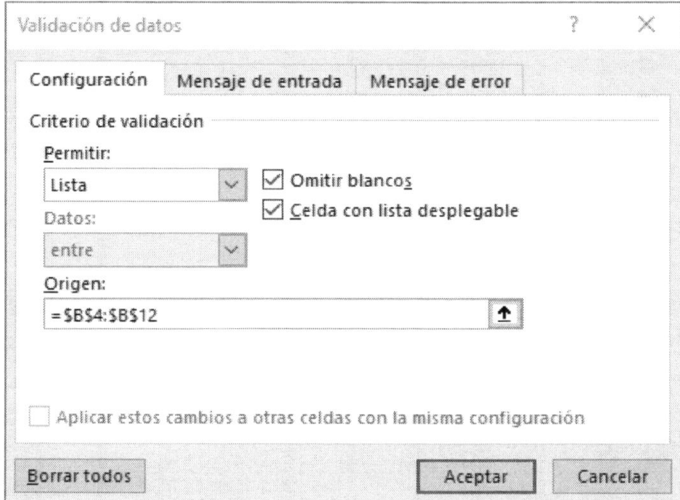

Cualquiera que sea la solución escogida, el nombre o la selección aparecen precedidos del signo =.

*Si los datos que se han de incluir en la lista no se han introducido en celdas, añádalos en la zona **Origen** separándolos con punto y coma.*

- Para indicar que la celda puede estar vacía, deje activa la opción **Omitir blancos.**
- Añada opcionalmente el mensaje que aparecerá en una etiqueta informativa al activar la celda con la lista desplegable:

  Haga clic en la pestaña **Mensaje de entrada** y verifique que la opción **Mostrar mensaje de entrada al seleccionar la celda** está activa.

Introduzca el título del mensaje en el cuadro **Título** y el texto del mensaje (hasta 225 caracteres) en el cuadro **Mensaje de entrada**.

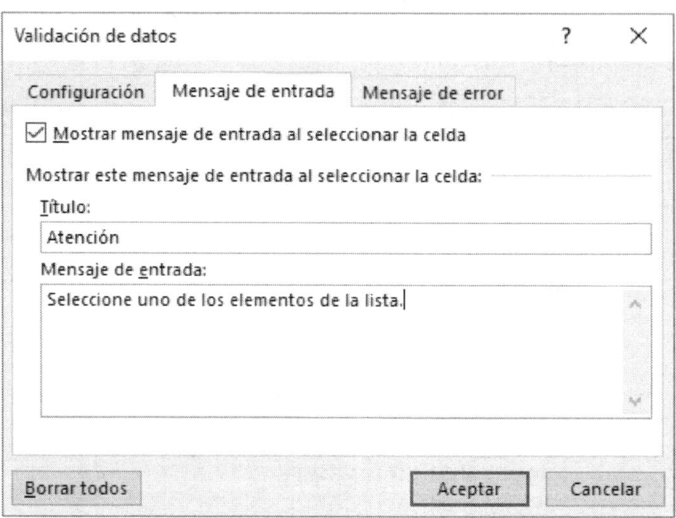

- Indique el procedimiento que se deberá seguir en caso de que se introduzcan datos no incluidos en la lista desplegable, haga clic en la pestaña **Mensaje de error** y verifique que la opción **Mostrar mensaje de error si se introducen datos no válidos** está activa.

Seleccione una de las opciones siguientes en la lista **Estilo**:

Alto Para ver el mensaje y no permitir la introducción de datos que no pertenezcan a la lista desplegable.

Advertencia Para ver un mensaje de advertencia, pero sin impedir la introducción de datos que no pertenezcan a la lista desplegable.

Información Para ver un mensaje de información y aceptar que se introduzcan datos que no pertenecen a la lista desplegable.

Introduzca el título del mensaje en el cuadro **Título** y el texto en el cuadro **Mensaje de error**.

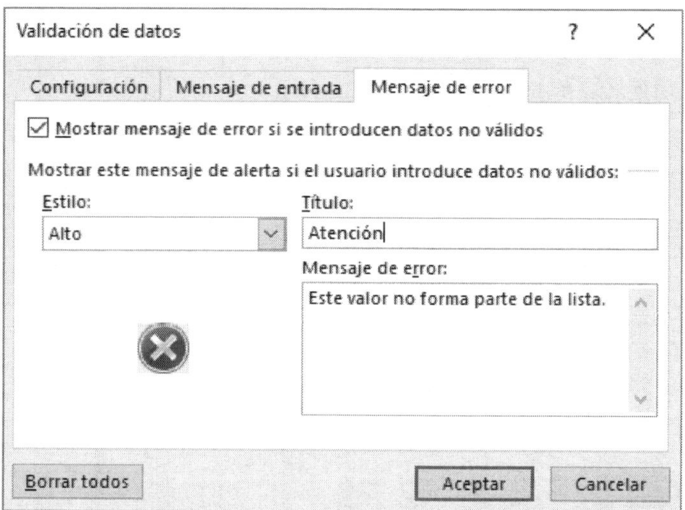

Haga clic en **Aceptar**.

Si no especifica nada, en caso de datos no válidos aparecerá el siguiente mensaje de forma predeterminada:

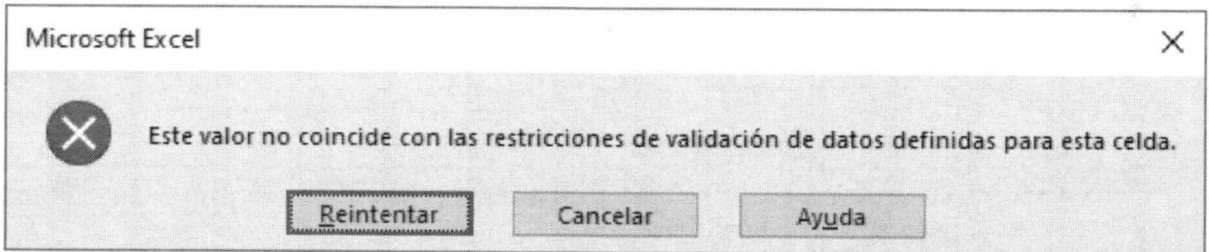

No podrá introducir datos que no se encuentren en la lista desplegable.

El ancho de la lista desplegable viene determinado por el ancho de la celda que la contiene.

Para eliminar una lista desplegable, muestre el cuadro de diálogo **Validación de datos** (pestaña **Datos** - grupo **Herramientas de datos** - botón **Validación de datos**) para la celda que contiene la lista que se ha de suprimir y haga clic en el botón **Borrar todos** que aparece en la parte inferior.

 Si las entradas de la lista desplegable están en otra hoja y desea impedir que los usuarios accedan a ella, oculte o proteja la hoja de cálculo.

Definir los datos permitidos

Este procedimiento permite limitar el tipo de datos autorizados en una o varias celdas definiendo los criterios de validación.

Definir los criterios de validación

- Seleccione las celdas.
- Active la pestaña **Datos** y haga clic en la herramienta **Validación de datos** 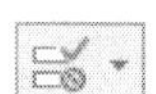 del grupo **Herramientas de datos**.

  *Se abre el cuadro de diálogo **Validación de datos**.*
- En la pestaña **Configuración**, abra la lista **Permitir** y seleccione una opción en función del tipo de datos que desea autorizar en la celda:

Cualquier valor	No hay restricciones.
Número entero	El dato debe ser un número entero.
Decimal	El dato debe ser un número o una fracción.
Lista	El dato ya debe estar seleccionado en una celda (véase Crear una serie de datos personalizada).
Fecha	El dato debe ser una fecha.
Hora	El dato debe ser una hora.
Longitud del texto	Esta opción permite precisar el número de caracteres autorizados para el dato.
Personalizada	Esta opción permite introducir una fórmula para definir los datos autorizados.

- En las opciones **Número entero**, **Decimal**, **Fecha**, **Hora**, **Longitud del texto**, seleccione un operador en la lista **Datos** y complete las opciones en función del operador seleccionado.

Los criterios de validación siguientes autorizan la introducción de un número entero comprendido entre 0 y 10.

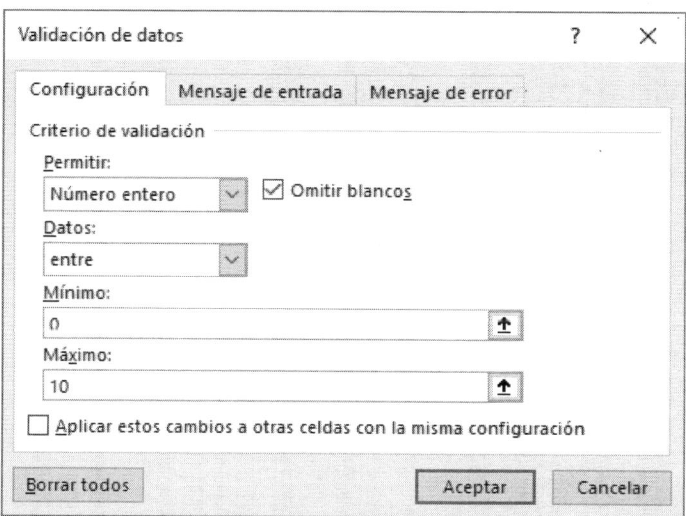

- Si ha seleccionado **Personalizada**, escriba la fórmula de cálculo en el cuadro **Fórmula** empezando por el signo igual (=). La fórmula debe ser de tipo lógico, con resultado VERDADERO o FALSO.
- Sea cual sea el tipo de datos, deje activa la opción **Omitir blancos** si admite que la celda se quede vacía.
- Escriba opcionalmente el mensaje que aparecerá en una etiqueta informativa al activar la celda en cuestión:

  Haga clic en la pestaña **Mensaje de entrada** y verifique que la opción **Mostrar mensaje de entrada al seleccionar la celda** está activa.

  Introduzca el título del mensaje en el cuadro **Título** y el texto en el cuadro **Mensaje de entrada**.
- Indique el procedimiento que se debe seguir en caso de que se introduzcan datos no válidos:

  Haga clic en la pestaña **Mensaje de error** y verifique que la opción **Mostrar mensaje de error si se introducen datos no válidos** está activa.

Seleccione una de las opciones siguientes en la lista **Estilo**:

Alto Para ver el mensaje y no permitir la introducción de datos no válidos.

Advertencia Para ver un mensaje de advertencia y, opcionalmente, forzar la introducción no autorizada de datos.

Información Para ver un mensaje de información y aceptar que se introduzcan datos no válidos.

Introduzca el título del mensaje en el cuadro **Título** y el texto en el cuadro **Mensaje de error**.

- Haga clic en **Aceptar**.

Los botones del mensaje de error difieren en función del estilo escogido, dando así la posibilidad de forzar o no la introducción de datos.

En este ejemplo vemos un mensaje de advertencia: el usuario puede forzar la introducción de datos haciendo clic en el botón ***Sí****.*

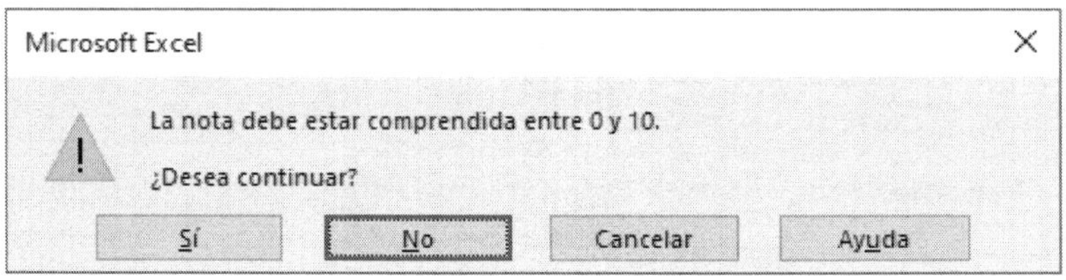

Señalar con un círculo los datos no válidos

Se trata de señalar con círculos rojos los datos que no se corresponden con los criterios de validación solicitados.

- Active la pestaña **Datos** y abra la lista de la herramienta **Validación de datos** del grupo **Herramientas de datos**.
- Haga clic en la opción **Rodear con un círculo datos no válidos**.

Optimizar la introducción de datos

En este ejemplo las notas deben estar comprendidas entre 0 y 10.

	A	C	D	E	F	G	H	I	J	K	L
6	Pruebas individuales	Disciplina	15-ene	15-mar	15-may	15-jul	15-sep	15-nov	Media	Máximo	Mínimo
7		Barras	10,025	4,815	8,565	4,128	3,880	9,300	6,786	10,025	3,880
8		Trampolín	9,025	6,595	6,945	9,375	7,925	0,000	6,644	9,375	0,000
9		Potro	10,885	8,555	8,425	2,557	10,125		8,109	10,885	2,557
10		Suelo	8,970	10,290	8,170	8,810	9,430	9,930	9,267	10,290	8,170
11		Saltos	8,955	9,910	6,620	6,825	5,040	9,375	7,788	9,910	5,040
12		Anillas	5,255	5,980	6,620		7,685	9,150	6,938	9,150	5,255
13		Media	8,853	7,691	7,558	6,339	7,348	7,551	7,556	8,853	6,339
14	Dúo	Barras fijas	5,955		4,620	11,825	6,040	7,450	7,178	11,825	4,620
15		Barras paralelas	7,255	9,025	6,110	6,565	6,355	8,250	7,260	9,025	6,110
16		Suelo	3,475	6,285	4,620	7,140	6,930	3,450	5,317	7,140	3,450
17		Media 2	5,562	7,655	5,117	8,510	6,442	6,383	6,611	8,510	5,117
18		Media general	7,207	7,673	6,337	7,424	6,895	6,967	7,084	8,681	5,728

- Para ocultar los círculos rojos, en la pestaña **Datos**, abra la lista de la herramienta **Validación de datos** y haga clic en la opción **Borrar círculos de validación.**

Asociar una nota a una celda

Excel Microsoft 365 permite intercambiar impresiones con otras personas mediante comentarios y notas. La creación de los comentarios ya se ha tratado en el capítulo Trabajo de grupo - Crear y usar los comentarios.

Crear una nota

Las notas permiten hacer anotaciones en las celdas.

- Haga clic con el botón derecho del ratón sobre la celda elegida y seleccione la opción **Nueva nota.**
- Escriba el texto de la nota.

  La nota se inserta directamente en la etiqueta informativa. Se puede saltar de línea pulsando la tecla .
- Pulse la tecla esc o haga clic en otra parte para interrumpir la redacción de la nota.

  Aparece una etiqueta informativa con el nombre del usuario.

De forma predeterminada, en la parte superior derecha de la celda, un pequeño triángulo rojo avisa de la existencia de una nota.

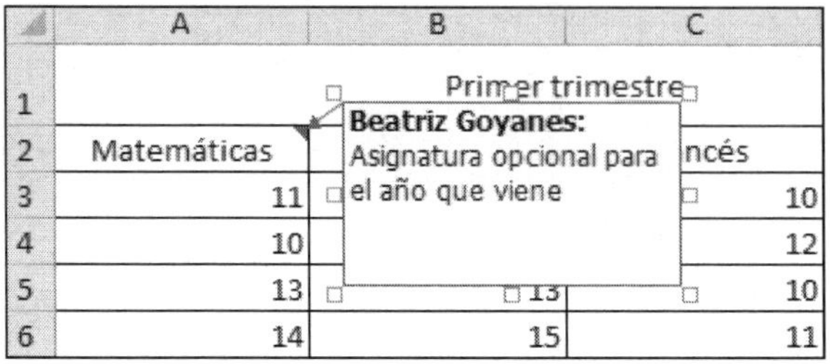

	A	B	C
1		Primer trimestre	
2	Matemáticas		ncés
3	11		10
4	10		12
5	13	13	10
6	14	15	11

Beatriz Goyanes:
Asignatura opcional para el año que viene

En las versiones anteriores de Excel, estas notas se llaman comentarios.

Ver las notas

- Para ver una nota, simplemente coloque el cursor del ratón sobre el triángulo rojo.
- Para ver las notas una tras otra, haga clic en los botones **Nota anterior** y **Nota siguiente** del grupo **Notas** (pestaña **Revisar**).
- Para ver todas las notas simultáneamente, haga clic en el botón **Mostrar todas las notas** del grupo **Notas** (pestaña **Revisar**).
- Para modificar la vista general de las notas, haga clic en la pestaña **Archivo** y luego en **Opciones**, categoría **Avanzadas**, zona **Presentación**, active la opción **Sin comentarios, notas, ni indicadores**, **Solo indicadores y comentarios y notas al mantener el mouse** o **Indicadores y notas, y comentarios al mantener el puntero.** Después confirme.

Para modificar una nota, haga clic en la celda que la contiene, haga clic en el botón **Editar nota** (grupo **Notas** de la pestaña **Revisar**), introduzca los cambios y pulse esc.

Para eliminar una nota, haga clic en la celda que la contiene y luego en el botón **Eliminar nota.**

Optimizar la introducción de datos

Distribuir el contenido de una celda en varias celdas

*Aunque Excel Microsoft 365 dispone de la función de relleno rápido (véase el capítulo Introducir y modificar datos - Utilizar el Relleno rápido automático para completar una columna), vamos a ver en este apartado el comando **Texto en columnas**, que permite repartir en diferentes celdas el contenido de una celda en función de un separador, como un espacio, una coma, un punto, un punto y coma o un salto de columna.*

- Prevea una o varias columnas vacías a la derecha de las celdas cuyo contenido se va a repartir.
- Seleccione el rango de celdas que corresponda, active la pestaña **Datos** y haga clic en el botón **Texto en columnas** del grupo **Herramientas de datos**.

*Aparece el primer paso del **Asistente para convertir texto en columnas**.*

- Active si es preciso la opción **Delimitados** y haga clic en el botón **Siguiente**.
- En el paso 2, en el cuadro **Separadores**, active la opción que corresponda al separador utilizado para efectuar la distribución.

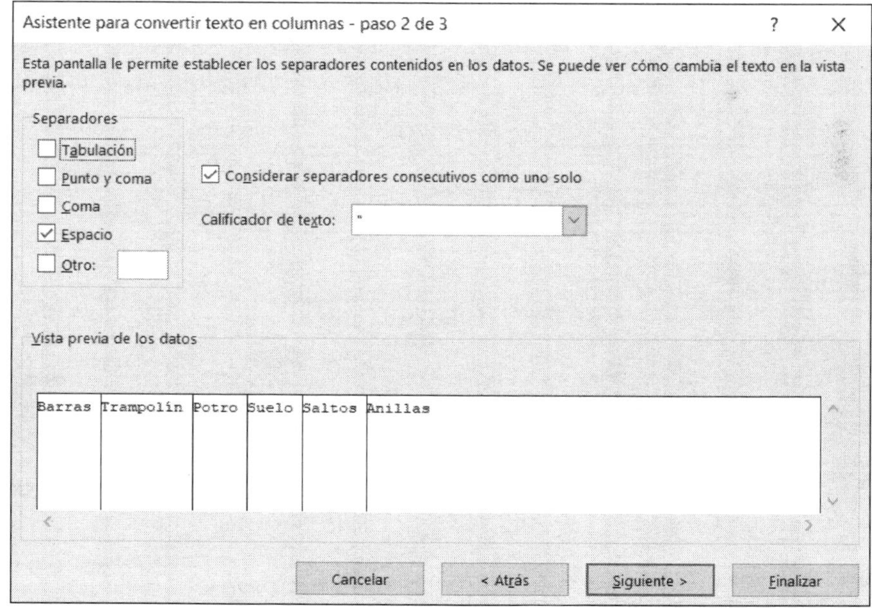

*La zona **Vista previa de los datos** muestra en columnas distintas la forma como se separarán los datos.*

- Haga clic en el botón **Siguiente**.
- En el paso 3, especifique el formato de cada columna:
  - En la zona **Vista previa de los datos**, haga clic en la columna correspondiente para seleccionarla.
  - Escoja el formato que debe aplicarse en el cuadro **Formato de los datos en columnas.**
- Especifique el lugar donde aparecerán los datos repartidos: utilice, si es preciso, el botón de la zona **Destino** para precisar la referencia de la primera celda de destino. En ese caso, las celdas de origen permanecen intactas y los datos fraccionados aparecen al lado.

  Si no especifica un destino, los datos de origen se reemplazarán.
- Haga clic en el botón **Finalizar**.

Traducir el contenido de una celda

El servicio en línea Microsoft Translator le da la posibildiad de traducir una parte de un texto o todo un documento al idioma que elija. Para usar este servicio de traducción, compruebe que la conexión a Internet está activa.

- Si el texto que desea traducir ya está en el libro, seleccione la celda que lo contiene.
- En la pestaña **Revisar**, haga clic en el botón **Traducir** del grupo **Idioma**.

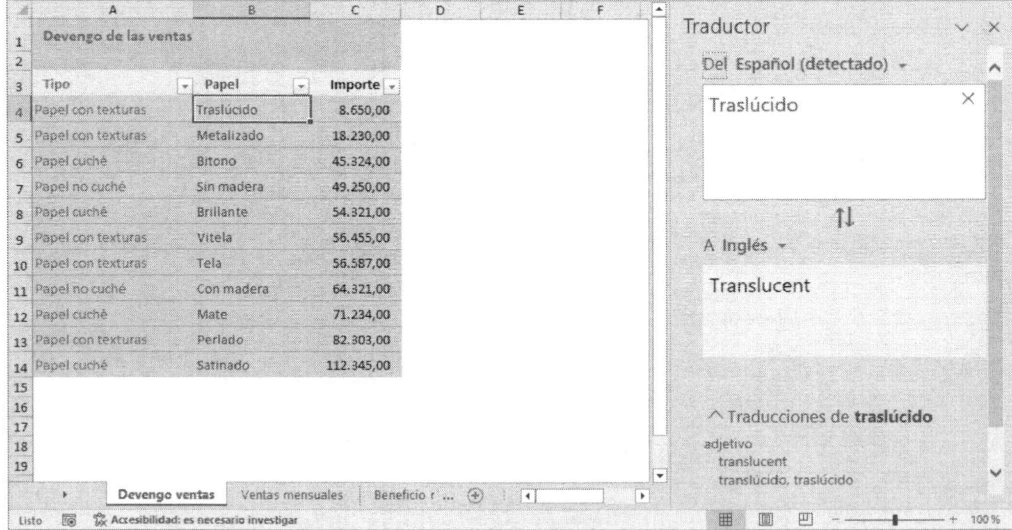

*El panel **Traductor** se abre a la derecha de la ventana. El texto seleccionado aparece en la zona **Del** y podemos ver el texto traducido (de manera predeterminada está seleccionado español, en este ejemplo hemos seleccionado inglés) en el cuadro **A**.*

- Si no ha seleccionado un texto previamente, escríbalo en la zona donde aparece el mensaje **Seleccione texto en el documento o escriba aquí un texto para traducir**.
- Si el idioma de origen o el de destino no son correctos, abra la lista asociada al idioma que desea modificar y elija el que prefiera usar.

La herramienta ⇅ permite invertir los idiomas de origen y destino.

*Cuando coloque el cursor sobre una palabra situada en la zona **Del**, la traducción aparecerá en la parte inferior del panel **Traductor**.*

- Para realizar la traducción de otro texto del libro, selecciónelo: el texto aparece en la zona **Del** y podemos ver la traducción correspondiente en la zona **A**.

Introducción

Para acceder con rapidez a información situada en otro emplazamiento del libro o en otro archivo o página web, es posible insertar hipervínculos en celdas o en objetos gráficos.

Crear un hipervínculo

- Para crear un hipervínculo, haga clic en la celda o seleccione el objeto gráfico que debe asociarse al enlace que se va a crear.

  Si se trata de una celda, esta puede contener datos y formatos.

- Active la pestaña **Insertar** y haga clic en el botón **Vínculo** del grupo **Vínculos** o pulse Ctrl **K**.

Crear un vínculo a un nuevo archivo

- Haga clic en la opción **Crear nuevo documento** situada en el panel izquierda del cuadro de diálogo.

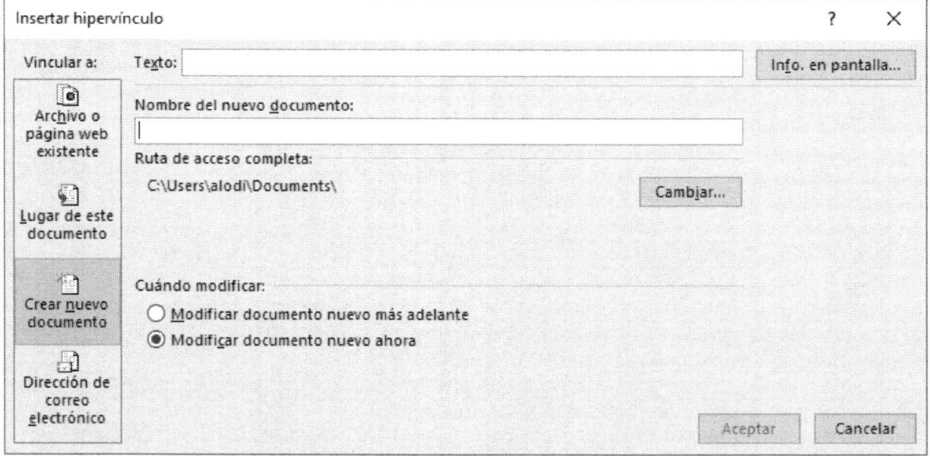

- Si la **Ruta de acceso completa** propuesta es la carpeta donde desea crear la nueva hoja, escriba su nombre en el cuadro **Nombre del nuevo documento**; de no ser así, haga clic en el botón **Cambiar** para seleccionar otra hoja.
- Dependiendo de si desea **Modificar documento nuevo ahora** o **Modificar documento nuevo más adelante**, active una u otra opción en la sección **Cuándo modificar**.

- Si es preciso, haga clic en el botón **Info. en pantalla** para escribir el texto que desea que aparezca (en una etiqueta informativa) cuando el cursor esté sobre el hipervínculo. A continuación, confirme haciendo clic en **Aceptar**.

  Si no escribe nada en el texto de la etiqueta, por defecto Excel mostrará la ruta completa de acceso al nuevo documento.

- Haga clic en **Aceptar** para confirmar la creación del vínculo y del nuevo documento.

  Si ha solicitado una edición inmediata, el libro con el nuevo hipervínculo permanece abierto y el nuevo libro aparece en una nueva ventana.

- En ese caso, cree el contenido del libro y guárdelo.

Crear un vínculo a un archivo existente o a una página web

- Haga clic en la opción **Archivo o página web existente** situada en el panel izquierdo del cuadro de diálogo **Insertar hipervínculo.**

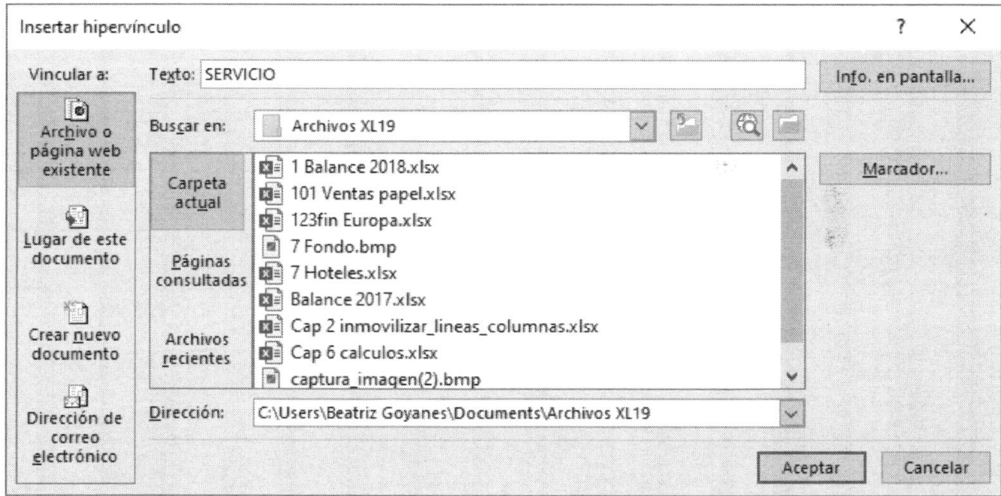

- Dependiendo de con qué archivo quiera crear el vínculo, haga clic en el botón:

  Carpeta actual: para seleccionar el archivo de destino del vínculo en la carpeta actual.

  Páginas consultadas: para seleccionar la página web de destino del vínculo entre la lista de las últimas páginas visitadas.

  Archivos recientes: para seleccionar el archivo de destino del vínculo entre la lista de archivos usados recientemente.

*Si conoce la **Dirección** exacta del archivo con el que desea establecer el vínculo, puede escribirla directamente en el cuadro correspondiente.*

- Si es preciso, haga clic en el botón **Info. en pantalla** para escribir el texto que desea que aparezca (en una etiqueta informativa) cuando el cursor esté sobre el hipervínculo. A continuación, confirme haciendo clic en **Aceptar**.

  Si no escribe nada en el texto de la etiqueta, por defecto Excel mostrará la ruta completa de acceso al nuevo documento.

- Haga clic en **Aceptar** para confirmar la creación del vínculo.

Crear un vínculo a un lugar del libro de trabajo

- Haga clic en la opción **Lugar de este documento** situada en el panel izquierdo del cuadro de diálogo **Insertar hipervínculo**.

  En la parte central del cuadro de diálogo aparece la lista de hojas existentes y nombres definidos en el libro activo.

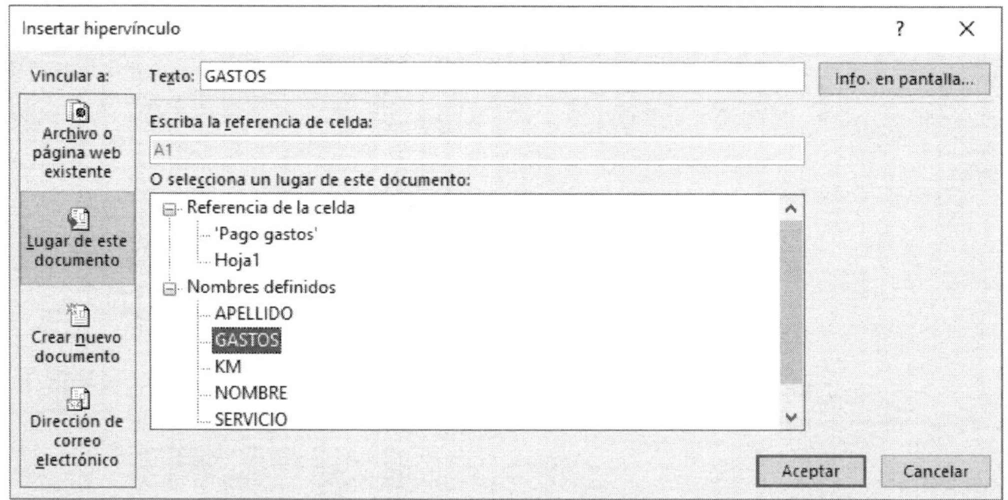

- Introduzca la referencia de la celda de destino del hipervínculo o seleccione en la lista **O selecciona un lugar de este documento**, el nombre de la hoja o el nombre definido con el que desea crear el vínculo.
- Si es preciso, haga clic en el botón **Info. en pantalla** y escriba el texto que desea que se aparezca al señalar el hipervínculo. A continuación, confirme haciendo clic en **Aceptar**.

- Haga clic en el botón **Aceptar** del cuadro de diálogo **Insertar hipervínculo** para confirmar la creación del vínculo.

Crear un vínculo a una dirección de correo electrónico

En esos casos, al hacer clic en el vínculo, se abrirá la ventana de un nuevo correo electrónico con la dirección de email definida como destino.

- Haga clic en la opción **Dirección de correo electrónico** situada en el panel izquierdo del cuadro de diálogo **Insertar hipervínculo.**

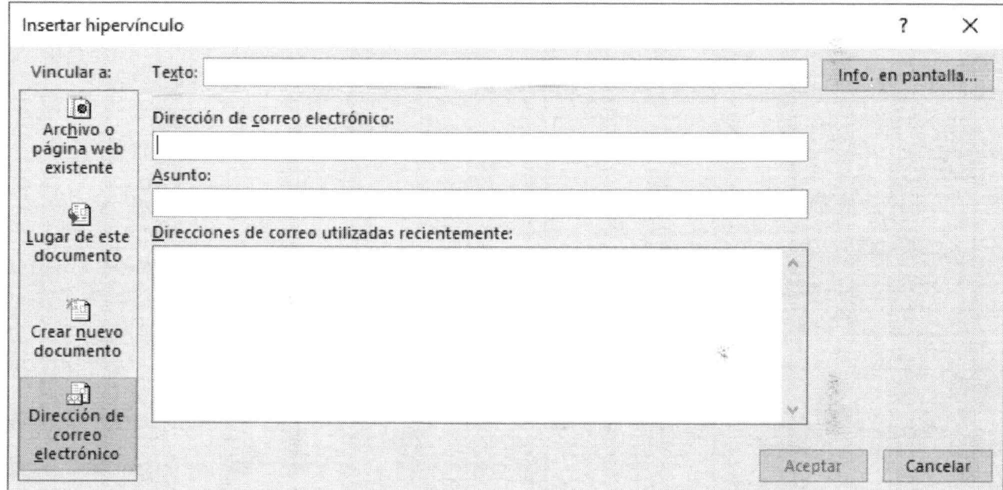

- Escriba la **Dirección de correo electrónico** y el **Asunto del mensaje.**
- Haga clic en el botón **Aceptar** del cuadro de diálogo **Insertar hipervínculo** para crearlo.

Al hacer clic en el vínculo, se abrirá una ventana de su programa de correo y podrá escribir el mensaje y enviarlo (la dirección y el asunto del mensaje estarán ya cumplimentados).

Si ha insertado un hipervínculo en una celda vacía, el texto correspondiente al contenido de dicho hipervínculo (la ruta completa del archivo o la ubicación en el libro) aparecen en la celda.

Para que las direcciones de correo electrónico escritas en celdas no se transformen en hipervínculos, haga clic en la pestaña **Archivo** y, en **Opciones**, active la categoría **Revisión** y haga clic en el botón **Opciones de Autocorrección**; active la pestaña **Autoformato mientras escribe** y, por último, desactive la opción **Rutas de red e Internet por hipervínculos**.

También puede crear hipervínculos con direcciones de correo electrónico escribiendo directamente la dirección de correo en una celda.

Activar un hipervínculo

Señale el hipervínculo que desea activar.

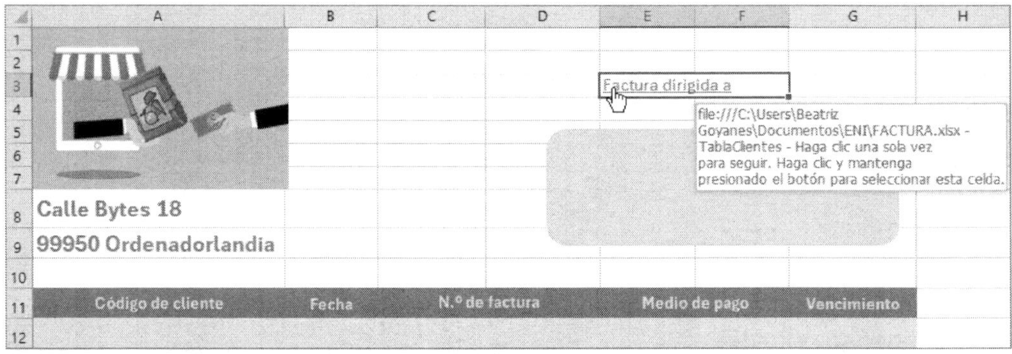

Cuando señala un vínculo insertado en una celda o en un objeto gráfico, el cursor del ratón adopta la forma de una mano ; si al crear el vínculo no ha cumplimentado el texto de la etiqueta, esta mostrará la dirección completa del documento o el nombre del libro activo seguidos del emplazamiento de destino.

Cuando el puntero adopte esta forma , haga clic para activar el hipervínculo.

Cuando el hipervínculo se ha activado al menos una vez, cambia de color y pasa a violeta.

Seleccionar una celda/un objeto sin activar el hipervínculo

- Para seleccionar una celda con un hipervínculo, señálela y haga clic manteniendo presionado unos instantes el botón del ratón; cuando el puntero del ratón adopte la forma de una cruz blanca, suelte el botón.

  También puede usar las teclas de desplazamiento para activar la celda.

- Para seleccionar un objeto con un hipervínculo asociado, pulse la tecla Ctrl y, manteniéndola pulsada, haga clic en el objeto.

Modificar el destino de un hipervínculo

- Seleccione la celda o el objeto gráfico con el hipervínculo.
- En la pestaña **Insertar**, haga clic en el botón **Vínculo** del grupo **Vínculos** o pule Ctrl **K**.

  También puede mostrar el menú contextual (clic derecho) de la celda o del contorno del objeto que quiere activar y activar la opción ***Modificar hipervínculo****.*

- Haga los cambios necesarios y confirme.

Modificar el texto o el objeto gráfico de un hipervínculo

- Para modificar el texto de una celda con un hipervínculo, seleccione la celda y escriba el nuevo texto o bien introduzca las modificaciones directamente en la barra de fórmulas y después confirme.
- Para modificar el objeto gráfico, selecciónelo y haga doble clic en él para mostrar la pestaña específica de modificación del objeto.

Eliminar un hipervínculo

- Haga clic con el botón derecho del ratón en la celda o el contorno del objeto para que aparezca su menú contextual.
- Haga clic en la opción **Quitar hipervínculo**.

Importar datos de una base de datos de Access

Esta técnica permite importar datos de Access, actualizables en Excel, estableciendo una conexión con la base de datos. Una vez importados, puede actualizar los datos de Access en la hoja de cálculo automáticamente y en el momento en que lo desee.

- Abra, si es preciso, el libro que debe contener los datos importados y active la primera celda destinataria de la importación.
- Active la pestaña **Datos**, haga clic en el botón **Obtener datos** y luego en **Desde una base de datos** y en la opción **Desde una base de datos de Access.**
- En el cuadro de diálogo **Importar datos** que aparece, abra la carpeta que contiene la base de datos Access y haga doble clic sobre esta para seleccionarla.
- En el cuadro de diálogo **Navegador** que se muestra, haga clic en el objeto (tabla o consulta) de la base de datos que desea importar para seleccionarlo.
- Si desea crear un modelo de datos en Excel, es decir, permitir la integración de datos extraídos de diversas tablas y crear un origen de datos relacional, marque la opción **Seleccionar varios elementos.**

  En ese caso, se añade una casilla de verificación delante del nombre de cada una de las tablas disponibles para que pueda marcar aquellas que desea integrar en el modelo.

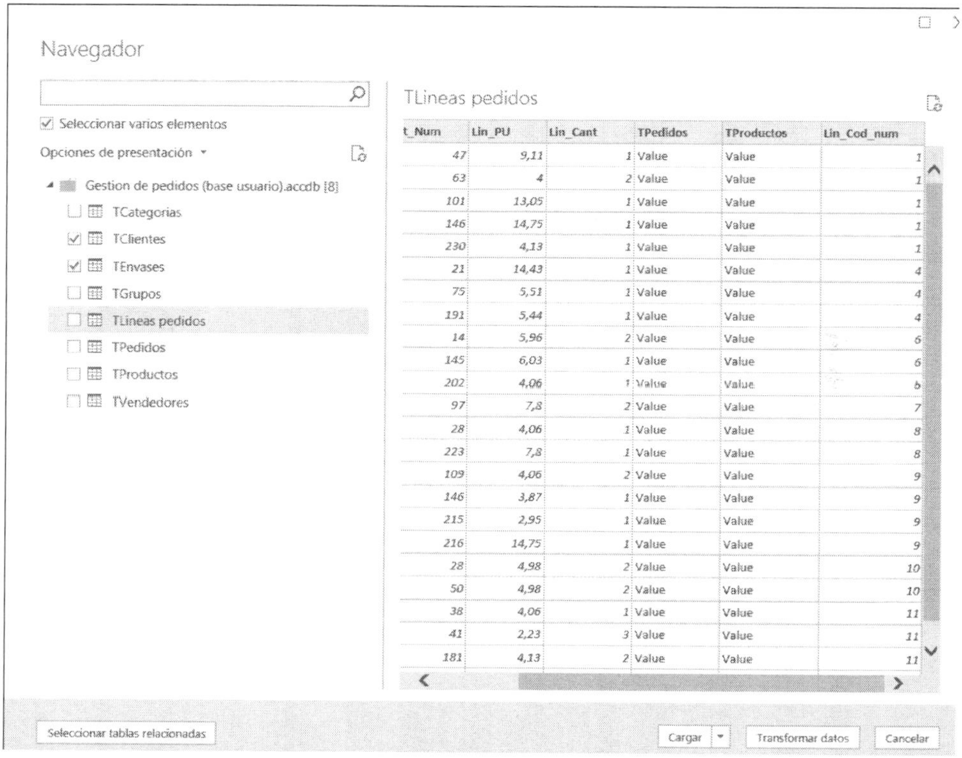

Navegador

☑ Seleccionar varios elementos

Opciones de presentación ▾

- Gestion de pedidos (base usuario).accdb [8]
  - ☐ TCategorias
  - ☑ TClientes
  - ☑ TEnvases
  - ☐ TGrupos
  - ☐ TLineas pedidos
  - ☐ TPedidos
  - ☐ TProductos
  - ☐ TVendedores

TLineas pedidos

t_Num	Lin_PU	Lin_Cant	TPedidos	TProductos	Lin_Cod_num
47	9,11	1	Value	Value	1
63	4	2	Value	Value	1
101	13,05	1	Value	Value	1
146	14,75	1	Value	Value	1
230	4,13	1	Value	Value	1
21	14,43	1	Value	Value	4
75	5,51	1	Value	Value	4
191	5,44	1	Value	Value	4
14	5,96	2	Value	Value	6
145	6,03	1	Value	Value	6
202	4,06	1	Value	Value	6
97	7,8	2	Value	Value	7
28	4,06	1	Value	Value	8
223	7,8	1	Value	Value	8
109	4,06	2	Value	Value	9
146	3,87	1	Value	Value	9
215	2,95	1	Value	Value	9
216	14,75	1	Value	Value	9
28	4,98	2	Value	Value	10
50	4,98	2	Value	Value	10
38	4,06	1	Value	Value	11
41	2,23	3	Value	Value	11
181	4,13	2	Value	Value	11

Seleccionar tablas relacionadas | Cargar ▾ | Transformar datos | Cancelar

Abra la lista del botón **Cargar** y seleccione **Cargar en**.

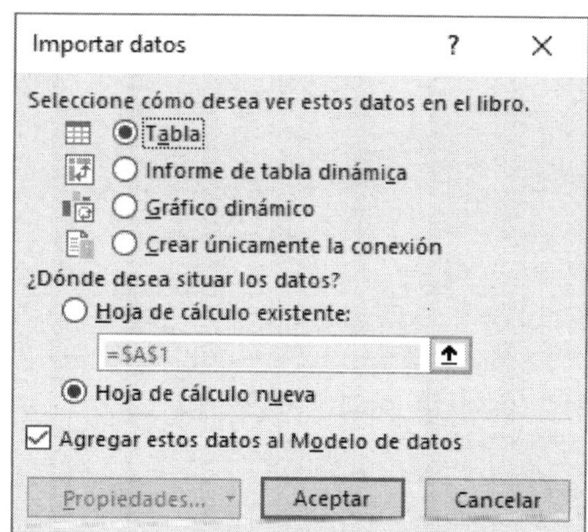

Si ha seleccionado varias tablas en la etapa anterior, se marca automáticamente la opción ***Agregar estos datos al Modelo de datos****.*

- Escoja la forma en que deben importarse los datos: en forma de **Tabla**, de **Informe de tabla dinámica** o de **Gráfico dinámico**.
- Especifique la ubicación de la importación de los datos activando la opción **Hoja de cálculo nueva** u **Hoja de cálculo existente**. Si se ha decantado por esta última opción, use si es preciso el botón [↑] para activar la primera celda destinataria de los datos importados.

  El botón ***Propiedades*** *permite definir las opciones de actualización, de formato y de diseño de página de los datos importados.*
- Haga clic en **Aceptar**.

  Excel coloca el rango de datos externos en la ubicación especificada.

  Cuando se han importado los datos externos, el panel ***Consultas y conexiones*** *los muestra; para ver los datos importados, señale el nombre de la tabla:*

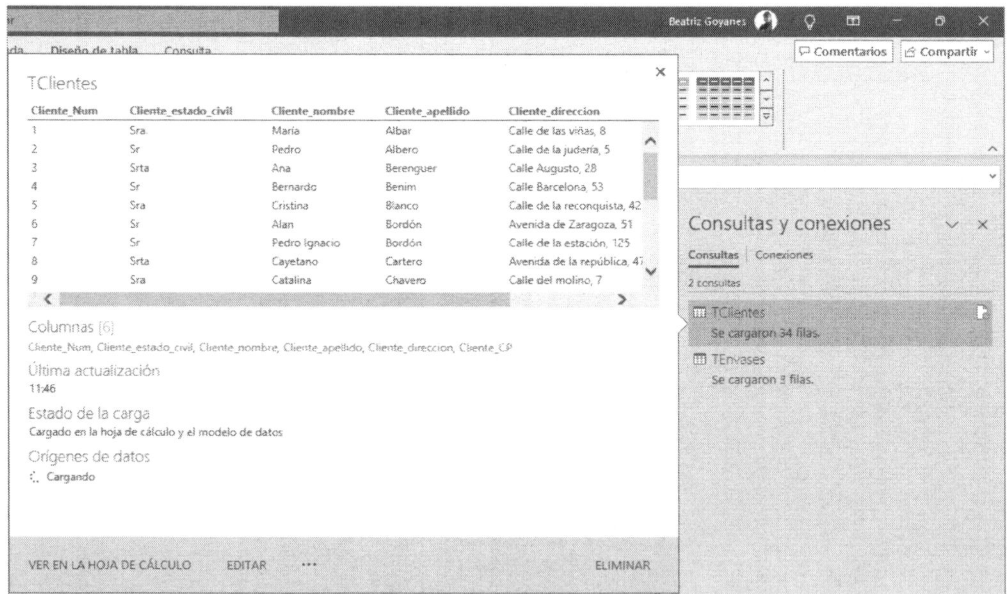

En Windows 8, 10 y 11, la conexión se almacena en un archivo Office Data Connection (.odc) en la carpeta C:\Usuarios\Nombre de usuario\Mis documentos\Mis archivos de origen de datos.

Importar datos

Para crear una nueva tabla dinámica usando las tablas de un modelo de datos, en la pestaña **Insertar**, en el grupo **Tablas**, haga clic en el botón **Tabla dinámica** y luego elija la opción **Desde Datos externos de origen**.

Importar datos de una página web

Esta técnica permite importar datos de una página web, actualizables en Excel mediante la conexión con la página web. Una vez importados los datos, es posible actualizarlos.

- Compruebe que está conectado a Internet.
- Abra, si es preciso, el libro que debe contener los datos importados y active la primera celda destinataria de la importación.
- Active la pestaña **Datos**, haga clic en el botón **De la web** del grupo **Obtener y transformar datos**.
- En el cuadro de diálogo que aparece, introduzca la URL o dirección de la página web en el cuadro correspondiente y haga clic en el botón **Ir**.
- En el panel derecho de la ventana **Navegador** que aparece, seleccione la página que se va a importar y haga clic en **Cargar**.

  *En Windows 8 y Windows 10, las consultas web se guardan de forma predeterminada en la carpeta C:\Usuarios\Nombre de usuario\Application Data\Roaming\Microsoft\Queries y llevan la extensión **.iqy**. Si no guarda la consulta web en un archivo, esta se guardará como elemento del libro y solo podrá ejecutarse a partir de ese libro.*

Importar datos de un archivo de texto

*Se trata de importar datos de un archivo con extensión **.txt**, o **.csv** con la posibilidad de actualizar esos datos en Excel.*

- Abra, si es preciso, el libro que debe contener los datos importados y active la primera celda destinataria de la importación.
- Active la pestaña **Datos**, haga clic en el botón **Obtener datos**, seleccione la opción **De un archivo** y luego seleccione **De texto/CSV**, en el grupo **Obtener y transformar datos**.
- En el cuadro de diálogo **Importar datos** que aparece, entre en la carpeta que contiene el archivo que hay que importar y haga doble clic en su nombre.

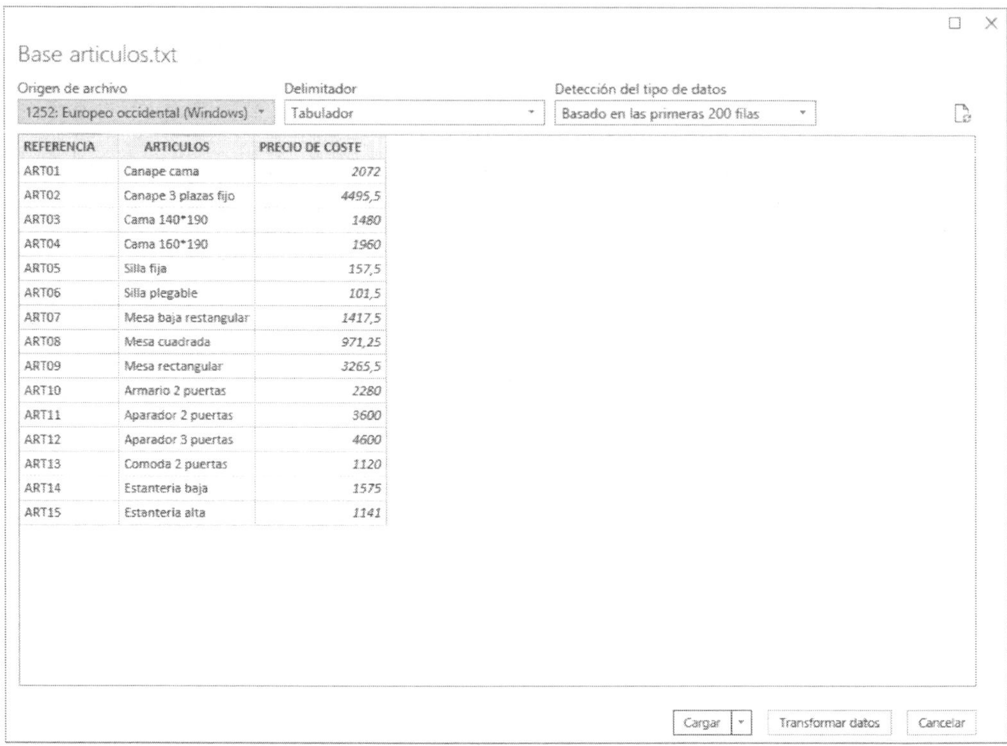

REFERENCIA	ARTICULOS	PRECIO DE COSTE
ART01	Canape cama	2072
ART02	Canape 3 plazas fijo	4495,5
ART03	Cama 140*190	1480
ART04	Cama 160*190	1960
ART05	Silla fija	157,5
ART06	Silla plegable	101,5
ART07	Mesa baja restangular	1417,5
ART08	Mesa cuadrada	971,25
ART09	Mesa rectangular	3265,5
ART10	Armario 2 puertas	2280
ART11	Aparador 2 puertas	3600
ART12	Aparador 3 puertas	4600
ART13	Comoda 2 puertas	1120
ART14	Estanteria baja	1575
ART15	Estanteria alta	1141

- Modifique, si es preciso, el tipo de datos originales seleccionando una de las opciones de la lista **Origen de archivo**.
- Si es preciso, en la lista **Delimitador** seleccione el carácter que separa los datos de las columnas.
- Abra la lista del botón **Cargar** o seleccione **Cargar en**.
- Especifique la ubicación de los datos importados: en una **Hoja de cálculo nueva** o en una **Hoja de cálculo existente**. Si se ha decantado por esta última opción, active la primera celda de destino de los datos importados.

  *El botón **Propiedades** permite definir las opciones de actualización, de formato y de diseño de página de los datos importados.*
- Haga clic en **Aceptar**.

También puede usar el cuadro de diálogo **Abrir** para importar un archivo de texto, pero en ese caso los datos no podrán actualizarse.

Actualizar datos importados

- Abra el libro que contiene los datos que debe actualizar.

  Es posible que aparezca un mensaje de aviso encima de la barra de fórmulas para indicarle que las conexiones de datos se han desactivado.

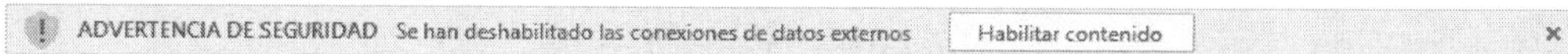

  En ese caso, para reactivar las conexiones, puede hacer clic en el botón **Habilitar contenido.**

- Haga clic en uno de los rangos de datos importados.
- Active la pestaña **Datos** y abra la lista asociada al botón **Actualizar todo** del grupo **Consultas y conexiones.**
- Escoja una de las opciones siguientes:

Actualizar todo	Para actualizar todos los rangos de datos externos del libro.
Actualizar	Para actualizar el rango de datos externos activo.

  Si hay varios libros abiertos, deberá actualizar los datos externos en cada uno de ellos.

  Si no ha habilitado las conexiones en el mensaje de advertencia, es posible que aparezca un mensaje de alerta en el que se le solicite prudencia a la hora de usar determinados archivos.

- En ese caso, si el archivo que quiere abrir proviene de una fuente fiable, haga clic en **Aceptar**; en caso contrario, haga clic en **Cancelar**.
- Para cambiar los parámetros de actualización, active la pestaña **Datos**, abra la lista asociada al botón **Actualizar todo** del grupo **Consultas y conexiones** y haga clic en **Propiedades de conexión** para abrir el cuadro de diálogo del mismo nombre.

  Para actualizar los datos de una tabla, también puede hacer clic en la herramienta Actualizar del panel ***Consultas y conexiones****.*

Configurar Excel para usar macros

*Para crear macros con el grabador de macros, puede usar los comandos de la pestaña **Programador** que, de forma predeterminada, no está visible en la cinta de opciones.*

Mostrar la pestaña Programador

- Haga clic en la pestaña **Archivo** y luego en **Opciones**.
- Active la categoría **Personalizar cinta de opciones** y luego la casilla de verificación **Programador** de la lista **Personalizar la cinta de opciones - Pestañas principales**.
- Haga clic en **Aceptar**.

*También puede usar la opción **Personalizar la cinta de opciones** del menú contextual de la cinta (clic derecho).*

Definir el nivel de seguridad de las macros

Para guardar las macros, se aconseja definir temporalmente el nivel de seguridad de manera que se activen todas las macros. Para ejecutar una macro, deberá llevar a cabo esa operación antes incluso de abrir el libro que contiene las macros que se van a ejecutar.

- Active la pestaña **Programador** y haga clic en el botón **Seguridad de macros** del grupo **Código**.
- En la categoría **Configuración de macros**, haga clic en la opción **Habilitar todas las macros de VBA (no recomendado; se puede ejecutar un código potencialmente peligroso)**.

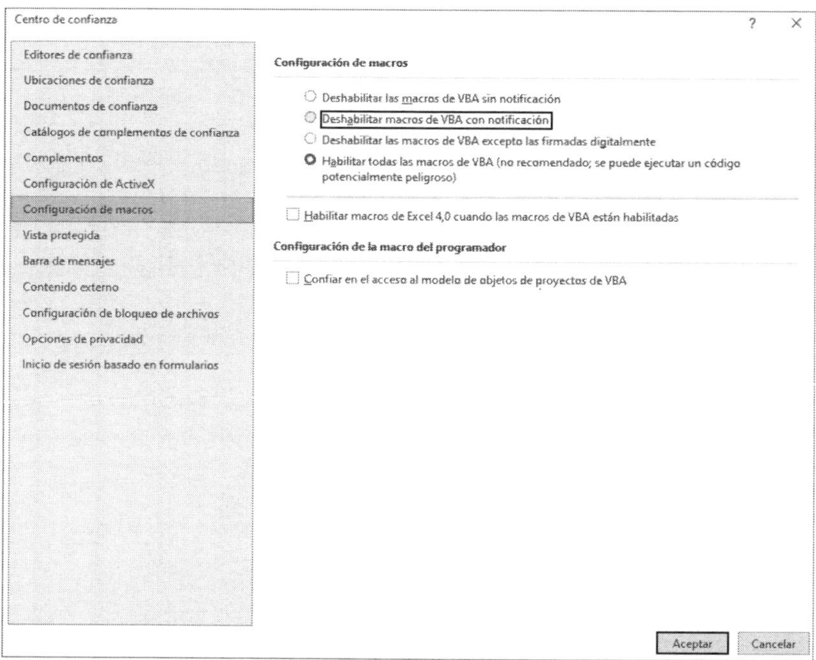

Haga clic en **Aceptar**.

Cuando haya terminado de usar las macros, recomendamos encarecidamente que recupere la configuración que desactiva todas las macros, es decir, que acceda al cuadro de diálogo **Centro de confianza** y active la opción **Deshabilitar todas las macros con notificación**.

Grabar una macro

Los comandos macro permiten automatizar una serie de comandos y funciones realizadas con frecuencia. Precisamente, una manera de automatizar esas tareas repetitivas es grabar una macro. Microsoft Excel usa para ello el lenguaje de programación Visual Basic para Aplicaciones (VBA).

Observe que Office no tiene disponible esta función si los ordenadores trabajan en el entorno Windows RT.

Empiece por especificar si desea grabar la macro con referencias relativas o no: active la pestaña **Programador** y haga clic en el botón **Usar referencias relativas** del grupo **Código** para activarlo.

Si el botón está activado, Excel graba los desplazamientos en una macro con respecto a la posición inicial: cuando la macro se ejecuta, actuará sobre las celdas en función de la celda activa en el momento de la ejecución; de lo contrario, trabajará con referencias absolutas: sea cual sea la posición inicial en el momento de ejecutar la macro, actuará sobre las celdas grabadas en la macro.

- Active la pestaña **Programador** y haga clic en el botón **Grabar macro** del grupo **Código** o haga clic en el botón , situado a la izquierda de la barra de estado.
- Introduzca el nombre que desea atribuir a la macro en el cuadro **Nombre de la macro.**

  No está permitido usar espacios y el primer carácter del nombre debe ser una letra. Los demás caracteres pueden ser letras, números o líneas de subrayado. Evite los nombres similares a las referencias de celda.
- Para asignar un método abreviado (que permitirá ejecutar la macro) usando la tecla Ctrl, introduzca la letra deseada en la zona **Tecla de método abreviado.**
- Abra la lista **Guardar macro en** para seleccionar el libro en el que esta se guardará:

Libro nuevo	Para almacenar la macro en un nuevo libro.
Este libro	Para almacenar la macro en el libro activo.
Libro de macros personal	Para hacer que la macro esté disponible cada vez que usa Excel. En ese caso, la macro se guarda en un libro de macros personales, llamado PERSONAL.XLSB, que se carga cada vez que se inicia Excel, pero que permanece oculto. En Microsoft Windows 10, este libro se guarda en C:\Users\nombre de usuario\AppData\Roaming\Microsoft\Excel\XLStart.

- Para incluir una descripción de la macro, teclee el texto deseado en el cuadro **Descripción.**

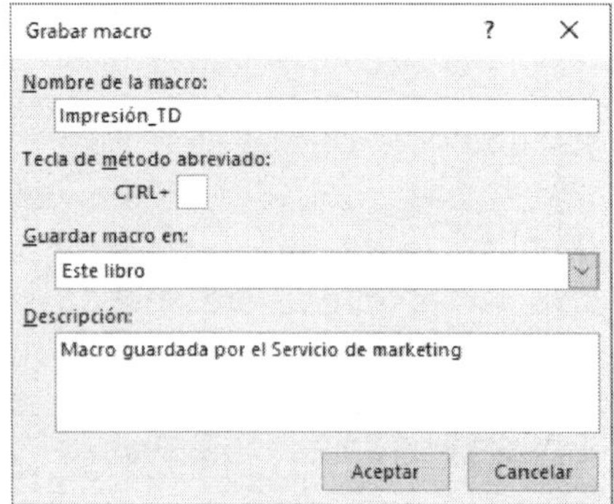

- Haga clic en **Aceptar** para empezar la grabación.
- Efectúe las operaciones que desea automatizar.

Puede usar la grabadora de macros para guardar las modificaciones efectuadas en el formato de los gráficos y otros objetos.

- Cuando haya terminado todas las operaciones, haga clic en el botón **Detener grabación** del grupo **Código** de la pestaña **Programador** o haga clic en el botón ▢, situado a la izquierda en la barra de estado.

Ejecutar una macro

- Si la macro se ha creado en un libro diferente al libro de macros personales, ábralo.
- Active la pestaña **Programador** y haga clic en el botón **Macros** del grupo **Código** o pulse [Alt] [F8].
- Indique dónde se encuentra la macro que desea ejecutar usando la lista **Macros en**.
- Haga doble clic en la macro.

Si ha atribuido un método abreviado a la macro en el momento de su creación, también puede teclear el método abreviado.

Asignar una macro a un objeto gráfico

Gracias a esta técnica es posible ejecutar la macro haciendo clic sobre un objeto gráfico.

- Haga un clic derecho en el objeto gráfico al que desea asignar una macro existente y elija la opción **Asignar macro**.
- En el cuadro de diálogo que aparece, seleccione la macro en el cuadro **Nombre de la macro**.

*En este ejemplo, un clic en el objeto gráfico (**impresora**) permitirá abrir la macro llamada **Impresión_TD**.*

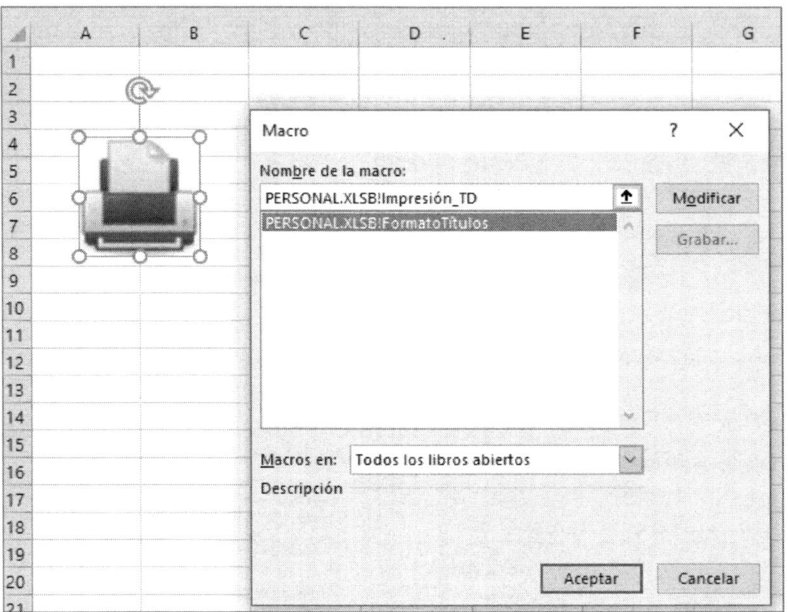

- Haga clic en **Aceptar**.

Para seleccionar el objeto gráfico sin activar la macro, mantenga pulsada la tecla Ctrl al tiempo que hace clic en el objeto correspondiente.

Modificar una macro

- Active la pestaña **Programador** y haga clic en el botón **Macros** del grupo **Código** o pulse Alt F8.
- Abra, si es preciso, la lista **Macros en** para seleccionar el libro que contiene la macro que hay que modificar.
- Seleccione la macro y haga clic en el botón **Modificar**.

  *Los códigos de instrucción de la macro aparecen en una ventana de **Microsoft Visual Basic para Aplicaciones**. El código de apertura de una macro es siempre **Sub** seguido del nombre de la macro, mientras que el código de cierre es **End Sub**.*

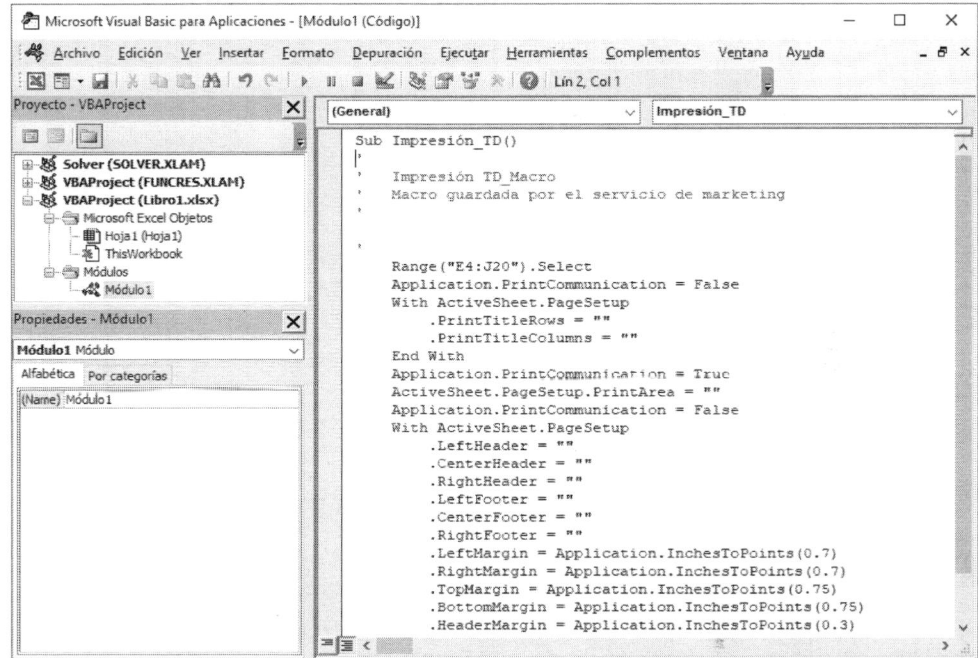

Aunque no conozca el lenguaje de programación Visual Basic, podrá efectuar algunas modificaciones simples dentro de la macro.

- Para modificar referencias de celdas, proceda como es habitual: vaya al lugar deseado e introduzca las referencias, use las teclas [Supr], [⟵]...
- Para seleccionar instrucciones, use la técnica de hacer clic y arrastrar.
- Para copiar o mover instrucciones, use los comandos **Edición** - **Copiar** o **Edición** - **Cortar** y **Edición** - **Pegar**.
- Cuando haya terminado las modificaciones, cierre la ventana **Microsoft Visual Basic para Aplicaciones** haciendo clic en su botón de cierre ([X]).

Eliminar una macro

- Active la pestaña **Programador** y haga clic en el botón **Macros** del grupo **Código** o pulse [Alt] [F8].
- Abra, si es preciso, la lista **Macros en** para seleccionar el libro que contiene la macro que desea eliminar.

- Seleccione la macro y haga clic en el botón **Eliminar**.
- Haga clic en el botón **Sí** para confirmar la eliminación de la macro.

Guardar un libro con macros

Si desea volver a usar más adelante las macros en el libro, deberá guardarlo en un formato especial que soporte las macros, con extensión .xlsm.

- Active el libro.
- Haga clic en la pestaña **Archivo**, luego en la opción **Guardar como** y en la opción **Examinar** del panel central.
- En el cuadro de diálogo **Guardar como** que aparece, modifique la carpeta de almacenamiento y el nombre del archivo, si es preciso.
- Abra la lista **Tipo** y haga clic en la opción **Libro de Excel habilitado para macros (*.xlsm)**.
- Haga clic en **Guardar**.

Habilitar las macros del libro activo

Al abrir un archivo que contiene macros (archivo de tipo .xlsm), aparece debajo de la barra de fórmulas un mensaje de ***Advertencia de seguridad*** *si las macros no se han habilitado.*

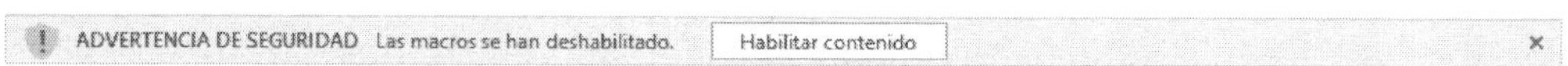

- En ese caso, para activar las macros, haga clic en el botón **Habilitar contenido** o active la pestaña **Archivo** y haga clic en la opción **Información**.

  Haga clic en el botón **Habilitar contenido** de la **Advertencia de seguridad** y haga clic en la opción **Habilitar todo el contenido** para que esté siempre activo el contenido de este libro, o bien en la opción **Opciones avanzadas** para activar las macros únicamente para esta sesión (en ese caso, active a continuación la opción **Habilitar contenido para esta sesión** y confirme mediante **Aceptar**).

Automatizar acciones mediante scripts

Crear un script

Los scripts de Excel permiten guardar acciones repetitivas que debe realizar con frecuencia para reproducirlas todas las veces que sea necesario. Para eso Microsoft Excel utiliza el lenguaje de programación TypeScript. Para usar esta función es necesario disponer de una conexión a Internet.

Active la pestaña **Automatizar** y luego haga clic en el botón **Nuevo script** .

*A la derecha aparece la pestaña **Editor de código**.*

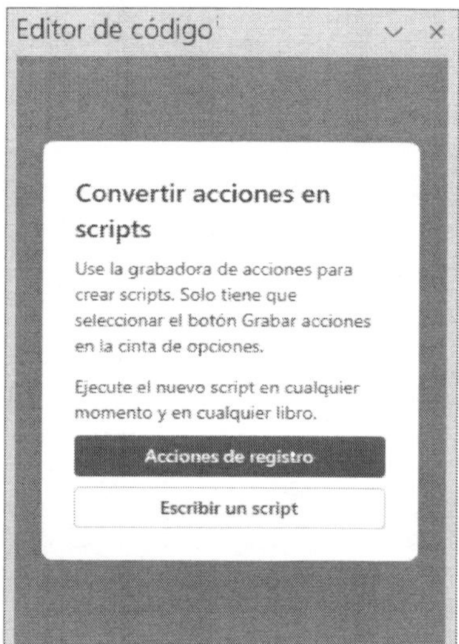

- Elegimos la opción **Escribir un script** y vemos la siguiente imagen:

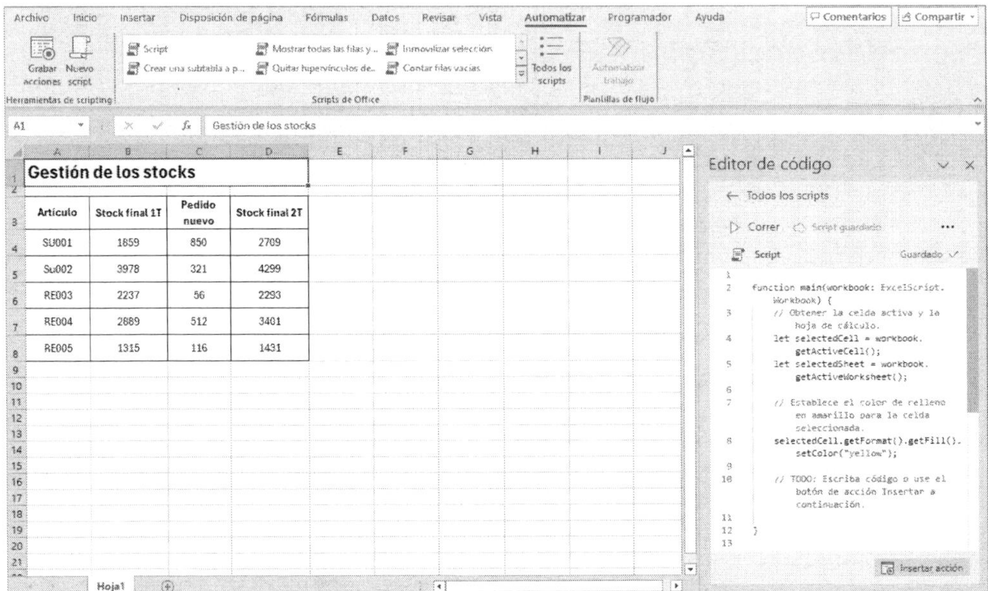

El script que aparece de manera predeterminada detecta la hoja y la celda activas en ese momento y cambia el color del relleno de la celda activa a amarillo.

Puede modificarlo para escribir su propio código correspondiente a las acciones que desea guardar.

En este ejemplo, el script permite colorear de naranja las celdas de la A3 a la A8.

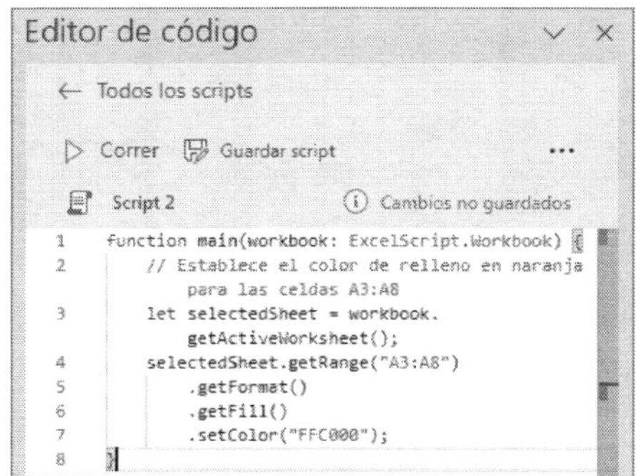

- Haga clic en el botón **Guardar script** .
- Para renombrar el script, haga clic en el botón **Más opciones** , luego en la opción **Cambiar nombre** y escriba el nuevo nombre del script.

Ejecutar un script

- Haga clic en la pestaña **Automatizar**.

  Los scripts presentes de manera predeterminada y los creados con antelación se pueden ver en la ***Galería Scripts de Office****.*

- Si es necesario, haga clic en el botón **Office Scripts** de la galería de scripts y luego en el que desea ejecutar:

El script aparece en el ***Editor de código****.*

- Haga clic en el botón **Correr** ▷.

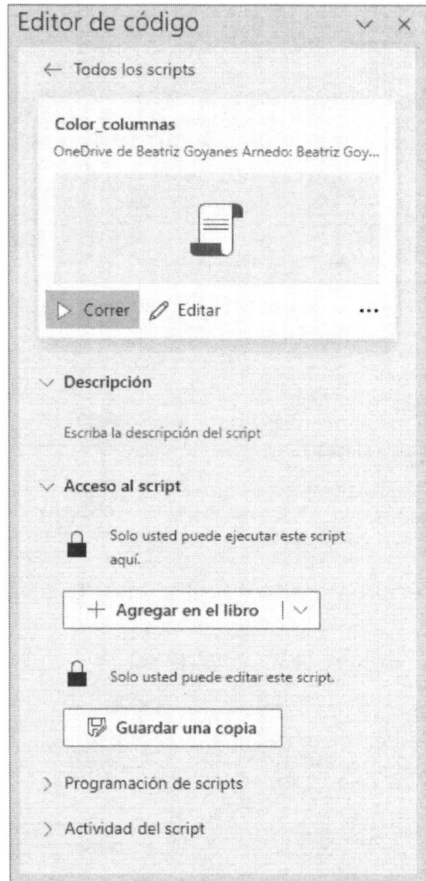

Las acciones insertadas en el script se realizan automáticamente. Aquí, se han coloreado de naranja las celdas de la A3 a la A8:

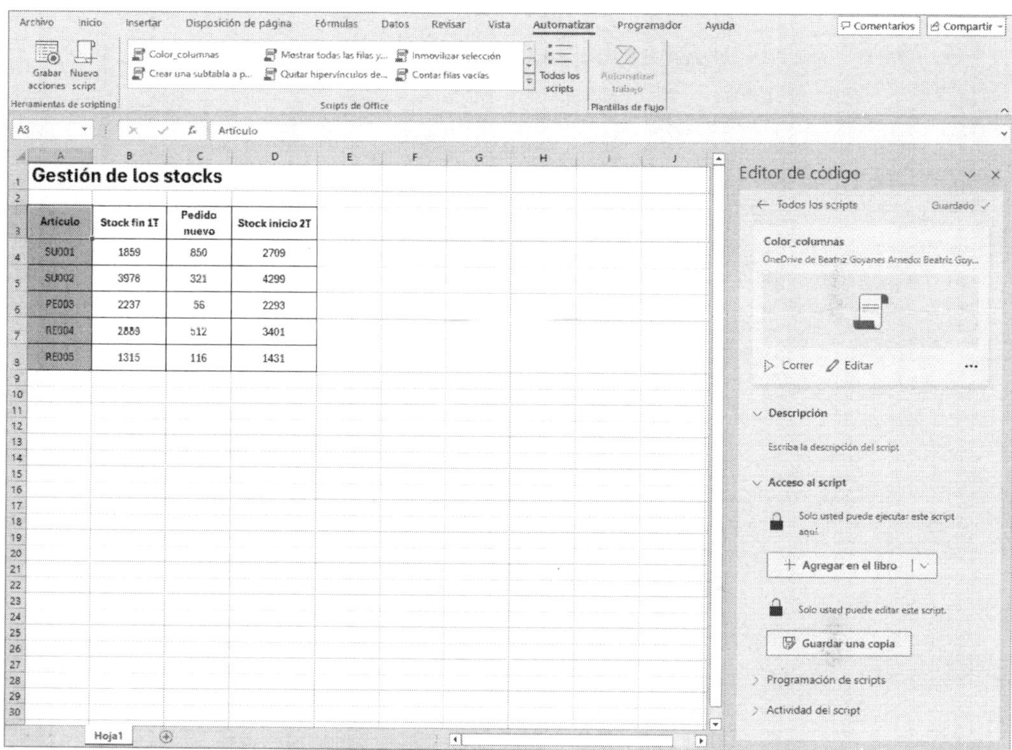

Modificar un script

- Haga clic en la pestaña **Automatizar** y luego seleccione el script que desea modificar en la galería de los scripts.

  *El script aparece en el **Editor de código**.*

- Haga clic en el botón **Editar** .
- Realice las modificaciones necesarias en el código del script y luego haga clic en el botón **Guardar script**.

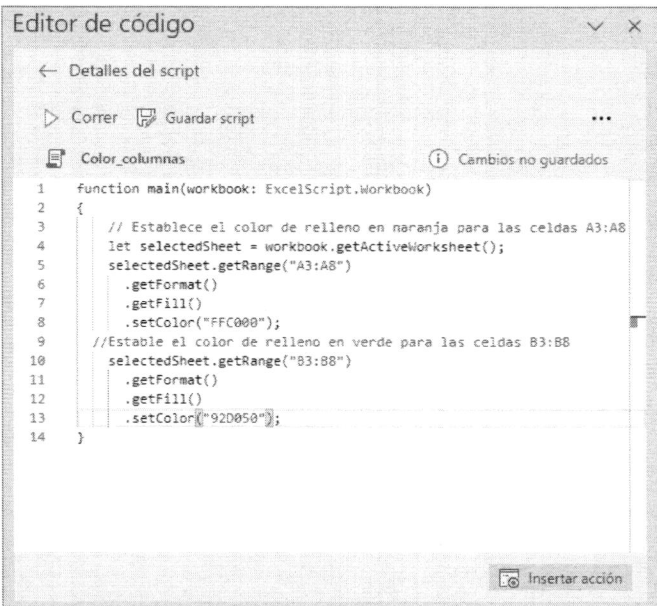

Mover la barra de herramientas de acceso rápido

- Haga clic en la herramienta **Personalizar barra de herramientas de acceso rápido** , situada a la derecha de la barra de herramientas de acceso rápido, y haga clic en la opción **Mostrar debajo de la cinta de opciones.**

Para colocar de nuevo la barra de herramientas de acceso rápido encima de la cinta de opciones, haga clic en la herramienta **Personalizar barra de herramientas de acceso rápido** y active la opción **Mostrar encima de la cinta de opciones.**

Personalizar la barra de herramientas de acceso rápido

- Haga clic en la herramienta **Personalizar barra de herramientas de acceso rápido** , y luego en la opción **Más comandos.**

  *Se abre el cuadro de diálogo **Opciones de Excel** y se activa la categoría **Barra de herramientas de acceso rápido**.*

- Elija si la personalización afecta a todos los libros de Excel o solamente al libro activo; para ello, abra la lista **Personalizar barra de herramientas de acceso rápido** y active la opción **Para todos los documentos (predeterminado)** o la opción **Para Nombre del libro activo.**
- Efectúe sus cambios (véase los apartados siguientes) y, cuando todas las modificaciones estén hechas, haga clic en el botón **Aceptar** del cuadro de diálogo **Opciones de Excel.**

Agregar un comando a la barra de herramientas de acceso rápido

- Abra la lista **Comandos disponibles en** y haga clic en la categoría de comandos que contenga el que quiera ejecutar.
- En la lista de comandos de la categoría seleccionada, haga clic en el comando que quiera añadir.
- Haga clic en el botón **Agregar**.

En este ejemplo, hemos añadido la herramienta ***Alternar vista pantalla completa****, de la categoría* ***Todos los comandos****, a la barra de herramientas de* ***acceso rápido****.*

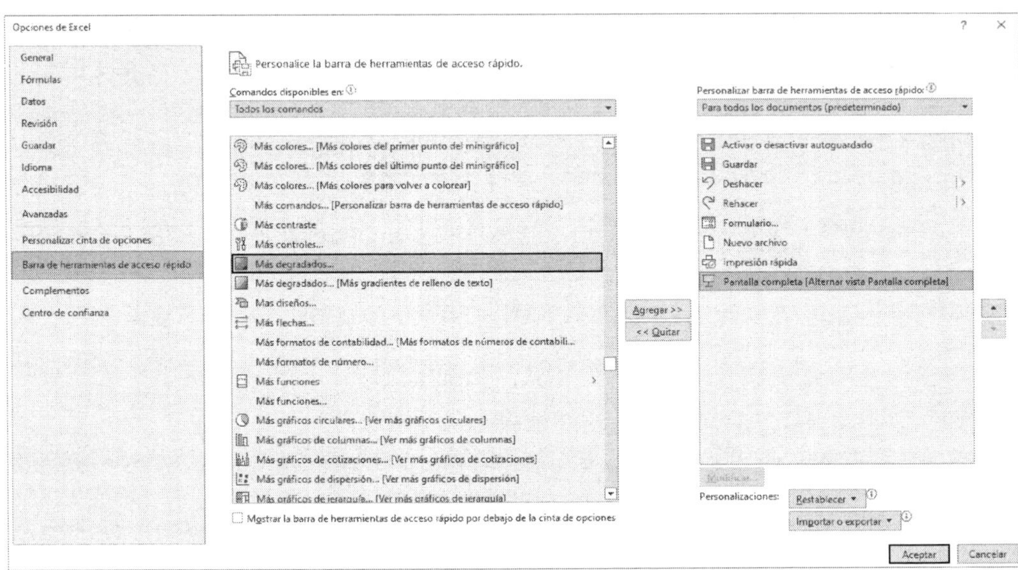

Si la herramienta que debe añadirse a la barra está disponible en la cinta de opciones, también puede hacer clic con el botón derecho en ese comando y luego escoger **Agregar a la barra de herramientas de acceso rápido** en el menú contextual.

Eliminar un comando de la barra de herramientas de acceso rápido

- En la lista de los comandos de la barra de herramientas de **acceso rápido**, situada a la derecha del cuadro de diálogo **Opciones de Excel**, haga clic en el comando que quiera quitar.
- Haga clic en el botón **Quitar**.

También puede hacer clic con el botón derecho en el comando que desea quitar de la barra de herramientas y escoger (botón izquierdo) la opción **Eliminar de la barra de herramientas de acceso rápido**.

Cambiar el orden de los comandos de la barra de herramientas de acceso rápido

- En la lista de comandos de la barra de herramientas de **acceso rápido**, situada a la derecha del cuadro de diálogo **Opciones de Excel**, haga clic en el comando que quiera mover.
- Haga clic en el botón ▲ o en el botón ▼, en función del desplazamiento que desee.

Para restablecer la barra de herramientas de **acceso rápido**, haga clic en el botón **Restablecer** del cuadro de diálogo **Opciones de Excel** y luego en la opción **Restablecer únicamente la barra de herramientas de acceso rápido**. Confirme haciendo clic en el botón **Sí** del mensaje que se muestra.

Mostrar y ocultar las etiquetas informativas

Por defecto, cuando señala un comando de la cinta de opciones, se muestra un texto descriptivo del comando en cuestión en una etiqueta informativa. Es posible establecer que no se muestren estas etiquetas o incluso que solo se muestre el nombre del comando, sin su descripción.

A continuación puede ver la descripción del comando ***Ajustar texto*** *en una etiqueta informativa.*

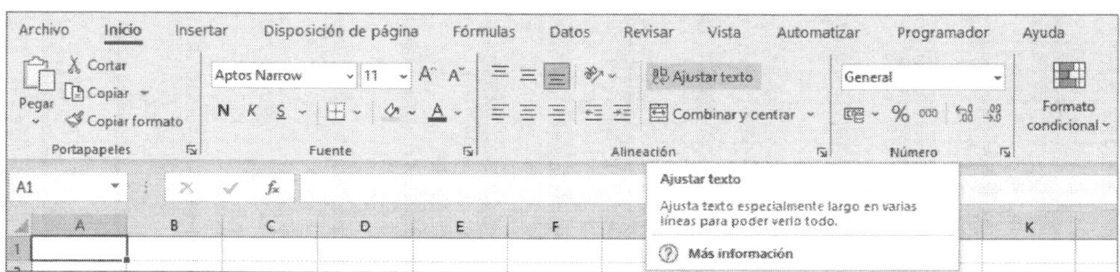

- Haga clic en la pestaña **Archivo** y luego en **Opciones**.

- En la parte izquierda del cuadro de diálogo, seleccione la categoría **General**.
- Abra la lista **Estilo de información en pantalla** del cuadro **Opciones de interfaz de usuario** y haga clic en una de las opciones siguientes:

  Mostrar descripciones de características en información en pantalla: esta opción activa las «etiquetas informativas avanzadas»: se muestra en la ventana de la etiqueta informativa el nombre del comando en cuestión, seguido de un texto descriptivo. Si existe un método abreviado de teclado para ese comando, dicho método aparece entre paréntesis a la derecha del nombre del comando.

  No mostrar descripciones de características en información en pantalla: esta opción desactiva las «etiquetas informativas avanzadas»: solo se muestran en la ventana de la etiqueta el nombre del comando señalado y el método abreviado de teclado si existe.

  No mostrar información en pantalla: esta opción desactiva las etiquetas informativas. Cuando se señala el comando, no aparece ninguna información.
- Haga clic en el botón **Aceptar**.

Si ha elegido activar las etiquetas informativas con la descripción de características, cuando señale determinados comandos visualizará el vínculo **Más información** para obtener ayuda. En ese caso, basta con que haga clic en ese vínculo para que se abra el apartado de ayuda que corresponda al comando señalado.

Personalizar la barra de estado

Los indicadores que aparecen en la barra de estado pueden mostrarse o no.

- Haga clic con el botón derecho del ratón en la barra de estado.

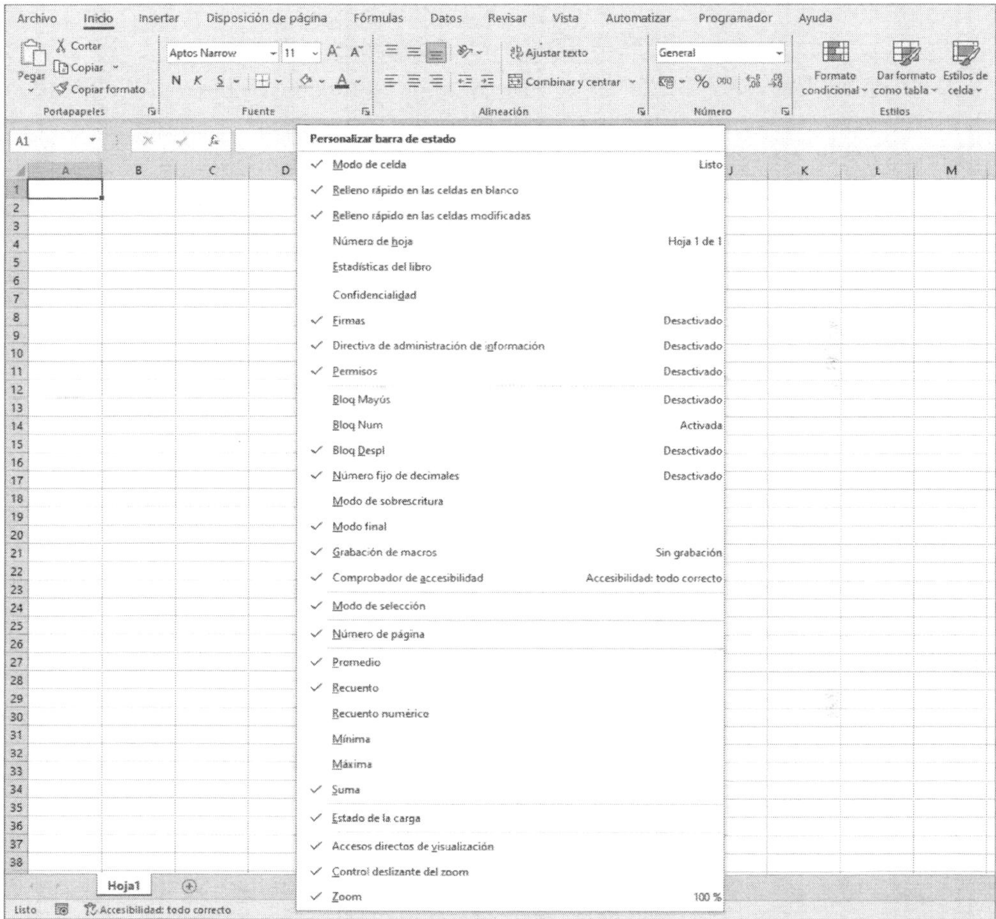

Las opciones marcadas corresponden a los indicadores que pueden aparecer en función de las operaciones que lleve a cabo.

- Haga clic en las opciones que desee para mostrar u ocultar los indicadores correspondientes.
- Cuando haya terminado, haga clic fuera de la barra de estado para confirmar.

Personalizar la cinta de opciones

- Haga clic en la pestaña **Archivo** y luego en **Opciones**.
- Seleccione la categoría **Personalizar cinta de opciones**, situada en el panel izquierdo.

  *También puede hacer clic con el botón derecho en un lugar cualquiera de la cinta y selectionar la opción **Personalizar la cinta de opciones**.*

  *Las pestañas precedidas por una marca en la columna **Personalizar la cinta de opciones** son las que se muestran de forma predeterminada en la cinta de opciones.*

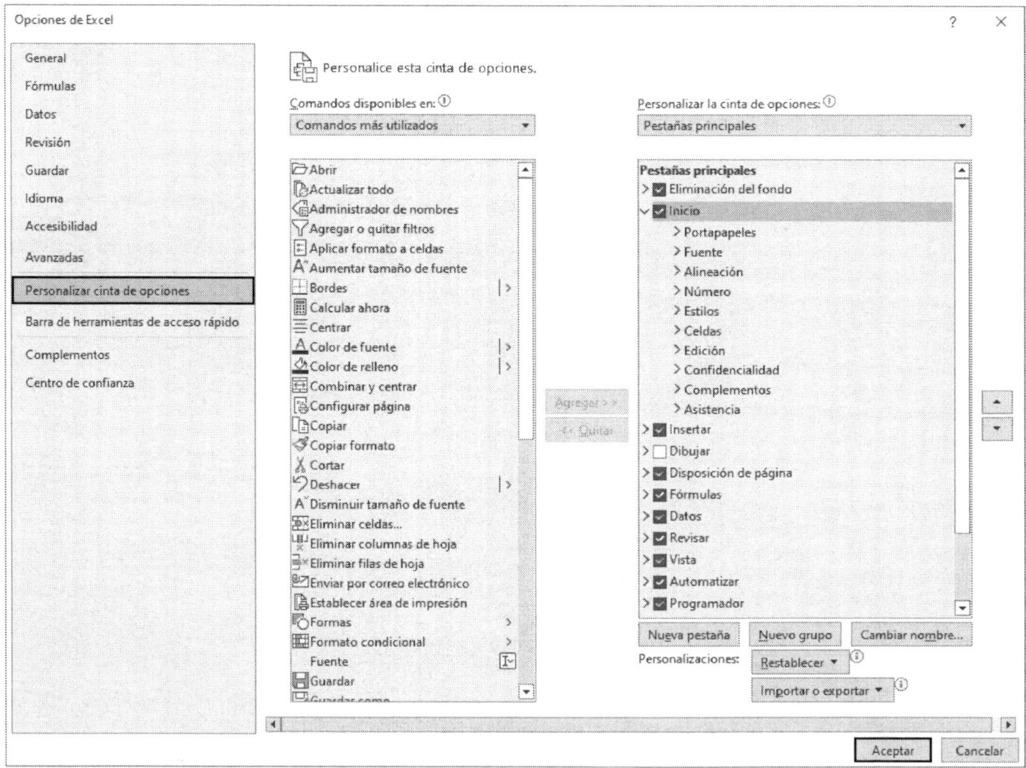

- Haga clic en la pequeña flecha asociada al nombre de una pestaña > para mostrar la lista de grupos que contiene.

Crear una nueva pestaña/un grupo

- Haga clic en el botón **Nueva pestaña.**

  *Observe que se ha integrado un **Nuevo grupo (personalizada)** automáticamente a la **Nueva pestaña (personalizada).***

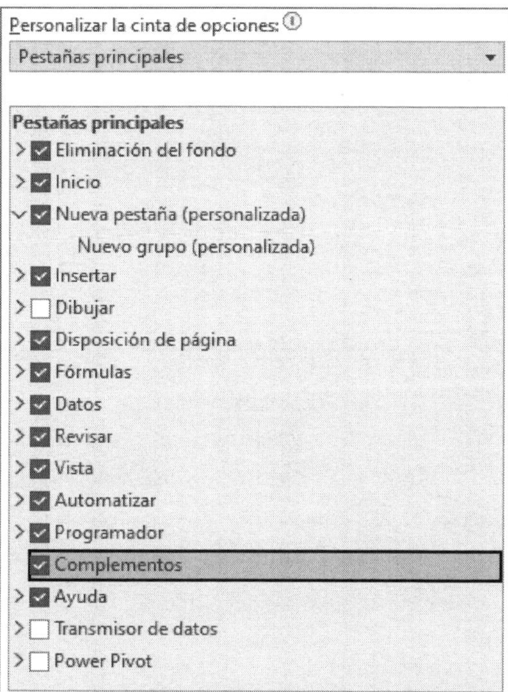

- Para añadir un nuevo grupo personalizado a una pestaña, haga clic en el nombre de la pestaña en la que desea agregar el nuevo grupo y a continuación haga clic en el botón **Nuevo grupo**.

Cambiar el nombre a una pestaña o un grupo

- Haga clic en la pestaña o en el grupo cuyo nombre quiere cambiar, situado en la columna **Personalizar la cinta de opciones**, para seleccionarlo.
- Haga clic en el botón **Cambiar nombre** e introduzca el nuevo nombre.
- Si se trata de un grupo, también podrá asociarle un **Símbolo** haciendo clic en el icono que desee.
- Haga clic en el botón **Aceptar** para confirmar.

Añadir comandos a un grupo personalizado

Puede añadir un comando a un grupo personalizado que se encuentre en una pestaña (personalizada o predeterminada); en cambio, es imposible añadir un comando a un grupo de los proporcionados por defecto.

- Haga clic, en la lista **Personalizar la cinta de opciones**, sobre el grupo en el que desea añadir un comando.
- Haga clic, en la lista **Comandos disponibles en**, sobre el comando deseado y haga clic en el botón **Agregar**.
- Repita esta última operación con cada comando que quiera insertar.

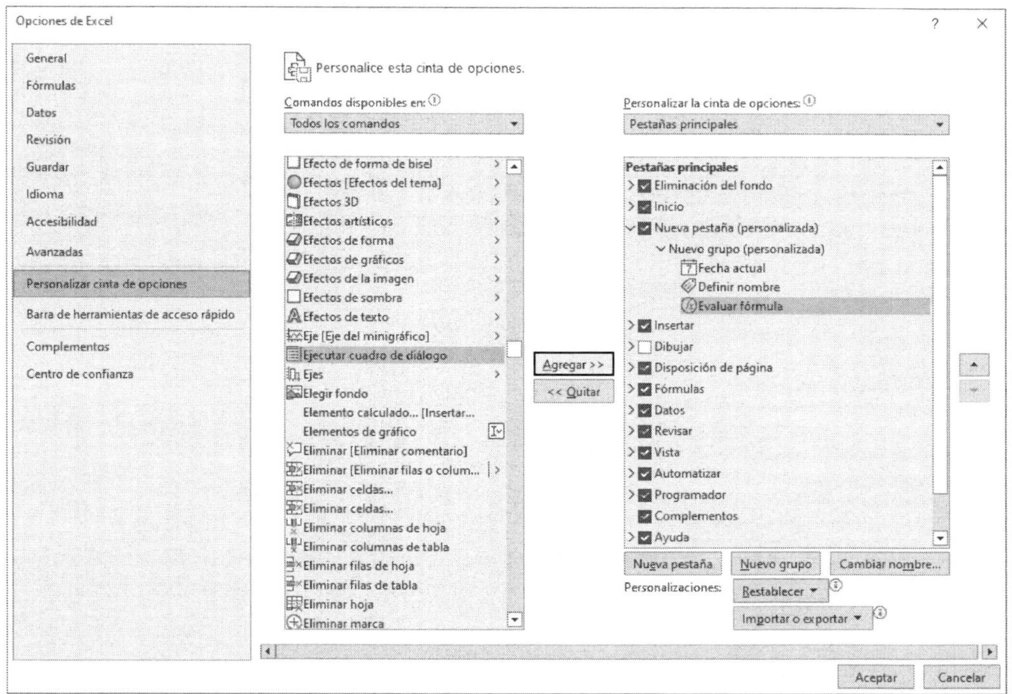

Eliminar una pestaña, un grupo personalizado o un comando

- En la columna **Personalizar la cinta de opciones**, haga clic en el elemento correspondiente para seleccionarlo y luego haga clic en el botón **Quitar**.
- Para confirmar la operación (de creación, modificación o eliminación), haga clic en el botón **Aceptar**.

Para cambiar el nombre o quitar una pestaña o un grupo personalizado, también puede hacer clic con el botón derecho en el elemento correspondiente y escoger la opción **Cambiar nombre** o **Quitar** del menú contextual.

Exportar e importar una cinta de opciones personalizada

Exportar los elementos personalizados de la cinta de opciones y de la barra de herramientas de acceso rápido en un archivo permite importarlos a otro ordenador.

Exportar los elementos personalizados de la cinta de opciones y de la barra de herramientas de acceso rápido

- Para exportar una cinta de opciones personalizada, abra la ventana **Opciones de Excel** (pestaña **Archivo - Opciones** - categoría **Personalizar cinta de opciones**).
- Haga clic en el botón **Importar o exportar**, situado en la parte inferior derecha de la ventana.
- Haga clic en la opción **Exportar todas las personalizaciones.**
- Cambie si es preciso el **Nombre de archivo**, así como su ubicación de almacenamiento.

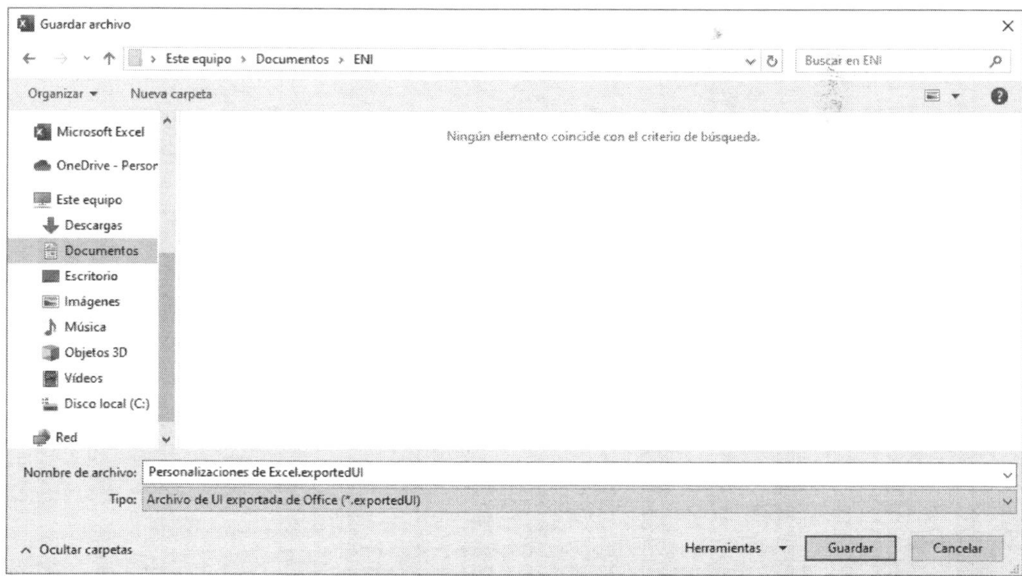

Observe que el archivo lleva por defecto la extensión ***.exportedUI****.*

- Haga clic en el botón **Guardar**.
- Haga clic en el botón **Aceptar** de la ventana **Opciones de Excel**.

Importar los elementos personalizados de la cinta de opciones y de la barra de herramientas de acceso rápido

Observe que la importación de un archivo de personalización de la cinta de opciones tiene por efecto suprimir las personalizaciones actuales de la cinta de opciones y de la barra de herramientas de acceso rápido. Antes de importar los nuevos objetos personalizados, le aconsejamos que exporte los objetos personalizados actuales como medida de seguridad, con el fin de poder importarlos de nuevo si es necesario.

- Abra la ventana **Opciones de Excel** (pestaña **Archivo - Opciones** - categoría **Personalizar cinta de opciones**).
- Haga clic en el botón **Importar o exportar**, situado en la parte inferior derecha de la ventana.
- Haga clic en la opción **Importar archivo de personalización.**
- Busque y seleccione el archivo con la personalización (extensión .exportedUI).
- Haga clic en el botón **Abrir**.

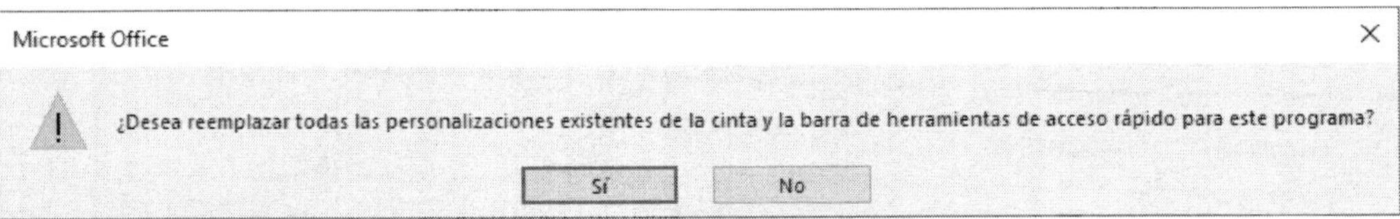

- Haga clic en el botón **Sí** cuando se le pida confirmación.
- Haga clic en el botón **Aceptar** de la ventana **Opciones de Excel** para confirmar los cambios y cerrar esta ventana.

Administración de las cuentas

Cuestiones generales sobre las cuentas de usuario

Para acceder a la plataforma Microsoft 365, debe identificarse indicando su dirección de correo electrónico y la contraseña asociadas a su cuenta de Microsoft; la dirección de correo generalmente es una dirección de Hotmail (por ejemplo: perez@hotmail.es), Outlook.com (por ejemplo: perez@outlook.com), Messenger, Xbox Live, etc.

Estos identificadores son los de su cuenta Microsoft. Entre otros, le permiten acceder a OneDrive, su espacio de almacenamiento en línea, a Microsoft Store (sitio de descarga de aplicaciones) y a sus equipos Teams, Así puede sacar partido de todos estos servicios desde cualquier terminal. Por ejemplo, puede acceder a los archivos almacenados en OneDrive desde el ordenador del trabajo, desde una tableta o incluso desde su teléfono móvil; de igual modo, también dispone de todos sus contactos y de su agenda, sea cual sea el terminal que utilice.

Por supuesto, puede disponer de varias cuentas de usuario (una cuenta personal y una profesional, por ejemplo) y activar una cuenta u otra en función de lo que le interese.

Abrir sesión con una cuenta

- Haga clic en la pestaña **Archivo** y luego en la opción **Cuenta**.
- En el panel central, haga clic en el vínculo **Cambiar cuenta**.

Si existen varias cuentas, en la ventana que aparece en la parte superior derecha de la pantalla, Excel recuerda el nombre de la cuenta que está activa y debajo muestra las otras cuentas que están conectadas.

En este caso, por ejemplo, hay dos cuentas conectadas: según la cuenta activa, el usuario accederá al espacio de almacenamiento OneDrive asociado a la primera o a la segunda cuenta.

- Para conectarse a otra cuenta, haga clic en el botón **Iniciar sesión con otra cuenta**.

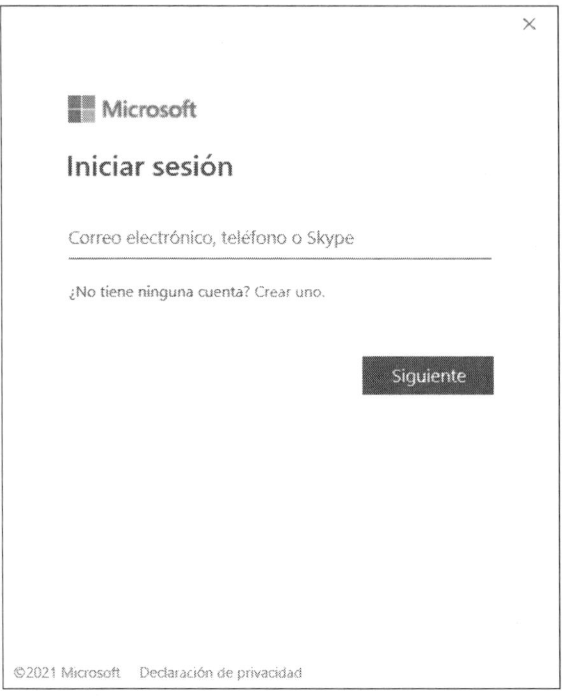

- Introduzca la dirección de correo asociada a la cuenta de Microsoft que desea utilizar y haga clic en **Siguiente**.
- En la ventana siguiente, introduzca la **Contraseña** en la zona correspondiente y haga clic en el botón **Iniciar sesión**.

  Cada cuenta dispone de su propia configuración.

También puede hacer clic en el nombre de la cuenta activa que aparece en la parte superior derecha de la pantalla de Excel.

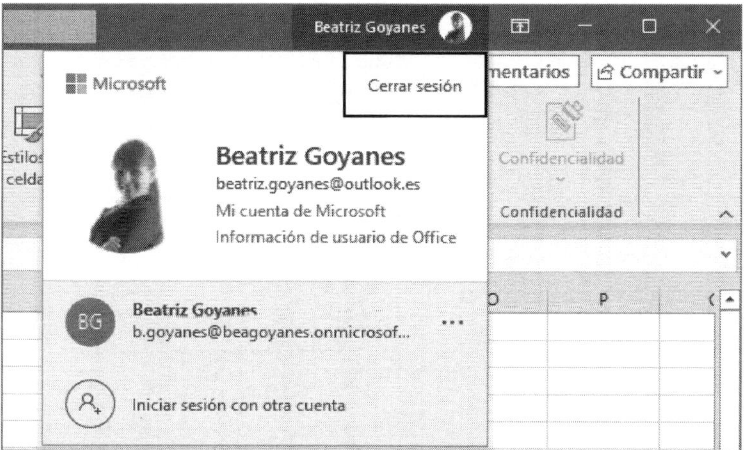

Para eliminar una cuenta de conexión y su configuración, puede utilizar el vínculo **Cerrar sesión** y confirmar con el botón **Sí**.

Cambiar el fondo y el tema de Office

- Active, si es necesario, la cuenta correspondiente.
- Active la pestaña **Archivo** y luego la opción **Cuenta**.
- En el panel central, abra la lista **Fondo de Office** y señale (sin hacer clic) uno de los modelos propuestos para que se muestre de forma instantánea el efecto que produce en la barra de título de la aplicación.

*En este ejemplo, se ha personalizado la barra de título de Excel de este usuario con la plantilla **Fondo marino**.*

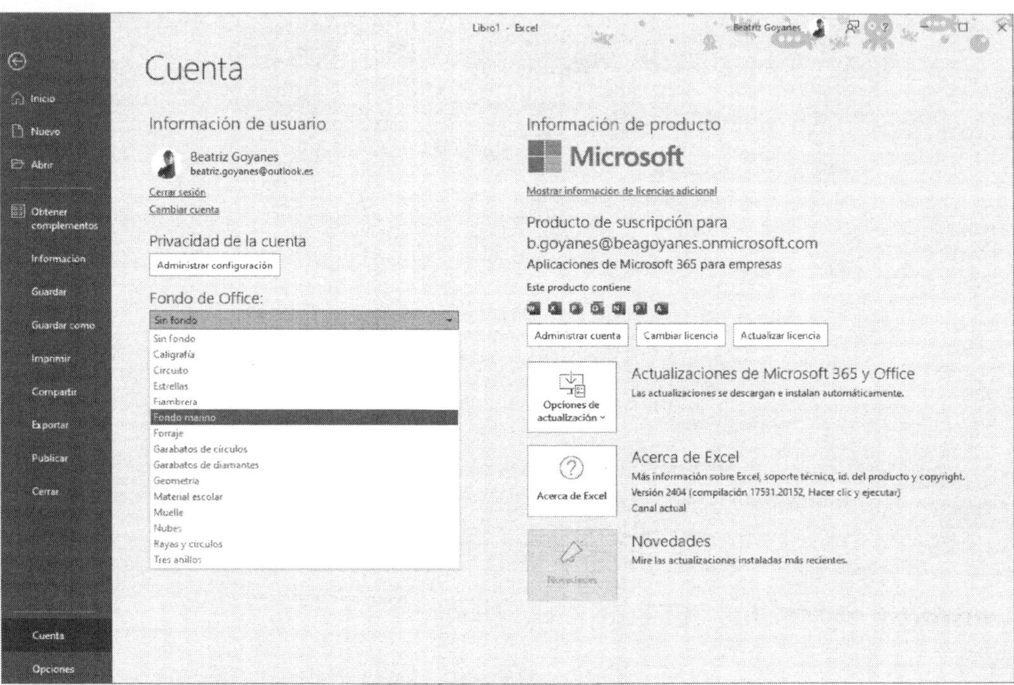

- Haga clic en el modelo que prefiera.
- Para cambiar el color de la interfaz de Excel, abra la lista **Tema de Office** y haga clic en **Multicolor**, **Gris oscuro**, **Negro**, **Blanco** o **Utilizar la configuración del sistema**.

  *La opción **Utilizar la configuración del sistema** aplica el color configurado en los parámetros de personalización de Windows.*
- Para visualizar el resultado, cierre la pestaña **Archivo** haciendo clic en el botón situado en la parte superior de la ventana o pulse esc.

Administración de las cuentas

Añadir o eliminar un servicio

Este procedimiento consiste en asociar a la cuenta activa las demás cuentas de almacenamiento en línea (Microsoft 365 SharePoint o OneDrive) con el fin de acceder a los datos gestionados por esas cuentas a partir de aplicaciones de Office. Active la cuenta a la que desea añadir un servicio.

- Active la cuenta a la que desea añadir un servicio.
- Haga clic en la pestaña **Archivo** y luego en la opción **Cuenta**.

  *El servicio o los servicios a los que está conectado el usuario actual aparecen en la lista **Servicios conectados**.*
- Active el botón **Agregar un servicio** y señale la opción **Almacenamiento**.

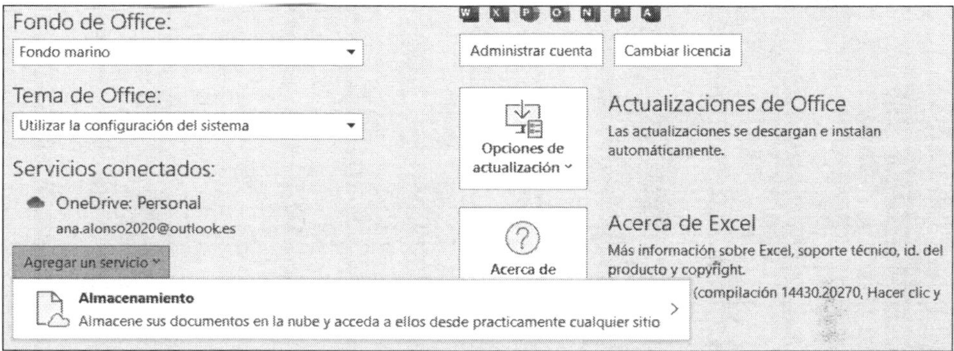

- Seleccione la opción correspondiente al servicio de almacenamiento que desea añadir.
- Cumplimente los indicadores de conexión del servicio y confirme haciendo clic en **Iniciar sesión**.

  *Los servicios añadidos aparecen inmediatamente en la lista **Servicios conectados**.*

- Para eliminar uno de los servicios conectados, haga clic en el vínculo **Quitar** situado junto al servicio al que afecta la eliminación y confirme haciendo clic en el botón **Sí**.

Administrar las actualizaciones de los programas de Office

Cuando abra por primera vez uno de los programas Office Microsoft 365, aparecerá un mensaje en el que se le propondrá aceptar las actualizaciones automáticas de los programas.

El procedimiento que describimos aquí le permitirá activar las actualizaciones -si en aquel primer mensaje las rechazó-, desactivarlas y, en ese caso, iniciar las actualizaciones cuando lo desee.

- Active la pestaña **Archivo** y a continuación la opción **Cuenta**.
- En el panel derecho, haga clic en el botón **Opciones de actualización**.

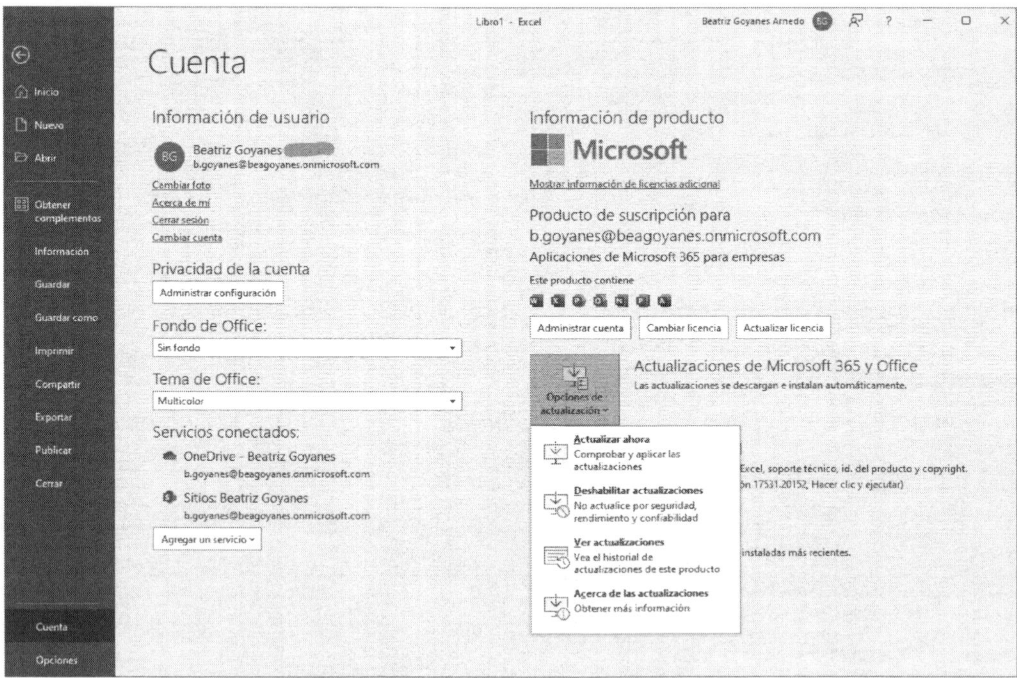

- Elija una de las opciones disponibles.

Métodos abreviados

En Excel Microsoft 365, la tecla Alt *permite mostrar las KeyTips de la cinta de opciones, pero tenga en cuenta que la mayor parte de los métodos abreviados de teclado que usan* Alt *aún funcionan bien, aunque no aparezcan anotados en pantalla.*

Buscar/Reemplazar

Mayús F4	Buscar Siguiente
Ctrl Mayús F4	Buscar Anterior
Ctrl **L**	Buscar y Reemplazar
F5 o Ctrl **I**	Ir a
Alt-clic	Panel de tareas Referencia

Insertar

Ctrl **+**	Celda, Fila, Columna
Mayús F11	Hoja de cálculo
F11	Gráfico como nueva hoja
Ctrl F3	Administrador de nombres
F3	Pegar un nombre
Ctrl Mayús F3	Crear nombres a partir de la selección
Mayús F2	Comentario
Ctrl Alt **K**	Hipervínculo

Vista fila/columna

Ctrl **9**	Ocultar fila
Ctrl **0**	Ocultar columna

Macro

Alt F8	Macros
Alt F11	Visual Basic Editor

Cálculo y fórmula

F9	Calcular documento
Mayús F9	Calcular hoja de cálculo activa
Alt `	Mostrar fórmulas

Caracteres especiales

AltGr **E**	Símbolo euro
Ctrl ,	Fecha del día
Ctrl Mayús :	Hora
Ctrl Mayús "	Valor de la celda de encima
Alt Mayús =	Fórmula suma automática
Supr	Borrar fórmulas y datos
Alt ↓	Mostrar la lista de la función autocompletar

Barra de fórmulas

F2	Acceso al modo de edición
=	Inicio de una fórmula
Ctrl Supr	Eliminación a partir del punto de inserción hasta el final de la línea
Alt ↵	Salto de línea
esc	Anulación de los elementos introducidos
↵	Validación
Ctrl ↵	Inserta el contenido de la celda activa en las celdas seleccionadas
Ctrl Mayús ↵	Valida una fórmula matricial
F4	Referencias absolutas/relativas
Ctrl **E**	Después de introducir un nombre de función muestra el cuadro de diálogo Argumentos de función
Ctrl Mayús **A**	Después de introducir un nombre de función inserta los paréntesis y nombres de argumento

Métodos abreviados

Formato de celda

Ctrl Mayús _	Sin borde
Ctrl **N**	Negrita
Ctrl **K**	Cursiva
Ctrl **S**	Subrayado
Alt '	Estilo
Ctrl **1**	Formato de celdas
F7	Ortografía
Ctrl **Q**	Herramienta Análisis rápido
Ctrl **1**	Muestra el cuadro de diálogo **Formato de celdas**

Formato de los números y las fechas

Ctrl Mayús **!**	Formato millares de dos decimales (0,00)
Ctrl Mayús **$**	Formato monetario de dos decimales (# ##0,00 €)
Ctrl Mayús ^	Formato numérico exponencial de dos decimales (0,00E + 00)
Ctrl Mayús **#**	Formato fecha (dd-mmm-aa)

Desplazamientos

Inicio	Principio de línea
Ctrl Inicio	Principio de la hoja: A1
Ctrl Fin	Celda correspondiente a la intersección de la última columna de la derecha usada y la última fila de la parte inferior usada.
Ctrl F6 o Ctrl ⭾	Ventana del libro siguiente
Ctrl Mayús F6 o Ctrl Mayús ⭾	Ventana del libro anterior
Ctrl Av Pág	Hoja siguiente en el libro
Ctrl Re Pág	Hoja anterior en el libro
F6	Panel siguiente
Mayús F6	Panel anterior

Selecciones

Ctrl Mayús Espacio	Toda la hoja
Ctrl Espacio	Columna
Mayús Espacio	Fila
F8	Activa y desactiva el modo Ampliar selección
Mayús F8	Activa y desactiva el modo Agregar a la selección
Ctrl Mayús **O**	Celdas que contienen comentarios
Ctrl Mayús *	Rango rectangular de celdas en torno a la celda activa.
Ctrl /	Totalidad de la matriz a la que pertenece la celda activa.

Modo Esquema

Alt Mayús ←	Desasocia una fila o una columna de un grupo
Alt Mayús →	Asocia una fila o una columna a un grupo
Ctrl **8**	Muestra/oculta los símbolos del esquema

Índice

Índice

Índice

Índice

Índice

Índice

Índice

M

N

O

Índice

Índice

Índice